글로벌 이슈와 글로벌 거버넌스

이론편

박 재 영

Global Issue and Global Governance

法 文 社

이 연구는 2017년도 (재)경상대학교 발전기금재단 재원으로 수행되었음.

머 리 말

글로벌 이슈란 사람과 자연을 구성요소로 하고 이들 구성요소 간의 국경을 넘는 상호의존을 특징으로 하는 지구공동체에 부정적인 영향을 미치는 이슈들을 지칭한다. 이러한 이슈들은 비록 지구공동체에 가하는 위협의 정도와 범위 등에 있어서 상이하나 일반적으로 일국의 노력만으로 해결이 쉽지 않아 국가들 사이에 다양한 형태의 협력이 요구되는 이슈들이다.

냉전의 종식과 세계화의 심화로 기존의 글로벌 이슈가 전 지구적으로 더욱 확산되고 동시에 새로운 글로벌 이슈들이 등장하여 지구공동체에 새로운 위협과 도전을 가하게 되었다. 이러한 위협과 도전에 직면하여 대응에 한계를 드러낸 국제사회의 전통적인 행위자인 국가와 정부간기구가 NGO와 기업을 포함하는 비전통적 행위자와 더불어 글로벌 이슈의 해결을 위한 다양한 형태의 글로벌 거버넌스 기제를 작동시키고 있다. 그러나 주권국가로 구성된 국제체제의 근본적인 변혁이 없는 가운데 작동하는 글로벌 거버넌스 체제는 글로벌 이슈의 대처에 근본적인 해법을 제시하지 못하고 있다.

지구공동체에 긴밀하게 연계되어 있을 뿐만 아니라 크게 의존하고 있어 글로벌 이슈의 영향을 민감하게 받는 한국의 경우 글로벌 이슈에 대한 분석을 통한 체계적인 이해는 선택이 아닌 필수이다. 더욱이 중견국으로서 국제사회에서 영향력을 추구하는 한국은 글로벌 이슈의 해결을 위한 창의적인 처방을 제시할 뿐만 아니라 글로벌 이슈의 해결에 실천적으로 뛰어드는 지도력을 보이는 것이 무엇보다 필요하다. 본 저서는 이러한 필요에 조그마한 도움이 되었으면 하는 바람과 함께 작성되었다. 본 저서는 구체적으로 다음과 같은 내용을 담고 있다.

제1장은 글로벌 이슈의 분석을 도울 수 있는 이론과 접근법을 소개하고 이러한 이론과 접근법이 실제의 글로벌 이슈에 어떻게 적용되고 있는가를 보여주는 예들을 소개하고 있다. 이론과 접근법이 적용된 글로벌 이슈의 예로서 국제환경과 관련한 이슈들만을 들고 있다는 한계가 있으나 실질적인 적용 사례이기에 이해에 도움이 되리라고 본다.

제2장은 글로벌 이슈를 체계적으로 이해하려면 글로벌 이슈의 체계적 분석을 위한 방법에 대한 이해가 선행되어야 한다는 생각과 더불어 전 지구적 공공정책

과정의 단계모델에 기반을 두고 글로벌 이슈의 생애주기에 있어서 단계마다 어떤 점에 중점을 두고 글로벌 이슈를 분석해야 하는가를 설명하고 있다.

제3장은 세계화가 국제사회 전반에 어떠한 큰 변화를 가져왔는가를 살펴보고 있다. 여러 변화 가운데 특히 세계화가 주요 행위자와 거버넌스에 미친 영향과 더불어 글로벌 이슈에 미친 영향에 중점을 두고 설명하고 있다.

제4장은 냉전의 종식이 국제사회 전반에 어떠한 큰 변화를 가져왔는가를 살펴보고 있다. 다양한 변화 중 특히 냉전의 종식이 가져온 국제체제의 변화와 이에 따른 세계질서의 변화를 추적하고자 했으며 이와 더불어 냉전의 종식이 글로벌 이슈에 미친 영향을 설명하고 있다.

제5장은 본 저서의 가장 핵심적인 부분의 하나인데 여기에서는 글로벌 이슈를 다루는 기제로써 정부 · 정부간기구 · 기업 · NGO가 단독으로 혹은 조합을 이루어 형성하는 다양한 글로벌 거버넌스 기제를 소개하고 있다. 글로벌 거버넌스 기제에 이어 다자주의를 또 다른 글로벌 이슈 해결의 기제로서 소개하고 있는데 이는 글로벌 이슈의 해결이 여전히 국가와 정부간기구가 중심이 되는 정부 간 과정(intergovernmental process)에 맡겨져 있다는 인식과 더불어 이러한 정부 간 과정에 기반을 두고 있는 다자주의에 관한 설명이 필요했기 때문이다. 다자주의를 살펴보는 또 다른 이유는 진정한 다자주의의 경우 일반화된 원칙이라는 규범적인 요소들을 포함하고 있어 글로벌 거버넌스 기제를 포함한 글로벌 이슈 해결을 위한 기제가 정당성을 갖기 위해 나아갈 방향을 제시하고 있기 때문이다.

제6장은 냉전의 종식과 세계화의 심화로 변화하고 있는 글로벌 이슈 접근 원칙과 효율성 제고 방식을 다루고 있다. 구체적으로 글로벌 이슈 접근 원칙으로서 인간 중심적 원칙을 소개하고 효율성 제고 방식으로서 주류화 접근법을 비롯한 다양한 접근법을 설명하고 있다.

제7장은 글로벌 이슈를 해결하는 데에 적용되는 다양한 의사결정 방식과 과정을 소개하고 있다. 여러 가지 의사결정 방식들 가운데 상대적으로 많이 사용되고 있는 합의에 의한 의사결정 방식을 소개하는데 좀 더 많은 지면을 할애했고 아울러 이러한 합의에 이르기 위한 기술적인 면을 자세히 설명하고 있다.

제8장은 글로벌 이슈에 대한 의사결정에 이르기 위해 필연적으로 거치게 되는 협상이라는 정치적 과정을 설명하고 있다. 구체적으로 여기에서는 다양한 협상의 방식과 전술을 소개하고 아울러 협상력이 어디에서 오고 협상 전략은 어떻게 세워야 하는가를 설명하고 있다.

제9장은 정부간기구의 재정을 다루고 있는데 이는 재정 문제가 글로벌 이슈를 해결해 나가는 데 가장 큰 영향을 미치는 요인들 가운데 하나이기 때문이다. 정부간기구의 재정은 수입과 지출 두 부분으로 나누어 설명하고 있으며 특히 중요성이 더해가고 있는 자발적 기여금에 대한 설명에 중점을 두고 있다.

본 저서는 서명에서 알 수 있듯이 개개 글로벌 이슈를 다루지 않고 이에 앞서 글로벌 이슈의 이해에 필요한 이론과 방법론에 대한 논의와 더불어 글로벌 이슈 자체와 글로벌 이슈 해결 노력에 영향을 미치는 거시적인 요인들을 소개하는 것에 중점을 두었다. 따라서 후속적으로 개개 글로벌 이슈들을 깊이 있게 다루는 서적을 별도로 출간하고자 하며 이미 상당한 진전이 있어 긴 시간이 필요하지 않으리라고 생각한다.

저자는 학부에서 글로벌 이슈를 근 20년이 넘게 가르쳐왔고 글로벌 이슈를 본격적으로 다루는 전국대학생 모의 유엔회의를 25년간 지도해왔다. 따라서 이 서적은 글로벌 이슈 강의 수강생들과 모의 유엔회의와 같이 글로벌 이슈를 살피고자 하는 사람들에게 지침이 될 수 있을 것으로 생각된다. 나아가 정부간기구에 국제공무원으로 진출하고자 하는 사람들도 자신이 진출하고자 하는 분야의 글로벌 이슈를 깊이 이해하는 것이 필요하기에 도움이 될 것으로 본다.

끝으로 이 저서를 만드는 데 있어 본 저서의 출간을 허락하신 법문사 배효선 사장님께 우선 감사드리고 오래전부터 본 저서의 출간을 권유해주신 영업부 장지훈 부장님과 권혁기 대리님께도 고마움을 표한다. 그리고 원고에 정성으로 생명을 불어 넣어주시느라 수고해주신 편집부의 배은영 님께도 감사드린다. 또한 독자의 입장에서 원고의 일부를 읽고 오탈자를 지적해준 경상대 정외과의 임도윤 학생과 글로벌 거버넌스 부분에 내용적으로 훌륭한 코멘트를 해준 대학원의 최기룡 학생에게도 고마움을 표한다.

2019년 12월 10일 경상대학교 연구실에서

차　례

제9장 정부간기구의 재정 435

약 어 표

A

ABM Anti-Ballistic Missile
탄도탄요격미사일

ADB Asian Development Bank
아시아개발은행

AfDB African Development Bank
아프리카개발은행

AfDF African Development Fund
아프리카개발기금

AG African Group
아프리카 그룹

AIIB Asian Infrastructure Investment Bank
아시아인프라투자은행

APEC Asia Pacific Economic Cooperation
아시아태평양경제협력체

APG Asia-Pacific Group
아시아-태평양 그룹

ARF ASEAN Regional Forum
아세안지역포럼

ASEAN Association of South-East Asian Nations
동남아국가연합

ASEM Asia-Europe Meeting
아시아유럽정상회의

ATO Alternative Trading Organization
대안무역기구

AU African Union
아프리카연합

B

BATNA Best Alternative to Negotiated Agreement
최상의 대안

BCBS Basel Committee on Banking Supervision

	바젤은행감독위원회
BRICS	Brazil, Russia, India, China, and South Africa 브릭스국가
BWC	Biological Weapons Convention 생물무기금지협약

C

CAN	Comunidad Andina 안데스공동체
CANZ	Canada, Australia and New Zealand 캐나다, 호주, 뉴질랜드
CARICOM	Caribbean Community 카리브공동체
CCNR	Central Commission for Navigation of the Rhine 라인강항해중앙위원회
CDM	Clean Development Mechanism 청정개발체제
CEDAW	Committee on the Elimination of All Forms of Discrimination against Women 여성차별철폐위원회
CGIAR	Consultative Group on International Agricultural Research 국제농업연구자문그룹
CoE	Council of Europe 유럽심의회
COP	Conference of the Parties 당사국총회
COPUOS	Committee on the Peaceful Uses of Outer Space 외기권평화적이용위원회
CSCE	Conference on Security and Co-operation in Europe 유럽안보협력기구
CSR	Corporate Social Responsibility 기업의 사회적 책임
CSW	Commission on the Status of Women 여성지위위원회
CTBT	Comprehensive Nuclear-Test-Ban Treaty 포괄적핵실험금지조약
CWC	Chemical Weapon Convention 화학무기금지협약

D

DAC Development Assistance Committee
개발원조위원회

DAO Delivering as One
원조일원화

DHA Department of Humanitarian Affairs
인도지원국

E

EBRD European Bank for Reconstruction and Development
유럽부흥개발은행

ECOSOC Economic and Social Council
유엔 경제사회이사회

ECOWAS Economic Community of West African States
서아프리카경제공동체

EEC European Economic Community
유럽경제공동체

EEG Eastern European Group
동유럽 그룹

EFA-FTI Education for All-Fast Track Initiative
모두를 위한 교육-우선추진구상

EFTA European Free Trade Association
유럽자유무역연합

EIB European Investment Bank
유럽투자은행

EPFI Equator Principles Financial Institutions
적도원칙 채택 금융기관

ERC Emergency Relief Coordinator
긴급구호조정관

ESCAP Economic and Social Commission for Asia and the Pacific
유엔 아시아·태평양경제사회위원회

ETS Eemission Trading System
탄소배출권 거래제도

EU European Union
유럽연합

F

FAO	Food and Agricultural Organization 식량농업기구
FLO	Fairtrade Labelling Organization International 국제공정무역인증기구
FSB	Financial Stability Board 금융안정위원회
FSC	Forest Stewardship Council 산림관리이사회
FTA	Free Trade Agreement 자유무역협정

G

G-7	Group of 7 선진 7개국 그룹
G-20	Group of 20 주요 20개국 그룹
G-77	Group of 77 77개국 그룹
GATT	General Agreement on Tariffs and Trade 관세와무역에관한일반협정
GAVI	Global Alliance for Vaccines and Immunization 세계백신면역연합
GBC	Global Business Coalition on HIV/AIDS 국제에이즈기업연합
GCC	Gulf Cooperation Council 걸프협력이사회
GCC	Global Climate Coalition 세계기후변화연합
GCF	Green Climate Fund 녹색기후기금
GEF	Global Environment Fund 지구환경금융
CERF	Central Emergency Response Fund 중앙긴급대응기금
GFATM	Global Fund to Fight AIDS, Tuberculosis and Malaria 에이즈·결핵·말라리아 퇴치를 위한 전 지구적 기금

GIC	Global Industry Coalition 세계산업연합
GNI	Gross National Income 국민총소득
GPF	General-Purpose Fund 일반 목적 기금
GRULAC	Latin America and the Caribbean 중남미카리브 그룹
GWP	Global Water Partnership 전지구적물제휴

H

HDI	Human Development Index 인간개발지수
HPI	Human Poverty Index 인간빈곤지수
HRBA	Human Rights-Based Approach 인권 기반의 접근법

I

I & J	Internet & Jurisdiction Policy Network 인터넷과관할정책네트워크
IAIS	International Association of Insurance Supervisors 국제보험감독자협회
IASB	International Accounting Standards Board 국제회계기준이사회
IASC	Inter-Agency Standing Committee 기관 간 상설위원회
IBRD	International Bank for Reconstruction and Development 국제부흥개발은행
ICN	International Competition Network 국제경쟁네트워크
ICAO	International Civil Aviation Organization 국제민간항공기구
ICBL	International Campaign to Ban Landmines 국제지뢰금지운동
ICC	International Chamber of Commerce 국제상공회의소

ICC	International Criminal Court 국제형사재판소
ICJ	International Court of Justice 국제사법재판소
IDA	International Development Association 국제개발협회
IDB	Inter-American Development Bank 미주개발은행
IDP	Internally Displaced Person 국내실향민
IFAD	International Fund for Agricultural Development (IFAD) 국제농업개발기금
IFC	International Finance Corporation 국제금융공사
IFRC	International Federation of Red Cross and Red Crescent Societies 국제적십자사연맹
IGO	Intergovernmental Organization 정부간기구
IGSD	Institute for Governance and Sustainable Development 거버넌스와 지속 가능한 개발을 위한 연구소
IIC	Inter-American Investment Corporation 미주투자공사
ILGO	Inter-Local_Governmental Organization 지방정부간기구
ILO	International Labor Organization 국제노동기구
IMF	International Monetary Fund 국제통화기금
INMARSAT	International Maritime Satellite Organization 국제해사위성기구
INECE	International Network for Environmental Compliance and Enforcement 환경규제 준수와 시행을 위한 국제 네트워크
INGO	International Non-Governmental Organization 국제비정부기구
INTELSAT	International Telecommunication Satellite Organization 국제전기통신위성기구
IOSCO	International Organization of Securities Commissions 국제증권감독기구

IS Islamic State
이슬람국가

ISA International Sea-Bed Authority
국제해저기구

ISO International Organization for Standardization
국제표준화기구

ITU International Telecommunications Union
국제전기통신연합

IUCN International Union for the Conservation of Nature
국제자연보전연맹

IWCA International Women's Coffee Alliance
국제여성커피연합

L

LAS League of Arab States
아랍국가연맹

LN League of Nations
국제연맹

M

MAI Multilateral Agreement on Investment
다국간투자협정

MDG Millennium Development Goal
새천년개발목표

MDTF Multi-Donor Trust Fund
다자신탁기금

MERCUSOR Mercado Común del Sur
남미공동시장

MIGA Multilateral Investment Guarantee Agency
국제투자보증기구

MHTF Maternal Health Thematic Fund
모성보건주제기금

MMV Medicines for Malaria Venture
말라리아퇴치의약품벤처센터

MSC Marine Stewardship Council
해양관리이사회

N

NAFTA North American Free Trade Agreement
북미자유무역협정

NAM Non-Aligned Movement
비동맹운동조직체

NDB New Development Bank
신개발은행

NIC Newly Industrialized Country
신흥공업국

NATO North Atlantic Treaty Organization
북대서양조약기구

NGO Nongovernmental Organization
비정부기구

NPT Non-Proliferation Treaty (Treaty on the Non-Proliferation of Nuclear Weapons)
핵확산금지조약

NWO New World Order
신세계질서

O

OAS Organization of American States
미주국가기구(미주기구)

OAU Organization of African Unity
아프리카단결기구

OCHA Office for the Coordination of Humanitarian Affairs
인도주의업무조정실

OCIA Organic Crop Improvement Association
유기농작물증진협회

ODA Official Development Assistance
공적개발원조

OECD Organization for Economic Co-operation and Development
경제협력개발기구

OECD/DAC OECD/Development Assistance Committee
경제협력개발기구/개발원조위원회

OIC Organization of the Islamic Conference
이슬람회의기구

OPEC Organization of Petroleum Exporting Countries
석유수출국기구

OSCE	Organization for Security and Co-operation in Europe 유럽안전보장협력기구

P

PBF	(United Nations) Peacebuilding Fund (유엔) 평화구축기금
PBSO	Peacebuilding Support Office 평화구축지원사무실
PIF	Pacific Islands Forum 태평양제도포럼
PKO	Peace Keeping Operation 평화유지활동
PLO	Palestine Liberation Organization 팔레스타인해방기구
PPPHW	Global Public-Private Partnership for Handwashing with Soap 비누로 손 씻기를 위한 공공-민간 전 지구적 파트너십

R

RBM	Roll Back Malaria Partnership 말라리아퇴치파트너십
REN21	Renewable Energy Policy Network for the 21st Century 21세기를 위한재생에너지정책네트워크
ROP	Rules of Procedure 의사규칙

S

SAARC	South Asia Association for Regional Cooperation 남아시아지역협력연합
SADC	Southern African Development Community 남아프리카개발공동체
SCO	Shanghai Cooperation Organisation 상하이협력기구
SDG	Sustainable Development Goal 지속가능개발목표
SPF	Special-Purpose Fund 특별 목적 기금

T

TGO Transgovernmental Organization
초정부기구

TPP Trans-Pacific Strategic Economic Partnership
환태평양경제동반자협정

U

UNAIDS Joint United Nations Programme on HIV/AIDS
유엔에이즈합동프로그램

UNCED United Nations Conference on Environment and Development
유엔환경개발회의

UNCHE United Nations Conference on Human Environment
유엔인간환경회의

UNCLOS United Nations Convention on the Law of the Sea
해양법에 관한 유엔협약

UNCSD United Nations Conference on Sustainable Development
유엔지속가능개발회의

UNCTAD United Nations Conference on Trade and Development
유엔무역개발회의

UNDEF United Nations Democracy Fund
유엔민주기금

UNDG United Nations Development Group
유엔개발그룹

UNDP United Nations Development Programme
유엔개발계획

UNEP United Nations Environment Programme
유엔환경계획

UNESCO United Nations Educational, Scientific and Cultural Organization
유네스코(유엔교육과학문화기구)

UNFPA United Nations Population Fund
유엔인구기금

UNHCR United Nations High Commissioner for Refugees
유엔난민최고대표사무소

UNHCHR United Nations High Commissioner for Human Rights
유엔인권고등판무관실

UNICEF United Nations Children's Fund
유엔아동기금

UNIDO	United Nations Industrial Development Organization 유엔공업개발기구
UNIFEM	United. Nations Development Fund for Women 유엔여성개발기금
UNITAR	United Nations Institute for Training and Research 유엔훈련조사연구소
UNODC	United Nations Office on Drugs and Crime 유엔마약범죄사무소
UNRWA	United Nations Relief and Works Agency for Palestine Refugees in the Near East 유엔팔레스타인난민구호사업기관
UPU	Universal Postal Union 만국우편연합

W

WBCSD	World Business Council for Sustainable Development 세계지속가능개발기업협의회
WCD	World Commission on Dam 세계댐위원회
WEF	World Economic Forum 세계경제포럼
WEOG	Western European and Others Group 서유럽 및 기타 그룹
WFP	World Food Programme 세계식량계획
WHO	World Health Organization 세계보건기구
WIPO	World Intellectual Property Organization 세계지적재산권기구
WMD	Weapons of Mass Destruction 대량파괴무기
WMO	World Meteorological Organization 세계기상기구
WRAP	Worldwide Responsible Accredited Production 전세계책임인증생산
WSF	World Solidarity Fund 세계연대기금

WSSD World Summit for Social Development
사회개발세계정상회의

WSSD World Summit on Sustainable Development
지속가능개발세계정상회의

WTO World Trade Organization
세계무역기구

WTO Warsaw Treaty Organization
바르샤바조약기구

WWF World Wide Fund for Nature
세계자연보호기금

제1장

글로벌 이슈 분석을 위한 이론과 접근법

제 1 장

글로벌 이슈 분석을 위한 이론과 접근법

글로벌 이슈 이해의 궁극적 목적은 글로벌 이슈의 발생 원인을 진단하는 것에 그치지 않고 진단에 기초하여 실현 가능한 처방을 내리는 일이다. 따라서 현상의 인과관계를 설명하고자 하는 이론이나 현상을 바라보는 관점을 제시하는 접근법에 대한 이해가 선행되어야 한다. 환경과 안보의 상관관계에 중점을 두는 환경안보 접근법과 같이 특별한 글로벌 이슈의 분석을 위해 특별히 고안된 이론과 접근법이 있으나 여기에서는 특별한 글로벌 이슈가 아닌 다양한 글로벌 이슈의 분석에 보편적으로 적용할 수 있는 이론과 접근법을 소개하고자 한다. 이러한 이론과 접근법을 크게 현실주의 이론 · 자유주의 이론 · 인식론적 접근법과 구성주의 접근법 · 구조주의 이론으로 구별하여 살펴보고자 한다. 이러한 이론과 접근법의 실제적인 적용 사례로서 환경과 관련한 이슈들만을 언급하고 있으나 이러한 예를 통해 다른 글로벌 이슈에의 적용을 유추할 수 있을 것이다.

제1절 현실주의 이론

현실주의 이론을 신현실주의와 신고전적 현실주의 이론으로 크게 나누어 살펴보고자 한다. 신현실주의 이론은 다시 왈츠(Kenneth N. Waltz)의 방어적 신현실주의 이론 · 미어샤이머(John J. Mearsheimer)의 공격적 신현실주의 이론 · 길핀(Robert R. Gilpin)의 패권안정론 · 그리코(Joseph M. Grieco)의 상대적 이득론으로 구분하여 소개하고자 한다.

1. 신현실주의 이론

1) 신현실주의 이론의 종류

(1) 공격적 신현실주의 이론과 방어적 신현실주의 이론

신현실주의(neorealism) 이론은 무정부성(국내정치와 같은 공권력을 가지고 있는 중앙정부의 부재)을 특징으로 하는 국제체제에서 국가는 생존과 안보에 가장 중요한 관심을 둘 수밖에 없고 생존과 안보를 위해 힘(또는 힘으로 정의된 국가이익)을 추구한다고 본다. 그러나 추구하고자 하는 힘의 정도를 둘러싸고 신현실주의 이론은 공격적 신현실주의(offensive neorealism) 이론과 방어적 신현실주의(defensive neorealism) 이론으로 구분된다.

신현실주의 이론의 대표적인 학자인 미어샤이머(John J. Mearsheimer)는 국가들은 힘의 극대화(power maximization)를 추구한다고 보며 이 때문에 그는 공격적 신현실주의 이론의 옹호자로 분류된다. 공격적 현실주의는 무정부성으로 인해 자력구제(self-help)를 특징으로 하는 국제체제에서 생존과 안보를 확보하기 위해 국가들은 가능한 한 많은 힘을 가지고자 한다고 본다. 즉 국가들은 힘을 도발적으로 추구하며 힘의 균형이 자신에게 유리하게 바뀌도록 항시 기회를 엿본다는 것이다.

이와는 대조적으로 신현실주의 이론의 창시자인 왈츠(Kenneth N. Waltz)의 경우 국가들은 모자라지도 지나치지도 않은 적절한 수준의 힘을 추구한다고 본다. 이는 지나치게 힘이 약하면 타국으로부터의 공격을 유발하게 되고 지나치게 힘이 강하면 다른 국가들이 군비를 강화하고 공동으로 대응하도록 만들 수 있기 때문이다. 이러한 이유로 왈츠는 방어적 신현실주의 옹호자로 분류가 된다.

이러한 신현실주의 이론은 무정부성(anarchy)을 특징으로 하는 국제체제의 구조 아래서 국가들은 생존과 안보를 일차적인 목표로 추구할 수밖에 없고 국가들은 이러한 목표를 위해 자력구제의 원칙(principle of self-help)에 따라 움직이면서 힘의 극대화든 힘의 적정화든 상대적 힘(relative power)의 우위를 추구하게 된다고 본다.

국가 간의 협력문제와 관련하여 신현실주의자들은 무정부적 국제체제의 구조적 특징으로 인해 상대 국가들의 미래 의도를 서로 모르고 오늘의 친구가 내일의

적이 될 수 있는 상황 속에 국가들은 서로를 불신하게 되고 협력을 통해 무엇을 얻을 것인가에 관심을 두지 않고 협력을 통해 누가 좀 더 많은 것을 얻을 것인가에 관심을 두기 때문에 협력이 기본적으로 어렵다고 본다.

즉 국가들은 자신보다 상대방에게 유리할 수 있는 이득의 배분에 대해 우려하기 때문에 국가 간 협력은 어렵게 된다는 것이다. 좀 더 구체적으로 말하면 국제체제의 무정부성이 가져오는 배신(cheating)에 대한 우려와 상대방에게 유리할 수 있는 이득의 배분에 대한 우려로 인해 협력이 어렵다는 것이다. 국제협력이 어렵다는 이러한 신현실주의 이론의 관점은 공유자원의 비극(tragedy of the commons)·집단행동이론(collective action theory)·죄수의 딜레마(prisoner's dilemma)·비겁자 게임(chicken game)·사슴사냥(stag hunt)의 논리에 의해 뒷받침되고 있다.

(2) 패권안정론과 상대적 이득론

이처럼 신현실주의 이론이 기본적으로 국제협력이 어렵다는 주장을 전개하나 2차 세계대전 이래로 자발적인 국제협력이 급격하게 증가하고 있을 뿐 아니라 그 중요성이 점차 증대하고 있는 현실을 전혀 도외시할 수 없었다. 국제체제의 구조적 특징을 가지고 국제관계를 설명하고 예측하고자 하는 신현실주의 이론의 전통을 유지하면서 이러한 협력을 설명하고자 하는 이론적인 시도가 두 가지 방향에서 이루어졌다. 그중 한 가지 이론적 시도가 길핀(Robert R. Gilpin)이라는 학자가 제시한 패권안정론(hegemonic stability theory, HST)이다.[1)]

패권안정론은 지배적인 힘을 가지고 있는 패권국이 존재할 때 국제질서가 안정되고 국제협력이 촉진되며 국제레짐(international regimes)을 포함한 국제제도가 생성된다고 본다.[2)] 패권국의 존재가 이러한 것을 가능하게 하는 원천은 패권국이 보유하고 있는 경제력과 군사력이라고 본다. 패권국은 경제력을 동원하여 자신이 추구하는 국제제도에 타국들이 참여하도록 유인을 제공하거나 군사력과 같은 물리

---

1) Robert R. Gilpin, *U.S. Power and the Multinational Corporation: The Political Economy of Foreign Direct Investment* (New York.: Basic Book, 1975); Robert R. Gilpin, *War and Change in World Politics* (New York: Cambridge University Press, 1981); Robert R. Gilpin, *The Political Economy of International Relations* (Princeton, NJ: Princeton University Press, 1987).

2) 패권안정론은 모든 이슈 영역(issue area)이 아닌 비안보적 이슈 영역에 국한하여 협력할 수 있다고 주장하며 패권국의 쇠퇴가 자신에 의해 수립된 국제질서·국제협력·국제제도의 쇠퇴를 동반한다고 본다.

적 강제력을 통해 참여를 강제할 수 있다는 논리이다.

이처럼 패권안정론은 자원을 투입할 능력과 의지를 지니고 있으면서 특정의 선호하는 경제 질서와 같은 것의 작동에 필요한 부담을 떠맡을 수 있는 강력한 하나의 국가가 협력을 촉진할 수 있는 능력에 초점을 둔다. 패권국이 이러한 역할을 기꺼이 하고자 하는 이유는 이러한 협력이 불균형적으로 패권국에 이익을 가져다 주기 때문이다. 대표적인 예 가운데 하나는 2차 세계대전 이후에 미국이 브레턴우즈체제(Bretton Woods System)를 창출하고 유지하는 것을 도운 경우이다.

신현실주의 이론의 전통을 유지하면서 국제협력을 설명하고자 하는 또 다른 이론적 시도는 그리코(Joseph M. Grieco)에 의해 시도되었는데 그는 상대적 이득(relative gain)과 절대적 이득(absolute gain)이라는 개념을 통해 신현실주의 이론의 협력에 관한 논의를 정교화하고자 했다.[3] 구체적으로 그는 무정부적 국제체제에서 국가 간 협력을 통해 절대적 이득이 생성된다 해도 상대방에게 유리하게 이득이 배분된다면 이러한 상대적 이득이 자국의 미래에 위험을 불러올 수 있다고 보아 국제협력이란 발생하기 쉽지 않다는 점을 강조한다. 동시에 그리코는 상대적 이득이란 논리의 자연스러운 귀결로서 협력을 도모하기 전의 힘의 균형이 유지되는 배분이 확보되는 경우에는 일어날 수 있다고 본다. 이러한 경우로서 냉전기에 초강대국인 미국과 소련 간에 체결되었던 전략무기제한협정(SALT)과 같은 예를 들 수 있다.

이처럼 그리코는 무정부성을 특징으로 하는 국제체제에서 국가들은 절대적 이득보다는 상대적 이득을 추구하기 때문에 근본적으로 협력이 어려우나 아예 불가능한 것이 아니라 제한적인 조건 아래 가능할 수 있다고 본다. 그리코는 이러한 점에서 신현실주의 이론이 국제제도를 통한 협력의 가능성을 강조하는 신자유주의적 제도주의 이론을 거부하는 것이 아니라 그 이론에 조건을 부여한다는 점을 강조한다. 이러한 그리코 주장에는 안보와 경제를 분리할 수 없다는 전제가 깔려있다.

이러한 그리코의 상대적 이득론에 대해 비판이 없는 것이 아니다. 미어샤이머의 경우는 협력이 어려운 이유로서 국제체제의 무정부성이 가져다주는 상대적 이득에 대한 국가들의 예민성과 더불어 배신(cheating)에 대한 우려를 들고 있다. 볼

---

3) Joseph M. Grieco, "Anarchy and the Limits of Cooperation: A Realist Critique of the Newest Liberal Institutionalism," *International Organization,* Vol. 42, No. 3 (Summer 1988), pp. 490-491.

드윈(David A. Baldwin)은 그리코의 논의에서 어떤 유형의 이득이 어떠한 맥락에서 중요한 것인가에 관해 구체적인 언급이 없음을 지적한다.

볼드윈에 따르면 이득이라는 것 모두가 반드시 대체성이 있는 것은 아니므로(즉 한 부문에서의 이득이 반드시 다른 부문으로 전환되는 것은 아니므로) 상대적 이득 모두가 다 중요한 것은 아니다. 경제부문과 환경부문에서의 협력이 이러한 예에 해당하는데 이들 부문에서의 이득이 힘으로서 전환된다는 것이 전적으로 명백한 것은 아니라는 것이다.[4)]

이처럼 길핀의 패권안정론과 그리코의 상대적 이득론은 기본적으로 국제협력이 어렵다는 신현실주의 이론의 입장을 견지해 오면서도 특정한 예외적인 조건(즉 패권국이 존재할 경우와 협력하기 전의 힘의 균형이 확보되는 조건)이 충족되면 협력이 존재할 수도 있다고 본다. 즉 갈등만을 강조하는 원래의 신현실주의 이론이 국가들 사이에 증대하는 협력을 적극적으로 설명하고 있는 신자유주의적 제도주의 이론에 대응하여 국제협력을 설명하기 위해 소극적인 변신을 한 것이 패권안정론과 상대적 이득론이다. 그러나 이러한 변신에도 불구하고 이들은 국제체제의 무정부성이라는 상수와 힘의 배분(distribution of power)이라는 변수를 통해 국제관계를 설명하고자 하는 원래의 신현실주의 이론의 특징을 버리지 않았다.

협력이 기본적으로 어렵다는 왈츠와 미어샤이머의 신현실주의 이론의 협력에 관한 설명과 예외적으로 협력의 가능성을 열어놓은 길핀의 패권안정론과 그리코의 상대적 이득론의 협력에 대한 설명을 한 마디로 「힘에 기반을 둔 설명(power-based explanation)」이라고 불린다.

2) 신현실주의 이론과 국제제도

다음으로 신현실주의 이론들이 국제레짐(international regimes)과 국제기구(international organization)를 통괄하는 개념으로서의 국제제도(international institutions)에 대해 어떤 관점을 보유하고 있는가를 살펴보고자 한다. 이는 신현실주의 이론과 국제협력의 문제를 둘러싸고 치열한 이론적인 논쟁을 벌이고 있는 신자유주의적 제도주의 이론이 국제제도가 있음으로써 국가 간의 협력이 가능하다는 주장을 펴고 있어 신현실주의 이론이 이러한 국제제도에 대해 어떤 관점을 보유하

---

4) David A. Baldwin, *Neorealism and Neoliberalism: The Contemporary Debate* (New York: Columbia University Press, 1993).

고 있는가를 살펴볼 필요가 있기 때문이다.

신자유주의적 제도주의 이론이 국제제도를 국가 행동에 영향을 미치는 능동적인 존재로 보는 데 반해 신현실주의 이론은 국제제도를 국가들의 힘의 양태(power configuration)를 단순히 반영하는 피동적인 존재에 불과하다고 본다. 구체적으로 신현실주의 이론은 국제제도란 국가 행동에 영향을 거의 미치지 않는 주변적인 것으로서 국가이익을 유지하거나 확장하기 위한 수단에 불과하다고 본다.

따라서 국가들은 국제제도가 국익에 도움이 된다고 판단하는 경우에 국한하여 새로운 국제제도를 생성하려 하거나 기존의 국제제도에 참여하려고 하며 기존의 국제제도에 참여하고 있다 하더라도 지속적인 참여가 더는 국가이익과 일치하지 않는다면 국제제도를 준수하지 않거나 탈퇴하는 등의 행동을 취한다고 본다.

신현실주의 이론 가운데 하나인 패권안정론은 패권국의 존재가 국제협력을 가져올 수 있다는 것과 동일한 논리에서 패권국이 존재할 경우 새로운 국제제도가 생성될 수 있다고 본다. 이는 새로운 국제제도의 생성에 다른 국가들의 참여를 강제하거나 유인할 수 있는 군사력이나 경제력과 같은 자원을 보유한 국가의 주도적인 역할이 필요하다고 보기 때문이다. 물론 이때 국제제도가 패권국의 국가이익과 일치하여야 한다.

신현실주의 이론은 국제제도를 힘의 소산으로 국가이익을 거슬러 국가 행동에 영향을 거의 미치지 않는 주변적인 것에 불과하다고 봄으로써 국제조약과 같은 국제제도는 인쇄된 종이에 불과하다고 보고 이러한 조약에 포함된 규정들이 종종 모호할 수밖에 없고 참여국들의 약속을 강제할 수 있는 명시적인 제재규정 같은 것이 포함되어 있지 않다는 점을 강조한다.

국제제도가 국가의 행위에 거의 영향을 미치지 않는다고 보는 신현실주의 이론은 국제협력과 관련하여서도 국제제도의 역할에 대해 부정적이며 기껏해야 국제협력에 주변적인 영향만을 미친다고 본다. 이와는 대조적으로 신자유주의적 제도주의 이론은 신현실주의 이론과 마찬가지로 국제체제의 무정부성이 국제협력에 장애가 된다는 것을 부인하지 않으나 국제제도가 이러한 장애를 완화하여 협력을 가능하게 한다고 본다. 구체적으로 국제제도는 협력에 장애가 되는 배신의 문제 · 시장실패의 문제 · 집단행동의 문제 등을 완화함으로써 국가 사이의 협력을 촉진하는 매개체의 역할을 한다고 본다.

이러한 신자유주의적 제도주의 이론에 대해 미어샤이머와 같은 신현실주의자는 앞서 언급했듯이 협력이 어려운 이유로서 국제체제의 무정부성이 가져다주는 이러한 상대적 이득에 대한 국가들의 예민성과 더불어 배신에 대한 우려를 들고 있다.

이러한 맥락에서 국제제도를 둘러싼 논쟁에서 미어샤이머는 신자유주의적 제도주의 이론이 국제제도가 배신의 문제를 해결하는 것을 도움으로써 협력이 가능해진다고 주장하나 또 다른 협력에의 중대한 장애물인 상대적 이득에 관하여 고려를 하지 않는다고 비판을 가하고 있다.

미어샤이머 역시 자신의 논리에 따라 협력 이전의 힘의 배분을 반영하고 배신의 우려를 만족시키는 경우에 협력이 일어날 수 있다고 본다. 다른 국가들의 생존을 위협하는 강력한 국가에 대한 세력균형의 필요에 따른 협력으로서 군사동맹의 결성을 언급하고 있다.[5)]

3) 신현실주의 이론의 적용 사례[6)]

환경파괴의 원인에 대한 신현실주의적 설명은 하딘(Garrett J. Hardin)의 공유자원의 비극 논리가 잘 보여준다. 하딘은 개인들은 항상 그들 자신의 즉각적이고 단기적인 물질적 이익을 극대화하고자 한다고 전제한다. 이는 개인들이 사적으로 소유하지 않은 자원이거나 국가의 소유인 자원을 과도하게 사용할 수밖에 없음을 의미하며 이러한 논리를 통해 개인들은 자신들이 의존하고 있는 바로 그 자원들을 파괴하게 될 것을 예측한다.

이러한 예측은 개인들이 단기적인 이익을 추구함으로써 그들이 협력했을 때 얻을 수 있는 것보다 훨씬 적은 것을 얻는 데 그칠 수밖에 없다는 1회 혹은 한정적으로 반복되는 딜레마 상황을 전제하고 있는 경제모델들과 일치한다. 세계정부가 부재한 주권국가 체제에서 국가들은 자기중심적인 이익을 추구할 수밖에 없으며 그 결과 공공재는 파괴될 수밖에 없다고 본다. 신현실주의 이론은 전 지구적인 환경위기의 핵심적인 요인은 국제체제의 무정부성이라고 보고자 한다.

기본적으로 신현실주의 이론은 국제체제의 무정부성으로 인해 국가는 생존과 안보에 일차적인 관심을 가질 수밖에 없고 이 때문에 얼마만큼의 힘을 추구하여야

---

5) John Mearsheimer, "The False Promise of International Institutions," *International Security*, Vol. 19, No. 3 (1995), pp. 12-13.

6) 박재영, 『국제환경정치론』 (서울: 법문사, 2016), pp. 104-115.

하는가를 둘러싸고 견해의 차이가 존재하나 기본적으로 상대적인 힘(relative power)의 우위를 불가피하게 추구하게 되어 있다고 본다. 따라서 신현실주의 이론에 따르면 국가들은 국제환경 문제에 대해서도 생존과 안보를 확보해 주는 상대적인 힘의 관점에서 접근하게 된다. 이는 이익을 국가 행동의 동인으로 보는 신자유주의적 제도주의 이론의 견해뿐 아니라 공유된 규범을 국가 행동의 동인으로 보는 구성주의 접근법의 견해와도 구별이 된다.

이러한 맥락에서 신현실주의 이론에 있어서 국제환경협약의 수용 여부도 국가의 생존과 안보라는 전략적인 관심사가 달성될 수 있는가에 달려 있다. 신현실주의 이론은 국제관계의 결과를 규정짓는 일차적인 요인들이 국제체제에서의 힘의 배분과 상대적인 힘이라고 본다.

따라서 국가들은 국제환경문제의 해결을 위한 자국의 협력적 행위의 결과가 국제체제에서의 힘의 배분과 자국의 상대적인 힘에 영향을 미칠 수 있는 관계로 협력에 신중할 수밖에 없어 협력이 잘 안 일어난다고 본다. 이러한 현상은 근본적으로 국제체제의 무정부성으로부터 오는 것으로서 무정부 상태에서 다른 국가들의 의도를 아는 것이 힘들어 국가들(특히 경쟁 관계에 있는 국가나 강대국)에 있어서 협력이라는 것은 기껏해야 최후의 수단으로 본다.

요약하자면 신현실주의 이론은 주로 환경 분야에서의 국제협력의 부재를 설명하고자 하며 이러한 설명의 핵심에는 상대적 이득의 문제(relative gain problem)가 있다고 본다. 예컨대 신현실주의 이론은 미국·호주·캐나다 등이 기후변화협약 교토의정서를 지지하지 않는 이유를 이러한 관점에서 설명하고자 한다.

공권력을 보유한 중앙정부가 존재하지 않는 국제체제에서 국가들은 자신들의 절대적 이득을 극대화하는 것에 관심이 있을 뿐 아니라 다른 국가들의 이득과 비교한 상대적 이득에 관심이 있다는 것이다. 이는 특정 국가가 협력의 결과로서 얻게 되는 이득이 협력하지 않았을 때와 비교하여 절대적 이득이 있다고 해도 이득의 좀 더 많은 부분이 다른 국가에게 갈 때 자신이 상대적으로 취약해질 수 있으며 이것이 결국 국가의 생존과 안보를 위태롭게 할 수 있다고 생각하기 때문이다.

그룬딕(Frank Grundig)은 협력에 있어서 상대적 이득의 중요성을 강조하는 관점을 가지고 오존층 고갈과 더불어 기후변화와 같은 국제환경 문제를 분석했다. 그는 분석을 통해 기후변화 문제의 경우 이러한 신현실주의 이론이 적실성을 가진다고 주장하고 이러한 힘에 기반을 둔 설명(power-based explanation)이 무시될

수 없다는 결론을 내리고 있다.[7)]

베지르지아니도우(Sevasti-Eleni Vezirgiannidou)도 상대적 이득이라는 관점에서 접근하고 있다. 그녀는 미국이 교토의정서의 생성에 주도적인 노력을 했음에도 불구하고 비준을 거부함으로써 교토의정서체제에 심각한 타격을 주었다고 보고 미국이 이러한 행동을 취한 원인이 무엇인가를 분석하고자 했다. 그녀는 의정서가 체결되는 해인 1997년 이전에 중국이 가지게 될 상대적 이득에 대한 우려로 인해 이미 미국 상원에 의해 거부되었다고 지적하고 있다.

이는 미국이 냉전이 종식된 후 중국의 성장에 대한 우려를 해오고 있었는데 교토의정서에 미국이 비준하여 이산화탄소 감축 목표를 이행하게 된다면 이를 위해 지급하여야 하는 비용으로 인해 중국이 경쟁에서 상당한 상대적 이득을 거두는 것을 허용하지 않을 수 없었기 때문이었다. 그녀는 이러한 근거로서 상대적 이득을 둘러싼 의회의 토론을 제시하고 있다.[8)]

이러한 이론적 설명의 한계를 블레인(Jeb Shannon Blain)은 다음과 같이 지적하고 있다. i) 이러한 설명은 미국 상원의 행동을 설명할 수 있으나 애초에 클린턴 대통령이 협약에 왜 서명했는가를 설명하지 못한다. 이러한 신현실주의 이론의 상대적 이득에 따른 설명에 의하자면 클린턴 대통령도 상원과 같이 상대적 이득을 우려했어야 한다. ii) 이러한 신현실주의 이론에 따르면 국가는 고정된 이익을 추구하는 통합된 합리적인 행위자인데 실제로 미국은 통합된 방식으로 행동하지 않았다.[9)] iii) 상대적 이득에 대한 우려의 근원이 안보보다는 경제적 이익을 둘러싼 것이었다. iv) 유럽연합은 미국과는 달리 교토의정서에 비준했다. 그런데 신현실주의 이론에 따르면 미국뿐 아니라 유럽연합도 중국이 가지게 되는 상대적 이득에 민감하여 미국과 마찬가지로 교토의정서에 서명과 비준을 하지 말았어야 한다. 이러한 이유로 국가 간에 있어서 이익과 행동상의 차이를 가져올 수 있는 국내정치에 관한 연구가 필요하다는 점을 강조한다.[10)]

---

7) Frank Grundig, "Patterns of International Cooperation and the Explanatory Power of Relative Gains: an analysis of cooperation on global climate change, ozone depletion and international trade," *International Studies Quarterly*, Vol. 50, No. 4 (2006), pp. 781-801.

8) Sevasti-Eleni Vezirgiannidou, "The Kyoto Agreement and the Pursuit of Relative Gains," *Environmental Politics*, Vol. 17, No. 1 (February 2008), pp. 40-57.

9) 신현실주의 이론은 국가만이 유일한 행위자라는 가정과 더불어 국가는 통합된 행위자라는 가정과 국가는 생존과 안보를 가장 우선적인 목표로서 추구한다는 가정 등을 가지고 있다.

10) Jeb Shannon Blain, *International Climate Change Negotiations: The Role of Power,*

패터슨(Matthew Paterson) 역시 기후변화 협상에서의 힘의 역할을 다루고 있다. 그에 따르면 이러한 협상에서의 개개 국가가 취하는 태도는 개개 국가의 에너지 자원에 대한 의존으로 규정된다고 본다. 즉 에너지 수입에 좀 더 의존적인 국가들이 좀 더 온실가스 배출을 감축하려 한다. 이는 이러한 배출감축이 그들을 에너지에 대해 좀 더 독립적이 되도록 만들기 때문이다. 이와는 대조적으로 자국의 에너지 자원에 의존하고 있는 국가들은 배출감축을 하려고 하지 않는데 이는 에너지 독립성을 잃는 것을 두려워하기 때문이다.[11] 이러한 주장은 국가들은 안보를 확보하기 위해 자율성을 유지하기를 원한다는 신현실주의 이론의 생각에 해당한다. 왈츠는 국제체제의 무정부성으로 인한 상대적 이득의 우려와 더불어 국가들이 무역이나 다른 협력을 통해 상대방 국가에게 의존적으로 되는 것을 우려하게 되어 협력을 꺼리게 된다고 주장한 바 있다.[12]

블레인은 에너지 독립의 관점에서의 힘이라는 것이 국가가 취하는 태도에 중요한 역할을 하는 것은 틀림없지만 설명력에 한계가 없는 것은 아니라고 지적한다. 즉 시간의 흐름 속에서 동일한 국가에 있어서 정책의 변화를 제대로 설명하기 어렵다는 점이다. 미국의 경우 에너지 구조가 대체로 변하지 않았음에도 불구하고 온실가스 배출과 관련한 미국의 입장은 변해왔다는 점을 설명하기 어렵다.[13]

기후변화 문제와 관련하여 신현실주의 이론은 국가들이 목표로서 생존을 최우선시하기 때문에 상대적 이득을 추구하고 그 결과 지구 온난화를 둘러싼 국제협력의 전망에 대해 회의적이다. 따라서 신현실주의 이론은 기후변화 협상 당사국들 사이에 빈번하게 협력적 행위가 없는 것을 잘 설명하며 왜 종종 이러한 협상이 실패하는가에 대한 근본적인 이유에 대한 설명을 제공한다.

특히 신현실주의 이론 가운데 무제한의 힘의 추구를 주장하는 미어샤이머와 같은 학자의 공격적 신현실주의 이론은 이산화탄소 배출의 감소가 가져올 결과로서의 상대적 힘의 약화라는 위험 때문에 배출감소 약속에 반대하는 관계로 기후변화를 둘러싼 전 세계적인 협력을 설명할 수가 없을 뿐 아니라 이러한 기후변화 문

Preferences, and Information in Negotiation Outcomes (M.A. Thesis, California State University, Sacramento, 2010), p. 11.

11) Matthew Paterson, *Global Warming and Global Politics* (London: Routlege, 1996).

12) Kenneth N. Waltz, *Theory of International Politics* (Reading, Mass: Addison-Wesley, 1979), pp. 105-106.

13) Blain, op. cit., pp. 11-12.

제의 극복책으로 제시할 수 있는 수단이 거의 없다.[14] 이는 공격적 신현실주의 이론이 기후변화에서 오는 위협을 자신의 방어능력을 강화하고 기후변화에 대비하는 기회로 여기기 때문이다. 국가들은 그들의 이득을 극대화하기 위해 다른 국가와 환경의 희생을 치르고라도 석탄이나 석유와 같은 상대적으로 싼 화석에너지를 사용함으로써 에너지 안보를 극대화하고자 한다. 이들에게 있어서 경쟁국의 손실은 자신의 이익으로 간주된다. 따라서 경쟁국의 가뭄과 홍수 그리고 경제 부진은 자신의 이익으로 간주된다.

그러나 신현실주의 이론은 기후변화 협상에서 보듯이 왜 유럽연합 국가들은 미국과 달리 기후변화 협상에 적극적인가와 같은 국가 간 차이를 제대로 설명하지 못한다. 더불어 2015년 12월에 파리에서 개최된 기후변화협약 제21차 당사국총회(COP21)에서 미국 · 중국 · 인도 등 모든 기후변화협약 당사국들이 참여하여 2021년부터 자발적으로 이산화탄소 감축 의무를 지게 되는 POST-2010 기후변화체제가 구축된 것도 제대로 설명하지 못한다.

국가 간 협력으로 국제환경협약이 체결되는 현상을 신현실주의 이론의 시각에서 일관되게 설명하고자 하는 시도가 없는 것은 아니다.[15] 이러한 시도의 일환으로서 왈트(Stephen M. Walt)의 위협균형론(theory of balance of threat)이 기후변화와 같은 환경문제에서의 국제협력을 설명하고자 한다.[16] 위협균형론은 세력균형론이 문제점을 지적하면서 등장한 이론으로서 위협적인 국가가 등장할 경우 나머지 국가들이 이 국가의 위협에 대응하여 연합을 결성함으로써 위협에 대한 균형이 이루어짐을 설명하고자 하는 이론이다. 이는 힘이 강한 국가가 등장할 경우 나머지 국가들이 이 국가의 힘에 대응하여 연합을 결성함으로써 힘에 대한 균형이 이루어짐을 설명하고자 하는 세력균형이론과 대조를 이루는 이론이다. 위협균형론은 구체적으로 파리 당사국총회(COP 21)에서의 새로운 기후변화체제의 출발을 신현실

14) 국제환경 문제의 해결수단으로서 국제환경협약의 체결을 위한 다자간 국제협력에 회의적인 신현실주의 이론은 국제환경 문제의 해결대안으로서 자발적인 국가 간 협의체(voluntary international association)를 통해 지구 온난화를 감소하고 지구 온난화에 적응하기 위한 국가 정향적인 기술적 해결책(nationally-oriented technological solutions)을 옹호한다.

15) Daniel Heffron(Center for Geopolitics and Security in Realism Studies), "What do realists think about climate change?" http://www.cgsrs.org/files/files/publications_30.pdf (검색일: 2016년 7월 26일); Ken Sofer(Center for American Progress), "The Realist Case for Climate Change Cooperation," https://www.americanprogress.org/issues/security/news/2015/11/30/126356/the-realist-case-for-climate-change-cooperation/ (검색일: 2016년 7월 25일).

16) 왈트의 위협균형론은 방어적 신현실주의 이론으로 분류된다.

주의 이론의 관점에서 이론적으로 뒷받침하고자 하는데 구체적인 논리를 살펴보면 다음과 같다.

이제까지 살펴본 상대적 이득에 대한 우려 때문에 협력이 일어나기 어렵다는 것을 역설하는 신현실주의 이론과는 달리 위협균형론은 특정 국가가 불균형하게 많은 것을 얻는 상황이라고 할 경우라도 상대적 이득의 문제가 모든 형태의 협력을 막는 것은 아니라고 본다. 구체적으로 협력의 결과로서 얻게 되는 이익이 상대적 이득의 문제를 극복할 정도로 크면 국가들은 협력을 택할 수도 있다는 것이다. 이러한 임계치(threshold)는 국가들이 외부적인 안보위협(external security threat)에 직면했을 때 통상적으로 한번 충족되게 되는데 미국의 안보 담당자들에게 있어서 기후변화가 현재 가하는 위협이 이제 신현실주의 옹호자들이 협력해도 좋다고 생각하는 높은 임계치를 충족한다는 것이다.

왈트의 위협균형론은 앞서 언급했듯이 적대적인 외부의 위협에 직면할 경우 위협을 받은 국가들이 함께 이러한 위협에 대응하고 어느 한 행위자가 다른 행위자들을 압도할 수 없는 균형을 복원하기 위하여 동맹을 만든다는 것이다. 이러한 동맹은 통상적으로 제한적이고 단기적이며 위협이 사라질 때까지 존속된다. 만약에 기후변화가 적대적인 국가의 위협과 유사하다면 신현실주의자들의 대응이란 기후변화에 대항하여 국제적인 동맹을 결성하는 것이라고 본다. 여기에는 기후변화가 국경을 넘는 전 세계 모든 국가의 문제로서 어떠한 국가나 국경도 차별하지 않고 영향을 미친다는 특성이 고려되어 있다.

위협균형론은 미국의 오바마 정부가 대체로 이러한 접근을 택하여 전통적인 우방인 유럽과 일본 동맹뿐 아니라 중국·인도·브라질·인도네시아와 같은 비전통적인 국가들에게도 이러한 노력에의 합류를 요청했다고 본다. 기후변화가 가하는 직접적이고 간접적인 위협은 중국이나 인도와 같은 국가들의 계산법을 바꾸어 놓았다. 이들 국가는 이전에 기후변화와 싸우는 전 지구적인 노력에 전적으로 참여하지 않는 이유로서 공동의 그러나 차별화된 책임의 원칙을 인용해왔으며 상대적 이득 이론이 주장하듯이 기후변화와 싸우기 위한 대열에 동참하는 것은 개도국과 신흥공업국에 불균형적으로 이들의 이익을 침해할 수 있는데도 불구하고 참여를 결정한 것이다.

신현실주의 이론은 합리적인 국가들이 국제체제의 무정부성으로 인해 안보문제를 가장 우선시함으로써 환경문제는 주변적인 문제라는 기본적인 견해를 갖고 있다. 신현실주의 이론은 이러한 맥락에서 국제레짐과 국제기구를 포함하는 국제제도와 규범을 주변적인 것으로 본다. 예컨대 국제환경협약과 같은 국제제도를 국가 행위에 영향을 미치는 존재로 보지 않고 힘의 단순한 반영물인 부차적인 것으로 간주한다.

국가들은 힘의 관점에서 국가이익을 냉철하게 판단한 후 국가이익에 도움이 되지 않는 경우 국제환경 제도에 참여 자체를 하지 않으며 기존의 국제환경 제도에 참여하고 있다 하더라도 지속적인 참여가 더는 국가이익을 가져다주지 않는다고 인식할 경우 국제환경 제도의 규정을 위반하거나 아예 탈퇴하는 등의 행동을 취한다고 본다. 이 때문에 일반적으로 신현실주의 옹호자들은 국제환경 제도의 창설과 유지 그리고 집행에 별 관심을 두지 않는다.

신현실주의 이론에 속하는 패권안정론은 환경 분야에서의 협력의 전망을 평가하는 데 있어서 국가들 사이에 있어서의 힘의 배분을 살펴본다. 이 이론에 따르면 협력하는 것이 패권국의 이익과 일치할 때 협력이 발생한다. 이처럼 협력에 패권국의 적극적인 참여가 필요한 것은 당근과 채찍을 통해 자신보다 약한 국가들에게 협력을 하도록 강제하거나 유인할 수 있기 때문이다.

이러한 맥락에서 영(Oran R. Young)과 같은 학자는 국제협력에 대한 신현실주의 이론(좀 더 구체적으로 패권안정론)의 적실성을 보여주기 위해 강력한 국가가 그렇지 않으면 냉담할 국가들에게 국제환경레짐(international environmental regimes)을 부과해 온 다수의 사례를 부각시키고 있다. 영은 이러한 국제레짐의 예로서 국제포경협약(International Whaling Convention)을 들고 있다. 이 협약의 경우 과거에 조약의 위반이 빈번하게 있었으나 미국이 위반하는 국가에게 위협을 가하고 여기에서 나아가 실제로 경제적 제재까지 가하자 국제포경협약의 준수를 확보할 수 있게 되었다고 분석한다.[17] 영의 이러한 논의는 그가 국제레짐을 발생방식에 따라 자연스럽게 자발적으로 발생한 국제레짐과 협상의 결과로서 생기는 국제레짐에 더하여 패권국에 의해 부과된 국제레짐으로 구분하고 있는 것과 밀접한 관계가 있다.

드솜버(Elizabeth R. DeSombre)는 환경문제가 해결되기 위해서는 많은 국가로부터의 광범위한 지지가 있어야 하는가 아니면 하나의 강력한 국가의 일방적인 행

---

17) Oran R. Young, *International Cooperation: Building Regimes for Natural Resources and the Environment* (Ithaca and London: Cornell University Press, 1989), pp. 1-57.

동이 있어야 하는가를 묻고 이에 대한 답을 추구하고 있다. 좀 더 구체적으로 언제/어떻게/왜 국가는 규제를 목적으로 하는 자신의 국내 환경정책을 국제화하려고 하며 또 이러한 시도가 성공하는가를 묻고 답을 하고자 한다.18)

이에 대해 주어진 답은 강력한 국가(구체적으로 미국)는 환경정책의 국제화가 동시에 자원의 보호를 광범위하게 하고 일반적인 규제로부터 야기되는 경쟁에서의 불이익을 회피하는 것을 도울 경우라면 언제라도 다른 국가들에게 그들의 환경기준을 택하도록 압력을 가하리라고 주장한다. 드솜버는 국가 간의 정책조정이란 심지어 환경정치 부분에 있어서조차 실제에 있어서 완전히 자발적일 수 없다는 것이다.

드솜버에 따르면 산업계와 환경주의자들이 국가들에게 국내 환경정책을 국제화하여 국제 환경정책이 되도록 한다. 구체적으로 국내 환경정책의 국제화는 산업계와 환경주의자가 「성직자와 불법 주류상의 연합」이라고 칭하는 연합(서로 연합을 할 성격이라고 볼 수 없는 행위자들 간의 연합)을 형성하여 국가의 정책결정자에게 국내정책의 기준을 국제화하도록 압력을 가한 결과라고 본다.

이러한 연합이 가능한 것은 환경주의자의 관점에서 국내 환경규제 정책을 국제화할 경우 자원에 대한 보호를 보다 광범위하게 할 수 있기 때문이다. 산업계의 경우 이러한 국내 환경정책의 국제화는 규제되지 않은 외국의 산업계가 비교우위를 가지고 작동하는 것을 방지할 수 있기 때문이다. 이처럼 산업계와 환경주의자들은 환경규제에 저항하는 국가들에게 경제적인 제약을 위협하거나 실제로 부과하도록 자국 정부에 압력을 가한다.

이처럼 드솜버는 국내 환경규제 정책의 국제화를 설명하기 위한 필요조건을 산업계와 환경주의자들의 연합이라고 본다. 구체적으로 규제되고 있는 산업계가 해외에서 경쟁할 때·규제가 생산품이 아닌 과정을 포함할 때·효과적인 환경보호가 국제적인 행동을 요구할 때 국제화의 유인(incentives for internationalization)이 강해진다고 보고 이런 조건이 존재하면 국제화가 성공하기 쉽다는 가설을 수립했다. 그녀는 멸종위기의 동식물·대기오염·어족자원의 보호 등에 관한 미국의 주요 규제를 살피면서 미국이 어떤 정책을 국제화하고자 했고 이러한 국제화 시도가 얼마나 성공적이었는가를 분석하여 이러한 가설을 입증했다.

이와 더불어 그녀는 압력의 대상이 되는 국가들의 미국의 압력에 대한 대응을

---

18) Elizabeth R. DeSombre, *Domestic Sources of International Environmental Policy: Industry, Environmentalists, and U.S. Power* (Cambridge, MA: The MIT Press, 2000).

검토하고 이러한 대응이 어디에서 온 것인가를 살펴보고자 했다. 이와 관련한 세 가지의 대안적인 가설은 다음과 같다. 우선 대상 국가는 새로운 환경정책을 택하는 것이 자기중심적인 국가이익과 일치한다고 생각하기 때문에 택할 수 있다. 또 다른 하나는 새로운 환경정책을 택하라는 요청이 현재 존재하는 국제적인 규칙과 규범에 비추어 정당성(legitimacy)을 가지고 있어 택할 수 있다. 마지막으로 새로운 환경정책을 택하라는 미국의 요청이 강력하고 신뢰할만한 위협으로 뒷받침되기 때문에 택할 수 있다. 그녀는 사례분석을 통해 국내 환경정책의 국제화에 중요한 요인은 자기중심적인 이익과 정당성이 아니라 위협이라고 결론짓고 있다.

드솜버의 사례 가운데 하나로서 국제적인 어업협정을 설명하면 다음과 같다. 미국의 수산업계는 지속 가능한 어업을 위한 국제적인 기준을 지키지 않는 국가들에 대해 제재를 취하도록 정부에 압력을 가했고 환경주의자 집단들도 이러한 압력에 가세했다. 그 결과 이러한 국제적인 기준은 여러 국가에 의해 택해졌다. 이렇게 국제적인 기준을 택한 국가들은 수산물 수출에 있어서 미국에 의존적이었던 국가들이었다.

국제환경정치를 상호 이익에 대한 우호적인 상호작용의 결과물이라는 일반적인 인식을 깨고 국제적인 정책의 채택에 힘이나 위협과 같은 요인이 중요한 역할을 한다는 드솜버의 주장은 신현실주의 이론의 하나인 패권안정론의 논리와 맥을 같이 한다. 그러나 국가가 이렇게 다른 국가에 압력을 가해 국제환경레짐을 보편화시키는 데에 국내 요인의 역할을 강조함으로써 국내 요인의 역할에 관심을 가지지 않는 일반적인 패권안정론과는 차별성을 지닌다.

정확히 패권안정론은 아니나 왈츠(Kenneth N. Waltz) 역시 국제협력에서의 강대국의 역할의 중요성을 언급하고 있다. 구체적으로 왈츠는 공해(pollution)·빈곤(poverty)·인구(population)·확산(proliferation)의 문제를 대표적인 전 지구적인 문제로 여기고 이러한 문제의 국제적 관리에 대해 언급하고 있다. 그에 따르면 국내체제에서 개개의 행위는 좀 더 나은 사회적 선(social good)을 위해 중앙기관에 의한 통제가 가능하나 무정부 상태의 국제체제에서 좀 더 나은 사회적 선을 위한 통제가 불가능하다. 따라서 많은 문제가 국제적 수준에서 발생하나 해결책은 지속해서 국가 정책에 의존한다. 전 지구적인 문제를 해결하기 위해 개개 국가가 비효율적으로 취하는 저마다의 결정(tyranny of small decisions)에서 벗어나기 위해 국가체제의 중앙집권적인 정부에 해당하는 것을 수립해야 하나 기대할 수 없고 현재의 국제기구들은 어떠한 해결도 제공하지 않는다고 본다.

왈츠는 이러한 문제의 해결을 위해 강대국의 역할이 중요함을 강조하고 강대국의 수가 적을수록 또 소수의 가장 힘 있는 국가와 여타 국가와의 불균형이 크면 클수록 소수의 강력한 국가들이 국제체제의 목적을 위해 행동을 취하며 관리력(managerial power)을 행사할 가능성이 크다고 본다. 이처럼 왈츠는 국제적인 환경문제를 위시한 전 지구적 문제와 관련하여 질서를 유지하는 데 있어서 강대국의 역할을 강조한다.

국제사회가 직면하고 있는 다양한 문제들 가운데 환경문제의 경우 패권안정이론은 적실성을 가질 수 있는 이론적인 배경을 가지고 있다. 생태보전을 목적으로 하는 환경보호주의(environmentalism)가 공공재를 보호하기 위해 국가 간 환경협력과 공동관리를 중시함으로써 국가의 주권과 필연적으로 충돌하지 않을 수 없고 이러한 공익과 국가이익의 충돌문제를 해결하기 위해서는 패권국의 역할이 필요할 수밖에 없기 때문이다. 물론 이러한 논리가 적용되기 위해서는 패권국이 환경보호에 지대한 관심과 이익을 가지고 지도력을 발휘하고자 하리라는 것이 전제되어야 한다.

그러나 패권국으로서의 미국이 환경 분야에서 이러한 역할을 1980년대 이후에 그만두었는데도 환경문제를 둘러싼 국가들 사이에 협력이 계속되는 것을 제대로 설명할 수 없는 한계를 지닌다. 즉 1981~1993년과 2001~2009년은 대부분의 전 지구적 환경레짐이 창설되고 확장된 시기인데 이 시기는 미국의 힘이 1980년대 중반부터 부상하는 일본과 유럽연합의 경제력에 의해 도전을 받은 시기이고 실제로 미국은 이 시기에 국제환경 분야에서 지도력을 거의 발휘하지 않던 시기이기 때문이다.

따라서 이 시기에 창출되고 확장된 국제환경협약들은 미국의 패권에 의한 것이 아니라 국가들 사이의 광범위한 합의로 체결된 것이었다. 이처럼 패권안정론이 2차 세계대전 이후의 브레턴우즈체제(Bretton Woods System)와 같은 국제경제체제의 수립을 설명하는 데는 유용하다고 해도 국제환경레짐이 국가 간에 협상을 통해 등장하는 것을 설명할 수 없다. 이 때문에 다음에 살펴볼 신자유주의적 제도주의 이론이 국제환경 협력의 연구에 있어서 주류를 이루게 되었다.

또 다른 비판은 환경문제에 있어서 패권적인 지도력이 가능한 것인가와 관련이 있다. 이는 개선된 환경은 패권국이 협력적인 행동을 조직화하려는 이유인 부의 극대화 및 안보의 유지와 단지 간접적으로만 연관이 되어 있기 때문이다. 비록 환경문제의 해결이 부를 극대화하고 안보를 유지한다고 해도 많은 경우 국제환경 협약을 수립하려는 노력을 이끈 것은 패권국이 아니었다.

패터슨(Matthew Paterson)과 같은 학자는 국제환경 문제를 다루는 데 있어서 신현실주의 이론이 지니는 본질적인 한계를 비판하고 있다. 그에 따르면 신현실주의 이론은 환경문제가 왜 발생하는가에 대한 구체적인 원인의 진단보다는 이미 발생한 환경문제에 대응하는 데에 주된 관심을 두고 있고 이러한 대응조차도 기존의 세계정치의 권력 구조(국가체제 · 자본주의 · 지식 · 가부장제)의 틀 안에서 생각하면서 상대적 이득과 같은 개념을 통해 국제협력을 통한 대응이 어렵다고 결론짓는다.

즉 신현실주의는 공유자원의 비극 논리를 통해 환경문제의 원인을 추상적으로 진단할 뿐 이러한 환경문제의 원인을 지속적이고 본질적으로 일으키고 있는 세계정치의 권력 구조와 연결을 짓지 않는다고 지적하면서 원인을 이러한 세계정치의 권력 구조에서 찾아야 하고 처방도 이러한 권력 구조에 대한 저항과 변혁에서 찾아야만 한다는 것을 강조한다.[19)]

신현실주의 이론에 가해지는 비판의 하나로서 신현실주의 이론이 환경의 문제를 국가의 안보문제로만 배타적으로 연결을 짓고 있다는 점을 지적할 수 있을 것이다. 이러한 논리로 인해 국가 간의 협력이 어렵다는 결론을 내리고 있으나 국제사회의 국가들 가운데 환경문제를 전적으로 국가안보의 차원에서만 고려하는 국가들이 과연 얼마나 될까를 고려한다면 이러한 논리는 국력을 둘러싸고 경쟁을 벌이고 있는 지극히 제한된 강대국 사이에 국한하여 적용될 수 있을 것이다.

2. 신고전적 현실주의 이론

1) 신고전적 현실주의 이론의 핵심 내용

「신고전적 현실주의(neoclassical realism, NCR)」라고 불리는 현실주의의 분파가 등장하여 신현실주의에 수정을 가하고자 했다. 신고전적 현실주의 이론은 신현실주의 이론이 국제체제의 무정부성과 힘의 배분만을 요인으로 하여 국제관계를 설명하고자 하는데 반기를 들고 국제체제의 특성뿐 아니라 국내 요인을 통해 국제관

---

19) Matthew Paterson, *Understanding Global Environmental Politics: Domination, Accumulation, Resistance* (London: Macmillan, 2000).

계뿐 아니라 개개 국가의 행동(즉 국가의 외교정책)을 설명하고자 했다. 구체적으로 신고전적 현실주의 이론은 국제체제 수준의 요인을 독립요인으로 보고 국내적인 요인을 이러한 독립요인과 국가의 외교정책이라는 종속요인 사이에 존재하는 연결벨트(transmission belt) 혹은 매개변수(intervening variable)로 간주한다.

이처럼 국내 요인을 매개변수로 두는 이유는 국제체제의 무정부성과 힘의 배분이 국가의 외교정책에 미치는 영향이란 직접적이지 않고 단순하지도 않다고 보기 때문이다. 다시 말해 국제체제가 부과하는 압력이 국가의 외교정책에 그대로 전달되지 않고 중간에 국내 요인들을 거쳐 전달된다는 것이다.

신고전적 현실주의 이론은 장기적으로 신현실주의 이론의 주장대로 국제적 결과(international outcome)가 국제체제 수준의 요인의 특성을 반영하는 것이 될 수 있다고 본다. 그러나 좀 더 단기적으로는 국가들이 추구하는 정책이란 순수하게 국제체제 수준에서의 요인만으로는 좀처럼 예측하기 어렵다는 견해를 보인다. 이는 단기적으로 권력(power)과 타국의 의도를 평가하는 데 있어서 정치지도자들이 겪게 되는 어려움 등으로 인해 외부환경 변화에의 시의적절하고 효율적인 대응이 어렵기 때문이라고 본다.

이러한 매개변수에는 국가 수준의 요인과 개인 수준의 요인들이 포함되는데 구체적으로 정치인의 인식 · 정치적 제도나 군사적 제도의 동원능력 · 국내사회 행위자와 이익단체의 영향력 · 국가와 사회의 관계(국가의 사회로부터의 자율성) · 엘리트나 사회의 결집 수준 등도 포함된다.

신현실주의 이론의 경우 국가들이 위험한 위협에 직면하게 되면 동맹을 형성하거나 그들 자신의 능력을 증대시킴으로써 혹은 이 두 가지 모두를 결합하여 균형을 이룬다고 예측한다. 그러나 실제에 있어서 과소 균형(underbalancing)이 발생한다는 현상에 주목하고 이를 설명하기 위해 신고전적 현실주의 이론을 적용하고 있다.[20] 이러한 과소 균형 현상은 국내 정치적 고려 때문에 제약을 받는 엘리트로 구성된 일관되지 못하고 분절된 국가에서 가장 발생하기 쉽다고 진단한다.

다시 말해 국가의 내적 역량(internal capability)이 외부의 위협과 기회에 대응하는 것을 촉진하거나 방해한다는 것이다. 구체적으로 통합된 정부 및 사회구조를

---

20) 과소 균형이란 구조적인 조건으로 보았을 때 균형정책이 발생해야 할 상황인데 국가들이 위험한 위협을 인식하지 못하고 대응하지 않기로 선택하거나 신중하지 않게 대응함으로써 균형에 미치지 못함을 의미한다.

지니는 국가가 외부의 위협에 좀 더 잘 대응할 수 있는 위치에 있게 된다. 이와는 달리 분절된 국가의 경우 외부의 일에 대응하거나 이용할 수 있는 단일한 결정을 집행하는 것이 어렵다.21)

신고전적 현실주의 이론이 신현실주의 이론과 다른 점을 요약하면 신현실주의 이론에 있어 국가는 무정부적 국제체제의 특성이라는 외부적 요인에 의해 생존과 안보를 위해 힘을 추구하는 행동만을 하도록 강요받는 행위자이나 신고전적 현실주의 이론의 경우 이러한 외부적 요인만이 아니라 국내 요인에 의해 힘을 추구하는 국가의 행동이 영향을 받게 된다고 본다.

이러한 신고전적 현실주의 이론이 등장한 배경에는 신현실주의 이론이 현실세계를 제대로 설명하지 못하는 한계에 대한 인식이 자리하고 있었다. 우선 냉전 종식 후 신현실주의 이론의 예측과는 달리 국제체제 수준에서 과거와 같은 방식으로의 세력균형이 이루어지지 않았다. 더불어 개개 국가마다 혹은 지역마다 나름의 특성이 있음에도 불구하고 유럽의 역사적 배경으로 만들어진 신현실주의 이론을 무비판적이고 일률적으로 적용함에서 오는 현실과의 괴리도 큰 이유가 되었다. 더불어 신현실주의 이론이 설명의 대상을 개개 국가의 행동보다는 국제관계의 특징에 초점을 두다 보니 개개 국가의 행동에 대한 설명과 예측이 필요했다.

2) 신고전적 현실주의 이론의 적용 사례22)

앞서 이론 부분에서 살펴보았듯이 신고전적 현실주의는 국제체제의 무정부성이 주는 국가 행동의 방향성이 국내 요인들에 의해 달라지면서 종국적으로 국가 행동의 차이를 가져온다고 본다. 이러한 신고전적 현실주의 관점을 적용하여 국제 환경 분야를 분석하고자 하는 시도들이 점차 증가하고 있다.

헤프론(Daniel Heffron)은 민주주의 국가냐 권위적인 국가냐에 따라 기후변화로부터 발생하는 외부적인 위협에 대한 대응이 다르다고 본다. 이는 신현실주의 이론이 국제체제의 무정부성으로 인해 모든 국가는 동일하게 상대적 이득에 민감하게 반응한다는 가정을 거부하는 것이다. 헤프론의 신고전적 현실주의 이론에 따른

---

21) Randall L. Schweller, "Unanswered Threats: A Neoclassical Realist Theory of Under-balancing," *International Security*, Vol. 29, No. 2 (Fall 2004), pp. 159-201; Randall L. Schweller, *Unanswered Threats: Political Constraints on the Balance of Power* (Princeton, N.J.: Princeton University, 2006).

22) 박재영, 전게서, pp. 115-119.

분석을 살펴보면 다음과 같다.[23]

구체적으로 민주주의의 경우 지도자들은 다시 선출되기 위해 단기적인 이득에 중점을 두게 마련이라고 본다. 즉 국민 대부분을 만족시켜 권력에 지속해서 머물기 위한 욕구로 인해 장기적으로 이득이 될 수 있는데도 불구하고 경제를 화석연료 경제로부터 재생에너지 경제로 전환하려는 주요한 조치를 하지 않는다고 본다.

화석연료에 의존적인 경제를 재생에너지 경제로 전환하기 위해서는 큰 규모의 비용이 소요되어 복지예산을 비롯한 다른 예산의 삭감을 동반하기 쉽고 비용을 투입한다고 해도 그 효과가 금방 드러나는 것이 아니다. 따라서 자신의 임기 동안의 치적으로 남기고 싶은 경제성장과 번영에 도움이 되지 않는다고 판단하기 때문이다. 즉 민주주의 국가 지도자들은 재선을 위해 국민에게 직업을 제공하고 생활 수준을 개선하며 경제가 잘 운영되고 있다는 것을 보여주는 것에 우선권을 둔다는 것이다.

이러한 예는 영국의 캐머런(David Cameron) 총리가 2010년에 집권한 이래 영국 정부는 재생에너지 분야의 예산을 대폭 삭감하고 화석연료와 핵연료의 사용을 늘리는 쪽으로 정책 방향을 급선회했다는 것에서도 드러난다. 2010년 선거승리와 2015년 재선 사이에 카메룬 총리는 대규모 공적지출 삭감과 보건의료 서비스 예산의 삭감을 통해 경제성장에 박차를 가했던 것도 같은 맥락이다.

이와는 달리 한 사람 혹은 단일의 정당이 장기간에 걸쳐 권좌에 머물러 있어 다음 재선에서의 선출을 위해 국민을 만족시킬 필요가 덜한 국가의 경우 기후변화를 완화하기 위한 정책이 민주주의 국가보다 더 수월하게 취해지고 집행될 수 있다고 본다. 즉 권위적인 국가의 지도자들은 자신들이 원하는 바대로 기후변화에 대한 직접적인 행동을 취할 수 있는 능력과 자유를 보유하고 있다. 이러한 것은 중국이 이산화탄소를 가장 많이 배출하는 동시에 재생에너지에 가장 많은 투자를 하고 있으며 엄격한 새로운 대기 오염법과 더불어 다른 환경규제를 시행하고 있는 것에서도 드러난다.

푸루동(Mark Purdon)은 국제체제의 특징인 무정부성으로부터 기인하는 상대적 이득에 대한 국가들의 관심이 기후변화를 둘러싼 협력에 제약을 가한다는 것을 수

23) Daniel Heffron(Center for Geopolitics and Security in Realism Studies), "What do realists think about climate change?" http://www.cgsrs.org/files/files/publications_30.pdf (검색일: 2016년 7월 26일).

용하는 한편 이러한 상대적 이득에 관한 관심은 신현실주의 이론이 가정하는 것처럼 동일하지 않고 국가마다 정도에 있어서 차이가 존재하며 이로 인해 국가마다 기후변화에 대처하는 데 있어서 행동의 차이를 보인다고 주장한다. 그는 국가마다 상대적 이득에 대한 민감성의 차이는 국제적인 전략적 환경 · 개개 국가별 특정의 전략적 환경 · 개개 국가의 국내정치(domestic politics)라는 3가지 변수군으로부터 유래된다고 주장한다.24)

제2절 자유주의 이론

자유주의 시각은 기본적으로 국가란 단순히 국가이익을 일방적으로 추구하고 힘을 극대화하기보다는 공유된 관심사를 촉진하기 위해서 주권을 공동으로 행사하고 국제적으로 협력함으로써 그들의 상호 이익을 효과적으로 충족시킬 수 있다는 견해를 공유한다. 여기에서는 자유주의 이론을 국제레짐론 · 신자유주의적 제도주의(neoliberal institutionalism) 이론 · 자유주의 국제관계 이론 · 글로벌 거버넌스론 · 다자주의로 구별하여 살펴보고자 한다.

1. 국제레짐론

신자유주의적 제도주의 이론은 처음에 공식적인 조직체로서의 국제기구보다 국제레짐에 중점을 두는 국제레짐론으로부터 출발했다. 국제레짐론은 나중에 국제레짐뿐 아니라 국제기구까지 포함하여 이 두 요소를 국제제도(international institutions)로 칭하고 이들 모두를 연구의 대상으로 하는 신자유주의적 제도주의 이론으로 확장되었다.25) 따라서 신자유주의적 제도주의 이론에 대한 설명에 앞서 신자유주의적 제도주의의 모태이자 발생의 배경인 국제레짐론을 먼저 살펴보고자 한다.

---

24) Mark Purdon, "Neoclassical realism and international climate change politics: moral imperative and political constraint in international climate finance," *Journal of International Relations and Development*, Vol. 17, No. 3 (July 2014), pp. 301-338.

25) 따라서 신자유주의적 제도주의의 분석을 「제도적 분석(institutional analysis)」이라고 칭한다.

1) 국제레짐론의 등장 배경

코헤인과 나이(Robert O. Keohane and Joseph S. Nye, Jr.)는 1977년에 출간된 「권력과 상호의존: 전환기의 세계정치(Power and Interdependence: World Politics in Transition)」라는 책을 통해 상호의존론을 제시하면서 국제레짐이라는 개념을 소개했다.[26] 이들은 상호의존적인 국제사회에서 국가들은 상호 이익을 위해 다양한 이슈 영역에 걸쳐 협력하게 되며 이러한 협력의 증대는 이를 유지할 제도를 필요로 한다는 인식하에 이러한 상호의존의 제도화 측면에 주목했다.

이러한 상호의존의 제도화 측면에 대한 분석을 위해 「명시적인 조직을 수반할 수도 그렇지 않을 수도 있는 기대하는 바가 수렴하는 인정된 패턴」으로 정의되는 국제레짐의 개념을 도입한 것이다. 상호의존의 시대에 이슈 영역마다 국제적 결과(international outcome)로서 국가 간에 제도화된 상호작용의 패턴이 존재한다는 인식이 1970년대 후반 상호의존론에 의해 제기된 이래 국제레짐론이 활성화되기 시작했다. 1980년대에 들어서 상호의존론의 이러한 인식이 확대되어 국제레짐이 무정부성을 특징으로 하는 국제체제에서 국제공동체(international community)가 질서를 유지하고 다양한 문제를 극복하도록 돕는 존재로 인식되었다. 이처럼 1980년대에 들어서 국제레짐론이 본격적으로 활성화된 배경을 살펴보면 다음과 같다.

2차 세계대전 이후 미국의 주도하에 형성된 국제경제 질서가 20여 년간 국제통화와 국제무역 분야에서 지속되어 왔다. 그러나 1960년대 후반에 접어들어 변화를 보이기 시작하더니 1970년대 초에 국제통화 분야에서 브레턴우즈체제(Bretton Woods System)가 붕괴했다. 국제무역 분야에서도 미국이 주도적으로 수립한 자유무역질서를 옹호하는 관세와 무역에 관한 일반협정(GATT) 체제가 쇠퇴하기 시작하여 비관세 장벽을 통한 보호무역주의 경향이 강화되고 전통적인 다자주의가 아닌 일방주의·쌍무주의·배타적 지역주의의 경향이 강화되었다. 이와 때를 같이한 독일과 일본의 경제적 발전은 미국의 상대적 위상의 약화를 가져왔고 베트남전에서의 패배와 1차 오일쇼크(석유위기)에서의 미국의 무력감은 미국의 상대적 힘이나 영향력이 약화되지 않았나 하는 의구심을 낳았다.

이러한 국제통화질서와 국제무역질서의 변화가 미국의 국력의 상대적인 변화

---

26) Robert O. Keohane and Joseph S. Nye, Jr., *Power and Interdependence: World Politics in Transition* (Boston: Little Brown, 1977).

와 별개의 현상이 아닌 상호관계가 있는 것일 수 있다는 인식과 더불어 이들의 관계를 실증적으로 규명하고 이를 기초로 미래의 국제질서를 예측하고자 하는 노력이 활발하고 다양하게 벌어졌다.

이러한 현상에 대해 나름의 대답을 제시하기 위해 등장한 신현실주의 이론이 이미 살펴본 바 있는 패권안정론이다. 이 이론은 미국의 패권쇠퇴가 패권 아래 생성된 국제질서의 붕괴를 가져올 것으로 예측했다. 국제무역 분야를 예로 들자면 미국 패권의 쇠퇴와 더불어 국제무역질서는 보호무역주의의 확대로 특징 지워질 것이라는 비관적인 전망을 제시했다.

그러나 이러한 진단과 예측과는 달리 1980년대에 들어서서 미국의 국력이 상대적으로 쇠퇴했음에도 불구하고 기존의 국제경제 질서 등에 있어서 눈에 띄는 쇠퇴 현상이 보이지 않았다. 이러한 현상에 직면하여 일단의 학자들이 이러한 현상을 논리적으로 설명하기 위해 탄생시킨 이론이 바로 국제레짐론이다. 즉 국제레짐론은 패권국에 의해 수립된 국제질서가 패권 이후에도 존속할 수 있다는 주장을 제시하기 위해 탄생한 이론이다. 이러한 국제레짐론은 국제사회에서 중앙정부가 부재한 가운데 존재하는 국제질서(패권안정론이 말하는 힘으로 부과된 국제질서가 아니라 국가들이 자발적으로 수용한 협력적인 국제질서)를 「국제레짐」이라고 개념화하고 이 개념을 통해 국제질서의 구현물인 국제협력의 생성과 유지를 설명하고자 했다.

국제레짐이라는 용어는 여러 학자에 의해 다소 다르게 정의되나 여기에서는 가장 많은 사람에 의해 수용되는 크라즈너(Stephen D. Krasner)의 정의인 「국제관계의 주어진 특정 역에서 행위자들의 기대하는 바가 일치하는 명시적 혹은 묵시적인 일련의 원칙 · 규범 · 규칙 · 의사결정 과정」을 따르고자 한다.[27]

국제레짐론은 패권 이후의 협력 가능성을 설명하기 위한 동기로 고안되었으나 여기에서 나아가 국제체제의 특징인 무정부하에서의 협력(cooperation under anarchy)이 어떻게 발생하고 유지될 수 있는가를 주요한 연구 질문(research question)으로 했다. 연구 질문을 좀 더 구체적으로 말하면 「국제협력은 국제레짐에 바탕을 두고 있는데 이러한 국제레짐은 왜 그리고 어떻게 생성되고 유지되는가」이다. 국제레짐론은 게임이론적 접근과 기능주의적 접근법에 근거를 두고 이러한

---

27) Stephen D. Krasner, "Structural Causes and Regime Consequences: Regimes as Intervening Variables," in Stephen. Krasner, ed., *International Regimes* (Ithaca: Cornell University Press, 1983), pp. 1-21.

연구 질문에 답을 제시하고자 했다.

2) 국제레짐론의 2가지 접근법

여기에서는 국제레짐의 접근법으로서 코헤인(Robert O. Keohane)이 제시한 게임이론적 접근과 집단행동 이론적 접근을 구분하여 살펴보고자 한다.

(1) 게임이론적 접근

게임이론에는 여러 가지가 있는데 대표적인 것으로서 죄수의 딜레마 게임이론(prisoners' dilemma game theory)이 있고 이러한 게임이론의 큰 규모의 형태의 것으로서 집단행동이론(collective action theory)이 있다. 이러한 이론들은 합리적 선택이론으로서 협력함으로써 서로 이득을 얻을 수 있음에도 불구하고 행위자들 사이에 왜 협력이 일어나지 않느냐를 설명하기 위해 현실주의자들에 의해 즐겨 사용되는 이론이다.

코헤인은 이러한 이론들이 가정하고 있는 행위자의 합리성을 그대로 따르면서 이러한 이론들의 가정의 일부를 수정 또는 현실화시켜 패권국의 존재가 국제협력을 도울 수는 있으나 패권국이 없어도 자기중심적인 이익을 추구하는 국가들 사이에 국제협력이 형성되고 유지되는 것을 보여주고자 했다. 즉 개인의 이익추구가 예기치 못한 결과를 가져오는 죄수의 딜레마와 같은 상황에서 행위자 간에 실제로 협력이 나타날 수 있다고 주장한다. 게임이론적 접근법은 통상적으로 협력의 부재를 설명하는 논리로서 적용되곤 하는데 어떻게 협력을 가능하게 하는 논리로 전환될 수 있을까?

우선 죄수의 딜레마 게임은 게임의 일회성을 가정하고 있으나 신자유주의적 제도주의 이론의 게임이론적 접근은 이를 반복적인 게임으로 수정했다. 이러한 반복게임의 가정 속에서 이기적인 행위자는 단기적이고 일회적인 게임에서의 이득추구로 인해 협력하지 않을 시 상대방으로부터 미래의 게임에서 보복(tit-for-tat)을 당할 수 있다는 우려로 협력이 장기적인 관점에서 이득이 된다는 것을 깨닫고 협력을 선택할 수 있다고 본다. 즉 미래의 우려(shadow of the future)가 협력을 촉진한다는 것이다.[28]

---

28) 「shadow of the future」란 용어는 「미래의 그림자」 혹은 「미래의 기대」 등으로 번역되기도 한다.

이처럼 죄수의 딜레마적 상황이 미래의 게임에서의 보복에 대한 우려로 인해 협력으로 전환될 수 있다고 한다면 국제레짐은 이러한 것과 무슨 연관이 있는가? 이에 대한 답은 간단하다. 국제레짐은 배신(cheating)에 대한 미래의 보복 가능성을 높여주는 역할을 함으로써 협력을 가능하게 한다. 국제레짐의 이러한 역할 때문에 국가들은 국제레짐을 창설하고 유지하려 하며 이러한 역할로 인해 구조적으로 협력이 어려운 무정부 상태의 국제체제에서 협력이 가능해진다는 것이다.

신현실주의 이론은 상대적 힘(이득)에 대한 우려와 더불어 배신에 대한 우려를 국제협력의 장애로 간주한다. 신자유주의적 제도주의 이론은 국제레짐이 이러한 배신에 대한 우려를 감소시킴으로써 협력을 가능하게 한다고 본다. 국제레짐의 이러한 역할은 다른 이슈 영역보다 특히 국제무역·통상·금융과 같은 국제정치경제라는 이슈 영역에서 흔히 발견된다. 이러한 이슈 영역에서 상호성(reciprocity)을 갖지 않는 협력에 보복을 가하는 것이 언제나 가능하며 미래의 게임에서 보복을 받을 것이라는 예상이 국제협력에 중요한 역할을 하며 이와 관련하여 국제레짐이 중요한 역할을 한다. 미래에 대한 우려로 현재의 협력을 가능하도록 하는 데에 국제레짐이 중요한 역할을 한다고 하는데 구체적으로 어떤 방식을 통해 이러한 역할이 이루어지고 있는가를 살펴볼 필요가 있다.

앞서 국제레짐의 정의를 살펴보았듯이 국제레짐이란 특정 영역에서 행위자들 사이에 일반적으로 수용되고 있는 기대치이므로 국가들은 이러한 기대치에 부응해야 한다는 의무감(국제레짐의 성격에 따라 규범적인 의무감이거나 법률적 의무감)을 가지게 된다. 따라서 국제레짐은 국가들이 어떻게 행동하여야 하는가에 대한 지침으로서의 영향을 미치게 된다.

만약에 현재 시점에서 일국에 의해 이러한 국제레짐에 대한 배신(즉 위반)이 발생한다면 타국은 이러한 현재의 배신을 고려하여 후일 국제레짐을 배신한 국가와의 협력의 여부나 정도를 결정짓게 된다. 타국은 일국의 배신 선례를 당사자로서 직접 경험할 수도 있고 제삼자로서 배신한 국가에 부과된 제재나 처벌의 기록을 통해 간접적으로 알 수도 있다.

여하튼 이러한 과거의 선례가 미래의 협력을 촉진하거나 발목을 잡을 수 있다. 따라서 일국은 미래 시점에서 타국과의 협력이 필요할 경우를 고려하여 현재 시점에서 배신이 아닌 준수를 택하게 된다. 즉 국제레짐은 일국의 현재 행동이 미래의 문제에서의 타국의 행위(즉 협력의 여부)에 영향을 미칠 것이라는 기대에 영향을 미침으로써 현재 시점에서의 일국의 협력을 끌어내는 역할을 한다고 본다.

이뿐만 아니라 국제레짐은 위반한 특정 국가에 대해 국제레짐이 가한 제재나 처벌의 선례에 대해 다른 국가들이 관심을 가지도록 함으로써 이들의 위반을 억제하는 역할을 한다. 즉 국제레짐이 규범과 규칙을 위반한 국가에 제재나 처벌을 가하는 경우 국제레짐은 이러한 제재의 사례를 하나의 고립된 사례가 아닌 상호 연관된 사례가 되도록 함으로써 다른 국가들의 위반을 억제하는 역할을 한다. 이런 방식으로 국제레짐은 미래와 현재를 연결하는 것을 도움으로써 협력을 촉진하는 역할을 한다.29)

이처럼 국제레짐론의 게임이론적 접근은 미래의 보복에 대한 우려라는 개념을 통해 패권 부재 하에서 국제협력이 유지되는 것을 설명함으로써 패권 국가의 존재와 국제협력의 상관성을 강조하는 패권안정론에 비판을 가했다. 이러한 비판은 패권안정론자들의 반론을 불러왔다. 예컨대 킨들버거(Charles P. Kindleberger)는 미래의 게임에서의 보복 가능성이 상호 간의 협력으로 연결되기보다는 파국으로 몰고 갈 수 있다고 주장했다.

앞서 언급했듯이 신현실주의 이론은 국제협력에 장애가 되는 요인으로서 타국의 배신과 상대적 이득에 대한 우려를 지적한다. 이러한 관점에서 신현실주의 이론은 국제레짐론이 국제레짐이 배신 문제의 완화에 큰 역할을 한다는 것에 배타적인 주의를 기울이고 상대적 이득의 문제에 대해서는 소홀하여 이에 대한 체계적인 분석과 설명을 결하고 있다고 비판한다.

이러한 주장을 하는 대표적인 학자인 그리코(Joseph M. Grieco)는 게임이론적 접근법이 무정부 상태로부터 야기되는 전쟁의 위협을 고려하고 있지 않으며 이로 인해 상대적 이득의 중요성을 무시하고 국가들은 절대적 이득에만 관심이 있다고 가정한다고 비판한다.30) 즉 게임이론적 접근법은 행위자들을 자신의 최대효용 확보에만 관심을 기울이는 존재로 보고 있으나 실제로 행위자는 절대적 이득뿐만 아니라 상대적 이득을 중요한 고려의 대상으로 보기 때문에 협력이 쉽게 일어나지 않는다는 것이다.

---

29) Robert Axelrod and Robert O. Keohane, "Achieving Cooperation under Anarchy: Strategies and Institutions," *World Politics*, Vol. 38, No. 1 (October 1985), p. 234.

30) Joseph M. Grieco, "Anarchy and the Limits of Cooperation: A Realist Critique of the Newest Liberal Institutionalism," *International Organization*, Vol. 42, No. 3 (Summer 1988), pp. 485-487.

앞서 현실주의 이론 부분에서 살펴보았듯이 국가들이 상대적 이득에 민감하여 협력이 어렵다는 신현실주의 이론의 주장은 무정부 상태에 있는 국가들은 생존과 안보를 우려하고 있다는 생각에 기초를 두고 있다. 무정부 상태에서 국가들은 오늘의 친구가 내일의 적이 될지 모른다는 것을 우려하기 때문에 협력을 통해 공동의 이득(joint gains)을 얻을 수 있어도 이러한 이익이 친구에게 상대적으로 유리한 것일 경우 이것이 미래에 있어서 좀 더 위험한 적을 만들어낼지 모른다는 것을 두려워하고 있다. 따라서 국가들은 상대방의 이득에 심각한 주의를 쏟아야만 한다는 것이다.31)

또 다른 비판은 게임이론적 접근법이 외부적으로 주어진 국가의 이익과 선호(national interest and preference)를 가지고 국제협력을 설명하고자 한다고 지적하고 이러한 국가의 이익과 선호에 영향을 줄 수 있는 국내 요인에 관한 연구가 필

31) 신현실주의 이론과 신자유주의적 제도주의 이론의 상대적 이득과 절대적 이득을 둘러싼 논쟁은 계속되고 있다. 이러한 논쟁의 과정에서 「국가는 상대적 이득에 민감하다」 혹은 「절대적 이득에 민감하다」는 식의 단순한 이분법적 논의에서 나아가 이러한 주장이 적합할 수 있는 구체적인 조건 등이 제시되기도 한다. 예컨대 포웰(Robert Powell)과 같은 학자는 전쟁의 가능성이 감소할수록 상대적 이득에 대한 우려는 감소한다는 주장을 전개한다. 더불어 상대적 이득으로 인해 협력이 제한되는 국가 간에는 상호작용의 영역 역시 제한된다고 본다(Robert Powell, "Absolute and Relative Gains in International Relations Theory," *American Political Science Review*, Vol. 85, No. 4 (December 1991), pp. 1303-1320). 스나이덜은 협력을 제한하는 상대적 이득은 단지 특별한 조건, 즉 경직된 양극성(tight bipolarity)에서만 발견된다고 주장한다. 다시 말해 상대적 이득이 고려되어야 하는 상황이란 두 국가만이 상호작용을 하는 경우로 제한된다는 것이다. 만약에 국가가 최소한 부분적이라도 절대적 이득에 의해 동기화되었거나, 국가 간 최초의 상호작용이 수인의 딜레마 상황이 아니거나, 국제체제에 둘보다 많은 행위자가 존재할 경우 상대적 이득은 아주 중요한 것은 아니라는 주장을 제기한다. 스나이덜은 특히 협력에 관여하고 있는 국가의 수를 중요하게 여기며 국가의 수가 증가할수록 상대적 이득에 관한 우려는 크게 줄어든다고 주장한다. 스나이덜은 「상대적 이득」이라는 말 대신에 국가 간의 비용과 이익의 동일한 분할을 의미하는 「일정한 수익(constant return)」이라는 개념을 도입하여 국가들이 협력을 선호한다는 주장을 제기한다(Duncan Snidal, "Relative Gains and the Pattern of International Cooperation," American Political Science Review, Vol. 85, No. 3(September 1991), pp. 701-726). 이러한 신자유주의적 제도주의 이론의 입장에서의 논의의 전개와 더불어 기본적으로 신현실주의 이론을 수용하면서 상대적 이득과 협력을 좀 더 세련되게 논의하고자 하는 견해들도 존재한다. 예컨대 상대적 이득에 대해 국가가 느끼는 민감성의 정도가 상대방의 미래 의도에 관한 불확실성(uncertainty)의 정도 · 국가들이 얻게 될 이득에서의 차이의 크기 · 상대적으로 더 얻게 되는 이득의 가치의 정도 · 상대방 국가의 상대적인 힘의 크기에 달려 있다고 보고 협력을 설명하고자 하는 경우가 있다. 이러한 논쟁에서 더 나아가 밀너 같은 학자는 국가가 그들의 이익을 전적으로 국제체제로부터 도출해 내는 것에 의문을 제기하고 국익의 원천을 국제적인 것뿐만 아니라 국내적인 것으로부터도 균형적으로 두어야 함을 강조한다(Helen V. Milner, "International Theories of Cooperation among Nations: Strengths and Weaknesses," *World Politics*, Vol. 44, No. 3 (April 1992), pp. 466-496).

요하다는 것을 강조한다. 협력의 발생을 설명할 수 있으나 협력의 변화를 설명하는 것이 어렵다는 것도 또 다른 비판이다. 이 접근법의 장점은 단순함에서 오는 명료함인데 국가 간 협력의 복잡함을 너무나 단순화시키고 있다는 비판도 중요한 비판 가운데 하나이다.32)

(2) 집단행동 이론적 접근

집단행동이론은 다수의 구성원으로 구성된 집단에서 합리적인 행위자인 구성원들이 개별적으로 비용을 부담하지 않으면서 공공재(public goods)가 가져다주는 혜택만을 누리려는 무임승차(free-ride)의 경향을 가져 집단행동 즉 협력이 일어나기 어렵다는 것을 설명하는 이론이다.33) 집단행동이론에 따르면 자기중심적인 합리적인 행위자의 무임승차 경향으로 인해 협력의 일어나지 않을 뿐 아니라 제재의 문제를 일으켜 기존 협력의 붕괴를 가져오기도 한다. 제재의 문제로 협력이 붕괴한다는 것의 의미를 살펴보면 다음과 같다.

상호성(reciprocity)은 자기중심적인 행위자들 사이에서 협력을 유인하는 효과적인 전략이지만 행위자가 많으면 비협력자를 찾아내기가 어렵고 찾아낸다고 해도 이를 처벌하는 것이 어렵다. 이는 협력자들은 자신이 아닌 다른 누군가가 규칙 위반자에 대해 기꺼이 강제하기를 바라고 스스로 경찰관의 역할을 떠맡으려 하지 않기 때문이다. 이는 위반자를 강제하는 데 있어 무임승차를 하려는 경향이 발생한다는 것을 지적하는 것으로서 이러한 어려움을 「제재문제(sanctioning problem)」라 부르며 제재문제가 심각할 때 협력은 붕괴될 위험에 놓이게 된다는 의미이다.

코헤인은 일회성 게임이라는 가정을 반복게임이라는 가정으로 바꾸는 것과 더불어 집단행동이론이 가정하고 있는 다수의 참여자를 소수의 참여자로 바꾸어 협력이 일어날 수 있음을 설명하고자 했다. 소수의 행위자는 서로의 행위를 면밀하게 감독할 수 있으므로 협력을 하는 것이 이득임을 인식하게 되기 때문에 협력이 이루어진다고 보는데 이는 국제사회에 존재하는 국가가 200여 개가 되지만 실질적인 관계를 갖는 국가의 수는 이보다 훨씬 적다고 하는 실증적인 사실에 기초하

32) Stephan Haggard and Beth A. Simmons, "Theories of International Regimes," *International Organization*, Vol. 41, No. 3 (Summer 1987), pp. 504-506.

33) 여기에서 공공재란 깨끗한 공기와 같은 것으로서 수혜를 배제할 수 없는 성격(비배제성)을 가지며 특정인이 이를 사용해도 전체의 재화의 양이 줄어들지 않는 성격(비경쟁성)을 가진 재화를 일컫는다. 집단행동이론뿐 아니라 공유자원의 비극(Tragedy of the Commons) 논리 역시 협력의 장애로서 무임승차의 문제를 제기한다.

고 있다고 볼 수 있다.

이처럼 집단행동이론은 협력의 장애 요인을 다수의 사람으로 구성된 집단에서 이기적인 개인들이 보이는 무임승차 경향에서 찾는다. 따라서 구성원의 수가 적다면 서로에 대한 감시로 무임승차 경향이 완화되어 협력할 수 있다는 논리를 전개한다. 그렇다면 이러한 논리와 국제레짐은 무슨 관련을 가지는 것일까?

수정된 집단행동이론에 따르면 국제레짐은 바로 무임승차의 완화를 돕는 기능을 한다. 이러한 관점은 국제레짐의 기능을 무임승차 국가에 대한 제재와 무임승차를 하지 않은 국가에 대한 보상을 통해 무임승차의 경향을 줄이는 것을 돕는 것으로 본다. 무임승차의 완화는 이러한 제재와 보상뿐 아니라 교육을 통해서도 이루어지는데 국제레짐이 이러한 기능도 할 수 있다고 본다.

3) 국제레짐론의 연구 중점의 변화

국제레짐에 관한 연구는 초창기에 국제레짐의 형성에 중점이 주어져 이슈의 성격이 국제레짐의 형성에 미치는 영향·국제레짐 형성의 과정과 단계·국제레짐의 추동 요인 등이 주요한 연구의 대상이 되었다. 나중에 국제레짐의 변화에 관한 연구가 이루어지면서 변화의 원인·변화의 과정·변화의 유형 등이 중요한 연구의 대상이 되었다. 여기에서 나아가 국제레짐이 국가의 행동에 미치는 실질적인 영향에 관한 연구가 활발하게 이루어져 레짐 효과성(regime effectiveness)과 레짐의 준수(regime compliance)가 중요한 연구의 대상이 되었다. 레짐의 효과성과 관련하여서는 이러한 효과성에 영향을 미치는 요인이 중요한 연구의 대상이 되었다.

2. 신자유주의적 제도주의 이론

1) 신자유주의적 제도주의의 등장 배경

코헤인은 1984년에 출간된 「패권 이후(After Hegemony)」라는 책에서 패권 이후의 세계에서 협력이 발생하는가의 문제에 관심을 집중하면서 국제레짐 이외에 정부간기구(intergovernmental organization, IGO)와 국제비정부기구(international nongovernmenatal organization, INGO)를 포함하는 국제기구와 더불어 상호주의(reciprocity)처럼 국제레짐과 같은 기능을 하는 비공식적 국제규범을 「국제제도

(international institutions)」로 총칭하면서 「신자유주의적 제도주의 이론」을 성립시켰다.[34] 코헤인이 신자유주의적 제도주의를 성립시킨 배경을 살펴보면 다음과 같다.

코헤인은 배신에 대한 미래의 보복과 행위자의 수라는 변수로서 국제협력의 발생과 이러한 협력을 가능하게 하는 국제레짐의 역할에 대한 설명에 만족하지 않고 다른 부류의 합리적 선택이론인 미시경제학의 「시장실패이론(market failure theory)」을 적용하여 신자유주의적 제도주의 이론의 기능주의적 접근을 제시했다.[35]

기능주의적 접근은 행위자의 합리성 가정에 기반을 두고 있으면서 시장의 불완전성・거래와 정보의 비용・불확실성을 협력의 주요 장애로 보는 접근이다. 이러한 기능주의적 접근의 핵심적인 주장은 간단하다. 무정부 상태의 국제체제는 시장실패이론이 지적하는 자유시장과 유사하게 정보의 부족으로 인한 불확실성과 거래비용(transaction cost) 등으로 인해 서로에게 도움이 되는 협력이 발생하기 어려운데 국제제도가 이러한 협력의 장애를 없애거나 완화하는 일련의 기능을 수행함으로써 국제협력을 가능하게 한다는 것이다.[36]

---

34) Robert O. Keohane, *After Hegemony: Cooperation and Discord in the World Political Economy* (Princeton, NJ.: Princeton University Press, 1984).

35) 시장실패이론은 국가 간에 경제적인 협력을 가져오는 상호 이익의 근간은 어디에 있는가에 대한 해답을 주고자 하는 이론이다. 이는 시장이 중간 역할을 하는 경우 행위자들의 상호작용 결과가 최적의 상태에 이르지 못한다는 것을 설명한다. 중고차 시장을 예로 설명하면 다음과 같다. 중고차 판매인은 결함이 많은 중고차(lemon or turkey)를 그럴듯한 차로 속여 팔려는 경향이 많다. 따라서 중고차 구매자는 사고자 하는 차가 엉터리 차인지 아닌지를 알기 힘든 불확실한 상황에서 모험을 줄이기 위해 가격을 무조건 많이 깎으려 한다. 이로 인해 정말로 좋은 중고차임에도 불구하고 제 가격을 받기가 힘들어지며 그 결과 판매자는 차의 판매를 꺼리게 된다. 시장실패이론은 좋은 중고차를 어느 정도의 가격을 치르고라도 사려는 사람과 판매하고자 하는 사람 사이에 자동차의 질에 대한 불확실성(quality uncertainty)으로 인해 거래가 곤란해진다는 것을 보여준다. 이러한 것에 대한 해결방법은 그 지역에서 명망을 지닌 믿을 만한 판매자를 통해 거래하는 것이다. 국제사회에서 이러한 명망 있고 신뢰할 만한 중고차 판매자의 역할을 하는 것이 국제제도라고 본다. 이는 제도의 발전에 대한 기능적 설명으로서 제도란 상호 이익이 되는 협정에 이르는 것마저 불가능하게 하는 문제점의 극복방안으로 형성됨을 강조한다. 이에 따르면 시장실패는 행위자의 부적절함에 기인하는 것이 아니라 체제와 제도의 구조에 기인하기 때문에 제도개혁이 있어야 함을 강조한다. 정치적 시장실패가 왜 발생하며 국제제도가 이러한 실패를 극복하는 데 어떠한 도움을 줄 수 있는가를 살펴보고 왜 국가들이 국제제도의 규칙에 순응하고 국제제도의 창출을 용이하게 했던 조건들이 사라진 이후에도 국제제도가 유지될 수 있는가에 대한 이해에 도움을 준다.

36) 앞서 살펴보았듯이 협력의 부재와 관련하여 죄수의 딜레마 논리는 배신의 문제를 지적하고 집단행동이론은 무임승차의 문제를 지적한다. 시장실패이론은 주로 거래비용의 문제를 지적한다.

신현실주의 이론은 무정부 상태에서 국가들은 상대적 이득과 배신의 문제에 민감하여 기본적으로 협력이 일어나기 어렵다는 논리를 전개한다. 코헤인의 국제레짐론은 신현실주의 이론과 마찬가지로 국제체제의 무정부성으로 인한 국가들의 배신에 대한 우려로 협력이 어렵다고 보지만 국제레짐이 이를 극복하도록 돕는다고 본다. 그러나 신현실주의 이론과 다른 점은 국가들은 상대적 이득이 아닌 절대적 이득을 추구한다고 하여 상대적 이득의 문제를 협력의 장애로 인식하지 않는다는 것과 더불어 무임승차의 문제를 협력의 장애로 인식한다는 점이다.

코헤인은 신자유주의적 제도주의의 기능주의적 접근법에서는 시장의 실패(market failure)로 인한 거래비용 등의 문제를 추가적인 협력의 장애 요인으로 인식하고 이러한 장애 요인들을 완화하여 협력을 가능하게 하는 요인으로서 국제제도의 기능을 주장한다. 국제제도의 기능이 이러한 문제를 해결하는 것을 돕는다고 해서 이러한 접근을 「기능주의적 접근」이라고 칭한다.

그러나 무정부성을 특징으로 하는 국제체제가 시장의 실패를 가져오는 자유시장과 유사한 점을 많이 지니는 것은 사실이지만 동일한 것은 아니다. 예컨대 국제체제는 자력구제(self-help)의 체제이므로 자유시장과는 달리 강제 시행의 부재나 어려움이 또 다른 문제로서 추가될 수 있다. 따라서 위에서 언급한 기능 이외의 기능들이 추가된다. 코헤인이 제시한 국제제도의 기능을 중심으로 살펴보면 다음과 같다.

2) 국제제도가 수행하는 기능

국제제도는 국가들이 제로섬의 갈등게임(zero-sum conflict game)으로부터 정합적 협력게임(positive-sum cooperative game)으로 나아가도록 하는 기능을 한다. 즉 국제제도는 국가 간 협력의 장애를 극복하는 것을 돕고 국가들의 공유된 이익을 촉진하는 것을 도우므로 자기중심적 이익을 추구하는 국가 간의 협력과 더불어 국제제도의 창설과 복종의 원동력으로 작동한다.

(1) 불확실성의 감소

국제제도는 국가들에 정보를 제공하여 불확실성을 줄여 기대를 안정시켜 협력을 원활하게 하는 기능을 수행한다. 적절한 국제제도가 없다면 불확실성 때문에 상호 이익이 되는 협상이 이루어지지 않는다. 어떤 국가의 경우 다른 국가들에 비해 특정의 상황에 관하여 좀 더 많은 정보를 가질 수 있다. 이때 정보를 덜 가지고 있는 국가는 협상의 결과가 불공평할 것이라는 우려 속에 정보를 더 가지고 있는 국가와의 협정의 체결을 꺼리게 된다.

국제제도는 정보가 광범위하게 이용될 수 있도록 정보 배분의 불균형을 줄이고 상대적으로 균등한 정보를 제공하여 불확실성을 줄이고 협상 비용을 조정함으로써 특정의 협정이 더욱 쉽게 이루어지도록 하는 기능을 수행한다. 요약하자면 정보의 결여로부터 유래하는 빈약한 약정체결 환경(contractual environment)으로 인해 협력적인 협정이 일어나지 않는데 국제제도가 국가들의 협정체결을 위한 협상을 돕고 모든 참가국의 약속 이행을 확실하게 해주는 정보를 제공함으로써 좀 더 나은 계약환경을 만들어주기 때문에 국가들은 국제제도를 창출함으로써 이러한 문제를 극복하고자 한다.

(2) 거래비용의 감소

세계정부가 부재한 분권화된 국제체제에서 국가들이 서로 협상을 하고 의사결정을 하며 성과를 감시하고 규칙에 대한 준수를 강제하는 것이 쉽지 않기 때문에 거래비용은 결코 무시할 수 없다. 국제제도는 바로 이러한 거래비용을 감소시키는 기능을 수행한다.

구체적으로 거래비용에는 다루어져야 할 이슈가 무엇인가를 밝혀내는 비용(cost of identifying issues) · 거래의 협상 비용(cost of negotiating bargains)[37] · 협정을 명문화하는 비용(cost of codifying agreements) · 합의한 것의 준수 여부를 감시하고 강제하는 비용(cost of monitoring and enforcing compliance) 등이 주요 비용으로서 포함된다.[38]

유럽연합(EU)을 예로 들면 이러한 국제기구는 일시적인 협상(ad-hoc negotiation)의 경우와는 달리 공동의 협상 장소 · 공동의 의사결정 절차 · 합의의 준수에 대한 감시와 같은 바람직한 약정체결 환경(favorable contractual environment)을 제

37) 협상 비용을 감소시킨다는 것은 구체적으로 국제제도의 원칙과 규칙이 자신의 행동과 타인에 대한 행동에 지침을 제공함으로써 예측되는 행위의 범위를 좁혀주기 때문에 불확실성을 감소시키고 국제제도에 참여하는 관료들 사이의 유대를 긴밀하게 하여 상호 이익이 있는 협정을 체결하는 정부의 능력을 증가시키는 것을 의미한다.

38) 기능주의적 접근은 국제제도의 여러 기능 중 거래비용을 줄여주는 기능을 가장 강조한다. 이러한 맥락에서 기능주의적 접근은 국제제도를 「거래비용을 감소시켜주는 일련의 규칙(transaction-cost reducing sets of rules)」이라고 정의하기도 한다.

공하여 거래비용을 줄여 거래의 효율성을 높임으로써 국가 간 합의를 촉진한다.

(3) 평판효과

국제제도는 회원국들의 행위에 대한 평가를 도움으로써 협력을 가능하게 한다. 달리 말해 국제제도는 「평판효과(reputational effects)」를 가져와 협력을 용이하게 한다. 구체적으로 국제제도는 성과를 측정할 수 있는 행위의 기준을 제공하고 이러한 기준들을 특정 사안과 연계시키며 토론장을 제공함으로써 다른 행위자의 평판에 대한 평가를 돕는다. 이처럼 국제제도는 국가에 대한 평판의 규정을 돕고 약정을 위반하는 국가에 미준수(non-compliance)로 치러야 하는 비용을 증가시킨다.

신뢰할만하다는 평가를 지닌 행위자는 다른 국가와의 협력에 있어서 상대로서 훨씬 수월하게 수용된다. 예컨대 특정 국가가 다른 국가와 무기제한협정(arms control agreement)을 체결하고자 하는데 특정 국가가 협정체결에 기꺼이 응할 것이냐의 여부는 상대방이 과거 협정에서 얼마만큼 규정을 잘 준수했는가의 평판에 달려 있다.[39]

잠재적인 평판비용(potential reputational costs)이 준수(compliance)를 보장하는 것은 아니나 장기적인 이익에 민감한 합리적인 자기중심적 행위자에게 기회주의의 분기점(threshold for opportunism)을 상승시킨다.[40] 코헤인은 여러 저술물을 통해 국제제도의 여러 기능 가운데 특히 평판효과 기능을 부각시키고 있다.

(4) 법적 책임의 확립을 위한 틀

국제제도는 세계정부가 부재한 가운데 법적 책임을 확립하기 위한 틀(framework for establishing legal liability)을 제공함으로써 상호 이익이 되는 관계의 조직화를 돕는다. 국제제도는 상호 간에 서로의 행동 양식에 대해 안정적으로 예상할 수 있는 틀을 제공해 주며 새로운 상황에 대해 상호 간의 행동을 조정할 수 있는 관계를 발전시킴으로써 일종의 법적 책임(legal liability)을 수행한다.

39) 이러한 것을 「미래의 우려(shadow of the future)」와 구별하여 「과거의 우려(shadow of the past)」라고 부를 수 있다. 이러한 것을 흔히 「선례의 효과(effect of precedents)」라고 부른다.

40) 기회주의란 인간은 일반적으로 이기적이며 가능하면 다른 사람들을 이용하고자 한다고 주장하는 많은 경제학 이론들의 근본적인 가정이다. 평판효과와 국제레짐의 준수에 대한 논의는 다음 글을 참조하시오: George W. Downs and Michael A. Jones, "Reputation, Compliance, and International Law," *Journal of Legal Studies*, Vol. 31, No. 1 (January 2002), pp. S95-S114.

국제제도는 완전하지는 않지만 다양한 수준의 법적 책임을 확립할 수 있는데 이에는 계약(contracts) · 협약(conventions) · 유사협정(quasi-agreements) 등이 포함된다. 자력구제(self-help)를 추구하는 대다수 정부는 보복에 대한 두려움 때문에도 규칙에 순응하지만 특별한 보복이 없이도 국제제도에 순응하는데 이는 자신의 규칙위반이 다른 국가의 규칙위반을 증대시키고 그 결과 공공악(public bad)을 산출하여 결국은 자신에게 손해가 된다고 보기 때문이다. 간단히 말해 국제제도는 세계정부의 부재 속에서 분권화된 강제를 시행할 수 있게 한다.

(5) 이슈의 연계

국제제도는 이슈 간의 연계를 촉진하여 국가들 사이의 협력을 용이하게 해준다. 국제기구는 이슈연계(issue linkage)의 전략을 위한 토론장을 제공하여 협력을 용이하게 하는데 이는 이슈 간의 연계가 가능할 경우 국가들은 특정 사안에서의 양보가 다른 사안에서의 보상이 될 수 있다고 믿음으로써 양보를 쉽게 할 수 있고 그 결과 협상에 있어서 합의의 폭이 확대될 수 있기 때문이다.

(6) 구심점의 제공

국제제도는 집단행동의 문제(collective action problem)에 대해 수용 가능한 해결방안을 규정하는 것을 돕는 구심점(focal points)의 기능을 수행함으로써 단일한 균형점이 부재한 상황에서 협력을 지속시키고 촉진할 수 있다. 이러한 기능은 영(Oran R. Young)의 이른바 「뚜렷한 해결방안(salient solution)」이라는 개념과 유사하다.[41]

(7) 기타 기능

이러한 기능들과 더불어 앞서 게임이론적 접근법에서 살펴본 국제제도의 기능

---

41) 구심점(focal point)은 쉘링(Thomas Schelling)이 도입한 개념이라고 하여 「Schelling Point」라고도 불리는데 의미에 충실하게 번역할 경우 「구심점」이라는 말보다 「암묵적 합의점」이라는 말이 더 적절하다. 이는 복수의 당사자들 사이에 소통(communication)이 부재하거나 원활하지 않은 상황에서 조정(coordination)에 도달하기 위해 어떠한 선택을 하는가를 설명하기 위한 개념으로서 자신이 상대방의 행동에 대해 가지는 기대와 상대방이 자신의 행동에 대해 가지는 기대가 일치하는 합일점을 의미한다. 즉 당사자들 간에 조정이 필요한 경우 일방은 상대방도 같은 선택을 할 것이라고 기대되는 암묵적 합일점을 선택하기 쉽다는 것이다. 이처럼 암묵적 합일점은 개별적으로 기대하는 바를 수렴하도록 함으로써 조정을 가능하게 하므로 의사결정자들은 이를 조정을 위해 유용하게 사용하며 이 때문에 암묵적 합일점은 협상에서 복수의 사람들의 의사나 행동을 조정해가는 중심적인 개념이 된다.

들(즉 배신에 대한 미래의 보복 가능성을 높여 협력을 유도하는 기능과 무임승차의 가능성을 완화하여 협력을 가능하게 하는 기능) 역시 국가 간 협력을 돕는 국제제도의 기능에 속한다. 이러한 기능 외에 오이(Kenneth A. Oye)나 스나이덜(Duncan Snidal)과 같은 학자들은 국제제도가 감시(monitoring)와 강제(enforcement)를 중앙 집중화함으로써 협력의 문제를 완화하는 기능을 한다고 본다.42)

이러한 국제제도의 기능에 더하여 영(Oran R. Young)은 국제제도가 정보와 생각을 제공하는 지도력을 발휘하는 기능을 수행한다고 본다.43) 이러한 기능은 더 구체적으로 국제레짐을 관리하는 국제기구 내의 초국가적인 행위자가 수행하는 기능으로서 성공적인 협정에 이르는 것을 돕는 중요한 지도력 기능이다. 이러한 지도력 기능은 구체적으로 국가들 사이에 존재하는 공통분모를 찾아내 문제를 해결하는 기능과 혁신적인 새로운 생각을 제시하는 기능이라는 두 기능으로 구성된다고 본다.

두 가지 기능 중 첫 번째 기능은 초국가적인 지도자가 자신의 협상 기술을 통해 이해관계를 달리하는 국가 대표단들이 경쟁적인 협상이 아니라 타협안 등의 제시를 통해 모두가 승리할 방안을 찾는 통합적인 협상을 하도록 하여 국제레짐의 형성에 이르도록 하는 기능을 의미한다. 영은 이러한 예로서 오존층 고갈문제를 논의하는 데 있어서 유엔환경계획(UNEP)의 전 사무국장(Executive Director)인 톨바(Mostafa Tolba)가 보여준 역할을 언급하고 있다.

두 번째 기능은 협상에 참여하는 사람들의 관점을 바꾸어 놓는 혁신적인 생각을 제시하는 기능을 일컬으며 이러한 기능을 수행한 사람의 예로서 2차 세계대전 이후에 국제무역과 국제금융 레짐의 발달에 혁신적인 이바지를 한 케인즈(John Maynard Keynes)를 들고 있다. 구체적으로 케인즈는 국가 간 협력을 가능하게 한 「내재된 자유주의(embedded liberalism)」라는 생각의 발전에 도움을 주었다고 본

42) Kenneth A. Oye, "Explaining Cooperation under Anarchy: Hypotheses and Strategies," *World Politics*, Vol. 38, No. 1 (October, 1985), p. 20; Duncan Snidal, "International Political Economy Approach to International Institutions," in Jagdeep S. Bhandari and Alan O. Sykes, eds., *Economic Dimensions in International Law: Comparative and Empirical Perspectives* (Cambridge, New York: Cambridge University Press, 1997), pp. 477-512.

43) Oran R. Young, "Political Leadership and Regime Formation: On the Development of Institutions in International Society," *International Organization*, Vol. 45, No. 3 (Summer 1991), pp. 281-308.

다.[44]

3) 신자유주의적 제도주의 이론의 적용 사례[45]

신자유주의적 제도주의 이론은 다양한 글로벌 이슈에 적용되어 오고 있으나 특히 국제환경 이슈를 연구하는 데 있어서 다른 대안적 이론과 비교하여 가장 큰 영향력을 지녀왔다. 신자유주의적 제도주의 이론이 많은 학자에 의해 광범위하게 수용되어 온 이유는 이 이론이 기본적으로 무정부하에서의 협력을 설명하는 능력에 기인한다. 신자유주의적 제도주의 이론은 1980년대와 1990년대에 급속하게 환경과 관련한 국제협정들이 다수 체결되면서 이러한 현상들을 이해하는 수단을 제공함으로써 국제환경정치 현상의 연구를 지배하고 있다고 해도 과언이 아니다.

신자유주의적 제도주의 이론이 광범위하게 수용되는 보다 근본적인 이유는 국제환경 분야에 있어서 협력적인 전략의 필요성과 국제환경문제에 대한 해결의 필요성으로 말미암은 결과라고 볼 수 있다. 즉 상호의존의 증가와 더불어 국경을 가로질러 모든 국가들에게 가해지는 위협과 도전(특히 지구 온난화 · 오존층 파괴 · 해양오염 · 자연자원의 고갈과 같은 환경적 도전)을 해결하기 위해 모든 국가가 함께 해결책을 찾지 않으면 안 된다고 하는 인식이 증가했기 때문이다.

다수의 국제레짐이 지구 온난화 · 생물 다양성 · 해양 · 오존층 파괴 등의 다양

---

44) 2차 세계대전 후 국제경제 질서로서 미국은 자유주의적 다자체제를 원했고 유럽 동맹국들은 개입주의적 체제를 선호했는데 이 두 입장이 내재된 자유주의(embedded liberalism)로 타협이 이루어졌다. 내재적 자유주의 타협이란 주어진 공동체 내에서 경합하는 사회 · 경제 부문 간의 정치적인 조화를 확실하게 하도록 국내적인 간섭을 허용하고 국제경제 질서의 점진적인 발전을 촉진하기 위해 제한적인 다자주의적 자유주의를 허용한 것을 주된 내용으로 하며 러기에 의해 도입된 개념이다: John G. Ruggie, "International Regimes, Transactions and Change: Embedded Liberalism in the Postwar Economic Order," *International Organization*, Vol. 36, No. 2 (1982), pp. 379-415. 참고로 러기의 내재적 자유주의라는 개념은 20세기 중 · 후반의 브레턴우즈체제 아래의 국제사회를 설명하기 위한 개념으로서 자유주의의 핵심은 받아들이되 이를 국가라는 틀 안에 유지함으로써 자유주의를 통해 야기될 수 있는 부정적인 측면을 관리하자는 것이다. 즉 국가가 시장의 활동을 보호하는 동시에 통제하여 이를 통해 야기되는 문제를 관리하는 것을 의미한다. 이러한 개념이 등장하게 된 배경을 살펴보면 자유무역 이념이 산업화와 세계화를 가속화 하면서 그 결과 대공황과 세계대전을 초래했다. 이러한 것을 반복시키지 않기 위해 브레턴우즈체제를 출범시켰으며 이를 통해 자유무역과 투자를 강조함과 동시에 개별 국가 차원에서 내부적으로 복지국가 달성을 용인해 주는 두 가지 목표의 타협점이 필요했던 것이다. 이러한 경향을 개입적 자유주의 · 제한적 자유주의 · 규제된 자유주의 등으로도 칭한다. 이들은 한 마디로 국제적인 자유주의와 국내적인 자율성의 병존을 의미한다.

45) 박재영, 전게서, pp. 152-168.

한 국제환경 이슈 영역을 다루기 위해 등장함으로써 신자유주의적 제도주의 이론은 가설검증을 위한 풍부한 사례들을 활용할 수 있었고 연구자들에게 한 번에 하나의 이슈 영역에 관심을 집중할 수 있도록 할 뿐 아니라 시간과 이슈 영역을 가로질러 국제레짐의 형성을 비교하여 대조할 기회를 가질 수 있도록 했다.

신자유주의적 제도주의 이론은 간단히 말해 국제환경 문제를 둘러싼 협력의 중심에는 국제레짐을 포함한 국제제도가 있다고 주장한다. 즉 국제환경 문제의 해결책으로서 전 지구적 환경을 관리하고 기술과 재정적 자원을 개도국에 좀 더 효율적으로 배분하는 강력한 국제제도의 촉진을 제시한다. 국제환경 분야의 연구에 있어서 신자유주의적 제도주의 이론이 가지는 특징을 보다 구체적으로 살펴보면 다음과 같다.

신자유주의적 제도주의 이론은 초기에 국제환경 분야에서 국가 간 협력을 촉진하는 국제제도를 왜 국가들은 자발적으로 창출하려고 하는가에 연구의 중점을 두었다. 즉 국제환경 분야에서 빈번하게 발생하는 자발적인 국제협력을 설명하는 것에 연구의 중점이 주어졌다.

그러나 시간이 지나면서 연구의 중점이 확대되어 국제환경 분야에서의 국제제도의 형성뿐 아니라 국제제도가 가져오는 결과에도 관심을 집중하고 있다. 좀 더 구체적으로 「국가들은 왜 국제환경레짐을 창출하는가(국제레짐은 어떻게 등장하는가)·국제환경레짐은 어떻게 진화하는가·국제환경레짐의 결과는 무엇인가·국제환경레짐의 준수를 촉진하기 위한 가장 효과적인 기제는 무엇인가(이 문제는 국제환경레짐의 설계와 밀접한 관련이 있다)·국제환경레짐은 효과적인가」와 같은 질문을 던지고 이에 대한 답을 추구한다.

신자유주의적 제도주의 이론은 시장실패에 의한 환경파괴 문제의 해결은 자발적인 국제제도의 수립을 통한 국제협력으로 가능하다는 태도를 견지한다. 시장실패에 의한 환경파괴 문제의 해결책으로서 신자유주의적 제도주의 이론이 제시한 자발적인 국제제도의 수립을 통한 국제협력에 의한 해결방식을 시장실패에 의한 외부효과(특히 부정적인 외부효과)를 어떻게 해결할 것인가의 관점에서 살펴보고자 한다. 이를 위해 우선 외부효과란 무엇이고 외부효과의 문제를 해결하는 여러 가지 방식을 두루 살펴보고 신자유주의적 제도주의 이론이 제시하는 처방의 의의를 살펴보고자 한다.

어떤 행위의 결과로서 의도하지 않게 행위의 당사자가 아닌 사람에게 발생하는 비용을 「외부비용(external cost)」이라 칭한다.[46] 이와는 대조적으로 어떤 행위의 결과로서 의도하지 않게 행위의 당사자가 아닌 사람에게 발생하는 이익을 「외부이익(external benefit)」이라고 칭한다.[47] 이러한 외부비용과 외부이익을 합쳐서 「외부효과(external effect)」라고 통칭한다.[48]

외부효과는 이처럼 어느 한 행위자의 행동이 다른 행위자에게 의도하지 않은 이익이나 피해를 가져다주는 현상을 일컫는다. 이들 가운데 타인에게 피해를 가져다주는 외부효과를 「부정적 외부효과(negative external effect)」라고 하고 타인에게 이익을 가져다주는 외부효과를 「긍정적 외부효과(positive external effect)」라고 한다.[49]

이러한 외부효과는 시장의 실패가 가져다주는 것으로서 하나의 경제주체가 한 행동이 다른 주체에 피해를 주거나 이익을 주지만 이에 대해 비용을 부담하지도 않고 보상을 받지도 않는 경우를 의미한다. 부정적 외부효과의 대표적인 예들에는 지구 온난화를 포함한 다양한 환경문제가 포함된다. 긍정적 외부효과를 보여주는 대표적인 사례는 과수원과 양봉업자의 관계에서 찾을 수 있다. 과수원 주인이 과수를 더 많이 심으면 그만큼 과수의 꽃이 늘어나 양봉업자의 꿀 수확이 증가하게 되기 때문이다. 부정적 외부효과가 있는 경우 시장에서 결정되는 생산량은 최적의 수준을 초과하게 되고 긍정적 외부효과가 있는 경우는 시장에서 결정되는 생산량은 최적의 수준보다 부족하게 된다.

이러한 외부효과와 관련하여 우리의 과제는 어떻게 긍정적 외부효과를 장려하고 부정적 외부효과를 억제할 것인가이다. 정부가 이러한 외부효과의 문제를 해결하여 시장에서 생산되는 생산량이 최적이 되도록 하는 것을 「외부효과의 내재화(internalization of external effects)」라고 한다.[50] 즉 외부효과의 내재화란 경제적인 유인구조를 변경하도록 하여 외부효과를 의사결정에 반영하도록 하는 과정을 의미한다.

예컨대 부정적 외부효과를 유발하는 생산품을 생산하는 기업에 조세를 부과할

---

46) 「외부비용(external cost)」은 「외부불경제(external diseconomy)」라고도 불린다.
47) 「외부이익(external benefit)」은 흔히 「외부경제(external economy)」라고 불린다.
48) 「외부효과(external effect)」는 「외부성(externality)」이라고도 부른다.
49) 「부정적 외부효과(negative external effect)」는 「부정적 외부성(negative externality)」이라고도 하고 「긍정적 외부효과(positive external effect)」는 「긍정적 외부성(positive externality)」이라고도 한다.
50) 「외부효과의 내재화(internalization of external effects)」는 「외부효과의 내부화」라고도 한다.

경우 기업은 추가적인 비용을 고려하여 생산을 결정할 것이며 추가비용이 반영된 가격은 소비자에게도 영향을 미쳐 소비를 줄이게 된다. 긍정적 외부효과의 내재화를 위해 흔히 사용되는 방식은 긍정적 외부효과를 발생시키는 행위에 대해서는 보조금을 지급하는 것이다.

부정적 외부효과의 내재화를 위한 방식은 크게 4가지로 분류될 수 있다. 첫 번째 방식은 정부가 직접 개입하여 규제(통제)하는 방식으로서 환경기준을 설정하고 이의 준수를 강제하는 것이다. 두 번째 방식은 정부가 간접적으로 개입하여 시장원리에 기초하여 외부효과를 내재화하는 방식으로서 일명 「피구세(Pigouvian tax)」라고도 불리는 교정적 조세(corrective tax)를 부과하는 방식이다. 세 번째 방식 역시 정부가 간접적으로 개입하여 시장원리에 기초하여 해결하는 방식으로서 재산권의 부여를 통해 외부효과를 내재화하는 방식이다. 네 번째 방식은 정부의 개입 없이 민간이 부정적 외부효과를 줄이는 방식으로써 이해 당사자들이 협의하거나 사회적 규범의 수립을 통해 해결하는 방식이다.

이러한 부정적 외부효과의 내재화를 위한 방식들은 글로벌 이슈의 해결방식으로서 중요한 함의를 지닌다. 이러한 함의를 하딘(Garrett J. Hardin)의 공유자원의 비극(Tragedy of the Commons) 논리와 더불어 찾아보고자 한다. 하단은 공공재(공유자원)의 경우 개인의 이기적인 행동의 결과로 과도한 이용을 수반하여 황폐화를 가져온다고 주장하면서 이러한 비극은 시장의 실패에 기인하는 것으로서 이의 해결을 시장에 맡겨서는 안 된다고 하면서 대안으로서 정부개입(정부규제)에 의한 관리와 더불어 사유화라는 처방을 제시했다.

이러한 사유화에 대해 좀 더 살펴보면 공유지인 목초지에 사유재산권을 부여하면 목초지를 소유하게 된 주인은 목초지의 경제적 가치를 극대화하기 위한 경영전략으로서 목초지를 사용하고자 하는 사람들에게 사용료를 부과하여 목초지의 황폐화 비용을 사용자에게 내재화시키고자 한다고 본다. 목초지에 사유재산권이 부여되면 목초지 주인과 목축업자 사이에 시장원리에 따른 거래가 이루어진다고 본다.[51)]

코즈(Ronald H. Coase)는 공유자원(공공재) 문제의 해결책으로 재산권의 부여라는 처방을 제시했다.[52)] 코즈는 경제주체들이 자원 배분의 과정에서 협상을 위해

51) 원동철, “재산권분배의 경제학,” 『한국경제연구』 제1권 (1998), p. 80.
52) 여기서 재산권은 소유권과 같은 의미로 이해하면 된다.

별도의 거래비용을 지급할 필요가 없는 경우 누구에게 재산권을 주든 재산권이 분명하게 정해지기만 하면 부정적 외부효과의 발생 주체와 피해 주체 사이에 시장의 기능을 통한 교섭(bargaining)으로 자원의 효율적 배분이 이루어진다고 보았다. 즉 부정적 외부효과를 유발하는 행위를 할 수 있는 권리도 재산권으로 볼 수 있으며 이 권리가 시장을 통해 자유로이 거래될 수 있고 거래비용이 존재하지 않는다면 생산과 소비는 최적 수준에 도달할 수 있다고 주장했다. 이러한 논리를 「코즈의 정리(Coase Theorem)」라고 부른다.

즉 재산권 설정이 불분명한 이유로 자원이 효율적으로 배분되지 않는다고 보고 재산권을 명료하게 해준다면 당사자들이 자발적인 협상을 통해 효율적인 자원 배분을 할 수 있다는 주장이다. 이러한 코즈의 정리를 가장 보여주는 예로서 강 상류에 염색공장과 같은 오수를 배출하는 기업과 강 하류에서 양식업에 종사하는 양식업자 사이의 관계가 종종 언급된다.

염색공장에 의해 의도하지 않게(즉 고의성이 없이) 양식업자에게 피해가 미치는 상황을 부정적 외부효과라고 할 수 있다. 이러한 피해에 대해 비용을 지불하지 않기 때문에 부정적 외부효과가 과도하게 발생하게 된다. 즉 염색하는데 필요한 비용에 환경의 파괴에 대한 비용이 반영되어야 하는데 그렇지 않기 때문에 부정적 외부효과가 계속해서 발생하게 된다. 이러한 부정적 외부효과의 지나친 발생을 막기 위한 처방의 하나로서 제시되는 것이 코즈의 정리이다.

이에 따르면 이러한 부정적 외부효과의 과잉 발생은 본질적으로 재산권이 모호하거나 재산권이 제대로 귀속되어 있지 않아 생기기 때문에 재산권을 명료하게 부여하면 해결이 된다는 것이다. 이러한 부정적 외부효과의 과잉생산 문제가 해결되는 과정에 대해 다음과 같은 설명이 주어지곤 한다.

염색공장의 오수로 인한 피해가 1억 원이라고 가정하고 양식업자에게 맑은 물에 대한 재산권이 부여된다면(즉 오수의 방류에 대해 염색공장에 책임이 부과되게 된다면) 양식업자는 염색업자에게 피해액인 1억 원의 보상을 요구할 것이다. 이러한 요구를 받은 염색업자는 오수를 정화하는 시설을 설치할 경우의 비용을 산정해 본 후 선택을 하게 된다. 만약에 정화시설의 설치비가 6천만 원으로 보상 요구액보다 적을 경우 피해보상을 하지 않고 정화시설을 설치하는 선택을 할 것이고 설치비가 1억 원을 초과할 경우는 피해를 보상하는 선택을 할 것이다.

다른 가능성으로 오수를 방류할 수 있는 권리가 염색업자에게 부여되었을 경우(즉 오수 방류에 관해 책임이 부과되지 않을 경우)를 생각해보자. 이 경우 피해액이 1억 원이고 정화시설 설치비가 6천만 원인 것을 알게 된 양식업자는 자신이 6천만 원을 제공하여 염색공장에 정화시설의 설치를 요청하게 된다. 이와는 달리 정화시설 설치비가 피해액인 1억 원을 초과할 경우 양식업자는 이러한 정화시설 설치를 요청하지 않을 것이다.

또 다른 예로 들 수 있는 것이 지구 온난화와 이러한 문제를 해결하기 위한 해법을 들 수 있다. 지구 온난화는 전형적인 부정적 외부효과의 문제이다. 이러한 문제를 해결하기 위해 도입된 탄소배출권 거래제도(emission trading system, ETS)에 대한 학술자료를 살펴보고자 한다. 이 제도는 부정적인 외부효과를 해결하고자 하는 노력의 하나로 실시되고 있다.

탄소배출권 거래제도는 오염문제가 환경에 대한 재산권의 부재에 근본적으로 기인하고 있다는 인식에서 출발한 것으로서 탄소배출권에 재산권을 부여하여 국가 간 혹은 기업 간 배분하여 거래하도록 하여 최적의 자원 배분을 이루고자 하는 제도이다. 이러한 탄소배출권은 시장을 통해 수요와 공급의 원리에 따라 거래가 이루어지며 가장 높은 비용을 지급하고자 하는 기업에 배출권이 가게 된다. 한 기업이 배출권에 지급하고자 하는 비용은 그 기업의 배출가스 처리비용에 달려 있다. 탄소배출을 가장 저렴한 비용으로 감축할 수 있는 기업들이 자신들에게 할당된 탄소배출권을 매각하고자 할 것이고 탄소배출의 감축 비용이 많이 드는 기업은 탄소배출권을 매입하는 것이 오히려 경제적이라고 생각함으로써 이들 사이에 거래가 이루어져 탄소배출의 감축을 위한 사회적 비용(social cost)이 현저하게 줄 것이라고 본다.[53)]

정부가 탄소배출권 거래제도가 아닌 직접적인 규제를 통해 탄소 배출량을 줄이고자 하는 경우 더 큰 비용이 있어야 하는데 이는 개개 기업이 감축 비용과 관계없이 정해진 배출량을 줄여야 함으로써 그만큼 더 큰 비용을 소모하게 되기 때문이다. 탄소배출권 거래제도가 시행되지 않는다면 개개 기업은 자신에게 주어진 감축 목표량을 달성한 이후 더 줄이는 것에 관심을 가지기 어렵게 된다. 코즈의

53) 생산이나 소비를 할 때 그 당사자가 부담하는 개인적 비용(private cost) 외에 그의 외부효과(external effect)로 인해 추가로 사회의 자원을 소모하는 경우가 많다. 이러한 개인적 비용과 추가적인 사회의 비용 모두를 포함한 비용을 「사회적 비용(social cost)」이라고 한다. 공해 · 직업 병 · 교통 마비 · 쓰레기 문제 따위로 그 보상은 국가나 사회가 부담한다.

정리가 가지는 의의를 살펴보면 정부가 조세의 부과나 보조금의 지급을 통해 직접 개입하지 않고 재산권을 설정함으로써 직접적인 개입이 없이 당사자들 간에 자발적인 협상을 통해 자원을 효율적으로 배분하도록 하는 데 기여했다는 점이다. 그러나 현실의 세계에서는 피해를 발생시킨 주체를 정확하게 찾아내는 일이 쉽지 않고 찾아냈다고 해도 피해액을 산정하기가 쉽지 않다. 따라서 지구 온난화와 같은 전 세계적인 규모로 영향을 미치고 있는 환경문제에는 적용하기가 쉽지 않고 보다 제한적인 지역에 영향을 미치는 환경문제에 적용할 수 있다고 볼 수 있다. 더불어 협상의 주체가 다수일 경우 이와 관련하여 협상을 위한 거래비용이 적지 않게 발생함으로써 거래비용이 없다는 코즈의 정리 전제가 무너지게 된다.

여성 정치학자이자 경제학자인 오스트롬(Elinor Ostrom)은 정부의 개입 없이 민간이 부정적 외부효과를 줄이는 방식으로써 이해 당사자들이 협의를 통하거나 사회적 규범의 수립을 통해 해결하는 방식을 지지한다. 오스트롬은 공유자원의 비극에 관한 전통적 해법인 정부가 개입하여 목초지에 풀어놓을 수 있는 양의 수를 제한하거나 목초지의 소유권을 나누어 목자들에게 배분하는 것에 대해 의구심을 가지고 미국 · 캐나다 · 터키 · 일본 등의 국가의 다양한 사례에 관한 경험적 연구를 통해 어장 · 초원 · 호수 · 지하수와 같은 자산을 공유하고 있는 개인들이 지역 공동체에서 정부나 시장의 개입 없이 자율적으로 규제를 만들어 관리해 나가는 성공적인 사례들을 찾아내어 이론화했다.[54] 이러한 공로로 여성으로서는 최초로 2009년에 노벨경제학상을 받았다.

오스트롬은 인간이 단기적 이익만을 추구하지 않고 장기적 관점에서 공동의 문제를 해결하기 위해 자발적으로 협력하는 예도 많다는 것을 제시하면서 때에 따라 지역공동체들의 자치 관리가 정부의 규제보다 더 효율적일 수도 있다는 것을 보여주고 있다. 이와 관련하여 오스트롬이 흔히 언급하는 사례는 미국 메인주 연안의 바닷가재를 잡는 어부들이다. 1920년대 이 지역의 바닷가재 어장은 남획으로 인해 바닷가재가 고갈되었다. 위기에 직면한 이곳 어부들은 숙고한 후 바닷가재 통발을 놓는 규칙과 순서 등에 대한 자치규율을 만들었고 그 결과 이들은 미국 북

54) Elinor Ostrom, *Governing the Commons: The Evolution of Institutions for Collective Action* (Cambridge, UK: Cambridge University Press, 1990). 이 책은 한국어로 번역이 되었다: 엘리너 오스트롬, 윤홍근 · 안도경 옮김, 『공유의 비극을 넘어: 공유자원 관리를 위한 제도의 진화』 (서울: 랜덤하우스코리아, 2010).

동부의 다른 해안과 캐나다의 바닷가재 어장이 완전히 붕괴하는 와중에도 살아남을 수 있었다.

오스트롬은 이러한 성공적인 사례들을 통해 공유자원의 성공적인 공동사용을 위한 8개의 제도의 설계원리(design principles)를 다음과 같이 도출하고 있다: i) 명확하게 정의된 경계: 공유자원의 범위와 그 사용자가 분명해야 한다. ii) 규칙의 지역적 부합: 공유자원의 사용과 제공 등에 관한 규칙은 현지의 조건에 부합해야 한다. iii) 집단적인 선택제도: 대부분의 공유자원 사용자들이 의사결정 과정에 참여하는 것이 허용되어야 한다. iv) 감시활동: 공유자원의 현황은 적극적으로 감시되어야 하고 감시자는 공유자원 사용자의 일부이거나 이들 사용자에게 책임을 지는 사람이어야 한다. v) 가중적 제재(graduated sanctions): 공동체의 규칙을 위반한 공유자원 사용자는 잘못의 경중에 따라 차례로 강도가 높아지는 단계적인 제재를 받아야 한다. vi) 비용이 적게 들고 접근이 쉬운 갈등 해결장치: 사용자 간의 분쟁을 해결하기 위한 지역 수준의 갈등 해결장치가 있어야 하며 당사자는 이를 저렴한 비용으로 쉽게 이용할 수 있어야 한다. vii) 최소한의 자치권 보장: 사용자들이 스스로 제도를 만들 수 있는 권리(즉 공동체의 자치권)가 국가와 같은 외부의 상위 권위체(higher-level authorities)에 의해 도전받지 않고 인정되어야 한다. viii) 중층의 정합적 사업 단위(multiple layers of nested enterprises): 규모가 큰 공유자원의 경우에 작은 규모의 공유자원을 기초 수준에 둔 여러 층의 정합적 사업단위 형태의 조직(in the case of larger common-pool resources, organization in the form of multiple layers of nested enterprises, with small local common-pool resources at the base level)이 필요하다.[55)]

55) 집단행동이론을 체계화한 올슨(Mancur Olson)은 큰 규모의 그룹이 직면하게 되는 무임승차(free-riding)의 문제를 해결하기 위해 연방 체제(federated system) 방식으로의 조직화를 해결책으로 제시한 바 있다. 여기에서 연방 체제로의 조직화란 그룹 구성원들 사이에 신뢰가 가능한 만큼의 작은 수로 구성된 다수의, 여러 층의 작은 조직들로 큰 조직을 구성하는 것을 의미한다. 규모가 크고 좀 더 포괄적인 조직단위가 스스로 조직화할 수 있는, 차곡차곡 한 층씩 포개져 있으면서, 좀 더 작고 좀 더 배타적인 단위로 구성된 것을 의미한다. 이처럼 좀 더 작은 조직들이 자신들의 자율성을 포기하지 않은 채 좀 더 포괄적인 체제 일부분이 되는 것을 의미한다. 차곡차곡 한 층씩 포개짐(nestedness)을 공유자원의 성공적인 공동관리(co-governance)의 중요한 요소로서 이야기하기 시작한 것은 오스트롬이었다. 종족사회는 오랫동안 이러한 방식으로 조직되어 왔다. 지역 종족연맹(regional tribal alliance)은 그 안에 몇몇 종족들(tribes)을 내부에 두고 이들 종족은 개별적인 사람들로 구성된 몇몇 무리(bands)와 몇몇 친한 무리(affinity clusters)를 그 안에 두었다. 이러한 방식의 조직을 「정합적 사업 단위(nested enterprises)」라고 부른다.

공유자원의 정부 관리와 사유화가 해결책이 되기 힘든 이유에 대해 오스트롬은 다음과 같이 설명하고 있다. 우선 공유자원에 대한 정부의 관리와 관련하여 오스트롬은 각지에 산재해 있는 공유자원은 각각 다른 고유한 특성이 있어 이러한 특성에 대한 정보를 일일이 확보하는 것이 어려워 정부는 현실과 동떨어진 획일적인 정책이나 규제를 적용하게 되어 현지인의 협조를 얻기 힘들며 그 결과 공유자원의 효율적인 관리가 가능하지 않다고 주장한다. 더불어 공유자원의 효율적인 관리를 위해서는 무임승차를 막기 위한 감시와 처벌이 필요한데 이는 필연적으로 인원과 예산의 문제를 동반하게 되어 다수의 공유자원을 제대로 관리하는 것이 불가능하다. 이 때문에도 정부에 의한 공유자원의 관리는 한계를 가지게 된다. 때에 따라 지역 공동체가 자율적으로 잘 관리해 오던 공유자원이 국유화가 되어 정부의 관리하에 들어간 이후에 집행능력의 부족·감시의 소홀·부패 등으로 인해 원래보다 더욱 황폐화가 된 사례도 있다.[56)]

오스트롬은 공유자원이 사유화가 되면 자신의 자산이기 때문에 고갈되거나 황폐화가 될 정도로 과도하게 사용하지 않을 것이라고 보는 하딘의 해결책에 대해 이러한 해결책은 사유화된 공유자원을 타인으로부터 보호하고 관리하는 데 수반되어야 할 비용을 적절히 고려하지 않았다고 본다. 더불어 중국 정부가 내몽골 지역의 초원의 많은 부분을 사유화했으나 이로 인해 이들의 생활양식이 유목이 아닌 정착 목축으로 바뀌면서 초원이 더 황폐화하는 결과에서 보듯이 공유자원의 사유화가 공유자원의 비극을 반드시 막아주는 것이 아니라고 본다.

여기에서 주의할 것은 오스트롬이 공유자원을 자율적으로 관리해 나가는 것이 언제나 성공적인 만병통치적인 해결책이라고 보고 있지 않은 동시에 때에 따라 정부의 개입이나 사유화가 공유자원의 관리를 위한 해결책이 될 수 있다고 본다는 점이다. 구체적으로 정부개입에 의한 공유자원 관리의 경우 오스트롬은 정부개입 자체를 부정하지 않으나 개입의 조건을 언급하고 있다. 즉 정부가 규제를 도입할 경우라도 그 지역에 예전부터 있었던 자율적인 규칙을 살피고 지역민의 목소리에

56) 정부의 개입이 공유자원의 비극문제를 해결하는 데 있어서 한계가 있다는 것을 다음의 논리로도 설명한다. 정부의 개입이란 목초지를 공유지로 유지하면서 이용을 제한하는 것이다. 이러한 이용의 제한은 이용할 수 있는 전체 일수의 제한이나 이용 기간의 제한 등을 통해 이루어질 수 있다. 그러나 이용의 제한을 통해서는 목초지의 황폐화를 방지할 수는 있어도 목초 생산을 최대로 늘리지는 못한다는 것이다. 이는 자신의 소유가 아닌 목초지일 경우 누구도 목초가 잘 자라도록 적극적으로 노력을 하지 않을 것이기 때문이다. 따라서 사유화가 이에 대한 대안으로서 제시된다.

귀를 기울이는 등 지역 공동체의 자율성을 존중해야 한다는 점을 강조한다. 이러한 자율성의 존중을 통해 공유자원의 사용자들이 정부 정책의 정당성을 느끼게 되고 실제로 제도 역시 더 잘 운용될 수 있다고 본다. 오스트롬 주장의 핵심은 공유자원의 관리는 장기간에 걸쳐 시행착오를 거치면서 현실에 맞게 진화해 온 규칙과 절차에 기초할 때 관리가 잘 된다는 것이다.

이러한 진화의 과정에서 구성원들 사이에 신뢰라고 하는 사회적 자본(social capital)이 축적되기 되기 때문이다. 오스트롬은 전 지구적 환경문제의 해결과 관련하여 국가 간에 합의 도출도 중요하지만 보다 중요한 것은 지역적 공동체 단위에서 구성원들이 환경보호를 위한 자발적으로 노력하는 것이 가장 효율적인 방법이라는 점을 강조한다. 버거와 고치휄드(Joanna Burger and Michael Gochfeld) 역시 공유자원의 현명한 관리의 많은 예가 규모가 작고 상대적으로 동질적인 공동체에 의해 관리되는 지역적인 자산들을 포함한다고 지적하고 있다.57)

오스트롬의 주장을 통해 볼 때 공유자원의 비극을 회피하는 방법은 세 가지로 정리된다. 우선 정부 등 제삼자의 개입을 통한 강제적인 방법이 있다. 법과 같은 제도를 통해 무임승차에 대해 처벌을 가하면 무임승차가 쉽지 않다. 또 다른 방법은 공유자원을 사유화하는 것인데 이럴 때 소유자는 자기 소유의 공유자원을 소중히 관리하게 된다. 세 번째 방법은 외부의 개입 없이 공동체가 자율적으로 협력을 통해 공유자원을 관리하는 것이다.

오스트롬은 국제사회에서 국제환경 문제와 관련하여 배타적경제수역(Exclusive Economic Zone, EEZ)과 같은 사유화에는 한계가 있음을 지적한다. 국제사회에서 배타적경제수역의 경우는 예외적으로 해양법에 관한 유엔협약(UNCLOS)의 체결로 사유화가 이루어졌으나 일반적으로 다른 공유자산의 경우 사유재산권을 부여할 수 있는 공권력을 가진 중앙정부가 부재한 관계로 쉬운 해법이 아니다. 더불어 공공재에의 접근을 통제하고 규제하기 위한 중앙정부가 부재한 국제사회에서 중앙정부의 개입은 선택의 하나가 될 수 없다고 하면서 대안으로서 공공재 사용자들의 집단적인 협정(collective agreement among users)을 처방으로 내놓았다.

신자유주의적 제도주의 이론은 국제제도(특히 국제레짐)가 지역 수준에서 자발적으로 이루어지고 있는 공공재 거버넌스(commons governance)에 상응하는 제도

57) Joanna Burger and Michael Gochfeld, "The Tragedy of the Commons 30 Years Later," *Environment*, Vol. 40, No. 10 (December 1998), pp. 4-13, 26-27.

적 대체물이 될 수 있다고 보고 국제제도가 공공재의 비극을 피할 수 있는 처방으로 제시하고 있다. 국제제도가 어떻게 공공재의 비극이나 죄수의 딜레마와 같은 사회적 딜레마(social dilemma)를 회피할 수 있도록 도울 수 있는가는 앞서 살펴본 바와 같다. 신자유주의적 제도주의 이론은 국제환경협약과 같은 국제제도가 국가 행동의 중요한 결정자이고 학습의 원천으로서 모든 관련 행위자들에게 잠재적인 절대적 이득에 이르도록 하고 환경 변화에 의한 공동의 취약성에 대한 공동관리에 도달하도록 한다고 본다.

이처럼 신자유주의적 제도주의 이론은 국제환경에 관한 국제제도의 존재로 인해 환경문제에 있어서 국제협력이 가능하다는 것을 강조한다. 즉 환경문제에 효과적으로 대처하기 위해서는 이와 관련한 국제제도의 수립이 중요하다고 강조한다. 이러한 맥락에서 환경문제 가운데 기후변화 문제와 관련하여 교토기후변화체제를 이어갈 새로운 기후변화체제의 수립을 위한 국제제도의 구축 없이 기후변화 이슈가 해결될 수 없음을 강조했다.

이러한 신자유주의적 제도주의 이론은 1972년 유엔인간환경회의(UNCHE)가 개최된 후에 국제환경협약이 다수 체결되어 온 것을 적절하게 설명한다. 좀 더 구체적으로 신자유주의적 제도주의 이론이 기후변화를 둘러싼 국제환경 정치의 중요한 면모를 적절하게 설명하고 있는 것을 살펴보면 다음과 같다.

신자유주의적 제도주의는 환경 분야의 국제협력에 있어서 국제기구의 기능에 중점을 두기 때문에 국제제도가 어떻게 협력을 가능하게 하는가에 초점을 두고 살펴보고자 한다. 우선 세계기상기구(WMO)와 유엔환경계획(UNEP)을 중심으로 한 인식공동체(epistemic community)가 기후변화라는 글로벌 이슈로 세계적인 관심을 불러일으키고 모든 수준에서의 행위자들에게 정치적 행동을 고무했다. 이러한 공동체가 1988년에 「기후변화에 관한 정부간패널(IPCC)」이라는 국제제도의 창설을 통해 제도화되었고 이 국제제도는 최신의 과학적 정보와 정책 행동(policy action)을 위한 제안을 제공하여 협상을 도왔다. 국가 간의 협상이 유엔기후변화 기본협약(UNFCCC)과 같은 국제레짐과 유엔과 같은 국제기구 그리고 기후변화협약 당사국총회(COP)와 같은 제도화가 된 틀에 기초하여 전개되고 있는 것에서 볼 수 있듯이 국제제도는 기후변화를 둘러싼 국제환경정치에 있어서 필요불가결한 존재의 역할을 하고 있고 이러한 사실들은 신자유주의적 제도주의 이론이 협력이 어떻게 촉진되고 있는가를 분석하는 데 있어서 중요한 이론적인 틀로서 유용함을 보여준다.

신자유주의적 제도주의 이론에 따르면 국가들은 국제제도(국제레짐과 국제기구)를 창설함으로써 국제적인 환경문제를 극복하기 위해 협력한다. 이처럼 신자유주의적 제도주의는 국제환경에 대해 점증하는 우려가 주권국가를 넘어서 새로운 행태의 정치적 활동을 발생시킨다는 것을 제안한다. 국제제도를 통한 국제환경 문제의 해결책으로서의 이러한 전 지구적 환경 거버넌스(global environmental governance) 방식은 국제제도가 부재한 가운데 주권국가 개개 차원에서의 환경문제의 해결방식과 국제제도가 부재한 가운데 주권 국가들 사이의 협력을 통한 환경문제의 해결방식과는 구별된다.

이런 면에서 신자유주의적 제도주의 이론은 초점을 국가로부터 국제제도로 옮겼다고 볼 수 있다. 특정 이슈 영역에서의 국제제도의 등장·설계·효과성과 같은 것을 집중적으로 연구하는 신자유주의적 제도주의 이론은 국제환경이라는 연구 분야에서뿐만 아니라 모든 이슈 영역으로부터 공통으로 다음과 같은 비판을 받는다.

첫째, 신자유주의적 제도주의 이론은 국제환경협약에 적용되어 국제레짐과 같은 국제제도가 어떻게 기능하고 어떻게 협력을 가능하게 하는가를 보여주고자 한다. 그러나 문제는 이러한 신자유주의적 제도주의 이론은 이미 이루어진 협력적인 협정에만 중점을 두도록 함으로써 실패하거나 일정한 국가들에 의해 거부된 협정은 다루지 않아 연구의 대상에서 제외된다. 더불어 국제환경 분야에서 협력 장치(cooperation arrangement)를 통해 미약하게 관리되거나 전혀 관리되지 않는 활동 가운데 환경에 미치는 함의가 큰 활동이 있음에도 불구하고 이들을 중요한 연구의 대상으로부터 제외한다. 따라서 신자유주의적 제도주의 이론이 설명력을 강화하려면 성공하지 못한 협정을 비롯하여 연구의 대상에서 제외된 것들을 연구의 대상으로 하여 정보의 부재와 같은 국제레짐 기능의 부재가 이러한 실패를 가져왔다는 것을 보여주어야 한다.

둘째, 신자유주의적 제도주의 이론은 신현실주의 이론과 마찬가지로 국가의 정체성과 이익을 주어진 것으로 가정함으로써 특정 국가가 시간이 흐름과 더불어 협상에 있어서 태도를 바꾸는 것과 같은 현상을 제대로 설명하지 못한다. 예컨대 일본과 같은 국가가 교토의정서의 제1차 공약 기간(the first commitment period)인 2008년부터 2012년까지와는 달리 2013년부터 2020년까지의 제2차 공약 기간에 교토의정서로부터 탈퇴한 것을 제대로 설명하지 못한다.

셋째, 신자유주의적 제도주의 이론은 국제환경 문제의 대응에 있어서 국가들 사이에 실질적으로 존재하는 차이를 설명하는 데 한계를 가지고 있다. 이러한 한계는 신자유주의적 제도주의 이론이 국제환경 문제에 대해 국가 간 차이를 무시하고 국가들 모두가 국제제도의 수립에 대해 공동의 이해관계를 가진다는 것을 전제로 함으로써 개개 국가의 국내 요인들을 암상자(black box)에 가두어 두고 있기 때문이다. 따라서 국제환경제도 형성에의 참여와 국제환경 제도가 가하는 제약과 압력에의 대응 등에 있어서 국가 간 차이를 설명하려면 국내정치를 비롯한 국내 요인을 고려해야 한다는 주장이 제기된다.

넷째, 신자유주의적 제도주의 이론은 국제경제 분야에서의 국제협력을 설명하기 위해 고안된 것이다. 따라서 국제경제 문제와는 성격이 다른 국제환경 분야에서의 협력문제를 설명할 경우 차이가 존재할 수 있다. 이러한 차이에는 다음과 같은 것들이 포함된다. i) 다른 국제문제 분야와는 달리 국가들의 환경 분야에서의 자기중심적인 이익추구 행위는 지구의 파멸과 같은 전 지구적인 공공재의 비극으로 이어질 수 있다. 따라서 한편으로 국가들은 궁극적으로 협력을 회피할 수 없을 것이다. ii) 안보 분야나 국제무역 분야와는 달리 국제환경 분야의 경우 일국의 국제제도 위반에 대한 보복(tit-for-tat)으로서 다른 국가가 동일한 국제제도를 위반하는 것이 불가능하다. 따라서 보복에 대한 두려움으로 국가들이 협력하려 하고 국제제도가 이러한 것을 촉진한다는 신자유주의적 제도주의 이론의 적실성이 일정한 정도 한계를 가질 수 있다. 물론 국제사회에서 일국의 환경에 관한 국제레짐에 대한 위반에 대해 무역에서의 보복 조치 등을 수반할 수는 있다. iii) 신자유주의적 제도주의 이론은 평판에 대한 국가들의 관심이 이들에게 앞을 내다보고 행동하게 하여 협력을 하도록 유도하며 국제제도가 이를 돕는다고 본다. 그러나 국제환경 분야에서 국제제도가 가입이나 의무의 준수가 가져다주는 평판효과가 작으므로 신자유주의적 제도주의의 논리가 완벽한 적실성을 갖는다고 보기 어렵다.

다섯째, 앞서 언급했듯이 국제제도가 국가의 행동과 국제적 결과에 미치는 영향을 둘러싸고 신현실주의 이론과 신자유주의적 제도주의 이론이 계속해서 논쟁을 전개해오고 있다. 신현실주의 이론은 국제제도의 효과는 아주 미미한 주변적이라고 보면서 힘의 영향만을 되풀이해서 강조한다. 이에 반해 신자유주의적 제도주의 이론은 국제제도가 국가이익과 정책에 영향을 주어 국가의 행동과 국제적 결과에 영향을 미친다는 주장과 더불어 국제협력을 가능하게 하는 요인으로서 오로지 국제제도의 역할만을 강조하고 있다.

이같이 국가의 행동과 국제적 결과에 미치는 요인과 관련하여 이론 간에 견해 차이가 존재하는 가운데 신자유주의적 제도주의 이론을 옹호해온 학자들 내부에서 「국가의 행동과 국제적 결과에 영향을 미치는 요인에는 과연 국제제도만 있는 것인가?」와 「만약 다른 요인들이 있다면 어떤 요인들이 존재하는가?」라는 본질적인 질문이 제기되고 있다.

이러한 질문을 제기하는 대표적인 학자로서 영(Oran R. Young)의 논의를 살펴보고자 한다.[58] 영은 구체적으로 「국제사회에서 행위자 사이 상호작용의 결과상의 변이의 어느 정도를 국제제도의 영향으로 볼 수 있을 것인가?」의 질문을 던지고 있다. 국제제도는 일정한 조건 아래 국제적 결과에 상당한 차이를 가져오나 국제사회에서 있어서 행위자 간 상호작용 결과의 변이 모두를 설명할 수 있는 것은 아니라고 본다.

영은 국제환경 이슈 영역에서 이러한 종류의 주장을 제기하고 있는데 그에 따르면 국제환경 문제와 관련해서 인구 · 소비의 정도 · 기술뿐만 아니라 생태지구물리적 조건(biogeophysical condition) · 문화 · 역사 · 지도력 등 또한 차이를 가져온다. 즉 국제제도가 국제사회에서 행위자들의 상호작용 과정에 영향을 미치는 유일한 확실한 기제가 아니다. 유인(incentives)의 역할 · 이익과 비용의 계산 · 합리적 선택의 생각을 강조하는 실용 본위의 사고에만 기초한 진술만으로 사회적 제도의 모든 결과를 설명할 수는 없다.

따라서 제도적 결과를 설명하는 집단행동 모델과 사회관습 모델(collective-action model and social-practice model of institutional consequence)의 상대적인 중요성에 관해 추가적인 연구의 필요성이 있다. 그러나 국제제도 이외에 생태지구물리적 조건 · 인구 · 기술과 같은 동인들을 국제적 결과에 미치는 다양한 요인들로 간주할 경우 이러한 요인들 사이의 상관관계로 인해 국제적 결과를 인과론적으로 설명하기가 쉽지 않다는 점도 문제이다.

예컨대 생태지구물리적 조건 · 인구 · 기술과 같은 동인들이 사회제도의 성격에 영향을 명백히 미치는데 거꾸로 사회제도가 이러한 요인들에게 영향을 미치는 것도 사실이기 때문이다. 이런저런 것들을 고려하여 영은 이러한 신자유주의적 제도

58) Oran R. Young, “Regime Theory Thirty Years On: Taking Stock, Moving Forward,” http://www.e-ir.info/2012/09/18/regime-theory-thirty-years-on-taking-stock-moving-forward/ (검색일: 2014년 11월 12일).

주의 이론이 국제관계 연구자들에게 분석의 생산적인 도구로서 미래가 있는가를 묻는다. 영은 대안적 접근을 추구할 가치가 있으나 신자유주의적 제도주의 이론이 제공할 수 있는 것이 여전히 많다는 견해를 지니고 있다.

이와 더불어 영은 신자유주의적 제도주의 이론뿐만 아니라 신현실주의 이론과 구성주의 접근법 모두 국제제도 분석에 유용하다는 점을 국제제도 분석의 매력적인 특징이라고 강조하고 있다.[59] 즉 국제제도란 종종 효과적으로 권력을 행사할 수 있는 행위자 혹은 일단의 행위자들에 의해 수립되며 이러한 제도들은 지속력을 획득하여 이러한 수립자들이 소멸하거나 미약해진 이후에도 오랫동안 계속하여 영향력을 발휘한다. 이와 유사하게 모든 사회적 제도들은 생각(idea)에 의존한다. 이러한 생각들이 오랫동안 존재해 온 관계로 관련된 생각의 출처를 밝혀내고 영향력을 가지게 되는 경로를 추적하는 것이 어렵다. 여러 이론이 적실성을 둘러싸고 갈등적인 관계에 있지만 개개 이론들로부터 통찰력을 섭취하는 것이 필요하다고 본다.

영은 이러한 국제제도 분석의 미래는 국제사회에서 전개되고 있는 이미 중요하면서 사회적 환경의 성격에 영향을 미치지 않을 수 없는 두 가지의 변화들을 어떻게 다룰 것이냐에 의해 영향을 받을 것으로 본다. 하나의 변화란 국제사회라는 것이 국가사회(a society of states)로부터 국가가 지속해서 중요한 행위자이지만 다국적기업과 NGO를 포함한 다양한 행위자들이 그 스스로 주요한 행위자가 되는 훨씬 더 복잡한 사회로 변화하면서 증가하는 국제사회의 복잡성이다. 영은 이러한 전환이 사회제도의 역할 감소를 의미하지는 않으나 국가를 주요한 행위자로 간주하는 주류의 국제제도 분석에 도전이 될 것으로 본다.

또 다른 변화는 인간의 행동이 지구를 지배하면서 발생하는 변화인데 기후변화가 이러한 변화의 상징적인 사례가 될 수 있다고 본다. 인류가 환경에 큰 영향을 미치기 시작한 산업혁명 이후 지금까지의 시대를 통칭하여 「인류세(Anthropocene)」라고 부르는데 이 시대는 상승하는 불안정(turbulence)의 수준과 비선형적(non-linear)이며 때때로 갑작스럽고 종종 불가역적인 변화의 패턴을 특징으로 한다.

---

59) 영(Oran R. Young)은 국제레짐이 강요의 결과 · 자발성에 따른 결과 · 협상의 결과로서 등장한다고 하면서 3가지 국제레짐의 창설방식을 제시한 바 있는데 이 역시 신현실주의 이론 · 신자유주의적 제도주의 이론 · 구성주의 접근법의 상호보완성을 언급한 것으로 볼 수 있다: Young, op. cit.

영은 국제사회에서 결과의 결정자로서의 국제제도의 역할이 감소할 것으로 볼 수 없지만 만약에 현존하는 국제제도들의 성과를 개선하기 위해 이러한 제도들을 재구성하지 않는다면 21세기의 문제들을 제대로 다룰 수 없는 도전적인 상황에 직면할 수 있다고 본다. 이러한 상황의 예로서 영은 이해관계의 충돌로 당사국총회(COP)가 국제제도의 강화를 위해 필요한 조치에 대해 합의에 도달하지 못하고 있는 기후변화의 문제를 들었다.[60] 영은 이러한 것이 사실인 한 국제사(international affairs)의 진행의 결정자로서 국제제도가 수행하고 있는 역할을 이해한다는 것은 우리의 역경에 대한 해결책을 수립하는데 충분하지 않다고 비판적으로 보지만 그런데도 필요한 조건은 될 것으로 본다.

노이마이어(Eric Neumayer)와 같은 학자는 「어떤 경우에는 국제적인 환경협력이 발생하고 다른 경우에는 발생하지 않는가?」 그리고 「어떤 경우에는 환경협력이 광범위하고 깊이가 있는 데 반해 다른 경우는 그렇지 않은가?」와 같은 질문에 제대로 답을 하려면 국제제도에 관한 이론만으로는 어렵다고 보고 국제환경 협력에 관한 경제이론(economic theory)과 상호 협력하는 것이 필요하다는 주장을 제기하고 있다.[61]

패터슨(Matthew Paterson)과 같은 학자는 이러한 비판에서 더 나아가 국제환경문제를 다루는 데 있어서 신자유주의적 제도주의 이론이 지니는 본질적인 한계를 비판하고 있다. 그는 신자유주의적 제도주의 이론이 환경문제의 원인이 초국경적이고 영향도 초국경적이어서 대응도 초국경적이어야 하는데 현재의 국제체제가 주권국가를 기본단위로 하는 분권적인 체제이기 때문에 해결이 어렵다고 보면서도 이러한 문제의 해결을 세계정치의 권력 구조의 변화 속에서 추구하지 않고 기존의 세계정치의 권력 구조를 전제로 하여 국가 간의 협력을 강조한다고 진단한다. 그는 신자유주의적 제도주의 이론이 환경문제의 본질적인 원인보다는 국제레짐을 통해 이미 발생한 환경문제에 대응하는 데에 주된 관심을 두고 있으며 이러한 대응조차도 기존의 세계정치의 권력 구조의 틀 내에서 이루어지고 있다고 비판을 가하

60) 영이 이러한 주장을 제기한 글을 게재한 시기가 2012년 9월이었는데 이 시기는 교토의정서 이후의 기후변화체제를 이끌어갈 포스트 교토체제의 수립을 위한 진전이 별로 없었다. 영의 우려와는 달리 2015년 12월에 프랑스 파리에서 개최된 기후변화협약 제21차 당사국총회에서 파리협정이 체결되었으나 미국이 2019년 11월 4일에 탈퇴키로 유엔에 공식 통보했다.

61) Eric Neumayer, "How Regime Theory and the Economic Theory of International Environmental Cooperation Can Learn from Each Other," *Global Environmental Politics*, Vol. 1, No. 1 (February 2001), pp. 122-147.

고 있다.[62] 그는 이러한 환경문제를 해결하기 위해서는 이러한 문제를 지속적이고 본질적으로 일으키고 있는 이러한 세계정치의 권력 구조에 대한 변혁이 있어야 함을 강조한다.[63]

4) 신자유주의적 제도주의 이론의 평가

신자유주의적 제도주의 이론의 기능주의적 접근을 평가해 보면 우선 기능주의적 접근은 「언제 어떻게 국제협력을 가능하게 하는 국제제도가 공급되는가」보다도 오히려 「언제 국제제도가 요구될 것인가」를 구체적으로 밝히는 데 장점을 지닌다. 이러한 접근은 예컨대 국제제도가 높은 거래비용을 줄이고 정보의 부족이나 정보의 불평등함을 극복시켜준다는 것과 같은 순기능을 할 때 요구된다고 본다.[64]

신자유주의적 제도주의 이론의 기능주의적 접근은 이처럼 국제제도의 새로운 창설에 대한 논리적인 설명을 제공한다. 이와 더불어 기능주의적 접근은 일단 창설된 국제제도가 계속해서 순기능적인 이익을 제공함으로써 국가들에 의해 수용되어 유지된다는 논리적인 이유를 제공한다. 이때 유지되는 국제제도는 패권국의 힘에 바탕을 두고 창설된 국제제도일 수도 있고 기능주의적 접근법이 말하고 있는 국제제도의 기능이 제공하는 이익에 의해 창설된 국제제도일 수도 있다. 이처럼 기능주의적 접근은 국제제도를 창설한 패권국의 쇠퇴와 같은 구조적인 조건이 변화했음에도 불구하고 국제제도가 유지되는 이유를 잘 설명해 준다.[65]

그러나 신자유주의적 제도주의 이론의 기능주의적 접근은 다음과 같은 비판의 대상이 되기도 한다. 우선 기능주의적 접근은 국제제도의 유용한 기능이 공동의 이익을 실현해 준다는 점을 강조함으로써 국제정치에서 출현하는 다수의 국제제도

---

62) 신자유주의적 제도주의의 경우 앞서 살펴보았듯이 환경문제의 원인을 합리적인 행위자들의 단기적인 자기중심적 이익의 추구에 의한 시장의 실패 등에서 찾는 등 환경문제의 원인진단을 전혀 하고 있지 않은 것은 아니지만 패터슨의 관점에서는 이러한 원인진단이라는 것은 구체성을 지니지 않은 것으로서 본질적인 원인진단으로서 부적절한 것으로 본다.

63) Paterson, op. cit.

64) 기능주의적 접근의 적실성이 검증되기 위해서는 국가의 행동이라는 것이 국제제도의 단순한 존재가 아닌 국제제도가 제공하는 이득이 동기가 되었다는 것이 입증되어야 한다.

65) 기능주의적 접근은 패권에 의해 창출된 국제제도와 국제협력이 패권의 쇠퇴와 더불어 같은 운명을 맞게 될 것이라는 패권안정론의 비관적인 예측에 반기를 들고나온 것이기 때문에 국제제도와 국제협력이 어떻게 생성되는가에 관한 관심보다는 생성된 국제제도와 국제협력이 그 원인변수의 변화에도 불구하고 유지될 수 있다는 논리를 제공하는 데에 더 큰 관심을 가진다는 것은 자연스러운 일이라고 볼 수 있다.

가 약소국의 이익보다는 강대국의 이익을 반영한다는 사실에 주목하지 않는다는 비판을 받는다. 즉 국제제도가 어떻게 불평등(inequality)을 산출하는지를 기능주의적 접근은 설명하지 못한다.

기능주의적 접근은 비국가적 행위자를 인정하지 않는 국가 중심성 · 국가를 다양한 이해관계를 가진 집단의 합이 아닌 국가이익을 일률적으로 추진하는 조직체로 보는 국가의 통합성 · 국가는 합리적인 전략적 계산에 따라 움직이는 존재라는 국가의 합리성을 전제함으로써 국제제도가 창설되고 유지되며 국가의 행동에 영향을 미치는 실질적인 과정에 대한 설명을 결하고 있다고 비판을 받는다. 구체적으로 국제제도의 창설과 관련하여 국제제도가 정부를 포함한 다양한 행위자들에 의해 어떻게 수용되는가의 과정을 설명하지 못한다. 국제제도의 유지와 관련해 서도 국제제도가 생성된 후 국내 행위자들이 이러한 국제제도에 대해 중대한 이해관계를 갖게 되거나 국제제도의 규범이 정부의 관료나 일반인들의 개인적인 믿음의 체계(individual belief system)가 되어 이러한 국제제도가 준수된다고 하는 식의 설명을 제시하지 못한다.66)

국제제도의 영향과 관련하여 기능주의적 접근은 국제제도가 국가 행동에 영향을 미치는 데 중요한 역할을 한다는 주장을 반복할 뿐 국제제도가 국가 행동에 영향을 미치는 방식 즉 창설된 국제제도가 국가이익(national interest)과 국가의 선호(national preference)를 어떻게 바꾸어 놓는가를 제대로 설명하지 못한다.

자유주의적 정부간주의(liberal inter-governmentalism)의 옹호자인 모랍식(Andrew Moravcsik)은 국제제도가 정보를 제공하고 정치적인 지도력을 제공함으로써 국제협력을 가능하게 한다는 주장에 비판을 가하고 있다. 구체적으로 모랍식은 국제협상에 참여하는 사람들의 경우 정보가 부족하다는 것과 국제기구의 정치적 지도자의 지도력이 중요하다는 것에 의문을 제기했다. 국제관계이론이 유럽통합을 가져오는 데 있어서 유럽공동체 자체나 유럽공동체의 지도자와 같은 초국가적인 행위자(supranational actors)의 역할을 강조하는 데 반해 그는 전통적인 외교관들의 역할이 통합의 진전을 위한 합의를 하는데 더 효율적이었다고 주장한다. 즉 국제제도나 초국가적인 정치적 지도자 없이도 국제협상이 오히려 효율적이고 성공적일

66) 이러한 계열의 설명은 다음 글을 참조하시오: John S. Duffield, "International Regimes and Alliance Behavior: Explaining NATO Conventional Force Levels," *International Organization*, Vol. 46, No. 4 (Fall 1992), pp. 819-855.

수 있다고 주장한다. 합의에 이르는 것을 방해할 수 있는 정보의 결여와 같은 장애를 극복하기 위한 방도로서 협력적인 결과에 관심을 가지는 국가들이 필요한 지도력을 제공한다는 것이다.[67] 그는 유럽공동체(European Community)의 발전을 분석하면서 정보가 부족하지 않았으며 협력의 요구가 정보의 공급을 가져왔다고 본다. 유럽공동체의 발전에 제도・절차・규범・전문 경영인을 필요로 하지 않는다고 본다. 유럽공동체의 관리들은 협상 중에 그다지 필요하지 않거나 상징적인 역할만을 하고 실질적인 지도력을 제공하지 않았으며 대신에 독일・프랑스・영국과 같이 협의의 도출에 제일 관심을 두고 있는 국가들이 혁신적인 제안과 타협적인 해결책을 제시했다. 교착상태를 타개하는 노력은 초국가적인 국제기구의 정치적 지도자들이 아니라 이러한 국가들에 의해 이루어졌다는 것이다.[68]

신자유주의적 제도주의 이론을 신현실주의 이론과 비교하면 다음과 같은 차이가 있음을 알 수 있다. 신현실주의 이론에 속하는 패권안정론은 힘을 가진 패권국의 존재가 국제협력을 가져올 수 있다고 봄으로써 이를 「힘에 기반을 둔 설명(power-based explanation)」이라고 부르는 것과는 달리 신자유주의적 제도주의 이론은 국가들의 자기중심적 이익이 국제협력을 가져온다고 하여 이를 일컬어 「이익에 기반을 둔 설명(interest-based explanation)」이라고 칭한다. 패권안정론이 패권국가의 존재가 국제레짐을 가져다준다고 봄으로써 이를 「공급자 측 이론(supply-side theory)」이라고 하고 신자유주의적 제도주의 이론의 경우 국제레짐이 자기중심적인 국가이익을 충족시켜주기 때문에 국가들이 원해서 생성된다고 보아 「수요자 측 이론(demand-side theory)」이라고 부른다. 신현실주의 이론의 관점은 국제문제의 해결에 있어서 국가의 역할이 여전히 중심이고 일반적으로 국제제도는 국제문제에 대응하는 데 있어서 주변적이라고 주장한다. 국제제도보다는 오히려 국가정책의 세계화(globalization of national policies)가 많은 국제문제의 성공적인 해결을 가능하게 해 왔다고 주장한다. 최근에 있어서 국제문제에 관한 정책의 세계화(globalization of policy)는 국제레짐의 영향이 아니라 수평적인 정책의 확산(horizontal policy diffusion)의 결과라고 본다. 따라서 국가가 혁신적인 정책의 전세계적 확산을 일으키거나 영향을 미치는 과정을 연구해야 한다고 본다. 이처럼

---

67) Andrew Moravcsik, *The Choice for Europe: Social Purpose and State Power from Messina to Maastricht* (Itacha: Cornell University Press, 1998).

68) Andrew Moravcsik, "A New Statecraft? Supranational Entrepreneurs and International Cooperation," *International Organization*, Vol. 53, No. 2 (Spring 1999), pp. 267-306.

국제제도의 개입이 없이 주권국가들 사이의 성공적인 정책의 확산을 통해 문제를 해결하려는 것과는 달리 신자유주의적 제도주의 이론은 국제제도를 통한 국제문제의 해결을 강조한다.

위에서 언급했듯이 국가들은 두 가지 방식을 통해 전 지구적인 환경의 변화와 같은 전 지구적인 문제를 해결하기 위한 노력을 한다. 하나는 국제제도의 관여 없이 국가들이 일방적인 행동을 통해 문제를 해결하는 방식인데 궁극적으로 다른 국가들에 의한 유사한 정책의 채택으로 이어질 수 있다. 즉 국제문제 해결에 있어서 국가 중심성을 고집하는 가운데 국제제도를 통하지 않고 국가 단독으로 혹은 국가들이 합동으로 문제를 해결하는 방식이다. 또 다른 방식은 국제레짐을 통한 국제문제의 해결방식이다. 이러한 두 방식의 상대적 혹은 절대적인 효과성은 결정하기 어렵다고 본다.[69]

3. 자유주의 국제관계 이론

1) 자유주의 국제관계 이론의 핵심 내용

신자유주의적 제도주의 이론은 국제제도의 기능이 가져다주는 이익이 있어 국가들이 국제제도를 원하게 되고 그 결과 국제제도를 형성하고 유지한다고 주장한다. 이러한 주장에는 모든 국가를 합리적인 존재로서 동일하게 절대적인 이익을 추구한다는 것이 가정으로서 전제되어 있다.

그러나 신자유주의적 제도주의 이론은 국가들이 구체적으로 언제 어떻게 실질적으로 국제제도를 형성하는가를 제대로 설명하지 못한다. 더불어 협력을 돕는 국제기구와 같은 국제제도가 존재하고 당사자들에게 절대적 이득을 가져다준다고 해도 협력적인 국제협정(즉 국제레짐)에 이르지 못하거나 이르기에 어려움을 겪는 사례들을 제대로 설명하지 못한다. 이러한 현상을 국가들의 상이한 선호(preference)를 통해 설명하고자 하는 이론이 있는데 이러한 이론은 「자유주의 국제관계 이론(liberal international relations theory)」이라고 불린다.

자유주의 국제관계 이론에 따르면 국가의 행동이란 국내정치가 특정의 개인들과 단체들이 자신들의 이념적·물질적 이익을 진전시키는 것을 허용하는가와 허

---

69) Frank Biermann and Klaus Dingwerth, "Global Environmental Change and the Nation State," *Global Environmental Politics*, Vol. 4, No. 1 (February 2004), pp. 6-11.

용의 정도에 의해 규정된다는 생각에 기반을 두고 있다. 만약에 국가들의 특정한 이익들이 양립할 수 없으면 협력적인 협정에 이르는 것이 가능하지 않다고 본다. 이처럼 자유주의 국제관계 이론은 신자유주의적 제도주의 이론과는 달리 국제적인 문제를 둘러싼 국가 간의 협력에 영향을 미치는 요인으로서 국내 요인들의 역할을 중요시한다.70)

기본적으로 자유주의 국제관계 이론은 국가의 선호란 국내와 초국가적인 사회적 압력으로부터 생성되며 이렇게 만들어진 선호가 국가의 행위에 중대한 영향을 미친다고 가정한다. 이러한 가정을 좀 더 세분하여 살펴보면 우선 사회 행위자(societal actor)의 성격과 관련하여 세계화가 사회를 구성하고 있는 개인과 그룹에게 국제사(international affairs)와 관련하여 상이한 요구를 하도록 한다고 가정한다. 국가의 성격과 관련하여 국가는 국내 개인들과 사회그룹의 요구를 대표하는데 국가는 이들의 이익에 기초하여 국가의 선호를 정의하고 세계화를 관리하기 위해 도구적으로 행동을 한다고 가정한다. 국제체제와 관련하여서는 국가들의 선호 사이의 상호의존 정형(pattern)이 국가 행위를 규정짓는다고 가정한다.71)

2) 자유주의 국제관계 이론의 적용 사례72)

앞서 신자유주의적 제도주의 이론에 대한 비판의 하나로서 언급했듯이 신자유주의적 제도주의 이론은 모든 국가를 국제제도의 수립에 대해 공동의 이해관계를 가지는 존재로서 전제하고 있다. 그 결과 국제환경제도 형성에의 참여와 국제환경제도가 가하는 제약과 압력에의 대응 등에 있어서 국가들의 차이를 설명하는 데 한계를 가지고 있을 뿐 아니라 협력적인 국제환경협약에 이르는 것이 어려운 경우를 제대로 설명하지 못하는 한계 역시 가지고 있다. 더불어 국가들이 구체적으로 언제 어떻게 실질적으로 국제제도를 형성하는가를 제대로 설명하지 못한다.

이러한 비판에 대응하여 국제환경 분야에 있어서 국내 요인들을 분석에 끌어들이는 노력이 행해지고 있다. 국내 요인에 중점을 두는 이러한 자유주의 국제관

70) 국내변수의 영향을 분석에 포함하지 않는 것은 신자유주의적 제도주의 이론뿐 아니라 신현실주의 이론도 마찬가지이다.

71) Andrew Moravcsik, "The New Liberalism," in Christian Reus-Smit and Duncan Snidal, ed., *The Oxford Handbook of International Relations* (New York: Oxford University Press, 2008), pp. 234-254.

72) 박재영, 전게서, pp. 171-177.

계 이론에 따르면 국가들이 협력적인 합의에 이르기가 어려운데 이는 국가들이 상이한 선호와 정체성을 가지고 있기 때문이다. 다시 말해 국가들이 협력적인 합의에 이르기 위해서는 국가의 선호들이 양립할 수 있어야만 한다.73)

이러한 설명을 가하려는 다양한 시도들이 있으며 이들을 통칭하여 「이익에 기반을 둔 설명(interest-based explanation)」이라고 칭한다.74) 스프린츠와 바토란타(Detlef Sprinz and Tapani Vaahtoranta)가 대표적인 학자이다.75) 이들은 환경문제를 다루는 데 필요한 저감 비용과 환경위협에의 생태적인 취약성이라는 두 요인을 기초로 하여 국제환경협상에서의 국가의 입장이 결정된다는 모델을 제시하고 있다.76)

구체적으로 이 모델은 국가이익이라는 것을 비용(환경문제를 다루는 데 필요한 저감 비용)과 혜택(환경위협에의 생태적인 취약성의 완화)이라는 두 요인의 함수라고 개념화하고 생태적 취약성이 높을수록 그리고 저감 비용이 낮을수록 환경문제를 다루기 위한 국제적인 행동에 대한 국가의 지지 정도가 강해진다고 본다. 거꾸로 생태적 취약성이 낮을수록 그리고 저감 비용이 많이 들수록 국가는 국제환경 문제를 다루기를 꺼린다고 본다. 이들은 두 요인의 결합에 따라 국제환경 협상에서의 국가들의 역할(국가가 국제제도의 형성을 지지할 것인가의 여부)이 달라진다고 보고 국가들의 역할을 방관자(bystander) · 추진자(pusher) · 지연자(dragger) · 중간자

---

73) 이렇게 신현실주의 이론과 신자유주의적 제도주의 이론이 결하고 있는 국내 요인에 중점을 두고 국제환경정치를 설명하고자 하는 자유주의 국제관계 이론이 있는가 하면 이와는 달리 국외 요인과 국내 요인 모두를 동시에 고려하는 퍼트넘(Robert D. Putnam)의 양면게임이론(two-level game theory)과 같은 분석 틀을 통해 국제환경정치를 설명하려는 시도도 존재한다.

74) 통상 국제제도의 생성과 국제협력을 설명하는 대표적인 이론이나 접근법으로서 신현실주의 이론 · 신자유주의적 제도주의 이론 · 구성주의 접근법을 언급하곤 한다. 이들은 각각 힘에 기반을 둔 이론(power-based theory) · 이익에 기반을 둔 이론(interest-based theory) · 지식에 기반을 둔 이론(knowledge-based theory)이라고도 불린다. 이들 모두는 국제체제 수준에서 일반화된 이론 내지는 접근법을 의미한다. 이익에 기반을 둔 이론이라면 통상적으로 신자유주의적 제도주의 이론을 일컫는다. 그러나 스프린츠(Detlef Sprinz)를 비롯한 일단의 학자들이 국제환경정치에서의 국가들의 상이한 입장을 설명하고자 할 때 국제체제 수준에서 일반화된 이론들이 국가들의 상이한 입장을 제대로 설명하지 못하는 관계로 단위 수준(즉 국가 수준)의 변수인 국내변수를 불러들여 국가 간의 차이를 설명하고자 하면서 이러한 접근이나 설명을 「이익에 기반을 둔 접근(interest-based approach)」 혹은 「이익에 기반을 둔 설명(interest-based explanation)」이라고 칭한다.

75) Detlef Sprinz and Tapani Vaahtoranta, "The Interest-based Explanation of International Environmental Policy," *International Organization*, Vol. 48, No. 1 (Winter 1994), pp. 77-105.

76) 여기에서 언급되는 두 요인은 체제 수준의 요인이 아니라 단위 수준(즉 국가 수준)의 요인들이다.

(intermediate)로 구분하고 있다.

돌삭(Nives Dolsak)은 국가들이 기후변화를 완화하기 위한 의지 면에서 차이를 보인다고 보고 이러한 차이를 공약수준(commitment level)이라는 종속변수로 하여 이러한 차이가 어떤 요인으로부터 유래되는가를 분석하고자 했다. 구체적으로 그는 국가들을 단지 기후변화협약에 서명만 한 국가・서명에서 나아가 비준까지 한 국가・온실가스 배출량을 줄이기 위한 정책을 수립한 국가・정책 수립에서 나아가 정책을 실질적으로 집행한 국가 등 9개의 공약수준으로 분리하고 이러한 공약수준에서의 차이가 어디에서 오는가를 밝히고자 했다.

그는 이러한 차이가 배출가스 감소를 통해 얻을 수 있는 이익에서 감소를 위해 드는 비용을 뺀 결과를 의미하는 순이익이라는 요인과 특정 국가가 자신의 배출량 감소를 통하거나 다른 국가들에게 유인(incentive)을 제공하거나 위협을 가해 전 세계의 배출가스 감축 총량에 미칠 수 있는 능력을 의미하는 전 지구적 배출에 영향을 미치는 능력이라는 요인의 합에서 기인한다고 결론을 제시한 바 있다.

제3절 인식론적 접근법과 구성주의 접근법

국제협력을 설명하는 이론으로서 앞에서 힘에 기반을 둔 신현실주의 이론과 이익에 기반을 둔 신자유주의적 제도주의 이론을 살펴보았다. 여기에서는 인식론적 접근법(cognitive approach)과 구성주의 접근법(constructivist approach)을 함께 살펴보고자 한다. 인식론적 접근법과 구성주의 접근법은 상이하나 둘 다 실체(reality)가 인식(cognition)을 벗어나 객관적으로 존재한다고 보는 존재론과는 달리 실체라고 하는 것이 인식에 종속된다는 인식론적 견해를 공유하고 있기 때문이다.

1. 개 설

신현실주의 이론과 신자유주의적 제도주의 이론이 국제협력에 관해 상이한 설명을 제시하고 있다. 그러나 이들은 국가만을 주요한 행위자로 간주하고 이들의 합리성을 전제하고 있다는 점에서 차이가 없다. 이들은 또한 국가 행동의 중요한 원천이 되는 자기중심적인 국가이익을 변화할 수 없는 고정된 주어진 것으로 간주한다는 점에서 동일하다.

이와는 달리 인식론적 접근법과 구성주의 접근법은 신현실주의 이론과 신자유주의적 제도주의 이론이 가정하고 있는 국가이익이라는 것이 주어진 고정된 것이라는 것을 부인하면서 이러한 국가이익이 국가들의 합리적인 정책을 위한 전략의 기초로서 가정될 수 없다고 강조한다. 대신에 이들은 국가이익이란 정치적 행위자들이 실체에 대해 지니는 변화하는 인식에 종속되는 것이라고 본다.

인식론적 접근법은 인과적이고 원칙적인 믿음(causal and principled belief)을 공유한 인식공동체(epistemic community)가 합의적 지식(consensual knowledge)을 창출하고 이렇게 창출된 합의적 지식이 국가이익을 변화시켜 국제적인 결과에 영향을 미친다고 본다.[77)]

구성주의 접근법도 공유된 이해(공유된 이념・가치・지식 등)가 국가이익을 변화시킴으로써 국제적인 결과물에 영향을 미친다고 본다. 따라서 신현실주의 이론을 「힘에 기반을 둔 설명」이라고 하고 신자유주의적 제도주의 이론을 「이익에 기반을 둔 설명」이라고 칭하는 것과 구별하여 인식론적 접근법과 구성주의 접근법을 「지식에 기반을 둔 설명(knowledge-based explanation)」이라고 일컫는다.[78)] 인식론적 접근법과 구성주의 접근법을 구분하여 살펴보면 다음과 같다.

2. 인식론적 접근법

1) 인식론적 접근법의 핵심 내용

인식론적 접근법은 통상적으로 국가의 대외정책에 영향을 미치는 인식

77) 인식공동체란 「특정 영역에서 인정받는 전문성과 능력(competence)을 지니고 있고 이러한 영역 내에서 정책과 관련된 지식에 대해 권위적인 주장을 보유하고 있는 전문가들의 연계망(network)」을 의미한다: Emanuel Adler and Peter M. Haas, "Conclusion: Epistemic Communities, World Order, and the Creation of a Reflective Research Program," *International Organization*, Vol. 46, No. 1 (Winter 1992), p. 3. 좀 더 구체적으로 말해 의사결정자들이 직면한 문제를 정의하고 다양한 정책적인 해결책을 찾아내며 정책 결과를 평가하는 것을 돕는 지식에 기반을 둔 전문가들의 초국가적인 연계망을 의미한다: Wikipedia, "Epistemic Community," http://en.wikipedia.org/wiki/Epistemic_community (검색일: 2014년 11월 10일).

78) 여기에서 「지식(knowledge)」이란 「특정 대상에 관해 교육이나 경험을 통해 얻게 된 인식이나 이해 혹은 정보」를 의미한다.

(perception)·오식(misperception)·믿음의 체계(belief system)와 같은 심리적인 과정의 역할을 살피는 접근법을 일컫는다. 이러한 접근법은 국가 의사결정자의 심리적인 동학에 중점을 두기도 하고 조직체의 공유된 인식에 중점을 두기도 하며 혹은 국가의 공유된 믿음의 체계(shared belief system)에 중점을 둠으로써 개인이나 조직 혹은 국가가 분석의 대상이 된다.

신현실주의 이론과 신자유주의적 제도주의 이론이 각각 국가 행동을 추동하는 요인으로서 힘의 추구와 이익의 추구라는 고정된 요인에 중점을 두고 있는 것과는 달리 인식론적 접근법은 고정되지 않고 동적인 인식(cognition)과 지식(knowledge)이라는 요인의 역할에 중점을 두고 이러한 요인이 국가이익을 변화시키고 이러한 변화된 국가이익이 국가 행동에 영향을 미친다고 본다.

이러한 인식론적 접근법은 신현실주의 이론과 신자유주의적 제도주의 이론에 대한 직접적인 도전이라고 볼 수 있다. 이는 신현실주의 이론과 신자유주의적 제도주의 이론 모두 국가 행동을 추동하는 요인인 힘과 이익의 추구로 인해 국가들이 동일하게 반응한다는 것을 전제하고 있는 데 반해 인식론적 접근법은 인식에 따른 상이한 반응을 전제로 하고 있기 때문이다.

이러한 인식론적 접근법은 국가 간 협력의 문제를 설명하는 데도 적용이 된다. 국제협력과 관련하여 인식론적 접근법의 핵심적인 주장은 협력은 행위자의 이념·가치·지식 등에 의해 영향을 받기 때문에 이러한 요인들과 연관시키지 않고는 국가들 사이의 협력을 완벽하게 설명할 수 없다고 본다. 구체적으로 「무정부적 속성의 국제정치 현실에서 국가 간 협력을 어떻게 끌어낼 수 있을까?」라는 질문에 이념·가치·지식 같은 요인의 역할을 강조한다. 따라서 인식론적 접근법은 자유주의 이념(liberal ideology)과 같은 요인이 국가 간 협력을 하도록 제도화가 되어 영향을 미치는 방식과 같은 현상에 주목한다.

인식론적 접근법을 수용하는 대표적인 학자의 예로서 하스(Ernst B. Haas)를 들 수 있다.[79] 그는 제도화된 협력이란 변화하는 지식과 변화하는 사회적인 목표 간 상호작용의 관점에서 탐구될 수 있다고 주장한다. 하스는 공동의 이해관계와 전문성을 갖고 국경을 넘나들며 특정의 문제에 대한 공유된 이해(shared understanding)

---

79) Ernst B. Haas, "Is There a Hole in the Whole? Knowledge, Technology, Interdependence and the Construction of International Regimes: A Regime Analysis," *International Organization*, Vol. 29, No. 3 (Summer 1975), pp. 827-876.

로 통합된 인식공동체를 구성하고 있는 전문적인 기술자의 역할을 부각한다. 예컨대 전문적인 기술자들은 이들만이 전 지구적 기후의 관리와 같이 정부가 의존하지 않을 수 없는 복잡한 문제에 관한 지식을 가짐으로써 영향력을 갖게 되며 그 결과 이들이 지닌 합의적 지식(consensual knowledge)이 국제제도의 형성에 중요한 역할을 한다고 본다.

인식공동체 문헌들은 불확실한 조건 속에서 인식공동체가 설득을 통하거나 의사결정 채널을 장악함으로써 국제제도의 형성을 위한 촉매(catalyst)가 된다고 본다. 즉 불확실성으로 인해 상이한 선택을 했을 때 어떠한 결과가 초래될 것인가에 대한 확신이 없을 때 행위자들은 그들의 이익을 계산하기가 쉽지 않아 전문가의 지식에 의존하게 된다고 본다.

이러한 인식론적 접근법은 국제제도 창설의 이면에 내재해 있는 이해관계에 대한 이해와 평가에서의 변화뿐 아니라 이러한 국제제도들이 어떻게 자신들에 대한 충성(allegiance)을 끌어내고 국가의 행동에 일정한 방향을 부여하는가를 설명하는 것을 돕는다.

이러한 맥락에서 투즈(Roger Tooze)와 같은 학자는 국제레짐에 대한 분석은 인식론적 접근법이 더욱 발전되기 전에는 그 목적을 달성할 수 없다고 본다.[80] 인식론적 접근법에 대한 비판으로서 해거드와 시몬스(Stephan Haggard and Beth A. Simmons)는 인식론적 접근법이 이론적인 측면에서 일반화가 힘들고 예측이 힘들다는 점을 지적한다. 더불어 국제제도는 힘의 양태(configuration of power)뿐만 아니라 여러 가지 인식적인 요소들의 반영일 수 있는데 이러한 힘과 인식의 요소들이 어떻게 상호작용을 하는지를 명백히 설명하지 못한다는 점을 지적한다.[81]

2) 인식론적 접근법의 적용 사례[82]

인식론적 접근법을 기초로 하여 인식공동체 이론을 주장하는 학자들은 지식기반의 초국가적인 인식공동체가 종국적으로 국제환경레짐을 비롯한 국제제도의 구성방식을 결정한다고 본다.[83] 예컨대 인식론적 접근법은 오존층 보호에 관한 국

80) Roger Tooze, "Regimes and International Cooperation," in A. J. R. Groom and Paul Taylor, eds., *Frameworks for International Co-operation* (New York: St. Martin's Press, 1990), p. 205.

81) Haggard and Simmons, op. cit., pp. 491-517.

82) 박재영, 전게서, pp. 188-190.

제환경레짐이 과학 전문가로 구성된 인식공동체가 과학에 기초하여 정치적인 합의를 만들어내려고 하는 노력으로부터 생성되었다고 본다.

1987년에 오존층의 파괴를 막기 위해 역사적인 「오존층 파괴물질에 관한 몬트리올 의정서(Montreal Protocol on Substances That Deplete the Ozone Layer)」라는 국제레짐이 탄생했다. 이러한 국제레짐의 생성을 둘러싸고 이론을 달리하는 여러 견해가 이러한 국제환경협약의 체결을 설명하고자 했다.

우선 주된 행위자에게 자기중심적인 경제적인 이익을 가져다줄 수 있었기 때문에 이러한 국제레짐이 체결될 수 있었다는 주장이 그중 하나다. 그러나 프레온가스(CFC 가스)에 대한 통제를 수용하기 시작할 당시에는 듀퐁(DuPont)사에 대체물질이 가용하지 않았다는 점을 강조하면서 대안적인 설명들이 제시되었다.[84)]

그중 하나가 하스(Ernst B. Haas)와 같은 학자에 의해 제시된 인식론적인 설명이다. 하스는 공동의 가치와 인식적인 믿음에 의해 통합된 인식공동체가 정보를 수집하고 오존층 고갈의 원인과 결과에 관한 합의를 형성하며 이러한 주장을 정부와 기업의 의사 결정자에게 전파하고 이들이 프레온가스의 통제정책을 형성하는 것을 도움으로써 오존층 보호를 위한 국제레짐을 창설하는 데 주도적인 역할을 했다고 주장한다.[85)]

리트핀(Karen T. Litfin)은 과학적 지식은 객관적인 것으로서 물질적 자원이나 이익과는 독립적이며 어느 정도 바로 정치적인 행동으로 전환된다는 하스의 입장을 포함한 기존의 인식론에 도전을 가하고 있다. 구체적으로 그는 국제환경정치

---

83) Peter M. Haas, "Introduction: Epistemic Communities and International Coordination," *International Organization*, Vol. 46 (1992), pp. 1-35.

84) 1985년에 영국의 과학자들이 남극지방의 상층부에 오존층이 비정상적으로 얇아진 것을 발견하고 이러한 현상이 프레온가스의 과도한 사용에서 온 것이라고 추론했다. 미국 항공우주국(NASA) 등에 의해 오존층의 농도가 낮아진 것이 확인되면서 1985년에 프레온가스의 주요 생산국을 비롯한 20개 국가가 빈협약을 체결하여 오존층 고갈물질에 대한 국제적인 규제를 협상할 틀을 마련했고 1987년에 법적 강제력을 갖는 몬트리올 의정서가 채택되었다. 그러나 프레온가스를 생산하는 산업계는 이러한 일련의 움직임을 수용하려 하지 않았다. 1986년에 듀퐁사에 의해 설립된 프레온가스 생산업계의 연합체가 프레온가스와의 연관성을 부인했으며 1987년에는 듀퐁사가 미국의회에서 일방적인 규제조치를 요구할 시급한 위기가 없다고 믿는다는 증언까지 했다. 1988년 초까지도 극적인 프레온가스의 감축 필요성에 대한 과학적인 증거가 없었다. 이처럼 1987년에 법적 구속력을 가지는 몬트리올 의정서가 체결될 전후에도 듀퐁사는 프레온가스의 대체물질을 개발하여 제조할 수 있는 상태가 아니었다.

85) Peter M. Haas, "Banning Chlorofluorocarbons: Epistemic Community Efforts to Protect Ozone," *International Organization*, Vol. 46, No. 1 (1992), pp. 187-224.

분야에서 환경에 관한 과학적 지식이 있는 그대로 국가이익에 영향을 미치는 것이 아니라 정치와의 상호관계를 통해 국가이익에 영향을 미친다고 본다.

이처럼 리트핀은 일반적인 인식인 과학적인 합의가 정치적인 합의와 국제환경 레짐의 원천이라는 기존의 견해에 도전을 가하면서 과학과 정책의 관계와 과학자와 정책결정자들의 관계가 다면적임을 입증하고자 했다. 즉 지식이 권력에 영향을 미치나 권력 또한 지식에 영향을 미치고 일국의 물질적인 이익이 국가에게 어떤 지식을 수용할 것인가를 결정하게 하지만 또한 국가가 어떤 지식을 수용할 것인가가 국가의 이익을 결정한다고 보고자 했다. 이러한 인식에 따라 국제환경 협상에서 과학과 정치의 동태적인 상호작용과 아울러 지식과 권력의 동태적인 상호작용을 이해하고자 했다.

이러한 현상을 「지식정치(knowledge politics)」라고 할 수 있는데 지식이라고 하는 것이 담론을 통해 사회적이고 정치적인 과정에서 형성된다고 보고 이러한 담론이 오존층 파괴를 막기 위한 1987년의 몬트리올 의정서의 협상을 조건 지운 과학적 조건과 정책결정 사이의 복합적인 관계를 포괄한다고 본다.

리트핀은 이처럼 과학적인 지식이란 정책결정자들과의 협력 속에서 정책전략(policy strategy)으로 발전될 경우라야 비로소 정책적인 영향을 가지게 된다고 보고 과학자와 정책결정자가 특정 담론을 둘러싸고 「담론연합(discourse coalition)」을 결성하는 것에 주목했다.

리트핀은 과학적인 지식이 정책선택의 가능한 범주를 제한하는 사전배려의 담론(precautionary discourse)을 지지하기 위해 사용되는 방식에 중점을 두었다.[86] 리트핀에 따르면 오존에 관한 정책은 사전배려의 담론이 1985년에 남극에서 오존구멍이 발견되면서 부차적인 입장에서 지배적인 입장으로 결정적으로 바뀌었기 때문에 변화했다고 주장한다.[87]

---

86) 환경문제와 관련하여 과학적 불확실성이 존재하는 상황에서 정책의 결정과 법의 제정을 어떻게 할 것인가는 중요한 문제이다. 왜 중요한 문제가 되는가 하면 아직 확실한 증거가 좀 미미하다는 이유로 과학적 인과관계가 무시되면 후일 회복이 불가능한 환경재앙을 초래할 수 있으며 또 다른 한편 아직 불확실한 가운데 과학적 지식을 수용할 경우 과잉규제 등으로 인한 산업생산이 위축되는 것과 같은 사회적 비용이 요구되기 때문이다. 이러한 문제를 해결하기 위해 등장한 것이 「사전배려의 원칙(Precautionary Principle)」이다. 이러한 원칙은 오존층 보호를 위한 빈협약과 몬트리올 의정서・기후변화협약・생물다양성협약 등에 수용되어 있다. 이러한 원칙의 수용을 위한 담론이 사전배려의 담론이다.

87) Karen T. Litfin, "Framing Science: Precautionary Discourse and the Ozone Treaties," *Millennium: Journal of International Studies*, Vol. 24, No. 2 (1995), pp. 251-277.

3. 구성주의 접근법

1) 구성주의 접근법의 핵심 내용

구성주의 접근법에 대한 자세한 설명에 앞서 분석수준에 따라 국가 수준의 구성주의 접근법(nation-level constructivist approach)과 국제체제 수준의 구성주의 접근법(system-level constructivist approach)이 있다는 것을 염두에 두어야 한다. 전자는 일국 내에서 어떻게 국가의 행동이 규정되고 국가의 규범이나 제도와 같은 것이 만들어지는가에 대한 구성주의적 시각이라는 점이다. 후자는 국제체제 내에서 어떻게 국가 간의 행동이 규정되고 국제규범이나 국제제도와 같은 것이 만들어지는가에 대한 구성주의적 시각이다.

좀 더 구체적으로 말해 국가 수준의 구성주의 접근법은 개인이나 집단을 분석단위(unit of analysis)로 하고 분석수준(level of analysis)을 국가 차원에 두어 일국에 있어서 국가의 정체성이 어떻게 생기고 이러한 정체성이 국가이익을 어떻게 규정하며 이렇게 규정된 국가이익이 국가 행동에 어떤 영향을 미치는가에 관심을 둔다. 이와는 달리 체제 수준의 구성주의 접근법은 국가를 분석단위로 하고 국제체제를 분석수준으로 하여 일국의 내부가 아닌 국제사회에서 집단적 정체성(collective identity)이 국가 간의 상호작용을 통해 어떻게 구성되고 이를 기초로 국가들의 집단적인 이익이 어떻게 형성되며 이러한 집단적인 이익이 이들 국가 사이의 국제관계에 어떠한 결과가 가져오는가를 살펴보고자 한다.

우선 국제체제 수준에서의 구성주의 접근법을 살펴보기 전에 국가 수준의 구성주의 접근법을 살펴보고자 한다. 구성주의 접근법은 신현실주의 이론과 신자유주의적 제도주의 이론이 국가의 정체성(identity)이나 이익(interest)이라는 것을 외생적으로 주어진 것으로 바라봄으로써 이러한 정체성과 이익이 어떻게 구성되는가를 무시하고 시간을 두고 이러한 정체성과 이익상의 변화를 설명하지 못하며 정체성이 국가이익을 어떻게 규정하는가를 무시한다는 점을 비판한다.

신현실주의 이론과 신자유주의적 제도주의 이론이 국가에게 특정의 행위를 하도록 하는 국가이익(신현실주의의 경우는 상대적인 힘의 우위 추구와 신자유주의적 제도주의 경우는 절대적 이익의 추구)이라는 것이 사회적이거나 문화적인 요인과 독립하여 외생적으로 주어진 것으로 보는 것과는 달리 국가이익의 형성과 관련하여 구성주의 접근법은 이념·가치·지식 등과 같은 관념이 구성원들의 사회적인 상호작용을 통해 공유되면서 국가의 정체성(identity)을 구성하고 이러한 국가의 정체성이 국가이익을 형성한다고 본다.[88] 즉 국가이익이라고 하는 것이 신현실주의 이론이나 신자유주의적 제도주의 이론이 주장하는 것과는 달리 물질적인 이익이 아닌 독특한 사회적이거나 문화적인 요인들로부터 유래된 관념적인 이익일 수 있다는 것이다.

그래서 사회적인 상호작용의 결과 새로운 이념·가치·지식이 공유되면 이익이라는 것은 변할 수 있는 것으로 본다. 구성주의 접근법은 국내 규범이나 국내제도의 형성과 관련하여 사회적인 상호작용을 통해 공유되어 형성된 정체성과 이를 통해 형성된 국가이익이 국가 차원의 규범이나 제도 등으로 발현된다고 본다.

따라서 국내의 규범이나 제도의 생성을 이해하기 위해 사회의 공유된 이해(shared understanding)에 관한 연구에 집중하고 나아가 이러한 공유된 이해를 만들어내는 지배적인 담론(discourse)에 주의를 쏟는다.[89] 지배적인 담론에 주목하는 이유는 이러한 담론이 공유된 믿음과 가치를 반영하고 규정지음으로써 궁극적으로 행위의 수용된 규범이나 제도를 수립하기 때문이다.

이렇게 국가 구성원들의 사회적 상호작용을 통해 생성되어 사회 전반에 의해 수용된 규범이나 제도는 거꾸로 개개 구성원들의 정체성과 여기에서 더 나아가 이익에 영향을 주어 행동을 규정한다고 본다. 이처럼 구성주의 접근법은 규범이나 제도가 구성원들의 상호작용을 통해 생성될 뿐만 아니라 구성원들에 의해 생성된 규범과 제도가 사회화와 학습(socialization and learning)을 통해 구성원들에게 영향을 미치는 쌍방향성을 강조한다.

이제 국제체제 수준의 구성주의 접근법을 살펴보고자 한다. 국가의 행위와 국제관계에 영향을 미치는 요인과 관련하여 구성주의 접근법은 힘이라는 요인을 중요시하는 신현실주의 이론과 물질적인 이익을 중요시하는 신자유주의적 제도주의

---

88) 「정체성(identity)」이란 일반적으로 다른 대상과의 관계 속에서 자신을 인식하는 방식을 의미한다. 구성주의 접근법은 사회적인 상호작용(social interaction)을 통해 정체성이 구성되고 이렇게 구성된 정체성이 이익 형성의 기초를 제공한다고 본다. 이러한 면에서 구성주의 접근법은 이익을 구성하는 정체성 형성(identity-formation)에 관한 연구에 중점을 두고 있다. 정체성에 의해 형성된 이익은 선호(preference)에 영향을 주고 이러한 선호가 정책이나 행동으로 표출된다고 본다.

89) 「담론(discourse)」이란 사전의 정의에 따르면 「심각한 대화 혹은 사람들 사이의 토론(serious conversation or discussion between people)」을 의미한다.

이론과는 달리 공유된 이념·가치·지식과 같은 요인을 통해 국가의 행위와 국제관계를 설명하고자 한다. 즉 구성주의 접근법은 인식론적 접근법과 더불어 공유된 이해(공유된 이념/가치/지식 등)가 국제적인 결과물에 영향을 미친다고 본다.

국제규범과 국제제도의 생성과 관련하여 합리주의적 전통의 신현실주의 이론과 신자유주의적 제도주의 이론은 이들을 합리적이고 전략적인 행위자인 국가들의 자기중심적 이익의 반영물로 본다. 구성주의 접근법은 이와는 대조적으로 이들 국제규범과 국제제도를 국가 간의 상호작용을 통해 형성된 집단적 정체성과 이익이 반영된 것으로 본다.[90]

다시 말해 구성주의 접근법은 패권국의 군사력이나 경제력과 같은 힘의 결과로 보는 신현실주의 이론에 속하는 패권안정론과 거래비용을 줄이기 위한 노력 등의 결과물로 보는 신자유주의적 제도주의 이론과 달리 국제제도란 국가들 사이의 지속적인 상호작용에 따른 정당성과 사회적 동의의 결과물로 본다.

구성주의 접근법은 신현실주의 이론의 바탕이 되는 국제체제의 무정부성 역시 이러한 산물 중 하나로 본다. 웬트(Alexander E. Wendt)는 국제체제의 무정부성(anarchy)이라는 것이 신현실주의 이론이 주장하듯 외부적으로 주어진 고정된 실체가 아니라 구성국들의 상호작용으로 만들어진 사회적 산물로 바라보고 신현실주의 이론이 주장하듯 항상 국제협력을 어렵게 하는 것이 아니라 국가들이 어떤 집단적 정체성(collective identity)을 가지느냐에 따라 협력적인 것도 될 수 있다고 본다.

이러한 관점에서 구성주의 접근법은 국가 간에 공유할 수 있는 이해를 확장하여 집단적 정체성을 만들어가면 갈등을 어느 정도 줄일 수 있다고 판단한다.[91] 구성주의 접근법은 무정부성과 국제규범이나 국제제도가 어떻게 생성되는가와 더불어 이러한 것들이 생성되고 나서 역으로 국가들의 정체성과 이익에 어떠한 영향을 미치는가에 관심을 둔다.[92]

---

90) 이처럼 구성주의 접근법은 합리주의와 달리 국제규범이나 국제제도의 형성에 좀 더 풍부한 설명을 가할 수 있는 여지를 제공하고 있다.

91) Alexander E. Wendt, "Anarchy is What States Make of It: The Social Construction of Power Politics," *International Organization*, Vol. 46, No. 2 (Spring 1992), pp. 391-425.

92) 구성주의 접근법은 이러한 사회적 구조가 국가 행동에 영향을 줌과 동시에 이러한 사회적 구조가 국가들에 의해 만들어지는 쌍방향성을 강조한다. 즉 구성주의 접근법은 관념적 요소가 어떻게 국제체제의 구조를 형성하고 형성된 구조가 국가의 정체성과 이익에 영향을 주는가에 관심을 두고 있다고 할 수 있다. 이러한 쌍방향성은 무정부적 구조가 일방적으로 국가 행위에 영향을 미치는 것만을 바라보는 신현실주의와 크게 대조를 이룬다.

신현실주의 이론의 경우 국가 행동에 영향을 미치는 국제체제의 구조를 힘의 배분과 같은 단순히 물질적인 구조로만 바라보나 구성주의 접근법은 이것과 더불어 국제규범이나 국제제도와 같은 규범적인 요소를 첨부하여 이러한 규범적인 구조가 국가의 정체성과 이익에 영향을 미치고 그 결과 정책이나 행위의 변화를 가져오는 것에 관심을 둔다.[93]

이러한 맥락에서 국가는 문명화된 국제공동체 일원의 지위를 상실하지 않기 위해 자기 이익 중심적인 합리성과 거리가 멀다고 해도 규범에 순응할 수도 있다고 본다. 이러한 점에서 구성주의 접근법은 국제정치이론에 있어서 규범적 요소의 역할을 중요시하고 있다.[94]

신자유주의적 제도주의 이론이 이러한 구성주의 접근법에 앞서 규범적 요소를 다시 국제정치이론에 불러들였다고 본다. 신자유주의적 제도주의 이론은 일반적으로 크라즈너의 정의에 따라 특정 문제영역에서 행위자들의 기대하는 바가 수렴하는 명시적 혹은 묵시적인 원칙·규범·규칙·의사결정 절차를 국제레짐의 구성요소로 본다.

여기서 규칙과 어떻게 구분되는지 명백하지는 않으나 규범을 국제레짐의 요소 하나로 언급하고 있다.[95] 국제레짐론은 국제레짐이 무정부하에서 국가에 영향을 미쳐 협력을 가능하게 한다고 함으로써 국제레짐의 한 구성요소인 규범의 역할을 이야기하고 있다고 볼 수 있다.

그러나 구성주의 접근법이 국제규범이 국가의 이익에 영향을 미쳐 행동의 변화를 가져온다고 바라보는 것과는 대조적으로 신자유주의적 제도주의 이론은 규범을 포함한 국제레짐이 국가의 이익에는 영향을 미치지 않는 가운데 단순히 협력을 촉진하는 것으로 바라본다. 이러한 점에서 신자유주의적 제도주의 이론은 국제제

---

93) 그러나 실상 구성주의 접근법은 구조의 물질적인 측면과 규범적인 측면 중에서 규범적인 측면을 강조하며, 동일한 물질적 구조하에서도 상이한 규범적인 구조가 가능하다고 본다. 예컨대 동일한 힘의 배분이라는 국제체제의 구조하에서 신현실주의 이론이 주장하는 자력구제(self-help)라는 행동 논리와 다른 행동 논리가 가능하다고 본다.

94) 구성주의 접근법이 국제체제를 「특정한 시기의 특정한 장소에 소재한 사람들에 의해 구성된 일련의 관념·사유체·규범 체제(a set of ideas, a body of thought, a system of norms, which has been arranged by certain people at a particular time and place)」로 인식하는 것에서 알 수 있듯이 구성주의 접근법은 국제체제를 규범을 포함한 관념체제(ideational system)로 인식한다.

95) 규범은 「일반적으로 일단의 그룹의 사람들에 의해 수용된 행위의 기준」을 의미한다. 규범은 좀 더 포괄적인 개념으로서 모든 규칙이 규범에 속하지만 모든 규범이 규칙인 것은 아니다.

도가 구체적으로 어떻게 국가의 행동에 영향을 미치는가의 인과관계(causality)에 큰 관심을 두고 있지 않다.

요약하자면 신현실주의 이론에 있어서 국제규범은 기본적으로 중요한 것이 아니다. 이는 무정부하에서 생존을 위한 힘의 추구가 가장 우선하는 목표이기 때문이다. 신현실주의 이론은 현존하는 국제규범을 권력 투쟁(power struggle)의 결과물로 바라본다. 신자유주의적 제도주의 이론은 국제레짐을 구성하는 하나의 요소인 국제규범이 국제협력을 어떻게 촉진하는가를 살피고자 한다.

이들과는 달리 구성주의 접근법은 국가가 추구하는 이익이란 국가의 정체성에 기반하고 이러한 국가의 정체성은 규범과 가치에 기초하여 규정된다고 봄으로써 규범을 중요한 요인으로 바라본다. 이처럼 구성주의 접근법은 국가들 사이의 정치적 결과물을 규정짓는 데 있어서 규범의 역할에 관심을 집중한다. 좀 더 자세히 말해 구성주의 접근법은 무엇이 규범이고 이러한 규범은 어떻게 생성되고 변화하며 국가에 어떤 영향을 미치는가에 관심을 두고 있으며 이로 인해 국제정치에서 국제규범의 동학(dynamics)에 관한 연구가 활발하게 전개되는 계기를 가져다주었다.

구성주의 접근법을 평가해 보면 다음과 같다. 첫째, 구성주의 접근법은 국가의 정체성과 이익이란 합리적으로 주어진 것이라고 바라보는 합리주의에 비판을 가하고 공유된 이념·가치·지식 등 비합리적일 수도 있는 요인들을 가지고 국가의 정체성과 이익이 어떻게 형성되는가에 관심을 보임으로써 국제정치 이론 특히 신자유주의적 제도주의 이론이 관심을 보이는 국제제도의 형성에 더욱 풍부한 설명을 가할 수 있는 여지를 만들었다.

둘째, 이미 형성된 국제제도가 어떻게 국가 행동에 영향을 미치는가에 대해서도 합리주의 이론들은 국가의 합리성을 선험적으로 가정함으로써 국제제도가 실질적으로 어떻게 국가의 정체성과 국가이익에 영향을 미쳐 행동에 변화를 가져오는가의 과정을 암상자(black box)에 넣었으나 구성주의 접근법은 이것을 암상자로부터 꺼내 살펴보고자 한다는 점에서 더욱 풍부한 설명을 제공할 수 있는 여지를 가진다.

셋째, 구성주의 접근법은 세계화로 인해 전통적인 주권 개념에 커다란 변화가 도래하는 등 국제사회가 미증유의 본질적인 변화에 직면해 있는 상황에서 주권과 같이 기존에 당연시되어온 것들이 실질적으로 어떠한 과정에서 생성되었으며 어떠한 과정을 거쳐서 변화될 수 있는 것인가에 대해 우리의 관심을 유도하고 이러한 질문에 대해 나름의 통찰력을 제시해 준다.

넷째, 구성주의 접근법의 논의는 서구적인 시각과 개념으로 국제정치 현상을 바라보는 데에 익숙해져 있는 우리에게 서구적인 국제사회의 확장으로만 설명하기 어려운 나름의 독자성을 지니고 있다고 판단되는 지역 내의 국제정치 질서가 어떻게 형성되었고 어떻게 변화할 것인가에 대한 통찰력을 제공할 수 있다.[96] 예컨대 양극적 대립이 없어지고 소련이 해체되어 위협이 사라진 상황에서 중앙 유럽과 동유럽 국가들의 가입으로 북대서양조약기구(NATO)와 유럽연합(EU)이 확대되고 있는 현상에 구성주의 접근법은 대안적인 설명을 제공한다.

냉전 종식 후의 새로운 현상으로서의 이러한 국제제도의 확장을 설명하는 데 있어서 기존의 합리주의에 바탕을 둔 주요 국제정치이론인 신현실주의 이론과 신자유주의적 제도주의 이론이 한계를 보이는 가운데 여러 이론이 대안적인 설명을 제공하고자 했다. 이러한 이론 가운데 구성주의 접근법이 가장 활발하게 이러한 현상을 포함한 국제정치 현상을 새롭게 설명하고자 한다.

구성주의 접근법은 중앙 유럽과 동유럽 국가들이 NATO에 가입하고자 하는 것을 공유된 위협(shared threat)에 대한 반응보다는 공동의 정체성(common identity) 현상으로 보고자 한다. 이들 국가의 NATO 가입을 단순히 자기중심적인 국가 간 동맹의 형성이 아니라 이들 국가와 NATO 사이의 집단적 정체성(collective identity)의 형성 즉 서구의 가치와 규범과의 일체화의 제도화로 보고자 한다.

구성주의 접근법은 중앙 유럽과 동유럽 국가들이 스스로 주권의 제한을 감내하면서 유럽연합에 가입하고자 하는 것은 유럽 국가로서의 집단적인 정체성을 지니고 있기 때문이며 유럽연합이 동유럽 국가들에 회원가입을 수용한 것은 현실주의 통합이론이 주장하는 바와 같이 정부 간 협상의 결과가 아니라 이들 동유럽 국가들이 유럽의 가치와 규범을 채택한 것을 보여주었기 때문이라고 분석한다.[97]

구성주의 접근법에 대한 부정적인 평가를 살펴보면 다음과 같다. 첫째, 구성주의 접근법은 앞서 언급했듯이 국가 행동에 영향을 미치는 구조를 사회적 구조로 인식하면서 이 구조가 물질적 요소와 규범적 요소로 구성되어 있다고 본다. 국가

96) 정진영, "국제정치 이론논쟁의 현황과 전망: 새로운 이론적 통합의 향방," 『국제정치논총』, 제40집 3호 (2000), p. 31.

97) Frank Schimmelfennig, "The Community Trap: Liberal Norms, Rhetorical Action, and the Eastern Enlargement of the European Union," *International Organization*, Vol. 55, No. 1 (Winter 2001), pp. 47-80.

행동에 대한 물질적인 제약의 중요성을 전적으로 부인하지 않는 한 국가 행동의 패턴을 설명하는 데 있어서 물질적 요소와 규범적 요소라는 두 변수의 상대적인 중요도란 무엇인가에 대한 의문이 여전히 남는다. 신현실주의 이론이 규범적 요소로서 국제제도의 중요성을 지나치게 부인하는 것에 반해 구성주의 접근법은 행위자들의 행위를 규정하는 규범적 요소의 영향을 지나치게 강조함으로써 행동에 가해지는 물질적인 제약의 요인을 경시한다는 비판을 받는다.

둘째, 구성주의 접근법은 신현실주의 이론이 공유된 이해(공유된 이념·가치·지식 등)라는 관념적인 요소가 힘을 규정한다는 점을 무시한다고 비판한다. 그러나 현실주의의 관점에서 볼 때 구성주의 접근법은 규범이 종종 강력한 행위자에 의해 지켜지지 않고 좌절된다는 점을 간과한다.

셋째, 구성주의 접근법은 국제체제의 구성요소로서 국가들이 집단적으로 동일한 생각을 부단히 하게 되면 이러한 생각이 실제로 구현된다고 주장한다. 이러한 주장에 알 수 있듯이 구성주의 접근법은 집단적 정체성(collective identity)이라는 것이 국가 간에 갈등 없이 조화롭게 성립될 수 있을 것이라는 낙관론적인 가정을 묵시적으로 가지고 있다. 그런데 과연 이러한 집단적 정체성이라는 것이 상대적인 권력에 있어서 큰 차이를 가지고 있는 국가들로 구성된 국제사회에서 민주적으로 구성될 수 있는 것인가에 대해서는 회의적이지 않을 수 없다.

넷째, 국제체제 수준에서의 구성주의 접근법은 다음과 같은 문제점을 지닌다. 앞서 언급했듯이 구성주의 접근법은 두 수준에서 작동한다고 볼 수 있다. 국가적 수준의 구성주의 접근법은 개개 국가의 정체성이 어떻게 형성되어 국가이익을 구성하고 이러한 국가이익이 국가 행동에 어떠한 영향을 미치는가를 설명하고 예측하고자 한다. 국제체제 수준에서의 구성주의 접근법은 국가들이 상호 간에 사회적 관계를 형성하여 물질적인 환경과는 독립적으로 의미를 형성한다고 주장하고 국가들이 대결적이냐 협력적이냐는 간주관적 의미(intersubjective meaning)의 구성에 달려 있다고 본다.[98] 즉 국제체제 수준의 구성주의 접근법은 정체성과 이익이라는 것이 개개 국가들과 이들에 속해 있는 사회들 간의 상호작용으로 만들어진다고

98) 「간주관적 의미(intersubjective meaning)」란 사물의 의미·중요성·특징에 대한 공유된 이해와 믿음을 의미하며 행위자들 간의 상호작용과 관계로부터 유래한다. 이러한 행위자란 국가·집단·개인일 수 있다. 관념·정체성·기대가 간주관적 의미의 구성과 재구성으로부터 유래되고 유지되거나 변화한다. 간주관적 의미는 지속해서 갱신되고 재구성되면서 정체성의 변화를 가져온다.

본다.

국제체제 수준의 구성주의 접근법은 체제 수준에서 국가를 주요한 행위자로 간주하고 국제비정부기구(INGO)를 포함한 다양한 비국가적 행위자(non-state actor)를 분석에서 배제하는 접근법과 국가 이외의 행위자까지도 포함하는 접근법으로 구분된다. 전자의 경우는 국제정치 분야에서 구성주의 접근법을 이끌어가고 있는 웬트(Alexander E. Wendt)와 같은 학자에 의해 옹호되고 있는데 이러한 접근법은 국제체제 수준에서의 비국가적 행위자의 역할을 무시할 뿐 아니라 국가를 주요 행위자이자 통합된 행위자로 바라보면서 국가를 국제정치의 기본단위로 설정함으로써 국가 수준에서도 비국가적 행위자의 역할 등 국내 정치적 요소들을 무시한다.

국가를 유일하고 통합된 행위자로 간주한다는 점에서 국제체제 수준의 구성주의 접근법은 신현실주의 이론뿐 아니라 신자유주의적 제도주의 이론과도 궤를 같이한다. 이러한 종류의 국제체제 수준의 구성주의 접근법은 국가의 정체성과 이익이 국가 간 상호작용을 통해서만 만들어지는 것으로 바라보며 명시적으로 국내 요인들을 암상자 속에 가두어 두었다. 즉 국제체제의 정체성에 집중하고 국내 정체성(domestic identity)을 무시하고 있다. 국가의 정체성과 이익이라는 것은 국가 수준의 요인과 국제체제 수준 요인 간의 상호작용으로 만들어지는 것임을 고려하면 국제체제 수준의 구성주의 접근법은 이러한 비판을 피하기 어렵다.

2) 구성주의 접근법의 적용 사례[99)]

앞서 살펴보았듯이 실체의 사회적 구성(social construction of reality)을 바탕으로 국제관계를 규정하는 데 있어서 사회적으로 상호작용을 통해 형성된 공유된 이해(shared understanding)의 역할을 강조하는 구성주의 접근법은 국가의 힘과 이익을 국제관계를 규정짓는 가장 중요한 변수임을 강조하는 신현실주의 이론과 신자유주의적 제도주의 이론에 대한 비판으로서 등장했다.

따라서 이러한 힘이나 이익을 적용하여 설명할 수 없거나 설명하기 어려운 국제환경과 관련한 현상을 설명하기 위해 국제환경정치 학자들이 구성주의 접근법을 적용하고 있다. 구성주의 접근법은 인식론적 접근법과 마찬가지로 공유된 이해(공

---

99) 박재영, 전게서, pp. 191-196.

유된 이념·가치·지식 등)가 국제적인 결과물에 영향을 미친다고 볼 뿐 아니라 이러한 국제적인 결과물에 영향을 미치는 요인들을 변화할 수 있는 것으로 봄으로써 국제환경 분야에서 국제적인 결과의 변화를 설명하는 데도 적용되어 오고 있다.

구성주의 접근법은 환경 이슈들을 역사적이고 사회적인 맥락(historical and social context) 속에서 살피고자 하며 국가의 정체성과 이익이라는 것은 주어진 것이 아니라 역사적인 뿌리를 가지고 있으면서 합리성에 기반을 두고 설명되지 않는 요인들에 의해 진화한다는 것을 분석하고자 한다.

구성주의 접근법은 1세기가 넘게 환경주의(environmentalism)의 규범이 전 지구적으로 퍼져나가 꾸준히 증가해왔다는 사실에 주목한다. 이와 관련하여 전 지구적 환경문화(global environmental culture)가 점차 세계로 확산되면서 좀 더 많은 국가가 전 지구적인 제도적 구조 속으로 들어오고 있다고 본다. 공동의 전 지구적 가치가 전통적인 국제정치 세계를 포괄하는 사회체제(social system)를 창출한다고 본다.

구성주의 접근법은 지속 가능한 개발과 같은 개념을 포함하여 오늘날 국제환경레짐의 원칙으로 일반적으로 받아들여지고 있는 개념들이 어떻게 등장하여 광범위하게 수용되게 되었으며 그렇지 못한 개념들은 무슨 이유로 광범위하게 수용되지 못하게 되었는가에 대한 설명을 제공한다. 이와 아울러 환경문제로 인해 야기된 위협에 대한 역사적 책임과 관련하여 국가 간에 존재라는 인식이 차이가 어디에서 유래되었는가와 같은 것을 설명하는 데도 유용한 역할을 하고 있다. 구성주의 접근법은 국가들이 힘과 부의 추구라는 전통적인 국가목표에 생태학적 온전성(ecological integrity)이라는 규범을 국가이익의 하나로 추가하게 되었는가에 대한 이유를 분석하고자 한다.

웬트의 구성주의 접근법과는 달리 국가 중심적이 아닌 구성주의 접근법의 경우 국가 수준에서 환경정책에 점차 큰 영향을 행사해오고 있는 비국가적 행위자들의 영향에 주목하게 할 뿐만 아니라 국제수준에서도 이들의 역할에 주의를 기울이게 한다. 구체적으로 이러한 구성주의 접근법은 수적으로 증가하고 있는 과학자들의 전 지구적 연계망과 국제비정부기구(INGO)가 그들이 지닌 전 지구적 환경에 관한 생각과 가치를 전파하는 중요한 역할을 하고 국가들은 이렇게 진화하는 국제사회에서 정당성을 얻고 이러한 정당성을 유지하기 위해 국제환경레짐에 참가한다고 본다. 이와 관련하여 국제비정부기구라든가 국제과학자연합과 같은 국제적인 규범을 설정하는 제도에의 가입의 수가 비준한 환경조약의 수와 상관관계가 있다고 본다.

특정 국가나 국가군이 힘을 추구하기 위해 설립된 국제제도의 창설에 대해 신현실주의 이론이 적절한 설명을 제시하고 상호성이 있는 국제제도의 창설에 대해 신자유주의적 제도주의 이론이 적절한 설명을 제공한다. 이와는 달리 특정 국가 또는 특정 그룹에 속하는 국가의 이익이라는 개념으로도 설명되지 않고 상호성이 있는 공동의 이익이라는 개념으로도 설명되지 않는 인류의 공동이익을 위해 국제제도가 창설되기도 하는데 이러한 경우에 대해 구성주의 접근법이 적절한 설명을 제시한다고 볼 수 있다.[100)]

국제환경정치를 설명하는 데 있어서 구성주의 접근을 택하는 학자들은 두 그룹으로 분리된다. 한 그룹은 적절한 행위(appropriate behavior)에 대한 사회적 기대를 강조하는 좀 더 규범에 기초한 접근이고 다른 그룹은 언어(language)의 사용과 이의 정치적 행위에 대한 관계에 초점을 두는 담론적 접근(discursive approach)이다.

규범적 분석의 예로는 번스타인(Steven F. Bernstein)과 카스(Loren R. Cass)를 들 수 있는데 이들은 국제적 규범의 진화 · 환경 규범과 자유경제 규범의 수렴 · 국제환경정책에의 규범의 영향을 분석했다.[101)] 구체적으로 번스타인은 규범을 「적절한 행위나 행동에 대한 공유된 관념(shared conceptions of appropriate behavior or action)」이라고 정의를 내리고 이러한 규범이 국가나 다른 중요한 행위자들의 정체성 · 이익 · 행위를 정의하고 규제하고 정당화한다고 본다. 그는 기존의 국제규범에 관한 연구들이 왜 특정의 어떤 규범은 적절한 행위를 정의하고 규제하도록 선택되는가를 제대로 설명하지 못한다고 하면서 이러한 생각이 만나는 사회구조의

---

100) 당장 자국에 피해를 가져다주지 않는 환경파괴의 방지뿐 아니라 자국과 직접 관련이 없는 타국의 인권침해 구제와 타국민의 빈곤 해소라는 것이 이러한 부류에 속하는 인류 전체의 이익의 예이다. 국가이익을 초월하여 이러한 규범적이고 도덕적인 가치가 동인이 되어 창설되는 국제기구에는 유엔환경계획(UNEP) · 유엔의 인권이사회(Human Rights Council) · 유엔개발계획(UNDP) 등이 있다.

101) Steven F. Bernstein, *The Compromise of Liberal Environmentalism* (New York: Columbia University Press, 2001); Steven Bernstein, "Liberal Environmentalism and Global Environmental Governance," *Global Environmental Politics*, Vol. 2, No. 3 (August 2002), pp. 1-16: Loren R. Cass, *The Failure of American and European Climate Policy: international norms, domestic politics and unachievable commitments* (Albany, NY: SUNY Press, 2006).

상호작용에 초점을 두고 있는 규범의 등장과 진화에 관한 사회진화적 설명(socio-evolutionary explanation)을 도입했다. 번스타인에 따르면 이러한 설명은 지난 30년에 걸친 환경 거버넌스에서의 가장 중요한 변화 즉 환경과 자유경제 규범의 자유주의적 환경주의(liberal environmentalism)로의 놀라운 수렴을 가장 잘 설명한다.

1992년의 유엔환경개발회의(UNCED)는 이러한 자유주의적 환경주의라는 규범을 제도화시켰는데 이러한 규범은 환경적인 보호를 자유경제 질서의 촉진과 유지에 바탕을 두었다는 점에서 커다란 변화였다. 번스타인은 「지속 가능한 개발(sustainable development)」이라는 개념에 내포된 이러한 자유경제 질서의 촉진과 유지를 바탕에 둔 환경보호라는 규범이 1992년의 유엔환경개발회의에서 제도화된 이후에도 광범위하게 국가·국제기구·비정부기구에 의해 환경과 관련한 정책 등에 정당성의 기초로서 수용되어 오고 있음을 지적하고 이러한 규범이 제도화되기 이전에는 환경보호와 경제개발(경제성장)이 평행선을 그어온 대립적인 개념이었는데 어떻게 통합적인 개념이 되었는가를 살펴보고자 했다. 그의 결론에 따르면 환경보호라는 아이디어가 그 당시 지배적인 경제 규범인 신자유주의(neoliberalism)라는 사회구조(social structure)와 상호작용을 거치면서 자유주의적 환경주의라는 규범이 탄생했다고 본다.

국제환경 제도에 관한 현재의 학문은 형식과 기능(form and function)에 매몰되어 있어서 환경문제에 대한 대응의 규범적인 기초를 무시하며 이 때문에 이러한 변화를 설명하지 못한다고 본다. 이러한 설명은 또한 인식공동체적 설명을 능가하면서 환경 거버넌스에서 과학의 우선함에 대한 도전을 가하고 있다. 이러한 접근은 힘과 이익에 기반한 국제제도에 관한 접근뿐 아니라 규범의 발전에 대한 현존하는 관념적 접근법(existing ideational approaches to normative development)에 대해서도 장점을 지닌다고 본다.

결론적으로 말해 이전의 구성주의 접근법은 아이디어의 역할을 단순하게 언급하는 데 그쳤는데 번스타인은 이러한 아이디어가 국제체제의 기반을 이루고 있는 일련의 제도화된 정치적·경제적 규범(underlying sets of institutionalized political and economic norms in the international system)이라는 사회적 구조를 만나 상호작용을 통해 이를 포용한 규범이 만들어졌다는 것을 밝히고 있다.[102]

번스타인은 또 다른 연구에서 탄소 시장(carbon market)에 관한 규범적인 합의의 역할과 더불어 이러한 규범적인 합의가 기후변화정치를 규정짓는 중요한 요소로서 전 지구적 기후변화 거버넌스 구조에 미치는 영향을 강조한다.[103)]

카스(Loren R. Cass)는 「미국과 유럽의 기후정책 실패: 국제규범과 국내정치 및 지킬 수 없는 약속(The Failures of American and European Climate Policy: International Norms, Domestic Politics, and Unachievable Commitments)」이라는 저서를 통해 왜 유럽연합의 경우(유럽연합 자체와 더불어 독일과 영국을 별도의 연구대상으로 함)는 기후변화와 관련한 국제적인 규범을 따르고 미국과 중국 같은 국가들은 거부하는가를 묻고 이에 대한 답을 구성주의 접근법을 통해 제시하고자 했다.[104)]

신현실주의 이론가들과 신자유주의적 제도주의 이론가들이 국가이익을 외생적으로 주어진 고정된 것으로 보는 것과는 달리 카스는 국제규범에 관한 토론을 살피는 것이 전 지구적인 기후변화가 가하는 위협에 대항한 국내적·국제적인 대응이 어떻게 변화해 가는가를 이해하는 데 가장 중요하다고 보고 기후변화와 관련하여 부상하는 국제규범에 관한 토론이 국가이익과 국가 행동에 영향을 미쳐 국가 정책의 차이를 가져온다고 본다.

카스는 국내영역과 국제영역 모두에 있어서 누가 전 지구적인 온실가스 배출량을 감축하는 일차적인 책임을 져야만 할 것인가와 어떤 원칙이 이러한 온실가스 배출의 감축을 이끌어 가도록 할 것인가에 관한 토론을 기후변화와 관련한 국제규범에 대한 가장 중요한 토론의 대상으로 본다.

그는 「국제규범의 국내적 현저성(domestic salience of international norms)」이라는 개념을 제시하고 이를 측정하여 국가 간의 비교를 했으며 그 결과 국제규범의 국내적 현저성의 차이가 국가의 기후변화에 관한 대내외 정책에서의 차이를 가져온다고 결론을 짓고 있다.[105)] 여기에서 국제규범의 국내적 현저성이란 기후변화

102) 종합하여 볼 때 인식론적 접근법이나 구성주의 접근법의 경우 공유된 지식이나 아이디어 혹은 규범 등이 그대로 국제환경과 같은 결과에 영향을 미친다고 보는 견해와 이러한 요인들이 환경적 혹은 구조적 요인들과의 상호작용을 통해 결과에 영향을 미친다고 보는 두 가지 견해가 존재한다고 정리할 수 있을 것이다.

103) Steven F. Bernstein, Michele Betsil, Matthew M. Hoffmann, Matthew Paterson, "A Tale of Two Copenhagens: Carbon Markets and Climate Governance", *Millenium: Journal of International Studies*, Vol. 39, No. 1 (2010), pp. 161-173.

104) Loren R. Cass, The Failures of American and European Climate Policy: International Norms, Domestic Politics, and Unachievable Commitments (Albany, NY: State University of New York Press, 2006).

105) 국제규범의 국내적 현저성이란 국제규범이 국내에 미치는 강도(strength)를 의미한다.

와 관련된 국제규범이 국내의 기후변화와 관련된 에너지 · 교통 · 상업 · 과세 · 대외정책을 포함한 여러 분야에서의 정책적 대응에 통합되어 구체화되어 있는 정도를 일컫는다.

카스는 유럽연합 · 영국 · 독일 · 미국 · 중국에 있어서 기후변화 관련한 국제규범의 국내적 현저성을 측정하고자 했다. 이러한 복수의 사례연구를 통해 기후변화 관련한 국제규범의 국내적 현저성의 차이가 국가 정책상의 차이를 가져오는 것을 밝히고 이러한 국내적 현저성에 영향을 미치는 요인들을 분석하여 가설을 수립하고자 했다.

카스를 포함하여 국제환경정치를 다루는 일단의 학자들이 부상하는 환경위협에 대한 국제적인 대응을 규정짓는 가장 중요한 변수로서 국제규범에 관심을 기울이고 있다. 국제규범에 관한 문헌들은 국제규범의 등장 과정에서 설득과 정치지도자들 사이에 있어서의 사회적 학습(social learning)의 역할을 강조해 왔다. 그러나 환경문제의 경우 정치지도자가 규범의 적절성(appropriateness)에 대해 설득되는 것만으로는 국가의 행동을 바꾸기에 충분하지 않다. 오히려 그 규범은 국내정치의 담론에 내재되어야 하고 궁극적으로 일국의 대내외 정책에 통합되어 구체화되어야만 한다. 국가 지도자들은 이러한 과정에서 가장 중요한 역할을 한다. 그러나 대부분 국가의 행동을 바꾸려면 이러한 규범이 충분한 수의 국내 행위자에 의해 수용되어야만 한다.

카스와 같이 국제규범이 국가이익과 국가 행동에 영향을 미친다고 보는 학자들은 국제규범이 국내정치 담론과 정책으로 구체화되는 현상에 주목하고 어떤 국제규범이 어떤 이유로 국내정책으로 전환되는가 · 언제 국제규범이 부상하는 문제에 대한 국내외 정책의 형성에 영향을 주는가 · 어느 정도로 국제규범이 국가 행동을 제약하거나 행동의 의무를 창출하는가 · 어느 정도로 정치지도자들은 국내정책을 정당화하거나 정책변화를 막기 위해 규범에 호소할 것인가 · 규범이 국내의 정치적 대화와 행동을 규정하는 데 얼마나 영향력이 있는가에 관심을 가지고 이러한 문제들을 연구하고자 한다.

이러한 규범적인 접근과는 달리 담론적인 접근을 사용하는 학자들은 환경문제와 해결책을 정의하는 데 있어서 담론의 중요성을 강조한다. 더불어 힘과 이익을 규정짓는 것을 탐구하기 위해 담론적인 분석을 적용한다. 예컨대 엡스타인(Charlotte Epstein)은 포경(whaling)의 경우에 있어서 힘과 이익의 규정을 탐구하

는 데 담론적인 분석을 적용했다.[106]

엡스타인에 따르면 20세기 후반에 포경에 관한 세계의 태도가 광범위한 포경의 수용으로부터 도덕적인 비난으로 바뀌었다. 오늘날 석유만큼 과거 세계 경제에 중요했던 포경이었던 만큼 국가들은 계속해서 포경을 지지해 왔었는데 이러한 과거로부터의 커다란 변화는 물질적인 이해관계의 변화에 의한 것이 아니라 고래라는 동물을 보호가 필요한 특별하고 지능이 높은 멸종위기에 놓인 포유동물로서 성공적으로 재투사하는 강력한 반포경의 담론(discourse)에 의한 것이었다.

제4절 구조주의 이론

일반적으로 구조주의(structuralism)란 개개 국가의 행동을 설명하거나 국가 간 관계를 설명하는 데 있어 국가의 개별적인 특성에서 그 요인을 찾지 않고 국가가 구성요소로서 속해 있는 체제의 구조적 특성을 가지고 설명하는 경향을 일컫는다. 이러한 의미로 구조주의라는 말을 사용할 경우 이미 언급한 신현실주의(neorealism)도 여기에 속한다. 그러나 여기서는 구조주의를 국가 간의 불평등한 발전의 문제를 세계자본주의 와 같은 국제체제의 구조의 관점에서 설명하려는 국제정치의 연구 경향이라는 의미로 한정하여 사용하고자 한다.

1. 이론의 핵심 내용

현실주의 이론에 있어 중점적인 연구과제는 「무정부적 국제체제에서 국가들의 행동과 국가 간 관계의 특징은 무엇이며 어떻게 국제사회의 안정을 유지할 수 있는가」이고 자유주의 이론의 경우 「정치 · 군사 · 사회 · 경제적인 상호의존이 심화되고 있는 국제체제에서 국가들의 행동과 국가 간 관계의 특징은 무엇이며 어떻게 평화로운 변화를 촉진할 수 있는가」이다.

구조주의 이론은 이와는 다르게 저발전의 문제에 기본적인 관심을 가지고 「왜 후진국들은 발전해 오지 못하고 있는가」에 대한 이론적인 답을 추구한다고 볼 수

106) Charlotte Epstein, *The Power of Words in International Relations: Birth of an Anti-whaling Discourse* (Cambridge: Cambridge University Press, 2008).

있다. 구조주의 이론은 이러한 후진국들의 저발전은 국내적인 요인에 의한 것이 아니라 세계 경제체제의 구조적 모순인 지배와 착취 때문이라고 본다. 이처럼 구조주의 이론은 세계 이미지(world image)를 중심부의 자본주의의 발전이 주변부의 발전에 부정적인 영향을 미치며 중심부와 주변부와의 관계를 제로섬 게임으로 인식하는 것을 특징으로 한다.

국제관계를 설명하는 구조주의 이론 가운데 갈퉁(Johan Galtung)의 구조주의 이론처럼 마르크스주의에 속하지 않는 이론도 있으나 대개의 이론은 마르크스주의(구체적으로 전통적 마르크스주의와는 여러 면에서 구별되는 신마르크스주의)에 기반을 두고 있다. 마르크스나 엥겔스와 같은 전통적 마르크스주의자에게 있어 국제사회의 기본적인 단위는 민족이나 국가가 아니라 계급이었다. 따라서 그들이 관심을 가진 것은 국가 간 갈등이 아닌 계급 간 투쟁이었다.

이들에 있어서 중요한 구분이란 국가와 국가 사이가 아니라 사회 내와 사회 간 착취자와 피착취자 그리고 억압자와 피억압자이었다. 이처럼 전통적 마르크스주의는 본질적으로 행위자로서의 국가를 거부하고 국가 내부에 주요 관심을 가지기 때문에 국가와 국가와의 관계 즉 국제관계와는 무관했다. 그러나 1960년대 이후 구조주의 이론의 등장으로 인해 국제관계에 마르크스주의가 등장했다고 볼 수 있다.

구조주의 국제관계 이론은 국제관계란 근본적으로 초국가적 자본주의(transnational capitalism)의 필요에 따라 구속된다고 본다. 이러한 인식하에 국제사회의 국제기구와 국제레짐은 이러한 초국가적 자본주의의 필요를 반영하는 것으로 본다. 국제질서는 패권 자본주의 국가・국제기구・다국적기업・국제레짐・국제적인 연결망을 통해 유지되며 자유주의와 서구식 근대화라는 지배적 이념의 세계적 확산을 통해 정당화된다고 본다.

이처럼 구조주의 이론은 국제관계의 패턴과 규칙성을 설명하는 데 있어서 경제적 결정요인에 가장 큰 중요성을 둔다. 즉 국제관계를 설명하는 데 있어서 경제력의 중요성을 강조하며 자본주의와 근대화 이념의 세계적 확산을 세계화의 가장 중요한 과정으로 본다. 이러한 이유로 구조주의 이론은 좀 더 구체적으로 「경제적 구조주의 이론(theory of economic structuralism)」이라고도 칭한다.[107)]

---

107) Anthony G. McGrew, "Conceptualizing Global Politics," in Anthony G. McGrew, Paul G. Lewis et al., eds., *Global Politics: Globalization and the Nation State* (Cambridge, MA.:

구조주의가 국제관계 이론에 공헌한 것이 있다면 후진국의 핵심과제인 발전문제를 국제관계 이론에 유도하고 빈국의 발전에 관심을 가졌다는 점이다. 더불어 이들의 주된 관심은 불평등과 착취와 같은 문제이며 전쟁·평화·안보와 같은 문제에 대한 무관심은 이들 이론의 한계로서 지적되기도 한다. 나아가 전쟁을 제국주의를 유지하기 위한 수단(즉 경제의 안정성을 위한 수단)으로만 파악하는 한계를 보이기도 한다.

대표적인 구조주의 이론에는 종속이론(dependency theory)과 세계체제이론(world system theory)이 있다. 종속이론은 중심부 국가들의 주변부 국가들에 대한 착취로 인해 주변부 국가들은 저발전 혹은 종속적인 발전만이 가능하다는 결정론적인 주장을 편다.

세계체제이론은 국제체제를 자본축적을 추구하는 단일의 세계자본주의 체제(world capitalist system)로 바라본다는 점에서 국가를 좀 더 큰 전체의 구성요소로서 바라보지 않고 고립된 주체로 간주하는 종속이론과 구별된다. 더불어 세계를 중심부(core)와 주변부(periphery)로 나누는 종족이론과는 달리 반주변부(semi-periphery) 개념을 추가로 도입하여 「신흥공업국(NIC)」이라고 불리는 일부 주변부 국가들의 독자적인 발전을 설명하려 한다.

세계체제이론은 국제체제를 자본축적을 추구하는 세계자본주의 체제로 바라보고 국가들(특히 선진국들)을 자본주의와 자본가 계급의 이익을 보호하고 진전시키는 방식으로 행동하는 존재로 본다. 좀 더 포괄적으로 말해 국가들을 자본주의를 위해 세계를 안전하게 만들기 위해 행동하는 존재로서 자본주의를 지원하는 재산권과 규칙 및 제도를 옹호한다고 본다.

현실주의가 힘의 추구라는 동기가 국가의 행동을 결정한다고 보고 자유주의가 이익의 추구라는 동기가 국가의 행동을 결정한다고 보는 데 반해 마르크스주의적 구조주의는 세계자본주의를 구축하고 방어하며 확장하려는 동기가 국가의 행동을 결정한다고 본다.

국가의 협력이나 갈등에 대한 현실주의와 자유주의 시각을 거부하는 마르크스주의적 구조주의 시각은 마르크스주의의 역사적 유물론적 관점에서 국제적인 분쟁과 갈등은 국제사회의 무정부성에서 오는 것도 세력균형체제의 붕괴에서 오는 것

Polity Press, 1992), pp. 21-22.

도 아니라고 본다. 이들의 관점에서 국제적인 분쟁과 갈등은 세계자본주의(world capitalism) 내에서의 모순에 필연적으로 기인한다고 본다.

이처럼 마르크스주의적 구조주의 이론은 국제관계를 설명하는 데 있어서 국제체제에서의 자본주의적 축적의 내재적인 동학과 남북관계에서 발생하는 지배와 종속의 패턴에 연구의 중점을 두었다. 이러한 지배와 종속은 소유 상의 불균형과 물질적 부의 지배에 기초를 두고 있을 뿐 아니라 아이디어의 영역에서도 작동하고 있다고 보는데 이러한 후자의 주장을 전개한 대표적인 학자로서 패권이론(hegemony theory)을 주장한 그람시(Antonio Gramsci)가 있다.[108)]

2. 구조주의 이론의 적용 사례[109)]

국제환경 문제는 20세기 마르크스주의 국제관계 학자들의 중심적인 관심사가 아니었다. 이들은 계급에 기초한 혁명이야말로 새롭고 더욱 공정한 국제질서를 위해 필요한 기초임을 옹호하면서 사회주의 사회가 환경적으로도 도덕적인 사회(virtuous society)가 된다고 생각했다.[110)]

그러나 환경문제가 국제적인 관심사가 되면서 이들은 자본주의 체제의 자본축적에 대한 기존의 비판을 세계 경제의 위기와 더불어 환경의 위기와 관련 지었다. 이들은 또한 자유시장주의가 추동하고 있는 세계화를 환경파괴의 주된 요인으로 보고자 했으며 국가를 자본의 대리인으로 인식하는 이들은 국가를 환경문제를 해결하는 행위자가 아닌 환경문제의 한 부분이라고 생각했다. 이들은 전 지구적 환경의 위기는 국가 간 집단행동의 문제가 아니라고 생각하고 국제레짐은 전 지구적 자본주의의 작동에 영향을 미치지 않은 채 무엇인가가 이루어지고 있다는 인상만을 단순히 주고 있다는 점에서 주변적인 것으로 생각한다.[111)]

---

108) 그람시의 자본주의 패권에 관한 저작물들은 마르크스주의적 국제관계에 관한 학문에 영감을 주어 이끌었다.

109) 박재영, 전게서, pp. 195-205.

110) 이들의 논리대로 자본주의 세계의 발전이 자원의 대량 소비와 더불어 생태계의 파괴를 일으킨 것이 사실이지만 소련과 그 밖의 다른 사회주의 국가들의 추구한 정책 역시 환경에 해악을 가져온 것 역시 사실이다.

111) 환경문제와 자본주의를 다루고 있는 대표적인 저서로는 다음과 같은 것이 있다: John Bellamy Foster, *Ecology Against Capitalism* (New York: Monthly Review Press, 2002). 이 책은 우리말로도 번역되어 있다: 존 벨라미 포스터, 추선영 옮김, 『생태계의 파괴자 자본주의』(서울: 책갈피, 2007).

구조주의 대표적인 예로서 패터슨(Matthew Paterson)의 주장을 살펴보면 다음과 같다.[112] 패터슨은 국제환경정치에 관한 국제관계 이론들(특히 신현실주의 이론과 신자유주의적 제도주의 이론)이 전 지구적인 환경문제의 원인을 공유자원의 비극 논리에서 찾거나 자연을 착취하도록 만드는 인구 성장・소비증가・산업화 등을 총칭하는 일련의 세속적 경향(secular trend)에서 찾는 등 근본적인 원인을 체계적으로 경시한다고 비판한다.[113]

그는 현재 국제관계 이론의 주류를 이루는 신현실주의 이론과 신자유주의적 제도주의 이론이 현실에 대한 비판이론(critical theory)이 아니라 문제해결 이론(problem-solving theory)으로서의 한계를 지닌다고 비판한다. 즉 이들 이론은 세계를 있는 그대로 수용하고 현존하는 관계와 제도가 좀 더 원만하게 작동하도록 하는 데에 주의를 집중하는 현상유지적인 이론이라는 것이다.

그는 이러한 비판과 더불어 국제환경문제는 상호 연관된 세계정치의 주요한 권력 구조인 국가체제(state system)・자본주의(capitalism)・지식(knowledge)・가부장제(patriarchy)의 결과물이라는 구조주의적 설명을 제시하고 있다. 여기에서 국가체제란 국제체제가 주권국가를 기본단위로 하고 있다는 것을 의미하는 것으로서 이러한 체제의 특성이 군사적 경쟁을 발생시키고 일국에서 발생한 오염물질이나 폐기물이 타국으로 이동하는 등이 환경문제를 일으킨다고 본다.

자본주의의 경우는 계속해서 필요한 성장과 상품화 등을 필요로 하고 이러한 필요는 무한한 원료를 요구함으로써 환경문제를 발생시킨다. 지식과 환경문제의 관계와 관련하여서는 주류의 이론이 합의적인 과학적 지식이 환경문제의 해결에 이바지한다고 하나 기실 이러한 지식이 국가의 성격과 이해관계에 종속되어 있고 과학적 지식이 인간을 자연으로부터 분리하고 자연에 대한 인간의 지배에 기반을 두고 있음으로써 오히려 환경문제의 원인이 되고 있다고 본다.

가부장제란 남성이 정치적 지도력・도덕적 권위・사회적 특혜・재산의 통제권에 대하여 독점적 역할을 행하는 제도를 의미하는데 이러한 가부장제가 환경문제의 원인이 된다는 것이다. 구체적으로 남성이 여성을 지배하고 통제해 온 것과 마찬가지로 남성은 자연을 지배하고 통제해오면서 환경을 파괴하고 여성들에게는 파괴된 환경을 위한 뒤치다꺼리의 역할을 부여한다는 것이다.

---

112) Paterson, op.cit.

113) 「세속적 경향(secular trend)」은 「분리된 경향(discrete trend)」이라고도 불린다.

이처럼 세계정치의 권력 구조가 자연을 지배하고 착취한 결과 우리가 직면하고 있는 환경문제를 일으킨다고 하면서 그는 이러한 권력 구조가 존재하는 한 환경운동을 하는 비정부기구(NGO) 등을 포함한 지구시민사회는 다국적기업과 정부 그리고 소비자를 변화시키지 못한다고 보고 국제환경 위기를 해결하려면 국제제도(국제레짐과 국제기구)의 작동방식을 개선하는 정치가 아니라 저항의 정치가 필요하다고 주장한다.

구체적으로 그는 국제환경정치에 대해 새롭고 비판적인 접근을 발전시키고자 하는데 그 핵심은 현재의 세계정치의 권력 구조가 지구 온난화와 같은 환경의 도전을 해결하는 데 무기력하므로 이러한 도전에 대응하기 위해서는 단순히 새로운 국제제도의 수립이 아닌 대안적인 사회·정치적 구조를 수립해야 함을 강조한다. 이러한 주장을 바탕으로 그는 국제관계의 주류이론에 대항하여 생태사회주의(ecosocialism)·사회생태주의(social ecology)·생태여성주의(ecofeminism)·녹색정치(green politics)·심층생태주의(deep ecology)를 구축하고자 한다.

이러한 구조주의적 접근이 환경문제의 해결에 있어서 국가의 중요성과 국가 간 협력의 전부를 거부하는 것은 주류의 국제관계이론에 대한 본질적인 공격이다. 그러나 이러한 종류의 비판적인 접근은 마르크스와 그의 유물론을 받아들이는 학자들만의 주장은 아니다. 즉 환경문제의 근본은 환경문제를 둘러싼 국가 간 협력을 고무하고 발전시킴으로써 해결될 수 있는 성질의 문제가 아니라고 생각하는 다른 부류의 급진적인 학자들이 적지 않다.

대표적인 예의 하나로서 국제관계를 여권주의자(feminists)의 관점에서 바라보는 학자들을 들 수 있는데 이들은 국가체제뿐만 아니라 전 지구적인 환경 거버넌스와 관련 있는 비정부기구(NGO)를 비롯한 다른 행위자들에게도 본질적으로 내재해 있는 성에 대한 편견(gender bias)을 들추어내고자 한다. 이러한 비판적 접근은 환경 분야에서 문제의 원인을 다른 곳에서 찾고 환경관리에 관한 주류의 접근법에 도전을 가하는 것이다.

다른 학자들은 급진적인 녹색정치사상(radical green political thought)으로부터 유래하는 생각을 차용하기도 한다. 이러한 접근법은 지구환경 정치에 관한 연구를 국가 간 제도(interstate institution)에 대한 몰입으로부터 큰 거리를 두도록 했다. 예컨대 쾨팅(Gabriela Kütting)과 같은 학자는 지방적 수준과 전 지구적 수준에서 복합적인 상호작용을 일으키는 지구경제에서의 생산과 공급의 연계를 깊이 연구하고 환경을 개발과 연결해 경제성장과 환경 악화 모두를 추동하는 요인을 규명하고자 했다.

이러한 일련의 전 지구적 환경정치에 대한 급진적인 접근은 우리에게 지구환경정치라는 것이 환경보전을 위해 국제레짐을 제도화하려는 선진국의 개혁주의자들의 진정한 시도에만 달여 있는 것이 아니라 개발과 재분배(development and redistribution)에 대한 개도국들의 시급한 요구에도 달려 있다는 것을 이해하도록 돕는다.

마지막으로 생태학적 제국주의(ecological imperialism) 혹은 환경 제국주의(environmental imperialism)에 대해 살펴보고자 한다.114) 생태학적 제국주의는 크로스비(Alfred Crosby)가 1986년에 발간된 그의 책 「생태학적 제국주의: 유럽의 생물학적인 팽창, 900-1900(Ecological Imperialism: The Biological Expansion of Europe, 900-1900)」에서 사용한 용어로서 통상적인 경제적 현상으로서의 제국주의에서 나아가 생태계 혹은 환경에 가해지는 제국주의로 우리의 인식의 지평을 넓히는 계기를 제공했다.

크로스비에 따르면 식민주의자들이 정착할 때마다 토착민들과 식물 및 동물을 황폐화하는 질병을 유입시키고 서식하고 있는 동식물을 잠식하는 잡초를 가져와 이들을 끝내 멸종시켜 버렸다. 더불어 호주와 남아프리카공화국과 같은 건조한 지역에서 사용된 유럽식의 농사법은 환경에 치명적인 영향을 미쳤다. 이 책은 유럽에 의해 세계 나머지 대부분이 식민지화할 때마다 토착적인 환경이 어떻게 파괴되었다고 설명함으로써 현재 인류가 직면하고 있는 환경문제가 역사적으로 어떤 과정을 통해 야기되었는가를 보여준다.115)

크로스비는 그의 책 부제에서 볼 수 있듯이 생태학적 제국주의를 단순히 생물학적 팽창의 관점에 치중하여 다룸으로써 경제적 현상으로서 제국주의와의 연결을 시도하고 있지 않다. 즉 유럽 국가들에 의한 생태 환경의 파괴가 자본주의와 어떤 관련이 있는가에 대해서는 언급을 하지 않고 있다.

---

114) 생태학적 제국주의 혹은 환경 제국주의는 일반적으로 동일한 의미로 사용되며 선진산업 국가들에 의한 생태학적 수탈을 특징으로 하는 지배구조를 의미한다.

115) Alfred W. Crosby, *Ecological Imperialism: The Biological Expansion of Europe, 900-1900* (Cambridge: Cambridge Press, 1986). 한국에서는 다음과 같은 제목으로 번역되어 출간되었다: 앨프리드 W. 크로스비 지음, 안효상 · 정범진 옮김, 『생태 제국주의』 (서울: 지식의 풍경, 2000년).

통상적으로 생태학적 제국주의나 환경 제국주의라는 용어를 사용할 때는 생태 혹은 환경의 파괴가 어떻게 자본주의로 추동되는 경제적 제국주의와 연계되어 있는가에 초점을 둔다. 이러한 용어는 여기에서 더 나아가 환경보호를 빌미로 한 보호무역 정책 등도 포함하고자 한다.

생태학적 제국주의나 환경 제국주의가 역사를 통해 어떤 방식으로 전개되어오고 있는가를 살펴보는 것은 흥미로운 일일 것이다. 이러한 전개 과정을 3단계로 나누어 보는 학자가 있는가 하면 좀 더 세분하여 4단계로 구분하는 학자가 있다. 여기에서는 이들의 논의를 중심으로 환경 제국주의의 4단계로 살펴보고자 한다.[116]

첫 번째 단계는 15세기에서 19세기에 유럽인들이 북미・호주・뉴질랜드・아프리카 등 다른 대륙으로 이동하면서 생태계의 확장을 가져옴으로써 토착적인 생태계가 파괴된 시기이다. 구체적으로 유럽의 질병과 동식물이 토착 지역에 유입됨으로써 원주민의 대량 사망과 동식물의 멸종 등을 가져왔다. 이 시기는 크로스비가 언급한 생태적 제국주의의 시대와 일치한다.

두 번째 단계는 19세기 후반 자본주의가 고도로 발전하면서 후진국을 식민지화하여 이들로부터 원료를 수탈하고 이들에게 잉여생산물을 판매하는 제국주의 시대에 전개된 단계이다. 이때 후진국이 제국주의 국가들에 의해 자연자원을 수탈당하고 후진국이 자국민을 위한 작물의 재배보다는 식민 모국으로의 수출을 위한 단일한 작물(예컨대 커피와 같은 기호식품)의 생산에 크게 의존함으로써 생물 다양성이 축소되었다.

세 번째 단계는 후기 자본주의 시대에 접어들어 선진국들이 자본주의 발전의 부산물로서 심각한 환경오염에 직면하게 되자 환경보호단체들의 활동이 활발해지고 일반인들의 환경의식이 강화된 시기에 나타나는 환경 제국주의의 단계이다. 이러한 경향은 1960년대 이래로 두드러지게 드러났다. 이 단계에선 선진국들은 해로운 산업폐기물을 후진국에 수출하고 공해산업을 후진국에 이전하여 후진국의 환경을 파괴했다. 이 시기에는 또한 후진국들이 과중한 외채를 부담하고 있는 관계로 이의 상환을 위한 노력 일부로서 자국의 자연자원을 과도하게 채취함으로써 생태

---

116) 황태연은 3단계로 나누고 있다(황태연, 『환경정치학과 현대정치사상』 (서울: 나남출판, 1994)). 이와는 달리 윤순진은 4단계로 나누고 있다(윤순진, "기후불의와 신환경제국주의: 기후담론과 탄소시장의 해부를 중심으로," 『환경정책』, Vol. 16, No. 1 (2008), pp. 135-167).

계가 급속하게 파괴된 시기이기도 하다.

네 번째 단계는 선진국들이 지구 온난화와 같은 환경위기를 빌미로 후진국들이 충족시키기 힘든 환경기준을 제시하고 이를 충족시키지 못하면 아예 수출을 금지하거나 상계관세(countervailing duties) 등과 같은 무역장벽을 쌓아 자국 상품을 보호함과 동시에 개도국에 환경친화적인 기술과 설비를 판매하여 경제적인 지배력을 강화하는 시기이다. 이러한 것은 선진국들이 리우환경회의와 이에 뒤이어 환경과 무역에 관한 다자간 협상인 그린라운드(Green Round)의 공식적인 출범을 위한 적극적인 노력과 2012년 리우에서 개최된 유엔지속가능개발회의(Rio+20)에서 녹색성장(Green Growth)을 전 세계 모든 국가가 개발을 위한 패러다임으로 택하도록 종용한 것에서 드러난다.

제2장

글로벌 이슈의 정의와 분석방법

제 2 장

글로벌 이슈의 정의와 분석방법

글로벌 이슈 이해의 궁극적 목적은 글로벌 이슈의 발생 원인을 찾아내어 이에 기초하여 처방을 내려온 국제사회 노력의 성과와 한계를 평가하고 이러한 한계를 극복하기 위한 실천이 가능한 대안을 제시하는 것이다. 이러한 목적을 달성하려면 글로벌 이슈의 생애주기를 거시적으로 바라보게 할 뿐 아니라 단계마다 미시적으로 과정과 결과를 파악하도록 해주는 전 지구적 공공정책 과정 단계모델이 출발점이 되어야 한다. 이러한 모델과 더불어 단계마다 어떤 점에 중점을 두고 글로벌 이슈를 분석해야 하는가를 알아두어야 한다.

제1절 글로벌 이슈의 정의와 복잡성

글로벌 이슈의 정의를 알고 여기에서 더 나아가 글로벌 이슈를 특정 기준에 따라 유형별로 분류하는 것이 필요하다. 이는 글로벌 이슈와 관련한 이론적인 작업의 출발점이 되기 때문이다. 아울러 글로벌 이슈의 원인을 제대로 진단하고 이에 기반하여 실현 가능한 효율적인 처방을 내놓기 위해서는 글로벌 이슈들이 지니는 다면성에 대한 이해가 전제되어야 한다.

1. 글로벌 이슈의 정의와 분류

우선 글로벌 이슈란 무엇인가에 대한 이해가 필요하다. 여기에서 글로벌 이슈를 「상호의존적인 사람과 환경으로 구성된 지구 공동체(global community)에 해로운 영향을 전반적으로 미치고 있거나 아직 부분적이지만 확산의 개연성을 지니고 있어 우려가 되는 이슈로서 그 해결에 국가를 비롯한 다양한 행위자들의 국경을 넘는 협력이 필요한 이슈」라고 정의하고자 한다.

이러한 글로벌 이슈는 좀 더 구체적으로 다음 3가지로 구분된다. 첫 번째 부류는 난민 이슈·국경을 넘어 이루어지는 돈세탁 이슈·공해 이슈·마약밀매 이슈 등과 같은 국경을 넘어 발생하는 이슈(transboundary issue)이다. 두 번째 부류의 글로벌 이슈는 해양 이슈·남극 이슈·대기 이슈 등을 포함한 공공재 이슈(public good issue)이다. 세 번째 부류는 교육 이슈·보건 이슈·복지 이슈·도시화 이슈·인구 이슈와 같은 이슈들로서 국가들이 공통으로 겪고 있는 이슈들이다.[1)]

2. 글로벌 이슈의 복잡성

글로벌 이슈의 복잡성을 국제환경 이슈를 예로 들어 설명하면 다음과 같다. 글로벌 이슈로서의 국제환경 이슈는 다음과 같은 복잡한 다면적인 속성을 지니고 있다고 흔히 언급된다. 따라서 환경 이슈에 대한 처방도 이러한 속성에 기반을 두고 이루어져야 한다. 이러한 속성을 하나씩 개괄적으로 살펴보면 다음과 같다.

첫째, 서유럽 국가들(특히 영국과 독일)의 급속한 산업화 과정에서 배출된 유해성 가스가 대기의 흐름을 따라 국경을 넘어 북유럽 호수의 심각한 산성화를 가져오고 산업화를 일찍 경험한 선진국들의 배기가스가 전 지구적인 기후변화를 초래한 것과 같은 예에서 보듯이 환경 이슈는 발생지로부터 국경을 넘어 광범위한 지역으로 확산되는 광역성을 가진다. 따라서 한 국가만의 국지적인 대응 노력만으로 환경 이슈는 해결될 수 없어 인접국이나 전 세계 모든 국가의 공통된 문제로서 다루어져야 한다.

둘째, 지구 온난화와 오존층 파괴 등의 경우에서 전형적으로 보듯이 환경 이슈는 문제의 발생 시점으로부터 그 결과가 발현되는 시점까지 상당한 시간의 격차가 존재한다. 이를 시차성이라고 하는데 이러한 시차성으로 말미암아 환경 이슈를 일으키는 인과적인 원인을 찾아내기가 쉽지 않고 설혹 원인을 찾아낸다 해도 이미 문제가 심각해진 이후라서 해결이 원초적으로 불가능하거나 해결에 막대한 시간과 재정이 필요하게 된다. 이 때문에 환경 이슈는 예방과 신속한 조기대응이 긴요하

1) Marvin S. Soroos, "A Theoretical Framework for Global Policy Studies," *International Political Science Review*, Vol. 11, No. 3 (Jul., 1990), pp. 310-311.

며 환경보호를 위해서는 정보의 수집과 정보의 과학적 분석이 전 세계적인 규모로 이루어져야 하며 이러한 활동은 장기적이고 지속해서 행해져야 한다.

셋째, 하나의 환경 이슈는 그 자체로서 끝나는 것이 아니라 또 다른 환경 이슈로 이어져 연쇄반응(chain reaction)을 일으키는 복합성을 지닌다. 예컨대 온실가스의 과도한 배출로 인한 지구 온난화는 강수량과 수분 증발량의 변화를 가져와 기상이변이 발생하고 지구 수림대를 감소시켜 사막화를 불러온다.

다른 한편 지구 온난화는 극지대의 빙하를 녹여 주변 바다의 온도를 떨어뜨려 해양 생태계를 교란하게 된다. 또 다른 한편 지구 온난화로 인해 녹은 빙하는 해수면의 상승을 가져오고 해수면의 상승은 해안지역 저지대의 육지침수와 홍수를 가져온다. 이런 한 육지침수와 홍수는 경작지와 주거지의 감소를 가져오고 이를 만회하기 위한 삼림 지역의 용도변경은 삼림의 파괴로 이어져 종국에는 생물 다양성의 파괴를 가져온다. 생물 다양성의 파괴는 먹이사슬의 훼손을 가져와 종국적으로 생태계를 파괴하게 된다. 삼림의 파괴는 또한 이산화탄소 흡수원(carbon sink)의 감소를 가져와 지구 온난화를 더욱 악화시키는 악순환을 가져온다. 이러한 이유로 단편적인 해결이 아닌 종합적인 해결을 추구해야 한다.

넷째, 세계은행의 1992년 세계개발보고서(World Development Report 1992: Development and the Environment)가 환경파괴가 인류의 건강을 악화시킬 뿐 아니라 노동 생산을 낮추어 종국적으로 경제 생산성을 감소시킨다고 경고하고 있는 것과 마찬가지로 환경 이슈는 환경 이슈가 아닌 다른 정치・안보・경제・사회・문화라는 이슈 영역(issue area)과도 긴밀하게 연계되어 있다. 따라서 환경 이슈를 환경 이슈로만 접근하여서는 본질적으로 해결이 불가능하다.

다섯째, 하나의 환경 이슈는 여러 요인에 의해 발생하며 하나의 환경 이슈 요인은 여러 환경 이슈의 요인이 되기도 한다. 하나의 환경 이슈가 여러 요인에 의해 발생하는 예로는 해양오염을 들 수 있다. 구체적으로 해양오염은 육상에 기인한 요인(인간의 생활에서 발생하는 오수/분뇨/산업폐수/축산폐수/농약 등의 하천을 통한 유입)・해상에 기인한 요인(선박과 해양시설의 오수와 폐수/해양투기/해저개발과 해난사고로 인한 기름유출)・대기에 기인한 요인(산성비나 방사성 물질의 낙진 등) 등에 의해 발생한다.

하나의 요인이 여러 환경 이슈를 일으키는 경우로는 이산화탄소를 들 수 있는데 이산화탄소는 지구 온난화의 원인이기도 하지만 오존층 파괴의 원인이기도 하다. 이러한 원인의 다양성과 중첩성으로 인해 환경 이슈는 해결에 있어서 복합적이고 종합적인 처방이 필요하다.

여섯째, 독립적으로 환경 이슈를 일으키는 다양한 요인들이 합쳐져 새로운 형태의 환경 이슈를 초래한다. 예컨대 화석연료의 유황성분이 연소하면서 배출되거나 자동차 배기가스에서 배출되는 아황산가스(SO_4)는 그 자체로도 독성이 강해 인체의 점막을 해치는 독성물질이다. 자동차 · 산업시설 · 발전소 등에서 연료를 태울 때 생성되는 일산화질소(NO)는 공기 중의 산소와 결합하여 이산화질소(NO_2)가 되는 데 이 가스는 그 자체로서 인간에게 심각한 호흡기 문제를 일으킨다. 이러한 아황산가스와 이산화질소가 공기 중의 수증기와 결합하여 산성비(acid rain)를 만들어냄으로써 자연을 심각하게 훼손한다.

제2절 글로벌 이슈 분석방법

본격적인 글로벌 이슈에 관한 탐구에 앞서 국제사회가 직면하고 있는 다양한 글로벌 이슈들을 어떠한 방법을 가지고 체계적으로 분석할 수 있는가를 살펴보고자 한다. 이러한 분석을 바탕으로 이러한 이슈들을 해결하기 위한 창의적인 대안을 제시하는 것을 궁극적인 목표로 하고자 한다. 과거와는 달리 공공부문(public sector)의 정부와 정부간기구 이외에 민간부문(private sector)의 기업과 시민사회부문(civil society sector)의 NGO들이 개별적으로 혹은 조합을 이루어 글로벌 이슈의 해결을 위한 다양한 형태의 기제를 형성해오고 있다. 따라서 다양한 형태에 해당하는 다양한 방법론을 언급해야 하나 여기에서는 여전히 글로벌 이슈 해결의 가장 주된 주체의 역할을 행하고 있는 정부간기구를 중심으로 한 기제에 좀 더 집중하여 언급하고자 한다.

1. 이슈의 정의와 범위의 파악

글로벌 이슈를 분석하는 데 있어서 가장 먼저 해야 할 일은 분석 대상인 특정 글로벌 이슈에 대한 정의와 이에 따른 분석의 범위를 규정하는 일이다. 그런데 글로벌 이슈 가운데 완벽하게 모든 당사자에 의해 자발적으로 흔쾌히 수용되는 일반적인 정의가 거의 존재하지 않는다. 이는 이슈의 정의에 따라 특정 국가나 국가들이 이슈를 안고 있는 국가로 분류되어 국제사회로부터 비난을 받고 문제의 해결을 종용받을 수 있기 때문이다.

이러한 예에 속하는 대표적인 글로벌 이슈가 테러행위(terrorism)에 대한 정의인데 논의의 역사가 아주 긴데도 일반적으로 수용되는 정의가 존재하지 않아 테러에 관한 포괄적인 조약이 아직 체결되지 못하고 있다. 이는 개도국들이 테러행위의 정의와 관련하여 민족해방과 자결(self-determination)을 위한 폭력의 사용을 테러행위에 포함해서는 안 되고 대신에 미국과 같은 국가들이 실질적인 물리적 폭력을 행사하지는 않더라도 군사력과 경제력을 바탕으로 개도국을 위협하거나 압박을 가하는 행위도 구조적 폭력(structural violence)으로 보아 테러행위에 포함해야 한다는 주장을 펴오고 있기 때문이다.

일반적으로는 결정적으로 반대할 정도의 이견이 없는 가운데 오랜 시간을 거치면서 대체로 수용되는 정의가 수립된 경우가 대부분이라고 볼 수 있으며 대표적인 예로서 아동노동(child labour)에 대한 정의를 들 수 있다. 구체적으로 몇 살까지의 아동의 노동을 아동노동의 범주에 넣어야 하는가에 대해 일반적으로 수용된 것은 없으나 아동노동은 아동으로부터 유년기·잠재력·존엄성을 박탈하고 육체적·정신적 발달에 해로운 일로 정의된다.

2. 이슈 동향의 파악

이슈의 정의에 이어 분석하고자 하는 특정 글로벌 이슈의 동향을 파악하여야 한다. 이러한 이슈의 동향을 파악하는 데 있어서 이슈가 일으키는 부정적인 영향의 심각성에 중점이 주어져야 하며 이때 이슈에 의해 영향을 받는 지리적 범주와 사람의 수 등 이슈의 특징을 살핀다.

현재 시점에서의 이슈가 불러일으키는 심각성에 이어 이러한 이슈에 대해 새로운 행동이 취해지지 않을 때 예상되는 미래의 심각성을 살펴야 한다. 이는 예컨대 지구 온난화와 관련하여 이산화탄소가 감축되지 않을 시 예상되는 지구의 온도와 같은 것이다. 이처럼 현재의 심각성에 주목하는 것도 중요하나 이슈의 해결을 위한 노력이 방치되거나 노력이 미진할 경우 예견되는 미래의 심각성을 살피는 것도 중요한데 이는 이를 통해 문제 해결의 시급성을 알게 되기 때문이다.

3. 국제사회의 대처 노력

분석 대상인 글로벌 이슈 대부분이 어제와 오늘 발생한 새로운 이슈가 아니므로 기간에 있어서 차이가 존재하나 논의의 역사가 있기 마련이다. 따라서 해당 글로벌 이슈를 해결하기 위한 이제까지의 국제사회가 경주한 노력을 살펴보아야 한다.

이러한 국제사회의 노력을 분석하기 위한 틀로서 전 지구적 공공정책 과정의 단계모델(model of the stages of global public policy process)을 활용할 수 있다. 간단히 「단계모델(stages model)」 또는 「정책과정모델(policy process model)」이라고도 불리는 이 모델은 정책과정을 ⅰ) 이슈화의 단계, ⅱ) 의제화의 단계, ⅲ) 협상의 단계, ⅳ) 정책결정의 단계, ⅴ) 집행의 단계, ⅵ) 평가와 환류의 단계로 구분하고 있다. 이러한 모델에 기반을 두고 글로벌 이슈의 해결을 위한 국제적인 노력(즉 전 지구적 공공정책의 수립과 집행)의 과정을 단계별로 구분하여 주목하여야 할 사항이 무엇인가를 살펴보고자 한다.

1) 이슈화 단계

글로벌 이슈 분석의 첫 단계는 글로벌 이슈가 어떻게 생성되는가를 살펴보는 단계이다. 이는 이슈화의 단계를 의미하는데 여기에서 이슈화란 이전에 공개적인 토의의 대상이 되지 않았던 문제들이 쟁점화되어 정치적인 논쟁거리가 되는 행위를 의미한다.

이슈는 행위자와는 관계없이 환경으로부터 생성될 수 있다. 구체적으로 이러한 이슈에는 해저 탐사기술의 발달로 인해 심해저 자원의 배분이 하나의 중요한 이슈로 등장하는 것처럼 과학과 기술의 발달로 인해 등장하는 기회 이슈(opportunity issue)와 전염병이나 오염 그리고 대지진과 같은 재난에 의해 발생하는 재난 이슈(disaster issue)가 있다. 환경으로부터 발생하는 이러한 이슈와는 달리 행위자로부터도 이슈가 발생한다. 구체적으로 행위자들의 의도적인 행위로 인해 이슈가 만들어질 수도 폐기될 수도 있다.[2] 이러한 이슈화의 단계에서 어떤 행위자 혹은 행위

2) Richard W. Mansbach and John A. Vasquez, *In Search of Theory: A New Paradigm For Global Politics* (New York: Columbia University Press, 1981); John A. Vasquez and

자들이 어떤 전략을 가지고 이슈화를 했는가를 살펴볼 필요가 있다.

2) 의제화 단계

다음 단계로 이슈가 국제사회의 공식적인 논의의 대상인 의제가 되었는가를 살피고 만약 되었다면 언제 어디에서 어떤 행위자 혹은 행위자들에 의해 어떻게 의제화가 되었는가를 살펴야 한다. 여기서 의제란 이슈가 정치적인 기구(political organizations)에 상정되어 공식적인 논의의 대상이 된 안건을 의미한다. 예컨대 지구 온난화를 비롯한 기후변화 이슈가 의제가 되는 데는 과학적 사실에 대해 인식을 공유하고 있는 인식공동체(epistemic community)의 역할이 있었다. 이러한 의제화는 이슈화와 마찬가지로 때로는 여러 부문의 조직들의 파트너십에 의해 이루어지기도 한다. 예컨대 대인지뢰 이슈를 의제화하는 데는 국제지뢰금지운동(ICBL)이라는 NGO와 캐나다 정부의 파트너십이 중요한 역할을 했다.

글로벌 이슈가 토의의 대상이 되었다고 해서 반드시 의제의 채택으로 이어지는 것은 아니다. 그 이유는 이슈의 의제화를 반대하는 세력이 존재할 수 있기 때문이다. 따라서 어떻게 이슈가 의제가 될 수 있는가에 대한 과정을 살펴볼 필요가 있다. 정치적 논쟁거리가 의제로 채택되는 데는 크게 나누어 두 가지 방법이 있다. 첫째 방법은 행위자 자신이 직접 영향력을 행사하여 의제화하거나 다른 행위자에 영향력을 행사하여 그 행위자의 힘을 빌려 의제화를 하는 방법이다. 이러한 두 가지 의제설정에의 통로가 차단되었을 때 낮은 위상의 행위자들은 의제화의 수단으로서 과거 팔레스타인해방기구(PLO)의 경우에서 보듯이 폭력적인 수단을 동원하기도 한다. 둘째 방법은 행위자의 개입 없이 이슈 자체가 지니는 중요성(salience)으로 인해 의제화가 이루어지는 방법이다.

3) 협상의 단계

협상은 의제설정의 단계에서도 전개되나 본격적인 정책결정을 위한 의사결정은 협상의 단계에서 진행된다. 이러한 협상은 정책결정 과정에 있어서 중심적인 과정으로서 이슈의 해결책을 찾기 위해 다양한 정책대안을 탐구하고 선호하는 대

Richard W. Mansbach, "The Issue Cycle: Conceptualizing Long-term Global politual Change," *International Organization*, Vol. 37, No. 2 (Spring 1983), pp. 257-279.

안이 정책으로 결정되도록 정책결정 과정의 참여자들로부터 지지를 얻기 위해 노력하는 단계이다.

글로벌 이슈와 관련하여 협상의 단계는 정책을 형성하기 위한 단계(stages of policy formulation)로서 협상에의 참여자들이 글로벌 이슈의 원인진단과 이에 기초한 해결책에 대한 자신들의 해석이 타 행위자가 제시한 원인진단과 해결책에 대한 해석들을 물리치고 최종적으로 채택되도록 경합하는 단계이자 참가자들 사이의 힘의 관계가 구체화하면서 정책이 취할 방향이 결정되는 단계이다. 이러한 협상 과정이 정책 결정에서 아주 중요한 이유는 정책의 선택뿐 아니라 정책의 집행 방식을 결정함으로써 결과적으로 문제 해결을 위한 노력의 성과에 영향을 미치기 때문이다. 이러한 협상의 단계에서 다음 사항에 주목해야 한다.

(1) 협상 참여자와 협의 그룹의 파악

협상의 단계를 분석하는 데 있어서 우선 주목해야 하는 중요사항은 누가 협상에 참여하는가를 파악하는 것이다. 더불어 이들 참여자가 협상력(bargaining power)을 높이기 위한 수단의 하나로서 어떠한 공식적 혹은 비공식적 협의 그룹(caucusing group)을 구성하고 있는가를 파악하는 일이다. 다자외교에서 실제의 협상은 협의 그룹과 협의 그룹 사이에 일어나는 것이 일반적이기 때문이다. 이러한 협의 그룹의 결집력의 정도를 파악하고 누가 협의 그룹을 주도하고 있는지도 살필 필요가 있다.

협의 그룹은 때로는 미묘한 견해 차이를 둘러싸고 다양하게 만들어지기도 하는데 가장 대표적인 예가 기후변화 협상을 둘러싼 협의 그룹들이다. 기후변화 협상에 참여하고 있는 주요 협상그룹에는 ⅰ) 유럽연합(European Union, EU), ⅱ) 미국・일본・캐나다 등 유럽연합의 회원국이 아닌 선진국으로 구성된 우산그룹(Umbrella Group, UG), ⅲ) 개도국들로 구성된 77그룹과 중국(G-77 and China), ⅳ) 기후변화로 인한 해수면 상승에 취약한 섬나라로 구성된 도서국가연합(Alliance of Small Island States, AOSIS), ⅴ) 한국・스위스・멕시코・모나코・리히텐슈타인・조지아로 구성된 환경협력그룹(Environmental Integrity Group, EIG), ⅵ) 유엔에 의해 최저 개발국으로 지정된 국가들로 구성된 최빈 개도국 그룹(Least Developed Countries Group, LDC Group), ⅶ) 아프리카 국가들로 구성된 아프리카 그룹(Africa Group), ⅷ) 브라질・남아프리카공화국・인도・중국으로 구성된 베이직 그룹(BASIC Group), ix) 알제리 · 방글라데시 · 벨로루시 등으로 구성된 유사입장 개도국 그룹(Like-Minded Developing Countries Group, LMDC), x) 베네수엘라 · 쿠바 · 볼리비아 등 중남미 사회주의와 사회민주주의 국가들로 구성된 볼리바르동맹 그룹(ALBA Group), xi) 중남미 시장경제 국가들로 구성된 중남미카리브연합 그룹(AILAC Group), xii) 알제리 · 바레인 · 요르단 등 아랍국가들로 구성된 아랍그룹(Arab Group) 등이 존재한다.

(2) 쟁점 사항과 이에 대한 견해 차이의 파악

협상 참여자와 협의 그룹의 파악과 동시에 협상 참여자들 사이에 논쟁의 대상이 된 쟁점 사항이 무엇인가를 찾아내는 것이 긴요하다. 글로벌 이슈 중 이슈의 여러 측면을 둘러싸고 논쟁의 대상이 하나도 되지 않는 이슈들을 찾기 어렵다. 즉 대다수 글로벌 이슈들은 쟁점 사항들을 포함하고 있어 최종 의사결정에 이르기까지 아주 긴 시간을 소요하기도 한다. 최악의 경우 쟁점에 대한 견해 차이가 좁혀지지 않아 의사결정에 이르지 못하고 좌절되기도 한다.

협의 그룹들이 존재하는 경우 이러한 협의 그룹들은 글로벌 이슈의 쟁점 사항에 대해 견해를 같이하는 행위자들로 구성되는 것이 일반적이기 때문에 이들이 쟁점에 대해 어떤 견해를 가지고 협상 과정에 임하는가에 주목해야 한다. 이때 가장 중요한 작업은 개개 협의 그룹들이 쟁점에 대해 다른 견해를 지니게 된 근본적인 원인을 파악하는 것이다. 이는 사전에 협상의 동태적인 과정과 결과를 유추하는 데 중요할 뿐 아니라 사후적으로 협상의 결과를 이해하고 그 과정을 복기하는 데도 중요하기 때문이다.

글로벌 이슈의 쟁점에 대한 상이한 견해는 해당 글로벌 이슈의 해결을 위해 제시하는 처방의 차이이다. 이러한 처방의 차이는 처방을 내기 위한 원인에 대한 진단의 차이에서 유래된다. 이러한 원인진단의 차이는 일반적으로 해당 행위자들의 정치적 · 경제적 · 사회적 · 문화적 · 역사적 배경의 차이에서 온다.

해당 글로벌 이슈의 발생 원인에 대한 협상 참여자들의 진단은 이러한 복합적이라 단순하지 않은 배경에 깊은 뿌리를 두고 있으나 실제적인 원인에 대한 진단은 이러한 복합적인 배경에 따른 복잡한 원인들을 단순화시키는 이론적 시각에 기반을 두고 이루어진다. 대부분의 글로벌 이슈들의 근본적인 원인이 되기도 하면서 그 자체로도 중요한 글로벌 이슈인 빈곤과 저개발 이슈를 예로 들어보면 다음과 같다.

다양한 이론들은 지리적 위치와 기후 · 인구 · 제국주의 · 노동과 자본의 분리 · 세계화 등 다양한 요인들에서 빈곤과 저개발의 원인을 찾고자 한다. 이들 가운데 가장 대표적으로 거론되는 이론의 한 축은 근대화 이론(modernization theory)이 차지하고 또 다른 한 축은 종속이론(dependency theory) 혹은 세계체제이론(world system theory)이 차지한다.

근대화 이론의 경우 일반적으로 선진국들이 옹호하는 이론으로서 빈곤과 저개발의 원인을 분석수준(level of analysis)의 면에서 국가 내부 수준에서 찾고자 한다. 반면에 종속이론이나 세계체제이론은 일반적으로 개도국에 의해 옹호되는 이론으로서 국가 외부 수준에서 그 원인을 찾고자 한다. 전자를 행태적 요인(behavioral factor)을 중시하는 원인진단으로 후자를 구조적 요인(structural factor)을 중시하는 원인진단으로 구별할 수 있다.

일반적으로 글로벌 이슈의 원인을 찾는 데 있어서 선진국들은 국가 내부의 요인에 치중하고 그 해결에 있어서 국가의 주인의식(ownership)에 대한 강조와 더불어 내부적인 노력의 필요성을 제시하는 성향을 보인다. 반면에 개도국들은 글로벌 이슈의 원인을 외부적인 요인에서 찾고 그 해결책 역시 외부에서 찾고자 하는 경향을 보인다.

이러한 성향은 빈곤과 저개발 문제의 해결을 위한 재원을 어떻게 마련할 것인가에 대한 논의에서도 잘 드러난다. 이러한 재원 조성문제를 해결하기 위해 이제까지 개최된 3차례의 개발재원회의(2002년에 멕시코 개발재원회의 · 2008년에 카타르 개발재원회의 · 2015년에 남아프리카공화국 개발재원회의)에서 선진국들은 처방으로서 국내저축의 증진 · 해외직접투자 유치 · 국제무역 촉진 등을 통한 개도국 자신들의 재원 조성 노력을 강조했으나 개도국들은 무상의 공적개발원조(ODA) 확대 · 대외부채의 탕감 · 국제무역을 위한 원조(aid for trade) 등을 강조한 바 있다.

글로벌 이슈의 해결을 위한 가치나 자원의 배분에 있어서 일반적으로 선진국들은 시장 지향적 배분(market-oriented allocation)을 강조하는 데 반해 개도국들은 정부간기구 등에 의한 권위적 배분(authoritative allocation)을 강조하는 대조를 이룬다.[3] 예컨대 선진국들이 전 지구적으로 보편화하고자 하는 녹색 경제(green

---

3) 광의로 정의된 국제기구에는 정부 대표들로 구성된 정부간기구(intergovernmental organization, IGO)와 국경을 넘어 정부 대표가 아닌 정부 기관으로 구성된 초정부기구(transgovernmental

economy)와 관련하여 개도국들은 기꺼이 수용하지 않는 기조 속에 선진국들에 자금과 기술을 무상으로 이전할 것을 요구하나 선진국들은 이러한 자금과 기술을 시장을 통해 조달할 것을 강조한다. 요약하자면 쟁점 사항과 이에 대한 견해 차이를 파악하는 데 있어서 이론적인 접근이 도움이 된다.

(3) 협상력의 이해[4)]

협상의 과정을 분석하기 위해 참여자나 참여자들의 협의 그룹이 쟁점에 대해 가지고 있는 견해들을 살피는 것 이외에 이들 사이에 자신들의 견해를 최종적인 의사결정에 반영시키는 데 필요한 협상력(bargaining power)을 살펴보아야 한다. 협상력이란 협상에서 자신이 원하는 조건으로 동의를 얻어낼 힘을 의미하며 다양한 요인들에 의해 영향을 받는다. 이러한 협상력에 영향을 미치는 요인들은 아주 다양하며 어떠한 관점을 지니는가에 따라 강조하는 요인들을 달리한다.

국제정치학의 현실주의 관점은 협상력이란 국가가 소지한 능력에 달려 있다고 본다. 구체적으로 경제력과 군사력 등을 포함한 일국의 총체적인 힘을 협상력의 중요한 요인으로 본다. 이처럼 현실주의 관점이 힘을 거의 유일한 협상력의 요인으로 강조하는 것과는 달리 자유주의 관점은 다양한 요인들을 협상력의 중요한 원천으로 파악하고자 한다.

자유주의 관점도 물론 현실주의 관점처럼 힘을 협상력에 영향을 주는 요인의 하나로 고려하나 힘을 관계적인 측면에서 상대적인 것으로 파악하지 않는 현실주의와는 달리 상대에 대한 의존의 차이를 의미하는 비대칭적인 상호의존(asymmetric interdependence)으로부터 기인하는 것으로 파악하고자 한다.

자유주의 관점은 이에 더하여 갈등을 일으키고 있는 이슈에 국가가 부여하는 상대적인 중요성(relative salience)의 정도 · 협상에서 정부가 양보할 수 있는 능력에 대한 국내적인 제약의 여부와 제약의 정도 · 협상 당사자가 합의에 도달하지 않는 선택을 수용할 수 있는 정도 · 시간의 제약이 가져오는 압박의 정도 · 협상이 결렬되었을 경우 취할 수 있는 대안의 존재 여부 등과 같은 구조적인 요인들도 협

---

organization, TGO)가 포함된다. 여기에 간혹 비정부기구(NGO)를 구성요소로 국경을 넘어 조직된 국제비정부기구(international nongovernmental organization, INGO)까지 포함되기도 한다. 이와는 달리 국제기구를 협의로 정의하는 경우 정부간기구만이 포함된다. 본 저서에서는 국제기구와 정부간기구를 구별하여 사용하고자 한다. 즉 국제기구라는 말을 사용하는 경우 이는 정부간기구 이외에 초정부기구도 포함하는 것을 의미한다.

4) 협상력에 대한 보다 상세한 논의는 제8장을 참고하시오.

상력의 요인으로 간주한다.

자유주의 관점은 이러한 구조적인 요인들 이외에 공정성과 규범 및 정의 등에 바탕을 둔 정당성에의 호소·논리적인 설득·외부세력의 동원·구성요소들의 협상 과정에의 조직적인 참여 등과 같은 행태적인 요인들 역시 협상력에 영향을 미치는 요인들로 중요시한다. 이러한 요인들 이외에도 상대방의 이해관계를 포함한 상대방의 동향에 대한 정보력·협상 이슈에 대한 전문적 지식과 경험·협상 상대와의 인간관계 등이 협상력에 영향을 미치는 추가적인 요인들이다.

협상력에 대한 현실주의와 자유주의의 관점을 살펴보았는데 이 가운데 자유주의 관점 역시 힘의 협상력에 미치는 영향이 크다는 것을 인정한다는 점과 더불어 다자협상에서는 일국의 힘이 양자 협상과는 달리 적나라하게 상대방에게 투사되기 어렵다는 점 등을 생각할 때 자유주의 관점이 좀 더 다자협상을 살펴보는 데 유용하다고 생각된다. 이러한 점은 협상력이 아주 우세한 미국과 같은 국가가 다자협상에서 모든 경우에 언제나 승리하는 것은 아니라는 현실과도 일치한다. 이러한 현실은 미국이 여러 협상에서 소기의 목적을 달성하지 못한 것 때문에 여러 정부간기구로부터 탈퇴를 실질적으로 하거나 위협을 가한 것에서도 잘 알 수 있다.

일반적으로 협상에 실제로 참여하여 관찰하거나 참여자로부터의 전언이나 보고서 등에 의하지 않고 역동적인 협상 과정과 협상력의 작동을 파악하는 것은 불가능하다. 이런 경우에 협상에 임하는 협의 그룹들의 쟁점에 관한 입장을 파악하여 알고 있고 협상의 결과물을 아는 경우 협상의 과정과 협상력의 작동을 미루어 유추할 수 있다. 예컨대 기후변화협약 제21차 당사국총회(COP)에서 교토체제 이후를 이끌어갈 파리협정이 체결되었다. 파리협정에 이르기 전까지 여러 차례의 당사국총회를 거치면서 협상이 진행된 관계로 협의 그룹별 입장이 드러났다. 따라서 협상의 결과물인 파리협정의 내용을 살펴보면 사후적이나마 협상력의 작동을 추적할 수 있다.

(4) 이행수단에 대한 고려

이행수단(means of implementation, MOI)이란 협상의 결과로 도출된 약속을 실천하는 데 필요한 수단을 의미한다. 이러한 이행수단은 통상적으로 재정적 수단(financial means)과 비재정적 수단(non-financial means)으로 구분되며 재정적 수단은 다시 전통적인 재원(traditional source)과 혁신적인 재원(innovative source)으로 구분된다. 비재정적 수단은 통상 보완적 정책과 제도적인 조치를 의미한다. 이러한 이행수단이 협상에서 매우 중요한 의제가 된다. 이러한 사실은 지속가능개발목표(sustainable development goals, SDGs)의 달성을 위한 이행수단이 협상에서 큰 쟁점이 되었던 것에서도 잘 알 수 있다.

예로서 SDGs의 이행수단에 대한 논의를 소개하면 다음과 같다. SDGs의 경우 이행을 위한 재정적 수단 중 전통적 재원에는 공적개발원조(ODA) · 외채 탕감 · 해외직접투자가 포함되었으며 혁신적 재원에는 과세능력의 향상을 통한 불법적인 금융 흐름과 탈세 방지 · 외환 거래세 · 전 지구적 이산화탄소세 · 담뱃세가 포함되어 있다.

비재정적 수단 가운데 보완적인 정책에는 상품무역에서의 개도국의 선진국 시장 접근과 개도국 수출 지원을 위한 무역을 위한 원조(aid for trade)를 포함한 능력의 배양 · 서비스 무역에서 다수 개도국에 중요한 재원이 되는 해외 노동자로부터의 송금 · 개도국의 온실가스 감축과 적응을 위한 재정적인 지원을 가져올 수 있는 기후변화 협상과 그 결과 · 불법적인 금융 흐름/탈세/조세 회피처/이전 가격 조작을 규제할 수 있는 국제과세체제의 개혁 · 추가적인 자원의 제공과 국제경제 안정 가능성의 제고 및 대외적 경제 충격에의 안전장치 제공을 가져올 수 있는 국제금융체제의 개혁 · 개도국의 변혁을 지원할 기술과 지적 재산권의 양도 체제 · 지식과 혁신 및 역량개발을 위한 지역적인 파트너십의 제고 등이 포함되어 있다. 비재정적 수단 가운데 제도적인 조치에는 전 지구적인 대화의 틀과 협정 · 전 지구적 자료의 편집과 감시 · 남남 협력(South-South cooperation)이 포함되어 있다. 재정적 자원에 대해 좀 더 설명하자면 다음과 같다.

글로벌 이슈의 해결책에 관하여 협상을 전개하는 과정에서 협상 참여자들은 나름의 안을 가지고 임하기 마련이다. 이러한 안을 제시할 경우 그 안이 실행되기 위해서 소요되는 재정적 자원은 어느 정도이며 그만큼의 재정적 자원이 어떻게 마련될 수 있을 것인가를 고려해야 한다. 이는 아무리 좋은 안이라고 해도 재정적으로 감당할 수 없다면 현실적으로 실현할 수 없기 때문이다.

유엔을 비롯한 정부간기구 대부분은 재정적 자원의 부족으로 어려움을 겪고 있으며 재정적 자원 대부분을 정규예산이나 자발적 기여금(voluntary contribution)의 형태로 부담하고 있는 선진국들은 상당한 재정적 자원을 수반하는 제안에 대해서 강한 거부감을 가지고 있다. 이러한 이유로 글로벌 이슈 해결책을 찾기 위한 각종 회의에서 재정적 자원을 둘러싼 갈등이 첨예하게 진행되며 그 결과 재정적 자원의 문제가 글로벌 이슈 해결을 위한 방안에 적지 않은 영향을 미친다.

근래에 들어 제한된 정규예산으로 인해 글로벌 이슈 해결을 위해 전통적인 재원이 아닌 새롭고 혁신적인 재원을 만들고 각종 기금을 별도로 설치하고자 한다. 이러한 기금 대부분은 자발적인 기여금에 의해 충당된다는 점을 특징으로 한다. 대표적인 사례로서 한국에 본부가 유치된 녹색기후기금(Green Climate Fund, GCF)을 들 수 있는데 이 기금은 개도국의 온실가스 감축과 기후변화에의 적응을 지원하기 위한 목적으로 유엔기후변화협약(UNFCCC)에 근거하여 설립되어 2020년까지 총 8,000억 달러의 기금조성을 목표로 하고 있다.

이처럼 기금이 공공부문에 의해 설립되기도 하지만 공공부문과 더불어 민간부문과 시민사회부문이 파트너십을 이루어 조성하기도 한다. 대표적인 사례로서 에이즈·결핵·말라리아 퇴치를 위한 전 지구적 기금(Global Fund to Fight AIDS, Tuberculosis and Malaria, GFATM)을 들 수 있다.

(5) 준수 기제에 대한 고려

글로벌 이슈의 해결책을 찾기 위한 협상에서 논의되어야 할 또 다른 사항은 정책집행의 실효성을 확보하기 위한 준수 기제(compliance mechanism)의 문제이다. 「집행 기제(enforcement mechanism)」라고도 불리는 준수 기제란 준수를 고무할 수 있는 장치로서 결정된 정책의 이행 여부를 감시하고 이의 위반이 있을 때 제재를 가할 수 있는 장치를 의미한다.

준수 기제는 긍정적인 기제와 부정적인 기제로 분류된다. 긍정적인 준수 기제는 보상을 제공함으로써 약속의 준수를 촉진한다. 이러한 보상은 금전적으로 주어질 수도 있고 사회적 혹은 정치적으로 주어질 수도 있다. 부정적 준수 기제는 처벌을 위협함으로써 준수를 장려한다. 이러한 처벌은 경제적으로 혹은 정치적이거나 사회적으로 주어질 수 있다. 이러한 두 가지 접근법 모두 장단점을 가지고 있다. 효과적인 약속의 준수는 종종 긍정적이고 부정적인 준수 기제 모두를 포함하는 경우가 많은데 중요한 점은 적절한 상황에 적합한 기제를 사용하는 것이다.

중앙정부의 부재를 특징으로 하는 분권화된 국제사회에서도 무역제재나 극단적 경우 군사적 개입 같은 정책집행의 이행을 확보하기 위한 강제성 있는 준수 기제가 없는 것은 아니나 일반적으로 정책집행 단계에서 준수를 강제할 기제가 부재하며 존재한다고 해도 그 효과는 미약하다. 이러한 문제가 국제사회의 공공정책 과정과 국내의 공공정책 결정 과정 사이에 가장 큰 차이를 보이는 영역이다.

분권화된 국제사회에서 전 지구적 공공정책에 대한 준수의 여부는 일반적으로 개개 국가의 선의(good faith)와 이들에 대한 외부의 도덕적 압박에 대한 호의적 대응에 달려 있다. 이는 공공정책 대부분이 의사결정 참가자들의 합의로 결정이 되고 법적 강제력이 없는 권고의 형태를 띠는 경우가 많기 때문이다. 그 결과 집단행동의 문제(collective action problem)와 무임승차의 문제를 일으킬 가능성이 크다. 따라서 정책결정을 위한 협상 과정에 있어서 이러한 문제를 해결하기 위한 준수 기제의 설계가 중요한 논의의 대상이 된다.

가장 일반적인 준수 기제는 국가의 행동이 조약의 목적이나 제반 준칙에 합치하고 있는가를 살펴보아 이에 대한 위반이 있을 시 보고서 등을 통해 이를 지적하는 느슨한 방식이다. 이는 근본적으로 국제사회에서 공공정책을 집행하고 강제할 수 있는 중앙집권적인 권위를 가진 조직이 부재하기 때문이다.

4) 의사결정의 단계

협상에 이어 협상의 결과를 공식화하기 위한 단계로서 의사결정의 단계가 있다. 이 단계에서 주목해야 하는 사항은 의사결정의 절차 · 규칙 · 효과를 담고 있는 의사규칙(rules of procedure, ROP)이다. 이는 이러한 의사규칙이 의사결정의 내용에 적지 않은 영향을 미치기 때문이다.

글로벌 이슈를 다루는 각종 정부간기구에서 안보 이슈처럼 국가의 핵심적인 이익에 영향을 미치는 이슈의 경우 만장일치제로 의사결정이 이루어지고 법적 구속력을 부여하기도 하지만 다수결제로 의사결정이 이루어지고 권고의 효력만을 부여하는 경우가 일반적이다. 비안보적 이슈의 경우 합의(consensus)로 의사결정이 이루어지고 합의에 이르지 못하면 다수결이 이용되는 것이 일반적이다. 유엔총회 위원회들의 경우 의사결정의 약 75%가 합의로 채택이 된다.

글로벌 이슈가 공공부문의 정부간기구만이 아닌 민간부문의 기업과 시민사회 부문의 NGO가 다양한 조합을 통해 파트너십을 구성하여 다루어지기도 한다. 이럴 경우는 통상적으로 합의를 통한 의사결정이 지배적인 의사결정 방식이 된다. 합의에 이르려면 모든 협상 당사자가 공식적인 반대를 제기하지 않을 수준에까지 이르러야 하므로 교착상태에 빠지기 쉽고 정책이 결정된다고 해도 이러한 정책이 당사자들 사이의 최소한의 공통분모가 될 가능성이 크다.

5) 집행단계

집행단계(implementation stage)란 정책이 행동으로 실천되는 과정이다. 정책 대부분이 집행단계를 통해 구체화되어 정책의 궁극적인 성과에 직접 영향을 미칠 수 있으므로 정책과정에 있어서 이 단계가 가장 중요한 단계로 간주된다. 정책 대부분은 일반적으로 정책 집행자의 구체적인 특정의 행동을 결정하지 않고 모호한 면을 가지게 되는데 이는 집행자가 달라질 수 있는 시간과 장소 및 상황에 따라 정책을 구현할 수 있게 하려고 하기 때문이다. 정책 집행자가 이러한 정책을 어떻게 집행하느냐가 정책의 성공에 영향을 미치며 이러한 이유로 정책 성공에 집행단계가 중요한 이유다.

이러한 집행단계에서 정책의 실질적인 효과에 영향을 미치고 나아가 정책 목표를 얼마나 잘 달성할 수 있을 것인가에 영향을 미치는 요인과 관련하여 많은 학자에 의해 다양한 요인들이 제시되는데 이 가운데 중요한 요인으로서 이슈의 유형과 복잡성 · 정책이 목표로 하는 변화와 집단의 규모 · 집행에 투입되는 인적 자원과 재정적 자원 · 정책집행을 지원하는 행정구조와 규칙 등이 언급된다.[5)]

6) 평가와 환류 단계

(1) 평가와 환류 단계의 의미

정책 평가란 현존하는 이슈의 해결을 위한 방안으로 채택되고 집행된 정책이 원하는 결과를 가져왔는가를 평가하는 행위이다. 즉 정책 평가란 정책의 집행과 효과가 명시적이거나 묵시적으로 설정된 정책의 목표와 일치하는가를 검증하는 단계이다.

그러나 정책 평가는 단지 예상한 결과가 나왔는가를 평가하기 위한 목적만이 아니라 예상한 결과가 나왔다고 하더라도 예기치 않은 결과나 부작용이 있을 수 있어 이러한 것을 포착하여 해결하기 위한 목적으로도 행해질 필요가 있다. 즉 정책은 특정 이슈를 다루는데 효과적일 수 있으나 예상치 못한 새로운 문제를 일으

---

5) Paul A. Sabatier and Daniel Mazmanian, "A Conceptual Framework of the Implementation Process," in Stella Z. Theodoulou and Matthew A. Cahn, eds., *Public policy: The Essential Readings* (Upper Saddle River, NJ: Prentice Hall, 1995), pp. 153-173.

킬 수도 있으므로 정책은 반드시 평가의 단계를 거쳐야 한다. 이러한 정책 평가의 과정을 통해 정책의 성과와 한계가 분석된 후 이를 바탕으로 이전의 정책이 수정되거나 보완되는 환류 과정(feedback process)을 거친다. 이러한 평가와 환류 과정의 예를 들면 다음과 같다.

새천년개발목표(MDGs)의 시행시기가 2000년부터 2015년까지였는데 그 중간인 2008년에 중간평가가 유엔에 의해 공식적으로 시행되었고 그 평가의 결과를 나머지 기간의 정책집행에 반영시켜 목표달성에 한 걸음 더 다가서기 위한 노력을 전개한 바 있다. 유엔은 2015년에 집행이 끝난 새천년개발목표의 성과를 총체적으로 평가한 후 이러한 평가의 결과를 2016년부터 시행된 지속가능개발목표에 반영시켰다.

이러한 평가 가운데 중요한 평가로서 새천년개발목표가 경제개발에 중점이 주어져 원래 목표로 한 경제개발과 환경보호 및 사회개발의 통합이 제대로 이루어지지 않았다는 평가가 있었다. 여기에서 더 나아가 새천년개발목표에 있어서 환경보호가 사회개발 및 경제개발과 동등하게 지속 가능한 개발을 위한 별도의 요소로 취급되었는데 환경보호란 지속 가능한 개발에 근본적인 토대가 되는 것으로서 경제개발과 사회개발에 내재해 있는 원칙으로 취급되어야 한다는 평가도 있었다. 이러한 평가에 기초하여 지속가능개발목표에는 새천년개발목표와 비교하여 환경보호 요소가 훨씬 비중이 높게 반영되었다. 또 지속 가능한 개발을 위해서는 전쟁과 갈등이 없어야 한다는 평가에 따라 지속가능개발목표에는 위에 3가지 요소 이외에 평화의 조성이 별도의 요소로서 첨가되었다.

(2) 평가의 기준(평가의 유형)

정책에 대한 평가는 일정한 기준에 따라 이루어진다. 그러나 평가 주체에 따라 다양한 평가 기준을 사용하고 있다. 여기에서는 평가의 주체와 관계없이 일반적으로 사용되는 기준인 효율성·효과성·임팩트(impact)·지속 가능성·연관성·정책의 일관성을 중심으로 살펴보고자 한다.[6)]

---

6) 효율성·효과성·임팩트(impact)·지속 가능성이라는 기준에 관해서는 경제협력개발기구의 개발원조위원회(OECD/DAC)가 제시하고 있는 설명을 소개하고자 한다: Ministry of Foreign Affairs of the Netherlands, “Evaluation policy and guidelines for evaluations,” https://www.oecd.org/dac/evaluation/iob-evaluation-policy-and-guidelines-for-evaluations.pdf (접속일: 2019년 12월 15일). 관련성과 정책의 일관성이라는 기준에 관해서는 유럽연합이 제시하고 있는 설명을 소개하고자 한다: European Union, “European Commission’s Better

① 효율성 평가

효율성(efficiency) 평가란 정책집행을 위해 사용된 자원과 정책집행으로 만들어진 변화의 관계를 측정하는 것으로서 투입산출분석(input-output analysis) 혹은 비용편익분석(cost-benefit analysis)을 의미한다. 구체적으로 효율성 평가는 다른 정책의 집행을 통해 비용을 덜 쓰고 같은 편익을 얻었는가 혹은 같은 비용을 쓰고 더 큰 편익을 얻었는가와 같은 것을 분석하는 것이다.

효율성을 평가할 때 투입과 산출의 양만 평가의 대상이 되는 것이 아니라 질도 평가의 대상이 되어야 한다. 이처럼 양과 질 모두가 평가되어야 하기에 효율성의 측정은 쉽지 않다. 효율성을 평가하려면 동일한 산출을 달성할 수 있는 대안적인 접근법과의 비교가 필요하다. 종종 과거에 고안된 비교의 기준이 될 수 있는 사례가 없어 이러한 사례가 실제의 경험을 통해 개발해야 할 수도 있으므로 이러한 비교가 쉽지 않다.

② 효과성 평가

효과성(effectiveness)은 산출의 직접적인 결과가 정책 목표의 달성에 이바지하는 정도와 관련이 있다. 정책 목표란 산출로 달성하고자 의도한 목표를 의미한다. 따라서 산출이 정책이 의도한 목표의 달성에 증명될 수 있는 이바지를 했다면 정책은 효과적이라고 고려된다. 즉 효과성 평가란 집행된 정책이 얼마나 성공적으로 정책의 목표를 달성하거나 정책의 목표를 향한 진전을 이루었는가를 측정하는 것이다.

앞서 살펴본 효율성의 경우는 투입 대비한 산출 자체에 주목하나 효과성은 이러한 산출이 정책이 의도한 목표의 달성에 주목한다는 차이가 있다. 다시 말해 효율성은 비용 대비 산출(output)에 관심을 두나 효과성은 산출이 가져오리라 의도한 성과(outcome)에 관심을 둔다.[7] 이러한 의미에서 효율성과 효과성은 성과 사슬(outcome chain)에 존재하는 연속성을 가진 두 개의 수준을 가리킨다. 한 수준(효율성)에서의 긍정적 평가가 자동으로 다른 수준(효과성)에서의 긍정적 평가를 의미

Regulation Toolbox, Chapter VI Evaluations and fitness checks, Tool #47 Evaluation Citeria and Questions," https://ec.europa.eu/info/sites/info/files/file_import/better-regulation-toolbox-47_en_0.pdf (접속일: 2019년 12월 15일).

7) 성과(outcome)라는 말과 더불어 결과(result)라는 말이 같은 의미로 사용된다. 이러한 성과나 결과는 결국 효과(effect)를 의미한다.

하지 않는다. 즉 정책이 효과성이 없이 효율적일 수 있고 효과성이 있는 정책이 비효율적으로 집행될 수도 있다.

냉전이 종식된 후 원조의 효과성(aid effectiveness)에 대한 논의가 활발하게 전개되면서 2005년에 원조 효과성에 관한 파리선언(Paris Declaration on Aid Effectiveness)이 있었다. 파리선언은 원조에 있어서 과거의 산출에 기반한 관리(output-based management)와 산출에 기반한 평가(output-based evaluation)로부터 성과에 기반한 관리(outcome-based management)와 성과에 기반한 평가(outcome-based evaluation)로의 전환을 강조했다.

효과성을 평가하는 데 있어서 중요한 것은 만약에 해당 정책이 없었다면 어떤 다른 결과가 발생했을까를 아는 것이다. 그래야만 결과적으로 발생한 관찰된 변화가 오로지 정책으로 인한 효과로 평가할 수 있기 때문이다. 이러한 평가를 「역사실적 분석」 혹은 「사후가정적 분석(counterfactual analysis)」에 기초한 평가라고 칭한다. 이러한 분석이 있어야만 정책에 의한 순수한 효과(net effect)를 이야기할 수 있다.

이 경우 다른 요인들이 관찰된 변화에 가시적인 영향을 미친다면 문제해결이 상대적으로 쉽다. 만약에 영향력 있는 요인들이 즉각적으로 관찰되지 않는 경우 문제는 어려워진다. 이런 경우 실제에 있어서 특히 광범위하고 복잡한 정책의 경우뿐 아니라 정량화하기 어렵거나 불가능한 효과를 가져오는 것을 목표로 하는 정책의 경우에 평가는 종종 타당성 주장(plausibility argumentation)을 이용한다. 이때 중요한 것은 주장이 투명하고 신뢰할 수 있어야 한다.

③ 임팩트 평가

임팩트(impact)라는 용어의 의미에 대해 일반적인 합의가 없는 가운데 경제협력개발기구의 개발원조위원회는 이를 궁극적인 이해관계 당사자와 제삼자에 정책이 미치는 직접적이거나 간접적 혹은 의도하거나 의도하지 않은 중대한 효과(significant effect)로 정의하고 있다. 이 정의는 임팩트라는 용어가 효과 면에서 좀 더 강하다는 것을 의미한다. 즉 임팩트란 심대한 영향(profound effect or significant effect)이라고 볼 수 있다.

더불어 임팩트를 활동의 의도된 효과만을 지칭하는 효과성과는 달리 「대상 집단이나 제삼자에게 직접적 혹은 간접적 영향을 미치는 모든 가능한 경제적 · 사회적·정치적·기술적·생태적 효과」를 의미하는 용어라고 정의함으로써 범위 면에서 좀 더 광범위한 효과를 의미한다고 볼 수 있다.

임팩트를 또한 일반적 빈곤의 감소(general poverty reduction)와 같은 가장 높은 수준의 영향 즉 멀리까지 미치는 효과(far-reaching effect)를 의미한다고 봄으로써 임팩트를 정책에 의한 단기적인 효과가 아니라 좀 더 긴 시간을 거쳐 발현되는 효과 즉 좀 더 장기적인 효과(longer-term effect)로 간주하고 있다고 볼 수 있다. 이처럼 임팩트(impact)라는 말은 효과(effect)라는 말과 여러 면에서 차이를 지니기 때문에 효과의 강도라는 면만 반영하는 「강한 효과」와 같은 번역어를 사용하기 힘들어 임팩트라는 말을 그대로 사용했다.

④ 지속 가능성 평가

활동이 달성한 효과가 계속되지 않는다면 활동이 효과적이라고 할 수 없으므로 지속 가능성(sustainability)은 사실상 효과성의 한 측면이다. 이러한 지속 가능성의 개념은 정책평가와 관련하여 다음과 같은 7가지 다양한 측면으로 구성된다. 다음 7가지 다양한 측면은 정책의 특성에 따라 다양한 조합으로 정책 평가에 적용될 수 있다.

i) 정책의 집행에 있어 수혜자의 인적 혹은 물적 참여는 일반적으로 정책의 성공에 영향을 미치는 한 요인으로 간주된다. ii) 기술을 활용할 경우 수혜자의 재정적·제도적 능력이 고려되고 기술의 유지와 갱신을 위한 조건이 보장되는 정도가 고려되는 것이 중요하다. iii) 정책집행은 단기 또는 장기적으로 환경에 영향을 줄 수 있다. 단기적 영향은 대개 예상되고 예방하거나 완화하는 것이 가능하나 장기적 영향은 긍정적 변화를 중화시키거나 다른 해로운 결과를 초래할 수 있으므로 평가에 장기적인 환경 영향을 통합하는 것이 특히 중요하다. iv) 변화의 지속 가능한 정도는 사회적·문화적 요인에 강하게 달려 있다. 이러한 요인은 종종 눈에 보이지 않으나 지속 가능성에 중요한 요인이 된다. v) 지속 가능성에 중요한 역할을 하는 제도와 역량의 개발도 지속 가능성의 중요한 요인이다. vi) 재정적·경제적 지속 가능성도 취해진 조치가 계속되거나 완결된 조치가 계속 유지되는 데 중요하다. vii) 자연적·정치적·경제적·사회적·문화적 환경도 정책의 지속성에 강한 영향을 미친다.

⑤ 관련성 평가

관련성(relevance)이란 용어도 임팩트라는 용어와 마찬가지로 다양한 정의가 존재하나 관련성 평가는 일반적으로 정책 목표가 사회의 필요 및 문제와 연관이 있는가를 평가하는 것이다. 더불어 정책의 집행을 위해 취해진 조치 등이 정책 주체의 기본적인 정책과 조응하는가의 여부 역시 관련성의 한 측면이다. 연관성의 부재는 정책의 설계 시의 사회의 필요와 문제가 나중에 바뀔 수 있거나 환경이 변화하는 등의 다양한 이유로 인해 발생할 수 있다.

이러한 연관성 분석은 대단히 중요한데 그 이유는 정책이 현재의 필요와 문제를 다루는 것에 도움을 주지 못한다면 이러한 정책의 효과성이나 효율성 등 기타 평가 요소들의 의미가 없어지기 때문이다. 이런 이유로 연관성을 「소멸 기준(kill criterion)」이라고 칭하기도 한다.

⑥ 정책의 일관성 평가

정책의 일관성(policy coherence) 평가는 복잡하고 상호 연결된 세계에서 정책 집행으로 취해진 특정의 조치가 다른 조치들과 얼마나 협력적으로 일관성 있게 작동하는가를 평가하는 것이다.

이러한 일관성은 내부적 일관성과 외부적 일관성의 평가로 구분하여 살펴볼 수 있다. 내부적 일관성(internal coherence)의 평가란 특정 주체의 정책의 다양한 하부 정책들이 공동의 목표를 달성하기 위해 함께 협력적으로 잘 작동하고 있는가를 평가하는 것이다.

외부적 일관성(external coherence)의 평가는 좀 더 복잡한 것으로서 다양한 경우가 존재한다. 우선 동일한 정책 분야에서 수준을 달리하는 정책들 사이의 일관성 여부를 평가하는 것으로서 유럽연합의 좀 더 광범위한 물 정책과 좀 더 구체적인 식수에 관한 정책의 일관성 평가를 예로 들 수 있다. 혹은 동일한 정책 분야는 아니나 협력이 있어야 하는 분야에서의 정책상 일관성 여부를 평가하는 것으로서 물에 관한 정책과 보건 정책 사이의 일관성을 예로 들 수 있다. 더 나아가 국내 특정 주체의 정책이 국가 정책이나 국제조약과 일관성을 지니는가에 평가 역시 외부적 일관성 평가에 속하며 예로서 유럽연합의 노동시장 정책이 국제노동기구(ILO) 협약과 일관성이 있는가를 평가하는 것을 들 수 있다.

4. 이슈 해결 노력에 대한 평가와 대안의 제시

1) 이슈 해결 노력에 대한 평가

위에서 이슈화로부터 시작하여 정책집행에 대한 평가와 환류에 이르기까지 정책과정의 전 생애주기(life cycle)를 살펴보았다. 위에서 정책과정의 한 과정으로서 정책에 대한 평가에 대해 언급했으나 이러한 평가는 정책과정에의 참여자에 의한 평가이다.

여기에서 글로벌 이슈 해결을 위한 국제적인 노력에 대한 평가(즉 성과와 한계)는 좀 더 광범위한 평가로서 적극적으로 취해진 특정 정책에 대한 평가뿐 아니라 특정 글로벌 이슈에 있어서 정책을 통한 국제적인 해결 노력이 부재하거나 제한적일 경우 왜 이러한 현상이 발생하는가와 같은 분석적인 평가도 포함된다.

특정 글로벌 이슈의 성과와 한계를 분석하는 데 있어 먼저 해야 할 일은 이 이슈에 대한 접근방식이 어떻게 변화해 왔는가에 대한 역사적인 맥락을 분석하는 것이다. 이를 통해 국제사회에 의해 취해진 행동이 어떤 것이고 이러한 행동이 문제의 어떤 측면을 다루고 있는가를 살피고 만약 국제적인 해결 노력이 없거나 제한적일 경우 그 이유를 분석해야 한다. 즉 이슈의 해결을 위해 무엇이 잘 행해져 왔고 무엇이 제대로 행해지지 않았으며 무엇이 전혀 행해지지 않았는가를 살펴야 한다.

이러한 평가를 하는 데 있어서 다음과 같은 점들이 구체적으로 고려되어야 한다. i) 관련된 주요 행위자들(예컨대 정부 · 정부간기구 · 기업 · NGO 등)의 인식과 행동을 추적해야 하며 이들 간의 갈등과 협력에 주목한다. ii) 문제 해결의 성과와 한계를 설명하는 데 있어 이론이나 분석적인 접근(analytic approaches)에 대한 평가와 이의 적용이 있어야 한다. iii) 가능하다면 국제사회의 다른 이슈들의 해결과 관련한 경험과의 비교가 이루어져야 한다.

2) 대안의 제시

이러한 평가를 기반으로 글로벌 이슈의 해결을 위한 기존 노력의 한계를 극복하기 위한 실현 가능하고 대안적인 창의적 해법을 제시하기 위한 노력을 해야 한다. 가장 창의적인 해법이란 기존 해결책에 기반을 제공한 원인진단이 잘못되었음을 지적하고 새로운 이론적 시각에 근거하여 새롭게 원인을 진단하고 이에 기반한 새로운 해결책을 제시하는 것이다. 또는 기존의 원인진단에 동의하는 가운데 기존의 해결책과는 다른 개선된 대안적 해결책을 제시하는 것도 문제의 해결에 이바지가 될 수 있다. 이러한 대안적 해결책은 여러 형태를 띨 수 있으며 이러한 형태에는 새로운 제도의 설립·기존 프로그램의 개혁·기존 노력의 개선된 조정 등이 포함될 수 있다. 이러한 해결책을 제시할 경우 이러한 해결책을 정당화시킬 수 있는 근거를 제시해야 하며 이러한 제안의 한계와 더불어 이를 실행하는 데 있어서 면하게 될지 모르는 장애 요인에 대해서도 살펴야 한다.

글로벌 이슈들은 일시에 해결하기 힘든 이슈들이 대부분인 까닭에 대안을 제시할 때 단기적 해결책과 중장기적 해결책을 구분하여 제시하는 것도 중요하다. 예컨대 유엔의 경우 구성원들 간에 커다란 이견이 없어 비교적 짧은 시간 내에 실현할 수 있는 해결책(track Ⅰ solutions)과 구성원들의 이해관계가 복잡하게 얽혀 있어 이의 조정에 비교적 긴 시간이 요구되는 또 다른 해결책(track Ⅱ solution)을 구분하여 제안하는 경우가 많다.

이와 더불어 글로벌 이슈의 다면성을 고려하여 대안을 분리하되 통합적으로 운용될 수 있는 해결책을 제시하는 것도 필요하다. 현재 기후변화의 이슈를 다룸에 있어서 이 이슈를 완화(mitigation)와 적응(adaptation)이라는 두 측면으로 구분하고 이들을 동시적으로 시행하고 있는 것을 예로 들 수 있다. 여기에서 완화란 온실가스의 배출원을 감소시키거나 온실가스의 흡수원을 증가시키는 조치를 의미하며 적응이란 기후변화가 가져온 영향에 노출된 취약성을 감소시키는 조치를 의미한다.

또 하나의 예를 들자면 2010년 카리브해 섬나라 아이티(Haiti)에서 발생한 치명적인 콜레라 창궐로 인해 약 1만 명이 숨지고 수십만 명이 감염되었는데 초기 발병과 관련해 유엔이 2016년에 처음으로 그 당시 아이티에 파견되었던 유엔평화유지군의 책임을 뒤늦게 인정하면서 2개 트랙의 문제해결책을 제시했다. 트랙 원(track Ⅰ) 해결책은 콜레라의 전파를 줄이고 궁극적으로 박멸하며 간호와 치료에의 접근을 개선하고 아이티의 물과 위생 및 보건체계라는 장기적인 이슈를 다루기 위해 유엔의 노력을 강화한다는 것이다. 트랙 투(track Ⅱ) 해결책은 콜레라에 의해 직접 영향을 받은 사람들에게 물질적 원조와 지원을 제공하는 조치이다.

제3장

세계화와 국제사회의 변화

제 3 장

세계화와 국제사회의 변화

세계화가 글로벌 이슈에 어떤 영향을 미치고 있는가를 이해하기 위해서는 이에 앞서 세계화의 개념과 아울러 세계화가 역사적으로 어떻게 진화해오고 있으며 이러한 세계화를 추동하는 동인은 무엇인가를 이론적인 시각과 더불어 살펴볼 필요가 있다. 이와 더불어 세계화가 글로벌 이슈에 미치는 직접적인 영향에 앞서 세계화가 국제사회의 주요 행위자와 거버넌스에 미치는 영향에 관심을 두어야 한다.

제1절 세계화의 개념 / 역사 / 이론

세계화가 글로벌 이슈에 미치는 영향을 포착하기 위해서는 추상성이 높은 개념으로서의 세계화가 구체적으로 무엇을 의미하는 알아야 하며 현재와 미래의 세계화를 이해하려면 과거로부터 진행되어 오고 있는 세계화의 역사를 알아야 한다. 이러한 것을 바탕으로 세계화 현상을 좀 더 단순화시켜 일관되게 바라볼 수 있게 해주는 이론적인 시각에 관심을 둘 필요가 있다.

1. 세계화의 개념과 주요 측면

1) 세계화의 개념

세계화(globalization)가 무엇을 의미하는지에 대해 일반적으로 수용되는 정의가 없는 가운데 다양한 정의가 존재한다. 이는 세계화라는 개념이 다면적인 현상(multidimensional phenomenon)을 포함하고 있어 이들 모두를 포괄적으로 담아낼 수 있는 정의를 내린다는 것이 쉬운 일이 아니기 때문이다.

다수의 사람에게 세계화라고 하면 상징적으로 떠오르는 현상들이란 일반적으로 상품/서비스/자본/기술/지식/정보/사람의 국경을 넘는 활발한 이동 · 세계화를 선도하면서 중요 국제적 행위자의 하나로 부상한 초국적기업(TNC)/다국적기업(MNC)[1]과 이들이 선도하는 세계시장의 불가역적 통합 · 교통과 정보통신기술의 혁신적인 발달로 인한 경제와 금융의 통합 가속화와 전 지구적 문화(global culture)의 확산과 보편화 등이며 이러한 현상들은 총체적으로 보아 지리적 공간과 사회적 공간의 탈영토화(deterritorialization)를 가져오고 있다.[2]

사회학자인 기든스(Anthony Giddens)는 세계화를 「어느 한 지역에서 발생한 일이 다른 지역에 영향을 주고 또 다른 지역에서 발생한 일로 영향을 받는 방식으로 멀리 떨어져 있는 지역들 사이의 사회적 관계(social relations)가 전 세계적으로 심화하는 과정」으로 정의하고 있다.[3] 달리 말해 이 정의는 세계화를 사회적 관계가 국경을 벗어나 발생하면서 인간의 삶이 점차 하나의 단위로서 세계차원에서 이루어져 가는 과정으로 바라본다.[4] 이외에도 다양한 정의가 존재하나 세계화란 특정 시점의 고정된 현상이 아니라 변모해가고 있는 과정으로 보아야 한다는 점에서는 동의가 존재한다.

여기에서는 이전의 다양한 정의들을 바탕으로 하여 세계화를 「개개 국가들의 정부(공공부문) · 기업(민간부문) · NGO(시민사회부문) 사이의 국경을 넘는 상호작용이 빈번해져 상호연계성(interconnectedness)과 상호의존(interdependence)이 심화

---

1) 초국적기업은 다국적기업의 한 유형인데 차이가 존재한다. 다국적기업은 본사가 소재하고 있는 특정 국가에 속한다는 국제적인 정체성을 가진다. 즉 다국적기업은 소속국에 본사를 두고 연구개발과 핵심적인 부품생산을 한다. 이와는 대조적으로 초국적기업의 경우 연구개발과 핵심적인 부품생산은 물론 본부의 핵심적인 기능까지도 해외로 이전하여 해외 지사가 담당하도록 한다. 즉 다국적기업은 중앙집중적인 관리 시스템을 가지고 있으나 초국적기업은 이러한 중앙집중적인 관리 시스템을 가지고 있지 않다. 다국적기업은 해외에 지사(branch)를 두는데 이는 분리된 법적인 지위를 가지고 있지 않다, 초국적기업의 경우 해외에 자회사(subsidiary)를 두는데 이는 별도의 분리된 법적 지위 즉 별개의 법인의 지위를 가진다.

2) 여기서 탈영토화란 정치적 · 사회적 · 문화적 관행이 이들의 소재지와 사람들로부터 분리되는 것을 의미한다(Your Dictionary, https://www.yourdictionary.com/deterritorialization). 문화와 관련지어보면 탈영토화란 문화와 지리적 영토 사이의 관계가 희석되는 것을 의미한다.

3) Anthony Giddens, *The Consequences of Modernity: Self and Society in the Late Age* (Cambridge: Polity Press, 1990), pp. 70-78.

4) 세계화는 과정이 아닌 현실이 되었음을 표시하기 위해 「globalization」이라는 말 대신에 「globality」라는 용어를 사용하고자 하는 사람들도 있다.

하고 나아가 전 지구적 차원에서 통합(integration)이 촉진되어 가는 과정」으로 정의하고자 한다.

이러한 의미의 세계화는 역사에 있어서 결코 처음 있는 새로운 현상은 아니다. 그런데도 우리가 1980년대 후반 이후 진행되고 있는 근래의 세계화에 주목하는 것은 규모와 속도 그리고 인식의 면에서 이전의 세계화와는 궤를 달리하기 때문이다. 즉 국경을 넘어 형성된 사회들 사이에 과거와는 비교할 수 없이 수적으로 많은 경제적 · 정치적 · 사회적 연계가 이루어지고 세계화가 빠르게 압축적으로 진행되고 있으며 세계가 좀 더 작은 장소라는 인식이 증가하고 있다.[5)]

현재의 국제사회를 특징짓는 말로 세계화 이외에 「국제화(internationalization)」라는 말이 흔히 사용된다.[6)] 국제화라는 개념 역시 세계화와 마찬가지로 일반적으로 동의가 이루어진 정의가 부재한 가운데 간혹 세계화와 같은 의미로 사용되기도 한다. 그러나 이 두 개념은 상당히 다른 의미를 내포하고 있어 구별이 필요하다. 국제화란 말 그대로 기존의 국가체제 유지를 전제로 한 개념으로서 이들 국가 사이에 상호연계성과 상호의존성이 심화하는 과정으로 정의될 수 있다. 이러한 국제화를 세계화의 전 단계로 인식하는 경우가 많다.

2) 세계화 개념의 주요 측면

이러한 세계화는 여러 측면(dimension)을 지니는데 이러한 측면의 가장 대표적인 것으로서 정치적 세계화 · 경제적 세계화 · 사회적 세계화 · 환경적 세계화를 차례로 살펴보고자 한다.[7)] 이처럼 세계화는 여러 측면을 가지고 있으나 무역의 자유화 · 민영화 · 규제의 철폐를 통한 무역과 투자의 장애물 제거를 특징으로 하는 경제적 세계화가 세계화의 주된 측면이고 이들로부터 다른 측면의 세계화가 규정된다고 볼 수 있다. 이러한 경제적 세계화가 주로 기업에 의해 추동되는 세계화(corporate-driven globalization)인 관계로 세계화가 가져올 수 있는 긍정적 영향에 대해 비관적인 전망이 제기되기도 한다.

---

5) Tammam O. Abdulsattar, "Does Globalization Diminish the Importance of Nationalism?," https://www.e-ir.info/2013/11/14/does-globalization-diminish-the-importance-of-nationalism/ (접속일: 2019년 8월 12일).

6) 더 정확히 말하자면 현재의 국제사회는 이러한 국제화나 세계화와 더불어 지역주의(regionalism)와 국가주의(nationalism)가 공존하고 있는 불확실성의 시대이다.

7) 이들 이외에 범죄의 세계화와 질병의 세계화 등도 언급되곤 한다.

(1) 정치적 세계화

정치적 세계화(political globalization)도 다양하게 정의되고 있으나 이 개념의 가장 핵심적인 요소는 국제레짐(international regimes)과 국제기구(international organizations)를 포함한 국제제도(international institution)의 영향력이 증대되는 것이다.[8] 즉 초국가적 기관들이 국가의 기능을 대체하거나 보완하는 것이다.

정치적 세계화는 또한 시민사회부문의 영향력이 국경을 넘어 전 지구적으로 확산되고 강화되는 과정도 포함한다. 각종 비정부기구(NGO)가 개발 · 인도적 지원 · 인권 · 환경 등 다양한 분야에서 국제사회의 공공정책에 적지 않은 영향을 미친다.[9]

---

8) 국제레짐 · 국제기구 · 국제제도 사이의 관계에 대해서 다양한 견해가 존재하나 국제제도가 국제레짐과 국제기구를 포괄하는 상위 개념으로 간주하고자 한다. 여기에서 국제레짐(international regime)은 크라즈너(Stephen D. Krasner)의 정의에 따라 「국제관계의 특정 영역에서 행위자의 기대하는 바가 수렴되는 명시적 혹은 묵시적인 원칙 · 규범 · 규칙 · 의사결정 절차」를 의미하는 용어로 사용하고자 한다: Stephen Krasner, "Structural Causes and Regime Consequences: Regimes as Intervening Variables," *International Organization*, Vol. 36, No. 2 (Spring 1982), p. 186.

9) 「비정부기구(NGO)」라는 용어가 자신을 능동적으로 규정하는 개념이 아니라 정부 기구가 아닌 기구라는 수동적이고 소극적인 의미를 지니고 있을 뿐 아니라 의미상 정부 기구가 아닌 모든 기구를 포함할 수 있어 논란의 대상이 되어오고 있다. 그러나 정부 기구가 아닌 기구 중에서 공익을 추구하지 않는 기구는 제외해야 한다는 데에 큰 이론이 없다. 따라서 기업과 같은 영리추구 단체 · 정당과 같은 권력을 추구하는 단체 · 특정 종교의 교리전파를 주된 목적으로 하는 종교단체 · 공익이 아닌 일부 구성원들의 이익을 추구하는 노동조합과 같은 이익단체를 배제한 기구라는 의미로 대체적인 합의가 이루어져 있다(NGO들에 공식적인 협의 지위를 부여하는 유엔경제사회이사회는 NGO에 예외적으로 종교단체와 더불어 기업이나 정당의 연맹체를 포함하는 특징을 보인다). 이와 더불어 NGO를 대치한 대안적 용어에 대한 논의도 오래전부터 있었다. 여러 대안 가운데 가장 흔히 언급되는 용어가 시민사회조직(CSO)이라는 용어이다. 이 용어를 사용하는 것은 시민사회조직을 좀 더 능동적으로 표현하는 것이기에 바람직한 측면을 가지고 있다. CSO란 시민사회부문(제3 부문)의 조직으로서 공공부문(제1 부문)과 민간부문(제2 부문)에 속하지 않고 이들 부문으로부터 독립적인 조직 즉 비정부적 · 비영리적 조직을 의미한다. 그러나 실제적이고 구체적으로 어떤 조직을 지칭하는가를 둘러싸고는 이견이 존재한다. 즉 일단의 사람들은 CSO를 NGO뿐만 아니라 노동조합 및 상공회의소와 같은 이익단체 · 종교단체 · 전문가 협회(professional association) · 재단(foundation) · 독립적인 연구소 · 비영리 매체 등까지도 포함하는 개념으로 사용함으로써 NGO를 CSO의 하위 개념으로 보고자 한다. 정부간기구 가운데 유엔개발계획(UNDP) · 경제협력개발기구/개발원조위원회(OECD/DAC) · 아시아개발은행(ADB) · 세계은행(World Bank) 등이 이러한 입장을 보유하고 있다. 학자들 사이에서도 이처럼 CSO를 NGO보다는 좀 더 포괄적인 개념으로 구별하여 사용하고자 하는 성향을 보인다. 이와는 달리 다른 일단의 사람들은 CSO란 공익을 추구하는 조직에 국한해야 한다고 하여 NGO와 동등한 개념으로 사용하기도 한다. 본 저서에서는 CSO와 NGO를 구별하는 전자의 입장을 택하고자 한다.

이러한 정치적 세계화는 인권 · 민주주의 · 노동자의 권리 · 환경기준 등과 같은 전 세계적인 기준의 광범위한 수용과 더불어 정부와 정부간기구에 의한 조정(coordination)의 증가를 가져온다.[10] 또한, 절대적인 의미의 주권의 약화를 가져오고 있다.

(2) 경제적 세계화

경제적 세계화(economic globalization)는 일반적으로 상품 · 서비스 · 기술 · 자본 등의 자원들의 국경을 넘는 교역과 교환의 증가를 통해 개개 국가들의 경제와 금융이 전 세계에 걸쳐 상호연계성과 상호의존성을 더해가는 과정을 의미한다.

이러한 경제적 세계화의 가장 주된 목적은 여러 측면에서 접근할 수 있으나 선진 자본주의 국가들에 축적되어 온 상품 · 서비스 · 기술 · 자본 등이 전 세계적으로 이동하는 것을 방해하는 장애물을 제거하는 것 즉 전 지구적 수준에서의 자본주의의 점진적인 확장에 있다고 볼 수 있다.

(3) 사회적 세계화

사회적 세계화(social globalization)는 개개 국가들을 구성하는 국민 사이의 국경을 넘는 아이디어 · 의미 · 가치 등의 공유를 통해 상호연계성이 심화하여 이들 구성원이 하나의 세계시민사회(global civil society)에 속한다고 느껴가는 과정이다.

(4) 문화적 세계화

문화적 세계화(cultural globalization)란 인터넷 등의 통신매체와 국경을 넘는 여행 등을 통해 인종적 · 종교적 · 사회적 집단에 의해 공유된 일단의 공유된 태도 · 가치 · 목표 · 관행(practices)을 의미하는 특정의 문화가 전 지구적으로 확산되어 공동의 문화를 소비하게 되는 과정 즉 문화가 표준화되어 가는 과정을 의미한다. 이러한 의미에서 문화적 세계화는 사회적 세계화라는 좀 더 포괄적인 개념의 하위 개념으로 간주하기도 한다.

(5) 환경적 세계화

환경적 세계화(environmental globalization)는 환경을 보호하고 관리하기 위한

---

10) Reboot the Future, "Global Dimension: Globalization," https://globaldimension.org.uk/globalisation/ (접속일: 2019년 7월 23일).

관행(practices)과 규제(regulations)에 있어서 국경을 넘어 전 세계적인 균일성(uniformity)과 상호연계성이 증가하는 과정을 의미한다. 여기에서 관행이란 국제적으로 조정이 된 관행을 의미하며 규제란 일반적으로 조약의 형태를 띤다.

2. 세계화의 역사

세계화의 기원과 역사에 대해 여러 견해가 존재하며 세계화의 시작을 콜럼버스(Christopher Columbus)의 신대륙 발견의 시기로까지 거슬러 올라가기도 한다. 여기에서는 미국의 경제학자인 오만(Charles Oman)과 국제 분야 전문가이자 뉴욕타임스(New York Times)의 칼럼니스트인 프리드먼(Thomas L. Friedman)의 구분에 따라 살펴보고자 한다.

1) 오만의 구분[11)]

오만에 따르면 1차 세계화의 물결은 1870년부터 1차 세계대전이 발발하기 전까지 존재했으며 이 당시의 세계화는 금본위제도(Gold Standard)·유럽의 식민주의·기술혁명·거대한 주식회사의 등장 때문에 추동되었다.[12)] 이 시기의 세계화를 보여주는 지표로써 미증유의 무역 성장과 더불어 대륙 간 금융과 이주(migration) 흐름의 증가가 있었다. 이러한 세계화는 1차 세계대전의 발발과 더불어 보호무역주의와 고립주의의 등장으로 흐름을 이어가지 못했다.

두 번째 세계화 흐름은 2차 세계대전이 끝난 후인 1950년대와 1960년대에 등장했다. 이 시기는 선진국에 있어서 고도의 경제성장이 있었던 황금기였다. 이 시기는 미국이 경제 패권국으로 존재했고 달러-금환본위제(gold-dollar standard system)와 조정 가능한 고정환율제(fixed but adjustable exchange rates)를 특징으로 하는 브레턴우즈체제(Bretton Woods System)를 채택함으로써 국제적으로 금융통화 질서가 안정적이었다. 이와 더불어 관세와 무역에 관한 일반협정(GATT)을 체결하여 무역장벽의 완화와 차별대우의 폐지를 통해 국제무역이 대폭으로 확대되었다. 그러나 이러한 흐름은 1950년대와 1960년대의 경제호황이 끝나고 1970년대에 들

---

11) Charles Oman, *The Policy Challenges of Globalization and Regionalisation. Policy Brief No. 11.* (Paris: OECD, 1996). p. 5.

12) 1870년대에 여러 국가가 금본위제를 채택했다.

어서 경기가 침체하고 설상가상으로 두 차례에 걸친 오일쇼크(석유위기)로 장기 불황이라는 경제위기가 도래하면서 세계화가 주춤해졌다.

세 번째 세계화 흐름은 장기 불황이라는 경제위기를 해결하기 위해 1970년대 말부터 등장하여 1980년대에 탈규제 · 경제의 자유화 · 민영화 등을 핵심 내용으로 하면서 본격화된 신자유주의(neoliberalism)를 바탕으로 하여 1980년대 말부터 본격화되어 오늘날에 이르고 있다.

2) 프리드먼의 구분[13)]

프리드먼에 따르면 첫 번째 세계화 시기(Globalization 1.0)는 콜럼버스가 대서양을 건너 신대륙을 발견함으로써 구세계와 신세계의 장벽을 무너뜨린 1492년부터 1800년 전후까지인데 이 시기는 세계를 중간 정도의 크기로 줄여놓았고 이 시대의 세계화의 추동력은 국가로부터 나왔다.

두 번째 세계화 시기(Globalization 2.0)는 산업혁명이 일어난 1800년 무렵에서 전화와 컴퓨터가 등장하고 초기 인터넷이 등장한 2000년까지이다.[14)] 이 시기에 대공황과 1, 2차 세계대전으로 세계화가 일시적으로 주춤하기도 했으나 이 시기는 기술의 발전으로 세계가 하나로 연결되기 시작한 때로서 세계화의 주된 추동체는 다국적기업(multinational corporation, MNC)이었다. 이들은 새로운 시장과 임금이 낮은 국가를 찾아 나서면서 세계를 중간 정도의 크기보다 더 줄여놓았다.

세 번째 세계화 시기(Globalization 3.0)는 광케이블을 통한 인터넷과 같은 전 지구적인 네트워크가 발달하고 다양한 소프트웨어가 개발되는 등 정보통신기술(information and communication technology, ICT)이 비약적으로 발전하여 전 지구적인 통신이 가능해진 2000년 이후 현재까지이다. 이 시기 이전의 시기와는 질적으로 완전히 다른 시기로서 세계화의 주된 추동체는 광케이블을 통한 전 지구적인 네트워크와 연결되어 있고 다양한 형태의 새로운 소프트웨어로 무장되어 지리적인 장벽에 구애를 받지 않는 개인과 소집단이다. 이 시기에 세계는 두 번째 시기보다 크기가 더욱 작아졌다.

---

13) Thomas L. Friedman, *The World Is Flat: A Brief History of the Twenty-First Century* (New York, NY, US: Farrar, Straus and Giroux, 2005).

14) 최초의 IBM PC가 1981년 시장에 등장했다.

3. 세계화 전반에 관한 이론적 관점들[15)]

세계화를 바라보는 국제정치학 이론들의 관점은 매우 다양하며 많은 차이를 가지고 있다. 이들 간의 차이를 현실주의·자유주의·구조주의 이론과 구성주의 접근의 관점을 중심으로 간략하게 살펴보면 다음과 같다.[16)]

우선 현실주의 이론은 세계화를 국가이익(힘으로서 정의된 국가이익)을 극대화하기 위한 국가전략으로 바라보고자 한다. 자유주의 이론은 세계화를 경제적 합리성(구체적으로 신자유주의적 효율성의 극대화) 현상으로 인식한다. 보다 근원적으로 자유주의 이론은 세계화의 동인을 인간의 욕망인 경제적인 복지의 극대화로 보고자 한다. 구조주의 이론(급진적 혹은 마르크스주의적 이론)은 자본주의(구체적으로 자본주의 생산양식)의 세계적 확산으로서 세계화를 바라본다.

현상이나 추세로서의 세계화와 정책이나 수단으로서의 세계화를 따로 구분할 경우 현실주의 이론은 세계화를 정책으로 바라보고 자유주의 이론은 세계화를 현상으로 바라본다. 구조주의 이론의 경우는 근본적으로 세계화란 자본주의로 인해 추동된 현상이라고 바라보나 자본주의의 위기를 극복하기 위해 선택된 정책이라는 측면 역시 무시하지 않는다.

현실주의 이론에 있어서 세계화는 국제정치의 본질적인 변화가 아닌 행태적 변화로 보는 데 반해 자유주의 이론은 세계화를 기존체제의 본질적인 변화로 인식하고자 한다. 구조주의 이론은 세계화를 기존 자본주의 체제의 심화로 바라본다. 이처럼 현실주의와 구조주의 이론은 연속성을 강조하나 자유주의 이론은 변화를 강조한다.

세계화의 결과 면에서 자유주의 이론은 전 지구적 생활 수준의 향상·국가 간 협력의 증대·군사적 갈등의 감소와 같은 긍정적인 측면을 강조하는 데 반해 구조주의 이론은 세계화를 새로운 형태의 제국주의나 신식민주주의로 간주하고 불평

---

15) 박재영, 『국제정치 패러다임』(서울: 법문사, 2015), pp. 320-321.

16) 여기서 구조주의 이론이란 예외는 있으나 통상 마르크스주의에 바탕을 둔 이론으로서 국제사회의 구조가 중심부 강대국에 의한 주변부 약소국의 지배와 착취를 특징으로 한다는 견해이다. 즉 국제사회가 중심부 국가와 주변부 국가 사이에 불평등한 교환으로 인해 부가 비대칭적으로 이동하는 구조를 특징으로 한다고 본다. 종속이론(dependence theory)과 세계체제이론(world system theory)이 이러한 이론의 대표적인 예들이다.

등의 심화와 같은 부정적인 측면을 강조하는 차이 역시 지니고 있다. 구체적으로 마르크스주의적 구조주의는 세계화를 자본주의를 확산하는 수단이자 약소국의 경제를 압박하는 수단으로 본다.

현실주의는 세계화란 국제정치에 있어서 강대국의 힘이 미친 결과물로 본다. 그 결과 현재 세계화란 사실상 경제와 문화 등의 미국화(Americanization)로 이해하고자 한다. 이러한 맥락에서 현실주의 이론의 하나인 패권안정론은 패권국이 세계화를 추동하면서 전 지구적 공공재(global public good)를 제공하여 모든 국가에 혜택이 주어질 수 있다고 본다.[17] 다른 한편 현실주의 이론은 기본적으로 세계화가 상호의존을 심화시키고 이러한 상호의존의 심화가 취약성을 증가시켜 좀 더 많은 갈등으로 이어진다고 본다.

세계화를 국가 간의 피할 수 없는 상호의존의 한 형태로서 평등하게 국가발전을 이끌 것이라고 보는 자유주의 이론은 세계화가 주권국가에 미친 그리고 미칠 영향과 관련하여 국가의 자율성이 어떻게 약화되는가에 대해 중점을 둠으로써 국가가 여전히 주권을 행사하는 현상에 대해 적절한 주의를 기울이지 못하며 대체로 국가 간의 차이 등을 고려하지 않고 일반적인 영향을 설명함으로써 선진국 중심의 세계화 논의를 비판 없이 수용하는 경향을 지니고 있다. 더불어 현실주의가 강조하는 힘의 현상을 무시한다는 비판도 받는다. 구체적으로 세계화를 촉진하고 세계화를 규정지어 나가는 데 있어서 구조적인 힘에서의 불균등이 존재한다는 점을 무시한다.

현실주의 이론은 세계화 현상이 강대국 중심의 국가이익(힘으로 정의된 국가이익)의 관점에서의 선택이라는 것과 경제의 정치에의 종속화를 지적하고 있으나 국가가 주권을 여전히 행사한다는 점에 지나치게 집착함으로써 국가의 주권이 제한적이나마 약화되고 있는 경우에 대한 적절한 설명을 제공하지 못한다. 이러한 현실주의 이론은 세계화와 관련한 모든 현상을 힘의 추구라는 동기로 지나치게 단순화하여 바라보는 한계를 지닌다. 이는 세계화가 권력정치(power politics)로만 환원될 수 없는 문화적 측면·환경적 측면·경제적 측면 등 다양한 측면을 지니고 있기 때문이다. 더불어 현실주의 이론은 세계화와 관련하여 지방정부·지역적 정부간기구·보편적 정부간기구·비정부기구 등과 같은 비국가적 행위자(non-state

---

17) 이와는 달리 패권국에만 혜택이 돌아간다는 주장도 존재한다.

actors, NSAs)의 중요성을 도외시한다는 평가도 받는다.[18)]

현실주의 이론이 정치 우선의 논리를 전개하고 있는 반면에 구조주의 이론은 세계화를 자본주의에 깊은 뿌리를 두고 있는 현상으로 바라봄으로써 경제 우선의 논리를 전개하고 있다.[19)] 구조주의 이론은 현실주의 이론과 마찬가지로 세계화를 선진자본주의 국가 위주의 현상임을 지적하고 개도국들이 세계화 시대에 직면하게 되는 문제에 비교적 많은 설명을 가하고 있다. 이러한 구조주의는 세계화를 지나치게 단순화하여 잉여의 축적을 위한 동기의 결과로서만 바라본다는 비판을 받는다.[20)]

현실주의·자유주의·구조주의 이론의 관점과는 달리 구성주의 관점은 세계화를 세계의 현실 자체가 아니라 국제적인 현실에 대한 해석과 인식의 산물로 바라본다. 좀 더 구체적으로 구성주의 관점에 있어 세계화란 경제적인 힘을 중심으로 하는 물질적 힘으로만 구성된 것이 아니라 이러한 물질적인 요인에 의미를 부여하는 국가 간의 집단적인 이해(collective understanding)로도 구성됨으로써 국제적인 현실에 관한 특별한 담론을 담고 있다.

---

18) 비국가적 행위자(non-state actors)란 말 그대로 국가가 아닌 존재로서의 개인이나 그룹을 의미하며 구체적으로 NGO·기업·종교단체·테러집단·준군사조직(paramilitary forces) 등을 지칭한다. 이 용어와 관련하여 혼란스러운 부분은 이 용어가 간혹 국제기구를 포함하기도 하고 포함하지 않기도 한다는 점이다. 대개 정부간기구를 비국가적 행위자에서 제외하는데 그 이유는 정부간기구가 정부 대표들로 구성되어 있으면서 국가이익에 중점을 두고 의사결정이 이루어지고 있다는 인식이 있기 때문이다. 본 저서에서는 비국가적 행위자라는 말 그대로에 충실하여 비국가적 행위자를 정부간기구를 포함된 개념으로 사용하고자 한다.

19) 구조주의 이론은 세계화를 선진국의 이익을 위해 개도국의 자원을 더욱 착취하고 빈곤을 항구화하려고 일부러 고안한 제국주의의 한 형태로 본다.

20) 이들 주류 이론들 이외에 다른 이론들과 접근법 역시 세계화를 설명하고자 한다. 구성주의 접근법을 예로 들면 이 접근법은 국가 행동에 영향을 미치는 요인으로서 물질적인 요인들을 강조하는 다른 이론들과 달리 구성원들의 상호작용 결과로 발생하는 공동의 이해(shared understanding)·규범·관습·문화와 같은 비물질적인 요인을 강조한다. 같은 맥락에서 세계화와 같은 국제사회의 집단적인 현상에 대해서도 구성주의 이론은 비물질적인 요인의 결과물로 본다. 구체적으로 구성주의 접근법은 세계화를 통합의 과정으로 인식하며 이러한 전 지구적인 현상의 과정을 불가피한 것으로 보지 않고 가변적일 수 있다는 점을 강조한다. 즉 세계화의 담론의 향방에 따라 세계화의 변화 가능성을 열어두고 있다고 볼 수 있다. 이와 더불어 다른 이론들과는 달리 세계화의 영향을 긍정 일변도 혹은 부정 일변도로 바라보지 않는 특징을 지닌다. 이러한 구성주의 접근법은 세계적인 수준에서의 집단적인 활동의 조직화에 있어서 국가 간의 상호작용을 통해 형성되는 공유된 이해와 규범 등을 강조함으로써 다른 이론들과는 다른 측면에서의 세계화의 이해에 도움을 주지만 반면에 세계화의 과정을 단지 이러한 요인들의 결과물로만 바라보는 한계를 지닌다. 세계화에 관한 구성주의 논의가 충실하게 이루어지지 않은 관계로 이 책에서는 이러한 소개 정도로 그치고자 한다.

구성주의 관점은 국가 간 상호작용을 통한 담론이 만들어내는 공유된 이해와 같은 비물질적인 요인을 세계화를 추동하는 요인으로 봄으로써 세계화의 담론적 구성에 집중한다. 따라서 세계화란 불가피한 것이 아니고 국가 간 세계화에 관한 담론이 어떤가에 따라 세계화는 변화할 수 있다고 본다.

구성주의 관점은 주권이란 외생적으로 주어진 것이 아니라 국가들 사이의 상호작용을 통한 담론을 거쳐 역사적이고 사회적으로 구성된 제도/규범으로 바라봄으로써 오랜 시간에 걸쳐 주권이라는 개념의 등장과 더불어 동태적인 진화와 실질적인 의미의 변화를 풍부하게 알려주는 데 기여한다.

구성주의 관점은 국가들 사이의 담론을 통한 공유된 이해가 이들 간에 집단적인 정체성을 만들고 이러한 정체성이 국가이익에 영향을 미침으로써 종국적으로 국가 행위에 영향을 미친다고 본다. 즉 구성주의에 있어 국가의 행위에 궁극적으로 영향을 미치는 국가이익이란 다른 관점과는 달리 외생적으로 주어진 고정된 것이 아니라 담론의 도전에 예속되게 된다. 구성주의 관점은 세계화의 여러 측면 가운데 특히 규범의 세계화에 관심을 집중하며 이러한 맥락에서 전 지구적인 규범적 구조의 등장을 세계화의 중대한 영향으로서 본다.

구성주의는 세계화에 대한 실질적인 이론적 진술을 제시하지는 않으나 세계화 담론에 집중함으로써 세계화의 과정이 어떻게 담론적으로 구성되어 국가의 사회적 정체성과 이익을 규정하는가에 대한 이해를 돕는다. 그러나 물질적인 요소를 가지고 있는 세계화를 공유된 이해로서의 문화와 규범 등와 같은 비물질적인 요소에 치중함으로써 세계화의 전반적인 현상을 만족스럽게 설명하지 못하는 한계를 지닌다.

제2절 세계화의 동인과 촉진요인

세계화 현상을 제대로 이해하기 위해서는 이러한 현상을 추동하는 근본적인 요인이 무엇인가에 대한 이해가 필요하다. 세계화는 복합적인 요인들에 의해 추동되는 다면적인 현상이므로 이론적인 시각에 따라 가장 중요한 요인을 무엇으로 보는가에 따라 존재하는 차이에 주목할 필요가 있다. 세계화를 추동하는 근본적인 요인만으로 이전의 세계화와는 속도와 범위 면에서 질적으로 다른 세계화를 이해하기 어렵다. 따라서 세계화를 촉진하는 환경적인 요인 역시 관심의 대상이 되어야 한다.

1. 세계화의 동인[21)]

여기에서는 세계화의 동인을 현실주의 관점 · 자유주의 관점 · 구조주의 관점 · 구성주의 관점에서 하나씩 살펴보고자 한다.

1) 현실주의 관점

현실주의 이론은 국가이익(힘으로서 정의된 국가이익)의 추구를 세계화의 동인으로 간주한다. 구체적으로 세계화란 탈냉전으로 인한 국제환경의 변화로 권력의 근원이 경제력으로 옮겨가자 패권국인 미국이 신자유주의적 이념을 동원하여 미국의 국가이익을 극대화하기 위한 수단으로 추진하고 있는 것으로 바라본다.

이처럼 현실주의 이론은 세계화가 발생하게 된 배경으로서 정치적인 요인과 국가의 역할에 주목한다. 즉 국가가 국익을 증진하기 위한 목적으로 세계화의 틀을 만들었고 자본과 기술 그리고 행위자의 전 세계적 영역으로의 움직임은 국가가 형성한 제도나 규제 때문에 영향을 받는다고 본다. 따라서 현재 진행되는 모습의 세계화는 국가의 필요에 따라 되돌려질 수도 있는 것으로 바라본다.

구체적으로 현실주의 이론은 1980년대 금융의 세계화(자유화)를 미국이 1970년대 이후 잠식되어 가는 제조업 분야에서의 경쟁력의 쇠퇴로 자신의 경제가 취약해지자 이를 만회하려는 조치의 하나로서 경쟁력이 있는 부문인 금융부문의 자유화를 주장하고 전 세계에 확산시키려는 노력 속에서 탄생한 것으로 본다. 즉 20세기 후반기 급격하게 진행되는 금융시장의 세계화(자유화)는 자본 강국인 미국이 자국의 이익을 극대화하기 위한 노력의 목적으로 추진되어 발생한 것으로 본다.

2) 자유주의 관점

자유주의 이론은 과학과 기술의 발전을 원동력으로 하여 발생하는 자연스러운 현상으로 본다. 즉 자유주의 이론은 세계화란 국가에 의해 규정되고 제약되는 것이 아니며 그 내부의 힘인 과학과 기술의 발전이라는 추동력에 의해 추진되는 것

21) 朴재영, op. cit., pp. 321, 553, 611-612.

으로 파악한다. 좀 더 구체적으로 말해 자유주의 이론은 세계화란 과학과 기술 발전에 따른 교통·통신·생산·금융기술 발전의 필연적 산물로 파악하고 이를 뒷받침해주는 국제레짐 및 국제기구(예컨대 세계무역기구와 국제통화기금)와 같은 국제제도에 의해 유지된다고 본다.

3) 구조주의 관점

구조주의는 세계화를 근본적으로 자본주의의 내적 논리(즉 축적과 잉여)가 추동하는 것으로 바라보는 동시에 위기에 봉착한 서구자본이 이윤율의 저하를 극복하기 위한 수단으로서 경쟁을 우상시하고 복지의 형평성을 거부하면서 시장의 원리라는 정글의 법칙을 세계에 퍼뜨리는 과정으로 본다. 즉 오랫동안 팽창을 구가하던 세계자본주의가 불황에 봉착하자 이에 대한 타개책으로 등장한 것이 세계화라는 것이다.

이처럼 구조주의 이론은 기본적으로 자본주의 세계 경제가 세계화의 근본적인 동인임을 강조하고 있다. 현재의 국제사회의 변화 즉 영토에 기반을 둔 주권국가의 경계가 흐려지고 주권국가의 권한이 약화되고 있는 것은 이전 단계의 국제정치질서나 국제경제 질서와 질적으로 다른 것이 아니라면서 그 지속성을 강조한다.

이처럼 구조주의는 이러한 현상을 세계화로 칭하고 마치 과거와 질적으로 다른 그 어떤 것이 진행되고 있는 것으로 생각하는 이론적 시각에 불만을 느끼고 있다. 구체적으로 구조주의는 현재의 국제사회의 변화를 기본적으로 자본주의적 논리가 확대되고 심화한 측면이 강하고 국가 이기주의 혹은 초국가적 자본의 필요에 상당 부분 기초하고 있어 이제까지의 역사의 진행과 전혀 다른 차원의 전개가 아니므로 근대화와 자본주의화라는 기존의 개념으로 설명이 가능한 현상이라고 본다.

구조주의는 오늘날의 국제사회의 변화는 그 변화의 정도가 선진자본주의의 발전 정도에 따라 달라 왔으나 자본주의 및 근대화와 더불어 이미 시작되었던 것으로 본다. 즉 일국 단위에서의 자본축적의 한계로 인한 자본의 국제화의 고도화·경쟁적 이념과 정치체제에 의해 드리워졌던 장벽의 제거·교통과 정보통신의 획기적 발전 등으로 인해 지금까지의 자본주의 질서와는 차이가 나지만 이러한 변화는 기본적으로 근대화 과정에서 제기되었던 문제들 즉 자원의 배분을 둘러싼 주권국가 간의 전쟁과 갈등·민족주의와 인종주의·자본주의와 시장경제에 의한 불평등과 인간소외와 같은 문제를 해결하면서 넘어서는 것이 아니라 그것을 새로운 차원에서 지속시키는 것으로 본다.

구체적으로 말해 비국가적 행위자의 등장과 주권국가의 경계 붕괴 및 주권의 약화는 새로운 현상이 아닌 주권국가 형성기부터 존재해 오는 현상으로 진단한다. 강대국들은 주권국가가 형성될 무렵부터 외국시장에 진출하거나 식민지를 경영하면서 세계를 지배해왔고 자국의 문제는 곧 세계의 문제가 될 수 있었다. 후진국의 영토적 경계를 붕괴시키고 주권을 약화한 제국주의는 주권국가의 틀을 부정하는 세계화의 출발이었다고 본다.

이와는 달리 약소국에 있어서 세계화는 곧 식민지로의 전락을 의미한다고 본다. 왜냐하면, 자본·기술·정보·군사력이 약한 국가는 국제질서의 게임규칙을 바꿀 수 없고 강대국 주도의 게임에 편입하지 않을 수 없기 때문이다. 약소국의 민족주의는 세계화의 이면에 존재하는 것이다. 다시 말해 최근 들어 새로운 현상인 양 제기되고 있는 주권의 양도와 국민경제의 기반 와해는 약소국의 입장에서는 오히려 보편적이고 일상적인 일이었다는 것이다. 오늘날의 세계화는 선진국이 후진국에 강제력을 지니고 주도하는 것은 아니라는 점에서 과거의 것과 다르며 또한 과거와는 달리 민족주의마저 설 자리가 없다는 점에서 후진국에 미치는 영향이 지대하다고 본다.

4) 구성주의 관점

현실주의 관점은 힘의 추구를 국가의 행위를 이끌어가는 근본적인 요인으로 보고 자유주의 관점과 구조주의 관점은 각각 복지와 같은 물질적 이익과 자본주의의 세계적 확산을 이러한 요인들로 본다. 이와는 달리 구성주의는 물질보다는 아이디어와 관념을 국가의 행위를 규정하는 요인으로 본다.

같은 맥락에서 구성주의는 세계화를 추동하는 요인으로서 비물질적인 요인을 강조한다. 구체적으로 구성주의는 국가들의 상호작용을 통한 담론이 만들어내는 공유된 이해를 세계화를 추동하는 요인이라고 본다. 이러한 관점은 구성주의가 세계화를 국제체제의 현실 자체가 아니라 이러한 현실에 대한 해석과 인식의 산물로 보기 때문이다. 이처럼 세계화를 추동하는 요인을 국가 간의 담론으로 봄으로 담론에 따라서 세계화는 변화할 수 있다고 본다. 예컨대 반세계화의 담론이 국가들 사이의 상호작용을 통해 공유된 지배적 담론이 된다면 세계화는 변화하지 않을 수 없다고 보며 이러한 점에서 세계화를 불가피한 현상으로 보는 견해와 궤를 달리한다. 이처럼 구성주의는 세계화의 담론적 구성에 관심을 집중함으로써 이러한 담론이 재생산되면서 표준화가 되어 가는 과정을 살피고자 한다.

2. 세계화를 촉진한 환경적 요인

세계 경제가 오랜 시간을 두고 상호의존성을 높여왔다는 점에서 비교적 최근의 세계화 현상은 새삼스러운 현상은 아니다. 앞서 언급했듯이 비교적 최근의 세계화가 과거와 다른 점이 있다면 세계화의 범위와 속도 등에 있어서 현격한 차이를 보인다는 것이다. 이러한 현상을 가져온 요인들에는 여러 가지가 있지만 보다 중요한 요인들을 원적으로 살펴보고자 한다.

1) 주요 환경적 요인들

세계화를 촉진한 환경적 요인으로서 신자유주의의 등장・교역과 투자의 자유화・시장경제와 자본주의 체제의 선택・교통과 수송 수단의 발전・정보통신기술의 발전・냉전의 종식을 하나씩 살펴보고자 한다.

(1) 신자유주의의 등장

세계화를 촉진하게 된 배경적 요인의 하나로서 세계화를 추동하는 사상적인 배경으로서 신자유주의(neoliberalism)의 등장을 들 수 있다. 1950년대와 1960년대의 경제호황이 끝나고 1970년대에 들어서 경기가 침체하고 설상가상으로 두 차례에 걸친 오일쇼크(석유위기)로 심각하고 구조적인 장기 불황이라는 경제위기가 도래하자 선진국들은 이러한 문제를 해결하기 위한 방편으로 1970년대 말부터 신자유주의 사상을 등장시킴으로써 1980년대에 본격화된 세계화의 사상적인 원동력이 되도록 했다.

신자유주의는 서구 경제의 장기적 침체의 결과 때문에 국가의 적극적인 개입을 통해 실현하고자 했던 이제까지의 케인즈적 사회복지 국가(Keynesian social welfare state) 사상(수정 자유주의 혹은 수정 자본주의 사상)이 위기에 봉착하게 되자 신자유주의는 이러한 위기의 근본적인 원인을 정부가 경제에 지나치게 개입함으로써 저하된 효율성이 초래한 정부의 실패에서 찾았다.[22)]

---

22) 서구의 국가들이 케인즈적 사회복지 국가 사상을 추구한 주된 이유 가운데 하나는 1910년 초반

이러한 진단과 더불어 서구 국가들은 기업의 활동에 제약을 가하는 규제의 철폐・시장원리의 존중과 무한대의 자유경쟁・이윤과 효율성의 극대화・공기업의 민영화・국가의 사회복지 역할의 축소 등을 지향한다.

(2) 교역과 투자의 자유화

상품과 서비스의 교역과 투자의 자유가 세계화를 촉진했다. 국가들은 자신들의 경제를 성장시키고 투자를 촉진하기 위해 경제활동의 규제를 철폐하여 시장의 힘이 좀 더 넓은 범위에 미치도록 하고 세금을 비롯하여 국가 간 무역에의 장애를 제거해왔다. 관세와 무역에 관한 일반협정(GATT)과 이의 뒤를 이은 세계무역기구(WTO)의 무역협정 그리고 북미자유무역협정(NAFTA) 등이 국제무역의 장애를 없앰으로써 세계화의 확산에 이바지했다.

(3) 시장경제와 자본주의 체제의 선택

다수의 국가가 시장경제 체제와 자본주의 체제를 택한 것 역시 세계화를 촉진한 중요한 요인 가운데 하나이다. 시장경제를 택한 국가들이 상품이나 서비스 등의 판매를 늘려 이윤을 증가시키기 위해 세계시장으로 진출하려 하고 자본가들이 비용이 가장 적고 이윤이 가장 높은 국가에 생산설비 등을 두려고 함으로써 세계화를 촉진했다.

(4) 교통과 수송 수단의 발전

교통과 수송 수단의 발전 역시 세계화에 이바지했다. 대형 수송선박(container ship)이 건조되면서 국가 간에 상품을 이동시키는 데 드는 비용을 줄일 수 있게 되었고 다른 한편 교통수단의 발전은 사람들이 국경을 넘는 이동을 쉽게 만들었다.

(5) 정보통신기술의 발전

정보통신기술(ICT)의 발전이 세계화를 추동하는 환경적 요인으로 작용했다. 기술과 통신망의 발전은 상품・서비스・자원의 교환을 쉽게 했다. 다국적기업의 전화상담실(call center)이 인건비가 싼 인도에 많이 포진해 있는 것을 예의 하나로 들 수 있다. 이뿐만 아니라 인터넷과 모바일 기술이 국가를 달리하는 사람들 사이

에 소련의 사회주의 혁명을 필두로 사회주의 체제가 다른 국가들에 확산되는 것을 우려했기 때문이다. 이와 더불어 1929년 대공황을 통해 자유 방임을 강조하는 전통적인 자유주의 사상에 바탕을 둔 자본주의 체제의 모순을 알게 되었기 때문이기도 했다.

의 소통・정보・아이디어의 교환을 가능하게 했다. 이러한 소통・정보・아이디어의 교환은 전 지구적으로 사람들을 연결하게 했고 이로써 전 지구적인 인식과 자각을 가져오는 데도 이바지했다.

(6) 냉전의 종식

냉전의 종식 역시 환경적 요인으로서 세계화를 촉진하는 데 중요한 이바지를 했다. 즉 냉전의 종식은 세계화를 억제하는 양극체제를 끝냄으로써 세계화에 가속도가 붙도록 했다. 구체적으로 말해 냉전 시대에 각 국가는 자신의 생존과 번영을 위해 미국이 이끄는 진영이나 소련이 이끄는 진영의 구성국이 되었고 이로써 두 진영 사이의 대립과 경쟁이 심화하였다.

그 결과 국가들의 탈영토화와 더불어 상호연계와 상호의존을 전제로 하는 세계화가 전 지구적 규모로 확산될 수 없었다. 다시 말해 각 진영은 국경을 높이 쌓아 상대진영으로 사람과 자본과 서비스가 이동하는 것을 철저히 통제했으므로 이를 통한 세계화가 확산될 수 없었다.

냉전 시기에 국가안보가 가장 우선시되는 목표가 될 수밖에 없었는데 냉전의 종식으로 이념의 대결이 완화 또는 소멸되고 안보의 위협이 약화됨으로써 국가들은 경제를 비롯한 비안보적 분야에서 협력을 활발하게 할 수 있게 되었으며 이로써 세계화가 빠르게 확산될 수 있었다.

즉 냉전의 종식과 함께 진영 간의 대립이 없어지자 세계화는 빠르게 확산되었다. 예컨대 냉전의 종식 후에 동유럽과 중앙아시아의 사회주의 국가들이 대거 계획경제체제로부터 자본주의 시장경제 체제로 전환하였고 중국이 2001년 세계무역기구(WTO)에 가입하여 세계경제에 편입되고 러시아 역시 세계경제에 편입됨으로써 세계화는 빠른 속도로 확산될 수 있었다.

2) 프리드먼의 견해

프리드먼(Thomas L. Friedman)은 21세기 초반의 세계화를 주로 분석한 저서인 「세계는 평평하다(The World Is Flat)」라는 제하의 책에서 세계화의 동력을 다음 10가지로 제시하고 있다.[23)]

ⅰ) 중앙계획 경제의 체제의 벽을 무너뜨리고 자유시장 경제로 세계 중심의

23) Friedman, op. cit.

이동을 가져온 베를린 장벽의 붕괴와 수직적 의사소통에서 수평적 의사소통으로의 전환을 가져온 윈도우즈(Windows)의 출현

ii) 인터넷과 월드와이드웹(World Wide Web, WWW)의 대중화와 정보 공유의 일반화로 전 세계적인 정보 공유의 급격한 증가를 가져온 넷스케이프 인디넷 웹 브라우저(Nescape Internet Web browser)의 발명

iii) 자동화와 전산화를 통해 응용 소프트웨어 프로그램들을 상호 연결하여 물리적 거리에 구애받지 않고 모든 디지털화된 콘텐츠를 통제할 수 있는 워크플로우 소프트웨어(work flow software)의 등장[24]

iv) 정보를 공유하는 문화를 형성하고 정보 비용의 감소를 가져온 소스 코드(소프트웨어 프로그래밍의 지시어)의 공유를 의미하는 오픈소싱(open sourcing) 운동[25]

v) 미국의 기업이 임금이 낮은 인도와 같은 국가에 전화상담실(call center)을 두어 위탁운영을 하는 예와 같이 기업이 원가의 절감을 위해 원래 수행하던 기능을 외국기업에 위탁하고 이러한 기능을 기업 전체의 업무에 통합하는 것을 의미하는 국제 아웃소싱(international outsourcing)[26]

vi) 인건비 절감이나 판매시장을 찾아 회사 지식 기반 활동이나 제조 활동을 다른 국가의 기업에 위탁하지 않고 국내 제조공장 등의 해외 이전을 통해 직접 하는 것을 의미하는 오프쇼어링(off-shoring)[27]

vii) 기업들이 경쟁우위를 확보하기 위한 노력의 목적으로 새로운 정보통신기술(ICT)을 활용하여 제품과 서비스를 효율적으로 고객에게 공급하기 위해 공급업체/제조공장/도매점/소매점/고객을 연결하는 네트워크를 형성하여 상품과 서비스를 비롯하여 정보와 자금의 흐름을 총체적인 관점에서 통합하는 공급망의 구축(supply chaining)

---

24) 컴퓨터 프로그램들이 인간의 직접적인 개입 없이 상호 작용하는 것을 가능하게 함으로써 물리적인 위치와 관계없이 직원들이 신속하고 밀접하게 협력하는 것이 가능하게 되었다.

25) 모든 참가자가 소스 코드에 접근하는 것이 가능하게 됨으로써 스스로 콘텐츠를 제작하여 월드와이드웹(World Wide Web, WWW)에 올림으로써 콘텐츠에 대한 수동적인 접근으로부터 능동적인 참여와 협력을 할 수 있게 되었다.

26) 국내 수요 기업이 자회사가 아닌 해외의 공급 기업으로부터 중간재인 재화나 서비스를 구매하는 경우를 의미한다.

27) 디자인과 회계 그리고 연구개발이나 전화상담실(call center) 등과 같이 기업 활동 일부를 다른 국가의 기업에 위탁하는 국제 아웃소싱(international outsourcing)과 구별된다.

ⅷ) 국내의 수요 기업이 해외의 자회사로부터 중간재인 재화나 서비스를 구매하는 경우를 의미하는 국제 인소싱(international insourcing). 기본적으로 인소싱은 기업의 내부조직을 통한 중간재인 재화나 서비스의 조달을 의미한다. 국제 인소싱이란 해외에 있는 기업의 내부 조직인 자회사로부터 이러한 것들을 조달하는 것을 의미한다.

ⅸ) 야후(Yahoo)나 구글(Google)과 같은 검색엔진의 강력한 검색 기능을 활용하여 인터넷을 개인적인 지식의 공급사슬(knowledge supply chain)로 사용하는 것을 의미하는 인포밍(informing)

ⅹ) 새로운 정보통신기술인 디지털화・휴대화・개인화・가상화된 새로운 정보통신기술이 위에서 살펴본 요소들을 증폭시키고 속도를 높이는 근육강화제와 같은 스테로이드(steroid)의 역할을 한다.

제3절 세계화가 주요 행위자와 거버넌스에 미친 영향

세계화는 글로벌 이슈 자체에 직접적인 영향을 미치기도 하지만 국제사회의 주요한 행위자들의 역할과 위상 등에 영향을 미침으로써 간접적으로 글로벌 이슈에 영향을 미친다. 나아가 세계화는 글로벌 이슈를 해결하기 위한 다양한 방식이나 과정을 의미하는 글로벌 거버넌스에도 영향을 미침으로써 간접적으로 글로벌 이슈의 해결에 영향을 미친다.

1. 세계화가 국제사회의 주요 행위자에 미친 영향

여기에서는 세계화의 영향을 받는 국제사회의 주요 행위자로서 주권국가・정부간기구・NGO・기업의 순으로 살펴보고자 한다.

1) 세계화가 국가(국가 주권)에 미친 영향[28]

국가의 힘이 시장의 힘보다 약화된다는 말이 세계화가 가져오는 영향의 상징적인 말처럼 회자된다. 이 말의 의미를 세계화가 주권(sovereignty)에 미치는 영향

28) 박재영, op. cit., pp. 322-323, 553-555, 613.

이라는 관점에서 살펴보고자 한다.

주권이란 여러 측면을 지니고 있어 이러한 측면들 모두 혹은 대부분을 포함하는 정의를 내리기가 쉽지 않고 주권이란 지속해서 변화하고 있어 정의를 내리는 것이 어렵다. 그런데도 주권이 무엇을 의미하는가에 대한 정의를 내릴 필요가 있는데 이는 지속해서 변화하고 있는 주권의 성격을 포착하기 위해서이기도 한다.

변화하는 주권의 성격을 포착하기 위해 기존의 여러 정의 가운데 세계화 이전부터 일반적으로 수용되어 온 고전적 의미의 정의(절대적 의미의 정의)를 빌려 주권을 「그가 속한 영토 내에서의 완전한 자치와 외부의 영향력으로부터의 완전한 자유로서 표현되는 것으로서 어떠한 상위의 권력에도 지배되지 않는 절대적이고 지고의 궁극적인 통치권과 권위(absolute, supreme and ultimate dominion and authority of a political state subject to no higher power, expressed within its territory in full self-government and in complete freedom from any outside influence)」라고 정의하고자 한다.[29] 주권의 절대성을 강조하는 고전적인 정의를 출발점으로 하여 이러한 의미의 주권이 어떠한 도전(특히 세계화로부터의 도전)을 받아오고 있고 이에 대응하여 어떻게 변화하고 있는가를 살펴보고자 한다.

세계화는 국가 주권에 바탕을 둔 국제체제의 다방면에 여러 방식을 통해 변화를 가져오고 있다. 예컨대 국제적인 무역과 자본시장의 부상으로 국민국가(nation state)의 국내경제를 통제하는 능력을 침해한다. 국민국가들은 또한 세계화에 대한 대응책의 하나로서 정부간기구에 그들의 권한을 위임하는데 이러한 위임이 국가의 자결권에 제약을 가하며 이들 정부간기구 등에 의해 만들어진 새로운 국제법 등의 국제규범에 따라 국가의 자결권에 제약이 가해진다.[30] 이처럼 세계화로 인해 국가의 절대적인 주권이 도전을 받음으로써 국가는 자율적이고 독립적으로 존재한다는 생각에 변화가 가해져 오고 있다. 이러한 현상의 해석을 둘러싸고 세 가지의 다른 입장이 존재한다. 여기에서는 자유주의 · 현실주의 · 구조주의 · 구성주의 관점의 입장을 살펴보고자 한다.

---

29) BusinessDictionary, "What is sovereignty: definition and meaning," http://www.businessdictionary.com/definition/sovereignty.html (접속일: 2019년 8월 1일).

30) Julian Ku and John Yoo, "Globalization and Sovereignty," *Berkeley Journal of International Law*, Vol. 31, Issue 1 (2013), pp. 210-234.

(1) 자유주의 관점

자유주의 관점에 따르면 세계화는 국가가 전 지구적인 시장의 힘을 수용하지 않을 수 없도록 함으로써 경제 분야를 위시한 다양한 분야에 있어서 국가의 통제 능력을 저하하고 대신에 다국적기업/초국적기업과 정부간기구 같은 비국가적 행위자(non-state actor)이 독립적인 힘을 행사할 수 있는 능력을 소지하도록 하여 중요한 정치적 행위자가 되게 함으로써 국가의 주권을 축소해 오고 있다고 본다.

국제정치학자인 로즈노(James N. Rosenau)는 이러한 현상을 일컬어 「국가의 기능적 책임의 확대와 능력의 쇠퇴」라고 칭하고 있다.[31] 그에 따르면 세계화는 국가 간 상호의존의 확대와 심화를 통해 한 국가 내에 있어서 국내문제와 대외 문제 사이의 구분을 흐려 놓고 일국의 결정이 국가 간 영토적 경계를 넘어 타국에 영향을 미치게 하며 이로 인해 국가의 기능적 책임을 확대하나 자국의 정책 결정과 정책수행의 결과를 효율적으로 통제할 수 있는 주권국가의 능력이 침해된다고 한다.

국제정치경제학자인 스트레인지(Susan Strange)는 세계화로 인한 국가 주권의 쇠퇴는 다음 요인에 기인한다고 본다. 우선 세계화 시대에서는 영토의 점령을 통한 지배력의 발휘가 아닌 경제적 이득의 확보가 중요하기 때문에 안보영역에서 더는 국가 군대의 힘이 필요하지 않다. 둘째, 일국의 보유 외환을 상회하는 대규모의 자금이 국경을 넘어 순간적으로 이동함으로써 국가가 더 최종적인 대부자가 아니다. 셋째, NGO가 등장하여 이들 간에 연대를 통해 세계시민의식이 형성된다.[32]

국가의 무능력은 새로운 행위자의 등장과 이제껏 주권국가에 의해 억압되었던 행위자의 부상을 허용하고 있으며 그 결과 주권국가는 위로는 국민국가를 뛰어넘는 초국가적 단위에 그리고 아래로는 지방정부와 같은 국가 하위단위(sub-national unit)에 결정권과 주도권을 내어주게 되었다고 본다. 즉 주권국가는 위로는 초국가적 제도와 초국가 질서로부터 압박을 받고 밑으로는 강화된 종족 중심주의와 지방화(localization)로 인해 강화된 지방에 대한 국민의 충성심으로부터 이중적인 압박을 받고 있다는 것이다.[33]

---

31) James N. Rosenau, *Turbulence in World Politics* (Princeton, NJ: Princeton University Press, 1991), pp. 127-132.

32) Susan Strange, "The Erosion of the State," *Current History*, Vol. 96, No. 613 (November 1997), pp. 365-369.

33) 세계화에 의해 전통적으로 대내적인 일을 주로 하던 정부의 부서가 직접 대외적으로 상대 정부나 정부간기구와 접촉하게 되었으며 그 결과 부서 간에 분권화가 촉진되었다. 나아가 세계화는

정부간기구에 초점을 맞추어 살펴보면 정부간기구는 결정(decision) 등의 채택을 통해 가입국의 권리를 제한함으로써 가입국의 주권에 직접적·간접적 영향을 미쳐 전통적인 주권의 개념에 변경을 가하고 있다. 이를 보다 구체적으로 살펴보면 다음과 같다.

세계화와 더불어 인구·식량·환경 이슈와 같은 많은 경제적·생태적·사회적인 문제들이 일국의 노력만으로는 해결될 수 없는 전 지구적인 이슈로 대두되었고 많은 국내적 이슈에 있어서 주권국가들은 시민의 요구를 충족시키는 데에 점차 무기력하고 비효율적인 관리자가 되고 있다. 따라서 주권국가들은 이러한 문제들을 정부간기구에 떠맡기는 경향을 보이며 이를 두고 로즈노는 주권국가들이 정부간기구를 「해결책을 쉽게 찾을 수 없는 문제들의 처리장(dumping ground)」으로 간주하여 정부간기구의 능력을 인정하면서 정부간기구가 그들의 자율성과 중심성을 더하도록 허용하고 있다고 분석하고 있다.34)

세계화와 더불어 일국의 정치 권력이 정부간기구와 같은 국외의 행위자로 이동함으로써 세계화는 권력의 구조와 민주주의 원리 자체를 근본적으로 변화시켰으며 이러한 현상을 「민주주의(혹은 민주성)의 결손(democratic deficit)」이라 칭한다. 예컨대 세계화의 진전으로 세계무역기구(WTO)의 규범이 지배하면서 국가는 이제 보조금 등의 제공을 통한 서민들의 보호자가 되기 어려워 졌다.

보다 구체적으로 민주주의(민주성)의 결손은 다음을 의미한다. 다수 국가의 정부들은 국민의 투표로 구성된다. 그러나 막상 이들의 삶에 깊이 영향을 미치는 의사결정은 그들의 정부가 아닌 다국적기업이나 국제통화기금(IMF)·세계은행(World Bank)·세계무역기구(WTO)·유럽연합(EU) 등과 같은 정부간기구에 의해 이루어진다. 이론적으로 이러한 조직의 의사결정에 정부의 대표들이 참가하여 의사결정에 국민의 이익을 투사할 수 있는 길이 열려있다고는 하나 실제에 있어서 의사결정은 일부 영향력 있는 국가들의 이익에 편도되어 주도되기 마련이다.

(2) 현실주의 관점

현실주의 관점은 크게 두 가지로 나누어 볼 수 있다. 하나는 세계화에 의한 국가 주권의 약화를 경직되게 거부하는 견해다. 또 다른 입장은 전통적인 의미의 국

전통적으로 중앙정부의 통제를 따르던 지방정부가 중앙정부의 주권이 약화되면서 국제관계의 직접적인 행위자로 등장하여 중앙정부와 지방정부 사이에 권력의 분산이 일어난다.

34) Rosenau, op. cit., p. 40.

가 주권(절대적 의미의 국가 주권) 약화를 수용하는 한편 국제사회의 변화에 따른 국가 주권의 변형과 국가 역할의 변화를 주장하면서 국가 주권이 여전히 다른 형태로 건재함을 강조하는 견해다.

첫 번째 입장은 세계화란 주로 선진국 사이에 벌어지는 국한된 현상이며 세계화의 결과 행위자·이슈·권력 등에 있어서 변화가 나타났다고 하지만 이는 주권국가가 약화하거나 주권국가가 종말을 고하고 세계시민으로 구성되는 세계사회가 건설되는 것을 예고하는 것이 아니라고 본다. 세계화 시대에도 주권은 여전히 국가 간의 상호작용에 있어서 중요한 기반이 되고 있고 주권국가가 문제해결의 가장 적합한 정치적 단위로서 지속할 것이라고 본다.

이러한 주장을 전개하는 사람들은 국가를 세계화의 영향을 일방적으로 수용하지 않을 수 없는 수동적인 희생물로 보지 않고 세계화 자체를 가속하거나 감속시키는 능력을 소지한 능동적인 주체로 보고자 하며 외양상 세계화가 주권을 약화시키고 있는 것처럼 보이지만 이러한 현상은 주권국가의 자발적인 결정에 따른 것이기에 주권의 약화로 볼 수 없다는 주장이다. 예를 들자면 회원국을 법적으로 구속하는 의사결정을 내리기도 하는 유럽연합(EU)에 가입하는 것은 주권국가의 자발적인 의사결정에 의한 것일 뿐 아니라 영국이 유럽연합으로부터 탈퇴하기로 국민투표를 통해 결정한 것에서 보듯이 주권국가는 자신의 국익을 해친다고 생각되는 구속력 있는 결정을 피할 목적으로 해당 정부간기구로부터 자발적으로 탈퇴를 할 수 있는 등 여전히 자결권을 지니고 있다는 것이다.

두 번째 입장은 본 저서가 수용하는 견해이기도 한데 국가 주권이 세계화와 같은 현실 세계의 흐름에 유연하게 적응하여 진화하면서 변형을 통해 여전히 건재하다는 주장이다. 다시 말해 세계화는 전통적 의미의 주권의 관점에서 보아 주권의 약화를 가져오지만 새로운 의미의 주권의 관점에서 보면 주권은 여전히 건재하다는 것이다.

이 입장은 주권이 약화하고 있는 것처럼 보이지만 실제로 주권은 건재하다는 첫 번째 입장과 유사하나 세계화로 인해 전통적 의미의 주권이 약화하고 있다거나 그렇지 않다고 하는 이분법적인 논의에서 벗어나 주권의 전통적인 의미에 집착하지 않고 세계화로 인한 주권의 변화를 포착하고자 한다는 점에서 차이가 있다고 볼 수 있다.

이 입장은 전통적 의미의 주권인 절대적 주권이란 세계화 이전의 시기를 포함하여 역사상 보편적으로 실재한 적이 없다는 주장도 저변에 깔고 있다. 즉 절대적 의미의 주권이란 이념적 성격의 것으로서 이러한 의미의 주권을 현실 세계의 주권을 평가하는 기준으로 삼으면 현실 세계에서 주권의 훼손이란 지속해서 있어 온 것으로서 세계화로 인한 주권의 약화 역시 예외가 아니라고 본다.

이러한 현상을 보여주는 것으로서 아프리카의 많은 국가가 종족 간의 갈등으로 인해 대내적으로 정부가 전 국토에 대한 절대적인 통치권을 행사하지 못하며 약소국의 경우 대외적으로 타국(특히 강대국)에 의한 간섭으로부터 자유로운 적이 거의 없어 왔다는 점 등을 예의 일부로 든다.

이러한 입장은 세계화와 관련하여 세계화로 인해 외부 힘의 관여와 개입이 여느 때보다 더욱 정당화·제도화되고 있고 미치는 영향의 범위도 전 지구적이어서 전통적인 의미의 주권이 과거보다 상대적으로 더욱 축소되고 있는 것을 사실로 수용한다. 즉 국제제도(국제레짐과 국제기구)가 전 지구적인 기준을 만들어 실시하고 전 지구적으로 시장을 규제함으로써 국민국가가 자국의 국민을 위해 그들의 기준과 규칙을 선택하는 것에 제약을 가하여 전통적인 주권을 축소하고 있다고 본다.

그러나 이러한 전통적 의미의 주권 축소는 주권국가의 이익을 위한 주권적인 능력에 기초한 전략적인 자발적 선택이라고 보며 주권은 좀 더 실질적이고 과거와는 다른 형태로 변형되어 미래에도 지속해서 국가의 가장 중요한 특징으로 유지될 것으로 본다. 구체적으로 전통적인 의미의 주권을 침해하고 있는 국제제도는 불확실성 속에서 경제와 안보에 대한 더 많은 실질적인 통제력을 갖기 위한 수단으로서 주권국가들에 의해 고안된 융통성 있는 적응의 방책으로 보고자 한다.

세계화와 더불어 국가들은 국경을 넘어 빠르게 대량으로 이동하는 상품·서비스·자본·기술·지식·정보·사람을 개별적인 차원에서 규제하고 관리하는 것이 어렵게 되었다. 국가들은 통제와 관리 능력의 약화에 적극적으로 대응하여 자발적으로 새로운 규제와 관리를 위한 초국가적인 체제 수립을 전략적으로 수행한 것이라고 본다.

주권국가들은 합리적 행위자로서 실제에 있어 자발적인 국제제도로의 주권의 위임(delegation of sovereignty)이나 자발적인 국제제도 내에서의 주권의 공동행사(pooling of sovereignty)를 통해 국가이익을 지키거나 증진하고자 한다고 본다. 유럽연합을 예로 들자면 (집행) 위원회(European Commission)에서 주권의 위임을 볼 수 있고 (각료) 이사회(European Council)에서 주권의 공동행사를 볼 수 있다. 이러한 관점은 전통적인 주권의 개념과는 달리 주권이란 양도할 수 있고 나눌 수 있는 것으로서 제로섬 게임(zero-sum game)적 사고와는 달리 주권 일부가 국제제도 등에 양도되었다고 해서 그에 상당한 만큼의 국가의 주권이 감소한다고 생각하지 않는다.35)

이렇게 국가가 자발적으로 주권을 위임하거나 공동으로 행사하려는 요인에 대해 여러 가지 설명이 제시된다. 예컨대 이러한 요인에는 전쟁을 피하려는 욕망・일국의 힘만으로는 해결할 수 없는 전 지구적인 문제의 등장・지역 단위에서의 국가 간의 화해와 우호 관계의 진전・민주주의 정체성을 가진 국가들의 수의 증가・세계여론 등이 포함된다.36)

이러한 입장은 현실주의의 첫 번째 입장과 유사하게 세계화 시대의 도래로 글로벌 거버넌스와 전 지구적 규제의 증가에도 불구하고 국가의 주권은 총체적으로 보아 손상되지 않은 채 주권국가가 여전히 가장 중요한 행위자의 지위에 머물러 있다고 보는데 이는 국가들의 자율성을 제약하는 국제적인 기준과 규칙은 주권국가들에 의해 수립될 수밖에 없고 이들이 국내적으로 실시되기 위해서도 집행력을 가지고 있는 주권국가가 필요하다고 보기 때문이다.

주권국가의 주권이 변형되고 있다는 이러한 입장은 또한 주권국가의 역할이 변하고 있는 현상에도 주목한다. 예컨대 이러한 입장은 주권국가들이 이제 세계화와 더불어 국제적 수준의 거버넌스(즉 글로벌 거버넌스)와 국민 사이에서 정당성과 권위를 지닌 중간자(middleman)라고 하는 없어서는 안 되는 중요한 역할을 떠맡고 있다고 본다.37) 달리 말해 국가는 초국가적인 기구들의 등장과 더불어 세계화의 동력에 의해 규정되는 전 지구적인 체제(global system)와 분권화를 특징으로 하는 국가 하부체제(sub-national system)의 연결고리(interface)로서 역할을 하도록 국가 주권이 변형되었다.

많은 현실주의 이론가들은 현실주의의 첫 번째 입장처럼 국제사회에서 전개되고 있는 세계화 현상에 관심을 크게 두지 않으며 이것이 초래하는 결과에 대해서

35) 국가의 주권은 초국가적 기관뿐 아니라 국가의 하부단위 기관으로도 이전되고 있으며 이러한 현상을 「세방화(glocalization)」라고 부른다. 이는 세계화(globalization)와 지방화(localization)를 합한 용어이다.

36) Leonid Grinin, "Transformation of Sovereignty and Globalization," https://papers.ssrn.com/sol3/papers.cfm?abstract_id=1446647 (접속일: 2019년 8월 12일).

37) Paul Hirst and Grahame Thompson, "Globalization and the Future of the Nation State," *Economy and Society*, Vol. 24, No. 3 (1995), p. 409.

도 과소평가하려는 경향을 보이는 것이 사실이다. 그러나 현실주의의 두 번째 입장이 있듯이 현실주의 이론가들이 모두 그런 것은 물론 아니다. 일부 신현실주의(neorealism) 옹호론자들은 이러한 현실주의 이론을 재구성하여 주권국가들이 현재 직면하고 있는 국제적인 변화의 의미를 수용하여 연구하고 국가가 이러한 변화에 적응할 방법을 평가하면서 국가의 지속적인 중심적 역할 가능성을 제시하고자 한다.

신현실주의자인 길핀(Robert R. Gilpin)의 예를 들자면 그는 국가 경제의 상호의존성과 세계화란 본질의 변화가 아닌 형태의 변화라고 간주하면서도 국제사회의 큰 변화로 인정하고 있다. 길핀은 현재의 세계화 현상은 국제사회의 강대국들이 그들의 이익의 관점에서 권력추구의 목적으로 주도하고 있는 특별한 조작물로 간주한다. 좀 더 구체적으로 말해 세계화는 강대국들의 주도하에 전략적·정치적 요인과 강대국 간의 역학관계 그리고 지배적 국가들의 자유주의 이념적 성향에 의해 추진되고 있는 현상이라고 본다.

길핀은 세계화가 주권국가에 미치는 영향과 관련하여 세계화가 기존의 주권국가를 단위로 하는 국제체제의 기본적인 성격을 근본적으로 변화시키지 않을 것이며 주권국가는 창조적이고 혁신적인 국가운영을 통해 국가가 직면하고 있는 문제를 극복할 수 있을 것이기 때문에 주권국가를 단위로 하는 국제체제가 지속할 것임을 강조하고 있다.[38)]

이처럼 길핀을 위시한 현실주의자들은 세계화의 진전 속에서 국가를 소멸이나 쇠퇴의 대상이 아니라 오히려 세계화의 주체로 바라보고자 하며 세계화가 국가 주권을 훼손하기보다 보강하는 기제로서 작용한다고 보는데 이는 국가가 자신의 이익의 극대화 방편으로 세계화를 이용한다고 보기 때문이다.

이러한 입장은 세계화의 진행 속에서 환경 이슈나 마약 문제처럼 일국의 국가만으로는 해결하기 힘든 문제들이 등장해 어느 정도의 초국가주의(transnationalism)가 필요할 뿐 세계화로 인한 국가 주권의 침식은 일어나고 있지 않다고 본다. 이러한 입장은 국가 주권이 안팎에서 도전을 받고 있으며 비국가적 행위자(non-state actors)들의 자율성이 증대되고 있는 현상을 인식하면서도 여전히 국제사회에서 국가는 가장 중요한 행위자이고 국가 내부의 행위자들로부터 충성심(loyalty)을 부여받고 있다고 주장한다.

---

38) Robert R. Gilpin, *The Political Economy of International Relations* (Princeton, NJ: Princeton University Press, 1987).

이러한 주장을 제기하면서 현실주의자들은 그 증거로서 유럽연합(EU)처럼 초국가적 제도를 만들어내는 것도 주권국가의 합의에 의존하며 세계화에서 소외되는 노동자의 초국가적 연대를 방지하는 국제 기제 역시 주권국가임을 강조한다. 더불어 초국적 자본에 대한 국가의 규제와 세금부과를 예로 들면서 세계화로 일면 국가의 자율성이 제한되고 있지만 다른 면에서는 국가의 통제가 새로이 진행되고 있음을 강조한다. 한 예로서 한리더(Wolfram Hanrieder)는 주권국가의 창조적인 적응은 새로운 영역으로의 국가의 영향력을 확장해 왔으며 세계의 경제적 그리고 사회적 활동의 상당히 많은 부분에 국가의 영향력이 침투하고 있다고 주장한다.39)

(3) 구조주의 관점

구조주의 견해에 따르면 기본적으로 현대 자본주의 세계체제란 자본과 시장의 세계화와 정치질서의 국가화라는 상호 간에 모순된 것에 기초하고 있으므로 양자는 갈등을 계속해 왔다. 이러한 관점에서 구조주의는 현실주의와 마찬가지로 비국가적 행위자의 영향력을 인정하면서도 주권국가가 국제정치경제 질서를 주도하고 최종적인 결정권을 보유한다고 보며 국가에 대해 구속력 있는 결정을 내릴 수 있는 상위 권력은 존재하기 힘들다는 견해를 피력한다.

(4) 구성주의 관점

현실주의 관점이 주권을 몰역사적인 것으로 간주하는 것과 달리 구성주의 관점은 주권을 역사적이고 사회적인 구성물로 바라본다. 이는 구성주의가 국제체제의 구조적 특징인 무정부성(anarchy)을 외생적으로 주어진 것이 아닌 국가들이 상호작용을 통해 사회적으로 구성된 것으로 바라보는 것과 다르지 않다.

즉 구성주의에 관점에서 주권은 인류의 역사와 더불어 등장한 것이 아니라 1648년 웨스트팔리아 조약(Treaty of Westphalia)에서 국가 간 상호작용을 통해 수용된 담론의 결과로 만들어진 제도/규범이다. 따라서 국가 간 새로운 지배적 담론의 등장으로 주권에 대한 해석이 달라지면서 그 의미가 변화할 수 있는 것이다. 이러한 변화는 국내 관할권에 속하는 문제였던 개개 국가의 인권문제가 이제 국제사회의 관여의 대상이 된 것에서도 잘 알 수 있다. 구성주의 관점이 주권의 변화

---

39) Wolfram Hanrieder, "Dissolving International Politics," *American Political Science Review*, Vol. 72, No. 4 (1978), pp. 1276-1287.

를 강조한다고 해서 주권이 언제든 변화할 수 있는 아주 유동적인 것으로 보지 않는다는 점도 고려해야 하나 주권을 본질적으로 국가들 사이에 간주관적으로 공유된 이해의 산물로서 동태적으로 진화하는 제도/규범으로 인식함으로써 주권이라는 제도/규범의 등장과 변화의 설명을 돕는 역할을 한다.

2) 세계화가 정부간기구에 미친 영향

세계화는 정부간기구에 긍정적 영향과 부정적 영향을 동시에 미쳤다. 우선 일국의 노력만으로 해결할 수 없는 다양한 글로벌 이슈들이 발생하고 이러한 문제의 해결이 문제의 성격에 따라 다양한 정부간기구에 맡겨짐으로써 정부간기구의 역할과 영향력이 기본적으로 강화되었다. 정부간기구 가운데 특히 세계화의 전도사 역할을 하는 세계무역기구(WTO) · 국제통화기금(IMF) · 세계은행(World Bank)의 영향력이 다른 정부간기구와 비교하여 상대적으로 크게 강화되었다.

이러한 정부간기구의 영향력 강화는 역설적으로 비판을 불러들이는 계기가 되었다. 구체적으로 민주성의 결여 · 책임성의 결여 · 투명성의 결여 · 효과성의 결여를 특징으로 하는 정당성의 결여가 중대한 비판의 대상이 되었다.[40] 이러한 비판과 더불어 정부간기구들은 NGO와 시장의 힘을 대변하는 초국적기업 등 비국가적 행위자들을 포용하는 정책으로 전환하지 않을 수 없게 되었다. 그 결과 정부와 정

40) 「정당성」이라는 용어는 다양한 사람들에 의해 다양하게 정의된다. 이 용어는 일반적으로 규칙이나 제도 혹은 지도자의 권위가 적절하게 행사되고 있다는 믿음으로 정의된다. 이 개념은 처음에 규칙이나 제도 혹은 지도자가 법과 일치한다는 의미로 사용되다가 점차 합리적이고 윤리적인 기준에 일치한다는 의미로 확장되었다. 여기에서는 서크맨(Mark C. Suchman)의 정의를 빌려 「어떤 실체(entity)의 행동이 사회적으로 구성된 규범 · 가치 · 믿음 · 정의(definition)의 체계 내에서 바람직하고 적절하다는 일반화된 인식이나 가정」을 일컫는 의미로 사용하고자 한다: Mark C. Suchman, "Managing Legitimacy: Strategic and Institutional Approaches," *The Academy of Management Review*, Vol. 20, No. 3 (July, 1995), p. 574. 이러한 정당성 개념은 상호연관성을 지닌 여러 요소로부터 유래된다. 이러한 요소에 대한 다양한 견해 중에서 레어-레나르트(Rana Lehr-Lehnardt)의 견해를 빌려 민주성(democracy) · 책임성(accountability) · 투명성(transparency) · 효과성(effectiveness)을 정당성을 가져다주는 핵심적인 요소로 보고 정당성의 한 요소인 민주성을 내부의 민주적 과정과 대표성이 포함된 개념으로 보고자 한다: Rana Lehr-Lehnardt, "NGO Legitimacy: Reassessing Democracy, Accountability and Transparency," Paper 6 presented at the Cornell Law School Inter-University Graduate Student Conference, Ithaca, NY., April 2005. 이러한 견해와는 달리 민주성과 대표성을 다른 개념으로 볼 뿐 아니라 이러한 개념과 더불어 투명성과 책임성 등을 정당성에 포함된 개념이 아니라 정당성과 대등한 독립적인 개념으로 간주하는 예도 적지 않다. 본 저서에서 이러한 「정당성」이라는 용어와 더불어 「민주적 정당성(democratic legitimacy)」이라는 용어를 사용하고 있는데 이는 민주적 과정과 참여가 정당성의 필수 불가결한 조건이라는 의미를 강조한 말이다.

부간기구를 주요 행위자로 하는 인터내셔널 거버넌스(international governance)가 이들 이외에 기업과 NGO 등이 주요 행위자로 포함되는 글로벌 거버넌스(global governance)로 전환하게 되었다.[41]

세계화를 가져온 조건이자 세계화를 촉진하는 역할을 한 정보통신기술은 정부간기구에 심대한 영향을 미쳤다. 이러한 정보통신기술을 통해 일반 대중들은 쉽게 정부간기구의 과업에 대한 정보에 접근할 수 있게 되었다. 국제레짐에 대한 지식이 일반 대중들에게 확산이 되고 일반 대중들이 이러한 국제레짐에 대한 자국의 준수 여부에 관심을 가짐으로써 정부간기구가 옹호하는 국제레짐의 준수가 더 쉬워졌다. 다른 한편 정부간기구의 조직과 활동에 대한 정보들이 정보통신기술의 발전으로 쉽게 일반 대중들에게 드러남으로써 세계화는 민주적 정당성을 촉구하는 요소로도 작용했다.

3) 세계화가 NGO에 미친 영향

세계화는 국내사회뿐 아니라 국제사회에서 NGO의 등장과 성장에 적지 않은 영향을 미쳤다. 특히 1980년대에 국제 NGO의 수가 꾸준히 증가하여 1989년에 848개의 NGO가 유엔 경제사회이사회(ECOSOC)로부터 협의 지위를 획득했고 수천 개의 NGO가 지구의 구석구석에서 활동하게 되었다. NGO들의 활동부문도 더욱 확장되어 특히 인권·환경보전·지속 가능한 개발·여성의 권리·원주민의 권리·군축·국제평화와 안전 등과 같은 다양한 이슈의 영역에서 활발한 활동을 전개했다.

세계화는 이러한 NGO의 수적 증가와 활동의 증가뿐 아니라 영향력의 향상을 가져오는 데도 이바지하여 일부 NGO가 다양한 이슈의 해결에 있어서 국제적인 주도권을 행사하도록 했다. 1990년대 들어서 냉전의 종식으로 세계화가 가속화되면서 전 지구적으로 더욱 많은 NGO가 등장하고 더욱 활발한 활동이 이어졌다.

이러한 현상은 국가와 이슈의 영역에 따라 차이가 있으나 아시아·아프리카·중남미지역의 개도국뿐 아니라 동유럽의 전환기 국가와 구소련에 속해 있던 국가들도 예외가 아니었다. 이들은 필요한 서비스를 제공하고 정부를 비판하며 필요한 경우 타국 NGO와 연대하는 등 글로벌 거버넌스의 모습을 바꾸어놓았다. 여기에

41) 제5장에서 글로벌 거버넌스의 변화에 대해 자세히 설명하고 있다.

서는 세계화의 어떤 면들이 국내와 국제 NGO에 어떤 영향을 미쳤는가를 살펴보고자 한다.42)

(1) 불평등의 심화

세계화가 가져온 경제적 · 사회적 불평등의 심화와 정부와 정부간기구의 재정적인 어려움이 NGO의 등장과 성장에 영향을 미쳤다. 세계화는 국내적 · 국제적으로 경제적 · 사회적 불평등의 증가를 가져왔다. 그러나 세계화를 추동하는 신자유주의(neoliberalism)는 국가의 사회복지 역할을 최소화했고 이는 정부와 정부간기구의 지원 감소로 이어졌다. 이러한 신자유주의 등장과 그 영향을 살펴보면 다음과 같다.

1950년대와 1960년대의 경제호황이 끝나고 1970년대에 들어서 경기가 침체하고 설상가상으로 두 차례에 걸친 오일쇼크(석유위기)로 장기 불황이라는 경제위기가 도래하자 미국을 중심으로 한 선진국들은 이를 해결하기 위한 방편으로 신자유주의를 정책의 사상적 토대로 도입했다.

국가 권력의 시장개입을 비판하는 시장의 자유화와 개방화 · 규제의 완화 · 공기업의 민영화 · 노동시장의 유연화 등을 핵심적인 내용으로 하는 신자유주의는 1970년대 말부터 등장하여 1980년대에 본격화되었고 선진국이 주도하는 세계화의 중요한 전략적 기반이 되었다. 이러한 신자유주의를 세계화의 중요한 전략적 기반으로 삼은 이유는 다른 국가들에게도 이러한 일련의 신자유주의적 조처를 이행하도록 함으로써 상품 · 서비스 · 자본 · 노동의 자유로운 이동을 실현하여 선진국의 국부를 창출하기 위한 것이었다.

신자유주의는 국가의 사회복지 역할을 최소화했고 이는 선진국 정부와 정부간기구가 개도국 정부를 대상으로 한 원조의 제공을 꺼리도록 만들었다. 이러한 국가의 사회복지 역할의 축소로 인한 사회복지의 필요를 충족시키기 위해 다수의 NGO가 등장하고 활성화가 이루어졌다. 즉 신자유주의로 추동되는 세계화는 지원이 좀 더 요구되는 상황을 만드는 한편 이를 위한 지원을 오히려 감소시키는 상황을 초래함으로써 NGO의 등장과 성장을 위한 정치적 공간을 제공했다. 상품 · 서

42) L. David Brown, Sanjeev Khagram, Mark H. Moore & Peter Frumkin, "Globalization, NGOs and Multi-Sectoral Relations," Hauser Center for Nonprofit Org. Working Paper No. 1, https://papers.ssrn.com/sol3/papers.cfm?abstract_id=253110 (접속일: 2019년 10월 20일).

비스·기술·자본·노동의 자유로운 이동 때문에 촉진된 시장의 세계화는 일부 국가들에게는 국부를 창출할 기회가 되었지만 다른 한편 다수의 국가는 이러한 세계화의 혜택으로부터의 낙오자로서 경제적·사회적 불평등의 심화를 경험하게 되었다. 국경을 넘는 사람과 정보의 신속한 이동이 이러한 경제적·사회적 불평등과 더불어 이러한 불평등을 해결하는 자국의 정치적 조건의 불평등을 인식시키는 자연스러운 기회가 되었다.

이러한 일련의 상황이 국가와 시장 그리고 시민사회의 역할의 균형점을 이동시키는 데 이바지했다. 국경을 넘는 개방된 시장경제로 인해 시장의 힘이 세지면서 정치적 안정에 중요한 역할을 하는 경제를 관리하는 국가의 힘과 역할이 축소되었고 그 결과 정치적·사회적 불평등에 불만을 품고 있는 사회적 약자를 보호하기 어렵게 되었다. 이러한 상황이 국내 NGO뿐만 아니라 국제 NGO의 등장과 성장의 자양분이 되어 이들이 국내적·국제적으로 중요한 정치적 행위자로 도약할 수 있었다. 구체적으로 NGO들은 과거 국가에 의해 제공된 서비스의 대체적인 제공원이 되었을 뿐 아니라 정부 정책의 형성과 집행에 대한 감시자이자 비판자가 되었고 국가 프로젝트의 위탁 집행자가 되었다.

정부와 정부간기구의 재정적인 어려움은 NGO와의 파트너십이라는 협력관계의 강화로 이어졌다. 구체적으로 이들은 대안적인 재정적 자원의 공급처로서 혹은 효율적인 재정의 집행자로서 NGO와의 협력을 강조했다. 이들은 NGO를 통해 원조를 제공하는 것이 더 효율적이라는 인식을 더욱 강하게 갖게 되었다.

(2) 문화·규범·가치에 대한 위협

세계화가 전통적인 문화·규범·가치에 위협을 가함으로써 이에 대한 저항의 방편으로 NGO의 등장과 성장을 가져오기도 했다. 세계화로 사람과 정보의 국경을 넘는 자유로운 이동이 증가하면서 미국을 비롯한 서구의 문화·규범·가치가 전 지구적으로 전파되자 전통적인 문화·규범·가치의 파괴를 우려하는 가운데 이에 조직적으로 강하게 저항하려는 NGO들이 등장했다. 통상적으로 NGO들은 세계주의적 시각을 옹호함으로써 세계화를 촉진하는 존재이기도 하지만 다른 한편 호전적인 이슬람 운동 조직에서 보듯이 전통적인 문화·규범·가치를 옹호함으로써 세계화를 억제하는 존재이기도 하다.

(3) 정보통신기술과 교통·수송 수단의 발전

세계화가 정보통신 기술과 교통・수송 수단의 비약적인 발전을 동반함으로써 NGO의 등장과 성장에 영향을 미쳤다. 즉 세계화는 사람과 생각 등이 국경을 넘어 자유롭게 이동하는 것을 가능하게 할 뿐 아니라 비용을 줄일 수 있게 함으로써 국제 NGO의 등장과 성장뿐 아니라 국내 NGO들의 국경을 넘는 연대의 등장과 성장을 더욱 촉진했다.

특히 정보통신기술의 발전이 NGO의 성장과 영향력의 확대에 중요한 역할을 했다. 새로운 기술의 발전으로 인해 NGO 활동에 적대적인 국가마저도 인터넷 등을 통한 정보의 흐름과 상호작용이 통제되기 힘들어졌으며 정부가 정보를 독점하는 것이 불가능하게 되었다.

과거 전화나 우편으로 서로 연락을 주고받던 시대에 NGO들이 정보를 주고받고 나아가 이들 간에 연계망을 구축하고 이를 유지한다는 것은 상당한 비용을 수반했다. 그러나 인터넷을 중심으로 한 새로운 정보통신기술은 이러한 비용을 크게 떨어뜨림으로써 정보를 신속하고 광범위하게 전파할 수 있게 되었고 나아가 NGO가 다른 NGO 및 다른 연계망과 정보 공유를 통해 연대를 형성하도록 함으로써 국가적・지역적・전 지구적으로 여러 수준에 걸쳐 사건에 영향을 미칠 수 있는 능력을 높였다.[43)]

NGO들은 특정 지역에 국한된 고립된 노력만으로는 문제의 본질적인 해결이 어렵다고 판단하고 외부 행위자들과의 광범위한 연대를 바탕으로 하여 국가와 정부간기구 등을 상대로 한 비판과 대안 제시를 해야만 문제의 해결에 근본적으로 접근할 수 있다고 생각했는데 세계화가 이를 가능하게 했다.

(4) 민주주의 전파

세계화는 민주주의라는 아이디어를 전 세계로 전파하는 매개체의 기능을 수행함으로써 개도국에 있어서 현지 NGO가 등장하고 성장하는 계기가 되었을 뿐 아니라 외국 NGO가 개도국 내에서 활동할 수 있는 토양이 마련되었다.

---

43) 이처럼 전자통신(electronic communication)이 전 지구적 차원에서 짧은 시간 내에 빠른 속도로 정치세력들을 동원하는 것을 가능하게 한 것이 사실이지만 이러한 현상이 전 지구적으로 보편화가 되어 있는 것은 아니라는 사실에도 주목할 필요가 있다. 개도국(특히 아프리카에 있는 개도국)의 경우 이러한 전자통신의 활용이란 기간시설 구축의 미비나 과도한 비용으로 인해 몇몇 국제화된 NGO에 국한된 현상이다.

(5) 다양한 이슈들의 발생

세계화가 일국의 힘과 국가들만으로는 다룰 수 없는 다양한 이슈들의 발생을 유발함으로써 NGO의 등장과 성장에 영향을 미쳤다. 질병의 세계화·범죄의 세계화·환경 이슈의 세계화라는 말이 암시하듯이 이러한 문제들은 전 지구적인 지리적 범주라는 특징과 다면적인 복잡성이라는 특징을 지닌 이슈들이기 때문에 그 해결을 위해서는 정부보다 경험·전문성·대중의 신뢰라는 면에서 큰 비교우위를 가지고 있는 NGO의 도움을 필요하게 만들었다. 그 결과 정부와 정부간기구들은 NGO들과의 협력관계 구축의 필요성을 더욱 강하게 가지게 되었다.44)

(6) 국제경제기구 권한의 강화와 견제의 필요

세계화의 본격화는 또한 「세계화의 첨병」이라는 수식어를 달고 다니는 국제통화기금(IMF)·세계은행(World Bank)·세계무역기구(WTO)와 같은 국제경제기구들의 힘을 강화함으로써 국가와 유엔의 상대적인 힘의 약화를 가져왔다.45) 이러한 상대적인 힘의 변화가 NGO의 성장을 위한 토양을 제공했다. 구체적으로 국가와 유엔의 상대적 힘의 약화가 어떻게 발생했는가를 살피고 이것이 NGO에 미친 영향을 살펴보고자 한다.

우선 국가의 상대적 힘의 약화를 살펴보면 신자유주의 이념을 장착한 세계화의 진전은 국가들이 자신들의 통상정책과 화폐 금융정책 등 많은 부문의 국내정책을 수립하는 데 있어서 세계무역기구·국제통화기금·세계은행과 같은 국제경제기구의 결정에 크게 영향을 받도록 했다. 이로 인해 개별국가가 결정할 수 있는 정책의 범위와 수준이 계속 협소해졌다.46) 더불어 세계화의 규범은 국가 규제의 폐지와 자유화 조치의 채택을 촉구함으로써 자연스럽게 정부 역할의 점차적인 축소를 가져왔고 세계화 시대에 있어서 국가들이 직면하고 있는 많은 문제가 전 지구적인 원인을 가지고 있어 일국의 노력만으로는 해결되기 어려운 성격을 지님으

44) 냉전의 종식 후에 전문성을 지닌 다수의 사람이 국제사회에서 중요한 역할을 하는 NGO들에 진입함으로써 이들에게 줄곧 제기되어 오던 전문성의 부재를 잠재울 수 있었다는 점이 지적되기도 한다. 이들 NGO는 특히 연구·비판과 제언·기금조성·연대구축 등의 방면에서 전문성이 제고된 것으로 평가를 받는다.

45) 이러한 국제경제기구들의 힘이 강화되자 경제부문에서 「세계정부(world government)」가 들어섰다는 표현을 사용하기에 이르렀다. 세계화의 본격적인 추진으로 이러한 국제경제기구뿐만 아니라 전 지구적 자본이 다국적기업에 집중됨으로써 다국적기업(MNC)의 힘이 강력해졌다.

46) 이를 앞서 「민주주의(혹은 민주성)의 결손(democratic deficit)」이라고 칭한 바 있다.

로써 이러한 문제를 다루는 데 있어서의 국가의 무능력도 국가권위의 쇠퇴를 도왔다.

유엔의 상대적 힘의 약화를 살펴보면 이러한 상대적 힘의 약화는 세계화의 당연한 결과였다. 이는 국가들의 통상정책과 금융정책 등 중요한 경제정책에 영향을 미치는 구속력 있는 결정들이 유엔 밖에서 세계화를 이끄는 세계무역기구 · 국제통화기금 · 세계은행에서 일어나기 때문이다. 이들 국제경제기구 중 특히 국제통화기금과 세계은행은 의사결정 방식으로서 일국일표제를 택하고 있는 유엔과는 달리 출자금에 비례하여 투표권을 인정해 주는 가중표제(weighted voting system)를 택하고 있어 출자금의 비율이 높은 미국을 위시한 선진 경제 강국들이 지배하고 있다. 세계무역기구도 미국과 같은 경제 강국이 지배하고 있다고 해도 과언이 아닌 정부간기구이다. 유엔의 재정적인 어려움으로 야기된 유엔의 권위와 능력의 쇠퇴도 유엔의 상대적인 힘의 약화를 촉진했다.

이러한 주권국가와 유엔의 상대적인 힘의 약화와 국제경제기구의 상대적 힘의 강화는 국가수준에서뿐만 아니라 국제수준에서도 민주주의에 위협을 가했다. 세계화와 민주주의의 관계를 긍정적으로 보는 세계화 추진세력과는 달리 세계화를 민주주의의 적으로 돌리게 된 NGO들에 있어서 전 지구적 자본의 집중과 위에서 언급한 국제경제기구의 힘으로부터 민주주의를 지키는 일이 중요한 과제로 등장했다.

따라서 NGO들은 세계화가 가져온 문제인 다국적기업의 자본집중과 더불어 국제경제기구로의 힘의 쏠림에 저항함으로써 글로벌 거버넌스를 민주화하는 일을 떠맡게 되었다. 구체적으로 NGO들은 글로벌 거버넌스의 민주화라는 기치 아래 1990년대에 국제통화기금 · 세계은행 · 세계무역기구의 폐쇄성과 비민주성을 집중적으로 공격했다.

다른 한편 NGO들은 상대적으로 힘이 약해진 유엔과는 협력관계를 통해 유엔을 강화하기 위한 노력을 했다. NGO들은 유엔을 대체하려는 것이 아니라 이를 통해 활동하려는 것으로서 이들이 활동하고자 하는 유엔의 힘이 강화되는 것을 원했다. 구체적으로 NGO들은 글로벌 이슈들을 해결하기 위한 유엔회의를 요청하고 이에 적극적으로 참가하고자 했다. 이러한 과정을 통해 NGO들은 국가 혼자만의 힘으로 해결할 수 없는 문제를 유엔과 같은 정부 간 회의에 의제화하는 일을 하고 제한적이기는 하나 정부 대표들의 협상 과정에 영향을 미치고자 했으며 나아가 정부 대표들의 논의 결과물에 대한 이행을 감시하고자 했다.

유엔은 좀 더 강하고 좀 더 효과적이며 좀 더 정당성을 지닌 조직을 만들기 위해 NGO와의 관계를 강화하고 심화시킬 필요가 있었다. 따라서 유엔은 NGO를 글로벌 거버넌스의 정당한 기여자로서 인정하고 제한적이기는 하지만 이들의 참여를 고무했다. 즉 국제경제기구의 권위 상승으로 상대적으로 권위의 쇠락을 경험하게 된 유엔은 동맹자를 필요로 하게 되었고 NGO가 이러한 동맹자가 될 수 있었다. 유엔이 유엔회의와 더불어 병행 회의로서 NGO 포럼을 제도화시킨 것에서도 이러한 유엔의 의지를 읽을 수 있다. NGO의 유엔 참여는 구체적으로 다음과 같은 면에서 유엔에 힘이 되었다.

우선 NGO의 유엔 참여는 유엔에서의 의사결정을 더욱 쉽게 하였다. 냉전의 종식으로 일국이 노력만으로는 해결할 수 없는 많은 이슈가 유엔과 같은 정부간기구에 대거 맡겨졌으나 이러한 기구 내에서 국가들은 국제사회 전체의 공익이 아닌 국익의 관점에서 문제를 바라볼 뿐 아니라 이들 간에 존재하는 정치·경제·사회적 이질성으로 인한 커다란 견해 차이로 문제해결에 대한 합의를 끌어내는 것이 쉽지 않은 한계를 가졌다.

이러한 한계 속에서 NGO의 참여와 로비는 의사결정 과정에서의 국가 간의 차이를 극복하는데 중요한 가교의 역할을 할 수 있었다. 이러한 역할이 가능한 것은 인권 분야를 예로 들자면 선진국 정부와 개도국 정부 사이의 견해 차이와는 달리 선진국 NGO와 개도국 NGO는 모두 인권문제와 관련해서는 같거나 거의 유사한 견해를 지니고 있기 때문이다.

NGO의 참여는 이처럼 의사결정을 더욱 쉽게 할 뿐 아니라 의사결정의 투명성과 정치적 정당성(political legitimacy)을 제공하는 데 중요한 역할을 할 수 있었다. 나아가 NGO들은 정부간기구에서 국가들이 결정한 바의 것을 국내적으로 효율적으로 이행하도록 돕는 역할도 수행함으로써 궁극적으로 유엔의 힘을 일정한 정도 강화할 수 있었다.[47]

이러한 유엔의 NGO 참여정책으로 1990년대 인권·환경·인구·여성·아동

47) 유엔은 의사결정 과정에서 국가 간 차이를 극복하고 국가들의 결정 사항이 국내적으로 잘 이행될 수 있게 하려고 NGO뿐만 아니라 국가 정상들의 참여 역시 촉진했다. 냉전 시대의 국제회의는 실무자들이 중심이 된 회의였으나 냉전 종식 후 다수 국제회의의 경우는 국가 정상들의 대거 참여 속에 개최되었다. 이는 국가 간에 견해 차이가 큰 문제를 논의하는 데 있어서 정치적인 재량권을 가지고 있는 정상들의 참여가 필요했고 국가 정상들이 이러한 문제를 직접 논하여 결과물을 도출하도록 함으로써 이러한 문제의 해결에 지속적인 관심을 두도록 할 필요성이 있었기 때문이라고 볼 수 있다.

문제와 같은 중요 사회·경제적인 이슈들에 있어서 대규모 정부 간 회의가 개최되고 여기에 NGO들이 대거 참여하여 영향력을 행사할 기회를 현저하게 증대시켰다. 그 결과 NGO 다자주의(NGO multilateralism)를 정규화하는 효과를 가져왔다.[48] 유엔과 NGO의 이러한 협력은 정부와 유엔의 역할을 크게 변화시켰다. 인도주의적 구호 분야를 예로 들자면 정부와 정부간기구는 점점 NGO를 통해 인도적 지원을 제공하게 되었으며 유엔은 이제 NGO의 도움 없이는 평화유지활동(PKO)을 하는 것이 불가능하게 되었다.[49]

(7) 정당성의 결여

세계화와 더불어 NGO의 영향력이 증대하면서 역작용으로 이들에 대한 민주성·책임성·투명성·효과성을 요소로 하는 정당성의 결여 문제가 제기되었다. NGO들이 국내적으로뿐 아니라 국제적으로 정부·정부간기구·기업 등을 대상으로 정당성의 문제를 줄곧 제기했는데 이제 거꾸로 이들로부터 이러한 문제의 대상으로서 비판을 받게 되었다.

냉전의 종식으로 세계화가 더욱 확산된 시기인 1990년대부터 글로벌 거버넌스에 참여해 온 NGO의 수가 꾸준히 증가했고 활동 분야도 다양한 분야로 확장되면서 국경을 넘어 국제적 수준에서 미증유의 영향력을 행사하게 되었다. 이러한 상황에서 2000년대에 접어들어 NGO의 정당성 결여라는 문제가 본격적으로 제기되었다.

과거에 NGO들은 정부·정부간기구·기업을 향해 정당성을 요구하는 한편 이러한 문제의 해결책으로 이들에게 NGO의 참여를 허용하여 협력적 관계를 맺을 것을 지속해서 요구해 왔다. 그 결과 다수의 정부·정부간기구·기업들이 NGO와 협력적 관계의 필요성을 인식하고 실천에 옮겼으며 NGO들은 이들과의 관계에 있어서 대결적인 관계로부터 협력적 관계로 점차 전환하여 자신들의 독립성과 타협을 하는 것은 아닌가 하는 우려를 자아낼 정도에 이르렀다.

정부·정부간기구·기업은 이러한 협력적 관계를 유지하면서도 다른 한편 점점 NGO에게 비판적으로 되었고 나아가 거꾸로 NGO의 정당성에 의문을 제기하

---

48) Terence O'Brien, "UN Politics: Structure and Politics," in Sung-Joo Han ed., *The United Nations: The Next Fifty Years* (Seoul, Korea: Korea University, 1996), pp. 55-56.

49) Riva Krut, "Globalization and Civil Society: NGO Influence in International Decision-Making," Discussion Paper No. 83 (Geneva: UNRISD, 1997) 참조.

기 시작했다. 2000년대에 들어서 NGO가 이러한 비판에 본격적으로 직면하게 된 배경을 살펴볼 필요가 있다. 한 마디로 NGO의 영향력 향상이 가져온 결과라고 볼 수 있다. 이러한 영향력이 어떻게 유래되었고 어떻게 NGO에 대한 비판으로 이어졌는지를 살펴보면 다음과 같다.

우선 정부의 역할이 축소되면서 공공재와 공공 서비스를 공급하는 책임의 많은 부분이 정부로부터 NGO로 이전되고 이를 바탕으로 NGO의 영향력이 신장하면서 이에 비례하여 NGO가 자신들에게 맡겨진 자원을 효율적이고 투명하며 책임성 있게 사용하고 있는가에 관한 관심이 높아졌기 때문이다.

또 다른 한편 NGO는 자신들이 취해온 활동에서의 한계를 극복하기 위한 방편의 하나로서 정부·정부간기구·기업 등에 좀 더 충격이 가해질 수 있는 새로운 전략으로 이동할 필요성을 인식하게 되었다. 이것을 구체화하기 위해 취한 전략이 정책비판과 제언 활동에 더욱 집중하는 것이었다. NGO들의 이러한 전략은 동태적인 정치적 변화를 촉진했다. 하지만 이러한 NGO의 적극적인 정치성은 반발을 가져와 자신을 비판과 도전의 대상이 되도록 했다.[50)]

이러한 비판과 도전에 직면하여 일부 유력한 NGO들을 중심으로 자정의 노력이 행해지고 있는 것도 2000년대에 있어서 NGO와 관련한 특징 가운데 하나이다. 즉 일부 NGO들이 정당성을 지닌 행위자가 되기 위해 자신들의 행동에 대한 책임성과 투명성을 강화할 수 있는 자기 규제적인 기제를 만들어 적용하고자 적극적으로 노력해 오고 있다. 이러한 기제에는 행동강령(code of conduct)의 제정·NGO의 활동과 정책 결정에 대한 정보의 공개·NGO 운영과 평가에 지역사회 대표(들)의 참여·고충처리제도 또는 옴부즈맨(ombudsman)과 같은 제도의 도입 등이 포함된다.[51)]

---

50) Pau Vidal, Imma Guixé, Maria Sureda, "How Is Legitimacy Generated in NGOs? A Case Study of Catalonia," OTS Research Papers Collection 5 (Barcelona, Spain: Observatorio del Tercer Sector, July 2006).

51) Peter van Tuiji, "NGOs and Human Rights: Sources of Justice and Democracy," *Journal of International Affairs*, Vol. 52, No. 2 (Spring 1999), pp. 506-507. 구체적으로 NGO들이 어떠한 자정 노력을 하고 있는가에 대한 자세한 설명은 NGO의 단점 부분에서 볼 수 있다.

4) 세계화가 기업에 미친 영향[52]

(1) 기업의 영향력 강화

세계화는 정부와 기업 간의 관계를 변화시키는 원동력으로 작용했다. 국가수준과 국제수준에서의 탈규제 · 경제 자유화 · 민영화 등을 기치로 하는 세계화는 다국적기업의 수를 증가시켰을 뿐 아니라 국제사회에서의 이들의 영향력을 제고시켰다. 이들은 어느 때보다 강한 정도로 자본 · 기술 · 고용 · 자연자원을 통제하게 되었다.

이러한 다국적기업은 정부와 정부간기구의 의사결정에 영향을 미치고 민간부문의 다른 행위자들과 협력하여 얻어진 힘을 이용하고자 했다. 즉 이들은 과거에 정부와 정부간기구의 특권이었던 권위적인 의사결정에 점차 관여했다. 예컨대 다국적기업은 관세와 무역에 관한 일반협정(GATT)의 우루과이라운드 협상에서 두드러지게 영향력을 발휘했다. 이러한 무역협상에서의 활동 이외에 다국적기업은 환경 분야를 비롯하여 안보 분야에 이르기까지 눈에 띄는 역할을 했다. 환경 분야에서의 다국적기업의 영향력을 살펴보면 다음과 같다.

다국적기업은 환경파괴의 행위자이면서 동시에 대체물질의 개발을 통한 환경이슈의 주요 해결자라는 이중적인 성격을 보유하고 있다. 이들은 환경협상의 결과에 따라 상업적 · 경제적 이해관계에 민감하게 영향을 받는 행위자들이다. 따라서 이들은 특히 환경 이슈에서의 의사결정에 영향력을 미치고자 하며 실제에 있어서 상당한 영향력을 미치고 있다.

1992년에 유엔환경개발회의(UNCED)가 개최되었을 때 다국적기업들은 연합체를 구성하여 정부 대표들의 회의비용 일부를 지원하는 등 영향력 행사를 위한 노력을 전개했으며 이러한 로비의 결과 회의의 결과물인 리우 선언(Rio Declaration)이나 의제 21(Agenda 21)에 환경파괴에 대한 다국적기업의 책임을 묻는 조항을 두려는 노력이 좌절된 적이 있다.

오존층 고갈문제를 다루는 협상 기간 중 비정부 부문의 옵서버 자격으로 참여

---

52) Tanja Brüh and Volker Rittberger, "From International to Global Governance: Actors, Collective Decision-making and the United Nations in the World of the Twenty-first Century," in Volker Rittberger, ed., *Global Governance and the United Nations System* (Tokyo and New York: United Nations University Press, 2001), p. 16.

한 사람 중 압도적인 다수가 산업계 대표들이었다. 그러나 환경에 대한 일반인들의 인식이 높아지고 환경과 관련된 기업의 사회적 책임(corporate social responsibility, CSR)이 강조되면서 환경과 관련한 기업의 이미지가 기업의 활동에 중요해졌다. 따라서 국제적인 환경협약의 결과로서 기업의 활동이 제한되고 있음에도 불구하고 이를 적극적으로 반대할 수 없는 딜레마를 가지고 있는 것이 현실이다.

2009년 코펜하겐에서 개최된 기후변화협약 제15차 당사국총회(COP15)에서 법적으로 구속력이 있는 기후변화협약을 체결하고자 하는 과정에서 NGO인 세계자연기금(World Wide Fund for Nature, WWF)과 그린피스(Greenpeace International) 등이 회의의 결과에 영향을 미치고자 했다. 또 다른 한편 기업협의체인 국제상공회의소(International Chamber of Commerce, ICC)와 세계지속가능개발기업협의회(World Business Council for Sustainable Development, WBCSD)가 회의의 결과에 영향을 미치고자 했다.[53]

(2) 기업에 대한 비판의 증가

신자유주의를 동력으로 하는 세계화가 가속되면서 다국적기업들이 국내외적으로 환경에 미치는 영향이 커지고 있으며 환경정책에 미치는 영향력 역시 커지고 있다. 이와 관련하여 환경 관련 행위자들 가운데 특히 NGO가 중심이 되어 기업에 법적 강제력을 가지는 환경 규범(구체적으로 조약)을 만들어 이들을 구속하고자 하는 움직임을 보여 오고 있다.

환경 NGO들은 갈수록 커지는 다국적기업의 영향력에 맞서 이들을 통제할 수 있는 새로운 강제 법규의 제정과 이러한 법규의 이행을 감시할 정부간기구의 설립을 유엔에 강력히 주장했다. 그동안 기업들은 세계무역기구(WTO) 등을 통해 자신들의 권리는 대폭 키워왔으나 권리에 부합하는 책임에 대해서는 거의 외면했기 때문에 이제는 강력한 기업규제법이 필요하다는 것이었다.

구체적으로 지구의 벗(Friends of the Earth, FoE) 등 50개 NGO 회원들은 2002년에 남아프리카공화국 요하네스버그에서 개최된 지속가능개발세계정상회의(World

53) Christian Downie, "Strategies to Influence Outcome in Long Environmental Negotiations," http://www.e-ir.info/2014/05/02/strategies-to-influence-outcomes-in-long-environmental-negotiations/ (검색일: 2015년 10월 29일).

Summit on Sustainable Development, WSSD)의 정상회의를 앞두고 환경 훼손에 책임이 큰 다국적기업들을 법적으로 규제하는 국제적 기제(international mechanism)를 만들어 환경과 개도국 등을 상대로 자행해 온 이들의 불법행위를 근절해야 한다고 강조했다. 법적 장치로 규제하지 않는 한 이들의 횡대는 바뀌지 않을 것을 강조했다. 지구의 벗 소속 회원들은 특히 환경오염을 일삼는 기업들을 단속할 수 있도록 상장 중단·세제 혜택·영업권 취소 등 제재가 담긴 법적 장치를 마련하라고 촉구했다.54)

(3) 기업의 자구적 노력

이러한 움직임에 기업들은 다음과 같이 로비를 하거나 경제 분야에서의 구조적인 힘(structural power)을 영향력으로 전환하거나 자율규제라는 방식을 통해 대응해오고 있다.55)

첫째, 기업들은 주요 전략으로서 일국 정부가 국제환경 협상장에 대표단을 파견하기 전에 자국 정부에 로비하여 자국 정부의 입장에 영향을 주는 전략을 구사해 오고 있다. 기업들은 이와 더불어 점차 국제수준에서 전 지구적인 환경협상에 영향을 주기 위한 로비도 적극적으로 해오고 있으며 이러한 로비는 주로 옵서버의 지위를 이용해서 이루어지고 있다. 구체적으로 기업은 투표권이 없는 옵서버로서 발언권을 얻으면 이를 활용하고 주로 실무그룹(working group)이나 기술그룹(technical group)에서 적극적으로 활동하면서 대표단들을 대상으로 로비를 한다.

이러한 국제수준에서의 로비를 위해 구성된 대표적인 기업연합체로는 국제상공회의소(ICC)와 세계지속가능개발기업협의회(WBCSD)가 있다. 특정 환경 분야에도 기업연합체들이 조직되어 있는데 생명공학 분야의 경우 세계산업연합(Global Industry Coalition, GIC)과 기후변화 분야의 경우 세계기후변화연합(Global Climate Coalition, GCC)을 그 예로 들 수 있다.

둘째, 기업들은 직접적인 수단을 쓰지 않은 채 세계 경제에서의 지배적인 지위를 이용하여 간접적으로 국제환경 문제에 구조적인 힘을 행사하고 있다. 구체적으로 이러한 구조적인 힘은 「지속 가능한 개발(sustainable development)」이라는 개

---

54) 한겨레신문(인터넷), 2002년 8월 25일.
55) Jennifer Clapp, “Transnational Corporation and Global Environmental Governance,” in Peter Dauvergne, ed., *Handbook of Global Environmental Politics, 2nd Edition* (Cheltenham, UK and Northampton, MA, USA, Edward Elgar, 2005), pp. 284-297.

념 및 기업의 역할과 관련하여 공식적인 문건의 문안에 사용되는 언어(language)에 영향을 미침으로써 행사된다.

즉 기업들은 지속 가능한 개발이라는 개념을 논함에 있어서 기업을 이러한 지속 가능한 개발의 촉진자(facilitator)로서 해석하도록 적극적으로 압박을 가함으로써 기업의 활동에 대한 직접적인 규제의 요청을 회피할 수 있었다. 더불어 이러한 기업의 구조적인 힘은 국가들이 다국적기업들의 투자를 유지하거나 유치하기 위해 기업이 수용할 수 있는 정책을 나서서 수립하려 함으로써 행사될 수 있고 기업들 스스로 다른 장소로 이전하겠다는 위협을 가함으로써 행사될 수 있다.

셋째, 기업들은 국내적으로나 국제적으로 규제를 하지 못하도록 선제적으로 자신들의 행동강령(code of conduct)을 자발적으로 개발하여 시행함으로써 글로벌 거버넌스에 영향을 미친다. 환경 분야에 있어서 국제표준화기구(ISO)의 환경관리 표준인 ISO 14000 · 국제상공회의소(ICC)의 지속 가능한 개발을 위한 기업 헌장(Business Charter for Sustainable Development) · 화학업계의 세계적인 환경안전 개선 운동인 책임 있는 배려(Responsible Care) · 환경적으로 책임 있는 경제활동을 위한 원칙(Coalition for Environmentally Responsible Economies Principles) 등이 이러한 예에 속한다.

ISO 14000은 환경 분야에서 기업들이 자신들에게 주어질지 모르는 좀 더 엄격한 규제를 피하고자 광범위하게 수용하고 있는 전 지구적 수준의 자발적인 기준이다. 개도국과 선진국 모두에 있어서 점차 많은 수의 기업들이 ISO 14000이 제시한 기준을 채택하면서 이 기준은 세계시장에서 사업을 위한 사실상의 전제가 되어가고 있다. 그러나 NGO들은 이러한 기준이 기업들의 환경적인 성과 면에 실질적인 차이를 가져온다고 하는 것에 회의적이며 실제로 환경에 부정적인 제품을 생산하면서 ISO 14000의 인증을 통해 친환경적인 이미지를 내세우는 위장 환경주의(green-washing)를 경계한다.

기업들은 또 다른 한편 2000년에 유엔에 의해 제안되고 출범한 전 지구적 약정(Global Compact)에 가입함으로써 NGO들이 점차 수립을 요구하고 있는 기업의 환경 훼손에 대한 법적 책임에서 벗어나고자 한다. 구체적으로 기업들은 전 지구적 약정을 통해 유엔이 설정한 인권 · 노동 · 환경 · 반부패라는 4개 분야에 걸친 10개의 원칙(principles)을 지키겠다고 약속을 하게 되는데 이는 기업의 자발적인 의사에 의한 것으로서 보고서 제출 의무를 제외하고는 실효적인 감시 기제(monitoring mechanism)를 가지고 있지 않다. 따라서 이 역시 실제로 환경에 부정적인 활동을 하면서 전 지구적 약정에 가입한 것을 내세워 환경 등의 분야에 있어서 친화적인 이미지를 조작할 수 있다는 비판에서 벗어나기 힘들다.[56)]

2. 세계화가 글로벌 거버넌스에 미친 영향[57)]

위에서 살펴보았듯이 세계화의 진행과 더불어 글로벌 이슈의 해결에 있어서 정부의 영향력이 상대적으로 쇠퇴하고 정부간기구의 영향력이 강화되었다. 그러나 이러한 정부간기구를 중심으로 한 글로벌 이슈의 해결방식과 과정을 의미하는 인터내셔널 거버넌스(international governance)는 여전히 국가의 대표들이 참여하여 글로벌 이슈들을 논의하는 국가 중심적인 거버넌스(state-centric governance)를 특징으로 하는 관계로 주어진 영향력에 비례하여 강력하게 정당성의 결여(구체적으로 민주성/책임성/투명성/효과성의 결여)에 대한 비판을 받게 되었다.

다른 한편 기업과 NGO의 영향력이 커지면서 종래의 국가 중심적인 인터내셔널 거버넌스에 큰 변화가 도래하게 되었다. 이러한 변화란 정부와 정부간기구가 기업이나 NGO와 파트너십을 활발하게 전개하게 되면서 글로벌 거버넌스의 시대가 본격화된 것을 말한다. 그 결과 정부간기구와 기업의 파트너십·정부간기구와 NGO의 파트너십·기업과 NGO의 파트너십·정부간기구와 기업 및 NGO 간의 파트너십이 글로벌 이슈의 해결방식의 중요한 일부가 되었다.

이와 더불어 영리를 위한 민간부문의 기업에 의하거나 시민사회부문의 NGO에 의해 국경을 넘어 적용되는 기준이나 표준 등이 설정되어 또 다른 형태의 거버넌스를 구성하고 있다. 특히 세계화와 더불어 이러한 형태의 거버넌스가 국제무역과 국제금융을 비롯한 다양한 영역에서 1990년대 초부터 눈에 띄게 증가했다. 공공부문에서 설정된 표준은 의무적이거나 자발적인데 이러한 민간부문이나 시민사회부문의 조직에 의해 설정된 표준은 자발성을 특성으로 한다. 이들을 구체적으로 살펴보면 다음과 같다.

---

56) 여기에서 「green-washing」을 「위장 환경주의」라고 칭했지만 때때로 「위장 세탁」 혹은 「녹색 분칠」이라고 번역되기도 한다. 또한 「돼지 목욕시키기」라는 말도 사용된다. 유엔을 내세워 환경 등의 분야에서 실제와는 달리 친화적인 모습을 보이는 것을 「블루워싱(blue-washing)」이라고 칭하기도 하는데 여기에서 「블루(blue)」란 유엔을 상징하는 색으로서 유엔을 의미한다.

57) 이 부분은 제5장 제1절에서 상론하고 있다.

국제상공회의소(ICC) · 국제회계기준이사회(IASB) · 적도원칙 채택 금융기관(EPFI) · 국제표준화기구(ISO) · 스탠더드앤드푸어스(Standard and Poor's)를 비롯한 신용평가 기관 등 민간부문에 속하는 조직이 특정 분야에서 공공부문이나 시민사회부문과 독립하여 자율적으로 지침과 규칙을 설정하는 방식을 의미하는 소위 민간부문 거버넌스(private sector governance)가 성행하게 되었다.

이러한 경향은 민간부문에 그치지 않고 시민사회부문도 마찬가지이다. 국제공정무역인증기구(FLO) · 해양관리이사회(MSC) · 전세계책임인증생산(WRAP) · 산림관리이사회(FSC) 등과 같은 NGO들이 국제적인 기준과 규칙을 설정하고 이를 준수하는 기업들에 인증을 제공하는 기능을 수행하고 있다.

제4절 세계화가 글로벌 이슈에 미친 영향

세계화가 글로벌 이슈에 미치는 영향은 긍정적이기도 하고 부정적이기도 하다. 세계화가 글로벌 이슈에 미치는 영향은 궁극적으로 국가에 미치는 영향으로 이어지는데 이러한 영향은 국가에 따라 다를 뿐만 아니라 동일한 국가 내에서도 부문별로 다르므로 세계화가 글로벌 이슈에 미치는 영향을 일률적으로 평가하는 것은 결코 쉬운 일이 아니다. 이러한 복합적인 영향에 대해 다양한 이론들이 다양한 관점에서 평가하고 있는데 이를 통해 세계화의 다양한 영향을 포착할 수 있다. 세계화의 영향을 평가하는 이유는 이를 통해 긍정적인 영향을 증진하고 부정적인 영향을 최소화할 수 있는 방도에 대해 생각해보기 위한 것이다.

1. 개 설

세계화가 글로벌 이슈에 미치는 영향은 긍정적인 부분도 있고 부정적인 부분도 있다. 즉 세계화는 양날을 가진 칼이라고 비유되는데 이는 세계화가 국가들이 국경을 넘어 기회를 공유하도록 하기도 하지만 문젯거리도 공유하도록 만들기 때문이다. 예컨대 세계화로 인한 경쟁의 격화는 소비자에게 가격의 저하와 좀 더 많은 선택 그리고 좀 더 나은 서비스를 제공한다. 반대로 가격의 저하는 많은 소비를 불러오고 이는 곧바로 좀 더 많은 제조와 생산으로 이어지면서 자연자원의 고갈뿐 아니라 오염으로 인한 환경의 훼손을 가져오게 된다.

세계화는 사람들에 따라 다른 것을 의미한다. 옹호론자들은 세계화를 불가피한 현상으로서 세계화가 가져다주는 혜택이 더욱 잘 배분된다면 기본적으로 이익을 가져다주는 긍정적인 것으로 보고자 한다. 이들은 모든 국가의 사람들에게 같은 정치·경제·사회·문화 등이 도움이 된다는 점을 전제로 한다. 이와는 달리 반대론자는 세계화란 자연스러운 현상이 아닌 일부 국가가 자국의 이익을 위해 추진하는 정책의 결과물로서 세계화를 분열적이고 파괴적인 것으로 이끌고 있다고 간주하고자 한다.

이처럼 세계화에 대한 견해는 옹호하는 견해와 반대하는 견해로 구분이 된다. 반대하는 견해에는 세계화를 철저하게 반대하는 극단론도 존재하나 옹호하는 견해의 경우 철저하게 옹호하는 극단적인 옹호론은 일반적으로 존재하지 않고 유엔이 주장하는 인간의 얼굴을 한 세계화(globalization with human face) 즉 인간 중심의 세계화(human-centered globalization)와 같이 세계화의 문제점을 보완할 필요가 있다는 것을 전제로 한 옹호론이 일반적인 추세이다.

2. 세계화의 영향에 관한 이론적 관점들

1) 현실주의 관점

현실주의 관점은 세계화가 가져오는 영향을 평가하면서 부정적인 영향에 집중한다는 평가를 받는다. 이 관점에 따르면 세계화를 통한 상호교류 증대는 자유주의 이론과는 달리 다음과 같은 이유로 평화가 아닌 갈등을 초래한다고 본다.

우선 세계화는 자본통제의 실패·이민에 대한 적대감·인종차별·자유무역을 통한 부의 불균등한 배분을 가져오고 이러한 것들이 자칫 닫힌 민족주의를 유발할 수 있다고 본다. 더불어 세계화로 불만을 품게 된 국가가 내부에 배타적인 민족의식을 조장하여 극우화의 성향을 가지면서 국가 간 갈등을 초래할 가능성이 존재한다.

둘째, 세계화로 확대된 접촉 기회가 마약이나 환경 이슈 등을 촉발하여 이로 인한 저강도 분쟁(low-intensity conflicts)이 국가 간 갈등을 심화시킬 것으로 본다. 세계화로 촉진되는 문명 간 접촉 증대는 민족의 자의식을 강화하고 지역주의를 부추겨 이들 문명 간 전쟁의 가능성도 증대될 수 있다고 본다. 세계화가 문명충돌을 가져올 수 있다고 보는 대표적인 학자로서 헌팅턴(Samuel P. Huntington)을 들 수 있다.

셋째, 세계화로 인한 상호의존의 심화로 일정한 정도 군사력의 기대효용이 낮아지고 경제력이 권력의 중요한 수단이 되면서 국가들 사이의 무역분쟁·배타적 지역주의 간의 갈등·이익 배분의 불균등이 발생하여 국제정치 질서에 불안정한 요인이 될 수 있다.

넷째, 종전까지 주권국가 내부 문제로 여겨지던 인권과 환경 등의 문제가 국제적인 관심을 받게 되면서 이러한 문제를 둘러싼 영역 국가의 주권과 보편적 가치의 준수를 요구하는 외부와의 대립이 심화할 수 있다.

현실주의 이론은 지금까지 살펴본 세계화로 인한 부정적인 요소들을 해결하기 위해 국가라는 단위가 가장 효율적이라고 본다. 일부 학자들은 세계화로 인한 직접적 충격을 흡수하는 장치로서 지역주의 전략의 필요성을 강조하기도 한다.

2) 자유주의 관점

자유주의 관점은 현실주의 관점과는 반대로 세계화가 가져오는 영향을 평가하는 데 있어서 긍정적인 영향에 집중한다는 평가를 받는다. 이러한 관점이 제시하는 긍정적인 영향부터 살펴보면 다음과 같다.

우선 자유주의 이론은 세계화가 부(wealth)를 증진한다는 점을 강조한다. 자유주의 이론은 세계화로 인한 자본의 자유로운 이동으로 경제성장에 필요한 자본의 원활한 공급이 가능하고 기업과 기술의 국경을 넘는 이동으로 투자하는 국가뿐만 아니라 유치국의 경제적 효율을 극대화한다고 본다. 궁극적으로 금융과 생산시장의 세계화로 인한 전 세계적 자원의 최적화는 자원 배분의 효율화를 가져와 인류의 후생에 긍정적이라는 것이다.

둘째, 자유주의 이론은 세계화가 국제평화에 이바지한다고 본다. 구체적으로 세계화로 인한 상호의존은 무력사용의 비용을 높여 전쟁을 억제한다고 주장한다. 즉 세계적으로 진행되고 있는 무한경쟁의 경제전쟁에 여념이 없어 분쟁의 기회비용이 매우 커져 상호의존의 증가로 평화의 가능성이 커진다는 논리이다.

셋째, 자유주의 이론은 인권·난민·마약·식량·환경 등 개별 국가가 해결하기 힘든 초국가적이고 비군사적인 안보 이슈(security issue)을 부각해 이러한 사안에 대한 국가 간 협력을 가져와 포괄적 안보(comprehensive security)와 인간안보(human security)에 이바지한다.

넷째, 자유주의 이론은 세계화가 민주주의와 인권의 존중 등 세계의 보편적인 가치를 확산시켜 개개 국가의 정치적·사회적 삶의 질을 향상한다고 본다.58) 또 다른 한편 세계화는 미국식 민주주의 제도와 규범의 확산을 가져와 민주평화론(democratic peace theory)의 주장대로 국가 간 분쟁의 감소를 가져온다고 본다.

자유주의 관점이 세계화의 긍정적인 영향을 강조한다고 해서 부정적인 영향을 전혀 언급하지 않는 것은 아니다. 이 관점이 언급하는 부정적인 측면을 살펴보면 다음과 같다.

우선 세계화는 주권국가라는 근대 국제정치의 단위를 약화시키거나 해체하려는 경향을 보이는데 국가라는 단위의 약화나 해체는 사람들에게 또 다른 단위를 찾아 의탁하도록 한다. 인종이라는 더 세분된 단위 혹은 지역 문명이라는 보다 큰 단위를 추구하는 과정에서 분쟁과 갈등이 야기될 수 있다고 보며 실제로 오늘날의 현실에서 이러한 현상이 관찰된다.

둘째, 정보통신기술과 교통의 발전 때문에 국가 간의 언어적·문화적 거리감이 축소되면서 인간의 삶의 양식이 근본적으로 바뀌게 된다. 특히 국경을 넘는 영상매체의 영향으로 국가와 민족에 대한 애착심이 사라지고 문화적 정체성이 약화된다. 국경을 넘는 인구이동과 빈번한 외국인의 접촉으로 지리적 영토에 관한 구속성과 연결의식도 약화된다. 이러한 현상과 더불어 지방화(localization)가 동시에 진행됨으로써 사람들은 이중적 정체성(dual identity)을 견지하게 되면서 국가 귀속의식과 자국 중심주의는 더는 객관적인 기반을 갖지 못하게 된다.

셋째, 세계화의 진전에 따라 국가 간의 협력과 조정의 필요성이 증대되고 그 결과 많은 정부간기구의 영향력이 확대되며 이들은 초국가적 권위를 갖게 된다. 이를 「인터내셔널 거버넌스(international governance)」라고 부르는데 이러한 거버넌스에 의해 의사결정이 이루어짐으로써 국민이 직접 이에 영향을 받게 되고 그 결과 그들이 직접 선출한 정치지도자들의 정책 결정과 집행에 대한 통제능력이 없어지고 그 결과 민주주의의 의미가 약화 내지 사라지게 된다.

넷째, 자본과 기업이 초국가적인 활동을 전개하면서 국민경제의 틀이 무너지는 가운데 국가는 세계화로부터의 생존을 위해 국제 경쟁력에 최대의 역점을 둠으로

---

58) 자유주의 이론은 서구적 가치가 보편적 가치로 포장되어 개도국에 강요됨으로써 문명 간 갈등의 심화로 나타날 수 있다는 측면을 과소평가한다는 비판에서 벗어나 있지 않다.

써 전통적으로 해오던 노동자나 농민 등과 같은 사회적 약자를 초국가적인 활동을 하는 외국의 자본과 기업으로부터 보호하는 것이 어렵게 된다.

다섯째, 세계화 시대에 있어서 개별국가 국민은 타국의 더 높은 생활 수준에 대한 정보를 쉽게 얻게 되었으며 이것이 국가에 대한 압력의 요인으로 작용하게 되어 과거 헌법적인 정당성에 의해 평가되었던 국가의 권위와 정통성이 이제는 국가의 수행능력(performance)에 의해 평가되게 되었다. 수행능력이 약화된 정부의 권위와 정통성을 인정하지 않게 되며 그 결과 국내정치가 불안해질 가능성이 커진다.[59]

3) 구조주의 관점

구조주의는 자유주의가 세계화가 가져다주는 긍정적인 측면을 강조하는 것과는 달리 세계화의 부정적인 측면을 강조한다. 구조주의는 오늘날의 세계화의 추세는 여전히 시장 위주의 약육강식 질서가 유지된다는 점에서 과거의 연속 선상에 있으나 과거와는 다른 두 차원의 문제가 포함되어 있다고 본다.

문제 중 하나는 국가 내의 계급 간 대립을 넘어서서 인류 모두가 해결해야 할 인류적 사안이 제기되고 있다는 것이다. 다른 하나는 자본과 금융이 세계화되고 지구의 전 영역이 시장화되고 있어 이런 질서에 어떤 형태로든 대처하지 않으면 민족 단위의 발전전략은 의미가 없고 지속할 수도 없다는 측면에서 세계화의 심도가 깊다고 본다.

세계화가 주는 부정적인 영향은 폴라니(Karl Polanyi)가 그의 저서 「대변혁(The Great Transformation)」에서 전개하고 있는 주장에 잘 나타나 있다.[60] 그는 이 책에서 시장 만능주의와 시장의 실패를 지적하면서 세계화가 시장의 효율성만 강조한 결과 노동자 계급의 이익을 고려하지 않고 자본가 이익만 강조하여 부의 양극화를 초래한다고 강조한다.

무한경쟁의 논리로 국가에 의해 보호받던 사회적 약자가 더욱 소외되고 방치되어 이로써 국내정치가 불안정해지면서 전체주의 국가가 등장할 수 있고 이로 인

---

59) James N. Rosenau, *The United Nations in a Turbulent World, Occasional Paper Series by International Peace Academy* (Boulder and London: Lynne Rienner Publishers, Inc., 1992).

60) Karl Polanyi, *The Great Transformation* (Boston: Beacon Press, 1994).

해 국제관계가 불안해질 것으로 본다. 이러한 진단 하에 폴라니는 세계화로 인해 소외되는 사람들을 배려하지 않는 세계화는 의미가 없다고 본다.

폴라니는 금융의 세계화가 개별국가의 정책 자율성에 가하는 위협을 지적한다. 세계화로 인해 국가의 재정정책과 통화정책 등이 불안정해지고 이로 인해 경제의 건전한 운영이 어려워진다는 점을 강조한다. 특히 국가 간 이자율 차익을 노리고 단기적으로 이동하는 투기성 자금(hot money)의 유입으로 일국의 경제정책은 불확실한 효과를 거두게 된다. 이러한 맥락에서 폴라니는 자본을 「악인의 맷돌(Satanic Mill)」로 묘사하고 모든 것을 삼킬 수 있는 엄청난 파괴력을 보유하고 있다고 지적하고 통제되지 않은 자본의 파괴력을 경고하고 있다.

구체적으로 그는 세계화의 열매가 국가 간에 비대칭적으로 이루어져 세계적 차원의 부의 불평등을 증가시키고 특히 남북 간의 격차를 심화시켜 이에 따른 갈등의 가능성을 제고시켜 세계가 불안정해진다고 본다. 더불어 국내적으로 탈규제・민영화・복지축소로 개개인의 삶을 혹독한 경쟁으로 내몰고 소득분배의 불평등을 악화시켜 소위 20대 80의 사회(상위 20%의 사람들이 부의 80%를 차지하고 있는 사회)를 강요하며 소득분배 악화에 따른 국내적 갈등의 가능성이 커진다고 전망한다.

구조주의 관점에 따르면 이 밖에 상호의존 심화로 인해 국제경제 질서의 불안정을 촉발할 수 있는데 구체적으로 1990년대 후반기에 발생한 아시아의 경제위기에서 보듯이 일국의 수행능력 부족으로 야기되는 경제위기가 전 세계적으로 확산될 수 있다. 생산의 세계화는 다국적기업이 더욱 나은 입지조건을 찾아 이동하도록 하여 그 결과 환경 규범의 약화와 노동조건의 악화 등을 초래하여 인간안보를 위협할 수도 있다. 마지막으로 세계화 이름으로 서구의 문화와 제도 등이 유입되어 종속화가 될 수 있다.

4) 구성주의 관점

구성주의는 다양한 측면을 가지고 있는 세계화가 미치는 구성적 영향(constitutive effect)에 관심을 둔다. 즉 구성주의는 세계화의 다양한 측면들이 궁극적으로 국가의 행동에 영향을 미칠 국가의 정체성과 이익에 미치는 영향에 관심을 두며 이러한 점에서 다른 이론적 관점과 다르다. 이는 구성주의가 국가 간의 상호작용을 통해 구성된 세계화라는 관념이 가장 먼저 국가의 정체성을 규정하고 나아가 이러한 정체성이 이익을 규정하며 궁극적으로 이러한 이익이 국가의 행위에 영향을 미치는 영향의 사슬에 관심을 두기 때문이다. 구성주의는 세계화의 여러 측면 가운데 특히 전 지구적인 규범적 구조(global normative structure)의 등장에 관심을 집중하고 이러한 규범이 국가와 국내 환경에 구성적 영향을 미치는 것에 주목한다.

3. 세계화의 긍정적인 영향

1) 부와 수입의 증가 및 국제규범의 확산

우선 세계화는 개개 국가들이 타국과 비교하여 가장 경쟁력이 있는 것에 집중하여 상품을 생산하거나 서비스를 제공할 수 있도록 함으로써 국제적으로 노동의 분화를 촉진할 수 있다. 세계화는 생산자들에게 더욱 큰 시장을 제공함으로써 좀 더 많은 상품을 팔아 부를 축적하도록 하며 좀 더 많은 고용의 기회를 제공할 수 있다. 소비자들의 경우 규모의 경제를 통해 좀 더 양질의 상품을 좀 더 저렴한 가격에 구매하는 것이 가능해질 수 있다.

세계화는 노동력의 국경을 넘는 자유로운 이동을 가능하게 함으로써 노동자들에게 일할 기회를 좀 더 제공할 뿐 아니라 노동시장의 유연성에 이바지한다. 세계화로 인한 시장의 경쟁은 독점적인 이윤을 감소시키고 기업들이 비용을 절감할 수 있는 혁신을 추구하도록 하는 유인(incentive)을 제공한다. 국경을 넘는 아이디어와 기술의 이동과 공유는 국가 간의 아이디어와 기술에서의 격차를 줄이는 데 이바지할 수 있다.

이러한 주장들은 자유무역 옹호자들을 중심으로 하는 세계화 옹호론자의 주장으로서 요약하자면 세계화를 통한 무역이 전 지구적인 경제성장을 촉진하고 직업을 창출하며 기업에 좀 더 나은 경쟁력을 가져다주고 소비자를 위해 가격을 낮추어준다고 본다. 더불어 세계화는 선진국들로부터의 아웃소싱(outsourcing) 등을 통해 빈국으로의 외국의 자본과 기술의 유입 그리고 직업을 창출할 수 있게 함으로써 경제를 성장시키고 절대빈곤으로부터 탈출할 기회를 제공할 수 있다.[61] 이를 통해 민주주의뿐 아니라 인권의 존중과 같은 사회적 정의가 실현되는 조건을 창출할 수 있다고 본다.[62]

---

61) 선진국들이 값싸고 풍부한 노동력을 가진 개도국에 제조시설들을 설립하면서 개도국에 외국인 직접투자(FDI)가 대거 유치되었다.

세계화의 긍정적인 면을 프리드먼(Thomas L. Friedman)은 세계화로 인해 현재 「세계가 평평하다(The world is flat)」라고 표현하고 있다.63) 이는 세계가 물리적인 장벽이 제거된 가운데 모든 개인과 소집단에게도 협력과 경쟁을 위한 기회가 동등하게 부여되는 평평한 운동장(level playing ground)으로서 수평화(flattening)가 되었다는 의미이다. 구체적으로 세계화가 세계를 평평하게 했다는 것은 광케이블을 통한 전 지구적인 네트워크에 연결되고 다양한 새로운 소프트웨어로 무장하여 막강한 힘을 가지게 된 개인과 소집단마저 지구 건너편의 상대와 이웃집처럼 전 세계적인 차원에서 협력하고 경쟁하는 것이 가능하게 되었다는 것을 의미한다.

2) 다양한 글로벌 이슈의 원인에 대한 심층적 분석

9.11 테러 이후 미국과 세계평화에 가장 심각한 위험은 경쟁상대인 강대국들로부터의 군사적인 위협이 아니라 세계에서 가장 취약하게 통치되고 경제적으로 부진하며 갈등으로 시달리고 있는 국가들에서 발생하는 국경을 넘는 위협이라는 인식이 보편화되었다. 부시 대통령은 연설에서 9.11 테러를 통해 아프가니스탄과 같은 취약한 국가가 강력한 국가만큼이나 미국의 국가이익에 위험을 가할 수 있다고 진단했다.

이러한 진단은 실패한 국가와 실패 중인 국가들(failed states and failing states)이 초국가적인 테러행위에 의한 안보에의 위협을 비롯하여 무기의 확산 · 조직적 범죄 · 불법적인 물건의 밀매 · 인도주의적 재앙 · 지역 갈등 · 대량 난민과 이주자의 유입 · 전염성 질병 · 환경 훼손 · 에너지 불안정 · 평화유지와 인도주의적 지원의 필요 · 무역과 투자기회의 상실 등 광범위한 위험을 일으키거나 촉진한다는 인식에 기반을 두고 있다.

이러한 국가들이 실제로 세계질서에 미치는 영향을 살펴보면 다음과 같다.64)

---

62) 세계화를 통해 선진국들은 아웃소싱 등으로 인건비를 절감하고 새로운 시장을 확보할 수 있게 되었다. 제한된 일부 개도국들은 선진국들의 생산기지로서 새로운 산업의 유치로 일자리를 만들었고 기술이전을 통해 일정한 정도의 자생력을 가지게 되었다. 즉 여기서 제한된 일부 개도국들이란 중국과 인도를 포함하여 서비스와 상품의 제조를 위한 전 지구적인 공급망(supply chain) 일부가 된 국가들을 의미한다.

63) Friedman, op. cit.

64) Susan E. Rice, "U.S. Foreign Assistance and Failed States (Report of the Brookings)," https://www.brookings.edu/research/u-s-foreign-assistance-and-failed-states/ (접속일: 2019년 10월 9일).

실패한 국가란 아프가니스탄 · 소말리아 · 콩고민주공화국 · 수단 등의 국가와 같이 중앙정부가 갈등 · 효과적이지 못한 거버넌스 · 국가의 붕괴로 인해 영토의 상당한 부분에 걸쳐 효과적인 통제를 하지 못할 뿐 아니라 필수적인 긴요한 서비스를 제공할 수 없는 중앙정부를 두고 있는 국가를 지칭한다. 실패 중인 국가란 중앙정부의 권력이나 영토 혹은 권력과 영토 모두에 대한 장악력이 미미한 국가로서 이러한 국가 역시 심각한 위협을 가한다. 이러한 국가들은 종종 앙골라 · 보스니아 · 시에라리온 · 짐바브웨 · 라이베리아 · 부룬디 · 코트디부아르와 같이 갈등에서 벗어나고 있거나 갈등 직전에 놓여 있는 국가들이다.

실패한 국가나 실패 중인 국가는 다음과 같은 이유로 국제사회의 질서에 위협적인 존재가 되고 있다. 우선 이들 국가가 테러조직의 활동 터전이 될 뿐 아니라 안전한 도피처와 집결지가 된다. 테러조직들은 인원들과 무기 그리고 자금을 전 세계 이곳저곳으로 옮기기 위해 이러한 국가들의 침투가 가능한 허술한 국경과 법의 집행과 보안이 미약하거나 존재하지 않는 점을 악용하고 있다. 이들은 자신들의 활동 자금에 도움이 되는 다이아몬드와 같은 희귀 자원과 마약을 밀매한다. 이들은 종종 종교적이거나 인종적인 불만을 품고 있는 이러한 국가 내의 현지로부터 가난하고 절망감에 휩싸여 있는 젊은이들을 병력으로 충원할 수도 있다.

아프리카에 이러한 예들이 많은데 수단의 경우는 알카에다(Al-Qaeda) 및 다른 전 세계적인 테러조직들의 피난처이자 테러행위를 하는 근거지의 역할을 했다. 과격한 이슬람 정부는 테러행위의 후원자로서 밝혀지기도 했다. 효과적인 중앙정부를 결하고 있는 소말리아의 경우 알카에다 관련자들에게 안전한 활동의 공간을 제공했다. 알카에다 및 다른 테러조직들은 이집트 · 튀니지 · 알제리 · 케냐 · 탄자니아 · 우간다 · 남아프리카 · 코트디부아르 · 모리타니 등과 같은 다양한 아프리카 국가들에 효과적으로 은둔하면서 그곳에서 미국 및 다른 동맹국을 목표로 한 테러행위 활동을 위해 계획을 세우고 테러 자금을 조달하며 훈련을 했을 뿐 아니라 이러한 활동을 성공적으로 수행하기도 했다.

둘째로 이들 국가는 종종 광범위한 지역적 갈등을 일으키며 이렇게 발생한 지역적 갈등은 이들의 하부 지역들(sub-regions)의 안보를 약화시키고 개발을 지연시킨다. 시에라리온 · 통고 · 수단의 갈등은 대체로 성격상 국내적인데 몇몇 다른 국가들을 직접 연루시켰다. 극단적인 경우를 살펴보면 이러한 갈등은 이웃하고 있는 국가들의 상황을 악화시키고 (아주 드물게 이웃 국가들의 실패를 촉발하는 예도 없지 않지만) 이들 국가의 실패를 가속하기도 했다. 이러한 경우는 시에라리온의 갈등이 기니에 미친 영향과 콩고의 갈등이 짐바브웨에 미친 영향에서 볼 수 있다.

미국의 관점에서 볼 때 이러한 갈등은 미국에 엄청난 비용을 치르도록 한다. 이러한 비용에는 미국으로의 난민들의 유입 · 지역적 불안정을 악화시키고 국제적인 범법자의 힘을 강화하는 재래식 무기의 확산 · 인도주의적 지원과 평화유지 지원에 드는 수십억 달러의 비용 · 상실된 무역과 투자의 기회비용 · 실패 중인 국가들이 종종 소유하고 있는 다이아몬드/마약/탄자나이트(tanzanite)/콜탄을 포함한 가격이 높고 운반이 가능한 자원들의 범법자들에 의한 수출 등이 포함된다. 실패 중인 국가들은 또한 콜롬비아와 아프가니스탄에서처럼 마약의 생산과 밀매에서 적극적인 역할을 함으로써 미국의 국가안보를 해치고 미국 사회에 영향을 미친다고 본다.

이러한 분석과 더불어 빈곤 자체가 빈곤한 사람들을 테러리스트와 살해자로 만들지 않으나 빈곤이 취약한 제도와 부패 등을 만나 취약한 국가를 테러리스트의 네트워크와 마약 카르텔에 취약하게 만든다는 인식을 하게 되었다. 개발과 안보가 개선되면 이러한 국제적 불법행위가 벌어지는 공간에 제약을 가할 수 있다는 생각을 가지고 미국과 같은 국가가 중심이 되어 선진국들은 전 지구적인 위기의 지역에서 갈등 해결과 더불어 갈등 이후의 국가건설(post-conflict nation-building)이나 갈등 이후의 평화구축(post-conflict peace-building) 노력의 중요성을 강조하고 있다. 미국의 경우 목표가 명확하게 정해진 개발과 반테러의 지원 그리고 개선된 미국 시장에의 무역의 접근 등을 통해 실패한 국가와 실패하고 있는 국가를 지원하기 위한 혁신적인 방법을 고안해 오고 있다.

4. 세계화의 부정적인 영향

세계화가 가져다주는 부정적인 면은 다양하게 제기되는데 다음과 같은 점들이 가장 대표적인 부정적인 면으로 지적된다.

1) 수입과 부의 불평등[65)]

세계화가 세계의 대다수 국가를 위해 작동하지 않고 일부 제한된 수의 국가들에게만 혜택이 돌아간다. 세계화 시대가 가져다주는 풍요의 다른 편에서는 빈곤을 벗어나지 못하고 기아로 사망하는 사람들의 수가 증가하고 있으며 다수의 빈국과 다수의 빈곤한 사람들이 점차 주변화되고 있다.

국제적으로 빈국과 부국 사이에 수입과 부(income and wealth)에서 불평등이 확대되었을 뿐 아니라 국가 내에서도 빈자와 부자 사이에 수입과 부의 불평등이 확대되었다. 특히 일국 내에서의 이러한 점증하는 불평등은 정치적이고 사회적인 불안정을 초래하여 경제성장에 제약으로 작용할 수 있다.

세계화는 전 지구적인 무역과 상업을 지배하거나 주요 자원을 공급하는 소수의 주요국가와 저임금 노동력・기업 활동에 대한 관대한 정책・미약한 노동 관련 법규 등과 같은 요소에 호의적인 조건을 갖춘 제한된 수의 국가들만이 혜택을 누리도록 한다. 세계화는 또한 소수의 거대 기업에 부와 권력을 가져다주고 이들이 소규모의 작은 경쟁자들을 집어삼키도록 한다.

영국 케임브리지대학교 경제학부 교수인 장하준은 역사적으로 볼 때 선진국의 경제발전은 세계화의 핵심적인 요소인 자유무역을 기초로 한 것이 아니라 강력한 보호무역에 기반을 둔 것임을 지적하고 선진국들은 경제적 우위를 충분히 확보한 이후에야 자유무역의 깃발을 내세웠다고 주장한다. 자유무역을 핵심으로 하는 세계화는 결국 개도국의 착취를 통해 선진국 기업들에 더 많은 이득이 가도록 돕는 전략에 불과하다고 본다.[66)]

불평등 연구의 권위자인 경제학자 밀라노비치(Branko Milanovic)는 불평등을 심화시키는 중요한 요인을 대중교육・기술 변화・사회적 양도(social transfer)[67)]・

---

65) 세계화가 수입과 부의 불평등을 유발한다는 이러한 주장은 세계화로 인한 빈곤의 세계화(globalization of poverty)로 요약될 수 있다. 이러한 주장을 가장 극명하게 보여주는 저서로서 초스도프스키(Michel Chossudovsky)의 저서인 『빈곤의 세계화와 세계질서』에서 잘 볼 수 있다: Michel Chossudovsky, *Globalization of Poverty and World Order* (Pincourt, Quebec: Global Research, 2003).

66) Ha-Joon Chang, *The Myth of Free Trade and the Secret History of Capitalism* (New York: Bloomsberry Press, 2008); Ha-Joon Chang, *Kicking Away the Ladder: Development Strategy in Historical Perspective* (London: Anthem Press, 2003).

67) 사회적 양도란 공공부문 조직이나 민간부문 조직 혹은 시민사회부문 조직이 빈곤 속에 살고 있거나 빈곤으로 떨어질 위험한 상황에 있는 사람들에게 제공하는 사회적 지원을 의미한다.

노동조합 · 경제정책과 더불어 세계화로 보고 있다. 그는 세계화가 가장 활발히 진행됐던 절정기인 1988년부터 2008년까지의 20년 정도의 시기(냉전의 종식을 알리는 시기와 가까운 1988년부터 미국발로 시작된 세계금융위기 시작된 2008년까지의 시기)를 대상으로 하여 불평등에 관한 분석을 제시했다.68)

그에 따르면 실질소득 증가율을 기준으로 볼 때 세계화의 최대 수혜자는 중국 · 인도 · 태국 · 베트남 · 인도네시아 등 새롭게 부상하고 있는 국가들의 중간계층 그룹과 세계 최상위 소득 1%대를 점유하고 있는 선진국 사람들 그룹으로서 이들의 실질소득 증가율은 가파르게 증가했다. 이들과는 달리 세계화의 혜택을 전혀 누리지 못한 사람들 대부분은 미국 · 일본 · 독일과 같은 선진국의 중산층이나 중하위층 그룹이다. 이들은 세계 최상위 소득 1%대를 점유하고 있는 사람들과 같은 고소득 국가에 속해 있음에도 불구하고 실질소득 증가율이 정체됨으로써 경제 양극화의 대상이 되었다.

이는 선진국 내에서의 불평등을 보여주는 것으로서 이들 계층은 세계화의 혜택으로부터의 낙오자로서 사회의 불만과 저항의 세력이 되지 않을 수 없었다. 이 때문에 정치인들은 이들을 정치적인 지지세력으로 동원하기 위해 대중영합주의(populism)를 들고 나왔고 그 결과가 영국의 유럽연합 탈퇴(브렉시트)와 미국의 자유무역으로부터의 후퇴로 표출되었다.69)

이처럼 국가 내의 불평등이 급증하는 동안에도 중국과 인도 등 신흥 중간계층 그룹의 소득은 증가함으로써 전 지구적 불평등(국가 간 불평등)은 감소했으나 여전히 극도로 높다. 이러한 전 지구적 불평등은 남아프리카공화국이나 브라질 혹은 콜롬비아와 같은 가장 불평등한 국가들에서의 불평등 수준보다도 높다. 이러한 전 지구적 불평등은 국가들 사이에 존재하는 평균소득(mean income) 상의 큰 격차에서 유발된다는 점이 가장 시급한 이슈이다.

그의 주장이 시사하는 중요한 점은 세계화가 선진국과 개도국을 불문하고 국가 내에서의 불평등의 정도를 증가시키고 있다는 점과 국가 간의 불평등 정도는

68) Branko Milanovic, *Global Inequality: A New Approach for the Age of Globalization* (Cambridge, Massachusetts: Harvard University Press, 2016); Branko Milanovic, "Understanding Global Inequality," https://www.socialeurope.eu/speaking-up-for-globalisation-and-against-inequality (접속일: 2019년 10월 15일).

69) 실질소득 증가율이 아닌 실질소득 증가액을 기준으로 할 경우, 이 기간에 실질소득 증가액의 상당한 부분인 60%를 세계 인구의 상위 10% 그룹이 가져갔다. 실질소득 증가율이 높은 신흥 중산층의 실질소득의 증가액은 아주 미미하다.

여전히 극도로 높으나 중국과 인도를 비롯한 아시아 국가들의 소득 증대로 인해 전 지구적인 차원에서는 줄어들고 있다는 점이다.

2) 외부경제에의 민감성과 취약성의 증가

세계화로 인해 외부적인 경제 충격에 민감성과 취약성이 증대된다. 즉 국가 경제들이 좀 더 상호연계성과 상호의존성이 강화되면서 세계의 어느 한 국가로부터의 경제나 재정의 악화가 도미노 현상을 불러일으켜 다른 국가들에 연쇄적인 악영향을 미친다. 예컨대 2008년 9월 미국 국제금융회사(투자은행)인 리먼 브라더스 지주회사(Lehman Brothers Holdings Inc)의 파산이 전 세계로 확산되어 종국에는 2010년을 전후해서 포르투갈・이탈리아・그리스・스페인 등의 재정위기로 이어지는 등 세계금융을 위기로 몰아넣었다.[70] 이 사태는 그뿐만이 아니라 국제준비통화로서의 달러의 영향력까지 붕괴시켰다.

세계화로 인해 상호의존이 심화하면서 국가마다 세계 경제에 얼마나 연계되어 있는가에 따라 정도의 차이가 존재하나 근본적으로 외부의 영향에서 벗어나지 못한다. 국가들이 받는 이러한 영향의 정도를 측정할 개념으로써 민감성(sensitivity)과 취약성(vulnerability)이 있다.[71] 여기서 민감성이란 어떤 외부적 변화에 대응하는 데 있어서 기존의 정책을 바꿀 시간적인 여유가 없다든지 혹은 시간적인 여유가 있다고 해도 대안이 부재하다든지 기타의 이유로 인하여 새로운 정책이 마련되기 이전에 외부의 변화 때문에 치러야 하는 대가의 정도를 의미한다. 예컨대 석유수출국기구(OPEC)의 가격 인상이 석유 수입국의 국내 석유 가격의 즉각적인 인상으로 이어지면 민감한 상호의존에 있다고 볼 수 있다.

이와는 달리 취약성이란 어떤 외부적 변화에 직면하여 더 적절히 대응하기 위해 기존 정책의 대안으로 새로운 정책이 준비된 이후에도 치러야만 하는 대가의 정도를 일컫는다. 대응책이 마련된 이후에도 치러야 할 대가라는 점에서 취약성 상호의존은 국가 간의 관계에 있어서 보다 중요하고 심각하다. 석유수출국기구(OPEC)의 석유 가격 상승이 즉각적으로 수입국의 석유 가격 인상으로 이어져 높

---

70) 포르투갈(Portugal)・이탈리아(Italia)・그리스(Greece)・스페인(Spain)의 영문명 첫 알파벳을 이어 붙여 이들 국가를 간단히 「PIGS」라고 부르기도 한다.

71) Robert O. Keohane and Joseph S. Nye, *Power and Interdependence*, Third Edition (New York: Longman, 2000).

은 민감성을 보였다고 해도 시간을 두고 석유의 수입처를 다변화시킨다든가 원자력발전소의 건립 등을 통해 에너지 공급이 안정적으로 이루어질 수 있다면 외부의 석유 가격 인상에 대한 취약성이 완화된다고 볼 수 있다.

이처럼 세계화로 인한 상호의존의 심화는 국가들을 민감성과 취약성에 노출되도록 하는데 이와 관련하여 자유주의 관점은 이러한 민감성과 취약성이 국제협력을 가져온다고 본다. 이는 다른 국가의 위기가 자국의 위기로 발전하는 것에 대한 우려가 있고 상호의존이 심화된 가운데 갈등이 발생하면 서로 잃는 것이 많기 때문이라고 본다.

이와는 달리 현실주의 관점에 따르면 국가들은 국제정치체제의 무정부성(anarchy)으로 인해 안보를 가장 우선시하며 이 때문에 타국에 대한 의존이 초래할 수도 있는 불안전(insecurity)을 우려하여 기본적으로 국제협력보다는 자립을 추구하는 성향을 지니며 협력을 한다고 해도 협력의 결과로서의 이익이 균등하거나 자국에 유리하게 배분되었을 때에 국한된다고 본다.

이러한 관점에서 트럼프 정부하에서의 미국과 중국 간에 전개되고 있는 무역전쟁은 경제 관계의 결과가 가져오는 상대적인 이익이 중국에 치우쳐 있다고 인식한 미국에 의해 유발되고 있다고 볼 수 있다. 이러한 경우는 국가 간의 상호의존이란 엄밀한 의미의 균등한 상호의존이 아닌 불균등한 의존을 가져올 수 있고 이러한 것이 국가 간의 갈등을 유발할 수 있음을 보여준다.

3) 환경의 파괴

세계화로 인한 전 지구적인 수요의 증가와 이러한 수요를 창출하고 충족시키기 위한 전 지구적인 차원에서의 치열한 경쟁은 생산의 증가 등 경제활동의 증가를 가져오고 이러한 경제 활동의 증가는 천연자원을 고갈시키고 산업체로부터의 쓰레기와 오염물질의 대규모 방출을 가져오면서 환경을 훼손한다.

세계화는 이러한 상품의 생산과 소비를 촉진함으로써 뿐만 아니라 상품의 생산을 위한 원자재와 상품 자체의 선박이나 항공기를 이용한 국경을 넘는 이동이 있어야 함으로써 연료의 대량 사용을 가져와 환경을 파괴하기도 한다. 세계화로 인한 경쟁에서 이기기 위해 부단히 원가를 떨어뜨려야만 하는 기업들은 자국보다 환경규제가 약한 국가에 생산시설을 건설하도록 함으로써 이러한 국가들의 환경을 파괴하기도 한다.

4) 아동노동 / 강제노동 / 인신매매의 조장

세계화는 소비자가 양질의 상품을 저렴한 가격으로 살 수 있도록 하기도 하지만 기업이 치열한 가격경쟁에서 살아남기 위해 개도국에 있어서 부분적으로 아동노동(child labour)이나 강제노동(forced labour) 혹은 여성과 아동의 인신매매(human trafficking)를 통해 상품을 만들도록 함으로써 도덕과 윤리의 문제를 일으키기도 한다.[72] 이러한 강제노동과 인신매매는 종종 「현대판 노예(modern slavery)」라고도 불린다.

5) 초국가적인 조직범죄의 증가

세계화는 초국가적인 조직범죄(transnational organized crime)의 증가를 가져온다. 이를 두고 「범죄의 세계화」라고 부르기도 한다. 초국가적인 조직범죄가 증가하는 것은 이들 범죄조직에 침투가 가능한 국경과 범죄를 쉽게 하는 강력한 새로운 기술이 가용하기 때문이다.

구체적으로 교역의 자유화와 교통수단의 발달로 물리적인 국경을 넘어 사람과 상품 등이 국가 간 이동이 쉬워진 결과 여러 국가에 걸친 범죄 행위가 가능해졌다. 예컨대 유럽연합의 경우 솅겐협정(Schengen Agreement)에 의해 비회원국 국민이 회원국 가운데 한 국가에 입국할 경우 별다른 출입국에 대한 통제 없이 역내 다른 국가들을 자유롭게 이동할 수 있다. 이러한 범죄에는 불법적인 마약 거래·불법적인 무기거래·불법적인 여성과 아동의 인신매매·자금세탁·위조지폐의 제조와 통용·부패·테러를 포함한 폭력적인 범죄 등이 있다.

더불어 인터넷 등과 같은 정보통신기술의 발전으로 일국 내에 머문 채 사이버라는 가상공간상(cyberspace)에서 범죄가 가능하게 되었다. 세계화를 가능하게 할 뿐 아니라 세계화를 통해 더욱 발전하고 있는 인터넷과 연결된 가상공간은 인간의 삶에 많은 혜택을 가져다주지만 동시에 사이버 범죄(cybercrime)의 도구 역할도

---

72) 세계화가 아동노동을 증가시킨다는 경험적 증거가 없고 오히려 아동노동을 줄이는 데 이바지한다는 주장도 존재한다. 이러한 주장에 따르면 개도국들은 교육과 공중보건에 지출을 늘림으로써 세계화를 통해 아동노동을 줄일 기회를 얻게 되었다는 의미이다. 세계화에 의해 선진국들의 상품의 생산기지가 되는 등의 방식으로 세계화의 혜택의 일부라도 받는 국가(예컨대 베트남)의 경우 빈곤한 가정에 수입이 창출되어 부모들이 아동들의 노동을 줄이고 이들을 학교에 보내는 현상이 발견되기도 한다.

하고 있다.

이러한 사이버 범죄에는 사기행위·음란물 유통·저작권과 소프트웨어의 해적행위·신분도용·산업 스파이 행위를 비롯한 다양한 유형이 존재한다. 이들 이외에 정치적 동기에 의해 자행되는 사이버 테러행위도 있다. 이는 해커가 특정 국가의 전산망에 침투하여 컴퓨터나 네트워크에 저장된 정보를 공격함으로써 국가 기관 등에 피해를 주고 나아가 국가의 안보를 위협하는 경우이다.

6) 질병의 확산과 보건에 대한 위협

세계화는 전염병의 국경을 넘는 확산에 이바지한다. 즉 국경을 넘는 사람들의 신속한 이동으로 인해 전염성 질병의 확산이 모든 사람 특히 가난한 사람들에게 위협이 되고 있다. 이러한 현상을 일컬어 「질병의 세계화(globalization of disease)」라고 칭하기도 한다.

예컨대 에이즈(HIV/AIDS)·폐결핵·중증급성호흡기증후군(사스: SARS)·중동호흡기증후군(메르스: MERS)·지카 바이러스 감염병과 같은 질병이 여행자들에 의해 지구의 가장 먼 구석까지 전파된다. 더불어 인간에게 치명적인 에볼라 바이러스(Ebola Virus)의 확산에서 보듯이 과거 국지적으로 기승을 부리던 바이러스가 세계화로 인해 감염지역이 급속하게 확산된다.

세계화가 직접 보건문제에 영향을 미치는 것이 아니라 세계화가 가져오는 다방면의 변화가 보건문제에 영향을 미친다. 세계화가 음식물 교역의 증가를 가져오면서 음식 속의 박테리아·바이러스·기생충 등으로부터 유래하는 질병을 전파하게 된다. 세계화의 부산물인 산업의 발달로 인한 환경의 훼손 또한 인간의 보건에 영향을 미친다. 세계화로 빈번해진 국경을 넘는 사람들의 이주가 많은 전염성 질병의 확산에 이바지한다. 세계화로 인해 고도화되는 기술은 질병의 확산을 막는 긍정적인 역할을 하기도 하지만 다른 한편 질병이 만연하고 있는 지구의 구석구석까지도 여행할 수 있도록 함으로써 보건에 악영향을 미치기도 한다.

7) 문화적 다양성의 파괴와 문화적 정체성의 위기 초래

세계화를 통해 서구의 문화가 다른 나머지 국가들에 일방적으로 옮겨져 지역의 문화를 파괴하기보다는 이전에 알려지지 않은 특정 국가 혹은 특정 지역의 문화가 전파되는 긍정적인 역할을 행하기도 한다. 더불어 전 세계적으로 사회적 가치의 공유를 발생시키는 긍정적인 역할도 수행한다. 예컨대 과거에는 도덕적 가치라고 하는 것은 국가적인 지역적인 특수성 속에서 이해되고 묵인되었는데 조혼의 풍습에서 보듯이 이러한 풍습이 세계화가 진행되면서 아동의 권리와 여성의 권리라는 보편적인 도덕적 잣대 속에서 과거처럼 특수성으로 용인되기 어렵게 되었다.

그러나 일반적으로 문화 간의 상호대화가 없이 문화가 부국으로부터 빈국으로 일방적으로 흘러 들어감으로써 문화적 다양성과 정체성을 파괴하고 더불어 정치체제와 경제체제의 다양성과 정체성도 파괴하고 있다. 서구의 국가들 특히 미국이 강력한 미디어의 영향력과 더불어 자신들의 문화가 다른 문화와 비교하여 좀 더 우월하다는 것을 과시하고 이러한 문화가 타국의 국민에 의해 수용되도록 한다. 이를 통해 개도국의 문화처럼 전 지구적으로 지배적이지 못한 문화가 주변화되는데 이러한 현상을 두고 「문화적 제국주의(cultural imperialism)」라고도 부른다. 이러한 현상은 또한 「코카-식민화(Coca-colonization/Cocacolonization)」라고도 불리는데 이는 코카콜라와 같은 인기 있는 미국의 상품을 통해 전 세계로 확산되는 미국 문화의 세계화(Americanization)를 의미한다. 문화도 여러 측면을 지니고 있는데 그 가운데 선진국의 소비문화가 이들의 세계적인 브랜드의 상품의 세계적인 확산을 통해 다른 국가들 소비자들의 선택과 창의성을 제약하고 있다.

언어의 측면에서 세계화는 물리적인 국경을 넘어 정치·경제·사회·문화 등의 각종 부문에서 사람들의 접촉이 빈번해지고 인터넷이 중요한 정보의 원천이 되면서 언어의 동질화가 급속하게 진행되고 있다. 영어가 지배적인 언어가 되는 가운데 소수의 사람이 사용하고 있는 다양한 언어들이 소멸하고 있다. 이를 두고 「언어 제국주의(linguistic imperialism)」라고 칭하기도 한다. 이러한 현상은 음식 문화에도 영향을 미칠 뿐 아니라 소비문화에도 영향을 미치고 있다.

8) 다양한 반세계화 운동

자유주의적 가치와 자본주의 가치가 전 세계적으로 수용될 것이라는 기대 속에 세계화의 흐름을 거스를 수 없을 것이라는 예측과는 달리 경제통합과 국제제도에 적대적인 정치적인 운동이 광범위하게 퍼지고 있다. 이를 「세계화에 대한 반격(backlash against globalization/globalization backlash)」이라고 표현하곤 한다. 이러한 반격은 일방주의(고립주의)·반이민주의·보호무역주의 등 여러 형태로 표출되고 있다.

대표적으로 유럽연합(EU)이 부과하는 구속에 반대하는 영국의 브렉시트(Brexit) 투표73)・자유무역을 제약하고 반이민 정책을 옹호하는 미국의 트럼프 대통령의 선출74)・유럽의 여러 국가에서 유럽의 통합과 이민정책에 반대하는 극단적인 정당들의 선거에서의 승리 등이 이러한 모습을 단편적으로 보여준다. 이러한 모든 현상을 세계화가 일으킨 신민족주의(neo-nationalism)의 등장이라는 범주 내에서 살펴보고자 한다.

민족주의(nationalism)라는 개념은 다양하게 정의되어 오고 있다. 여기에서는 다양한 정의 가운데 민족주의를 「자신의 국가・국민・관습・가치와의 강렬한 정서적인 일체화(동일시)」라는 정의를 사용하고자 한다. 이러한 의미에서 민족주의는 정체성・문화・자율성을 유지하고 증진하는 방편으로 추구되는 것이다.

민족주의를 좀 더 세분화하여 정치적 민족주의는 국가의 자치권을 보호하고 국가의 구성원들을 전 지구적인 경제적・사회적 압력으로부터 지켜내는 것을 사명으로 하는 주의(doctrine)이고, 경제적 민족주의는 간단히 보호무역주의(protectionism)라는 정의를 빌리고자 한다. 이러한 민족주의는 특정 문화와 삶의 방식을 방어하거나 고무하기 위해 국민에 의해 자발적으로 사용되기도 하지만 종종 정치가들에 의해 국가의 통합과 애국심을 고취하기 위한 수단으로서도 이용된다.75)

최근 들어 민족주의라는 말 대신에 신민족주의라는 말이 빈번하게 사용되고 있다. 따라서 이 두 개념의 차이를 살펴볼 필요가 있다. 민족주의는 제국주의의 지배 아래에 있던 국가들이 자신들의 민족국가를 수립하기 위한 민족해방운동으로서 발전되었다. 따라서 민족주의는 민족국가(nation state)에 강조점을 두었다.

이와는 달리 신민족주의는 말 그대로 새로운 물결의 민족주의로서 2010년대 중반에 유럽과 북미 그리고 다른 지역 일부에서 등장했다. 이러한 신민족주의는 세계화의 영향으로부터 발생한 하나의 운동으로서 세계화로 인해 국가의 자결권이 제한되는 가운데 국가의 주권을 보호할 목적으로 발전되었다. 즉 신민족주의는 민

73) 브렉시트에 대한 찬성은 여러 요인이 미친 결과이지만 세계화가 가져온 영국인들의 직업에 대한 우려와 이민자들의 입국에 대한 우려가 중요한 이유 중 하나였다고 분석한다.

74) 트럼프 대통령의 당선 핵심축은 세계화의 경쟁에서 밀려난 산업의 중심지인 미국의 중서부 지역이었다.

75) Tom Murse, "Nationalism in Politics and Culture: Patriotism, Chauvinism, and the Identification With Our Homeland," https://www.thoughtco.com/nationalism-definition-4158265 (접속일: 2019년 8월 12일).

족국가와 국가 주권의 약화에 대응하여 자결(self-determination)을 위한 운동으로써 발생하였다. 따라서 신민족주의는 민족보다는 주권에 강조점을 둔다. 신민족주의는 민족주의와는 달리 과거에 좌파들의 의제였던 국가 내부와 국가 사이의 평등 제고와 더불어 엘리트의 권력의 제한 그리고 반전(anti-war)과 같은 과거 좌파들의 의제에 관심을 둔다.76)

세계화가 민족주의에 미치는 영향과 관련하여 세계화가 민족주의를 약화시킨다는 주장과 강화시킨다는 주장이 동시에 존재한다. 첫 번째 주장은 세계화가 국경을 넘는 빈번한 인적·물적 교류 등을 통해 물리적이고 심리적인 장벽이 낮아짐으로써 민족주의적 정체성과 정서를 약화한다는 주장이다.

두 번째 주장은 이와는 반대로 세계화가 민족주의를 부추긴다고 보고 이러한 민족주의의 등장으로 인해 다자주의(multilateralism)가 경직화되어 국제사회의 문제를 해결하는 데 있어서 합의에 도달하는 것을 어렵게 한다고 본다. 여기에서는 세계화로 인한 개도국에서의 민족주의의 발흥과 선진국에서의 민족주의의 발흥을 구분하여 살펴보고자 한다.

우선 개도국의 경우 세계화와 더불어 전 세계적으로 표준화가 되는 서구의 생산품뿐 아니라 서구의 아이디어와 가치(주로 민주주의와 자유주의 가치)가 이들 개도국 구성원들의 생각과 가치를 지배하면서 정치 부문을 비롯한 여러 부문에서의 정체성에 위협이 가해지자 일부 국가들이 민족주의 정서를 통해 이러한 세계화의 영향에 대항하고자 하면서 민족주의가 발생했다. 이러한 현상은 세계화가 본격화된 1980년대 말부터 개도국을 중심으로 민족주의와 종교적 근본주의(religious fundamentalism)가 부활한 것에서도 잘 알 수 있다.

선진국도 민족주의 정서가 발흥하고 있는데 개도국의 경우와는 달리 개도국으로부터 유입되는 아이디어와 가치 등이 자국을 지배할지 모른다는 우려에 반응하여 민족주의가 발흥하기보다는 유입되는 이주자들에 의한 자국의 경제적·사회적 불안정과 불확실성이 이들 국가에서 민족주의적 정서를 유발하고 있다. 유럽의 경우 이러한 민족주의 정서를 일반 대중들이 아닌 급진적인 우파 정당인 극우 정당이 추동하고 있다는 공통점을 보인다.

---

76) Takis Fotopoulos, "Globalization, Rise of Neo-Nationalism and the Bankruptcy of the Left," https://www.mondialisation.ca/globalization-the-massive-rise-of-neo-nationalism-and-the-bankruptcy-of-the-left/5527157 (접속일: 2019년 9월 9일).

이처럼 세계화가 민족주의에 미치는 영향에 대해 상반되는 주장이 존재하나 세계화는 양날을 가진 칼처럼 민족주의를 약화시키기도 하고 동시에 강화하기도 하는 두 가지 상반된 측면을 지닌 존재로 보아야 할 것이다. 그렇다면 어떤 조건이 민족주의에 대한 세계화의 영향을 달리할 것인가를 살펴보아야 한다. 이러한 영향을 미치는 요인에는 여러 가지가 있겠지만 세계화로 유입되는 인적·물적·정신적 요소들이 위협으로 인식될 것인지 아니면 다양성(diversity)으로 수용되는가에 따라 세계화는 민족주의를 완화하기도 강화하기도 한다.

비교적 최근의 예로서 유럽과 미국에 있어서 세계화와 민족주의의 관계를 좀 더 세밀하게 살펴보면 다음과 같다.[77] 영국의 유럽연합(EU) 탈퇴를 위한 국민투표에서 탈퇴안의 통과와 미국에서의 트럼프 대통령의 선출은 명백하게 세계화에 의문을 제기함으로써 신세계질서(New World Order, NWO)에 강력한 영향을 미쳤다. 이러한 경향은 자결과 급격한 사회변화에의 대응에 필요한 조건인 경제 주권과 국가 주권에 대한 강력한 대중적인 요구로서 세계화 희생자들의 반세계화 운동의 목소리를 대변한다고 볼 수 있다.

이러한 경향은 세계화와 더불어 중국과 베트남 등 임금이 싼 국가로 생산시설을 이전하는 현상을 의미하는 오프쇼어링(off-shoring)을 활발하게 하던 미국을 비롯한 과거 주요 제조업 선진국들의 세계적 기업들이 해외의 생산시설을 다시 자국으로 되돌아오게 하는 리쇼어링(reshoring)을 하는 것에서도 드러난다. 특히 미국의 트럼프 대통령은 2016년 선거 캠페인에서 미국 제조업의 몰락을 상징하는 러스트 벨트(Rust Belt)의 표를 얻기 위해 세계화의 근간인 자유무역에 대한 비판과 보호무역주의와 반세계화의 옹호를 통해 대통령에 당선되었다.[78] 당선 이후 실질적으로 미국 기업들의 리쇼어링이 증가하고 있고 다른 한편 미국에 대한 외국기업의 투자도 늘어나고 있다.

이처럼 세계화의 상징인 오프쇼어링과 반대인 리쇼어링이 역세계화 혹은 반세계화의 조짐으로 조심스럽게 불리고 있다. 이러한 움직임이 세계화를 주도해오던 미국에서 정책적으로 추진되고 있다는 사실로 인해 세계화를 특징으로 하는 현재

77) Takis Fotopoulos, "The Revolution of the Victims of Globalisation and Neo-Nationalism," https://www.worldfinancialreview.com/the-revolution-of-the-victims-of-globalisation-and-neo-nationalism/ (접속일: 2019년 7월 27일).

78) 「러스트 벨트(Rust Belt)」란 세계화와 더불어 경쟁력의 저하로 쇠락한 미국 내 주요 공장지대인 중서부 지역과 북동부 일부 지역을 지칭한다.

의 세계질서 향배에 대한 논의가 전개되고 있다. 이러한 경향이 단순히 정치적인 것으로서 지도자에 따른 일시적인 현상인지 아니면 구조적인 현상인지가 주된 관심사가 되고 있다. 한 가지 확실한 것은 이러한 리쇼어링이 구조적인 요인으로서 오프쇼어링의 대상 국가에서 임금이 빠른 속도로 상승하는 등 생산비용이 올라가고 있다는 사실과 4차 산업혁명으로 인해 로봇과 인공지능 등 첨단 생산기술이 생산현장에 투입됨으로써 자국 내의 생산비용이 감소하고 있다는 사실과도 관계가 있다는 점이다.

이러한 반세계화 운동으로 추동되는 신민족주의는 영국과 미국에 그친 것이 아니라 유럽 전역에서도 유사한 운동으로 표출되었으며 시간을 두고 전 세계적으로 확산되었다. 전통적으로 자본주의 체제하의 노동자들을 위해 투쟁했던 세계주의 좌파(globalist Left)는 사회주의 붕괴와 다국적기업의 대규모 확장에 뒤이어 신자유주의에 기반한 세계화를 지향하는 신세계질서(NWO)에 완전히 흡수되었다. 그 결과 이들 세계주의를 수용하는 좌파는 세계화와 더불어 세계화를 추동하는 정부간기구와 다국적기업 그리고 이들을 이끌어가는 엘리트에 대해 의문을 제기하지 않고 신세계질서를 개선하려는 희망과 더불어 단순히 긴축정책과 같은 체제의 과도함을 비판하는 데 그치는 등 세계화의 수혜자의 편에 충실하게 서 있었다.[79]

이러한 세계주의 좌파는 밑으로부터의 강력한 반세계주의(anti-globalism)와 반세계화(anti-globalization)를 기치로 하는 신민족주의 부상이라는 급격한 변화를 인식하지 못한 결과 정치적으로 종말을 맞게 되었다. 이는 근본적으로 과거 세계주의 좌파를 지지했던 노동자 대부분이 새롭게 부상하는 신민족주의 운동으로 방향을 전환하고 새롭게 부상하는 신민족주의 정당으로 이동했기 때문이다. 이러한 신민족주의 정당은 물론 반자본주의 정당이 아니며 최소한 세계화에 일관되게 반대하여 투쟁하는 정당으로서 프랑스의 극우 정당인 국민전선(Frente Nacional, FN) 같은 경우는 좌파의 전통적인 요구의 많은 부분을 채택하기도 했다.[80]

이렇게 세계화 시대에 등장한 신민족주의 정당은 대개 과거의 민족주의 정당과는 거의 관계가 없다. 과거의 민족주의 정당은 대개 국민국가가 수립될 시기에

79) 세계주의(globalism)란 궁극적으로 모든 국경과 국가는 해체되어 단일의 세계정부가 되어야 한다는 믿음을 의미한다. 세계주의 좌파란 이러한 세계주의를 수용하는 좌파를 의미한다.

80) 국민전선(FN)은 프랑스의 트럼프로 불리는 극우 민족주의자인 장마리 르 펜(Jean-Marie Le Pen)이 이끄는 정당으로서 프랑스의 유럽연합(EU) 탈퇴 · 자국 우선주의 · 이민자 배제 등 극우 성향의 정책을 펼치고 있다.

국민국가의 수립을 돕는다는 명백한 목적과 더불어 등장한 공격적인 운동이었다. 그러나 이와는 대조적으로 신민족주의 운동은 실제로 세계화 시대에 점차 약화되어 가는 경제 주권과 국가 주권의 부활을 위해 싸우는 방어적인 운동이다. 간단히 말해 신민족주의는 기본적으로 세계화가 초래하는 경제적인 영향과 문화적인 영향 특히 노동시장의 자유화로부터 야기되는 운동이다.

9) 테러행위의 세계화

테러행위가 일국 내에서뿐만 아니라 국경을 넘어 국제사회 이곳저곳에서 발생하고 있는데 이러한 현상을 일컬어 「테러행위의 세계화(globalization of terrorism)」라고 부른다. 세계화와 테러행위의 상관관계가 여러 학자에 의해 중요한 토론의 대상의 하나가 되어오고 있다. 세계화를 정치적 세계화・경제적 세계화・사회적 세계화 등으로 구분하고 테러행위도 국내 테러행위와 국제 테러행위 등으로 구분하여 상관관계를 좀 더 실증적이고 통계적으로 살펴보고자 하는 노력이 행해지고 있다. 여기에서는 이러한 것을 소개하기보다 통상적으로 세계화가 어떤 방식으로 테러행위와 연결되어 있는가를 살펴보고자 한다.

우선 세계화는 일국 내와 국가 간에 있어서 경제적・사회적 불평등을 심화시켜 경제적・사회적 약자들을 양산하여 좌절하고 분노하게 함으로써 현 질서를 폭력적으로 타파하려는 테러집단의 구성원이나 지지자가 되게 한다. 간단히 말해 세계화의 대열과 혜택으로부터의 배제가 테러행위의 확산을 가져오는 토양이 된다. 국가가 정치적・경제적으로도 취약하여 세계화로 인해 부정적인 영향을 받는 사회구성원들이 직면한 이러한 불평등을 해소하지 못하는 등 이들을 보호하지 못하는 경우 분노와 좌절을 일으켜 테러집단 발생의 온상이 되기 쉽다.

둘째, 세계화는 서구 중심적인 문화・종교・가치・생각・전통・언어 등의 유입과 확산을 촉진함으로써 이러한 외래적인 것들을 공유하지 않는 사람들이 이를 강하게 거부하도록 하는 토대를 제공함으로써 테러행위의 확산에 이바지할 수 있다. 인터넷 기반의 사회연계망과 같은 새로운 정보기술이 이러한 것들의 유입을 쉽게 하고 있다.

예컨대 중동과 아랍지역 사람들이 세계화가 자신들의 고유한 문화・종교・가치・생각・전통・언어를 파괴할 것이라는 위협을 느끼고 서구 중심적 문화・종교・가치・생각・전통・언어 등의 유입을 촉진하는 세계화에 대항한 투쟁을 선택한 결과 다양한 테러조직이 확산되었다. 세계화는 또한 소비문화와 자유시장 경제체제의 유입을 동반함으로써 보수적인 문화를 지니고 있으면서 사회의 특권적 지위에 있지 않은 사람들에게 상대적인 박탈감을 느끼게 함으로써 테러조직의 확산에 이바지했다. 이러한 경향은 나이지리아의 테러집단의 하나인 보코하람(Boko Haram)의 이름이 서양식 교육/문화는 죄악이라는 의미라는 것에서도 잘 드러난다.

셋째, 세계화는 국경을 넘어 사람들 간과 국가 간에 다양한 수단을 통해 소통을 쉽게 만들어 테러집단의 확산에 이바지했다. 구체적으로 테러집단은 인터넷 기반의 익명성이 존중되는 사회연계망(social networks)을 통해 자국 내에서뿐만 아니라 국경을 넘어 타국의 사람들에게도 자신들의 주장을 홍보하고 이들을 유인하여 조직원으로 충원하여 활동하도록 할 수 있게 되었다. 시리아와 이라크에서의 이슬람국가(IS)가 이러한 것을 보여주는 가장 좋은 예이다. 이러한 정보통신기술로 국경을 넘는 신속한 송금이 가능해진 결과 테러를 위한 자금의 조성과 더불어 국경을 넘어 연대가 이루어진 테러행위에 대한 지원이 쉬워졌다. 그 결과 과거에 여러 지역에서 고립적으로 활동했던 테러집단들이 연대하는 일이 쉬워졌다.

넷째, 세계화로 인해 국경이 개방되면서 과거보다 테러분자들이 국가들을 더욱 자유롭게 드나들면서 테러행위를 하는 것이 가능해졌다. 정보통신기술의 발전뿐 아니라 교통수단의 비약적인 발전으로 인해 테러리즘의 전 지구화를 촉진했다.

다섯째, 세계화는 국경을 넘는 사람들의 이주(migration)를 용이하게 함으로써 테러집단의 확산에 이바지한다. 이주자가 이주한 국가에 정착하여 주류사회에 진입하지 못할 때 고립된 소수 그룹으로 남게 되고 경제적·사회적 차별과 불평등을 경험함으로써 테러행위의 확산에 이바지하게 한다.

결론적으로 말해 세계화와 테러행위 사이에 직접적인 인과관계가 존재하는 것은 아니다. 즉 세계화가 직접 테러행위로 연결되는 것이 아니라 테러행위를 조장하고 유인할 수 있는 사회적·경제적 여건을 만듦으로써 테러행위의 확산에 이바지한다는 것이다. 즉 세계화는 위에서 살펴본 사회적·경제적 불평등과 더불어 외래문화와 종교 등의 침투 용이성·정보통신기술의 발전·개방된 국경과 교통수단의 발전·이주의 용이성 등 테러행위의 확산에 호의적인 조건을 조성함으로써 테러행위의 확산에 이바지하고 있다.

제4장

냉전의 종식과 국제사회의 변화

제 4 장

냉전의 종식과 국제사회의 변화

냉전의 종식은 국제사회 전반에 걸쳐 미증유의 변화를 가져왔다. 이러한 냉전 종식의 영향은 냉전 종식 자체가 가져온 영향에 냉전 종식으로 더욱 확대하고 심화된 세계화의 영향이 더해지기 때문이다. 이 장에서는 냉전의 종식이 가져온 영향을 세계질서 전반에 미친 영향과 글로벌 이슈에 미친 영향으로 구분하여 살펴보고자 한다. 냉전 종식이 세계질서와 글로벌 이슈에 미치는 영향은 다방면에 걸쳐 있으나 세계질서 가운데 안보 질서에 중점을 두고 글로벌 이슈 가운데 안보 이슈에 중점을 두고자 한다. 이에 따라 안보 분야에서 이론적인 설득력을 좀 더 가지고 있는 신현실주의 이론의 시각을 빌려 냉전의 종식이 안보 질서와 안보 이슈에 미치는 영향을 국제체제의 변화를 매개 요인으로 하여 살펴보고자 한다. 그러나 국제체제가 현재 예측하기 힘든 불확실한 과도적인 변화기에 있어 이러한 이론적인 시각에 지나치게 얽매어서는 안 된다는 점도 고려해야 한다.

제1절 냉전 종식 후 국제체제의 변화

냉전 종식 후 국제체제가 어떻게 변모해 갈 것인가에 관해 학자나 실무가들 사이에 합의가 존재하지 않는 것은 물론 현재의 국제체제가 어떤 국제체제인지에 관해서도 합의가 존재하지 않고 다양한 시각들이 경합하고 있다. 이는 국제체제가 빠르게 변화하고 있어 변화의 방향을 알기 어려운 불확실한 상황에서 다양한 시각들이 변화의 다양한 측면에도 불구하고 특정의 한 측면에 치중하고 있기 때문이다. 다른 한편 다양한 시각들은 변화의 일면을 강조하여 보여주고 있으므로 변화의 전모를 파악하기 위해서는 이들 이론을 종합적으로 살펴보아야 한다.

1. 국제체제 변화에 대한 다양한 시각

냉전의 종식으로 인한 국제체제의 구조적 변화를 통해 냉전 종식이 전 지구적인 안보 이슈에 미친 영향을 신현실주의 국제정치 이론의 시각에 기반하여 살펴보고자 하는데 냉전의 종식이 가져온 국제체제의 구조적 변화와 관련하여 다양한 주장들이 제시되어 오고 있다.

양극체제에서 하나의 극을 형상하고 있던 소련이 붕괴하자 미국을 유일한 초강대국으로 하는 단극체제(패권체제)가 도래되었다는 것에 대해서는 대체로 의견을 같이한다. 그러나 소련의 붕괴 이후 30년 정도의 적지 않은 시간이 지나면서 이러한 체제가 어떻게 변모했는지 아니면 변모하는 중인지 변모를 할 것인지를 둘러싸고 다양한 견해들이 제시되고 있다.

이처럼 냉전의 종식으로 국제체제가 어떤 구조적 특징을 지니게 되었는가를 둘러싸고 이견이 존재함과 동시에 어떤 구조적 특징을 지닌 국제체제가 평화와 안정 그리고 협력에 도움이 되는가를 둘러싸고도 다양한 의견이 존재한다. 예컨대 패권안정론의 경우는 국제사회에 지배적인 패권국이 존재하는 패권체제만이 국제사회가 평화·안정·협력을 가져올 수 있다고 본다. 이와는 달리 양극체제안정론의 경우는 양극체제가 평화·안정·협력을 가져오고 다극체제안정론은 다극체제야말로 평화·안정·협력을 가져오는 조건이라고 본다.

다극체제를 둘러싼 논쟁의 예를 들어 이러한 국제체제가 세계질서에 미치는 영향에 대한 논란을 살펴보면 다극체제가 세계질서에 미치는 영향을 긍정적으로 보는 견해는 양극체제 이후 단극체제를 거쳐 도래하고 있는 다극체제가 상당한 정도로 국가들 사이에 부담이 공유되고 다자주의와 국제제도를 활성화할 것으로 본다.[1)]

부정적 견해는 이러한 다극체제에서 쇠퇴하는 강대국과 부상하는 강대국 사이에 대결로 귀결될 것으로 본다. 브레진스키(Zbigniew B. Brzezinski)와 같은 국제정치학자는 미국 패권의 쇠락이 세계질서를 옹호하는 새로운 전 지구적인 강대국들의 부상을 촉진하는 것이 아니라 세계질서의 쇠락과 핵확산을 부추기는 결과로 귀

---

1) National Intelligence Council, "Global Trends 2025: A Transformed World," www.dni.gov/nic/NIC_2025_project.html (접속일: 2019년 9월 18일).

결될 것으로 본다.2) 미국의 브루킹스 연구소 선임 연구원인 카간(Robert Kagan)은 미국의 쇠퇴는 부상하는 국가들이 권력 투쟁으로 인해 무력갈등이 전개되고 권위주의 체제의 중국으로 인해 민주주의가 퇴보하며 국가들은 자유시장 경제와 해상의 자유로부터 퇴각할 것으로 본다.3)

여기에서는 국제체제의 구조적 변화에 대한 이러한 다양한 견해들을 살펴보고자 한다. 이러한 견해들을 하나씩 살펴봄에 있어서 각 견해를 대표한다고 볼 수 있는 학자들의 견해 일부를 더불어 소개하고자 한다.

1) 단극체제(패권체제)

(1) 일반적 주장

국제체제의 구조적 특징을 가지고 국제사회의 질서를 설명하고 예측하고자 하는 현실주의자들 대부분은 냉전의 종식과 더불어 유일한 패권국이 된 미국에 대항하는 세력의 등장으로 당시의 단극체제가 양극체제가 되든 다극체제가 되든 세력균형을 특징으로 하는 체제가 형성될 것이라고 보았다. 이러한 관점에서 그 당시 존재한 국제체제를 「단극의 순간(unipolar moment)」이라고 칭했다. 그러나 이러한 다수의 예측과는 달리 냉전 직후 존재하게 된 단극체제의 안정성을 강조하면서 이러한 체제가 지속할 것이라는 주장도 제기되었다.

즉 소련의 붕괴 이후 국제체제의 변화와 관련하여 가장 지배적인 견해는 양극체제의 붕괴로 인한 단극체제가 지속할 것이라는 견해와 세력균형을 특징으로 하는 양극체제나 다극체제가 형성될 것이라는 견해였다. 두 견해가 각기 다르게 전망을 하고 경합하고 있었으나 그 당시 민주주의의 확산과 더불어 워싱턴 합의(Washington Consensus)에 기반을 둔 자본주의 질서가 확산되어 세계화가 심화하는 등 미국이 옹호하는 국제질서가 세계의 표준으로 확산되어 가면서 단극체제의 지속 가능성을 전망하는 견해에 일정한 정도 적실성이 부여되었다.4)

---

2) Zbigniew B. Brzezinski, *Strategic Vision: America and the Crisis of Global Power* (New York: Basic Books, 2012).

3) Robert Kagan, *The World America Made* (New York: Knopf, 2012).

4) 세계화로 인해 국제사회의 선진국과 개도국 사이의 양극화가 심화하면서 개도국을 빈곤과 저발전에 대한 원인진단과 처방을 둘러싸고 활발하게 논의가 진행되어 오고 있다. 이러한 과정에서 미국과 국제금융기구인 국제통화기금(IMF)과 세계은행(World Bank) 등의 워싱턴의 정책결정자들을 중심으로 신자유주의의 이념을 바탕으로 민주주의와 미국식 시장경제 체제를 개도국(위기

(2) 대표적인 주장의 사례

① 월포스(William C. Wohlforth)

월포스 교수는 국제체제를 미국이 압도적인 힘의 우위를 가지는 단극체제라고 보고 이러한 단극체제가 장기간 유지될 것으로 예측한 바 있다.[5] 정치평론가인 크라우트해머(Charles Krauthammer)는 양극체제가 와해하고 미국이 독주하는 단극의 순간(unipolar moment)이 도래했다고 단언하고 가까운 미래에는 미국을 견제할

에 처한 국가와 체제전환 국가들 포함)의 발전모델로 삼고자 하는 워싱턴 합의(Washington Consensus)와 중국의 부상을 가져온 중국식이 발전모델의 적합성을 강조하는 베이징 합의(Beijing Consensus)가 등장하여 경합을 벌이고 있다. 워싱턴 합의를 미국식 시장경제 체제의 확산 전략이라고 부르고 베이징 합의를「중국식 경제발전 모델」혹은「중국식 경제패권 전략」이라고 부른다. 워싱턴 합의는 1989년 경제위기에 빠져 있던 중남미 국가들에 대한 해결책을 제시하면서 등장한 용어로서 개도국이 사유재산권의 보호·정부규제의 축소·국가 기간산업의 민영화·시장 개방·자본시장의 자유화(외국자본에 대한 제한 철폐)·관세 인하와 무역 자유화·재정 건전성 유지·지적 재산권의 강화·경제 효율화와 소득분배에 대한 정부지출 확대 등을 강조하는 등 개도국의 구조조정을 요구한다. 미국은 경제적으로 위기에 놓인 국가들을 지원하면서 이러한 지원을 조건으로 제시함으로써 민주주의와 시장경제 체제를 확산시키고자 했다. 이러한 신자유주의를 주축으로 하는 워싱턴 합의가 부메랑이 되어 워싱턴 합의를 주도해 온 미국이 서브프라임모기지(비우량주택담보대출) 부실사태로 인해 경제위기를 빠져들게 했을 뿐 아니라 여기에서 더 나아가 세계적인 금융위기를 일으킨 주범이 됐다. 또한, 워싱턴 합의를 충실하게 이행한 국가들은 국내적으로 큰 대가를 치렀으나 중국이나 인도처럼 워싱턴 합의와 거리를 둔 국가들은 커다란 경제성과를 거두었다. 이러한 배경에서 미국식 발전모델인 워싱턴 합의의 대안으로서 베이징 합의가 부상하게 되었다. 베이징 합의라는 말은 2004년에 골드만삭스의 자문역과 중국 칭화대학 교수를 겸직하고 있는 라모(Joshua Cooper Ramo)가 처음 사용한 용어이다. 베이징 합의는 정부 주도로 점진적이며 단계적인 경제개혁을 추진하고 도시와 농촌·내륙과 연해·경제발전과 사회발전·인간과 자연 사이의 조화와 균형을 동시에 추구하며 타국과 평화로운 대외관계를 발전시키기 위해 타국의 주권을 존중하며 내정에 간섭하지 않는다는 것을 주요 원칙으로 한다. 중국식 정부 주도의 시장경제 발전모델(즉 권위주의적인 정부가 시장경제를 주도하는 발전모델)인 베이징 합의는 중국이 국제사회의 강대국으로 부상하기 위한 전략의 목적으로 추구하고 있다. 간단히 말해 워싱턴 합의는 개도국의 경제발전과 관련하여 시장에 기반을 둔 접근(혹은 모델)을 옹호하고 베이징 합의는 이와는 대조적으로 정부 주도형 접근을 채택하고 신자유주의적인 모델과 결별을 함으로써 개도국들에 발전을 위한 대안을 제시하고 있다고 볼 수 있다. 워싱턴 합의와는 달리 개도국에 민주주의와 법치와 같은 선정(good governance)을 강요하지 않고 각국의 실정에 맞는 정치제도와 경제 제도를 강조하는 등 국내문제에 간섭하지 않는다. 또한 경제협력개발기구(OECD)의 개발원조위원회(DAC) 소속 국가들이 개도국에 원조를 제공할 때 선정을 강조하는 것과는 달리 중국은 개도국에 대한 개발원조에도 국내문제 불간섭의 원칙을 작용하고 있다. 이 때문에 중국이 기대한 바와 같이 많은 개도국이 관심을 끌고 호응을 끌어내고 있다. 그러나 이러한 베이징 합의는 경제발전을 위해 유익하다는 핑계로 권위주의 정치체제를 용인하고 인류의 보편적인 가치인 민주주의와 인권의 존중과는 거리를 두고 있다는 점에서 보편적인 개도국의 발전모델로서의 가치를 두고 있다고 보기 어렵다.

5) William C. Wohlforth, "The Stability of a Unipolar World," *International Security*, Vol. 24, No. 1 (Summer 1999), pp. 5-41.

다른 초강대국이 등장하지 않을 것이며 미국이 경제의 침체와 고립주의 등에 직면하지 않는다면 단극체제를 유지할 수 있을 것으로 예견했다.[6] 즉 그는 다극체제로의 전환이 곧 있을 것이라는 예측을 거부했다. 미국이 9.11 테러의 공격을 받고 중국의 경제력이 부상하던 2002년에도 이러한 단극체제가 지속하고 있음을 주장했다.[7]

② 후쿠야마(Francis Fukuyama)

후쿠야마는 냉전이 종식된 후 「역사의 종말(The End of History)」이라는 제하의 논문과 이를 더 확장한 「역사의 종말과 최후의 인간(The End of History and the Last Man)」이라는 제목의 책을 통해 1989년 냉전이 종식되는 순간에 미국과 소련 양 진영 간 이념대결의 역사가 사회주의의 실패 즉 자유시장의 자본주의와 자유민주주의의 승리로 끝나면서 역사의 종말에 도달했다고 주장했다.[8]

냉전의 종식으로 역사가 종말에 도달했다고 보는 그의 견해는 냉전의 시기에 보편적인 인간의 욕구 충족을 중요시하는 자유시장의 자본주의와 자유민주주의 체제가 사회주의 체제의 지속적인 도전을 받아왔지만 끝내 도전을 물리치고 승리함으로써 이 체제에 도전할 더 이상의 이념과 철학의 체계가 항구적으로 없으리라는 것을 핵심적인 내용으로 한다.[9]

자본주의와 자유민주주의를 역사 발전의 정반합에 있어서 사회문화적 진화의 궁극적인 형태로 보는 이러한 일원론적인 견해는 소련의 붕괴가 가져온 냉전체제 이후 국제체제의 구조를 미국을 유일한 초강대국으로 하는 패권체제(hegemonic system)가 될 것으로 예견했다. 더불어 자유시장의 자본주의와 자유민주주의라는 서구의 가치가 국제사회의 보편적인 가치가 됨으로써 향후 국제사회는 갈등보다는 평화를 특징으로 하는 체제가 될 것이라고 예견했다.

---

6) Charles Krauthammer, "The Unipolar Moment," *Foreign Affairs*, Vol. 70, No. 1, (Winter 1990/1991), pp. 23-33.

7) Charles Krauthammer, "The Unipolar Moment Revisited," *The National Interest*, 70 (Winter 2002/2003), pp. 5-17.

8) Francis Fukuyama, "The End of History?" *The National Interest*, Vol. 16, No. 3 (Summer 1989): pp. 3-18; Francis Fukuyama, *The End of History and the Last Man* (London: Penguin Books, 1992).

9) 후쿠야마는 자유민주주의 체제가 보편적인 인간의 욕구를 충족시킬 수 있는 정치체제이기 때문에 사회주의 체제의 도전에서 승리할 수 있었으며 이러한 승리로 인해 이제 더 이상의 다른 정치체제로부터 도전이 없는 역사상의 궁극적인 정체체제로 보고자 했다. 후일 후쿠야마는 자신의 견해에 가해진 비판들에 반응하면서 자신의 견해가 지나치게 단정적이었음을 자인한 바 있다.

이러한 그의 낙관적인 견해는 부시(George H. W. Bush) 대통령의 새로운 세계질서(New World Order)의 선언으로 이어졌을 뿐 아니라 냉전의 종식과 더불어 동유럽 국가들을 비롯한 국제사회 다수의 국가에서 자유민주주의 체제로의 전환이 이루어짐으로써 실증적인 측면을 보이기도 했다.

1990년 이라크가 쿠웨이트를 침공하여 점령하자 유엔 안보리 상임이사국들이 처음으로 합의(consensus)로써 무력사용을 허용하는 결의문(resolution)을 통과시켜 미국 주도의 34개국으로 구성된 다국적 연합군이 결성되었다. 이렇게 결성된 다국적 연합군은 쿠웨이트를 지원하여 걸프전(1차 이라크 전쟁)을 수행함으로써 한국전에 이어 집단안보가 작동한 드문 사례가 되면서 냉전 이후의 국제사회에 대한 낙관적인 견해에 힘을 실어주었다.[10)]

이러한 그의 견해는 「민주평화론(democratic peace theory)」이라고 불리는 이론적인 지지를 받으면서 자유민주주의의 세계적 확산을 강조하는 미국의 신보수주의 외교 이념과 실질적인 확산 정책에 정당성을 부여했다.

2) 양극체제

중국과 미국의 힘의 차이가 점진적으로 좁혀지고 있다는 사실과 더불어 미국과 중국의 힘에 버금가는 제3의 강대국이 부재하다는 측면을 강조하여 패권체제가 양극체제로 전환하고 있다는 견해도 중국의 학자들을 포함한 일부에서 제기되고 있다. 좀 더 구체적으로 이들은 상대적인 국력의 쇠퇴를 경험해 오던 미국이 2007~2008년에 금융위기를 맞이하면서 이러한 추세에 가속도가 붙어 가까운 미래에 한 번 더 양극체제가 국제사회에 들어설 것으로 예측한다.[11)]

즉 이러한 국제체제는 세계최대의 채무국이 되는 등 경제적으로 쇠퇴하고 있는 가운데 트럼프 취임 이후 국익에 기반을 둔 일방주의의 추구로 인해 지도력에 대한 국제사회의 신뢰가 급속하게 저하되어 국제적인 입지가 붕괴하여 가고 있는 미국과 이러한 미국의 국채를 가장 많이 보유하고 있는 채권국이면서 경제 강국으로 부상하고 있는 중국의 격차가 점점 좁혀 들어가고 있다는 사실과 이 두 국가에

---

10) 냉전이 종식되고 10년 정도가 지나면서 이러한 강대국 간의 협력이 무너지기 시작했는데 이를 바로 보여주는 사례가 2003년에 발생한 미국의 일방적인 이라크 침공이었다.

11) Laris Gaiser and Igor Kovač, From Bipolarity to Bipolarity: International Relations Repeating Again, *Journal of Global Policy and Governance*, Vol. 1, No. 1 (December 2012), pp 49-63.

대적할만한 제3의 세력이 아직 존재하지 않는 국제체제를 의미한다.

이러한 견해는 중국이 경제력 면에서 크게 성장하고 이에 따른 영향력도 커지고 있지만 다른 국가의 국민에 의해 자발적으로 수용될 수 있는 인류의 보편적인 가치체계를 수반하고 있지 않다는 점에서 중국이 자신의 의도대로 국제질서를 개편하여 주도적으로 이끌어가는 체제를 의미하는 중국 패권체제(Pax Sinica)의 도래는 아직 불투명하다는 판단이 전제되어 있다.

3) 다극체제

(1) 다양한 견해

2001년의 9.11 테러로 일격을 당한 미국이 자국의 이익과 국제사회의 공익 간의 조화를 꾀하는 다자주의(multilateralism)로부터 자국 이익을 최우선시하는 일방주의(unilateralism)로 전환하고 중국이 경제력 성장과 함께 강대국으로 부상하는 한편 러시아가 푸틴의 집권과 더불어 강대국으로 재부상하면서 미국의 지배적인 지위에 도전이 가해짐으로써 유일한 패권 국가로서의 미국의 지위가 상대적으로 약화되었다. 이러한 현실은 다극체제 도래에 관한 견해를 강화했다.

나아가 2007~2008년에 미국발 금융위기가 발생하면서 다수의 미국의 학자는 물론 미국을 제외한 국가들의 학자들 역시 국제체제가 이미 다극체제로 진입했거나 다극체제를 향해 나아가고 있다는 생각을 더욱더 가지게 되었다.

다극체제 도래의 견해는 현재의 국제체제가 이미 다극체제로 전환되었다는 견해와 다극체제로 변모해 가고 있는 과정에 있다는 견해 그리고 궁극적으로 다극체제가 형성될 것이라는 세 종류의 견해로 나뉜다.

또한, 다극을 구성하는 국가들이 어떤 국가들인가를 둘러싸고도 견해들이 다르다. 다극체제 구성요소에 대한 다양한 견해들 가운데에는 미국・중국・러시아만을 구성요소로 보는 견해가 있는가 하면 미국・유럽연합(EU)・일본・브라질・러시아・인도・중국・남아프리카공화국을 다극의 구성요소로 보는 견해 등도 존재한다. 앞서 언급했듯이 이러한 차이뿐 아니라 다극체제 속의 세계질서를 긍정적이고 낙관적으로 보는 견해와 부정적이고 비관적으로 보는 두 종류의 견해가 존재한다.

위와 같은 3개 이상의 국가들이 지닌 힘에서의 격차를 무시한 채 단순하게 「다극체제」라고 부르는 예도 있으나 이들 간의 힘의 차이를 고려하여 다극체제를

구분하기도 한다. 여기에서는 이러한 종류의 다극체제 도래에 관한 다른 입장들을 소개하고자 한다.12)

① 단다극체제

다극체제란 통상적으로 3개 혹은 그 이상의 국가들 사이에 비슷한 정도의 힘(군사력·경제력·문화력을 모두 합친 힘)의 배분이 존재하는 체제를 의미하는데 위에서 언급한 다극체제를 구성하고 있는 국가들 모두가 유사한 힘을 소지한 국가들이라고 보는 견해는 없다.

일부 학자들은 미국이 비록 전 세계를 좌지우지하는 패권국은 아닐지라도 다른 구성요소들과는 국력 면에서는 여전히 현저한 격차를 지니고 있으며 이러한 격차는 미국이 올바른 정책을 수립하고 이행한다면 미래에도 유지될 것이라고 본다. 이러한 견해를 단다극체제(uni-multipolar system) 견해라고 정의할 수 있을 것이다.

구체적으로 미국의 힘의 상대적으로 약화되었다고 해도 유럽연합이나 브릭스(BRICS) 국가들이 세계의 지배를 둘러싸고 미국과 경합을 벌이는 정도의 존재로 보기는 어렵다는 것이다. 구체적으로 유럽은 정치적·군사적으로 단일대오할 수 있는 능력을 지니고 있지 못하며 중국과 인도는 여전히 다분히 개도국이라는 것이다. 이러한 현상을 두고 미국은 여전히 전 지구적 강대국(global power)이고 나머지 구성요소들은 기껏해야 지역 강대국(regional power)에 지나지 않는다고 표현하기도 한다. 간단히 말해 미국은 지배적인 강대국(dominant power)은 아니지만 우세한 강대국(preponderant power)이라는 것이다.

이런 점을 고려하여 힘의 다면적인 측면을 분리하여 국제체제의 극성(polarity)을 정의하고자 하는 학자나 실무가들이 적지 않다. 구체적으로 이들은 현재의 국제체제를 미국의 국방비가 다른 주요 국가들의 국방비를 모두 합한 것보다 많다는 점 등을 고려하여 정치·군사적인 측면에서는 단극체제이고 사회·경제적인 측면에서는 다극체제라고 규정하기도 한다.

② 양다극체제

위에서 살펴본 단다극체제 입장은 중국을 다른 부상하는 국가들과 국력 면에서 같거나 유사한 선상에 놓고 있다는 점에서 부상하는 국가들 가운데 중국 국력

---

12) 참고로 신현실주의자인 미어샤이머는 다극체제를 균형적인 다극체제(balanced multipolar system)와 비균형적인 다극체제(unbalanced multipolar system)로 구분하고 있다.

의 상대적인 우세함을 제대로 반영하지 못한다. 따라서 미국에 점차 위협적인 도전을 가해오고 있는 중국을 미국과 같이 상층부에 올려놓고 부상하는 나머지 국가들을 하층부에 두는 양다극체제(bi-multipolar system)로 국제체제를 개념화하고자 하는 견해도 존재한다.

그러나 이러한 견해는 중국이 부상하는 경제력을 바탕으로 유일하게 미국에 도전을 가하고 있다는 현실을 반영하나 힘을 단순히 경제력과 군사력에 한정하지 않으면 중국의 힘이 미국과 대등하거나 앞지르리라는 것을 과장으로 보고 상층부에 미국의 힘이 지배적이지는 않으나 여전히 중국보다 우세한 불균형적 양극체제(unbalanced bipolar system)가 존재하고 하층부에 브라질 · 러시아 · 인도 · 남아프리카공화국 · 유럽연합 · 일본을 구성요소로 하는 다극체제(multipolar system)가 형성될 것이라는 입장이 존재한다.13) 이러한 체제를 「불균형적 양다극체제(unbalanced bi-multipolar system)」라고 명명할 수 있을 것이다.

(2) 대표적인 주장의 사례

① 미어샤이머의 견해

1989년 말에 베를린 장벽이 무너지고 1991년 말에 소련이 붕괴하면서 새로운 국제질서가 자리를 잡을 것이라는 낙관적인 견해(현실주의 관점에서는 이러한 견해를 이상주의 견해로 간주함)와는 달리 양극체제 안정론을 주장하는 유력한 국제정치학자 가운데 한 사람인 미어샤이머(John J. Mearsheimer)는 1990년에 「왜 우리는 냉전을 곧 그리워할 것인가(Why We Will Soon Miss the Cold War)」라는 흥미로운 제목의 논문을 통해 소련의 붕괴가 가져올 국제체제의 변화에 대해 비관적으로 전망했다.

구체적으로 그는 냉전체제가 군사력의 양극적 배분 · 두 강대국 간의 거의 비슷한 군사력 · 두 강대국이 소지한 대량의 핵무기 존재라는 세 요인으로 인해 장기간의 평화를 가능하게 한 안정적인 체제임을 강조하고 냉전의 종식이 미국을 유일한 패권 국가로 하는 패권체제(Pax Americana)를 등장시켜 평화를 가져다줄 것이라는 낙관론에 경종을 울렸다.14)

---

13) Raymond L. Brown, "From Unipolarity to Bipolarity: The Global System in Transition," In Ian Boxill, ed., *From Unipolar to Multipolar: The Remaking of Global Hegemony* (Kingston and Jamaica: Arawak Publication, 2014).

14) John J. Mearsheimer, "Why We Will Soon Miss the Cold War," *The Atlantic Monthly*,

그는 또한 같은 해에 발간된 「미래에의 복귀: 냉전 이후 유럽에서의 불안정(Back to the future: Instability in Europe after the Cold War)」이라는 논문을 통해 낙관적인 견해를 반박하고 안정적이었던 양극체제가 냉전 이후 불안정한 다극체제로 전환됨으로써 강대국 간에 전쟁의 가능성이 커지리라 예측했다.[15)]

② 헌팅턴의 견해

헌팅턴(Samuel P. Huntington)은 1993년에 쓴 「문명의 충돌(The Clash of Civilizations)」이라는 논문과 1996년에 쓴 「문명의 충돌과 세계질서의 재구성(The Clash of Civilizations and the Remaking of World Order)」이라는 책을 통해 냉전의 종식으로 인해 사라진 이념을 둘러싼 갈등이 문화와 전통 혹은 종교를 특징으로 하는 문명을 둘러싼 갈등 즉 문명집단 간 충돌로 대체될 것이라는 전망을 하면서 후쿠야마의 견해를 비판했다.[16)]

그는 냉전 시대에 이념적인 경쟁과 갈등에 의해 강하게 억제되어 표면화되지 않았던 문명 간의 갈등이 냉전의 종식과 더불어 과거에 강하게 억눌렸던 만큼 강하게 표출될 것이라고 예견했고 이러한 문명 간의 갈등으로 인해 국가 간에 무력 충돌이 있을 것을 전망했다.[17)] 즉 그는 탈냉전 시기에 있어서 문명이 국제적 갈등의 주요 원인이 될 것을 예견했다.

이러한 예견은 자유민주주의가 아시아와 중동 국가들의 정치적이고 종교적인 전통과 결합할 수 없다는 인식에 기초하고 있다고 볼 수 있다. 즉 지구상에는 몇 종류의 다른 문명이 존재하는데 이들의 문화적 · 정치적 · 경제적 차이가 너무나 커서 자유민주주의 질서로 보편화되는 것이 불가능하다는 것이다. 따라서 헌팅턴은 냉전의 종식 후 짧은 기간의 미국 지배를 거친 후에 새로운 세계의 질서는 문명 간의 충돌이 될 것으로 예측했다.

Vol. 266, No. 2 (August 1990), pp. 35-50.

15) John J. Mearsheimer, "Back to the Future: Instability in Europe after the Cold War," *International Security*, Vol. 15, No. 1. (Summer, 1990), pp. 5-56.

16) Samuel P. Huntington, "The Clash of Civilizations?" *Foreign Affairs*, Vol. 72, No. 3 (Summer 1993), pp. 22-49; Samuel P. Huntington, *The Clash of Civilizations and the Remaking of World Order* (New York: Simon & Schuster, 1996).

17) 구체적으로 헌팅턴은 문명권을 서구 기독교권 · 중화 유교권 · 이슬람권 · 러시아와 동유럽의 정교회권 · 힌두교권 · 일본 · 중남미 · 아프리카 등 8개 정도로 구분함으로써 냉전 종식 후의 국제사회를 패권체제가 아닌 문명을 기준으로 한 다극화된 다문명체제로 보고자 했다. 헌팅턴은 이러한 8개의 문명권이 충돌할 위험성이 있음을 경고함과 동시에 특히 서구 기독교 문명과 이슬람 문명 그리고 유교 문명이 충돌할 위험성이 높다고 보았다.

2001년에 미국에 가해진 9.11 테러와 더불어 미국의 아프가니스탄 침공과 이라크 전쟁은 그의 전망에 관한 식견을 높이 평가하도록 하는 계기가 되었다. 다른 한편 그는 일련의 이러한 분쟁과 갈등을 기독교 문명과 이슬람 문명 간의 대립으로 바라보도록 유도하고 이슬람을 적대시하여 미국의 다자주의를 무시한 일방주의 외교 이념과 일방적인 공격에 정당성을 부여한다는 비판에서 벗어나 있지 않았다.

헌팅턴은 미래의 국제체제에 대해서도 자신의 견해를 제시했다. 헌팅턴은 냉전의 종식으로 한 축이 붕괴하면서 도래한 단극체제가 지속할 것으로 보지 않았다. 이러한 맥락에서 그는 1990년대 말의 국제체제를 패권을 추구하는 단일의 지배적인 강대국이 존재하고 더불어 러시아 · 중국 · 일본 · 유럽연합(EU)과 같이 미국의 패권 추구에 저항하려는 주요 강대국들(major powers)과 미국의 패권에 도전할 능력과 열망을 가지지 않은 채 다수의 주요 강대국과 비교해 좀 더 작지만 그렇다고 덜 중요하다고 할 수 없는 인도 · 브라질 · 남아프리카공화국과 같은 강소국(small powers)이 존재하는 국제체제로 진단하고 이러한 국제체제를 진정한 다극체제가 아닌 단다극체제(uni-multipolar system)로 보아야 한다고 역설했다.

그는 이러한 국제체제의 주요 행위자들이 다른 선호를 지니고 있어서 이러한 단다극체제의 존속에 불만을 품는다고 본다. 미국의 경우는 자신이 패권국이 되는 단극체제를 선호할 것이고 주요 강대국들은 자신들보다 강한 초강대국이 부과하는 제약과 강제 그리고 압력에 종속되지 않는 가운데 그들 자신의 이익을 추구할 수 있는 다극체제를 선호하기 때문이다.18)

헌팅턴에 따르면 장기적으로 보아 유일 초강대국이 전 지구적 차원에서 패권을 강하게 추구하면 할수록 유일 초강대국에 의해 자신들의 이익이 위협을 받는 주요 강대국들은 이에 저항하게 되고 그 결과 국력 면에서 비슷한 강대국들로 구성되는 통상적인 다극체제(normal multipolar system)를 형성할 것으로 예측했다. 좀 더 구체적으로 냉전 시대의 양극체제가 소련 붕괴로 인해 1990~1991년의 걸프전 시기 동안의 짧은 단극의 순간(unipolar moment)을 거친 후 10년 혹은 20년 동안의 과도적인 단다극체제를 거쳐 미국이 다른 국가들과 크게 다르지 않은 보통의 주요 강대국이 되는 정상적인 다극체제가 도래할 것으로 보았다. 이러한 다극체제에서의 세계정치는 미국이 유일한 초강대국일 때보다 부당한 요구를 덜 받고

---

18) Samuel P. Huntington, "The Lonely Superpower," *Foreign Affairs*, Vol. 78, No. 2 (March/April 1999), p. 36.

덜 갈등적이고 좀 더 얻는 것이 있을 것으로 예측했다.[19]

③ 자카리아의 견해[20]

미국의 유명한 칼럼니스트인 자카리아(Fareed Zakaria)는 「미국 이후의 세계(The Post-American World)」라는 제목의 책에서 현재의 국제체제를 미국이 쇠퇴하고 있는 체제라기보다 나머지 국가들의 부상(The Rise of the Rest)을 특징으로 하는 체제로서 단다극체제로 보고자 한다.

그는 다른 강대국들 가운데서도 특히 중국과 인도가 눈에 띄게 부상하고 있다는 점을 지적하고 이들의 부상이 세계사(world affairs)에 대한 미국의 통제력의 상대적인 쇠퇴를 가져오고 있다고 본다. 그러나 그는 미국이 여전히 최상위의 국가에 머물 것으로 본다. 구체적으로 정치 · 군사적인 측면에서는 미국이 지배하는 단극 질서가 유지되고 이들 이외의 측면에서는 미국이 지배력을 잃고 있다고 본다.

그는 다극체제의 한 종류인 이러한 단다극체제의 세계질서를 낙관적으로 본다. 구체적으로 그는 이러한 국제체제가 분명히 반미적이 아니고 오히려 미국 이후의 세계질서(post-American world order)로서 좀 더 민주적이고 좀 더 역동적이며 좀 더 개방적인 체제가 될 것으로 본다.[21]

4) 무극체제

현 국제체제를 무극체제(non-polar system)로 보고자 하는 견해도 존재한다.[22] 이는 미국의 국제정치학자이자 미국 외교협회 회장인 하스(Richard N. Haass)가 제시한 견해이다.

그에 따르면 국제사회의 질서는 2차 세계대전을 기점으로 다극체제가 양극체제로 전환되었고 소련의 붕괴로 양극체제가 무너지면서 미국을 유일한 초강대국으로 하는 패권체제가 도래했다가 냉전 종식 후 10~15년 후에 하나나 둘 혹은 여러

19) Ibid., p. 49
20) Fareed Zakaria, *The Post-American World: Release 2.0* (New York and London: W. W. Norton & Company, 2011).
21) Ibid., p. 53.
22) Richard N. Haass, "The Age of Nonpolarity: What Will Follow US Dominance," *Foreign affairs*, Vol. 87, No. 3 (May/June 2008), pp. 44-56. 하스는 탈냉전 시기의 국제사회에 대해 다음과 같은 책을 저술하기도 했는데 일독을 권한다: Richard Haass, *A World in Disarray: American Foreign Policy and the Crisis of the Old Order* (New York: Penguin Press, 2017).

개 국가가 아닌 수십 개의 다양한 종류의 힘을 소지한 행위자(국가와 비국가적 행위자)에게 힘이 분산되어 이들에 의해 영향을 받는 세계를 의미하는 무극체제(즉 누구에 의해서도 지배되지 않는 체제)로 변화하고 있다. 이러한 그의 견해는 미국의 힘이 쇠퇴하고 있지만 다른 국가들이 이러한 힘의 공백 상태를 채울 수 없다는 것을 전제로 하고 있다.

그에 있어서 무극체제란 많은 힘의 중심(center of power)이 존재하나 어느 중심도 다른 중심을 지배하지 못하는 상황을 일컫는다. 이러한 무극체제는 국가·기업·비정부기구(NGO)·테러리스트 단체 등이 지방(local)이나 지역(regional) 혹은 전 지구적(global) 힘의 중심이 될 수 있다는 것을 특징으로 하는 체제이다.

하스는 패권체제를 대체할 국제체제로써 무극체제 이외의 다른 종류의 국제체제의 도래 가능성에 관한 견해들을 모두 부정한다. 예컨대 양극체제 도래 가능성에 대해서는 중국의 군사력이 미국에 근접하지 못하고 더욱이 중국의 주요한 관심이 경제성장에 있어 경제적인 통합을 추구하고 갈등을 피하고자 할 것이라 예측한다. 러시아는 냉전 시대의 양극체제로 복귀하는 것에 관심을 가질지 모르나 협력적 관계에 이해관계를 지니며 어떤 상황에서도 미국에 도전할 역량을 보유하고 있지 않다고 본다.

하스는 미국과 더불어 중국·유럽연합·인도·일본·러시아가 지배적인 세력이 되는 다극체제 도래에 대해서도 비판적이다. 다극체제 도래의 입장은 세계가 어떻게 변화되었는가를 제대로 평가하지 못한 견해로서 구체적으로 지역 강국·국제기구·기업·언론매체·종교 운동단체·테러리스트 조직·마약 카르텔·비정부기구 등을 포함하는 의미 있는 힘의 중심들이 수십 개가 넘게 존재한다는 사실을 고려하지 않는다는 것이다.

하스에 있어서 무극체제란 강대국이 전혀 존재하지 않는다는 것을 의미하는 것이 아니라 전 세계에 걸쳐 힘의 중심이 산재해 있다는 것을 의미한다. 오늘날의 국제체제가 미국과 더불어 유럽연합·일본·중국·인도·러시아 등이 중요한 역할을 행하고 있어 외양상 다극체제인 것처럼 보이지만 전통적인 다극체제와 다른 점은 좀 더 많은 수의 힘의 중심들이 존재하고 이들 가운데 다수는 국가가 아닌 국가 이외의 행위자들로서 국가들이 힘에 대한 독점을 상실한 체제를 의미한다.

달리 말해 국가는 위로는 지역 기구와 전 지구적 기구들(regional and global organizations)·밑으로는 각종 준군사조직·옆으로는 다양한 비정부기구들과 기업들(NGOs and Corporations)이라는 행위자들에 의해 힘의 분산이 일어나 국가들에 도전을 가하고 있다는 것이다. 이러한 현상은 세계화 시대의 국제사회에서 개인과 집단은 더 쉽게 힘을 축적할 수 있게 되었고 국가가 힘을 독점하는 것이 어렵게 되었다는 사실로부터 유래된 것으로 본다.

하스는 냉전 후의 패권체제가 힘이 집중이 아닌 힘의 광범위한 분산을 특징으로 하는 무극체제로 전환하게 된 3가지 요인을 제시하고 있다. 이러한 요인들을 구체적으로 살펴보면 우선 역사적인 설명에 기초를 둔 요인으로서 국가들은 재정적 · 인구통계학적 · 기술적으로 발전을 하고 이것이 생산성의 제고와 번영으로 이어져 새로운 강대국의 부상은 막을 수가 없으며 그 결과 지역적이고 전 지구적인 영향력을 가진 다수의 행위자가 발생하게 된다는 것이다. 오늘날 이러한 과정을 거쳐 힘을 가지게 된 국가들의 등장하여 미국과 더불어 힘 있는 국가의 대열에 합류하게 된 것이 하나의 요인이다.

무극체제를 가져온 두 번째 요인은 사람과 상품 그리고 아이디어 등 모든 것들의 국경을 넘나드는 흐름의 양과 속도 그리고 중요성을 증가시키는 세계화이다. 이러한 세계화는 구체적으로 국경을 넘나드는 흐름의 많은 부분이 정부의 통제와 인지 밖에서 벌어지는 것을 가능하게 함으로써 국가들의 영향력을 약화시키는 한편 국가 이외 행위자들이 실질적인 초국가적인 힘(transnational power)을 축적할 수 있게 함으로써 국가들의 영향력을 약화시켰다고 본다.

세계화는 특히 개인과 집단이 실질적인 힘을 축적하고 투사하는 것을 다른 어느 때보다도 쉽게 만들어주고 있다. 예컨대 테러리스트는 인터넷을 이용하여 충원하고 훈련을 하며 국제적인 개방형 금융결제 망을 이용하여 재정적인 자원을 이동시키고 전 지구적인 운송 시스템을 이용하여 요원들을 이동시킨다. 다국적기업들은 교통과 통신을 이용하여 인적 자원과 투자를 빠르게 이동시킨다.

세 번째 요인은 미국의 정책으로서 2차 세계대전 이후에 미국이 수행한 일이나 수행하는 데 실패한 일이 다른 힘의 중심이 부상하는 것을 가속했고 그 결과 이러한 새로운 힘의 중심과의 관계에서 미국의 상대적인 지위를 약화시켰다. 이러한 정책으로서 하스는 미국의 에너지 정책 · 경제정책 · 이라크 정책을 언급하고 있다.

미국의 에너지 정책과 관련해서는 1970년대의 1차 오일쇼크 이후 미국의 석유 소비가 약 20% 증가하고 미국의 석유제품 수입이 2배가 늘어났으며 이러한 외국

석유에 대한 수요는 세계 석유의 가격을 5배나 상승시켰으며 그 결과 막대한 부와 협상의 지렛대가 에너지를 보유하고 있는 국가들에게로 이전되었다.

미국의 경제정책으로서는 부시 대통령 시기에 아프가니스탄과 이라크 전쟁으로 인해 막대한 비용을 치렀고 이로 인해 연간 8%의 재정지출이 증가했다. 그 결과 2001년에 1,000억 달러 이상의 흑자 재정이 2007년에 대략 2,500억 달러의 적자 재정으로 전환되었다. 또한, 점차 확대되어 가는 경상수지 적자가 국내총생산(GDP)의 6% 이상을 차지하게 되었다. 이러한 일련의 것들이 달러에 대한 하락 압박을 가하고 인플레이션을 자극했으며 국제사회 다른 국가들의 부와 힘의 축적에 이바지했다. 미국 내의 저당시장(mortgage market)에 대한 빈약한 규제와 이것이 초래한 신용위기가 이러한 문제들을 더욱 악화시켰다.

이라크에 대한 미국의 정책 역시 미국의 다른 국가들과 비교할 수 없이 우세했던 지배력의 약화를 가져왔다. 이러한 주장은 제국의 과도팽창(imperial overstretch)이 강대국 쇠퇴를 가져온다고 주장한 역사학자인 케네디(Paul M. Kennedy)의 주장을 적용한 것으로서 미국이 이라크에서 군사적·경제적·외교적·인명의 손실 면에서 과도하게 값비싼 전쟁을 치르면서 쇠퇴의 길에 접어들게 되는 데에 이바지했다는 것이다.[23]

이러한 무극체제의 등장은 과거와는 달리 좀 더 많은 다양한 행위자들이 의사결정에 관여하여 의사결정을 더욱 어렵게 함으로써 긴박한 지역적 및 전 지구적인 도전에 대한 집단적인 대응과 제도들의 작동 역시 어렵게 만들 것으로 본다. 또한, 무극체제에서는 불량국가(rogue state)나 테러리스트 조직 혹은 민병대 등에 의한 위협의 수와 가혹함의 정도가 증대될 것으로 본다. 이러한 상황 속에서 국가 간에 관계를 구축하고 유지하는 것이 좀 더 어려워질 것으로 본다.

하스는 위의 분석에 기초하여 이러한 무극체제에서 중요한 조치가 취해지지 않으면 점차 세계의 질서가 위험에 처할 수 있다고 경고하고 있다. 구체적으로 좀 더 집중력 있고 창의적이며 협력적인 외교만이 무극체제의 세계가 더욱 무질서하고 위험해지는 것을 방지할 수 있을 것으로 본다.

영국의 역사학자인 퍼거슨(Niall Ferguson)은 미국 패권의 종식이 질서 있는 다

---

23) 케네디의 주장은 다음 책을 참조하시오: Paul M. Kennedy, *The Rise and Fall of the Great Powers: Economic Change and Military Conflict from 1500 to 2000* (New York: Random House. 1987).

극체제로의 전환으로 이어지지 않고 어떤 국가도 전 지구적인 지도력을 행사하지 않는 고도로 분절화된 세력들의 세계로 전락할 것으로 예측하고 이러한 국제체제를 「무극성(apolarity)의 체제」라고 칭한다. 그는 이러한 세계를 세력균형(balance of power) 대신에 세력의 부재(absence of power)를 특징으로 하는 「무정부적인 새로운 암흑기(anarchic new Dark Age)」라고 비유하고 있다.

그는 이러한 암흑기는 쇠퇴하는 제국·종교적 광분·세계의 잊힌 지역에서의 경제적인 약탈·몇 개의 튼튼한 벽으로 둘러싸인 고립된 이종 문화권으로의 퇴보(civilization's retreat into a few fortified enclaves)를 특징으로 한다고 묘사하고 미국이 지배하는 국제체제의 종식에 경각심을 불러일으키고 있다.24)

앞서 살펴본 바처럼 하스는 무극체제를 권력이 국가 행위자뿐만 아니라 비국가적 행위자들에게도 분산이 되어 있는 국제체제라고 규정하고 있는 것과는 달리 퍼거슨은 이러한 무극체제를 비국가적 행위자들이 포함되지 않는 가운데 국가들 사이에서만 권력이 분산된 국제체제를 의미하는 것으로서 차이를 갖는다.

5) 무정부적 혼돈의 국제체제

저널리스트인 카플란(Robert D. Kaplan)도 탈냉전이 가져올 세계질서에 대한 그의 견해를 피력한 바 있다. 그의 주장은 앞서 언급한 견해들과는 달리 냉전 종식 후의 세계질서를 극성(polarity)에 기초하여 설명하지 않는다는 점에서 차이를 지닌다.

그는 1990년대가 지역갈등으로 점철되었음에도 자유민주주의와 자유무역의 세계적인 성장이 인류 모두에게 평화와 번영을 가져올 것이며 민주적인 자본주의가 인류사회를 위한 최상의 것임이 입증되었다는 후쿠야마의 낙관적인 견해에 반기를 들었다.25)

우선 그는 시에라리온(Sierra Leone)과 코트디부아르(Côte d'Ivoire)와 같은 국가

---

24) Niall Ferguson, "A World without Power," *Foreign Policy*, No. 143 (July-August 2004), pp. 32-39.

25) Robert D. Kaplan, "The Coming Anarchy: How Scarcity, Crime, Overpopulation, Tribalism, and Disease Are Rapidly Destroying the Social Fabric of Our Planet," *The Atlantic Monthly* (February 1994), pp. 44-75; Robert D. Kaplan, "Was Democracy Just a Moment?" *The Atlantic Monthly* (February 1997); Robert D. Kaplan, *The Coming Anarchy: Shattering the Dreams of the Post Cold waragi* (New York: Random House, 2000).

를 포함하는 서아프리카 지역에 대한 관찰을 통해 개도국 곳곳에서의 환경의 훼손과 자연자원의 고갈 · 과잉인구 · 빈민 도시의 확산이 결합하여 민족적 · 분파적 분열을 가열시킬 뿐 아니라 국내정치의 붕괴와 전쟁의 비정규적인 형태로의 점차적인 변형(즉 전쟁과 테러행위를 구분할 수 없게 하는 변형)을 가져올 여건을 조성할 것으로 보고 이러한 모습이 서구를 비롯한 지구의 모든 곳에서의 미래의 모습이 될 것으로 예측한다.

구체적으로 카플란은 환경의 훼손은 자연자원의 부족을 초래하고 이러한 자연자원의 부족은 도시 빈곤 및 인구과잉과 더불어 인종적 갈등을 악화시키고 대량이주를 일으키며 이러한 인종적 갈등의 악화와 대량 이주는 사회적 갈등 · 범죄 · 질병 · 전쟁의 확산을 증대시킬 것으로 본다. 이러한 문제의 확산은 종국적으로 중앙정부의 약화 · 사병(사적인 병력) 등의 세력화 · 현재의 정치적 국경의 훼손 등을 통해 정부의 통제가 작동하지 않는 무정부 상태를 일으킨다고 본다.[26] 국제사회의 여러 지역에서 이미 정부의 권력이 급속히 약화되면서 무정부 상태(anarchy)가 도래하고 극도의 혼란 상태에 빠져 있다고 본다.

카플란은 이러한 무정부 상태를 특징으로 하는 국민국가의 약화를 미래 사회의 경향으로 바라보고 이러한 경향이 환경의 파괴와 과도한 인구가 가하는 압박의 임계치에 달하는 수준과 연계되어 있다고 본다. 그에 따르면 세계는 국민국가가 등장하기 전의 중세의 유럽을 닮은 상황으로 빠른 속도로 회귀하고 있다.

요약하자면 많은 개도국에서의 심각한 환경 훼손과 자원의 부족은 사회의 붕괴와 무정부 상태 및 갈등과 분쟁에 이바지한다는 것이다. 이러한 환경적 위기가 문화적이고 인종적인 충돌을 악화시킬 것으로 본다. 이러한 진단은 갈등과 분쟁의 주된 원인으로서 민족 간의 경쟁과 이념 간의 경쟁을 바라보았던 진단과는 대비되는 것이다. 즉 카플란의 경우 역사적으로 민족 간의 충돌에서 시작하여 이념 간의 충돌로부터 문명 간의 충돌로 갈등의 원인이 전환되고 있다는 헌팅턴의 견해를 큰 틀에서 수용하지만, 문명 간의 충돌보다 근본적인 갈등의 원인을 자원의 부족이라는 물질적인 요인에 두고 있다는 점에서 헌팅턴과 구별된다는 평가를 받는다.

카플란은 또한 후쿠야마와는 달리 전 세계적으로 퍼지고 있는 민주주의가 필연적으로 좀 더 많은 안정을 가져오는 것은 아니라고 주장한다. 그의 이러한 주장

26) 이러한 그의 견해는 환경과 무력 분쟁과의 상관관계를 언급한 호머-딕슨의 주장과 유사하다고 볼 수 있다.

의 근저에는 자유민주주의라는 관념은 물질이라는 현실에 바탕을 두어야 한다는 생각이 자리를 잡고 있으며 자유민주주의는 특정의 문화적이고 역사적인 맥락과 접목을 이루어야 한다는 생각 역시 근저에 깔려있다고 평가된다.

2. 본 저서의 입장

위에서 탈냉전 이후의 체제에 대한 다양한 견해를 살펴보았다. 냉전 종식으로 양극체제가 무너지면서 단극체제가 도래했다는 견해에는 큰 이견이 없다. 이견이 있다면 이러한 단극체제의 지속 여부와 지속 기간이다. 본 저서에서는 탈냉전 직후부터 2007~2008년 미국에서 시작된 금융위기가 세계의 금융위기로 이어지기 전까지의 국제체제를 단극체제로 보고자 한다. 이와 더불어 세계의 금융위기 이후의 국제체제를 불균형적 다극체제로 간주하고자 한다. 그 이유는 다음과 같다.

앞서 단극체제론(패권체제론) · 양극체제론 · 다극체제론(단다극체제론/양다극체제론/불균형적 양다극체제론) · 무극체제론 · 무정부적 혼돈의 국제체제론을 살펴보았다. 이들을 평가하자면 기본적으로 이들을 각기 현재의 국제체제의 특징 가운데 일부의 특징을 포착하기는 하지만 특징의 전반적인 양상을 특징짓는 데는 부족함이 있다.

단극체제론은 미국이 여전히 가장 우세한 초강대국의 지위를 지니고 있음을 설명하나 기타 국가들 특히 중국의 부상으로 인한 국제사회의 변화를 제대로 포착하지 못하는 문제가 있다.

미국과 중국을 두 축으로 하는 양극체제론의 경우는 중국이 경제력을 바탕으로 미국에 도전을 가하는 위협적인 존재로 부상하고 있는 것을 설명하고자 하나 다음과 같은 한계가 있다. 1) 현재 중국이 미국에 대적할만한 전반적인 국력을 보유하고 있는가에 대해서는 회의적이다. 2) 푸틴의 집권과 더불어 석유와 천연가스라는 에너지 자원을 통해 국력을 증진하면서 유럽 국가들을 비롯하여 중앙아시아 지역과 중동지역에 강력한 군사력과 더불어 힘을 투사하고 있는 러시아를 적절히 고려하고 있지 않다는 점에 한계를 가진다. 3) 중국 이외의 힘의 분배에 영향을 미치고 있는 브릭스(BRICS) 국가들의 부상 역시 고려하고 있지 않는다는 점에서도 문제가 있다.[27]

---

27) 브릭스(BRICS)는 세계 인구의 40% 이상을 차지하는 브라질 · 러시아 · 인도 · 중국 · 남아프리카

하스의 무극체제의 경우 권력의 분산이 국가들 사이에서뿐만 아니라 비국가적 행위자들에게까지 이르고 있다는 점을 지적함으로써 이들 국가 이외의 행위자들이 세계질서에 미치는 영향에 주목하도록 한다는 점에서 적실성을 가지나 권력의 정도에서의 차이와 같은 것을 제대로 고려하고 있지 않다는 점을 지적할 수 있다.

카플란의 무정부적 혼돈의 국제체제의 경우 일부 국가의 정부들의 경우 정부의 기능을 상실하고 있다는 점 등을 설명하고자 하나 이러한 현상이 일부 개도국에 국한된 현상이라는 점에서 과도한 평가라는 비판에서 벗어나지 못한다.

다극체제론의 하나인 단다극체제론의 경우는 미국의 우월적인 힘이 지배적이지는 못하다는 점과 중국과 러시아를 여타의 다른 부상하는 국가와 같은 반열에 올려놓고 있다는 점에서 수용하기 어렵다.

다극체제론의 또 다른 하나인 양다극체제론도 중국의 국력을 미국의 국력과 같은 수준으로 보고 있다는 문제점과 더불어 러시아의 국력을 나머지 강대국들과 대등한 위치에 두고 있다는 점에서 현실에 부합하기 어렵다.

양다극체제론의 변형이라고 볼 수 있는 불균형적 양다극체제론은 상층부에 국력에 있어서 차이를 가지는 미국과 중국을 두고 있다는 점에서 적실성을 가질 수 있지만 상승하는 경제력과 강력한 군사력을 바탕으로 국제사회에 힘과 영향력을 발휘하면서 미국에 일정한 정도 제약을 가하는 러시아를 중국과는 다른 차원의 부상하는 국가들 가운데 하나로 간주한다는 점에서 한계를 가진다.

이 저서에서는 위에서 언급한 국제체제 유형의 대안으로서 현재의 국제체제를 불균형적 다극체제(unbalanced multipolar system)라고 규정하고자 한다.[28] 이러한 국제체제는 우리가 통상적으로 이야기하는 비슷한 힘을 가지고 있는 3개 이상의 강대국들로 구성된 국제체제와는 다른 성격의 국제체제로서 다양한 수준의 힘을 가지고 있으면서 국제사회에서 다양한 정도의 힘과 영향력을 행사할 수 있는 능력을 갖춘 다수의 강대국이 존재하는 국제체제이다.

공화국의 경제연합체이다. 2018년 IMF가 발표한 세계 10대 경제에 브릭스 회원인 중국·인도·브라질 3개국이 포함되어 있다.

28) 미어샤이머(John J. Mearsheimer)의 경우 힘의 배분 상태에 따라 국제체제를 양극체제(bipolar system)·균형적 다극체제(balanced multipolar system)·불균형적 다극체제(unbalanced multipolar system)로 분류하고 잠재적 패권국(potential hegemon)이 존재하여 힘이 한 국가로 쏠려있는 다극체제가 불균형적 다극체제로 정의하고 있다: John J. Mearsheimer, *The Tragedy of great Power Politics* (Norton: W. W. & Company, Inc, 2001).

위에서 언급하고 있는 다양한 견해들이 직면하고 있는 공통적인 문제의 근원은 현재 국가들의 권력 배분이 역동적인 변화의 소용돌이 속의 격동기에 있기 때문이다. 따라서 현재의 국제체제를 불확실성 속에서 단정적이고 명료하게 규정한다는 것은 현재의 국제체제를 설명하거나 미래에 도달할 국제체제를 예측하는데 적실성을 가지기 어렵다. 이러한 이유로 다소 모호하나 현재의 국제체제에 가할 힘과 영향력을 최소한도라도 보유하고 있는 국가들이 다양한 수준에서 영향력을 행사하는 불균형적 다극체제라고 보고자 한다.

제2절 냉전의 종식이 세계질서에 미친 영향

냉전의 종식이 세계질서에 미친 영향을 살핀다는 것은 냉전의 종식이 강대국 관계에 미친 영향을 살피는 것으로부터 출발한다. 이는 강대국들 관계가 세계질서에 강력한 영향력을 행사하기 때문이다. 냉전의 종식으로 세계질서가 재편되고 있는데 이러한 재편은 중국 국력의 급격한 증가와 러시아 군사력의 증강을 포함한 브릭스(BRICS) 국가들의 부상으로 인한 힘의 전가에 의해 이루어지고 있다. 기존의 국제체제가 이들의 부상하는 힘과 영향력을 제도적으로 수용하지 않는 가운데 이들은 기존 국제제도와 차별화되는 국제제도들을 별도로 만들어 힘과 영향력을 규합하고 있다. 다른 한편 냉전 직후 패권국 지위를 누리던 미국은 상대적 국력의 쇠퇴를 경험하면서 이를 만회하기 위해 수단으로서 동맹의 강화라는 선택보다는 미국의 이익을 우선시하는 자국 국력의 증강이라는 선택에 기울어져 있다. 따라서 전통적으로 유지되어 온 동맹 관계가 이완되고 있다. 냉전 종식이 세계질서에 미치는 영향의 탐구란 이처럼 냉전의 종식이 가져온 강대국 간 관계의 변화에 관한 탐구로부터 시작되어야 한다.

1. 개 설

위에서 냉전 종식 이후의 국제체제의 구조적 변화에 대한 다양한 견해를 살펴보고 탈냉전기의 국제체제를 초기 단계에서의 단극체제와 그 이후의 불균형적 다극체제로 규정했다. 이처럼 냉전의 종식이 가져온 국제체제의 변화를 살펴본 것은 국제체제의 구조적 특징이 국제사회에서의 국가들의 행동과 이들 간의 상호작용으로 빚어내는 결과에 기회와 제약으로서 영향을 미치기 때문이다.

앞서 언급한 것처럼 미국 국력의 상대적 쇠퇴의 시점을 언제로 볼 것인가에 대해 이견이 존재하나 이곳에서는 그 시점을 미국발로 시작된 세계금융위기가 있었던 시기인 2007~2008년으로 보고자 한다. 냉전의 종식 후 이 시점 이전까지를 단극체제로 보고 이 시기의 세계질서를 살펴보고 이어서 세계금융위기 시기부터 현재까지를 불균형적 다극체제로 간주하고 이 시기의 세계질서의 특징을 살펴보고자 한다. 이러한 두 시기의 세계질서를 브랜즈와 에델만(Hal Brands and Eric S. Edelman)이 체계적으로 제시한 분석을 요약하여 소개하는 것을 기본으로 하고 필요한 부분이 있으면 주석을 통해 보완하고자 한다.29)

그러나 이들은 세계질서를 국제체제의 극성(polarity) 변화라는 틀 속에서 분석하고 있지 않다는 점을 언급하고자 한다. 이들은 극성을 가지고 국제체제의 상태를 분석하는 것을 매우 잘못된 것으로 본다. 이는 국제체제의 극성을 통한 세계질서의 분석은 미국의 국제적 위상과 냉전 이후의 세계질서에 가해지는 도전의 정도를 과대평가하기도 하고 과소평가하기도 하기 때문이다. 한편으로 국제체제의 극성을 통한 세계질서 분석은 미국의 쇠퇴를 과장할 뿐 아니라 현재 미국의 국제적인 지배력의 정도가 냉전 이후 일정한 기간과 비교하면 감소했다고 해도 어떠한 도전 국가보다 전 지구적으로 우세한 힘을 여전히 보유하고 있다는 사실을 호도할 수 있게 하고 다른 한편 국제체제에서 진행되고 있는 변화의 정도와 깊이를 호도할 수도 있기 때문이다.

이처럼 이들은 두 시기의 세계질서의 특징을 국제체제의 극성이라는 틀을 가지고 분석하는 것을 회피하고 있는데 이들이 우려하는 것은 특히 냉전 이후의 두 번째 시기를 다극체제로 보면 필연적으로 미국의 힘을 과소평가하고 부상하는 국가들의 힘을 과대평가하게 되기 때문이다. 본 저서에서는 두 번째 시기를 불균형적 다극체제로 개념화하고 있으므로 이들의 이러한 우려가 현실화하지 않으리라고 본다.

---

29) 여기의 내용은 브랜즈와 에델만의 다음 글을 축약한 것이다: Hal Brands and Eric S. Edelman, *Why is the World so Unsettled? The End of the Post-Cold War Era and the Crisis of Global Order*, CSBA Studies, Center for Strategic and Budgetary Assessments (CSBA), 2017, file:///C:/Users/USER/AppData/Local/Microsoft/Windows/INetCache/IE/VDVL8ZBS/CSBA-Why_Is_the_World_So_Unsettled.pdf (접속일: 2019년 10월 23일).

2. 단극체제에서의 세계질서

냉전이 종식 후 단극체제하에서 미국의 절대적인 우세함이 지속하였다. 미국은 1994년도 기준으로 세계 GDP의 25% 정도를 차지했고 전 세계 군사력의 40% 정도를 차지했다. 미국은 이라크의 쿠웨이트 침공과 병합에 반대하여 압도적인 군사력을 바탕으로 34개국 다국적 연합군을 형성하여 1990~1991년에 이라크를 대상으로 전쟁을 수행한 바 있다. 1996년에 중국은 직접선거에 의한 최초의 민주적인 총통선거를 앞둔 대만의 선거에 영향을 미치기 위해 대만의 앞바다를 향해 미사일을 발사하는 등 위협을 가하자 미국은 항모 전단을 대만해협으로 파견하여 중국의 도발을 견제했다.

이 시기에 냉전의 종식으로 이념경쟁이 극적으로 줄어들었다. 보편적으로 수용된 것은 아니지만 후쿠야마가 예견했듯이 자유민주주의와 시장경제가 광범위하게 확산하였다. 곧이어 이러한 확산을 위협으로 인식했으나 중국과 러시아마저도 정치적이거나 경제적 혹은 정치적이고 경제적으로 냉전 종식 후의 자유민주주의 국제질서에 통합되고자 했다.

미국과 유럽이 옹호하는 이러한 자유민주주의의 규범들이 확산한 것은 당시 인도주의적 무력 개입(humanitarian military intervention)의 빈도가 증가한 것에서도 드러난다. 이러한 인도적 개입은 인권의 존중과 선정(good governance)을 위해 국가의 주권도 제한될 수 있다는 미국과 유럽의 국가들이 옹호하는 규범에 바탕을 둔 것이다. 나아가 북대서양조약기구(NATO)가 동유럽뿐만 아니라 이전의 소련지역으로까지 확대된 것도 이러한 서구적 가치들이 확산을 보여주는 또 다른 예라고 볼 수 있다.

이 시기에는 강대국 간에 심각한 경쟁이 없었다. 냉전의 종식으로 인해 소련이라는 공동의 적이 약화되면서 미국과 주요 유럽국가들 사이에 동맹 관계가 이완될 것이라는 예측과는 달리 국제제도가 주는 관성으로 인하거나 미국이 제공하는 안보·안정·국제경제체제의 지도력과 같은 전 지구적인 공공재(global public good)를 공급했기 때문에 주요 유럽의 국가들과 미국의 관계가 굳건하게 유지되었다.

러시아와 중국의 경우 북대서양조약기구(NATO) 확대의 문제·코소보 문제·대만 문제 등을 둘러싸고 미국과 심각한 이견이 없었던 것은 아니지만 미국이 이끄는 자유주의 체제에 일정한 정도 통합되고 있었기 때문에 이들 국가로부터의 개별적인 심각한 도전이 없었을 뿐 아니라 미국에 대항하는 의미 있는 반패권 연합(anti-hegemonic coalition)도 등장하지 않았다. 이러한 사실은 1990~1991년의 이라크의 후세인과의 대결 · 보스니아에서의 인종청소 · 국제테러와의 전쟁에서 국제협력이 비교적 높은 수준에서 이루어졌던 것에서도 알 수 있다.

이처럼 강대국 간의 심각한 경쟁이 없는 가운데 냉전 시대 강대국 간의 경쟁으로 인해 유엔 안전보장이사회가 마비되었던 것과는 달리 국제공동체는 자유주의 세계질서에 위협적인 요소가 될 수 있는 전 지구적 문제들과 싸우는데 집중할 수 있었다. 이러한 문제들에는 인도주의적 재해 · 국경을 넘는 전염병 · 인종청소 · 대량파괴무기의 확산 · 사담 후세인의 이라크와 같은 공격적인 독재국가들의 팽창주의 저지 · 다수의 인명을 살상하는 국제 테러리즘 등이 포함된다.

3. 냉전 종식 후 불균형적 다극체제에서의 세계질서

브랜즈와 에델만은 2010년대 말의 세계질서가 냉전이 종식된 이후 위기의 수가 많아지고 심각성의 정도가 높아지는 것에서 볼 수 있듯이 다른 어느 때보다 더욱 불안정하고 위험스러워지고 있다고 진단하고 이러한 추세가 미래에도 지속할 것으로 본다.

이들은 이 시기의 세계질서를 상호 간에 연계된 현상으로서 1) 미국을 비롯한 서구세력 우세함의 쇠퇴, 2) 강대국 간의 치열한 세력 경쟁의 재개, 3) 전 지구적인 이념투쟁으로의 부활, 4) 보편적인 전 지구적 무질서의 강화, 5) 내부의 분열을 특징으로 하는 질서로 바라본다. 다음에서는 이러한 5가지 현재의 세계질서의 특색을 하나씩 살펴보고자 한다.

1) 미국과 서구세력의 우세함 쇠퇴

부(wealth)의 면에서 2015년의 시점에서 미국의 국내총생산(GDP)은 18조 달러로서 중국보다 7조 달러가 더 많다. 1인당 국내총생산의 경우는 대략 중국의 4배이다. 군사비 지출 면에서는 2015년 현재 미국의 연간 군사비 지출은 대략 중국의 3배이다. 이처럼 부나 군사비 지출 면에서 미국의 뒤를 쫓고 있는 중국에 비해 압도적인 우위를 유지하고 있지만 전 세계의 부와 군사비 지출에서 미국이 차지하는 비중을 살펴보면 2004년에 경제력이 25%이고 군사비 지출이 42%였던 것이 2015년에 각각 22%와 34%로 줄어들었다. 유럽과 아시아 · 태평양 지역에 소재한 미국의 핵심 동맹국들이 전 세계의 부와 군사비 지출에서 차지하는 비중이 1994년에 각각 47%와 35%였던 것이 39%와 25%로 감소했다.

이러한 감소세는 현재 미국 및 미국의 동맹국들과 우호적이면서 국가방위와 외교 관계를 개선하고 있는 과거 비동맹그룹에 속해 있던 국가들(인도 · 베트남 · 말레이시아 · 싱가포르 · 아랍에미리트)의 경제성장과 군사력 증강을 위한 투자와 더불어 호주 및 일본과 같은 미국의 동맹국들이 군사적 능력을 제고시키기 위해 노력하고 있는 것 등이 미국과 유럽국가들의 우세함에 도움이 되지만 미국 국력의 상대적 쇠퇴를 막지는 못한다.

이와는 대조적으로 러시아는 비록 경제력 면에서 오랫동안 눈에 띄는 성과를 거두지 못했으나 공격적인 군사력 현대화 프로그램의 목적으로 대폭적인 군사비 지출 증액을 통해 서구 국가들과의 효과적인 경쟁을 위해 필요한 능력을 상당한 정도로 개선했다. 그 결과 동유럽과 그 밖의 러시아의 주변부 지역 일대에서 훨씬 경쟁적이고 위험한 환경을 조성했다.

중국은 경제적 · 군사적으로 급격한 성장을 기록했다. 구체적으로 전 세계의 부 가운데 중국이 차지하는 비중이 1994년에 3.3%였는데 2015년에 11.8%가 되었고 군사비 지출 비중은 같은 기간에 2.2%에서 12.2%로 상승했다. 이를 통해 아시아 · 태평양 지역에서 오랫동안 미국이 누려온 우위를 상쇄하고 자국의 힘을 투사할 수 있는 능력을 구축하고 있다. 이러한 일련의 국력의 신장이 전 지구적인 차원에서의 중국의 영향력 제고로 이어지고 있다.

이러한 미국의 힘의 상대적 퇴조는 미국의 트럼프 대통령이 한국을 비롯한 동맹국들에 공동의 안보비용으로서 방위비 분담금의 대폭적인 인상을 요구하는 것에서도 드러난다. 미국의 세력 쇠퇴는 미국이 이슬람국가(Islamic State, IS)의 발흥과 같은 전 지구적인 도전에 대응하기 위한 효율적인 연합의 구축에 어려움을 겪고 있는 것에서 보듯이 증가하는 안보위협으로부터 미국을 지키는 것이 더욱 어려워지고 있는 것에서도 알 수 있다.

2) 주요 지역에서의 강대국 간의 경쟁

미국의 힘의 상대적 퇴조와 더불어 강대국 간의 관계가 점차 협력보다는 세계의 주요 지역에서 힘과 영향력을 행사하려는 치열하고 위험스러운 경쟁으로 치닫고 있다. 이러한 과정에서 부상하는 국가들이 국제체제에서의 서구의 게임의 규칙과 중요한 규범에 이의를 제기하고 있다.

부상하는 국가들 가운데 전 지구적 차원에서 미국이 가지고 있는 힘의 우세함에 조만간 도전할 수 있는 능력을 갖추고 있는 국가는 아직 존재하지 않으나 동아시아·동유럽·중동과 같이 지정학적으로 중요한 지역의 현 질서에 도전하기 위해 상승하고 있는 힘을 사용하고 있다.

(1) 동아시아 지역

이러한 것을 보여주는 실례가 동아시아에 중국이 중심이 되는 질서를 수립하려는 중국의 일련의 행위들이다. 중국은 미국을 자신이 이 지역을 지배하는 데 가장 심각한 외부적 위협으로 간주하고 동아시아에서의 이념적으로 안전하고 지정학적으로 압도적인 우세를 달성하기 위해서는 서태평양에서의 미국의 군사적 주둔과 외교적 영향력을 제한할 필요성을 강하게 느끼고 있다.

이러한 인식과 더불어 중국은 이 지역 소재의 미국 동맹국들 및 미국과 파트너십을 맺고 있는 국가들을 유인하거나 위협을 가함으로써 동중국해와 남중국해에서 확장적인 영토 주장을 공격적으로 제기하고 있으며 남중국해에서의 항행의 자유와 영토분쟁의 평화적 해결과 같은 오랜 기간 유지되어 온 규범에 도전을 가하고 있다.[30] 이러한 일련의 행동을 통해 이 지역의 현상 유지의 보장자로서 미국이

---

30) 저자의 주석) 중국은 한나라 때의 역사서를 내세워 1947년에 남중국해의 90%를 차지하는 소위 남해구단선(南海九段線)을 임의로 설정하고 이 지역의 관할권을 주장해 왔다(참고로 남해구단선은 중국 본토로부터 약 1,000km 정도 떨어져 있다). 이와 더불어 자신들이 암초 위에 바닥에서 채취한 모래와 콘크리트를 부어 인공섬을 건설하고 그 위에 활주로와 항공기 격납고 시설 등을 세우고 영토로서의 법적 지위를 가지는 것으로 주장해 왔다. 이로 인해 중국은 주변 국가들인 필리핀·베트남·대만·말레이시아·브루나이 등과 영토분쟁을 해오고 있었는데 이 지역에서의 어업 활동 등에 방해를 받아온 필리핀이 다른 국가들에 앞서 2013년에 상설중재재판소(Permanent Court of Arbitration, PCA)에 제소를 했다. 쟁점은 남해구단선의 법적 타당성과 인공섬의 영토로서의 법적 지위 여부였다. 이에 대해 재판소는 2016년 7월 중국이 주장하는 남해구단선은 역사적·법적 근거가 없고 남사군도의 모든 해양지형은 일전한 국제법적 지위를 가지는 섬이 아닌 암초거나 썰물 때 드러나고 밀물 때 잠기는 간조노출지라고 격하하여 판정했다. 구체적으로 남해구단선 이내의 해상지역에서 자원에 대해 역사적 권리를 갖고 있다는 중국 측 주장은 법적 근거가 없다고 판정했다. 즉 중국이 남해구단선 이내 해상지역에서 역사적으로 배타적인 권리를 행사했다는 증거도 없다고 판정했다. 더불어 중국이 암초 위에 건설한 인공섬에 대해서도 배타적경제수역을 가질 수 없다고 판정했다(유엔해양법협약에 따르면 사람이 거주하여 살 수 있고 경제 활동이 가능한 섬은 12해리의 영해와 200해리의 배타적경제수역을 모두 가질

전통적으로 수행해 온 역할을 막으려고 하고 있다. 미국의 힘과 영향력이 이 지역에서 쇠퇴한다면 이 지역은 중국의 힘과 영향력으로 대체될 것으로 예견된다.[31)]

수 있으나 단순 암석은 영해만 가질 수 있을 뿐이다). 따라서 인공섬을 근거로 남중국해 지역에서 배타적경제수역을 설정한 중국의 주장이 정당성을 상실했다. 중국은 이러한 판결을 수용하지 않고 오히려 대규모 해상훈련으로 무력시위를 전개하는 등 이 지역의 긴장을 고조시켰다. 이러한 남중국해 영유권 분쟁은 일차적으로는 중국과 주변 국가들 사이의 분쟁으로서의 성격과 더불어 미국과 중국 간의 패권경쟁 성격을 강하게 가지고 있다. 아시아태평양지역에서 미국을 제외한 패권 국가의 출현 방지를 중요 외교목표로 삼아온 미국이 중국의 부상과 더불어 오바마 행정부 시기를 시발로 아시아 재균형 정책형(Re-balancing to Asia)을 추진하는 가운데 남중국해 문제에 대한 개입의 빈도와 수위를 지속하여 높여 오고 있는 사실에서도 잘 알 수 있다. 이 지역은 원유와 천연가스 등 천연자원이 풍부하게 매장되어 있을 뿐 아니라 중동의 석유 등 중요 자원을 수송하는 선박들이 빈번하게 통과하는 아주 중요한 국제적인 교통수송로로서의 가치를 지니고 있다. 따라서 항행의 자유라는 명분을 가지고 미국은 필리핀 등 동맹국들의 이익을 지키고 남중국해를 자신의 영해로 발판삼아 전 지구적인 해양 패권을 추구하는 중국을 견제할 목적으로 이 지역에서 중국과의 치열한 패권경쟁을 벌이고 있다.

31) 저자의 주석) 중국은 미국에 가장 심각한 도전을 가하고 있다. 세계의 공장의 역할을 하면서 경제력이 상승한 중국은 지속적인 경제성장에 필요한 시장과 자원을 확보하기 위해 점차 공세적으로 되었다. 이를 보여주는 것으로서 중국이 개도국에 차관을 제공하는 데 있어서 아시아인프라투자은행(AIIB)을 주도적으로 설립하여 일본이 지배하고 있는 아시아개발은행(ADB)과 미국이 지배하고 있는 국제통화기금(IMF) 및 세계은행(World Bank)과 경합을 벌이고 있으며 중앙아시아로 세력을 확장하고자 하는 미국에 대항하기 위해 상하이협력기구(Shanghai Cooperation Organization, SCO)를 만들어 지정학적인 동맹(geopolitical alliance)을 구축했다. 이러한 공세를 지원하기 위해 중국은 군사력 강화에 막대한 투자를 해오고 있다. 중국은 러시아와 포괄적인 전략적 파트너십을 강화하여 유라시아의 통합과 다극적 세계의 강화를 도모하고 있으며 최근에는 이들 간에 동맹 관계의 수립 가능성이 언급되기도 한다. 미국이 시동을 건 무역전쟁이 러시아를 중국의 가장 중요한 전략적 파트너로서 강화하고 있다. 중국의 성장하는 경제력에 뒷받침된 군사력은 대만과 한반도에 대한 미국의 개입정책에 억지력으로 작동하고 있다. 중국은 또한 미국이 환태평양경제동반자협정(TPP)을 주도하자 이에 대항하기 위해 2012년에 자신의 주도하에 2012년에 세계에서 가장 큰 규모의 자유무역협정(FTA)인 역내포괄적경제민간부문협정(Regional Comprehensive Economic Partnership, RCEP)을 추진했다. 트럼프 대통령이 미국 우선주의를 내세우며 TPP 탈퇴를 선언하자 중국은 RCEP의 체결에 박차를 가했다. 이에 따라 2013년 5월을 시작으로 협상이 개시되어 오랜 시간 동안 협상을 해오다가 2019년 11월에 문안 협상을 끝냈으며 이를 협정문으로 만들어 2020년에 이에 대한 서명이 있을 것이라고 발표했다. 애초 협상에 참여한 국가들은 동남아국가연합(ASEAN) 10개국과 한국·중국·일본·호주·뉴질랜드·인도였는데 이 중 인도가 마지막 단계에서 빠졌다. 그러자 미국은 같은 날에 이 지역이 중국의 패권 아래에 들어가는 것을 우려하며 인도·태평양 지역의 전략적 가치를 중시하며 이 지역의 국가들과의 협력을 강조하는 보고서를 발간하여 이에 대한 견제에 나섰다. 종합적으로 보아 중국은 미국의 대중국 봉쇄전략(strategies of containment)에 대응하여 군사적으로 러시아와의 안보협력 관계를 강화하고 해양 강대국 정책을 강화하고 있다. 경제적으로는 중국은 새로운 국제금융 질서의 수립을 주도하고 있다. 구체적으로 중국은 아시아개발은행(ADB)에 대항하기 위한 아시아인프라투자은행(Asian Infrastructure Investment Bank, AIIB)·세계은행(World Bank)에 대항하기 위한 신개발은행(New Development Bank, NDB)·국제통화기금(IMF)에 대항하기 위한 위기대응기금(Contingent Reserve Arrangement, CRA)는 주도적으로 창설했고 RCEP의 체결을 눈앞에 두고 있으며 일대일로를 계속해서 추진해오고 있다. 정치적으로는 SCO를 주도적으로 창설하는 등

(2) 유럽지역

강대국의 재부상이 가져오는 영향은 유럽에서 더욱 심대하다. 러시아는 군사력을 다시 소생시키면서 냉전의 종식과 더불어 상실된 지정학적인 지위를 강화하고 있다.[32] 이는 러시아가 2008년 조지아와의 전쟁을 통해 조지아 영토 내의 두 지역을 독립시키고 군대를 주둔시켜 실효적 지배를 했고 2014년에 우크라이나 영토 내의 자치공화국의 지위를 가지고 있던 크림공화국을 강제적으로 합병한 것에서도 드러난다.[33] 러시아는 또한 2015년 이후 계속해서 시리아의 내전에도 개입하여 시리아 정부에 대항하는 이슬람수니파무장단체(ISIL) 및 다른 반군들을 향해 공습을 감행한 바 있다. 러시아는 중국・이란・베네수엘라와의 협력관계를 강화하고 있다.[34]

영향력 확대를 위한 다자외교에 전력 질주하고 있다.

32) 저자의 주석) 냉전이 종식된 후 서구는 자신들의 영향권과 안보 경계(security boundaries)를 확장하는 데 있어서 전례 없는 성공을 거두었다. 구소련의 영향권에서 유럽연합과 북대서양조약기구(NATO)의 급속한 확장은 필연적으로 러시아를 긴장시키지 않을 수 없었다. 푸틴이 러시아의 석유와 천연가스 산업을 효과적으로 합리화하면서 일정한 정도의 경제력과 군사력을 재건하면서 이러한 에너지 국력을 사용하여 과거 러시아가 지배하고 있던 중앙아시아와 동유럽뿐 아니라 러시아의 석유와 가스에 크게 의존하고 있는 서유럽에도 영향력을 미쳤다. 그 결과 러시아가 지역적으로뿐 아니라 국제적으로 미국에 공세적이 되었다. 러시아는 영향력 확대를 위한 다자외교에도 주력하고 있다. 대표적인 경우로서 러시아는 브릭스(BRICS)라는 경제협력체의 일원이 되었고 원래 유라시아 경제공동체로 출범하였으나 점차 협력의 영역을 경제를 넘어 정치・사회・문화 등의 영역으로 확대하고 있는 유라시아경제연합(EAEU)을 주도하고 있으며 이 기구는 역내에서 상품・서비스・노동・자본의 자유로운 이동을 허용하는 공동시장의 형성을 추진 중이다. EAEU는 중국 정부가 추진하는 일대일로(BRI) 전략 사업과 주요한 협력 협정을 체결했고 2020년 발효를 목표로 이란과 자유무역협정을 체결한 바 있다. 러시아는 이와 더불어 상하이협력기구(SCO)를 영향력 확대를 위한 다자외교의 장으로서 활용하고 있다.

33) 저자의 주석) 소련의 붕괴로 과거 소련의 지배로부터 독립한 조지아의 남오세티야와 압하지야 지역에서 분리・독립하려는 움직임이 있자 2008년 러시아는 조지아와 전쟁을 벌여 조지아 영토의 20%를 차지하는 이 두 지역을 각각 공화국으로 독립시키고 군대를 주둔시키는 등 실효적으로 이 두 지역을 지배했다. 현재 이 두 지역을 독립국으로 국제법상 승인한 국가는 러시아를 비롯해 베네수엘라・니카라과・나우루・시리아 5개국에 지나지 않는다. 우크라이나는 흑해에 인접해 있어 지정학적인 중요성으로 인해 역사적으로 유라시아 패권 장악을 위한 각축장이 되었었다. 소련의 붕괴로 과거 소련의 지배로부터 독립한 우크라이나의 지도자가 유럽연합(EU)의 가입을 추진하자 러시아가 압력을 가해 이를 제지하면서 반정부 시위가 시작되었다. 그러자 러시아는 2014년에 우크라이나 영토 내의 자치공화국의 지위를 가지고 있던 크림공화국을 강제적으로 합병하였다.

34) 저자의 주석) 2018년 9월에 러시아는 중국과 냉전 종식 후 최대 규모의 합동 군사훈련을 극동지역에서 실시했다. 미국의 경제제재로 궁지에 몰린 러시아와 미국과의 무역전쟁에서 수세에 몰리고 있는 중국의 협력관계가 강화되고 있다. 러시아는 이란과 2015년과 2017년을 포함해 카스피해에서 몇 차례 해상 합동훈련을 시행했고 시리아 내전에서 바샤르 알아사드(Bashar al-Assad)

(3) 중동지역

기존의 세계질서를 바꾸려는 노력은 중동에도 예외가 아니다. 중동에서 미국이 이끄는 질서를 절대 수용하지 않고 이 지역의 현상 유지를 바꾸려는 대표적인 지역 강대국이 이란이다. 이란은 자신의 힘과 더불어 시리아・예맨・이라크 내의 동조자들의 힘을 동원하여 중동지역에서의 지배적인 국가의 지위를 추구하고 있다.[35)]

대통령을 지원하는 이란과 상호 협력관계를 강화하고 있다. 러시아는 2018년 말에 베네수엘라를 지원하고 미국을 군사적으로 견제하려는 의도로 합동 군사훈련을 위해 핵무기 탑재가 가능한 전략 폭격기 2대를 베네수엘라에 배치한 바 있다.

35) 저자의 주석) 공동의 적이었던 이슬람국가(IS)의 몰락 이후 중동의 패권을 둘러싼 수니파의 영수인 사우디아라비아와 시아파의 영수인 이란 간 다툼이 급격히 격화되고 있다. 사우디아라비아 진영에 속하는 국가들에는 아랍에미리트(UAE)・바레인・이집트・요르단이 있다. 친이란 진영에는 알아사드 대통령의 시리아 정부・레바논에 거점을 둔 무장단체인 헤즈볼라・이라크의 시아파 정부 등이 포함된다. 이란과 사우디아라비아는 직접 싸우지 않고 다양한 형태의 대리전을 통해 단순히 종파의 수장이 아닌 이 지역의 패권국으로서 부상하여 영향력을 확대하려고 하고 있다. 시리아와 예멘의 내전이 대표적인 예이다. 이들은 시리아・예멘・이라크의 내전에 개입할 뿐 아니라 바레인・레바논・카타르 내의 분쟁에도 관여하고 있다. 1) 시리아 내전에서 이란은 시아파 대통령인 알-아사드 정권을 지지하고 사우디아라비아는 수니파 국가인 터키와 더불어 아사드 정권을 타도하려는 수니파 반군을 지원하고 있다. 이란의 지원으로 시리아 정부군은 사우디아라비아의 지원을 받는 반군 단체들을 대부분 물리쳤다. 2) 예멘 내전의 경우 예멘에서 영향력을 확대하려는 이란은 예멘의 시아파 후티 반군을 지원하고 이를 차단하려는 사우디아라비아는 미국과 아랍에미리트와 더불어 가장 첨예한 각축전을 벌이고 있다. 3) 시아파 인구가 많은 이라크에는 수니파인 후세인 대통령의 정부가 무너지고 시아파가 지배하는 정부가 수립된 이후 이란의 영향력이 계속 증가하고 있다. 이란은 1980년부터 8년 동안 전쟁을 벌임으로써 적대적인 관계를 가져온 이라크에 군대를 파병해 이라크 시아파 민병대를 지원하여 이슬람국가(IS)의 퇴출을 도왔고 시아파 정치인과 종교지도자들을 매수하고 있다. 4) 시아파 인구가 많은 레바논에서 이란은 반정부 세력인 시아파 민병대로서 정치적・군사적으로 강력한 세력을 보유하고 있는 헤즈볼라를 지원하고 있다. 헤즈볼라는 시리아의 내전에 개입해 알아사드 정권을 반군으로부터 지켜내는 데 핵심적인 역할을 했다. 사우디아라비아는 중동에서 이란의 세력 확대를 위해 첨병의 역할을 하는 헤즈볼라를 미국과 함께 테러단체로 규정하고 이들을 견제하고 있다. 5) 바레인의 경우 시아파 인구가 주류를 이루지만 왕가는 수니파이고 쿠웨이트와 더불어 사우디아라비아 진영에 속해 있는데 이란이 시아파 정치세력들을 지원하는 것으로 알려져 있다. 6) 카타르의 경우 수니파 성향이 강함에도 불구하고 이란에 유화적인 태도를 보이고 하마스와 무슬림형제단 등 테러집단으로 규정한 단체들을 지원하고 포용하는 정책을 취하는 등 사우디아라비아의 대이란 고립 정책에 미온적이었다. 이에 대한 반발로 인해 사우디아라비아를 비롯한 사우디아라비아 진영의 국가들이 2017년에 카타르와 단교를 한 바 있다. 이처럼 카타르 단교 사태가 사우디아라비아와 이란의 패권경쟁으로 촉발했으나 이란에 새로운 전략적 기회를 주고 있다. 이처럼 중동의 강대국 사우디아라비아는 부상하는 이란과 중동지역에서 지역적 패권 다툼을 해오고 있다. 소련의 붕괴로 중동에서 영향력이 쇠퇴한 러시아는 2015년을 기점으로 시리아 내전에서 반군 기지에 공습을 가하는 등 군사적 개입을 하면서 미국과 경쟁 구도를 형성하고 있다. 이처럼 중동에서의 이란의 부상과 러시아의 개입이 이 지역에서의 신냉전을 가져오고 있다. 미국의 이란

현상을 타파하고자 하는 이러한 수정주의적인 국가들 사이에 제한적이기는 하지만 협력이 전개되고 있다. 예컨대 중국과 러시아 사이의 협력이 증가하고 있으며 이러한 협력은 에너지・군사기술의 판매・한반도에의 미국의 추가적인 군사력 배치의 반대・2016년 남중국해에서의 공동의 기동훈련 등을 둘러싸고 전개되고 있다. 러시아와 이란 간의 협력은 시리아의 내전에서도 이루어지고 있다.

이러한 강대국들 사이의 경쟁 부활은 높은 수준의 국제적인 긴장・무기 경쟁・안보 딜레마를 수반하고 있으며 남중국해에서의 항해의 자유 보장이나 국제적으로 인정된 국경의 무력에 의한 변경의 불법성과 같은 지역 정치 혹은 나아가 국제정치상의 규칙과 규범에 대한 심각한 갈등 역시 수반하고 있다. 또한, 대만・필리핀・우크라이나・이라크와 같이 경쟁 관계에 있는 강대국들의 영향권이 교차하는 지점에 위치를 둔 국가들에 영향력이나 지배력을 갖기 위한 경쟁 역시 심화하고 있다. 이러한 강대국 간의 경쟁은 냉전 직후에 미어샤이머와 같은 학자가 주장한 바 있는 강대국들 사이의 치열한 경쟁이 전쟁으로 이어질 수도 있다는 가능성에 대해 검토의 필요성을 제기하고 있다.

3) 전 지구적인 이념투쟁으로의 복귀

강대국들의 경쟁은 전 세계적인 이념투쟁으로의 복귀를 가져오고 있다. 냉전이 종식된 후의 세계질서에 대한 예측은 자유주의 정치・경제 모델의 지배력에 논란의 여지가 없고 궁극적으로 이러한 모델의 전 세계적인 보편화가 불가피하다는 가정에 기반을 두고 있었다.

냉전 종식 직후부터 선거 민주주의를 택한 국가의 수가 대폭으로 늘어났으나 작금에는 선거 민주주의가 전 지구적으로 확산되어 나아가는 추세가 멈추었을 뿐 아니라 심지어 선거 민주주의 체제를 택한 국가가 다시 권위주의 체제로 후퇴하는 등 권위주의가 자유주의 모델에 도전을 가하며 부활하고 있다. 이러한 이념 간의

핵 협정 탈퇴와 제재의 복원 그리고 미・중 간의 무역분쟁으로 이 지역이 중국과 러시아와 손을 잡은 이란의 진영과는 달리 미국과 유럽은 미국의 자국 우선주의로 인해 중동 문제를 둘러싸고 자주 충돌하는 등 분열되고 있다. 『거대한 체스판』이란 저서를 발간한 브레진스키는 이 책에서 미국의 패권을 유지하는 방법과 유라시아 관리를 위한 대외전략을 제시하면서 미국을 겨냥한 중국・러시아・이란의 거대한 반패권 동맹의 부상을 막아야 한다는 점을 강조했다(즈비그뉴 브레진스키, 김명섭 옮김, 『거대한 체스판: 21세기 미국의 세계전략과 유라시아)』 (서울: 삼인, 2017); Zbigniew B. Brzezinski, *Grand Chessboard* (Basic, 1997)).

차이가 강렬해진 지정학적인 경쟁의 한 국면이자 동시에 이러한 경쟁의 추동체로서 재등장하고 있다.

베네수엘라와 터키에서의 반민주적인 지도자의 등장 · 폴란드와 헝가리와 같은 북대서양조약기구(NATO) 회원국들에서의 민주주의 규범의 퇴행 · 2016년 미국 대통령 선거 캠페인에 있어서 충격적인 권위주의적 감정의 표현 등 민주주의가 진통을 겪고 있는 것이 점차 전 세계적인 현상이 되었다.

다른 한편 권위주의 모델이 다시 돌아오고 있다. 이란과 중국 같은 국가들에서 얼굴인식 기술과 같은 최첨단 기술을 동원하여 국민을 감시하고 이들의 충성을 강요하며 반대 의견을 억압한다. 러시아와 중국의 경우는 그들의 권위주의적 지도력과 국가 자본주의의 장점을 공공연하게 선전하고 있다.

이들 중국과 러시아와 더불어 이란은 민주주의의 확산을 봉쇄하기 위해 적극적인 행동을 취하고 있다. 구체적으로 이들 국가는 그들의 지역에서 민주주의라는 정치적 가치가 확산하거나 살아남는 것에 반대하고 있다. 예컨대 중국은 마카오와 홍콩에서 민주주의 규범을 쇠퇴시키고 러시아는 몬테네그로에서의 민주주의 정부를 전복하려고 시도한 바 있다.[36] 중국과 러시아 그리고 이란은 정보 지원 · 경제적 지원 · 군사적 개입을 통해 시리아의 잔인한 살인적인 정권을 지지하고 있다.

결론적으로 권위주의적인 강대국들이 전 세계적 수준에서의 민주주의를 봉쇄하기 위해 협력하여 단호한 행동을 취해오는 등 사실상의 권위주의 인터내셔널(Authoritarian International)을 형성하여 이념적인 투쟁을 전개하고 있다. 이러한 움직임은 강대국 간 경쟁의 징표이자 원인이다. 다시 말해 냉전의 종식으로 자유민주주의가 전 세계적으로 확산되어 가던 추세가 권위주의의 부활 때문에 도전을 받으면서 전 세계적 차원에서 이념적 경합에 빠져들고 있고 이러한 이념적 경합이 지정학적인 권력정치와 함께 진행되고 있다.

4) 무질서의 강화

냉전이 종식되고 미국과 서유럽 국가들의 정책결정자들은 양극체제의 종식이 인종갈등과 내전 그리고 테러행위 등 새로운 형태의 문제나 이전에 억제되었던 문제들의 분출을 가져와 전 세계적인 혼란으로 이어지지 않나 두려움을 가지고 있었

---

36) 저자의 주석) 2016년에 러시아 대통령 푸틴은 몬테네그로가 북대서양조약기구(NATO)에 가입하는 것을 막기 위해 민주적으로 선출된 정부를 전복시키고 총리를 살해하려고 했다.

는데 이러한 것들이 현실로 구체화하고 있다. 발전된 기술의 확산과 세계화에 의한 혼란과 분열로 인해 무질서가 강화되고 있다.

예컨대 북한은 이란과 마찬가지로 핵무기와 같은 대량파괴무기를 가지고 현재의 국제질서에 폭력적으로 저항하면서 위협을 가함으로써 지역 전체뿐 아니라 나아가 조만간 전 세계적 수준에서의 국제질서를 근본적으로 붕괴시키려고 하고 있다.

또한, 냉전 종식 후 가장 위험한 비국가적 행위자로 평가되어온 알카에다(Al-Qaeda)의 위협 정도와는 비교할 수 없는 정도의 위협을 가하는 이슬람국가(IS)도 이러한 예의 하나이다. 이슬람국가는 비국가적 혹은 준국가적 극단주의 행위자로서 전례 없이 지정학적으로 아주 중요한 지역의 핵심부 전체에 두루 걸쳐 혼란을 조장하고 선전과 충원의 목적을 위해 정보통신기술을 탁월하게 사용하며 전 지구적으로 테러행위를 명령하거나 충동하는 능력을 과시했다.

중동지역의 현재 상황도 살펴보면 중동지역에 속하는 아라비아반도・레반트(Levant)[37]・이라크・리비아에서 중대한 군사적 갈등이 벌어지는 등 질서가 붕괴하고 있다. 중동지역에서의 이러한 갈등과 불안정은 이슬람국가나 알카에다와 같은 비국가적 행위자들에 의해 추동되기도 하고 다른 한편 이들을 불러들이는 역할도 했으며 강대국들의 갈등을 더욱더 심화시켰다. 이러한 갈등과 불안정은 유럽과 같은 인근 지역으로 난민의 유입과 테러리스트의 공격을 가져와 유럽 대륙의 정치를 상당한 정도로 혼란에 빠뜨렸다.

전 세계적으로 악화된 무질서로 인해 현재의 국제적인 논의의 장을 통해 다루기가 점점 어려워지고 있는 이슈들이 급증하고 있다. 글로벌 거버넌스 체제는 2007~2008년 세계금융위기 영향의 통제・아프리카 북동부 지역의 해적 행위 위협에의 대처・기후변화 문제를 다루기 위한 초기 조치의 발동 등 많은 이슈에 있어서 매우 잘 작동했었다.

그러나 사이버 간첩 행위・사이버 전쟁・인권과 국가 주권의 균형 문제・세계화 시대에 통제할 수 없는 경제와 기술의 힘으로 곤경에 빠져 있는 공동체와 사람들이 직면한 문제 등은 그 복잡함으로 인해 그 해결은 현재의 국제제도와 기제가 극복할 수 있는 능력에서 벗어나 있다.

이러한 현 글로벌 거버넌스 체제가 다루기 힘든 문제들은 불안정을 대폭으로

37) 저자의 주석) 레반트(Levant)는 팔레스타인・시리아・요르단・레바논 등이 소재해 있는 지역을 일컫는다.

증가시키고 위험한 국면을 초래할 수 있는 환경을 조성한다. 이러한 환경 속에서 강대국 간의 경쟁은 이러한 문제를 해결하기 위한 좀 더 건설적일 수 있는 다자적 대응을 비껴가도록 한다. 냉전의 종식 후 1990년대와 2000년대 초에 강대국들이 서로 상호 존중하는 환경 속에서도 재앙적인 테러리즘・인종갈등・핵확산과 같은 이슈들은 다루기 쉽지 않았는데 강대국 간의 경쟁을 특징으로 하는 환경 속에서 더욱 어려워졌다.

이러한 것은 미국의 지배력이 존재했고 미국과 러시아 사이에 상대적으로 우호적인 관계가 존재했던 1990년대에 보스니아에서의 인종청소에 대해 아주 더디기는 했으나 궁극적으로는 효과적인 국제적 대응이 있었던 것과 오늘날 다시 강대국으로 부상하고 있는 러시아의 중동지역에 대한 야심과 미국과의 경쟁이 존재하는 환경 속에서 보스니아의 경우에 비해 훨씬 더 심각한 인도주의적 재앙이 전개되고 있음에도 불구하고 전혀 성과가 없다는 것을 비교하면 잘 알 수 있다.

이러한 현상은 다른 이슈에서도 발견된다. 미국과 러시아 간의 지정학적인 경쟁으로 말미암아 9.11 테러의 여파 속에 존재했던 이들 사이의 협력과 교류가 저해됨으로써 근자에 테러리즘과 싸우기 위한 국제적인 협력이 커다란 장애에 봉착해 있다. 구체적으로 러시아가 우크라이나를 침략하고 병합한 이래로 두 국가 간 정보와 군사 면에서의 협력이 크게 줄었고 상호 간에 상대방의 시리아에 대한 정책이 테러리즘을 저지하기보다는 초래한다고 주장하고 있다. 마찬가지로 미국과 중국 간의 대결 심화는 북한의 핵 프로그램을 둘러싼 문제의 해결을 몹시 어렵게 만들고 있다. 또한, 강대국 간의 경쟁이 사이버 공간에 관한 국제규범을 발전시키려는 노력을 복잡하게 만들고 있다. 즉 러시아와 중국의 미국 기반시설과 시스템에 대한 공격적인 해킹과 2016년 미국 대통령 선거의 결과에 대한 영향을 미치기 위한 러시아의 대담한 노력이 보여주듯이 사이버 공간이 점차 강대국 간의 지정학적인 경쟁을 위한 경합적인 공간이 되고 있다.

5) 내부에서의 분열

현재의 전 지구적 정치의 마지막 특징은 탈냉전 국제체제의 주요 옹호자들의 정책과 이들의 의도가 불확실성을 특징으로 한다는 점이다. 이러한 불확실성과 더불어 국제정치의 주요 행위자들과 연합(coalitions)의 목적・효과성・결집력이라는 요인들이 국제사회의 불안정에 적지 않은 영향을 미치고 있다.

유럽뿐 아니라 유럽을 넘어서 국제사회의 안정을 지탱하고 자유주의 규범을 촉진하는 데에 결정적인 역할을 해온 유럽의 미국 동맹국들이 현재 쇠퇴하는 상대적 힘의 결과를 상당히 악화시키는 심각한 침체를 겪고 있다. 임박한 영국의 유럽연합으로부터의 이탈과 흑해에서 대서양에 이르는 지역에 소재한 유럽연합 회원국들 사이에 휘몰아치고 있는 통합반대 정서에 비추어 볼 때 유럽의 근간이 되는 결합체인 유럽연합의 운명이 불확실하다.

겉으로는 단합이 되어 있는 듯 보이지만 유럽 대륙이 지정학적 이슈들을 둘러싸고 점차 분열되고 있다. 그리스와 이탈리아의 경우 현상을 타파하려는 러시아와 관계 정상화로 복귀하겠다고 주장하고 최근의 여론 조사 결과에서 보듯이 다수의 북대서양조약기구(NATO) 회원국 국민은 가장 동쪽에 소재해 있는 회원국이 공격을 받으면 이들을 방어하기 위해 나서는 것에 대해 확실하게 냉담하다. 부분적으로 이주자와 난민의 유입과 같은 이슈로 인해 자유주의를 옹호하지 않는 정당과 운동 조직이 수적으로 증가하고 있고 민주적 절차와 과정이 매우 빈번하게 훼손되고 있다. 이러한 환경 속에서 유럽이 유럽 내에서뿐 아니라 유럽을 넘어서서 세계질서를 안정시키는 영향력으로 행동할 수 있는 능력이 손상되었다.

국제사회에 있어서 미국의 지도력도 큰 위기에 직면해 있다. 적지 않은 미국 국민의 여론은 미국은 이제 국제적으로 미국의 일이나 신경 쓰고 다른 국가들의 일은 그들 자신에게 맡기라는 고립주의적인 성향을 보인다. 이러한 여론에 호응하여 대통령 후보 당시 트럼프는 선거 캠페인 과정에서 세계화와 더불어 세계화가 가져오고 있는 부정적인 영향에 대한 국내적인 우려에 불을 열렬히 지폈다.

구체적으로 그는 대외무역을 일자리를 상실한 노동자와 공동체의 경제적 불안정을 가져온 가장 주된 근원이라고 여기고 미국의 동맹국들을 기생하는 무임승차자라고 비판하며 미국의 전통적인 국제적 책임이란 다른 국가들이 미국의 희생을 딛고 자신들을 부유하게 하는 것을 허용하는 것이었다고 규정했다.

트럼프 대통령은 군사비 지출을 늘리고 이슬람국가(IS)에 대항한 캠페인을 강화하며 북한에 대해 좀 더 강경한 노선을 택하고 최소한 경제문제에서만큼은 중국에 대해 좀 더 대결적인 접근법을 추구하고 있다. 그런데도 트럼프 대통령은 미국이 미국인들의 세금을 사용하여 세계질서라는 손에 잡히지 않는 애매한 개념적인 것을 지지해야 한다는 생각에 본능적으로 반감을 지니고 있다. 미국의 국제주의자들의 눈에 트럼프 대통령이 필연적으로 고립주의로 회귀할 것으로 보이지는 않지만 이러한 트럼프 대통령의 인식은 미국이 세계의 안정과 번영을 위해 가장 주된 부담을 떠안아야 하며 그렇게 하는 것이 미국의 국익에 가장 부합한다는 믿음 속에 수행해 온 이제까지의 국제사회의 역할로부터의 후퇴로 비친다.

현재의 트럼프 정부와 이후의 행정부가 어떠한 대외정책을 일관되게 전개할 것인가에 대한 불확실성 자체가 오늘날의 국제관계에 있어서 중요한 안정을 깨는 요인인 것이다. 미국의 동맹국들이 미국의 안보 공약이 매우 공고하다는 것을 더는 믿지 않으면 동맹의 결집력이 약화되고 동유럽과 동아시아와 같은 지역에서의 지정학적인 혼란이 가속될 것이다. 그 결과 중동지역의 미국의 파트너들은 미국의 퇴각에 대비한 보험으로서 다른 보호자를 찾도록 할지도 모른다. 또한, 트럼프 행정부가 적대감을 표시하고 있는 유럽연합(EU)과 같은 자유주의를 옹호하는 제도의 쇠퇴를 재촉할지도 모른다.

더불어 자신들에게 제약을 가하는 세력이 더는 과단성을 가지고 있지 않다거나 통합되어 있지 않다고 평가하는 공격자로부터 현상을 타파하려는 보다 강력한 도전을 유발할 것이다. 좀 더 광범위하게 이야기하자면 만약에 미국이 국제무대에서 좀 더 변덕스럽게 행동을 취하기 시작하면 국제질서를 위한 일종의 안전장치 역할을 해온 미국의 목적이 견고하다는 것에 대한 인식이 서서히 사라질 것이다. 이러한 징후가 이미 보이는데 그 예들로서 트럼프가 아시아·태평양 지역 경제통합을 목적으로 하는 환태평양경제동반자협정(TPP)을 파기한 것과 전통적인 동맹국들에 대해 퍼붓고 있는 비난을 들 수 있다.[38]

---

38) 저자의 주석) 미국은 자유무역질서를 옹호하고 무역분쟁을 해결하기 위해 관세와 무역에 관한 일반협정(GATT)과 세계무역기구(WTO)를 주도적으로 설립하여 역할 강화에 줄곧 기여해왔다. 그러나 트럼프 미국 대통령은 미국 우선주의(America First)를 정책 기조로 하면서 보호무역주의로 돌아서 중국과의 무역마찰을 초래하고 있을 뿐만 아니라 동맹국이나 우호적인 세력과의 관계를 분열시키고 있다. 구체적으로 취임 초에 TPP 탈퇴 행정조치를 취했을 뿐 아니라 미국 노동자를 우선하는 무역협정을 체결하며 북미자유무역협정(NAFTA)과 한미자유무역협정(FTA)을 포함하여 미국이 이전에 체결한 모든 무역협정의 재협상을 주장하는 한편 2018년 6월에는 유럽과 캐나다 등 주요 동맹국들에 가차 없이 관세를 부과하는 등의 보호무역 조치를 통해 동맹국과의 관계에 균열을 일으키고 있다. 나아가 「2018 무역정책 의제(2018 Trade Policy Agenda and 2017 Annual Report)」라는 보고서에서 세계무역기구(WTO)의 다자통상 체제에 대한 불만을 드러내는 동시에 WTO 탈퇴를 공공연히 언급한 바 있다. 이러한 WTO에 대한 반감은 WTO 분쟁해결 기구(DSB)의 상소기구(Appellate Body) 위원의 임명을 지연시키고 국가안보를 이유로 한 고율의 관세 부과 등의 정책으로 구체화하고 있다. 미국이 동맹국이나 우호적인 관계를 맺고 있는 세력과의 분열을 재촉하고 있는 두 번째 사례는 미국과 쿠르드족과의 관계에서 볼 수 있다. 미국 우선주의를 표방하며 고립주의 정책으로 회귀하고자 하는 트럼프 미국 대통령은 2019년 10월 7일에 분쟁지역에서의 세계경찰 역할을 포기하고 시리아 동북부에 주둔해온 미국

제3절 냉전의 종식이 글로벌 이슈에 미친 영향

냉전의 종식이 세계질서에 가져온 영향을 냉전의 종식이 가져온 강대국 관계의 변화로부터 거시적으로 추적해본 것에 이어 냉전의 종식이 글로벌 이슈에 어떠한 영향을 미쳐 오고 있는가를 살펴볼 필요가 있다. 냉전의 종식은 전 지구적 수준에서 안보 이슈에 직접적인 영향을 미칠 뿐 아니라 비안보적 이슈의 부상을 촉진하는 등 비안보적 이슈에도 간접적인 영향을 미치므로 분석의 대상에 비안보적 이슈도 포함되어야 한다.

의 지상군 병력을 철수하겠다고 발표했다. 2015년 이래 극단주의 무장세력인 이슬람국가(IS)가 시리아의 동부와 이라크의 북부에서 세력을 키우고 유럽에서 테러행위까지 자행하자 미국은 시리아 동북부 소수민족인 쿠르드족의 민병대(인민수비대, YPG)가 주축을 이루는 시리아민주군(SDF)을 도와 시리아에서의 반테러 전쟁을 수행했으며 그 결과 2019년 3월에는 이슬람국가의 마지막 근거지까지 점령했다. 쿠르드족의 경우 이슬람국가 소탕을 위해 10,000명이 훨씬 넘는 인명의 손실을 무릅쓴 이유는 약 3,000만~4,000만 명이 터키・시리아・이란・이라크 등에 산재해 살아왔는데 미국의 도움으로 독립국 건설을 희망했기 때문이다. 미국의 동맹인 쿠르드족이 미국의 배신과 더불어 철수 결정 2일 만에 터키의 공격을 받았다. 쿠르드족이 전체 인구의 대략 1/5을 차지하고 있는 터키는 시리아민주군을 터키 내 분리주의 세력인 쿠르드노동당(PKK)과 연계된 테러단체로 간주해 왔고 이들의 세력이 커져 독립국 건설에 이르는 것을 우려해 왔다. 터키는 시리아의 쿠르드족과 자국 내의 쿠르드족의 연계를 막기 위해 시리아 내 쿠르드족의 지역에서 이들을 몰아내고 완충지대를 구축하는 것을 목표로 하고 있다. 이러한 사태는 큰 우려를 자아내고 있다. 이는 터키의 공격을 받은 쿠르드족 민병대는 이제까지 총부리를 겨누던 적이 었던 시리아의 정부군과 협력하여 시리아 국경을 넘어 공격하는 터키에 대항하기 시작했기 때문이다. 현재 민병대가 수용시설에 감금하고 있는 17,000명 정도의 이슬람국가 대원들에 대한 통제가 없어지면 이들의 세력이 부활할 수 있다. 터키의 시리아 쿠르드족에 대한 공격으로 인해 쿠르드족의 관리하에 있던 이슬람국가 대원들 785명이 탈출했다. 이와 더불어 대규모 난민의 발생 가능성이 크다. 현재 터키는 시리아 난민을 360만 명 정도 수용하고 있는데 터키는 이들을 유럽에 보내겠다고 협박하고 있다. 미군의 철수로 시리아의 독재자인 알아사드 시리아 대통령의 지배권이 강화될 것이고 중동지역의 정세가 사우디와 패권경쟁을 벌이며 시아파 벨트를 구축해 오고 있는 이란의 세력이 강화되고 이란과 함께 시리아 정부군을 경제적・군사적으로 도와 온 러시아의 세력이 확대되는 계기기 될 것이다. 이러한 미국의 정책은 미국과 동맹국 간에 불신으로 내부의 균열이 커질 것이다. 트럼프 대통령으로부터 방위비 분담금 증액의 압박을 받아 온 유럽연합과 한국을 비롯한 미국의 동맹국들은 트럼프 대통령의 예측 불가 외교정책으로 미국이 언제든 배신을 할지 모른다는 불신을 가지게 되었기 때문이다. 동맹국 내부의 균열을 보이는 세 번째 사례는 유럽국가들과 미국의 이란핵협정인 포괄적 공동행동계획(Joint Comprehensive Plan of Action, JCPOA)을 둘러싼 분열이다. 이 협정은 2015년에 주요 6개국인 유엔 안전보장이사회 5개 상임이사국과 독일 그리고 유럽연합(EU)이 이란과 체결한 합의인데 트럼프 행정부가 2018년 5월에 이 협정의 파기를 일방적으로 선언하고 재차 제재에 들어갔다. 이와 관련하여 미국 제재의 영향을 받는 독일・영국・프랑스 등 유럽의 주요 국가들이 이러한 미국의 대이란 정책에 파기선언 전후로 맹렬하게 반대했다. 이들 유럽국가는 미국의 대러시아 정책에도 동조하지 않는 등 미국과의 분열을 다방면에 걸쳐 경험하고 있다.

1. 새로운 안보 이슈들의 부상

적대적인 두 진영 간의 대립을 특징으로 하던 냉전의 종식과 더불어 안보위협이 감소하리라는 기대가 있었는데 이와는 달리 새로운 안보위협들이 등장했다. 이러한 새로운 안보위협이란 테러행위의 일상화·대량파괴무기의 확산·내전의 일상화·인종 간 갈등과 종교 간 갈등 등이 포함된다.

탈냉전 후 전 지구적 수준에서 중국의 부상으로 대표되는 일부 국가들의 국력 상승과 미국 국력의 상대적 쇠퇴라는 국제체제의 구조적 변화와 더불어 불안정성과 불확실성이 계속되고 있다. 중동·중앙아시아·동유럽·동중국해·남중국해 지역이 강대국들 사이에 치열한 안보경쟁의 대상이 되고 있으며 이들 지역 국가 간에 첨예한 영토분쟁의 대상이 되고 있다.

1) 내전의 빈발과 인도주의적 문제

냉전 기간에 일국 내에서의 내전(civil war)이 여러 국가에서 발생했고 오랜 기간 계속되었다. 앙골라·모잠비크·에티오피아 등에서 일어난 내전이 대표적인 예인데 이는 양 진영의 패권 국가인 미국과 소련의 경쟁 속에서 지정학적 우위를 점하기 위해 벌인 대리전의 성격이 강했다.

냉전의 종식으로 세력이 위축된 러시아는 이들을 지원할 능력이 부족하고 경쟁자의 부재 속에 미국은 능력은 지니고 있으나 전략상 매우 중요한 국가가 아닌 경우 지원할 의지가 없어진 결과 군사원조와 경제원조가 단절되거나 축소되었다. 이러한 결과 앙골라·모잠비크·에티오피아의 경우 내전이 종료되었다.[39]

냉전의 종식으로 평화로운 국제질서가 수립될 것이라는 기대와는 달리 냉전 종식 후에도 세계 곳곳에서 내전이 빈번하게 발생했다. 미국과 소련 간의 대리전 성격이 아니라 인종적 대립과 반목이 주된 원인이 되어 르완다(1990년 시작)·소말리아(1991년 시작)·보스니아(1992년 시작)·코소보(1999년 시작) 등에서 내전이

---

39) 앙골라 내전의 경우 유엔의 중재로 1991년에 휴전협정이 체결되고 1992년에 선거를 치렀으나 내전 당사자 가운데 하나의 조직이 선거 결과를 인정치 않아 내전이 재개되었다. 그러다가 2002년이 되어서야 내전이 막을 내렸다. 모잠비크 내전은 1977년에 시작되어 1992년에 16년간의 내전을 종결하는 로마평화협정의 체결을 통해 막을 내렸다. 에티오피아의 경우는 1974년에 시작된 내전이 1991년에 끝났다.

발발했다. 시리아(2011년 시작)와 예멘(1994년 시작)의 내전의 경우 종교적 대립의 측면과 더불어 중동에서의 패권을 노리는 이란과 사우디아라비아의 대리전의 성격도 지니고 있다. 더 나아가 소련과 미국의 대리전의 성격도 있다고 볼 수 있다.

이러한 현상은 냉전 시대에 분쟁과 갈등 대부분이 국가 간에 발생한 것과 크게 대조를 이루는 것으로서 이는 냉전 시대에 안보 지상주의 논리에 의해 억제되었던 일국 내의 인종적 혹은 종교적 갈등이 냉전의 종식과 더불어 분출되기 시작했기 때문이다. 구체적으로 냉전 시대에는 일국 내의 이질적인 그룹들이 외부로부터 가해지는 국가안보에 대한 위협을 공동의 적으로 간주했던 이유로 이들 간에 갈등이 일시적으로 수면 아래 가라앉아 있었다.

이러한 종교적 · 인종적 갈등이 주된 원인이 되어 냉전이 종식된 후에 발생한 내전의 경우는 냉전 시대 이미 시작되었던 내전이 미국과 소련의 지원이 없어지면서 종결된 것과는 대조적으로 오히려 미국과 소련이 진영의 관리 차원에서 진영 내 국가들에 제공하던 원조의 종료가 내전을 유발한 측변이 강하다. 구체적으로 냉전 시대 양 진영의 패권 국가인 미국과 소련이 상대 진영을 봉쇄하고 진영의 결속을 유지하기 위해 진영 내의 국가 중앙정부에 제공한 경제적 원조와 군사적 원조는 이질적인 그룹 간의 갈등이 표출되는 것을 억제하는 데 보상의 수단이 되었다. 그러나 냉전의 종식은 이러한 패권 국가가 이러한 원조를 제공하지 않게 되자 내전이 촉발되었다.

이러한 내전들로 인해 지구상 여러 곳이 내전에서 심각한 인도주의 문제들을 일으켰다.[40] 국가들 사이의 전쟁이 발발한 경우 이들 간에는 상호성으로 인해 전시 국제법이 일정한 정도 적용되고 준수되었던 것이 사실이다. 그러나 냉전이 종식과 더불어 빈발하고 있는 내전의 경우는 이러한 국제법이 적용되지 않고 내란죄 등 가혹한 형법이 적용되면서 내전은 참혹함을 더해갈 수밖에 없게 되었다. 내전에 따른 폭력의 증가는 무정부 상태를 유발하고 인권의 마비를 가져왔다.

이러한 내전의 빈발은 일국 내에서 고향을 등지고 국내의 다른 지역으로 이동하여야 하는 사람 즉 국내 실향민(internally dispersed person, IDP)을 대거 양산하고 있을 뿐 아니라 국경을 넘는 난민(refugee)과 이주자(migrant)를 대량으로 발생

40) 인도주의(humanitarianism)란 모든 인간은 평등한 인격과 존엄성을 지닌 동등한 인간이라는 시각에 기반을 두고 인간에게 있어 바람직한 일을 인종 · 민족 · 국적 · 체제 · 종교 여하를 초월하여 타인에게 실천하는 사고방식이나 운동을 일컫는다.

시켜 유럽국가들이 난민 문제로 많은 어려움을 겪고 있다. 구체적으로 이들 난민과 이주자들의 유입은 유입국의 직업·보건·교육·주거·문화적 정체성에 압박을 가함으로써 유입국 국민에게 위협감을 주고 있다. 시리아와 예멘의 내전을 피해 국경을 넘는 이주자와 난민이 한국으로까지 유입되어 난민 문제를 둘러싼 논쟁을 유발하고도 있다.

이러한 내전은 아동들을 전쟁고아로 전락시키고 인신매매의 대상이 되어 다른 국가에 노예로 팔려 강제노동에 동원되기도 한다. 또한, 내전의 군사적 조직이나 민병대 조직에 강제로 징집되어 소년병(child soldier)이 되기도 한다. 소녀들 역시 납치되어 이들 조직의 성폭력의 대상이 되며 이를 전시 여성 성폭력의 문제를 일으킨다. 내전은 질병의 확산에도 크게 이바지한다.

2) 대량파괴무기의 확산

대량파괴무기(Weapons of Mass Destruction, WMD)란 핵무기·방사능 무기·화학무기·생물무기를 비롯하여 무수한 사람들을 살상하거나 중대한 위해를 가할 수 있는 무기 혹은 건물 등과 같은 인간이 만든 구조물·산과 같은 자연적인 구조물·생물권(biosphere)에 커다란 피해를 주는 무기들을 의미한다.41) 이러한 무기들과 더불어 무기 자체는 아니나 이들 대량파괴무기의 운반수단의 노릇을 하는 미사일(특히 탄도미사일)을 대량파괴무기의 범주에 포함하기도 한다.

냉전 시대 초강대국인 미국과 소련은 자신들의 진영에 속해 있는 국가들을 보호하여 타 진영으로의 이탈을 방지하기 위해 상대 진영의 국가(들)로부터 공격을 받았을 때 군사적 개입을 하고 핵우산을 비롯한 안보 우산을 제공했다. 따라서 진영 내의 국가들은 안보를 위해 개별적으로 막대한 군사비를 지출하여 무기 등을 갖출 필요성을 덜 느꼈다.

그러나 냉전의 종식과 더불어 초강대국의 지위를 상실한 러시아는 과거 자신의 진영 국가 대부분의 이탈을 경험하고 타국에 안보 우산을 제공할 여력을 상실했다. 다른 한편 소련의 붕괴로 진영 간 경쟁이 소멸한 상황에서 미국은 자국의 이익에 절대적으로 중요하다고 판단되는 국가를 제외하고는 군사적인 개입과 안보 우산을 제공할 의지를 상실하게 되었다.

---

41) Wikipedia, “Weapon of Mass Destruction,” https://en.wikipedia.org/wiki/Weapon_of_mass_destruction (접속일: 2019년 10월 23일).

이처럼 초강대국의 보호 아래 있던 국가들이 초강대국으로부터의 보호막이 사라지거나 약화되면서 자국의 안보를 확보하기 위해 자체 군사력을 증강하고 나아가 생물무기·화학무기·핵무기·미사일 등과 같은 대량파괴무기를 자체적으로 개발하는 선택을 하고 있다. 미국의 강력한 힘에 의한 위협이 비핵국가들의 핵무장을 불러온 측면도 존재한다.

이로 인해 국제사회는 평화와 안보의 위협 속에 빠져들고 있다. 즉 냉전 시기에는 이러한 대량파괴무기는 미국과 소련 등의 강대국의 전유물이었으나 냉전의 종식 후 개도국을 포함하여 세계의 여러 지역으로 확산되고 있다.

이와 관련하여 문제가 되는 것은 핵확산금지조약(NPT)·화학무기금지협약(CWC)·생물무기금지협약(BWC) 등과 같이 대량파괴무기를 규제하는 국제조약들이 존재하나 이들 무기를 보유하고 있다고 추정되거나 알려진 국가들 일부가 미가입 상태에 있거나 가입국이라고 해도 조약을 위반하는 국가가 존재한다는 사실이다.

또 다른 문제는 이러한 불량국가(rogue state)가 보유하고 있던 대량파괴무기가 알카에다(Al-Qaeda)와 같은 테러리스트 조직을 비롯한 비국가적 행위자들의 수중에 들어가 이들에 의해 실제로 사용될 가능성이 존재한다는 것이다. 국경통제가 취약한 실패한 국가나 실패 중인 국가가 이러한 무기들의 불법적인 밀매를 위한 옮겨 싣는 지점으로 사용될 가능성도 지니고 있다.

3) 소형무기와 경무기의 밀매[42)]

냉전의 종식 후 대량파괴무기와 더불어 소형무기와 경무기(small arms and light weapons)가 중요한 글로벌 이슈의 하나로 대두되면서 관심의 대상이 되고 있다.[43)]

소형무기에 관한 정부 전문가 패널그룹의 유엔 보고서(UN Report of the Panel of Governmental Experts on Small Arms)에 따르면 소형무기는 개인에 의해 사용되는 무기이고 경무기는 두 사람 이상이나 짐 나르는 동물 혹은 경차에 의해 운반되는 무기이고 경무기는 복잡한 물류와 유지관리 기능이 필요하지 않은 무기로서

42) 외교부, "소형무기/휴대용 방공미사일(MANPADS) 관련 주요 이슈," http://www.mofa.go.kr/www/brd/m_3989/view.do?seq=304017&srchFr=&srchTo=&srchWord=&srchTp=&multi_itm_seq=0&itm_seq_1=0&itm_seq_2=0&company_cd=&company_nm=&page=9 (접속일: 2019년 10월 25일).

43) 소형무기와 경무기(small arms and light weapons)를 합쳐서 「SALW」라는 영어의 약어를 사용한다. 때때로 이러한 「경무기」를 「경화기」로 부르기도 한다.

지형이 까다로워 중무장한 기계화 병력과 공군력이 가용하지 않거나 제한된 지역에서의 기동성 있는 군사 작전을 가능하게 하는 무기이다. 구체적으로 이러한 소형무기에는 권총・소총・경기관단총 등이 포함되고 경무기에는 중기관총・총열의 하부에 장착된 수류탄 발사기・휴대용 대공포・휴대용 대전차포와 무반동총・대전차 미사일과 로켓 시스템의 휴대용 발사기・대공 미사일 시스템의 휴대용 발사기 등이 포함된다.44)

냉전이 종식된 후 소형무기와 경무기에 관해 국제사회의 관심이 증대되고 있는데 이는 탈냉전기에 빈발하고 있는 내전 상황에서 반군이나 테러단체・마약 밀거래 집단・범죄집단 등에 의한 이러한 무기의 사용 증대가 심각한 안보에 대한 위협으로 작용할 뿐만 아니라 민간인 살상으로 인해 비인도적인 폐해가 발생하고 분쟁지역에서의 전후 복구사업이 지연되는 등의 문제를 동반하기 때문이다.

다시 말해 이들 무기의 불법적인 제조・이전・유통과 더불어 전 세계 여러 지역에서의 과도한 축적과 통제되지 않은 확산은 광범위한 인도주의적 및 사회경제적 영향을 미치고 개인・지방・국가・지역・국제수준에서 평화・화해・안전・안보・안정・지속 가능한 개발에 심각한 위협을 가하기 때문이다.45)

냉전의 종식으로 양극체제의 진영 내 통제가 무너지면서 국경의 개방, 무기의 과잉축적, 자유로운 교역의 급속한 확장으로 인해 무기의 밀매가 쉬워졌다. 냉전 시기에 주요한 갈등은 국가의 정규군인 사이의 충돌이었는데 탈냉전기의 갈등은 이와는 달리 국가 내부에서 인종적・분리주의적・종파적 전쟁에 참전하는 게릴라・인종 분리주의자・민병대(private militias)・범죄 조직망・준 군사조직원과 같은 비정규 전투원에 의한 충돌을 특징으로 한다. 이러한 유형의 갈등에서는 주로 이러한 소형무기와 경무기(특히 경무기)가 사용된다. 그 이유는 교전 주체들이 정규 군대를 물리치기보다는 영토나 자원에 대한 통제를 정지시키거나 적대적인 그룹을 몰아내거나 저항하는 사람들에게 테러를 가하는 데 관심을 두고 있기 때문이다.46)

---

44) United Nations General Assembly, General and Complete Disarmament: Small Arms, Note by the Secretary-General, A/52/298 (August 27, 1997).

45) Organisation of African Unity, Report of the Meeting of Experts. First Continental Meeting of African Experts on Small Arms and Light Weapons, SALW/RPT/EXP (I) (17-19 May 2000). http://www.smallarmsnet.org/docs/saaf03.pdf (접속일: 2019년 10월 25일).

46) International Association for Humanitarian Policy and Conflict Research, "Small Arms & Light Weapons: Definitions & Conceptual Issues," http://www.peacebuildinginitiative.org/indexeb23.html?pageId=1861 (접속일: 2019년 10월 25일).

4) 안보를 위협하는 민족주의 발흥

앞서 세계화의 영향으로 하나로서 신민족주의(neo-nationalism)의 등장에 대해 살펴보았다. 이러한 신민족주의는 서유럽을 중심으로 급진적인 우파 정당과 더불어 등장한 것으로서 「대중 민족주의(populist nationalism)」라고 불리며 유입된 외국의 난민과 이주자가 일자리를 빼앗고 안전보장에 위해를 가하고 있다는 인식에 기초하고 있다. 이러한 신민족주의는 점증하는 이주·노동자들의 이동·전통적인 제조업의 쇠퇴·전통적인 삶의 방식에 대한 도전과 같은 세계화의 영향에 대한 반작용으로 등장한 것이라고 볼 수 있다.

세계화의 영향이 아닌 냉전 종식이 민족주의 등장에 미친 영향의 관계 역시 중요한 논의의 대상이 되고 있다. 이러한 논의에는 냉전의 종식이 민족주의 등장에 영향이 없다는 논의도 물론 포함된다. 그러나 구소련과 구유고슬라비아와 같은 다민족 국가들의 해체와 후속적인 민족적 긴장 혹은 민족적 전쟁의 확산은 냉전의 종식이 가져온 민족주의의 재등장으로 해석할 수 있을 것이다. 구체적으로 중유럽·동유럽·발칸반도·중앙아시아에서의 민족주의와 민족적 갈등이 재등장하여 이 지역에서의 정치적·경제적·군사적 위협을 가하고 있다. 이러한 민족주의는 냉전의 종식과 더불어 유고슬라비아에서 르완다에 이르기까지 내전과 집단살해로 표출되기에 이르렀다.

5) 안보를 위협하는 영토분쟁

영토분쟁의 원인을 규범적인 시각에서 바라보아야 한다는 주장도 존재하나 현실주의적인 시각인 권력정치(power politics)의 관점에서 살펴볼 수 있을 것이다.[47] 여기서 권력정치의 관점이란 세력전이 이론(power transition theory)을 의미하는 것으로서 기존의 패권국에 도전할 정도로 국력이 신장한 국가가 현 질서에 불만을 가질 때 전쟁의 가능성이 커진다는 내용을 핵심으로 하는 이론이다.

이 이론을 영토분쟁의 원인과 결부시킬 경우 세력이 전이되어 권력 배분에 변화가 있을 때 변경 지역과 국경 지역에서 알력이 발생하고 종종 갈등과 영토분쟁

47) 규범적인 접근을 강조하는 글로는 다음과 같은 것이 있다: Tuomas Forsberg, "Explaining Territorial Disputes: From Power Politics to Normative Reasons," *Journal of Peace Research*, Vol. 33, No. 4 (1996), pp. 433-449.

으로 번지게 된다는 것을 의미한다.[48] 동아시아에서 중국이 힘의 부상과 더불어 2010년을 전후로 하여 영토·역사·주권의 문제에 있어서 공세적인 입장을 취해 왔다는 사실로 미루어 냉전 종식 후 특히 2007~2008년의 세계적인 금융위기의 발발 후 국제체제에서의 권력 배분의 변화를 가져온 중국의 부상이 영토분쟁을 격화시키는 데 영향을 미쳤다고 볼 수 있다.

중국과 일본 사이에 센카쿠(중국어로는 댜오위다오) 열도를 둘러싼 영토분쟁의 재부상·남중국해에서의 중국과 베트남 간의 영토분쟁 재부상·중국과 필리핀 간의 영토분쟁 재부상·중국과 한국의 이어도 영유권 분쟁·미국과 중국의 남중국해에서의 영토분쟁 등을 중국의 부상에 따른 세력전이의 결과물로 볼 수 있다. 이러한 영토분쟁은 냉전의 종식 후 강화된 민족주의와 연계되어 문제를 더욱 심각하게 만들고 있다.

2. 새로운 안보개념의 등장

냉전의 종식은 전통적인 안보개념에 큰 변화를 가져왔다. 우선 협력안보를 그 예의 하나로 들 수 있는데 협력안보(cooperative security)란 탈냉전 시기의 국제환경 속에서 새롭게 등장한 국가 간 갈등관리 방식을 지칭하는 것으로서 군사적인 대립 방식이 아닌 대화와 협력방식을 통해 국가 간 갈등을 극소화하고 공동의 이익을 극대화하고자 한다는 점에서 전통적 안보개념인 국가안보(national security)·국제안보(international security)·집단안보(collective security)와 구별된다.

이러한 협력안보의 대표적인 사례로서 소련과 동유럽의 붕괴 속에서 과거 냉전 시대 대립하던 바르샤바조약기구(Warsaw Treaty Organization, WTO)의 회원국들까지도 포함하여 화해와 협력을 통해 유럽 전체의 안정과 평화를 도모하기 위해 설립된 유럽안보협력회의(Conference on Security and Cooperation in Europe, CSCE)를 들 수 있다.

동아시아의 안보 상황과 견주어 이 지역에 있어서 이러한 협력안보의 필요성이 거듭 강조되고 있다. 냉전 시대의 안보개념은 소극적으로 분쟁을 배제하는 것

48) Kumiko Haba, “The Power Shift: National Anxiety, Territorial Disputes, and Confidence Building in Asia under the American Rebalance Strategy,” https://www.cairn. info/revue-les-cahiers-irice-2015-2-page-69.htm (접속일: 2019년 11월 2일).

이었으나 탈냉전기에 접어들어 과거에 있어서와 같은 소극적인 분쟁의 억제가 아닌 적극적인 분쟁의 방지와 분쟁원인의 제거를 의미하는 협력안보라는 개념이 도입되었다.

이러한 협력안보 개념과 더불어 「포괄적 안보(comprehensive security)」와 「인간안보(human security)」 개념이 냉전기의 국가안보라는 개념을 대체하고 있다. 포괄적 안보는 정치 · 군사 · 경제 · 환경 등 모든 영역으로부터의 위협에 대처하는 안보를 의미하며 인간안보는 안보의 궁극적인 대상으로서 국가가 아닌 개인으로서의 인간을 강조하는 안보를 의미한다.

3. 비안보적 이슈 부상의 촉진

냉전 시대에 안보 우선주의 논리에 의해 문제의 심각성과 중요성에도 불구하고 억압되어 있던 인권 · 환경 · 저발전과 빈곤 · 보건 · 여성 · 아동 · 장애인 등과 같은 비안보적 이슈들(non-security issues)이 냉전이 종식되고 안보의 위협이 약화되면서 대거 국제사회의 문제로서 등장하게 되었다.

예컨대 2차 세계대전 이후 선진국들의 고도성장 부산물로서 1960년대 후반부터 환경 이슈가 일국의 사회를 위협할 뿐 아니라 국경을 넘어 다른 국가까지 위협하는 국제문제로 두드러지자 문제의 해결을 위해 1972년에 스웨덴의 스톡홀름에서 유엔인간환경회의(UNCHE)가 개최되어 인류사회에 경종을 울린 바 있다. 이 당시에 환경 이슈를 해결하고자 사상 초유의 이러한 대규모 국제회의가 개최될 수 있었던 것은 미국과 소련 양 진영이 일시적이나마 냉전을 피해 화해와 협력의 시기에 접어들었기 때문이었다.

이러한 일시적인 화해와 협력의 시기가 끝나고 대립을 특징으로 하는 냉전이 재개되자 환경 이슈는 국제적인 해결이 필요함에도 냉전이 종식된 후인 1992년에 유엔환경개발회의(UNCED)가 개최될 때까지 국제적인 협력의 대상으로서 주목을 받지 못했다.

4. 초국가적 이슈 부상의 촉진

냉전의 종식으로 심화한 세계화와 더불어 교통과 통신 등의 발전은 국가 간의 벽을 더욱 허물고 낮춤으로써 국경을 넘어 벌어지는 테러리즘·마약 밀거래·인신매매(human trafficking)와 같은 비국가적 행위자에 의한 초국가적 범죄(transnational crimes)뿐 아니라 국경을 넘어 전파되는 에이즈(HIV/AIDS)·사스(SARS)·조류인플루엔자(Bird Flu)·신종플루(Swine Flu, H1N1)·메르스(MERS)·에볼라·아프리카돼지열병(African Swine Fever, ASF)과 같은 보건문제 등 일국의 노력만으로는 해결할 수 없는 많은 문제도 쏟아냈다.

국제사회는 이러한 초국가적 범죄와 보건문제뿐 아니라 국제이주의 문제라는 초국가적 이슈에도 봉착해 있다. 구체적으로 국제이주는 난민의 요건으로 규정되어 있는 인종·종교·국적·특정 사회집단의 구성원 신분·정치적 견해 이외에 전쟁·환경파괴·보다 나은 경제적 기회 등 기타 요인들에 의해서도 발생하면서 국제사회가 수용할 수 있는 범위를 넘어 대량으로 국제이주가 발생하면서 초국가적인 문제로서 부상하고 있다. 이러한 국제이주 문제는 수용국가 내에서의 인종간의 갈등과 외국인 혐오증 등을 일으키고 있다.

5. 동서문제로부터 남북문제로의 전환

냉전의 종식은 또한 동서 양 진영 사이의 소모적인 이념적 대립을 종식했으며 이러한 이념적 대립의 종식은 미국을 중심으로 한 선진국이 새로운 부국강병책의 하나로서 세계화를 적극적으로 추진하도록 했다. 구체적으로 냉전이 종식된 후 1993년 말에 우루과이라운드 다자간 무역협정이 체결되고 이어 1995년 1월에 관세와 무역에 관한 일반협정(GATT)의 뒤를 잇는 세계무역기구(WTO)가 창설되면서 세계화가 가속화되어 모든 국가의 경제정책이 금융 자유화와 무역 자유화를 비롯한 자유화를 지향하도록 했다. 그러나 이러한 1990년대의 세계화의 가속화는 애초의 기대와는 달리 많은 문제를 국제사회에 쏟아냈다.

이러한 문제 가운데 하나가 남북문제(North-South Divide)의 심각화이다. 남북문제란 주로 북반구 지역에 소재하면서 이미 고도성장을 이룬 선진국들과 주로 적도 지역과 남반구 지역에 소재하면서 2차 세계대전 이후 선진국의 식민지배로부터 독립하여 경제개발을 시작한 개도국 사이에 존재하는 경제 격차가 초래하는 복합적인 문제들을 일컫는다.

냉전의 종식 후 세계화의 진전이 모든 국가가 나눌 수 있는 커다란 파이를 만들어내어 남북문제가 완화될 것이라는 선진국의 수사와는 달리 국가 간 부익부 빈익빈을 확대하여 개도국의 빈곤을 더욱 악화시켰다. 따라서 냉전의 종식으로 동서 간의 이념전쟁에 바탕을 둔 동서문제가 물러난 자리를 빈국들과 부국 사이의 남북문제가 대신하게 되었다. 이 때문에 탈냉전으로 가속화되고 있는 세계화와 양극화(polarization)라는 두 문제를 어떻게 조화시켜 해결해 나갈 것인가가 중요한 과제로 등장했다.

이처럼 남북문제의 심각화에는 세계화의 심화가 큰 영향을 미쳤으나 냉전이 종식되고 미소 양 진영 간에 존재하던 경쟁의 부재 역시 영향을 미쳤다. 즉 냉전 시기에는 미국과 소련이 진영 내 국가의 이탈을 방지하기 위해 관리 차원에서 진영 내 국가의 문제에 신속하게 개입하여 문제의 해결에 관여했으나 냉전의 종식과 더불어 국익에 절대적인 가치를 두지 않은 국가나 지역의 문제에 관심을 두고 있지 않다. 즉 냉전 시기에 양 진영 간에 전개된 이념대결의 반사이익으로서 경쟁적으로 받아온 군사원조와 경제원조가 대폭 감소하면서 개도국의 빈곤은 더욱 악화하였다.

제5장

글로벌 이슈를 다루는 기제

제1절 글로벌 거버넌스 기제
제2절 다자주의 기제

제 5 장

글로벌 이슈를 다루는 기제

세계화와 냉전의 종식이 글로벌 이슈에 변화를 가져오고 이러한 변화는 글로벌 이슈를 다루는 방식이나 과정을 의미하는 글로벌 거버넌스의 변화를 가져오고 있다. 이러한 글로벌 거버넌스의 변화는 글로벌 거버넌스 기제의 변화를 가져오고 있다. 기제 변화는 국가와 정부간기구에 기업과 NGO가 더해져 이들이 단독 혹은 조합을 이루어 다양한 형태의 기제를 형성하는 것을 특징으로 한다. 그러나 다양한 형태의 기제 가운데 국가와 정부간기구가 중심이 되는 기제가 여전히 주를 이루고 있어 국가와 정부간기구가 중심이 되는 다자주의를 기제의 하나로 살펴볼 필요가 있다.

제1절 글로벌 거버넌스 기제

글로벌 거버넌스 기제에 대한 논의는 글로벌 거버넌스의 정의와 진화를 살피는 것으로부터 출발해야 한다. 아울러 글로벌 거버넌스의 주요 행위자들 간의 다양한 파트너십이 어떤 요인에 의해 어떤 형태를 띠게 되는가도 중요한 연구주제 가운데 하나이다. 더불어 기업과 NGO의 글로벌 거버넌스 참여가 국가 주권에 미치는 영향과 글로벌 거버넌스의 한계를 살피는 것도 중요한 과제이다.

1. 글로벌 거버넌스의 정의

「글로벌 거버넌스(global governance)」라는 개념에 대해 일치된 정의가 존재하지 않으나 여기에서는 우선 간단하게 「세계정부가 부재한 가운데 글로벌 이슈들이 다루어지는 다양한 방식이나 과정」으로 정의하려고 한다. 좀 더 구체적으로는 「세계화의 진전과 급속한 기술의 발전 속에서 아직 어떠한 방식인가가 구체적으로 확고하게 제도로서 정착한 것은 없으나 세계정부와 같은 주권적인 권위가 부재한 국제사회에서 국경을 넘어 공공부문 행위자 · 민간부문 행위자 · 시민사회부문 행위자들이 단독 혹은 다양한 형태의 파트너십을 구성하여 집단으로 글로벌 이슈를 다루어나가는 다양한 방식 혹은 과정」으로 정의하고자 한다.

이러한 정의는 통상적인 정의인 「주권적인 권위가 부재한 가운데 국경을 넘어 정부와 정부간기구와 더불어 비국가적 행위자인 기업과 NGO 등이 협력하여 세계의 문제들을 다루어나가는 방식이나 과정」과는 차이를 지닌다. 차이란 세계의 일을 다루는 주체에 관한 차이이다. 일반적인 정의는 개개 국가의 정부 · 정부간기구 · 기업 · NGO 등이 협력을 통해 세계의 일을 해결해가는 것을 글로벌 거버넌스로 보는 데 반해 본 저서의 정의는 이러한 행위자들이 항상 협력을 통해서만이 아니라 단독으로도 세계의 일을 다루고 있어 이러한 것도 글로벌 거버넌스의 한 형태로 포함되어야 한다고 보는 점에서 차이를 지닌다.

일반적인 정의가 행위자들의 협력적 해결을 언급하는 이유는 세계화와 더불어 일국만으로 그리고 개별 행위자만으로 해결할 수 없는 전 지구적인 이슈들이 발생하여 행위자들 간의 협력이 없이는 이슈의 해결이 어려워 협력이 긴요하다는 가치판단이 들어가 있기 때문이라고 볼 수 있다.

2. 글로벌 거버넌스의 진화

1) 인터내셔널 글로벌 거버넌스 강화

「인터내셔널 글로벌 거버넌스(international global governance)」란 정부 간 기제(intergovernmental mechanism)에 의한 글로벌 거버넌스를 의미하는 것으로서 개개 국가의 정부가 유엔과 같은 공식적인 국제제도인 정부간기구를 통하거나 주요 7개국(G-7) 정상회의와 같은 비공식적인 정부 간 기제를 통한 글로벌 거버넌스를 지칭한다.[1)]

1) 다른 말로 표현하자면 인터내셔널 글로벌 거버넌스는 정부간주의(intergovernmentalism)에 기반한 글로벌 거버넌스라고 할 수 있다. 또 이러한 글로벌 거버넌스를 「국가 중심적 글로벌 거버넌스(state-centric global governance)」라고도 부를 수 있다. 이는 정부뿐 아니라 정부의 대

과학과 기술의 발전은 교통과 통신의 발전을 가져와 국가 간의 지리적인 거리를 좁히면서 국가의 경계를 뛰어넘은 교류의 폭발적인 활성화를 가져왔다. 그 결과 마약의 밀거래나 돈세탁과 같은 범죄·에이즈와 같은 질병·체르노빌 원자력 발전소의 방사능누출과 같은 환경재앙·인구문제·빈곤 문제·이민 문제·국경을 넘나드는 투기성 자본의 이동 등과 같은 문제들이 특정 국가 내의 문제로 머무르지 않고 다른 국가의 국경을 침투하여 영향을 미침으로써 일국의 노력만으로는 해결되기 어렵게 되었다.

이처럼 이슈 자체가 국경을 넘어 전개됨으로써 특정 영토에 묶여 있는 주권국가들만으로는 이러한 문제들의 해결이 점차 어렵게 되어갔다. 이러한 상황에 직면하여 주권국가들은 하나의 국가만으로는 해결할 수 없는 문제들과 해결능력을 여전히 갖추고 있으나 효율성이 떨어지는 문제들을 자신들의 정부 대표들로 구성된 정부간기구에 떠맡겨 국가들 사이의 협력과 조정을 통해 해결하려는 경향을 보였다. 그 결과 많은 정부간기구의 영향력이 확대되고 초국가적 권위를 지니게 되었다. 이러한 경향은 정부간기구의 수가 지속해서 증가하고 있다는 사실에도 잘 드러난다.

이러한 정부간기구와 더불어 정부간기구의 형태를 지니지 않은 채 정부 대표들이 주요 7개국(G-7) 정상회의와 같은 느슨하고 유연한 비공식적인 정부 간 기제를 통해 글로벌 이슈를 해결하려고도 했다. 그러나 정부 간 기제에 의한 인터내셔널 글로벌 거버넌스는 공식적인 정부 간 기제인 정부간기구에 의한 글로벌 거버넌스가 주를 이루었다. 이러한 점에서 인터내셔널 글로벌 거버넌스는 정부가 다른 정부와의 협력 없이 단독으로 세계의 일을 다루고자 하는 방식이나 과정을 의미하는 국가 글로벌 거버넌스(national global governance)의 진화된 형태로 볼 수 있다.

2) 인터내셔널 글로벌 거버넌스의 한계

이러한 인터내셔널 글로벌 거버넌스는 다음과 같은 한계를 드러내면서 인터내셔널 글로벌 거버넌스의 행위자인 정부와 정부간기구뿐 아니라 비국가적 행위자인 기업과 NGO가 단독으로 혹은 조합을 이루어 글로벌 이슈를 다루는 방식이나 과정을 의미하는 새로운 형태의 글로벌 거버넌스 도래를 재촉했다.

표로 구성된 정부간기구 역시 국제사회의 공익보다는 국가이익을 우선하여 추구하는 기제라는 의미이다.

이러한 새로운 형태의 글로벌 거버넌스를 이전의 국가 중심적인 인터내셔널 글로벌 거버넌스(state-centric international global governance)와 구별을 하여 「다중심적 글로벌 거버넌스(multi-centric global governance)」라고 부르고자 한다.

정부와 정부 간 기제에 기반한 인터내셔널 글로벌 거버넌스 체제를 다중심적 글로벌 거버넌스로 진화하도록 만든 한계를 살펴보면 다음과 같다. 이러한 한계를 인터내셔널 글로벌 거버넌스의 본질에 내재한 한계와 국제사회의 상황적 변화에 의한 한계로 구분하여 살펴보고자 한다.

(1) 인터내셔널 글로벌 거버넌스의 본질적인 한계

앞서 언급했듯이 인터내셔널 글로벌 거버넌스는 공식적인 국제제도인 정부간기구와 더불어 주요 7개국(G-7) 정상회의와 같은 비공식적인 정부 간 기제에 의한 글로벌 거버넌스를 의미한다. 그러나 인터내셔널 글로벌 거버넌스는 정부간기구에 의한 글로벌 거버넌스가 주를 이루기 때문에 이를 중심으로 설명하고자 한다.

① 민주적 정당성의 결여

주권국가들은 국제문제의 해결을 위해 정부간기구의 능력을 인정하여 이들이 자율성과 중심성을 더하도록 허용하는 한편 정부간기구가 회원국의 자율성을 제한하기 때문에 이들의 권능이 지나치게 확대되는 것을 크게 경계한다. 즉 주권국가들은 정부간기구가 필요한 동시에 이들이 자국의 이익에 반하여 원하지 않는 결정을 내릴 것에 대한 우려 때문에 큰 권한을 주기를 꺼리게 되어 정부간기구는 근본적인 한계를 가지게 된다.

이러한 이유로 정부간기구는 제한된 권능만을 가지게 되며 이러한 제한된 권능 속에서 주권국가들은 국제사회 전체의 공익보다는 종종 자신의 국가이익을 우선시하여 국익을 확보하기 위한 투쟁을 하게 된다. 그 결과 이러한 과정에서 힘 있는 국가의 이익이 우선시되는 경향을 다분히 보이게 된다. 추구하는 국가이익이라는 것도 자세히 들여다보면 자국민 전체의 보편적인 이익이라기보다는 특정 집단의 편협한 이익인 경우들이 많다. 그 결과 민주성·책임성·투명성·효과성을 요소로 하는 민주적 정당성(democratic legitimacy)이 결여되어 있다는 비판이 지속해서 가해져 왔다.

② 인터내셔널 글로벌 거버넌스의 관료주의 성격

정부간기구가 중심이 되는 인터내셔널 글로벌 거버넌스의 경우 계서적이고 관료주의적인 조직의 성격으로 인해 빠른 속도로 진행되는 복잡한 오늘날의 문제들을 적절한 시기에 효율적인 방식으로 대응하는 데에 필요한 신속성과 유연성을 결핍하고 있다. 따라서 융통성 있고 신속하게 대응할 수 있는 통합적인 글로벌 거버넌스의 필요성이 제기되었다.

(2) 인터내셔널 글로벌 거버넌스의 상황적 한계

① 정보통신기술의 비약적 발전에 의한 NGO의 영향력 강화

앞서 세계화의 영향에서 이미 살펴보았듯이 세계화의 동력이 되기도 하면서 동시에 세계화에 의해 가속화된 혁명적인 정보통신기술(ICT)의 발전이 글로벌 거버넌스의 변화를 유도했다. 특히 인터넷과 더불어 시민들과 NGO들이 글로벌 이슈와 관련한 정보를 과거보다 수월하고 저렴한 비용으로 수집하고 분석하고 전파할 수 있게 되었고 국경을 넘는 연대를 가능하게 함으로써 글로벌 이슈와 관련한 정치적 과정에 참여하여 영향력을 발휘할 수 있게 되었다.

② 세계화 심화와 거버넌스 주체들 간의 영향력의 상대적 부침

세계화로 심화된 국가 내와 국가 간 빈부격차로 인한 저발전과 빈곤의 문제를 비롯하여 일국의 노력과 정부간기구의 노력만으로 해결할 수 없는 복잡한 문제가 대량으로 등장하여 인간안보를 위협하고 있다. 그런데도 전문성의 부재와 재정의 부족 등으로 인해 효과적으로 대응하지 못하면서 글로벌 거버넌스 체제의 주요 행위자인 국가와 정부간기구의 정당성이 훼손되고 이들의 영향력과 그 지위가 상대적으로 하락했다.

그 결과 이러한 이슈들을 효과적으로 다루기 위해 정보통신기술의 발전으로 이미 국경을 넘어 연대 활동을 활발하게 전개할 뿐 아니라 전문적인 인적 자원을 소지하여 영향력을 행사해 온 NGO의 협력과 참여를 요구하게 되었다. 더불어 신자유주의를 이념으로 추동되는 세계화로 인해 이미 국경을 넘어 활동하면서 국제적인 영향력을 행사해 온 민간부문의 초국적기업이나 기업연합(business association)과 같은 행위자들의 협력과 참여 역시 요구하게 되었다.

즉 세계화가 일으킨 문제의 해결을 위해 시민사회부문의 조직들과 시장의 힘

을 대변하는 다국적기업 등이 국제문제의 성격에 따라 인터내셔널 글로벌 거버넌스의 행위자들과 더불어 조합을 달리하면서 다양한 방식으로 국제문제의 해결에 관여할 필요성이 대두되었다. 그러나 기존의 인터내셔널 글로벌 거버넌스는 새롭게 부상하는 행위자들의 참여를 담아내지 못함으로써 새로운 글로벌 거버넌스로의 전환에 압박이 가해졌다.

③ 냉전의 종식으로 인한 거버넌스 주체들 간의 영향력의 상대적 부침

냉전의 종식도 세계화와 같이 글로벌 거버넌스의 전환 필요성을 제기했다. 구체적으로 냉전의 종식으로 인해 냉전 시기에 억제되었던 문제들이 대거 폭발하게 되었다. 이러한 문제에는 환경 이슈 · 테러문제 · 내전의 빈번한 발생과 이로 인한 대량 난민을 비롯한 인도주의 문제 · 대량파괴무기의 확산 등 인간안보에 심대한 위협을 가하는 다양한 이슈들이 포함된다.

그러나 이러한 문제들 역시 복잡한 문제들로서 전문성과 재정의 부족 등 일국의 노력이나 정부간기구의 노력만으로는 해결이 요원한 문제들이다. 즉 더는 국내 입법을 통한 규제와 같은 국가 수준의 조치나 공식적 정부간기구나 비공식적인 정부간주의 기제 등을 통한 전통적인 글로벌 거버넌스로는 효과적으로 적절하게 대응하지 못하게 되었다. 따라서 민간부문 조직과 시민사회부문 조직들의 협력과 참여를 필요하게 되었다.

3) 다중심적 글로벌 거버넌스의 등장과 특징

(1) 다중심적 글로벌 거버넌스의 등장

위에서 살펴보았듯이 인터내셔널 글로벌 거버넌스 자체의 본질적인 한계와 상황적인 요인들이 전통적인 행위자인 국가와 이들의 대표로서 구성된 정부간기구를 중심으로 한 인터내셔널 글로벌 거버넌스가 민간부문과 시민사회부문 조직들과 함께 글로벌 이슈를 다루어나가는 방식이나 과정을 의미하는 다중심적 글로벌 거버넌스로 전환할 필요성을 제기했다.

이와 같은 현실을 반영하여 글로벌 이슈의 해결에 있어서 전통적인 행위자인 주권국가와 정부간기구가 글로벌 이슈의 해결 주체로서의 한계를 드러내고 비국가적 행위자들의 역할이 강화되고 있는 상황에서 세계정부가 부재한 상황에서 세계가 어떻게 정치적으로 작동하고 글로벌 이슈들이 어떻게 다루어지고 있는가를 설

명하는 하나의 개념적인 접근법(conceptual approach)이 필요하게 되었다. 이러한 맥락에서 글로벌 거버넌스에 대한 논의의 필요성이 등장하게 되었다.

이러한 글로벌 거버넌스라는 개념적 접근법은 중앙정부의 부재 속에서 나름의 국제사회의 질서의 창출과 이러한 질서의 유지를 설명하는 데에 있어서 다양한 행위자들을 종합적으로 살펴보고자 한다는 점에서 이전의 이론들이나 개념적 접근법들과 구별된다.

기존의 국제정치이론들이 글로벌 거버넌스를 설명하는 데 있어서 부족한 점이 무엇인가를 살펴보면 다음과 같다. 신현실주의 이론의 경우 통합된 합리적인 행위자로서의 국가를 국제정치에 있어서 가장 중요한 행위자로 간주하면서 정부간기구를 비롯하여 NGO나 다국적기업과 같은 비국가적 행위자들의 역할을 부인한다.

신현실주의 이론은 국제체제의 무정부성·국가의 중심성(centrality of states)·힘과 국가이익의 중요성·힘의 배분에서의 차이에 대한 강조를 통해 나름대로 글로벌 거버넌스를 개념화하고 이해하는 것을 돕는다. 그러나 신현실주의 이론은 국제제도와 생각 그리고 비국가적 행위자들이 국제정치에서 작용할 수 있는 여지를 거의 두고 있지 않다는 점에서 글로벌 거버넌스의 이해를 돕는 데 부족하다.

신자유주의적 제도주의 이론을 포함한 자유주의 이론 역시 글로벌 거버넌스 현상을 설명하는 데 있어서의 한계를 가지고 있다. 국경을 넘어 전개되는 국제문제에 있어서 글로벌 거버넌스 접근법이 비국가적 행위자들의 역할에 대해 처음으로 언급하고 있는 것은 결코 아니다. 코헤인과 나이(Robert O. Keohane and Joseph S. Nye, Jr.)는 국가 중심적 견해를 가지고는 국제정치의 현실을 설명하는 것이 불가능하다고 주장하고 중앙정부의 통제를 받지 않은 채 비국가적 행위자들이 국경을 넘나드는 상호작용과 접촉 그리고 연대에 초점을 맞추어 「초국가론(transnationalism)」을 제시하면서 정부와 정부간기구의 의사결정 과정에서 비국가적 행위자들의 자율적 혹은 준자율적인 역할과 영향력이 성장하는 현상에 주목했다.

이들은 이러한 초국가론에 기초하여 더욱 진전한 형태의 이론으로서 1970년대에 「상호의존론(theory of interdependence)」을 제시하면서 상호의존 시대에 이슈영역마다 존재하는 국가 간에 제도화된 상호의존의 패턴을 국제레짐으로 개념화하고 이러한 국제레짐이 어떻게 생성되는가에 관심을 보였다.

이로써 1980년대에 무정부성을 특징으로 하는 국제체제에 질서를 가져다주고 다양한 문제의 해결을 돕는 존재로서의 국제레짐을 분석하고자 하는 국제레짐 이론의 전성기를 가져왔다. 이러한 경향은 중앙집권적인 정부가 부재한 분권화된 국제체제 속에서 나름대로 존재하고 있는 국제질서로서 국제레짐과 국제기구 등을 포함하는 국제제도가 어떻게 창출되고 어떻게 유지되는가를 설명하고자 한 신자유주의적 제도주의 이론의 등장을 가져왔다.

상호의존론은 국가 이외의 비국가적 행위자를 국제관계 분석의 주요 행위자에 포함해야 함을 강조했으나 비국가적 행위자가 국제관계에 영향을 미칠 수 있는 구체적인 조건 등에 대한 이론적인 개념화에는 미치지 못했다.[2] 상호의존론은 무정부적 국제사회에서의 질서와 협력이라는 문제에 관심을 두고 있다는 점에서 글로벌 거버넌스 접근법과 크게 다르지 않으나 비국가적 행위자를 분석에 체계적으로 포함하지 않았다는 점에서 차이가 존재한다.

국제레짐론 가운데 국제레짐 분석에 인식공동체와 같은 비국가적 행위자를 포함하는 인식론적 접근도 없는 것은 아니나 통상 비국가적 행위자를 주요 행위자에서 배제함으로써 상호의존론과 마찬가지로 국제레짐 이론도 글로벌 거버넌스 접근과의 관계에서 동일한 평가를 받는다.

신자유주의적 제도주의 이론은 국제질서란 패권국의 강제력 행사나 유인의 제공과 같은 것을 통해 창출되고 유지되는 것이라는 신현실주의 이론의 하나인 패권안정론의 설명과는 대조적으로 패권 국가의 강요나 유인의 제공 없이도 개별 국가들의 합리적인 이기심에 의해 국제레짐과 같은 국제제도가 만들어지고 유지되는 것으로 보았다. 신자유주의적 제도주의 이론은 상호의존에 대한 강조와 국제레짐과 국제기구를 포함한 국제제도의 역할에 대한 강조를 통해 글로벌 거버넌스의 이해에 이바지했다.

그러나 신자유주의적 제도주의 이론 역시 신현실주의 이론과 마찬가지로 국제제도의 창출에서 국가의 역할을 강조하는 국가 중심적 견해를 지니고 있다. 즉 명시적으로 비국가적 행위자를 분석에서 배제했다. 따라서 신현실주의 이론과 마찬가지로 대인지뢰금지협약(일명 오타와협정)의 체결이나 국제형사재판소(ICC)의 설립을 위한 로마협정의 체결과 같은 국제레짐의 형성에 있어서 최종적인 서명자는

2) Thomas Risse-Kappen, “Structures of Governance and Transnational Relations: What Have We Learned?” in Thomas Risse-Kappen, ed., *Bringing Transnational Relations Back In: Non-State Actors, Domestic Structures and International Institutions* (Cambridge: Cambridge University Press, 1995), pp. 280-313.

다른 행위자가 아닌 국가라는 것을 강조할 수 있을지 모르나 이러한 것들이 NGO의 강한 압력의 결과라는 것을 제대로 설명하지 못한다. 신자유주의적 제도주의 이론은 지속성에 강조점을 둠에 따라 변화를 설명하는 것이 어렵다는 한계 역시 지닌다.

이들과는 달리 국제제도의 창출에 있어서 지식인 집단과 같은 비국가적 행위자들의 역할을 강조하는 「인식공동체론(epistemic community theory)」이라는 이론이 있으나 이 역시 NGO와 같은 행위자들의 역할에는 주목하지 않았다. 인식론에 기초를 두고 있다는 점에서 인식공동체론과 맥을 같이 하는 구성주의 접근법(constructivist approach)은 행위자의 정체성과 이익의 사회적 구성 그리고 관념적인 요인(ideational factor)에 초점을 두며 규범·규칙·제도가 이러한 정체성과 이익을 구성하는 방식에 관심을 둔다.

구성주의 접근법은 국가의 행동에 영향을 미치는 국가의 이익과 정체성이란 외생적으로 주어지는 것이 아니고 행위자들 간의 상호작용을 통해 사회적으로 구성되는 것으로 본다. 구성주의 접근법이 무정부성(anarchy)이라는 것을 실재하는 것이 아니라 우리의 인식의 결과라고 보는 것처럼 국제정치에 간주관적인 측면(intersubjective dimension)을 불러들인 것과 규범·규칙·제도가 어떻게 행위자의 정체성과 이익을 규정하고 거꾸로 정체성과 이익이 규범·규칙·제도에 어떻게 영향을 미치는가에 대해 중점을 둠으로써 글로벌 거버넌스의 이해를 돕는 데 이바지한다. 그러나 구성주의 접근법 역시 국가 중심적 견해를 보유함으로써 비국가적 행위자들에게 주의를 기울이지 않는 한계를 지니고 있다.

1990년대에 등장한 새로운 초국가론(transnationalism)을 위시한 자유주의적 다원주의 이론(pluralist theories)들은 냉전의 종식 후 강화된 NGO들의 활동과 영향력을 반영하여 1970년대의 초국가론이 결하고 있는 것들을 보완하려고 했다. 다원주의 이론들은 비국가적 행위자들의 역할의 중요성과 더불어 전 지구적 연계망(global network)의 확산과 심화에 대한 강조를 통해 글로벌 거버넌스의 이해에 이바지했으나 국제문제의 해결에 있어서 다양한 행위자들에게 일정한 정도 동등하게 초점을 두고 총체적으로 살펴보기보다는 NGO와 같은 행위자에 중점을 두는 데 그치고 있다는 한계를 지닌다. 더불어 국제체제에서 힘의 비대칭적인 배분이라는 중요한 이슈를 간과하고 있다는 한계 역시 지닌다.

글로벌 거버넌스 접근법은 이러한 상황에서 수용할만한 설득력과 더불어 등장했다. 구체적으로 이러한 글로벌 거버넌스 접근법은 전통적인 행위자인 주권국가와 정부간기구가 국제문제의 해결 주체로서 한계를 드러내는 상황에서 세계가 어떻게 정치적으로 작동하는가를 설명하는 하나의 개념적 접근법(conceptual approach)으로서 등장했다고 볼 수 있다. 중앙정부의 부재 속에서 나름의 국제사회 질서의 창출과 이러한 질서의 유지를 설명하는 데에 NGO와 기업 등과 같은 비전통적인 행위자를 기존의 전통적인 행위자인 국가 및 정부간기구와 더불어 본격적으로 살펴보고자 한다는 점에서 글로벌 거버넌스 접근법의 관점은 유용하다고 볼 수 있다.

그러나 글로벌 거버넌스에서 어떠한 행위자들이 과연 어떠한 지위를 가지고 어떠한 방식으로 글로벌 이슈를 다루어나가는가에 관한 구체적인 논의는 아직 걸음마 단계에 있다. 글로벌 거버넌스 접근법은 국제사회의 문제와 관련하여 다양한 정부 행위자와 더불어 다양한 국가적 행위자들이 관여한다는 것 이외에 국제문제에 대한 체계적인 설명과 예측을 아직 제공하지 못하고 있다.

(2) 다중심적 글로벌 거버넌스의 특징

다중심적 글로벌 거버넌스는 글로벌 이슈를 다루는 방식에 있어서 중점이 공공부문의 정부 간 활동(intergovernmental activities)에서 다중 부문 이니셔티브(multi-sectoral initiatives)로의 전환과 국제수준의 글로벌 거버넌스에서 다수준 글로벌 거버넌스(multi-level global governance)로의 전환을 특징으로 한다. 대체로 공식적이고 법률적인 과정에서 좀 더 덜 공식적이고 좀 더 참여적이며 통합적인 접근법으로의 전환 역시 특징 가운데 하나이다.[3)]

다중심적 글로벌 거버넌스는 경직성보다는 유연성을 선호하고 구속력 있는 규칙보다는 자발적인 조치를 선호하며 개별적인 행동보다는 파트너십을 선호하는 경향도 보인다.[4)] 이외에 글로벌 이슈를 효과적으로 다루기 위해 다양한 행위자들이 참여와 협력 속에 이루어지면서 유연성과 더불어 개방성과 투명성을 특징으로 한다.

---

3) Charlotte Streck, "Global Public Policy Network as Coalitions for Change," https://environment.yale.edu/publication-series/documents/downloads/o-u/streck.pdf (접속일: 2019년 11월 10일).

4) Jang, J., McSparren, J. & Rashchupkina, Y. "Global Governance: Present and Future," Palgrave Communications 2, No. 15045 (January 2016), p. 2. https://doi.org/10.1057/palcomms.2015.45 (접속일: 2019년 12월 14일).

3. 다중심적 글로벌 거버넌스의 주요 행위자와 협력 요인[5)]

다중심적 글로벌 거버넌스는 인터내셔널 글로벌 거버넌스의 주된 행위자인 정부와 정부간기구 이외에 시민사회부문의 NGO와 민간부문의 기업 등을 포함한 다양한 행위자들이 포함되는 것을 특징으로 한다.[6)]

글로벌 거버넌스의 주요한 행위자인 이들이 협력관계를 설정하게 되는 요인으로서 이들이 지닌 강점과 약점에 대해 일별해 보고자 한다. 이들은 나름의 강점과 약점을 보유하고 있으므로 이들 사이의 관계란 상호 보완적일 수 있으며 어떤 행위자도 다른 행위자를 전적으로 대체하는 관계가 되기 어렵다.

1) 정부와 정부간기구

우선 정부는 여러 행위자 중 유일하게 강제할 수 있는 권위와 공권력을 보유하고 있으면서 그들의 관할권 내에 있는 구성원들에게 세금을 부과할 수 있으며 법적 강제성이 있는 규제를 가할 수 있다.

정부간기구의 경우 일반적으로 민족국가 체제(nation state system)에 기초하고 있음으로써 회원국의 동의와 지원 아래 의사결정을 하고 행동을 취한다. 이들 정부나 정부 대표들로 구성된 정부간기구는 안정성 · 지속성 · 권위라는 장점을 보유하고 있다. 그러나 이들은 모두 관료적으로 되기 쉽고 행동을 취하는데 더디며 현상유지적인 성향을 지니는 약점을 보유하고 있다. 따라서 변화하는 환경과 구성원들의 필요에 더디게 반응하거나 반응하지 못하는 경우가 종종 발생하게 된다.

그런데도 정부간기구는 다중심적 글로벌 거버넌스의 다양한 행위자들 가운데 다음과 같은 이유로 현실적으로 다중심적 글로벌 거버넌스의 중심적인 역할을 하고 있다. 정부간기구가 중심적인 역할을 할 수 있는 주된 이유는 우선 다중심적 글로벌 거버넌스에 맡겨지는 글로벌 이슈의 성격에서 찾을 수 있다.

---

5) Richard H. Stanley, President of the Stanley Foundation, "The United Nations and Civil Society: The Role of NGOs," Statement to the 30th United Nations Issues Conference 1999, February 19, 1999. Quoted in the United Nations and Civil Society: The Role of NGOs: Report of the Thirtieth United Nations Issues Conference (Muscatine, Iowa: Stanley Foundation, 1999), pp. 7-14.

6) 다중심적 글로벌 거버넌스의 주요 행위자들을 정부와 정부 기관(governments and government agencies) · 정부간기구 · NGO · 기업과 기업연합으로 구분하기도 한다.

즉 기후변화 대응을 위한 국제환경 협상이 2015년 파리협정의 체결로 이어지는 데 수년이 걸린 것에서 보듯이 글로벌 이슈들 대부분이 이해관계가 복잡하게 얽힌 것으로서 한두 번의 회합을 통해 해결될 수 없는 성격의 것들이기 때문에 수차례에 걸친 장기간 회의를 주도적으로 이끌어 갈 수 있는 인적·물적 자원을 갖춘 정부간기구가 필요하다.

글로벌 이슈 대부분은 전 세계에 걸친 광범위한 이슈인 관계로 이의 해결을 위해서는 세계적인 차원에서의 해당 이슈와 관련한 다양한 정보와 자료들이 오랜 시간에 걸쳐 체계적으로 수집되어야만 한다. 이러한 정보들과 자료들이 수집된 후 체계적인 분석과 실현 가능한 해결책의 제시되기 위해서는 세계적인 정보망을 체계적으로 구축하고 있는 정부간기구의 도움을 절실하게 필요하다.

이러한 이슈의 성격 이외에 정부간기구 자체가 다른 행위자와 비교하여 가지고 있는 다음과 같은 장점으로 인해 다중심적 글로벌 거버넌스의 가장 중심에 설 수 있다.[7] 우선 정부간기구는 글로벌 이슈의 해결을 위한 회합 소집자(convener)의 기능을 수행할 수 있다. 즉 정부간기구는 모든 이해관계 당사자들을 협상테이블로 불러들여 견해를 교환할 수 있는 토론장을 제공할 수 있다. 이는 보편적인 정부간기구인 유엔의 경우에서 보듯이 공공부문의 조직으로서 다른 부문을 대표하는 행위자들로부터 편파적이지 않고 중립적이라는 신뢰를 보유하고 정치적인 지도력을 지니고 있기 때문이다.

둘째, 정부간기구는 다수준의 다양한 행위자들을 연결하는 구심점(hub)으로서 역할을 할 수 있다. 지방 수준·국가 수준·지역 수준·전 지구적 수준 등과 같이 다양한 수준에 속해 있는 다양한 공공부문·민간부문·시민사회부문의 행위자들은 독립적이지만 다른 한편 상호의존적인 행위자들로서 협력을 통해 글로벌 이슈를 해결해 나가는데 이러한 해결 방식이나 과정을 다수준 글로벌 거버넌스(multi-level global governance)라고 할 수 있다. 즉 다수준 글로벌 거버넌스는 중앙정부의 권위가 수직적으로는 여러 다양한 수준의 행위자들에 분산되고 수평적으로는 비국가적 행위자들에게 분산된 글로벌 거버넌스를 일컫는다. 다중심적 글로벌 거버넌스는 이러한 다수준 글로벌 거버넌스의 하나로서 이들을 모두 연결하는

7) Jan Martin Witte, Wolfgang Reinicke, and Thornsten Benner, "Beyond Multilateralism: Global Public Policy Networks," International Politics and Society, http://www.fes.de/IG/ipg2_2000/artwitte.html (접속일: 2019년 11월 11일).

중심으로서 역할을 할 수 있다.

셋째, 유엔을 비롯한 정부간기구 대부분이 재정적인 어려움이 있으나 다중심적 글로벌 거버넌스 체제가 결정한 내용을 자신들의 프로그램과 연동하여 운용 활동(operational activities)의 일환으로서 집행하는 것을 도울 수 있다. 특히 정부간기구가 가지고 있는 전 세계적인 조직들이 이러한 역할의 수행을 도울 수 있다.

넷째, 정부간기구는 다중심적 글로벌 거버넌스 체제가 결정한 내용의 이행을 돕는 역할을 할 뿐 아니라 이러한 결정의 이행 여부를 기존의 이행감시체계를 동원하여 감시함으로써 효율적인 준수를 확보하는데 이바지할 수 있다.

2) 기업

기업은 변화하는 경제 상황이 제공하는 기회와 도전에 빠르게 대응한다. 구체적으로 기업들은 변화하는 고객의 필요와 고객이 바라는 바에 신속하게 대응하는 데에 유능하고 이러한 목적을 위해 자원을 신속하게 배분하는 데에 능숙하다.

그러나 규제되지 않은 기업들은 경제적인 이득의 분배적인 측면에 취약하다. 기업들은 화폐로 계산할 수 있는 요인에 대해서는 반응을 신속하게 하나 그 외의 요인들은 무시하는 성향을 지니고 있다. 사회에 최대한 이로운 존재가 되기 위해서 기업들은 독점금지 · 환경보호 · 노동자 보호 등과 같은 분야에서 정부나 정부간기구에 의해 규제되어야만 한다.

3) NGO

NGO들은 정보를 수집하고 배분하는 데에 커다란 강점을 지니고 있다. 이들은 이슈들에 관심을 집중하고 이러한 이슈들의 해결을 위한 아이디어를 도출하는 데 효과적이며 공동의 가치를 구축하고 인식을 고양할 수 있다. 나아가 이들은 대의(cause)와 아이디어 그리고 이슈를 둘러싸고 제휴를 촉진하며 사람과 아이디어의 자유로운 흐름을 고무한다.

그러나 이들은 위에서 언급한 행위자들과 비교하여 조직화가 가장 덜 되어 있고 체계적인 의사결정 과정을 지니고 있지 않다. 이들은 일정한 구성원들을 대변한다고 주장할 수 있으나 외부적으로 정의된 구성원을 가지고 있다는 의미의 대표성을 주장할 수는 없다.[8)]

4. 다중심적 글로벌 거버넌스의 다양한 기제[9)]

다중심적 글로벌 거버넌스는 여러 종류의 기제로 진화하고 있다. 이와 관련하여 이러한 다중심적 글로벌 거버넌스를 유형화하고자 하는 노력이 다양하게 행해지고 있다. 이러한 유형화 작업은 다중심적 글로벌 거버넌스가 여러 측면(dimension)을 지니고 있어 어느 측면을 기준으로 하느냐에 따라 다양하게 이루어지고 있다.

이러한 유형화는 일반적으로 하나의 기준에 의해 이루어지기도 하고 복수의 기준에 의해 유형화가 되기도 한다. 후자의 경우 예컨대 공공성(publicness) · 위임(delegation) · 포괄성(inclusiveness)이라는 다중심적 글로벌 거버넌스의 세 측면을 변수로 하여 다중심적 글로벌 거버넌스의 유형을 전 지구적 정부간주의(global intergovernmentalism) · 전 지구적 초국가주의(global supranationalism) · 직접적 주도(direct hegemony) · 간접적 주도(indirect hegemony) · 직접적 전 지구적 초국가주의(direct global transnationalism) · 위임된 전 지구적 초국가주의(delegated global transnationalsim) · 직접적 독점(direct monopoly) · 간접적 독점(indirect monopoly) 형태로 구분한 학자가 있다.[10)]

로즈노(James N. Rosenau)와 같은 학자는 두 개의 기준을 가지고 여섯 가지의 다중심적 글로벌 거버넌스를 유형화하고 있다. 구체적으로 2개의 기준이란 구조(structure)와 과정(process)이다. 그는 구조를 공식적 구조(formal structure) · 비공식적 구조(informal structure) · 공식적인 요소와 비공식적 요소가 섞인 혼합형 구조(mixed structure)로 구분하고 과정을 단일 방향 과정(unidirectional process)과 다방향 과정(multidirectional process)으로 구분한다. 이러한 두 변수의 총 다섯 개 변량을 가지고 하향식 거버넌스(top-down governance) · 상향식 거버넌스(bottom-up governance) · 시장 거버넌스(market governance) · 네트워크 거버넌스(network governance) · 병행 거버넌스(side by side governance) · 복합적 거미줄 거버넌스(complex

---

8) 글로벌 거버넌스 접근과 관련하여 문제점의 하나로서 지적할 수 있는 것은 정부 · 정부간기구 · 기업 · NGO 이외에 국제사회에서 중요한 행위자로서 부상하고 있는 지방정부(지방자치단체)가 포함되어 있지 않다는 점이다.

9) 여기에서 기제라는 말 대신에 구조 · 장치 · 양식 · 유형 · 모델이라는 말을 사용할 수 있다.

10) Mathias Koenig-Archibugi, "Mapping Global Governance," in David Held and Anthony McGrew, eds, *Governing Globalization: Power, Authority and Global Governance* (Cambridge: Polity Press. 2002).

web governance)라는 여섯 개의 상이한 글로벌 거버넌스 형태를 구별하고 있다.[11)]

장진섭 등(Jinseop Jang, Jason McSparren, and Yuliya Rashchupkina)은 다중심적 글로벌 거버넌스의 주요 참여자와 이들 간의 조합을 기준으로 다중심적 글로벌 거버넌스 기제를 ⅰ) 정부간기구 거버넌스(intergovernmental organization governance) 기제 ⅱ) 공공-민간 파트너십 거버넌스(public-private partnerships governance) 기제 ⅲ) 민간 거버넌스(private governance) 기제 ⅳ) 3자 간 거버넌스(tripartite governance) 기제로 구분하고 있다.[12)]

여기에서는 다중심적 글로벌 거버넌스의 유형을 어느 부문(sector)의 행위자가 단독 혹은 공동으로 글로벌 거버넌스에 참여하는가를 기준으로 하여 나누고자 한다. 우선 한 개 부문에 의한 거버넌스에는 전 지구적 공공부문 거버넌스(global public governance) 기제 · 전 지구적 민간부문 거버넌스(global private governance) 기제 · 전 지구적 시민사회부문 거버넌스(global civil society governance) 기제라는 3종류의 기제가 존재한다.

두 개 부문 간의 파트너십에 의한 거버넌스 기제에는 전 지구적 공공부문-민간부문 파트너십 거버넌스(global public-private partnership governance) 기제 · 전 지구적 공공부문-시민사회부문 파트너십 거버넌스(global public-civil society partnership governance) 기제 · 전 지구적 민간부문-시민사회부문 파트너십 거버넌스(global private-civil society partnership governance)라는 3종류의 거버넌스 기제가 있다. 마지막으로 3개 부문의 파트너십에 의한 거버넌스로서 전 지구적 공공부문-민간부문-시민사회부문 파트너십 거버넌스(global public-private-civil society governance) 기제가 존재한다.

여기에는 이러한 이들을 크게 단일 부문에 의한 다중심적 글로벌 거버넌스(single sector multi-centric global approach)와 두 부문 혹은 세 부문에 의한 다중부문 다중심적 글로벌 거버넌스(multi-sector nulti-centric global governance)로 구분하여 하나씩 예를 들어 살펴보고자 한다.

다중심적 글로벌 거버넌스 기제들에 대한 설명에 앞서 혼란스러운 용어를 정리할 필요가 있다. 문제는 영어의 「public」과 「private」라는 용어에 대한 해석을

---

11) James N. Rosenau, *The Study of World Politics: Volume 2: Globalization and Governance* (London and New York: Routledge, 2006), pp. 188-192.

12) Jang, McSparren, and Rashchupkina, op. cit.

둘러싼 혼동이다. 일단의 학자들은 이 두 용어를 각각 「public sector(공공부문)」와 「private sector(민간부문)」로 해석하여 예컨대 「public-private partnership」을 공공부문의 행위자와 민간부문의 행위자 사이의 파트너십을 의미하는 것으로 본다.

여기에서 「공공부문」이란 흔히 「제1 섹터(first sector)」라고 불리는 부문으로서 정부(국제수준에서는 정부간기구까지 포함)가 속해 있는 부문을 지칭하며 「국가부문(state sector)」이라고도 칭한다. 「민간부문」이란 「제2 섹터(second sector)」로 불리는 부문으로서 기업과 기업연합 등 영리를 추구하는 조직들이 이에 속하며 「시장부문(market sector)」이라고도 불린다. 공공부문과 민간부문에 속하지 않는 「제3 섹터(third sector)」라고 흔히 불리는 「시민사회부문(civil society sector)」이 있고 여기에는 NGO들이 포함되며 간단히 「시민부문(civil sector)」이라 불리기도 한다. 정부간기구 대부분이 「public」과 「private」라는 용어를 이러한 의미로 사용하고 있다.

다른 일단의 학자들은 「public」과 「private」을 각각 「public actor(공공 행위자)」와 「private actor(사적 행위자)」로 해석하여 위에서 언급한 예인 「public-private partnership」을 공공 행위자와 사적 행위자 사이의 파트너십을 의미하는 용어로 사용한다. 통상적으로 공공 행위자는 국가와 정부간기구를 가리키고 사적 행위자는 기업과 NGO 모두를 포함하는 용어로 사용한다. 그런데 문제가 되는 것은 「private actor」라는 용어를 기업만을 지칭하거나 NGO만을 가리키는 용어로 사용되는 경우가 종종 있다는 사실이다.

이러한 혼동을 피하고자 본 저서에서는 「public」과 「private」이라는 용어를 각각 「public sector」와 「private sector」를 지칭하는 용어로 사용하고자 한다. 따라서 글로벌 거버넌스와 관련하여 흔히 언급되는 「private governance」라는 용어가 학자들에 따라 「사적 행위자 거버넌스(private actor governance)」로 해석되어 기업과 NGO 모두를 포함하는 거버넌스로 이해하기도 하나 여기에서는 「민간부문 거버넌스(private sector governance)」라고 해석하고 기업들에 의한 글로벌 거버넌스로 이해하고자 한다.

다중심적 글로벌 거버넌스를 논의하는 과정에서 종종 민간부문과 시민사회부문을 하나로 묶어 공공부문 거버넌스(public governance)와 대비를 하고자 하는 경우가 존재한다. 이런 경우에 「private sector」라는 용어를 사용하면 위에서 언급한 것과 같은 혼란이 올 수 있기에 「비공공부문 거버넌스(non-public governance)」라고 부르고자 한다.

5. 단일 부문 다중심적 글로벌 거버넌스

1) 전 지구적 공공부문 거버넌스 기제

(1) 배경

전 지구적 공공부문 거버넌스(global public governance) 기제는 정부와 정부간 기구가 중심이 되어 글로벌 이슈를 해결하는 기제로서 정부 간 과정(intergovernmental process)을 특징으로 하는 인터내셔널 글로벌 거버넌스 기제를 지칭한다. 앞서 언급했듯이 다중심적 글로벌 거버넌스의 등장으로 인터내셔널 글로벌 거버넌스가 대체된 것이 아니라 많은 비판을 받으면서도 글로벌 이슈를 다루는 방식으로써 여전히 가장 중요한 기제의 역할을 하고 있다.

이렇게 전 지구적 공공부문 거버넌스(특히 정부간기구가 중심이 된 글로벌 거버넌스)가 글로벌 이슈의 해결에 여전히 중추적인 역할을 할 수 있는 이유에 대해서는 이미 살펴보았다. 다른 부문의 공식적인 개입이나 관여 없이 공공부문에 의해서 이루어지는 형태의 글로벌 거버넌스는 여전히 존재하나 다른 부문의 비공식적인 개입이나 관여조차 없는 순수한 형태의 글로벌 거버넌스는 점차 찾아보기 어렵다.

(2) 전 지구적 공공부문 거버넌스 기제의 예

이러한 공공부문 거버넌스는 앞서 이미 언급했듯이 주로 공식적인 국제제도인 유엔이나 세계무역기구(WTO)・국제통화기금(IMF)・세계은행(World Bank)・유엔교육과학문화기구(UNESCO) 등과 같은 정부간기구가 중심이 되는 기제이다. 그러나 주요 7개국(G-7) 정상회의나 주요 20개국(G-20) 정상회의 등에서 볼 수 있듯이 공공부문 거버넌스가 반드시 국가 간에 조약의 체결을 통해 설립된 공식적 정부간기구에 의해서만 작동되는 것이 아니라 조약에 기반을 두고 있지 않을 뿐 아니라 사무국도 없는 비공식적 정부 간 조직에 의해서도 작동된다.13)

공식적 정부간기구와 비공식적 정부 간 조직은 이러한 차이를 가지고 있으나 모두 정부의 공식적인 대표로 구성된다는 점에서는 공통적이다. 이와는 달리 조약에 의해 설립되지도 않고 정부의 공식적인 대표가 아닌 특정 정부 기관을 구성원으로 하는 국제적인 조직들이 공공부문 글로벌 거버넌스의 행위자가 되고 있는데

13) G-20에 관한 설명은 다자주의를 다루고 있는 제5장 제2절에서 상세히 설명하고 있다.

대표적인 예를 들어보면 다음과 같다.

우선 바젤은행감독위원회(Basel Committee on Banking Supervision, BCBS)를 예로 들 수 있는데 이 조직은 국가의 중앙은행과 은행 감독 당국의 고위급 실무자로 구성되어 은행의 자기자본비율 등 은행 감독 관련한 국제적인 표준을 제정하고 감독업무의 질적 수준 향상을 위한 국제적인 지침을 개발한다. 또 각국 감독제도의 잠재적 애로 요인에 대한 조기경보체제를 개선하고 각국 감독 당국 간 최적 사례(best practice)에 대한 정보교환 등을 통해 협력을 증진한다.

이처럼 이 조직은 은행 감독에 관한 정기적인 협력을 위한 논의의 장(forum)을 제공한다. 앞서 언급했듯이 이 조직은 조약에 의해 공식적으로 설립된 전통적인 의미의 다자기구가 아니며 구속력 있는 규칙을 만들지 않고 정책적인 해결책과 표준을 개발하고 이를 권고하는 비공식적인 논의의 장으로서의 역할을 한다.

이와 유사하게 비공식적인 정부 간 과정을 특징으로 하는 공공부문 거버넌스 조직으로서 국제보험감독자협회(International Association of Insurance Supervisors, IAIS)가 있다. 이 조직은 자발적인 조직으로서 각국의 보험감독 및 보험규제 기구와 국제통화기금(IMF)과 세계은행(World Bank) 등 국제금융기구를 정회원으로 구성되며 각국의 보험회사·보험협회·컨설팅 회사 등의 기관이 옵서버로 참여하고 있다. 스위스 정부에 의해 비영리 기구로 등록된 이 조직은 보험감독 및 보험규제와 관련한 국제적인 표준을 설정하고 각국의 보험감독 기구 간의 정보를 교환하는 등 보험감독 분야에서의 협력을 통해 전 세계적인 금융의 안정을 도모하는 것을 목적으로 한다.

그리고 또 다른 예로서 국제증권감독기구(International Organization of Securities Commissions, IOSCO)를 들 수 있다. 이 조직은 위에서 살펴본 두 개의 조직과 더불어 「삼대 금융감독 국제조직」이라고 불리는 각국의 증권감독 기관으로 구성된 국제증권감독기구이다. 국제증권거래에 관한 감독을 위한 국제적인 기준을 설정하고 각국의 최적 사례에 대한 정보교환 등을 통한 각국 증권감독자 간의 협력 증진을 목적으로 한다.

이와 같은 바젤은행감독위원회(BCBS)·국제보험감독자협회(IAIS)·국제증권감독기구(IOSCO)와 같은 국제적인 조직을 통상적인 정부간기구와 구별하여 「초정부기구(transgovernmental organization)」라고 부르는데 이는 이들 국제적인 조직의 특징은 정부 간 조약의 체결을 통해 설립된 공식적인 정부간기구가 아니고 정부로부터 대외적 대표성을 부여받지 않은 채 단순한 정부 기관의 자격으로 참여한다는 점이다. 그러나 각국 정부의 기관으로 구성된다는 점에서 광의의 정부 간 과정의 기제로 볼 수 있다.

이러한 여러 종류의 전 지구적 공공부문 거버넌스의 한계에 대한 논의는 다중심적 글로벌 거버넌스의 등장 배경에서 간략하게나마 이미 설명을 한 바 있다. 더 자세한 전 지구적 공공부문 글로벌 거버넌스의 역할과 한계 등에 대한 논의는 다자주의를 설명하고 있는 이후의 절에서 별도로 다루고자 한다.

2) 전 지구적 민간부문 거버넌스 기제[14)]

전 지구적 민간부문 거버넌스(global private governance)란 민간부문에 속하는 행위자가 특정 부문에 있어 기준설정(standard-setting) 등의 역할을 행함으로써 몇몇 기업 영역에서 산업을 규제하는 국가의 권위를 대체하는 것을 의미한다.

일반 대중들의 기회와 복지에 영향을 미치는 민간부문의 조직에 의해 만들어진 구속력 있는 규칙을 의미하는 민간부문 거버넌스가 증가하고 있다. 이러한 민간부문 거버넌스는 일반 대중들의 참여나 감시가 거의 없거나 아예 없는 가운데 내려진 이들의 결정이 공공정책이 되고 일반인들의 삶에 아주 큰 영향을 미친다는 점에서 중대한 현상으로 볼 수 있다.

---

14) 민간부문 거버넌스와 관련한 연구 동향을 소개하면 다음과 같다. 민간부문 거버넌스와 관련한 중요 연구들은 민간부문 거버넌스의 다양한 형태를 찾아내는 일과 명시적이거나 묵시적인 제재를 위해 국가나 정부 간 과정(intergovernmental process)에 의존하는 민간부문 거버넌스와 시장의 공급사슬(market supply chain)로부터 권위가 주어지는 민간부문 거버넌스를 구별하는 일이었다. 이러한 연구들은 민간부문 거버넌스 기제의 부상을 가져오는 조건과 어떻게 그리고 어떤 조건에서 이들이 권위(authority)나 정당성(legitimacy) 혹은 권위와 정당성을 획득하는가와 같은 이론적인 이슈들을 검토했다. 더불어 기업과 국가 및 경제부문에 따라 달라질 수 있는 민간부문 거버넌스의 상이한 개입의 수준과 민간부문의 규제 프로그램 간 경쟁에 관한 경험적 연구를 했다. 기업들은 종종 정부규제를 막아내고 이러한 규제에 앞서 선제적 조치로서 자체적인 규제를 발전시킨다는 것을 인정하지만 한편 이러한 일들 대부분은 민간부문 권위가 특정 영역에 있어서 글로벌 거버넌스를 개선하는 데 도움이 될 것이며 최소한 전 지구적인 기업규제의 중요한 원천의 하나로서 간주되어야 한다는 명시적 혹은 묵시적 가정에 바탕을 두었다. 연구의 중점이 근래에 민간부문 권위와 공공부문 권위의 상호작용에 대한 이해로 옮겨갔다. 이러한 연구의 많은 부분은 상이한 종류의 상호작용이 발생하는 조건에 대해 알고자 하는 것이며 이러한 상호작용의 종류의 성격의 범주는 상승 작용적인 것부터 시작하여 중립적인 것 그리고 나아가 갈등적인 것까지에 이른다(Graeme Auld and Jessica F. Green, "Unbundling the Regime Complex: The Effects of Private Authority," Comparative Research in Law & Political Economy, Research Report No. 15/2012 (2012), http://digitalcommons.osgoode.yorku.ca/clpe/15 (접속일: 2019년 11월 29일).

이러한 민간부문 거버넌스는 정부 기관이 다루기에 적합하지 않을 수 있는 중요한 공공의 목적에 이바지한다. 이러한 거버넌스는 금융·통상·산업·지적 영역을 포함한 모든 곳에서 발견된다. 이러한 민간부문 거버넌스는 여러 기능을 수행하는데 그 가운데 가장 주요한 기능은 전문가와 무역업자를 적합한 것으로 인증을 하고 산업 규칙을 제정하며 기술적이고 전문적인 기준을 설정하여 사람들의 삶에 깊은 영향을 미친다.15)

이러한 민간부문 거버넌스와 관련하여 이들이 가져다주는 기여와 더불어 문제점에 대한 논의도 전개되고 있다. 흔히 지적되는 문제점의 핵심은 민주적 과정과 대표성을 의미하는 민주성과 더불어 책임성과 투명성의 결여이다.

이러한 민간부문 거버넌스의 대표적인 예로서 국제상공회의소(International Chamber of Commerce, ICC)가 제정하는 규칙과 행동·국제회계기준이사회(International Accounting Standards Board, IASB)가 세계화된 자본시장의 필요로 인해 제정하는 단일 글로벌 회계기준인 국제회계기준(International Financial Reporting Standards, IFRS)·적도원칙 채택 금융기관(Equator Principles Financial Institutions, EPFI)의 10개 원칙·국제신용평가 기관이 내리는 신용평가 등을 들 수 있다. 이들을 하나씩 살펴보면 다음과 같다.

(1) 국제상공회의소의 규칙과 행동

국제상공회의소는 세계에서 가장 크고 가장 다양한 부문의 기업 조직으로서 100개 이상 국가의 수십만 기업들을 회원으로 두고 있으면서 회원들의 산업에 영향을 미치는 모든 이슈에 대한 정보를 제공한다. 이 조직은 유엔·세계무역기구(WTO)·주요 20개국(G-20) 정상회의를 비롯한 다른 정부간기구와의 관계를 유지하고 있다.

국제상공회의소는 상품과 서비스를 위한 시장의 개방과 자본의 자유로운 이동을 조성하고 보호하기 위해 국제무역과 통상을 촉진하는 것을 목적으로 한다. 이러한 목적을 달성하기 위해 주요 활동으로서 규칙제정·분쟁 해결(중재)·옹호 활동(정책 수립)을 한다.

---

15) Catherine E. Rudder, A. Lee Fritschler, and Yon Jung Choi, *Public Policymaking by Private Organizations: Challenges to Democratic Governance* (Washington, D.C.: Brookings Institution Press, 2016), pp. 9-26.

규칙제정에 관해 좀 더 살펴보면 국제상공회의소는 회원들이 국제적인 사업을 하고 있으므로 국경을 넘는 사업을 관리하는 규칙을 제정하는 데 있어서 비교할 수 없는 큰 권위를 지닌다. 구체적으로 국제상공회의소는 각기 다른 국가들이 각기 다르게 채택한 무역에 관한 규칙이 지닌 복잡성을 완화하기 위해 지침과 기준을 설정하고 있으며 전 지구적인 무역의 성격 변화에 적응하기 위해 이들을 부단히 갱신하고 있다. 이러한 규칙은 자발적임에도 불구하고 일상적인 국경을 넘는 거래에 적용되는 등 국제무역의 한 부분이 되고 있다.

(2) 국제회계기준이사회의 국제회계기준

국제회계기준이란 구체적으로 기업의 회계 처리와 재무제표의 국제적인 통일성을 높일 목적으로 국제회계기준이사회(IASB)가 마련해 공표하는 회계기준을 의미한다. IASB가 이러한 국제회계기준을 설정하는 목적은 전 세계의 금융시장에 투명성・책임성・효율성을 가져다주기 위한 것이며 이를 통해 전 지구적 경제에서 신뢰・성장・장기간의 재정안정을 촉진함으로써 공공의 이익에 이바지하기 위한 것이다.

IASB는 166명의 전문가로 구성되어 있으며 국제회계기준재단(IFRS Foundation)으로부터 재정적인 지원을 받는다. 재단의 재정은 비교적 최근에 공공 조직으로부터의 기부가 늘고 있으나 가장 중요한 재원은 국제적인 회계 회사들이다. IASB는 최근에 정부간기구 대표로 구성된 감시조직(Monitoring Board)을 가지게 되었으나 일상적인 업무는 대부분 민간부문에서 온 기술적인 전문가가 관장한다. IASB가 개발하는 국제회계기준은 모든 주요 20개국(G-20) 국가들을 포함하여 약 120개 국가에서 사용이 의무화되어 있거나 허용되고 있다.

(3) 적도원칙 채택 금융기관의 10개 원칙

적도원칙(Equator Principles, EPs)이란 석유나 가스의 개발・광물 채취・발전소 건립과 같은 대규모 개발 프로젝트가 환경과 사회에 미칠 영향을 평가하고 관리하기 위하여 관련 프로젝트에 재정적 지원을 하는 금융기관이 준수해야 할 원칙을 의미한다.[16] 즉 적도원칙이란 대규모 프로젝트가 환경을 파괴하거나 해당 지역에

16) 여기서 말하는 금융기관은 민간 금융기관을 의미한다. 대규모 프로젝트를 재정적으로 지원하는 세계은행과 같은 국제금융기구의 경우는 이미 자체 내에 나름의 원칙들을 세워 적용해오고 있다.

서 인권(예컨대 개발로 인해 이주를 강요당하는 토착민들의 권리)을 침해하는 등 환경과 사회문제를 일으킬 수 있을 시에 해당 프로젝트에 자금을 지원하지 않을 것을 약속하는 금융회사의 자발적인 행동강령이다.

대규모 개발을 위한 프로젝트에 자체적으로 자금을 조달할 수 없기에 금융기관으로부터 자금을 빌려야만 하는 국가들은 대부분 개도국이며 이들은 환경에 관한 규제가 제대로 갖추어져 있지 않지 않기 때문에 이들에 대한 대출에 이러한 원칙 적용이 필요하다. 이러한 개도국 가운데서도 적도 지역의 국가들의 경우 보호해야 할 자연환경으로서 지구의 허파인 열대 우림을 가지고 있어 환경과 사회에 미치는 영향에 대한 고려를 더욱 필요로 한다. 이 때문에 적도원칙이라는 명칭이 붙여졌다. 2019년 11월 현재 37개 국가의 100개 금융기관이 이러한 원칙을 채택했으며 한국의 경우 현재 한국개발은행(Korea Development Bank)이 참여하고 있으며 신한은행이 참여를 위한 절차에 착수했다.

이러한 적도원칙이 민간 금융기관에 의해 채택된 이유는 민간 금융기관들이 환경과 사회에 미치는 영향에 대한 제대로 된 평가와 관리 체계 없이 재정지원을 하면서 환경과 인권을 훼손하는 일이 빈번하게 발생하고 이에 대해 NGO들로부터 강력한 비판이 가해지자 이를 무마하고 기업의 사회적 책임을 진다는 자구책으로서 자발적으로 원칙을 설정하여 적용하게 된 것이다.

이러한 원칙은 다음과 같은 10개로 구성되어 있다: 원칙 1) 검토 및 등급 분류, 원칙 2) 환경적·사회적 평가, 원칙 3) 적용되는 환경적·사회적 기준, 원칙 4) 환경적·사회적 관리 시스템과 적도원칙의 행동계획, 원칙 5) 이해관계자 참여, 원칙 6) 고충 처리 기제(Grievance Mechanism), 원칙 7) 독립적인 검토, 원칙 8) 약정, 원칙 9) 독립적인 감시와 보고, 원칙 10) 정보공개와 투명성.

(4) 국제신용평가기관의 신용평가

국제신용평가기관은 회사나 정부 기관의 재정적 능력 특히 부채에 대한 원금과 이자를 지급할 수 있는 능력을 평가하는 회사이다. 구체적으로 이들은 특정 유가 증권에 내재하여 있는 신용의 위험의 정도를 결정하여 관련 정보를 제공하는 금융 서비스 회사로서 정부 채권이나 다른 유형의 유가 증권을 구매하려는 투자자에게 약정된 수익을 획득하지 못할 확률 추정치를 제공하는 역할을 한다.

대표적인 3대 국제신용평가기관으로 스탠더드앤드푸어스(Standard and Poor's)·

무디스 투자자 서비스(Moody's Investors Service) · 피치(Fitch Ratings)가 있다. 이들은 기업이나 국가의 신용도를 평가하여 제공하는 신용등급은 국제금융 시장에서 투자자들 판단의 결정적 혹은 보조적 기준이 됨으로써 막대한 영향력을 행사하고 있다. 아들이 신용도를 낮게 평가한 국가나 기업은 국제금융시장에서 자금을 빌리는 것이 어렵고 빌린다고 하더라도 높은 금리를 지급해야만 한다. 경제 대국의 경우는 국제신용평가기관의 신용도 평가에 크게 영향을 받지 않으나 경제 소국의 경우 자금의 차입이 아예 불가능해져 국가의 운명이 달라질 수 있다. 이 때문에 이들의 신용도 평가의 객관성과 신뢰성에 회의적인 비판이 계속하여 제기되어 오고 있다.

특히 미국의 금융회사인 리먼 브라더스의 다른 회사들의 파산 도미노를 가져오고 그 결과 미국이 금융위기를 넘어서 국제금융 위기로 이어졌는데 당시 3대 국제신용평가기관들은 이러한 리먼 브라더스의 재무상태를 제대로 평가하지 않아 국제금융 위기의 주범으로 비난을 받았다. 이를 계기로 국제신용평가기관들에 대한 국제적 감독 기준과 규제 범위를 정하자는 논의가 이어졌고 평가의 신뢰도와 공정성을 높이기 위한 노력이 계속되고 있다.[17)]

3) 전 지구적 시민사회부문 거버넌스 기제

전 지구적 시민사회부문 거버넌스(global civil society governance)는 시민사회부문에 속하는 조직(즉 NGO)이 특정 분야에서의 기준설정 등을 통해 국가의 권위를 대신하여 공공정책을 수립하는 것을 핵심 내용으로 한다. 이러한 예로서 산림관리이사회의 산림인증제도 · 해양관리이사회의 인증제도 · 국제공정무역인증기구의 공정무역 인증과 라벨링 제도 · 전세계책임인증생산의 인증제도를 살펴보고자 한다.

(1) 산림관리이사회의 산림인증제도

1980년대 후반 개도국의 열대림이 급속도로 감소하자 유럽의 환경 분야 NGO가 열대림 목재의 불매운동을 전개하였다. 이러한 불매운동에 직면하자 목재업계에서 지속적인 산림경영을 인증하고 거기에서 생산된 목재를 인증하는 산림인증제

17) VOA, "신용평가기관," https://www.voakorea.com/a/3052122.html (접속일: 2019년 11월 19일).

도를 생각하게 되었다. 열대림을 파괴하고 있는 목재 기업을 실제로 감시한다는 것의 어려움을 잘 알고 있는 열대림 보호 NGO들 역시 열대목재의 사용을 제한하거나 불매하는 운동으로부터 산림인증제도 쪽으로 운동의 방향을 전환하면서 등장한 제도이다.

이러한 기류 속에서 공정하며 신뢰할 수 있는 산림인증제도를 만들기 위해 1993년에 세계자연기금(World Wide Fund for Nature, WWF)과 그린피스(Greenpeace International)와 같은 환경 NGO들이 주축이 되어 산림관리이사회(Forest Stewardship Certification, FSC)를 설립하여 열대림 보호를 위한 조치의 일환으로서 열대림 관리 지침을 만들도록 하고 더불어 인증자(certifier)를 공인하여 이들에게 산림인증(forest certification)을 하도록 했다.

이러한 산림인증에는 산림경영인증(Forest Management Certification)과 목재인증(timber certification)이 있다. 산림경영인증이란 산림을 지속이 가능하도록 경영하고 있는 목재 기업에 부여되는 인증이고 목재인증은 산림경영인증을 받은 산림에서 생산된 목재나 이러한 목재로 만든 가구 등의 제품에 인증라벨을 부착하여 산림경영인증을 받지 않은 산림에서 생산된 제품과 차별화하는 인증이다.

국제적 수준에서 FSC는 책임 있는 산림경영의 원칙과 기준을 개발해왔다. 이러한 원칙과 기준은 모든 자연림과 농장에 적용된다. 이러한 원칙과 기준에는 국가 법규 준수 · 현지 사용권 존중 · 산림의 생태 기능과 생물 다양성의 유지 · 경제적 생존 가능성 · 적절한 관리 계획과 운영 모니터링의 필요가 포함된다. FSC는 또한 현지 조건을 고려하기 위해 국제 원칙과 기준을 해석하는 각 국가 또는 지역에서의 산림 관리의 국가 표준 개발을 장려하기도 한다.

(2) 해양관리이사회의 인증과 에코라벨링 제도

해양관리이사회(Marine Stewardship Council, MSC)는 1997년에 남획 문제를 해결하기 위한 공동 노력으로 세계최대 냉동수산물 유통업체인 유니레버(Unilever)와 세계최대 규모의 자연보전 NGO인 세계자연기금(WWF)에 의해 처음 설립되었다가 1999년에 이 두 조직으로부터 독립적인 국제적인 비영리조직이 되었다.

MSC가 설립된 유래를 살펴보면 1992년에 캐나다 동부의 대구어장이 남획으로 인해 붕괴한 것이 계기가 되었다. 이로 인해 심각한 타격을 받게 된 세계최대 냉동수산물 유통회사였던 유니레버(Unilever)가 해결책을 찾아 나서면서 이미 오래전부터 수산자원의 고갈문제와 해양생태계 보전을 위해 캠페인을 전개해온 세계자연기금(WWF)과 더불어 MSC를 설립하게 된 것이다.

MSC는 생명으로 가득 찬 세계 해양의 보전과 더불어 현세대와 미래 세대를 위해 보호되는 해산물의 공급을 비전으로 한다. 이러한 비전하에 MSC는 i) 지속 가능한 어업 관행의 인정하고 보상하며, ii) 사람들이 해산물을 구매할 때 그들이 내리는 선택에 영향을 미치고, iii) 해산물 시장을 지속 가능한 기반으로 전환하기 위해 파트너와 협력하여 세계 해양의 건강에 이바지하기 위해 에코라벨링 프로그램과 어업인증 프로그램을 사용하는 것을 임무로 하고 있다.

지속 가능한 어업을 위한 MSC의 원칙과 기준은 대상 어업(target fishery)과 주변 해양 환경이 유지되도록 어업이 잘 관리되고 책임성 있게 어획이 이루어지도록 하는 표준을 일컫는다. 이 표준에 따른 인증은 지속 가능한 관행에 대한 약속을 입증하고 시장에서의 인정으로 귀착된다.

지속 가능한 어업에 대한 MSC의 어업 표준은 모든 어업이 충족해야 하는 다음과 같은 세 가지 핵심 원칙을 가지고 있다. 원칙 1) 지속 가능한 대상 어류 재고: 어업은 채취된 개체군의 남획 또는 고갈을 초래하지 않는 방식으로 수행되어야 하며 고갈된 개체군의 경우 어업은 고갈된 개체군이 확실하게 복구로 이어지도록 하는 방식으로 실시되어야 한다. 원칙 2) 어업의 환경에의 영향: 어업 활동은 어업이 의존하는 생태계(서식지 및 연관된 의존적이고 생태학적으로 관련된 종 포함)의 구조·생산성·기능·다양성을 유지해야 한다. 원칙 3) 효과적인 관리: 어업은 지역의 법·국가의 법·국제법과 표준을 존중하고 자원이 책임감이 있고 지속이 가능하게 사용되어야 한다는 것을 요구하는 제도적 및 운영적 틀을 통합하는 효과적인 관리 시스템의 적용을 받는다.

(3) 국제공정무역인증기구(FLO)의 공정무역 인증과 라벨링 제도

국제공정무역인증기구(Fairtrade Labelling Organizations International, FLO)는 다수의 국가인증기구(national labelling organization)로 구성된 국제적인 비영리 다중 이해관계자 연합체이다.[18] 이 기구의 주된 업무는 생산자와 무역업자들에게 적용될 기준을 설정하여 적용하는 일이다.[19]

---

18) 국제공정무역인증기구(Fairtrade Labelling Organizations International, FLO)는 법률적으로 등록된 이름이고 통상적으로 「Fairtrade International」이라고 불린다.

19) Fairtrade Korea, "Fairtrade International Standards and Principles," http://fairtradekorea.

구체적으로 FLO는 세계에서 가장 빈곤한 국가의 소규모 생산자조직과 농업 노동자들의 지속 가능한 개발을 지원하기 위해 표준을 설정한다. 이러한 기준의 가장 중요한 목표는 ⅰ) 생산자가 지속 가능한 평균 생산비용을 충당할 수 있는 가격을 받도록 보장한다. ⅱ) 사회개발・경제개발・환경개발을 향상하는 프로젝트에 투자될 수 있는 추가적인 공정무역 장려금(Fairtrade Premium)을 제공한다. ⅲ) 필요로 하는 생산자들에게 거래 대금을 선지급할 수 있게 한다. ⅳ) 장기적인 거래 파트너십을 촉진하고 거래 과정에 대한 생산자의 통제력을 강화한다. ⅴ) 모든 공정무역 인증 제품의 생산과 거래의 조건이 사회적・경제적으로 공정하고 환경적으로 책임성이 있도록 핵심 요구사항(core requirement)과 개발 요구사항(development requirement)을 설정한다.[20]

공정무역 기준의 공동원칙은 ⅰ) 원칙 1: 경제적으로 불리한 생산자를 위한 기회 창출, ⅱ) 원칙 2: 투명성과 책임성, ⅲ) 원칙 3: 공정한 거래 관행, ⅳ) 원칙 4: 공정한 가격의 지급, ⅴ) 원칙 5: 아동노동과 강제노동의 금지, ⅵ) 원칙 6: 차별 금지와 성 평등 및 결사의 자유에 대한 약속, ⅶ) 원칙 7: 양호한 노동조건의 보장, ⅷ) 원칙 8: 역량 강화의 제공, ⅸ) 원칙 9: 공정 거래의 촉진, ⅹ) 원칙 10: 환경의 존중 등이다.

(4) 전세계책임인증생산의 인증제도

전세계책임인증생산(Worldwide Responsible Accredited Production, WRAP)이란 조직은 인증과 교육을 통해 전 세계의 안전하고 적법하며 인도적이고 윤리적인 제조(생산)를 헌신하는 전 지구적 사회적인 준수(global social compliance) 전문가로 구성된 독립적인 비영리조직이다. WRAP 인증프로그램은 노동 집약적인 소비재 상품의 제조 및 가공과 관련한 세계최대 규모의 노동과 환경 인증프로그램이다.

WRAP 인증프로그램의 목표는 노동 집약적인 소비재 상품이 적법하고 인도적이며 윤리적인 조건에서 생산되게 하도록 이러한 표준의 준수 여부를 독립적으로 감시하고 인증하는 것이다.[21] 참여 조직은 자신들의 제조 관행이 이러한 표준을

---

org/main/user/userpage.php?lpage=ft1_4 (접속일: 2019년 11월 18일).

20) 공정무역 기준은 두 종류가 있는데 그 가운데 하나는 생산자가 인증을 받기 위해 반드시 충족해야 하는 핵심 요구사항이고 또 다른 하나는 생산자가 조직과 근로자의 개발을 위해 계속 개선하고 투자하도록 장려하는 개발 요구사항이다.

21) 전세계책임인증생산(WRAP)의 검사・검증・테스트・인증 서비스는 SGS(Société énerale de Surveillance)라는 다국적기업이 한다.

충족할 것을 자발적으로 약속하고 계약자와 공급업체도 마찬가지로 이러한 표준을 지킬 것이라는 기대에 부응할 것을 약속한다.

WRAP의 인증에 적용되는 12개의 원칙은 일반적으로 수용되는 국제 작업장 표준과 현지 법률 및 작업장 규정을 기반으로 하며 국제노동기구(ILO)의 관련 협약의 정신이나 조문을 포함한다. 이러한 원칙은 인적 자원의 관리 · 보건과 안전 · 환경 관행 · 수출입과 세관의 준수 및 보안 기준을 포함한 법적 준수를 포함한다. 12개의 원칙에는 구체적으로 법규와 작업장 규정의 준수 · 강제노동의 금지 · 아동노동의 금지 · 괴롭힘 또는 학대의 금지 · 보수와 혜택 · 근로 시간 · 차별의 금지 · 보건과 안전 · 결사와 단체 교섭의 자유 · 환경 · 세관 규정의 준수 · 보안이 포함되어 있다.

6. 다중 부문 다중심적 글로벌 거버넌스

환경보호 · 에이즈(HIV/AIDS)와 같은 질병 퇴치 노력 · 노동기준의 제도화 · 부패와의 전쟁 등 상호 연계된 국제사회에서의 많은 문제가 정부와 정부간기구를 중심으로 하는 전통적인 인터내셔널 글로벌 거버넌스만으로는 해결될 수 없게 되었다.

이러한 상황에 대한 혁신적인 대응으로서 정부 · 정부간기구 · NGO · 기업 등과 같은 행위자들이 각각 단독이 아닌 일정한 조합을 이루어 글로벌 이슈를 다루는 방식이나 과정을 「다중 이해관계자 글로벌 거버넌스(multi-stakeholder global governance)」 혹은 「전 지구적 다중 이해관계자 이슈 네트워크(global multi-stakeholder issue network)」 또는 「전 지구적 다중 이해관계자 네트워크(global multi-stakeholder network)」라고 칭하기도 한다.

이러한 용어들 이외에 「전 지구적 공공정책 연계망(Global Public Policy Network, GPPN)」이라는 용어가 라이니케(Wolfgang H. Reinicke)를 비롯한 다수의 학자에 의해 통용되고 있다. 그러나 여기서는 위에서 살펴본 단일 부문 다중심적 글로벌 거버넌스에 대응한 개념으로서 「다중 부문 다중심적 글로벌 거버넌스(multi-sector multi-centric global governance)」라고 칭하고자 한다.

이러한 다중 부문 다중심적 글로벌 거버넌스의 등장 배경은 다음과 같다. 냉전이 종식되고 1990년대 초부터 세계화가 심화하면서 국제체제에 있어서 효과적이고 정당한 거버넌스를 위한 조직의 조건이 근본적으로 바뀌었다. 경제와 정치 부문에서의 자유화는 기술의 혁신적인 발달과 더불어 전통적인 행위자인 국가와 국제기구에 국경과 부문을 뛰어넘는 문제들의 효과적인 해결책을 찾도록 압박을 가해왔다.

이와 동시에 NGO와 기업들은 각기 초국가적인 범주에서 그들의 활동을 효과적으로 재정비하고 국경을 넘는 연계를 가지는 등 세계화의 도전에 대응하면서 국제관계에서 점차 중요한 역할을 행해 오고 있다. 이러한 결과로 국가는 이제 국제관계 영역에서 유일한 행위자가 아니게 되었으며 국가를 중심으로 한 전통적인 정치제도 역시 이제 더 효율적인 문제해결의 행위자가 될 수 없게 되었다.

이러한 상황에서 정부·정부간기구·NGO·기업 등 각종 행위자는 상호 간의 의존을 깊이 인식하고 국경과 부문을 뛰어넘는 문제의 해결을 위한 다중 부문 다중심적 글로벌 거버넌스의 등장을 가져왔다. 구체적으로 전통적인 국가 중심의 문제해결 방식인 인터내셔널 글로벌 거버넌스는 다음과 같은 이유로 더는 효율적인 기제가 될 수 없게 되었다.

첫째, 지구적 차원에서 사회적·경제적 통합이 증진되고 지구 온난화 문제에서 보듯이 어느 한 국가의 노력만으로는 해결될 수 없는 문제가 발생함으로써 공공정책의 지리적 범주가 주권국가의 국경을 넘어 확대되었다.

둘째, 기술의 발달 등으로 인해 정책 상황이 급격하게 변화함으로써 전통적인 제도들과 행위자들이 경직된 위계적인 관료 조직을 가지고 대안을 검토하고 합리적인 결정을 내리면서 이러한 변화를 따라잡을 신속성을 갖추기가 힘들어졌다.

셋째, 국가 간 무역정책이 수립될 때 이러한 정책이 경제·환경·안보 등에 미치는 영향을 고려하여야 하는 것에서 보듯이 다루어야 할 이슈들이 다면성을 가지고 있어 전통적인 제도들만으로는 새롭고 복잡한 문제들의 해결이 쉽지 않게 되었다.

넷째, 국내정치와 국제정치에 있어서 의사결정자들이 민주성·책임성·투명성·효과성 등을 포함하는 정당성의 문제에 직면하게 되었다. 국제사회가 직면한 도전에 대응하면서 공공정책의 결정이 점차 주권국가의 손으로부터 정부간기구나 다른 다자간 포럼으로 옮겨가게 되고 그 결과 시민들에게 정책 결정 과정이라는 것이 덜 투명하게 되었다. 이로 인해 투명성과 의사결정에의 접근이 정부간기구의 중요한 개혁의 과제로 등장했으며 NGO들은 시민들을 대신하여 이러한 투명성과 의사결정에의 접근성을 제고시킬 수 있는 중요한 존재가 되었다. 따라서 NGO가 전 지구적 공공정책의 수립에 참여하는 것이 글로벌 거버넌스에 중요한 요소가 되게 되었다.

다음에서는 다양한 다중 부문 간 다중심적 글로벌 거버넌스 기제들을 전 지구적 공공부문-민간부문 파트너십 기제 · 전 지구적 공공부문-시민사회부문 파트너십 기제 · 전 지구적 민간부문-시민사회부문 파트너십 기제의 순서로 살펴보고자 한다.

1) 전 지구적 공공부문 – 민간부문 파트너십 기제

국제수준에서의 공공부문 조직인 정부간기구가 민간부문의 조직인 기업과의 협력을 통해 전 지구적 문제를 다루고자 한 역사는 짧다. 이는 과거에 정부간기구가 기업을 국제사회가 단지 해결하여야 할 문제들을 발생시키는 행위자로 보았고 이러한 문제의 해결을 위한 파트너로 보지 않았기 때문이다. 여기서는 민간부문 조직과의 협력에 대한 정부간기구의 접근이 단순히 협력을 수용하는 것으로부터 나아가 파트너로 수용하게 된 배경과 더불어 이들 간 협력의 특징을 살펴보고자 한다.22)

(1) 공공부문 – 민간부문 파트너십의 배경

국제사회의 정치적 · 사회적 의제들이 새천년개발목표(MDGs)를 포함한 개발목표의 달성을 지원하는 데 있어서 기업들의 역할과 책임을 점차 촉구해오고 있고 기업에 대한 유엔의 접근법을 점진적으로 변화시키고 있다. 오늘날 유엔은 국제수준에서 활동하는 기업들이 개발을 위해 할 수 있고 점차 하기를 원하는 긍정적인 기여를 확실히 인식하고 있다. 이러한 변화를 가져온 요인들을 유엔과 기업의 관계를 통해 살펴보면 다음과 같다.

① 유엔이 기업과 협력을 하는 이유

우선 국제사회가 서둘러 해결해야만 하는 문제들이 너무나 복잡하고 자원의

---

22) United Nations Global Compact, “Coming of Age: UN-Private Sector Collaboration Since 2000,” https://www.unglobalcompact.org/library/202 (접속일: 2019년 11월 7일); United Nations, “The United Nations and the Private Sector: A Framework for Collaboration,” file:///C:/Users/USER/AppData/Local/Microsoft/Windows/INetCache/IE/3FBSL627/UN_Business%20Framework.pdf (접속일: 2019년 11월 7일).

집중적인 투입이 있어야 해서 공공부문의 행위자들만으로는 다룰 수가 없게 되었기 때문이다. 그 결과 국가와 정부간기구는 기후변화와 생명을 위협하는 질병의 확산 등과 같은 복잡한 문제들을 다루는 데 있어서 기업들의 지원을 추구하기 시작했다.

국경을 넘는 기업들의 활동이 상당히 증가하면서 이들의 활동이 전 세계의 사회적 · 경제적 개발에 아주 중요하게 되었다. 수많은 초국적기업들이 기업 활동을 전 세계에 걸쳐서 하면서 많은 현지 사람들에게 고용의 기회를 줄 뿐 아니라 전 지구적인 가치사슬(global value chain)을 따라 활동하는 많은 공급자와 유통업자들에게도 수입의 기회를 제공한다.[23)]

개도국들은 개발이 성공적으로 달성되려면 궁극적으로 충분한 민간투자가 밑받침되어 광범위한 성장이 이루어져야 한다는 것을 깨닫게 되었다. 결과적으로 유엔은 민간부문 개발과 지속 가능한 성장 그리고 기업가 정신을 불러일으키고 지원하는 활동이 유엔의 개발목표에 접근하는 데 결정적이라는 인식을 하게 되었다.

식량위기 · 에너지위기 · 금융위기를 경험하면서 시민사회부문의 조직들은 민간부문 일반과 특히 다국적기업에 그들의 활동이 미치는 사회적 · 환경적으로 미치는 부정적 영향에 책임을 져야 하고 그들 행위의 여러 면을 바꾸고 좀 더 책임감 있고 지속 가능한 방식으로 행동해야 한다고 강하게 요구하게 되었다. 이러한 시민사회의 점증하는 요구들이 유엔을 비롯한 정부간기구가 기업들과 협력을 하도록 만들었다.

② 기업이 유엔과 협력을 하는 이유

기업들 역시 개발과정에서 좀 더 적극적인 역할을 떠맡고 여러 면에서 유엔과 협력할 준비가 점점 되어가고 있었다. 즉 많은 기업은 선한 기업 시민의식(good corporate citizenship)과 유엔과의 파트너십을 실천할 필요성을 인식하게 되었다.[24)] 특히 시민사회로부터 사회적 책임을 다하지 않는다는 비판에 직면해 있는

23) 「가치사슬(value chain)」이란 회사가 처음에 원료 구매로부터 시작하여 상품을 제조하고 소비자의 구매를 위해 시장에 내놓는 것에 이르기까지 취한 모든 활동을 의미한다. 이러한 가치사슬에서 가치가 부가되는 모든 활동은 상호 연결되어 있으며 최고의 가능성이 있는 상품이나 서비스를 만들도록 설계되어 있어 기업에 경쟁 상의 우위를 가져다준다. 좀 더 구체적으로 이러한 활동은 제품 또는 서비스의 디자인 · 생산 · 마케팅 · 배포뿐만 아니라 판매 후 서비스까지 포함한다.

24) 「기업의 시민의식」 혹은 「기업의 시민성」 등 다양하게 번역되고 있는 「Corporate Citizenship」이란 기업도 일반 시민과 마찬가지로 공동체를 구성하는 일원으로서 일정한 권리를 누림과 동

기업으로서 유엔과의 파트너십은 자신들의 발전과 투자를 위한 유리한 환경을 조성할 수 있을 뿐 아니라 자신들의 평판을 높이는 것을 돕고 구속력 있는 규칙을 피할 기회를 부여받을 수 있기 때문이다. 따라서 많은 기업이 선제적으로 개발 활동에 관여하기 시작했거나 그렇게 하지 않을 수 없다고 느꼈다.

③ 협력의 활성화

위에서 언급한 이유로 유엔을 비롯한 정부간기구와 기업은 이해관계를 같이하게 되었다. 그 결과 공공부문-민간부문 파트너십(Public-Private Partnership, PPP)이 1990년대에 사회적·정치적 의제로서 중요한 위치에 놓이게 되었다. 이러한 경향은 2002년 남아프리카공화국 요하네스버그에서 개최된 지속 가능한 개발을 위한 세계정상회의(World Summit on Sustainable Development, WSSD)에서 다중부문 파트너십의 촉진(promotion of multi-sectoral partnership)이 회의 결과의 중요한 일부가 되도록 했고 유엔과 기업 간 협력의 상당한 성장을 촉발하는 계기가 되었다.

(2) 전 지구적 공공부문-민간부문 파트너십 거버넌스의 예

전 지구적 공공부문-민간부문 파트너십 거버넌스의 대표적인 예로서 유엔과 기업의 파트너십 전반과 국제표준화기구의 인증제도를 통한 파트너십 거버넌스를 살펴보고자 한다.

① 유엔과 기업의 파트너십[25)]

유엔과 기업들은 경제발전과 사회발전·인권·평화와 안보·인도적 지원·환경과 관련이 있는 긴급한 이슈들을 다루고자 전 세계에 걸쳐 적극적으로 활발하게 협력하고 있다. 오늘날 기업은 유엔의 목적을 달성하는 데 있어서 아주 중요한 파트너가 되고 있다. 이들의 최종 목적은 아주 상이하지만 그런데도 아주 중요한 목

시에 의무를 떠맡는다는 것을 의미하며 우리가 흔히 잘 알고 있는 기업의 사회적 책임(corporate social responsibility, CSR)과 기업의 사회적 가치(corporate social value, CSV)에 대한 논의에서 파생된 개념이다. 이들은 모두 기업이 이윤만 추구하는 것이 아니라 사회적 책무를 떠맡아야 한다는 점을 강조한다는 점에서 다르지 않다. 사회적 책무란 기본적인 윤리적·법률적 책임을 의미하는 것으로서 그 핵심은 그들을 둘러싸고 있는 공동체를 위해 좀 더 높은 생활 수준과 삶의 질을 만들어내고 이해당사자들을 위한 이윤성을 유지하는 것이다.

25) United Nations Global Compact, Coming of Age: UN-Private Sector Collaboration since 2000, file:///C:/Users/USER/AppData/Local/Microsoft/Windows/INetCache/IE/3FBSL627/Coming_of_Age.pdf (접속일: 2019년 12월 9일).

적을 공유하고 있다. 이러한 목적은 시장의 구축·부패와의 싸움·환경의 보호·식량안보의 증진·사회적 포용성의 확보(ensuring of social inclusion) 등을 포함한다.[26)]

유엔과 기업 간 협력은 주로 i) 사회적 투자와 자선 기부(social investment and philanthropic contributions), ii) 핵심 사업과 가치사슬 활동(core business and value chain operations), iii) 옹호와 정책제안 및 제도적 틀(advocacy, policy dialogue and institutional frameworks)의 형태를 취한다. 정부간기구와 기업은 이러한 3가지 형태의 글로벌 거버넌스 기제를 취하고 있으나 활동이 자선과 모금에 중점을 둔 활동에서 핵심 사업과 가치사슬에 중점을 둔 활동으로 이동하는 추세를 특징으로 한다. 이러한 유형을 하나씩 살펴보면 다음과 같다.

우선 사회적 투자와 자선 파트너십 유형과 관련하여 기업은 유엔에 순수한 자선 기부·피고용인을 자발적 프로그램에 참여시키거나 피고용인의 기부에 해당하는 만큼의 기부를 제공하기·개발을 위한 목적에 핵심적인 기업 전문지식 및 상품과 서비스의 기부·유엔에 혜택이 주어지는 사회적 벤처 자금에의 기업의 참여나 혼합형 가치 금융 기제(hybrid or blended value financing mechanism)의 설립 등을 제공할 수 있다.[27)]

이러한 파트너십은 다음과 같은 세 가지의 세부 유형으로 구분이 된다. i) 첫 번째 세부 유형의 파트너십은 유엔의 프로젝트나 이니셔티브에 민간부문의 직접적인 기여와 자선 기부를 동원하는 파트너십인데 이러한 협력관계가 여전히 공공부문과 민간부문 협력의 기초로 남아 있다. ii) 두 번째 세부 유형의 파트너십은 유엔과 민간부문 파트너십에서의 전반적인 중점이 핵심 사업과 가치사슬 파트너십으로 전환되면서 생긴 변화인데 첫 번째 세부 유형인 순수한 현금 기부가 아닌 기업이 소지하고 있는 핵심적인 전문지식과 상품 및 서비스를 기부하는 파트너십이다. 이러한 종류의 기부는 현지 공동체 혹은 좀 더 광범위한 사회가 추구하는 개발의 우선적 목표를 달성하는 것을 도울 수 있다. iii) 세 번째 세부 유형의 파트너십은 전략적인 기부로서 공공보건과 같은 전략적인 분야로의 사회적 투자를 제공하는

---

26) 사회적 포용성이란 정치적·경제적·사회적 이유로 사회로부터 배제된 상태에 놓인 사람들을 사회의 구성원으로 수용하는 것을 의미한다.

27) 혼합형 가치 금융 기제란 국제개발 분야에서 시작된 것으로서 투자의 위험성으로 인해 개도국에의 투자를 꺼리는 민간재원을 동원하기 위해 공공부문과 민간부문이 협력을 통해 재원을 조달하는 기제이다. 즉 공적 개발 재원과 민간투자 재원을 함께 동원하는 금융 기제를 의미한다.

것이다. 대표적인 이러한 유형의 파트너십으로 「에이즈·결핵·말라리아 퇴치 세계기금(GFATM)」을 들 수 있다.

유엔과 기업 간 파트너십의 두 번째 유형은 핵심 사업과 가치사슬에 중점을 둔 활동이다. 앞서 언급했듯이 유엔과 기업 간의 협력은 애초에는 모금 활동에 중점이 주어졌으나 시간이 지나면서 핵심 사업과 가치사슬 활동으로 전환되었다. 이러한 추세에 맞추어 핵심 사업과 가치사슬에 중점을 둔 형태의 파트너십은 개도국에서의 현지 기업 지원·포용적 사업모델의 구축·국제투자의 촉진·기업운영 방식의 전환 등에 중점을 둔다.

유엔은 지속 가능한 시장을 구축하고 공공의 이익을 위한 상품과 서비스를 만들어내기 위해 기업이라는 민간부문이 가지고 있는 핵심적인 강점을 이용하고 여기에 더하여 기업 활동을 사회적 목표나 환경적 목표 혹은 개발목표와 일치시키고자 함으로써 기업에 대해 단순히 수사적인 요구로부터 행동 지향적인 협력으로의 전환을 추구했다.

유엔과 기업 간 파트너십의 세 번째 유형은 옹호 활동과 정책제안 및 제도적 틀과 관련된 활동이다. 즉 기업이나 기업연합이 직접 옹호 활동과 공공정책 대화에 관여하고 공동의 규칙을 개발하는 데에 참여하는 유형이다. 더불어 거버넌스 간격(governance gap)을 메우기 위해 공공 제도와 행정 능력을 구축 혹은 강화하기 위한 노력을 재정적으로 지원하거나 직접 적극적으로 참여하고 기업 활동을 위해 위험부담이 최소화되고 적절하게 관리되는 환경을 촉진하며 지방 수준·국가수준·전 지구적 수준에서의 좀 더 체계적인 변화를 지원하는 파트너십의 유형이다.

이러한 유형의 파트너십 활동은 대상을 달리하면서 전개된다. 개도국의 개인을 대상으로 하는 옹호 활동 캠페인의 예로서 감염질환을 막기 위한 노력인 「비누로 손 씻기를 위한 공공-민간 전 지구적 파트너십(Global Public-Private Partnership for Handwashing With Soap, PPPHW)」을 들 수 있다. 정부를 대상으로 하는 예로서 「청정연료와 무공해차량 파트너십(Partnership for Clean Fuels and Vehicles)」을 들 수 있는데 이는 개도국 정부에게 납이 들어간 연료의 판매를 금지하는 정부의 규제를 촉구하는 것을 목표로 한 것이다.

이들과는 달리 일반 대중을 대상으로 하거나 기업 자체와 고용인을 대상으로 하는 파트너십도 있다. 일반 대중을 대상으로 하는 예로서 「아동 난민을 위한 캠페인(ninemillion.org Campaign for Child Refugees)」을 들 수 있는데 이는 일반 대중들이 아동 난민들에 관심을 가져 이들에게 교육과 놀이의 기회를 주도록 촉구하는 것을 목표로 한다. 이 캠페인에는 유엔난민최고대표사무소(UNHCR)가 나이키(Nike Inc.)·마이크로소프트(Microsoft)·머크 앤드 컴퍼니(Merck & Co., Inc.)·프록터 앤드 갬블(Procter & Gamble)과 같은 기업들과 국제 지구의 물(Earth Water International)과 같은 NGO가 참가하고 있다.[28]

기업과 기업의 고용인을 대상으로 하는 정부간기구와 기업의 파트너십에는 기업 내에서의 에이즈에 대한 인식 제거에 집중하는 파트너십들이 존재한다. 유엔 산하 기구인 유엔에이즈합동프로그램(UNAIDS)과 국제에이즈기업연합(Global Business Coalition on HIV/AIDS, GBC)의 파트너십이 이러한 예의 하나이다.

② 국제표준화기구의 인증제도

국제표준화기구(International Organization for Standardization, ISO)의 인증제도는 위에서 공공부문과 민간부문의 대표적인 예로서 살펴본 유엔과 기업 간의 파트너십과는 차이가 존재한다. 유엔과 기업 간의 파트너십은 유엔이라는 공공부문 조직과 기업이라는 민간부문 조직이 독립적인 조직으로서 공식적인 파트너십을 맺고 실행하는 거버넌스이다. ISO의 경우는 이와는 달리 국제표준화기구라는 조직 내에 공공부문 회원과 민간부문 회원이 존재하는 가운데 이루어지는 글로벌 거버넌스이다.

ISO는 표준을 제정하는 국가 기구들(national standard organizations)의 대표들로 구성된 국제적인 조직으로서 국가마다 상이한 산업과 통상 표준의 부재가 가져오는 비효율성을 해결하기 위해 국제적으로 수용되는 표준을 개발하고 보급하기 위해 설립된 기구이다.

즉 ISO는 국가 표준기구들의 전 지구적 네트워크로서 개개 국가를 대표하는 표준화 조직들로 구성되는데 이러한 조직은 정부 기관일 수도 있고 민간부문의 표준화 기구일 수도 있다. 다시 말해 ISO의 회원은 정부간기구가 국가의 정부 대표로 구성되는 것과는 다르게 두 종류의 상이한 회원으로 구성이 된다. 구체적으로 일부 회원은 정부의 조직편제에 속하는 기관이거나 정부에 의해 권한을 위임받은 기관이고 다른 일부 회원은 공공부문인 정부와 파트너가 되어 일하는 기업연합의

28) 마이크로소프트의 경우 자신이 지원하는 전 지구적인 비영리조직인 놀 권리(Right to Play)를 통해 참여하고 있다.

조직이다. 이러한 의미에서 ISO는 공공부문과 민간부문 사이의 특별한 위상을 가진다고 볼 수 있다.

ISO는 1947년에 스위스 민법에 따라 비정부기구(NGO)로서 설립되었으나 일반적인 순수한 형태의 비정부기구는 아니다. 통상적으로 비정부기구란 자발적인 민간단체나 개인을 그 회원으로 하는 기구로서 지방이나 국가 혹은 국제수준에서 공익을 위해 활동하는 시민주도의 국내 혹은 국제조직인데 ISO는 공공부문과 민간부문의 조직을 회원으로 하고 있기 때문이다. 이런 종류의 기구는 일반적으로 유사 비정부기구(quasi-nongovernmental organization) 혹은 준자율적 비정부기구(quasi-autonomous nongovernmenatal organization)로 분류된다.[29]

ISO가 정한 표준은 국제적으로 광범위하게 적용됨으로써 국제적으로 커다란 영향력을 지닌다. ISO는 분야별로 표준번호를 부여하는데 환경 분야의 경우 ISO 14000번 대역의 번호가 부여된다. 가장 대표적인 것이 ISO 14001인데 이는 환경경영시스템에 관한 국제표준으로서 기업 등의 조직이 구축한 환경경영시스템이 이러한 국제표준에 적합한가를 심사하여 인증을 해주게 된다.

구체적으로 기업이 해당 환경 관련 법규나 규제기준을 준수하는가의 차원을 넘어 환경방침 · 추진계획 · 실행과 운영 · 점검과 시정조치 · 경영검토 · 지속적 개선 등 포괄적인 환경경영을 얼마나 시행하고 있는지를 평가하는 제도로서 기업이 생산하는 제품 자체보다는 제품이 생산되는 과정에 적용되는 것이다.

ISO로부터 이러한 인증을 받은 기업의 경우 환경과 관련한 기업의 사회적 책임을 다한다는 좋은 기업의 이미지를 가지게 되며 이러한 것이 기업에는 이러한 인증을 취득하여야 할 유인(incentive)이 된다. 그 결과 ISO의 표준은 자발적인 것으로서 ISO는 이러한 표준을 강제할 공식적인 권한을 가지고 있지 않으나 그런데도 기업들은 이러한 형태의 연성법(soft law)을 점점 많이 채택하고 있다.

2) 전 지구적 공공부문 – 시민사회부문 파트너십 기제[30]

전 지구적 공공부문-시민사회부문 파트너십 기제는 구체적으로 정부간기구와

---

29) 이러한 종류의 또 다른 비정부기구에는 국제적십자사 등이 있으며 일반적으로 정부의 기능 일부를 수행하는 것을 특징으로 한다.

30) 다양한 정부간기구와 NGO의 구체적인 관계에 대한 글은 다음을 참조하시오: 박재영, 『국제기구와 글로벌 거버넌스』 (서울: 법문사, 2018), pp. 633-719

NGO를 조합으로 하는 파트너십 기제이다. 정부간기구들은 NGO와의 다양한 관계 설정을 통해 NGO에게 다양한 지위를 부여해 오고 있다. 이들 정부간기구가 NGO에게 부여하는 지위는 기구에 따라 다르며 같은 기구라 하더라도 NGO에 따라 부여하는 지위를 달리하기도 한다. 유엔의 경우에서 보듯이 같은 기구 내에서도 경제사회이사회(ECOSOC)와 같은 특정 기관만이 NGO에게 협의 지위(consultative status)를 부여하고 총회나 안보리와 같은 다른 기관들은 이러한 지위를 부여하지 않는다.

정부간기구가 NGO에 부여하는 다양한 지위를 연장선(continuum) 상에 배열한다면 연장선의 한 극단에 아무런 공식적인 관계를 부여하지 않은 채 비공식적인 관계만을 갖는 정부간기구를 위치시키고 또 다른 극단에 유엔에이즈합동프로그램(UNAIDS)의 경우처럼 비록 투표권이 부여되지 않으나 중요한 의사결정이 일어나는 기관의 공식적인 구성원으로서 의사결정에 참여할 수 있는 권한이 부여되는 정부간기구를 위치시킬 수 있다. 정부간기구 대부분이 NGO에 부여하는 지위란 이러한 양극단 사이의 어느 지점에 놓여 있다고 볼 수 있는데 다수의 정부간기구는 통상적으로 NGO에게 투표권을 가지는 의사결정권을 부여하지 않는 가운데 협의 지위를 부여한다. 여기에서는 정부간기구와 NGO가 관계를 갖는 배경과 이러한 관계의 일반적인 특성에 대해 살펴보려고 한다.

(1) 관계의 배경

정부간기구와 NGO는 명백하게 구별되는 나름의 능력(competence)을 보유하고 있다. 이 두 행위자 사이에 설정되는 관계의 특징을 이해하기 위한 기초로서 우선 이 두 행위자가 상대방과 비교하여 지니는 장단점을 살펴보고자 한다.

정부간기구는 NGO와 비교하여 재정적 기반이 좀 더 튼튼하고 좀 더 큰 규모의 프로그램이나 프로젝트를 집행할 수 있는 기술적인 전문성과 경영관리의 전문성을 보유하고 있다. 정부간기구가 NGO와 대비하여 지니는 보다 중요한 장점이란 이들이 지닌 국제적인 지위와 다른 국제적인 행위자들과의 긴밀한 유대로 인해 정부에 의해 쉽게 배척될 수 없다는 점이다. 총체적으로 정부간기구는 중요한 전지구적인 이슈에 국제적인 관심을 집중시키고 해결하는 데 있어서 NGO에 비교하여 준비가 좀 더 잘 되어 있다고 볼 수 있다.[31)]

---

31) Thomas G. Weiss and Leon Gordenker, eds., *CSOs, the UN, and Global Governance*

그러나 정부간기구는 민주성의 결여·책임성의 결여·투명성의 결여·효과성의 결여를 요소로 하는 정당성의 결여라는 단점을 지니며 이러한 단점을 극복하기 위한 수단의 하나로 NGO와의 파트너십을 추구한다. 이러한 단점을 좀 더 세밀하게 살펴보면 다음과 같다.

우선 정부간기구는 내부의 민주적 과정과 대표성을 의미하는 민주성이 부족하다. 유엔의 안전보장이사회에서 회원국이 선출하지 않은 상임이사국 5개국만이 거부권과 같은 특별한 권리를 행사하며 국제통화기금(IMF)·세계은행(World Bank)·세계무역기구(WTO)와 같은 국제경제기구들은 소수의 선진국에 의해 지배되고 있어 내부의 민주적 과정이 취약하다.

이와 더불어 정부간기구에서는 국제사회를 구성하고 있는 광범위한 일반 대중들에 의해 선출된 대표자들의 참여가 배제된 가운데 정부 대표들에 의해 의사결정이 이루어진다는 의미에서의 대표성이 부족하다. 이뿐만 아니라 유엔 회원국의 대부분이 개도국인 데 반해 상임이사국 5개국의 분포를 보면 중국을 제외하고는 모두 선진국에 속한다는 의미의 대표성도 결하고 있다.

이러한 민주성의 결여와 더불어 정부간기구들은 일반 대중들의 의사에 따라 권력을 행사하지 않는 경우 이러한 권력의 남용을 막을 수 있는 효과적인 기제를 제대로 갖추고 있지 않다는 의미에서 책임성을 결하고 있다. 나아가 자원의 사용과 의사결정 등에 있어서 투명성이 없다는 단점과 글로벌 이슈를 효과적으로 해결하지 못한다는 의미의 효과성 결여도 비판의 대상이다.

반면 NGO는 전통적인 장점인 융통성·헌신성·단일 이슈에 대한 집중성·지역 공동체와의 긴밀한 유대성·행동의 자율성을 기반으로 하여 정부나 정부간기구의 정책을 지지하거나 반대하는 여론을 동원할 수 있고 정부나 정부간기구의 책임성을 높이기 위해 정보를 만들어 낼 수 있으며 국제규범을 창출하고 강화할 수 있다. 이와 더불어 NGO는 교육을 통해 세계시민의 힘을 강화할 수 있고 위험하거나 논쟁적인 활동에 참여할 수 있으며 정부나 정부간기구가 제공하기를 주저하거나 제공할 능력이 없는 서비스를 제공할 수 있다.

예외가 없는 것은 아니지만 NGO는 일반적으로 다음과 같은 단점 역시 지니고 있다. NGO는 통상적으로 작은 규모를 지니며 종종 다른 NGO들과 중첩된 활동

(Boulder and London: Lynne Rienner Publishers, 1996).

을 수행하기 쉽고 재정적으로 취약해서 종종 자국이나 외국의 기금 제공자에 의존하거나 기금조성을 목적으로 한 프로그램이나 프로젝트에 의존하지 않을 수 없다.

더욱 심각한 단점은 NGO의 경우 일반적으로 명시적이든 묵시적이든 정부의 동의가 존재해야 활동할 수 있다는 점이다. 따라서 만약 NGO가 관여하는 프로그램이나 프로젝트가 정권의 정통성이나 통제력에 위해가 된다고 인식될 경우 정부는 NGO(국내 NGO와 국제 NGO)를 불신하거나 활동을 하지 못하도록 할 수 있다.

(2) 관계의 특징

정부간기구는 NGO와 협력적인 관계・적대적인 관계・경합적인 관계 등 다양한 관계를 맺는다. 적대적인 관계의 사례로서 NGO가 정부간기구에 의해 추진되던 다국간투자협정(MAI)을 무산시킨 예를 들 수 있다. 경합적인 관계의 사례로서 NGO가 대인지뢰 금지협약의 체결과정에서 주도적인 역할을 하고 유엔이나 유엔의 보조 기관인 유엔아동기금(UNICEF)과 같은 정부간기구가 오히려 부차적인 역할을 한 것을 들 수 있다. 여기에서는 정부간기구와 NGO의 협력적 관계에 중점을 두고 이러한 관계가 가져다주는 상호 이익이 무엇인가와 더불어 이러한 협력적 관계의 한계를 살펴보고자 한다. 각기 다른 장단점을 보유한 정부간기구와 NGO의 협력은 구체적으로 다음과 같은 상호 이익을 가져온다.

우선 정부간기구의 관점에서 볼 때 정부간기구의 정책 결정 과정에 NGO를 직간접적으로 참여하도록 함으로써 정부간기구에서의 합의 도출을 돕는다. 예컨대 환경이나 인권 분야에서 활동하는 선진국의 NGO는 물론 개도국의 NGO까지 가세하여 환경이나 인권 분야에서의 개선을 거부하거나 소극적인 개도국에 압력을 가함으로서 국제적인 합의에의 도달을 도울 수 있다. 더불어 NGO들은 정부간기구를 통해 도출된 국제적인 합의의 국내적 이행을 감시함으로써 합의의 준수를 더욱 쉽게 할 수 있다. 정부간기구는 또한 의사결정 과정에 NGO 대표의 참여를 허용하여 시민사회의 의사를 반영할 기회를 제공함으로써 이로부터 이루어진 결정의 정당성을 확보하게 된다.

다시 말해 세력이 상대적으로 약한 국가들이 불리한 세력 관계를 극복하려 하거나 상대적으로 세력이 강한 국가들이 유리한 세력 관계를 유지하려고 할 때 자신들과 견해를 같이하는 NGO와 협력을 하고자 한다.[32] 정부간기구는 또한 다루

32) 이를 정부간기구가 왜 NGO와 협력관계를 가지려고 하는가를 설명하는 「세력이론」이라고 한다:

고자 하는 이슈의 복잡성이 크고 정부간기구의 자원이 제한적이라면 NGO의 추가적인 재정적 자원의 제공·정부간기구가 결하고 있는 지식과 전문성의 제공·정부간기구 정책의 집행·국제협정의 준수에 대한 감시 등이 정부간기구에 특별한 혜택이 될 것이기 때문에 NGO와의 협력을 추구한다.[33] 이외에 정부간기구는 NGO의 참여를 통해 민주적 정당성을 얻고자 NGO와의 협력을 추구하기도 한다. 즉 민주적 정당성이라는 규범이 정부간기구에 NGO와의 협력을 추구하도록 한다는 것이다.[34]

NGO의 관점에서 볼 때 NGO는 정부간기구에의 참여를 통해 다른 NGO들과의 초국가적인 연대를 형성할 수 있을 뿐 아니라 자문이나 구두 발언 혹은 서면 진술 등을 통해 정부 대표들에게 영향력을 행사함으로써 추구하는 목표를 더욱 수월하게 달성할 수 있다. 또한, NGO들은 정부간기구로부터 협의 지위나 공인 지위를 획득하여 국제적인 위상을 높임으로써 국내적인 정치적 탄압에 쉽게 노출되지 않을 수 있게 된다.

이러한 협력관계는 다음과 같은 한계를 지니고 있다. 우선 NGO의 능력에 대한 광범위한 인정에도 불구하고 그들의 활동에 NGO를 현재 이상으로 좀 더 깊이 관여시키고자 하는 정부간기구는 별로 없다. 정부간기구의 국가 중심적인 설립헌장 등은 다음에서 보듯이 여전히 정부간기구의 활동과 의사결정에의 NGO 참여를 제한하고 있다.

통상적으로 정부간기구는 NGO에게 기껏해야 협의 지위(consultative status)를 부여한다. 투표권까지 부여하지는 않는 가운데 NGO가 중요한 의사결정을 하는 기관의 공식적인 구성원으로서 의사결정에 참여할 수 있는 협의 이상의 지위를 부여받은 유엔에이즈합동프로그램(UNAIDS)도 있으나 이는 극히 제한적인 경우이다. 즉 NGO가 정부간기구와 관계를 맺고 있다고 하는 경우 NGO는 협의자(consultant)로서의 지위만 주어지는 게 일반적이다. 이러한 협의 지위에도 여러 등급이 있으나 가장 높은 수준의 것이라야 의제를 제안할 수 있는 권한이고 회의에 참여하여 구두 진술을 하거나 서면 진술을 하는 것이 일반적으로 주어지는 권한

박재영, op. cit., pp. 717-718을 참조하시오.

33) 이를 정부간기구가 왜 NGO와 협력관계를 가지려고 하는가를 설명하는 「자원교환이론」이라고 한다: 박재영, Ibid., pp. 715-717을 참조하시오.

34) 이를 정부간기구가 왜 NGO와 협력관계를 가지려고 하는가를 설명하는 「민주적 정당성 이론」 혹은 「규범 이론」이라고 칭한다: Ibid., p. 715를 참조하시오.

이다.

이처럼 가장 높은 수준의 협의 지위뿐 아니라 UNAIDS에 의해 부여되는 협의 지위 이상의 지위 역시 투표권이 부여되지 않기 때문에 NGO들이 정부간기구 내에서 영향력을 행사하는 데 한계를 지니고 있다.[35]

물론 예외가 없는 것은 아니지만 공공부문과 NGO의 파트너십 대부분은 NGO가 기존의 위계적인 공공부문 조직에 동등하지 않은 자격을 가지고 참여하는 관계인 것을 특징으로 한다. 예외적으로 글로벌 이슈를 다루는 데 있어 NGO가 위계적이지 않은 제3의 조직이나 네트워크에 정부 및 정부간기구와 더불어 동등한 자격을 지니고 공공정책 이슈에 대한 의사결정에 참여하는 때도 있다. 이러한 예를 다음에서 살펴보고자 한다.

(3) 환경규제 준수와 시행을 위한 국제 네트워크 포럼

환경규제 준수와 시행을 위한 국제 네트워크(International Network for Environmental Compliance and Enforcement, INECE)는 효율적이고 효과적인 환경규제 준수와 이행을 통해 모든 수준에 있어서 법치(rule of law) · 선정(good governance) · 지속 가능한 개발에 이바지하는 것을 목적으로 한다.

구체적으로 이 조직은 환경 관련한 규제의 과정 전반에 걸쳐 규정 준수 및 시행에 대한 인식을 높이고 시행상의 협력을 위한 네트워크를 개발하며 환경보호에 필요한 규정을 이행하고 집행할 수 있는 역량을 강화하는데 전념하는 환경규제 준수와 시행에 종사하는 실무자들로 구성된 네트워크 조직이다.

이 파트너십 조직은 환경규제 준수와 시행에 종사하는 각국 정부의 정부 관리들 · 유엔환경계획(UNEP) 등을 포함한 정부간기구의 대표들 · NGO의 대표들로 구성된 조직으로서 국가들 사이의 조약체결을 통해 설립된 통상적인 국제기구가 아닌 「비공식적인 초정부기구(transgovernmental organization)」라고 불린다. 이 조직은 거버넌스와 지속 가능한 개발을 위한 연구소(Institute for Governance and Sustainable Development, IGSD)라는 비영리 호스트 조직(non-profit host organization)이 유치

35) 유엔의 특별총회나 전 지구적 회의에서 정부 대표들은 표결 없이 합의에 따라 회의의 결과문건을 채택하곤 한다. 또한, 유엔 정기총회의 위원회의 경우 위원회마다 편차가 있는 것은 사실이나 총회 위원회의 전체 의제 항목들 가운데 약 75%가 합의에 따라 채택되고 있다. 따라서 NGO들이 투표권이 없다는 것이 반드시 의사결정에 영향을 미칠 수 없다는 것을 의미하는 것은 아니다.

하고 있다.36)

3) 전 지구적 민간부문 – 시민사회부문 파트너십 거버넌스

(1) 파트너십 형성의 배경

근래에 들어 시민사회부문 조직과 민간부문 조직의 파트너십 거버넌스의 경향이 강화되고 있다. 국제사회에서의 개발 분야를 예로 들면 이러한 경향의 강화에는 다음과 같은 이유가 있었다. 민간부문의 기업은 인적・물적 자원과 효율성이라는 면에서 다른 부문과 구별되는 높은 수준의 역량을 지니고 있다. NGO들로부터 기업의 사회적 책임(corporate social responsibility, CSR)에 대한 강한 요구에 직면해 온 기업들은 기업의 공적 이미지(public image)와 이를 통한 신뢰(credibility)를 구축하기 위해 개발 분야의 전문지식과 경험을 갖춘 NGO와의 협력을 고려하게 되었다.

반면 NGO는 국제적으로 개발 분야에서 중요한 역할을 해오고 있었으나 이러한 역할을 효율적이며 지속 가능한 방식으로 수행하기에는 수단과 자원이 빈약했다. 이러한 두 부문 간의 필요가 이들 두 부문 간의 파트너십을 점차 가져오게 되었다.

예로 들어 환경 분야에서 NGO들은 환경 이슈의 해결을 위한 옹호 활동(advocacy)을 통한 정부 정책의 변화나 입법화 혹은 기업을 대상으로 한 환경 캠페인을 통해서만은 환경 이슈의 해결이 어렵다고 판단하고 환경 이슈에 가장 큰 책임이 있는 기업과의 적대적인 관계로부터 협력적인 파트너십의 관계로 전환할 필요성을 가지게 되었다.

개발 분야든 환경 분야든 재원의 부족으로 어려움을 겪어온 NGO는 기업을 새로운 재원(financial source)으로 고려하여 이들을 기부의 제공자로 수용하기도 했다. 그러나 NGO가 재정적으로 기업에 의지하면서 수반될 자율성의 훼손을 우려한 다수의 NGO는 민간부문의 기업과 사업을 위한 파트너 관계를 형성하는 것이 필요하다고 인식하게 되었다.

NGO는 이러한 파트너십을 통해 재정적인 안정과 더불어 재정적 자원의 다변화를 꾀할 수 있게 되고 기업이 사회적 책임 활동에 대한 마케팅에 편승하여 자신

36) 거버넌스와 지속 가능한 개발을 위한 연구소(IGSD)는 정의롭고 지속 가능한 사회를 촉진하고 환경법을 강화하며 전 세계의 전문가들과 연계하고 주요 정부간기구와 협력을 하는 연구소이다.

의 활동도 광범위하게 광고하는 효과(즉 소셜 마케팅 효과)를 거두게 되었으며 기업들로부터 효율성 증진을 위한 경영기술을 익힐 기회를 얻게 된다는 판단을 하게 되었다.

(2) 민간부문과 시민사회부문 파트너십 예

민간부문과 시민사회부문의 파트너십의 예로서 커피산업 분야에서의 공정무역(fair trade)을 둘러싼 파트너십을 예로 들 수 있다. 공정무역이란 빈곤한 개도국의 소규모 생산자와 노동자에게 더 나은 거래 조건을 제공하고 그들의 권리를 보호하는 한편 환경과 노동 및 인권 등에 관한 국제적인 기준을 준수하도록 함으로써 지속 가능한 개발을 촉진하는 것을 추구한다. 즉 공정무역은 무역이 가져다주는 경제적 이익을 사회적인 이익으로 연결하는 것을 목적으로 한다.[37)]

NGO와 기업이 커피산업 분야의 공정무역을 둘러싸고 가질 수 있는 파트너십은 여러 형태가 있으나 그 가운데 가장 대표적인 유형은 영국의 공정무역 재단(Fairtrade Foundation)과 미국의 공정무역 유에스에이(Fair Trade USA)와 같은 NGO가 공정무역 상품(생산자와 기업 모두 독립적으로 인증된 국제적으로 합의가 된 기준을 충족한 상품)에 대한 라벨의 부여나 인증의 주체가 되어 공정무역 상품 생산자와 기업(궁극적으로는 소비자까지 포함)을 연결하는 기능을 하는 경우이다. 즉 이들 NGO가 공정무역 상품에 라벨을 부여하거나 인증하고 이러한 상품을 스타벅스(Starbuxs)와 같은 사회적 책임에 대한 인식이 있는 기업이 자신들의 공급사슬(supply chain)에 통합시키도록 하는 방식이다.[38)]

또 따른 파트너십의 방식은 「대안무역기구(Alternative Trading Organization, ATO)」라고도 불리면서 NGO에 뿌리를 두고 있는 사회적 기업(social enterprise company)이 국가 공정무역기구와 생산자로 구성된 국제 NGO인 국제공정무역인증기구(Fairtrade Labelling Organization International, FLO)가 인증한 커피를 판매하는 방식이다. 대표적인 사회적 기업으로 카페다이렉트(Café Direct)를 예로 들 수 있는데 이 기업은 생산자에게 최저금액과 장려금을 지급하는 외에도 자신의 이익의 50%를 생산자들에게 재투자한다.

---

37) David Lewis, "Nongovernmental Organizations, Business, and the Management of Ambiguity." *Nonprofit Management & Leadership* Vol. 9, No. 2 (Winter 1998): p. 138.

38) 기업과 NGO 간 파트너십의 가장 대표적인 예로서 스타벅스(Starbuxs)와 여러 NGO 간의 파트너십이 가장 흔히 언급된다.

커피산업 분야에 있어서 NGO는 공정무역의 라벨링이나 인증의 주체로서 기업과 파트너십을 가질 뿐 아니라 열대우림연합(Rainforest Alliance)과 같은 NGO처럼 커피에 친환경 인증을 부여하고 이러한 커피를 스타벅스와 같은 기업들과 파트너십을 가지고 판매하도록 하기도 한다.

국제여성커피연합(International Women's Coffee Alliance, IWCA)은 커피 생산국의 커피산업 전 과정에서 여성에 대한 장벽을 낮추고 여성의 참여를 촉진하고 인정함으로써 여성의 세력화를 목적으로 하는 국제적인 NGO이다. 이 NGO는 개도국 내에서 남성 커피 생산자와 여성 커피 생산자 간의 격차 감소를 실현하고 생산된 커피에 성 평등(gender equality) 인증을 부여하여 생산자와 기업을 연결하는 역할을 행한다. 마지막으로 NGO인 유기농작물증진협회(Organic Crop Improvement Association, OCIA)는 유기농 커피를 인증하여 생산자와 기업을 연결하는 역할을 한다.

커피산업 분야에서의 이러한 일련의 노력이 축적된 결과 2006년에 커피 공동체를 위한 공동 강령 협회(Common Code for the Coffee Community Association, 4Cs)가 커피산업 부문에서 커피 생산을 비롯하여 수확 이후의 과정과 거래에서의 사회적 · 생태적 · 경제적 조건의 개선을 통해 지속 가능성을 확보하기 위한 목적으로 공식적으로 설립되었다. 커피 부문의 이해관계자인 커피 생산자 · 통상과 산업조직 · NGO를 구성요소로 하는 이 협회는 커피 공동체를 위한 공동 강령을 제정하여 커피 생산자 및 다른 공급사슬 구성원이 이러한 강령의 기준을 준수하고 구매 기업들은 이러한 기준을 충족한 커피를 점차 많이 구매할 것을 요구했다.

이처럼 커피 공동체를 위한 공동 강령 협회는 민간부문과 시민사회부문 간의 파트너십의 형태를 띠고 있지만 실제로 이 조직은 회원들의 회비 이외에 스위스와 독일 정부로부터 재정적 지원을 포함한 공적 부문의 기여금에 의해 운영되고 있다는 점을 고려하면 공공부문 · 민간부문 · 시민사회부문이라는 3개 부문 간의 파트너십으로도 볼 수 있다.

4) 전 지구적 공공부문 – 민간부문 – 시민사회부문 거버넌스 기제

(1) 등장 배경

말라리아와 에이즈(HIV/AIDS)와 같은 질병과의 싸움 · 환경보호 · 노동기준의 제도화·부패와의 전쟁 등 상호 연계된 국제사회에서의 많은 문제가 국가와 정부간기구를 중심으로 하는 전통적인 인터내셔널 글로벌 거버넌스 체제만으로는 해결될 수 없게 되었다. 이러한 상황에 대한 혁신적인 대응으로서 전통적인 행위자인 정부와 정부간기구라는 공공부문 조직 이외에 민간부문과 시민사회부문의 조직이라는 3개 부문 조직들이 협력하여 글로벌 이슈들을 해결하고자 하는 시도들이 다양한 형태로 형성되어 작동해 오고 있다.

이러한 3개 부문의 협력은 본질적으로 앞서 언급한 바와 같은 글로벌 거버넌스의 주요 행위자들이 지니는 장단점에 본질적으로 기인하나 이러한 협력을 촉발하게 된 직접적인 요인은 공공부문 조직 즉 정부와 정부간기구의 인식 변화이다. 즉 세계화의 진행과 더불어 해결하여야 문제 자체가 일국의 노력만으로 해결이 어려워 개개 정부들이 정부간기구에 해결을 맡기지만 정부간기구마저도 국경을 넘어 발생하는 복합적 성격의 문제를 해결하기에는 정당성의 결여 문제는 물론 재정적 자원과 전문성의 부족을 절감하게 되었다. 그 결과 복잡한 문제의 해결을 위해 각각 나름의 비교우위를 지닌 3개 부문을 결합하여 조화롭고 통합된 접근을 할 필요를 강하게 느끼게 되었다. 이러한 인식 즉 어느 한 부문의 행위자들도 단독으로 복합적인 글로벌 이슈를 해결할 수 있는 능력과 전문성을 지니고 있지 않아 협력이란 선택이 아닌 필수라는 인식이 다른 부문의 행위자들에 의해서도 공유되었다.

이러한 3개 부문이 결합이 된 거버넌스를 정부나 정부간기구의 관점에서 「배분된 공공 거버넌스(distributed public governance)」라고 칭한다. 세 부문 조직의 관점에서 「역량의 네트워크(network of capacities)」 또는 「네트워크화된 거버넌스(networked governance)」라고 부른다. 이러한 새로운 형태의 글로벌 거버넌스는 각 부문 조직의 강점과 능력을 활용함으로써 좀 더 전체를 아우르는 통합적이고 포괄적인 접근방식(holistic approach)으로 문제의 해결을 도울 수 있을 뿐 아니라 개개 부문 조직들의 독립적인 활동으로 인한 활동의 중첩을 피할 수 있도록 한다는 이점을 지니고 있다.

이러한 형태의 글로벌 거버넌스를 앞서 어느 부문의 행위자들이 단독 혹은 조합을 이루어 거버넌스에 참여하는가를 기준으로 하여 「전 지구적 공공부문-민간부문-시민사회부문 거버넌스(global public-private-civil society governance)」라고 길게 명명했지만 「전 지구적 3자 간 거버넌스(global tripartite governance)」라고도 불린다. 여기에서는 이를 「전 지구적 3개 부문 파트너십 거버넌스(global tri-sector partnership governance)」라고 부르고자 한다.

이러한 거버넌스 기제에는 국제경쟁네트워크(International Competition Network, ICN)[39] · 전지구적물제휴(Global Water Partnership, GWP)[40] · 말라리아퇴치의약품벤처센터(Medicines for Malaria Venture, MMV)[41] · 국제농업연구자문그룹(Consultative Group on International Agricultural Research, CGIAR)[42] · 인터넷과관할정책네트워크(Internet & Jurisdiction Policy Network)[43] · 21세기를 위한재생에너지정책네트워크(Renewable Energy Policy Network for the 21st Century, REN21)[44]가 있다. 이들과 더불어 세계댐위원회(World Commission on Dams, WCD) · 전 지구적 약정(Global Compact) · 국제전기통신연합(ITU) · 국제자연보전연맹(IUCN) 등도 있는데 대표적인 예로서 이들을 살펴보고자 한다.

(2) 전 지구적 3개 부문 파트너십 거버넌스의 예

① 세계댐위원회(WCD)

1950년대 이후 국가 수준에서 혹은 국제수준에서 대규모 댐을 둘러싼 갈등이 점차 첨예화되었다. 1980년대까지 지역 NGO들이 외국 및 국제 NGO 등과의 연합을 결성하여 신규 대형 댐의 건설을 효과적으로 막기 시작했다. 1990년대 초에 댐 건설이 개발 공동체에 있어서 가장 갈등으로 점철된 이슈 중 하나가 되었다.

댐 건설을 둘러싼 NGO · 기업 · 세계은행(World Bank) 사이의 갈등과 대화의 단절은 모든 당사자에게 상당히 비용을 치르도록 했다. 댐 건설업자와의 댐 건설 계약은 중단되었고 NGO들은 대규모 댐 건설에 반대하는 캠페인에 상당한 자원을 집중했다. 세계은행은 점증하는 여론의 압력에 직면하여 댐 건설과 관련된 차관을 제공하는 데에 점점 더 어려움을 겪고 있었다.

이러한 상황은 세계적인 환경 NGO인 국제자연보전연맹(IUCN)과 세계은행의 일부 스태프들에게 좀 더 포괄적인 협상의 장을 실험하도록 했다. 1997년 비공식

---

39) ICN은 국가의 경쟁 당국과 다국적 경쟁 당국 · 비정부기구 · 정부간기구(OECD/WTO/UNCTAD 등) · 학계 · 경쟁 관련 민간부문으로 구성된다.

40) 정부 기관(지방/국가/지역) · 정부간기구 · 국제 및 국가 비정부기구 · 학술과 연구기관 · 기업 · 공공부문 서비스 제공 업체로 구성된다.

41) 공공부문 조직(정부와 정부간기구) · 민간부문 조직(제약회사 등) · 비정부기구 등으로 구성된다.

42) 정부 기관 · NGO · 민간기업 등으로 구성된다.

43) 정부 · 정부간기구 · 인터넷 기업 · 기술 공동체 · NGO · 대학교 등으로 구성된다.

44) 정부 · 비정부기구 · 기업협회 · 학술기관 · 과학 기관 등으로 구성된다.

워크숍을 통해 대규모 댐의 찬성론자와 반대론자 모두가 초기 대화를 위해 한자리에 모였으며 이를 기반으로 하여 이로부터 1년 뒤에 WCD가 설립되었다. WCD는 2년간의 활동 기간을 정하고 이 기간에 전 세계적으로 대형 댐에 관한 사례연구를 통해 대형 댐의 개발에 대한 효과를 검토하고 이러한 프로젝트를 위한 새로운 기준과 지침을 만들어 보고하도록 임무를 부여받았다.

WCD는 의장을 포함하여 애초 8명의 위원으로 구성되도록 했으며 사무총장과 사무국이 WCD의 행정을 위한 제도적 장치로서 임명되고 설치되도록 하였다. 위원회의 일을 감시하기 위해 WCD 포럼(WCD Forum)이 설립되도록 했다. 1997년의 비공식 워크숍에서 위원들을 뽑기 위해 의장과 사무총장이 먼저 선출되었고 뒤를 이어 처음 안과는 달리 12명의 위원이 선출되었다.

12명의 위원에는 대형 댐 건설을 격렬하게 반대해 온 NGO 대표로부터 물 문제를 다루는 행정부의 장관 그리고 대형 댐 건설업을 하는 다국적기업의 대표까지 포함되었다. 사무총장을 수장으로 하여 사무국은 전 세계에서 온 다양한 학문 분야의 배경과 다양한 전문적인 경력을 가지고 있는 개인들로 구성되었다. WCD 포럼은 60명의 대표로 구성되었는데 구체적으로 수자원 혹은 동력을 다루는 행정부와 대외 혹은 국제원조 기관의 대표로부터 전문적인 산업연합체(professional industry associations)의 대표와 민간부문(private sector)의 기업체 그리고 국제비정부기구(INGO) 지도자와 공동체에 기반을 둔 원주민 집단을 두루 포함했다.

WCD는 독립성을 위해 운용예산의 10% 이상이 특정의 한 행위자에게서 오지 않도록 했으며 거의 1,000만 달러에 이르는 자금의 조달에 있어서 어떠한 것도 특정한 조건과 연계되어 제공되지 않도록 했다. 구체적으로 WCD의 재정은 국가 및 정부간기구와 같은 공공부문과 재단 그리고 민간부문으로부터 조달되었다.

WCD는 대형 댐의 성과와 영향에 대한 종합적이고 전 지구적인 검토를 한 후 2000년 11월에 「댐과 개발: 의사결정을 위한 새로운 틀(Dams and Development: A New Framework for Decision Making)」이라는 제하의 보고서가 발간되었다. 이 보고서는 대형 댐의 효과와 더불어 대형 댐의 재정적·경제적·환경적·사회적 영향을 집중적으로 검토했으며 대안에 대한 평가도 제시했다. 보고서는 미래에 대형 댐을 건설해야 할지 아니면 중단해야 할지에 대해 중립적인 입장을 견지했으나 대형 댐 프로젝트는 물과 에너지 개발을 위한 많은 대안 가운데 하나로 간주되어야 한다는 것을 강력하게 촉구했다.

이러한 보고서의 내용을 둘러싸고 관련된 행위자들 간에 다른 평가가 주어진 것은 사실이나 WCD의 과정과 보고서는 대형 댐을 둘러싼 논란에 있어서 중심적인 초점이 되었으며 서서히 대규모 기반시설 프로젝트와 더불어 좀 더 광범위하게는 지속 가능한 개발에 관한 논의에 영향을 미쳐 오고 있다.

총체적으로 WCD 과정은 모든 관련된 행위자들이 보고서를 연구하고 보고서에 대한 그들의 반응과 더불어 관여했다는 점에서 충분한 정당성을 달성했다고 평가되고 있다. WCD는 최종 보고서와 더불어 임무를 마친 후인 2001년 4월에 해산되었다.

그러나 WCD 보고서의 권고를 국가 수준과 제도적 수준으로 확산시켜 다중 이해관계자 과정(multi-stakeholder process)을 통해 토론을 진작시켜 나갈 필요가 있다는 합의에 기초하여 「댐과 개발 프로그램(Dams and Development PROGRAMME, DDP)」이 2001년에 유엔환경계획(UNEP) 내에 설립되어 2001년부터 2004년 7월까지 DDP의 단계 1(Phase 1)이 진행되었고 2005년 2월부터 2007년 4월까지 단계 2(Phase 2)가 시행되었다.

② 전 지구적 약정

전 지구적 약정(Global Compact)은 정부간기구인 유엔이 주축이 되어 탄생한 글로벌 거버넌스의 한 형태이다. 이는 아난(Kofi Annan) 유엔 사무총장이 1999년 1월 31일 스위스의 다보스에서 열린 세계경제포럼(World Economic Forum, WEF)에 참석하여 새로운 기업윤리 원칙으로서 제안한 것을 기초로 하여 2000년 7월에 기업 · 정부간기구(국제노동기구 · 유엔환경계획 · 유엔난민최고대표사무소) · NGO(국제앰네스티) · 노동조직 · 국제상공회의소와 더불어 공식적으로 출범했다.

이러한 전 지구적 약정이 등장하게 된 배경에는 점차 경제가 지구화되고 있는 상황에서 지구화된 경제의 과실이 적절하게 공유되지 않을 뿐 아니라 세계시장이 광범위하게 공유된 사회 가치에 뿌리를 두고 있지 않으면 세계화된 경제는 위험에 빠지게 된다는 인식에서 출발하였다. 이와 더불어 전 지구적 차원에서 다국적기업들의 권리를 확보해 주고 자유로운 무역과 재정을 가능하게 하는 규칙제정 노력은 이루어져 왔으나 환경 · 노동 · 인권을 보호하고 부패를 타파하기 위한 규칙제정 노력은 제대로 이루어지고 있지 않다는 인식에도 기초를 두고 있다.

전 지구적 약정은 세계인권선언 · 국제노동기구(ILO)의 노동에 있어서의 기본

원칙과 권리에 관한 선언(Declaration on the Fundamental Principles and Rights at Work)·유엔환경개발회의(UNCED)의 환경과 개발에 관한 리우 선언·유엔 부패방지협약에 반영된 인권·노동권·환경보호·반부패와 관련된 10개 조항으로 구성되어 있다.

구체적으로 인권과 관련하여 인권 보호 원칙을 존중하고 지지할 것과 단체나 조직 또는 회사 내에서 인권침해를 금할 것을 규정하고 있다. 노동과 관련해서는 조합결성과 단체계약의 자유를 인정하고 모든 형태의 강제노동을 금지하며 아동노동을 철폐하고 고용과정 및 업무상 발생하는 차별을 철폐할 것을 규정하고 있다. 환경과 관련해서는 환경적 위험에 대한 예방조치를 취하고 환경적 책임을 솔선수범하여 이행할 것과 친환경적 기술의 개발과 보급을 도모할 것을 규정하고 있다. 그리고 반부패(anti-corruption)와 관련해서는 기업은 부당 취득과 뇌물 등을 포함하는 모든 형태의 부패를 금지한다고 규정하고 있다.

이러한 전 지구적 약정은 강제성을 가지고 있는 규칙이 아닌 일종의 행동강령(code of conduct)으로서 기업들은 특별히 까다로운 절차를 거치지 않고 자발적으로 서명을 통해 계약을 준수하겠다는 의사를 공개적으로 밝히면 된다. 이와 더불어 전 지구적 약정의 웹사이트에 위에서 언급한 원칙을 실행하는 데 있어서 이루어진 진전이나 교훈을 매년 최소한 1회 이상 게재하면 된다. 그러나 기업 중에서 담배회사와 군수품 회사는 여기에서 제외가 된다. 전 지구적 약정의 사무소는 유엔 사무총장 사무실 내에 설치되어 있으며 유엔 회원국과 자선재단으로부터의 자발적인 기부금에 의해 운영된다. 발생할지도 모르는 이해관계의 상충을 피하고자 기업으로부터의 재정적인 지원은 받지 않는다.

전 지구적 약정 사무소는 4개의 중요한 노력을 전개하고 있다. ⅰ) 연례 정책대화(Annual Policy Dialogue)를 가져오고 있는데 이는 기업·NGO·공공정책기관의 대표들이 함께 모여 세계화가 초래하고 있는 구체적인 도전에 대해 협력적인 해결책을 모색하기 위한 것이다. ⅱ) 학습포럼(Learning Forum)을 가져오고 있는데 이는 기업들이 앞서 언급한 10개의 원칙을 지키는 데 있어서 그들이 실제로 행해 오고 있는 관행을 바꾸도록 촉구하는 견인차 구실을 한다. 인터넷 등을 통해 최적 사례(best practice)를 공유하고 학자나 NGO 등으로부터 비판의 대상이 되는 사례에 관해 심층 연구가 검토된다. ⅲ) 프로젝트 이니셔티브(Project Initiatives)라는 활동도 있는데 이는 기업들이 유엔이 아동노동·보건·문맹·차별 등과 같은 분야에서 개도국을 위해 전개하고 있는 프로젝트의 협력 파트너가 될 것을 촉구한다. ⅳ) 전 세계적으로 기업들이 전 지구적 약정에 참여하도록 유도하는 프로그램으로서 국가확대프로그램(Country Outreach Program) 역시 운영하고 있다.

전 지구적 약정이 사회에 깊이 뿌리를 두기 위해서는 계획과 실행에 있어 NGO의 활발한 참여가 대단히 중요하다. 위에서 살펴본 바대로 정책 대화・학습 포럼・협력 프로젝트에 NGO의 전문성이 크게 이바지할 수 있다. NGO들은 기업들이 10개의 원칙을 효과적으로 실행할 수 있도록 돕기 위해 이들과 협력하도록 요청받고 있으나 이러한 원칙들을 위반하는 기업 관행에 대한 본질적인 우려를 제기할 장(forum)을 보유하지 못하고 있는 등 전 지구적 약정에 있어서 NGO의 역할은 그다지 뚜렷하지 않다.

이제까지 전 지구적 약정에서 시민사회는 선진국에 기반을 두고 있는 규모가 큰 국제비정부기구(INGO)에 의해 대변이 되어왔는데 NGO들은 기본적인 필요가 충족되지 못하고 있는 그룹을 대표할 수 있도록 전 지구적 약정의 구성원이 확대되어야 한다는 주장을 제기해 오고 있다. 이러한 다소 미미한 시민사회부문의 역할로 인해 전 지구적 약정을 전 지구적 3개 부문 파트너십 거버넌스로 분류하지 않고 공공부문-시민사회부문 파트너십 거버넌스로 분류하기도 한다.

③ 국제노동기구와 국제통신전기연합

전문기구인 국제노동기구(ILO)와 국제전기통신연합(ITU) 역시 민간부문 조직 및 시민사회부문 조직과 파트너십을 구축하고 있다. 이들 전문기구는 민간부문 조직과 시민사회부문 조직에 투표권을 비롯한 다양한 공식적인 권한을 부여하고 정부간기구의 활동에 참여시키는 특징을 지닌다.

우선 ILO는 민간부문 조직인 사용자 단체와 NGO의 하나로 간주되는 노동자 단체의 대표가 정부 대표와 함께 참여하여 협의 지위 이상인 투표권을 행사할 수 있는 권한을 부여하고 있다. 구체적으로 ILO의 경우 총회는 각국의 정부 대표 2인・사용자 대표 1인・노동자 대표 1명 등 4명으로 구성되며 이사회는 정부 대표 28인・사용자 대표 14인・노동자 대표 14인으로 구성되며 각기 동등한 투표권을 가진다.[45]

---

45) 이처럼 ILO는 NGO의 하나인 노동자 조직의 대표를 참가시키고 있으나 공익을 위해 시민들이 자발적으로 조직한 조직을 의미하는 NGO는 참여시키고 있지 않다.

또 다른 전문기구인 ITU 역시 민간부문 조직과 NGO가 파트너로 참여하는 글로벌 거버넌스 기제를 가져오고 있으며 특히 전기통신업에 종사하는 기업들을 협의 지위 이상을 부여하여 참여시키고 있다. 구체적으로 ITU는 정부 행위자들과 더불어 통신망 운영자・서비스 제공자・장비 제조자・과학 조직과 기술 조직・재정금융기구・개발조직 행위자들 사이의 협력을 육성함으로써 전기통신망의 발전과 전기통신 서비스에의 접근을 촉진하는 역할을 한다.

이러한 역할을 하기 위해 ITU는 회원국(member state) 이외에 ITU의 무선통신부문・표준화 부문・개발 부문 가운데 하나 혹은 그 이상의 부문에 참여하는 부문 회원(sector member)과 ITU의 부문 내에 특정 연구 그룹(study group)에 참여하는 준회원(associate member) 그리고 대학이나 연구소와 같은 학술회원(academia member)이라는 4종류의 회원을 두고 이들에게 각기 다른 의무와 권리를 부여하고 있다.

이들 4종류의 회원 가운데 전기통신 업체들과 전기통신과 관련이 있는 정부간기구로 구성된 부문 회원과 준회원의 경우 총회와 이사회에서 법적 강제력을 가지는 실질적인 문제(substantive matters)에 대한 투표권을 가지는 국가회원(회원국)의 지위에는 미치지 못하나 법적 강제력이 없는 권고의 채택을 비롯하여 작업방식이나 관련 부문의 절차문제와 관련된 의사결정에 참여한다.

ITU에는 이처럼 NGO의 일원인 비영리의 과학・기술 조직이 참여한다. 그러나 공익을 위해 시민들이 자발적으로 조직한 조직이라는 통상적인 NGO의 정의를 따른다면 ITU는 어떠한 형태로든 NGO의 공식적인 참여를 위한 지위를 부여하고 있지 않다. 이 점에 있어서 ITU는 ILO와 다르지 않다. 현재 ITU는 다른 정부간기구들이 NGO와 어떤 관계를 맺고 있는가에 대해 연구를 수행하고 있는 것도 이 때문이라고 볼 수 있다.

④ 국제자연보전연맹

위에서 주로 정부간기구가 주도하는 공공부문과 민간부문 그리고 시민사회부문 간의 파트너십의 예를 살펴보았다. 여기에서는 환경 관련 NGO인 국제자연보전연맹(IUCN)이 주도하는 이러한 종류의 글로벌 거버넌스 기제를 소개하고자 한다.[46]

---

46) IUCN은 국가와 정부 기관과 더불어 다양한 비국가적 행위자들로 구성되어 있어 「혼합형

IUCN은 지구시민사회가 자연을 보전하도록 영향을 미치고 고무하며 지원하는 것을 주요 목적으로 하는 NGO로서 유엔총회로부터 옵서버 자격을 영구적으로 부여받은 유일한 환경단체이자 자연보전 분야의 세계최대 환경단체이다. 이 기구는 국가(states)·정부 기관(government agencies)·정치 및/혹은 경제 통합기구(political and/or economic integration organizations)·국내 NGO와 국제 NGO(national NGOs and international NGOs)·토착민 기구(indigenous peoples' organizations)·제휴 기관(affiliates)인 과학 및 학술기관과 기업협회(scientific and academic institutions and business associations)와 같은 다양한 행위자로 구성되어 있다. IUCN이 이처럼 정부 대표와 정부 기관을 포함하고 있어 「정부가 조직한 NGO(Government-organized NGO, GONGO)」라고도 불리며 정부 행위자와 「비국가적 행위자들이 혼재되어 있어 혼합형 NGO(hybrid NGO)」라고도 불린다.

회원은 4개 부류(categories)로 구성되어 있다. 부류 A(Category A)에는 국가와 정부 기관 그리고 유럽연합(EU)과 같은 정치 및/혹은 경제 통합기구가 속해 있고 부류 B(Category B)에는 국내 NGO와 국제 NGO가 속해 있다. 부류 C(Category C)에는 특이하게도 토착민 기구가 속해 있고 부류 D(Category D)에는 다양한 제휴 기관이 속해 있다.

최고의 의사결정 기관은 총회(Members' Assembly)인데 이 기관은 무분별한 개발을 막고 환경을 보전하기 위한 주요 이슈와 정책 방향을 결정하는 환경 분야의 유엔과 같은 역할을 한다. 총회에서 부류 A·B·C 모두 투표권과 더불어 발언권을 가지나 부류 D의 경우는 투표권 없이 발언권만을 가진다.

개개 국가회원은 투표권 3개를 가지는데 만약에 국가회원 이외에 정부 기관들이 회원으로 있으면 이 가운데 표 하나는 정부 기관들에 의해 집단으로 행사된다. IUCN의 국가회원이 아닌 국가의 정부 기관 회원들은 투표권 하나를 집단으로 행사한다. 정치 및/혹은 경제 통합기구의 하나 이상의 회원국과 통합기구 자체가 IUCN의 회원일 경우에는 통합기구와 통합기구의 회원국들은 통합기구에 속해 있

NGO(hybrid NGO)」라고 불리는 흥미로운 기구이다. 이 NGO는 1948년 건립되면서 「국제자연보호연맹(International Union for the Protection of Nature, IUPN)」이라는 이름을 가졌다. 1956년에 「국제 자연 및 천연자원 보전연맹(International Union for Conservation of Nature and Natural Resources, IUCN)」으로 개명을 했고 1990년에는 「IUCN」이라는 이름에 「World Conservation Union」이라는 명칭을 덧붙여 「IUCN-World Conservation Union」이라고 부르기 시작했다. 그러나 2008년부터 「World Conservation Union」이라는 말을 더 붙이지 않고 단순히 「IUCN」이라고 부르고 있다.

는 IUCN 국가회원들의 투표권 전체를 초과하지 않는 범위 내에서 투표권을 행사할 방식에 관해 결정해야 한다. 국내 NGO와 국제 NGO는 각각 1개의 투표권 2개의 투표권을 행사한다. 토착민 기구는 하나의 투표권을 가진다. 제휴 기관의 경우는 발언권만을 가질 뿐 투표권은 가지지 않는다.

부류 A 회원 가운데 국가회원과 정부 기관 회원의 경우는 유엔 회원국들이 부담하는 정규예산 분담비율을 기본으로 하여 이를 간접적으로 적용하여 산출한 회비를 분담하게 된다. 구체적으로 국가회원들은 11개 등급으로 차등화해 분담금을 부담하며 정부 기관들은 국가가 IUCN의 회원인 경우와 회원이 아닌 경우로 구분하여 각각 11개 등급으로 차등화해 분담한다. 부류 A의 회원 가운데 정치 및/그리고 경제 통합기구의 경우는 당해 통합기구의 회원국의 분담금을 모두 더 한 다음 회원국의 수로 나누어 산정된 평균치를 분담한다. 부류 B와 C에 속하는 회원의 경우 9개의 등급으로 나누어져 차등적으로 회비를 내게 되는데 개개 조직의 운용비용(operating expenditure)이 기준이 된다. 부류 D에 속하는 회원은 같은 액수의 회비를 내는데 2017~2020년에는 2,678 스위스 프랑을 내게 된다.

7. 다중 부문 다중심적 글로벌 거버넌스의 기능과 평가

1) 다중 부문 다중심적 글로벌 거버넌스의 기능[47)]

첫째, 다중 부문 다중심적 글로벌 거버넌스 기제는 문제를 이슈화하고 나아가 공식적인 논의의 대상을 의제화하는 기능을 수행한다. 이러한 예로서 NGO인 국제지뢰금지운동(International Campaign to Ban Landmines, ICBL)이 캐나다 정부와의 협력을 통해 대인지뢰 문제를 이슈화하고 의제화함으로써 대인지뢰금지협약을 끌어낸 것을 그 예의 하나로 들 수 있다.

둘째, 다중 부문 다중심적 글로벌 거버넌스 기제는 협상과 국제적인 기준의 설정을 촉진하는 역할을 행한다. 앞서 살펴본 바와 같이 이러한 예로서 정부간기구와 기업 그리고 NGO로 구성된 세계댐위원회(WCD)가 협상과 조정을 통해 대형댐 건설 프로젝트를 위한 기준과 지침을 만든 것을 들 수 있다.

47) Jan Martin Witte, Wolfgang Reinicke, and Thorsten Benner, “Beyond Multilateralism: Global Public Policy Networks.” https://library.fes.de/pdf-files/ipg/ipg-2000-2/artwitte-reinicke-benner.pdf (접속일: 2019년 11월 11일).

셋째, 다중 부문 다중심적 글로벌 거버넌스 기제는 지식을 수집하고 전파하는 기능을 한다. 즉 이러한 기제는 정부·정부간기구·기업·NGO들 사이에 지식의 수집과 교환을 촉진함으로써 공동의 목적을 찾아내고 조정된 행동전략을 발전시키는 것을 돕는다. 그 결과 조정 연계망은 부족한 자원의 배분을 촉진하고 활동의 중첩을 피하도록 한다. 이에 속하는 예로서 전지구적물제휴(Global Water Partnership, GWP)를 들 수 있는데 이 연계망은 물 관리 프로그램에 있어서 가장 좋은 실제의 예와 교훈을 수집하여 전파하기 위해 등장한 연계망이다.

이 밖에 말라리아 통제와 퇴치를 목적으로 정부·정부간기구·기업·NGO들로 구성된 말라리아퇴치파트너십(Roll Back Malaria Partnership, RBM)과 농업과 관련한 정보와 지식을 공유하고자 정부 기관·NGO·민간기업으로 구성된 국제농업연구자문그룹(Consultative Group on International Agricultural Research, CGIAR)도 이와 같은 기능을 수행한다.

넷째, 다중 부문 다중심적 글로벌 거버넌스 기제는 이전에 가지고 있지 않던 새로운 시장을 창출하고 잠재력을 실현하지 못하고 있는 시장을 심화시키는 기능을 수행한다. 시장실패이론이 지적하듯이 시장은 종종 사회가 필요로 하는 공공재와 같은 재화를 생산하지 못한다. 다중 부문 다중심적 글로벌 거버넌스 기제는 이러한 재화를 둘러싼 수요와 공급 간의 간극을 메우는 역할을 한다.

공공부문 조직(정부와 정부간기구)·민간부문 조직(제약회사 등)·NGO 등으로 구성된 말라리아퇴치의약품벤처센터(Medicines for Malaria Venture, MMV)가 이러한 기능을 수행한다. 구체적으로 이 조직은 제약회사가 절대적으로 필요로 하는 새로운 항말라리아 백신을 개발하도록 연구를 위한 기금의 조성 등 경제적인 유인(incentive)의 개선을 추구한다.

다섯째, 다중 부문 다중심적 글로벌 거버넌스 기제는 현존하는 국제조약의 실행을 촉구하기 위한 혁신적인 이행 기제(implementation mechanism)의 기능을 한다. 이러한 예로서 교토의정서에 도입된 유연 체제의 하나인 청정개발체제(Clean Development Mechanism, CDM)를 예로 들 수 있다. 청정개발 체제란 지구 온난화를 완화하기 위해 선진국과 개도국이 공동으로 추진하는 온실가스 감축 사업으로서 선진국이 개도국에 온실가스를 줄일 수 있는 기술 지원 등을 하게 되면 이로 인한 감축량을 기술을 제공한 선진국의 감축량으로 인정해 주는 제도이다. 이러한 청정개발체제의 프로젝트는 온실가스 감축량 목표치를 달성하거나 달성하지 못한 정부와 기업뿐 아니라 NGO와 개인 등이 포함되는 파트너십에 의해 추진된다.

또 다른 예로서 지구환경기금(Global Environment Facility, GEF)을 들 수 있다. 이 기금은 지속 가능한 경제개발을 가능하게 하면서 기후변화를 완화하기 위한 목적으로 개도국의 환경 분야 투자와 관련 기술개발을 지원하기 위해 설립되었으며 유엔과 다자개발은행 등을 포함한 정부간기구와 국가 기관 그리고 국제 NGO 등으로 구성된 파트너십 기금이다.

2) 다중 부문 다중심적 글로벌 거버넌스의 평가[48)]

첫째, 다중 부문 다중심적 글로벌 거버넌스는 구성원들 사이의 다양한 정보와 지식을 공유할 수 있게 하여 특정 정책 이슈를 종합적으로 바라볼 수 있게 해준다. 이러한 지식과 정보의 공유를 통해 혁신적인 결과물을 도출할 수 있게 된다. 종종 이러한 기제는 어느 한 집단도 혼자만으로는 문제를 해결할 수 없는 위기나 교착상태에 등장하며 의사결정자들 사이에 견해 차이가 클 때 이러한 연계망은 상충하는 관점을 드러내어 대화를 통해 합의에 이를 수 있는 환경을 창출한다.

둘째, 다중 부문 다중심적 글로벌 거버넌스는 여러 유관한 집단들을 한 자리에 참여할 기회를 제공함으로써 참여 정치를 확대한다. 이러한 포괄성은 정책토론에 정당성을 부여하고 모든 당사자가 결과를 받아들일 가능성을 높인다.

셋째, 다중 부문 다중심적 글로벌 거버넌스는 여러 가지 형태를 지니면서 협력의 과정을 통해 변화와 적응을 할 수 있다. 이처럼 진화적인 성격과 유연한 구조를 가짐으로써 성공과 실패 모두로부터 부단한 학습을 가능하게 하며 개방성을 띠게 된다. 이러한 개방성으로 인해 새로운 행위자를 융통성 있게 수용할 수 있다.

다중 부문 다중심적 글로벌 거버넌스의 단점은 우선 참여하는 행위자의 수가 많아질 수 있고 그 결과 때에 따라 많은 거래비용(transaction cost)을 수반할 수 있다. 동시에 이해관계를 가지고 있는 사람들의 포함 정도가 연계망의 정당성의 중대한 요소가 된다. 따라서 행위자의 수가 많을 때 야기될 수 있는 효율성의 저하와 관련된 행위자들을 모두 포함해야 하는 정당성 사이의 긴장이 존재할 수 있

---

48) Thorsten Benner, Wolfgang H. Reinicke, and Jan Martin Witte1, "Shaping Globalization: The Role of Gobal Public Policy Networks," in Bertelsmann Foundation, ed., *Transparency: A Basis For Responsibility and Cooperation* (Gütersloh: Bertelsmann Foundation Publishers, 2002).

어 적절한 주의와 개선이 필요하다.

둘째, 다중 부문 다중심적 글로벌 거버넌스를 통한 상호의존과 장기간의 상호작용은 구조적인 경직화(structural consolidation)를 초래할 수 있다. 즉 이러한 기제가 지나치게 형식화된 관료적 구조를 갖는 폐쇄된 작업장으로 변모할 수 있다.

셋째, 타협의 필요와 합의적 지식(consensual knowledge)을 만들어내려는 시도로 인해 궁극적인 정책 결과로서 최소한의 공통분모가 양산될 수 있다. 다 부문간 기제에서 협상이 교착될 때 치러야 하는 비용이 크기 때문에 관련된 행위자 누구도 과정이 교착상태에 빠지는 것을 원하지 않게 된다. 그 결과 기존의 강력한 이해관계가 도전을 받지 않을 수도 있다.

동시에 연계망의 수평적이고 비공식적인 구조와 조직 원칙으로서의 합의(consensus)에의 의존으로 인해 의사결정이 교착상태에 빠지게 되고 가장 힘이 약한 행위자에게조차 거부권을 행사할 수 있는 환경을 조성한다. 이러한 합의에 따른 의사결정은 또한 유엔의 의사결정 과정에서 보듯이 보건 등과 같은 문제일 경우 어느 정도 가능하나 정치적인 성격이 강한 이슈일 경우 그 한계를 갖는다고 볼 수 있다.

3) 성공적 작동을 위한 조건[49)]

벤너 등(Thorsten Benner, Wolfgang H. Reinicke, and Jan Martin Witte)은 이러한 다중 부문 다중심적 글로벌 거버넌스가 제로섬 게임(zero-sum game)이 아님을 강조한다. 구체적으로 그는 이러한 글로벌 거버넌스를 통해 권력이 정부와 정부간 기구로부터 민간부문이나 시민사회부문으로 이전되는 것이 아니며 전통적인 정치제도인 정부와 정부간기구를 대체하는 것이 아니라 보완하는 것임을 강조한다.

다중 부문 다중심적 글로벌 거버넌스의 핵심 구성요소인 정부·정부간기구·NGO 중에서 정부간기구가 이러한 글로벌 거버넌스를 만드는 데 가장 중요한 역할을 할 수 있다고 본다. 연계망과 관련하여 중요한 것은 이러한 연계망이 정당성을 갖고 합의에 더욱 잘 도달하는 등 성공적으로 작동하기 위해서 충족해야 할 조건이 무엇인가 살펴보는 일인데 다음 다섯 가지를 이러한 조건으로 본다.

첫째, 행위자들 사이에 신뢰를 형성하는 것이 무엇보다 중요하다. 따라서 신뢰

---

49) Ibid.

형성을 위해 거래비용(transaction cost)이 든다고 해도 관련된 행위자들 사이에 초기 단계에서 협의하고 정보교환을 함으로써 행위자들의 다른 동기·목표·문화 등을 이해하는 것이 중요하다. 회의나 워크숍은 동질적이지 않은 행위자들을 어떠한 조건 없이 테이블로 불러들일 수 있는 전략의 핵심적 요소이다.

둘째, 다중 부문 다중심적 글로벌 거버넌스는 종종 느슨하고 분권적으로 조직되어 있으나 지도력이 존재하는 것이 연계망의 성공에 있어서 중요한 변수이다. 연계망에 있어서 지도력은 다양한 행위자들에게 동기를 부여하고 공동의 목적을 향해 이들을 동원하며 행위자들 사이의 대화를 촉진할 수 있는 능력을 갖추어야 한다.

지도력의 주요한 과업 가운데 하나는 새로운 유형의 협력을 위한 여지를 만들기 위해 조직 내부의 기존의 충성심을 타파할 뿐 아니라 방해하는 연합의 형성을 저지하는 일이다. 훌륭한 지도력은 운영상의 투명성을 유지하고 관련된 행위자를 모두 포함하며 대화를 촉진하는 능력을 지녀야 한다. 정당성이란 모든 구성요소로부터의 투입(input)을 수용함으로써 생기는 것이다.

셋째, 조직 내부의 관계뿐만 아니라 조직과 조직 사이의 관계에 있어서 조정(coordination)을 향상하는 것이 필요하다. 구체적으로 다중 부문 다중심적 글로벌 거버넌스가 성공적으로 작동하기 위해서는 상당히 다양한 조직문화를 조정하고 다양한 이해관계를 가로질러 공동의 입장을 찾아내며 대화를 위한 혁신적인 기법을 구사하는 것을 필요로 한다. 때때로 부족한 자원을 둘러싼 조직 간의 경쟁이 이러한 조정에 있어 극복하기 힘든 장애로 작용하는 경우가 많다.

넷째, 모든 관련된 행위자들의 광범위한 포괄이 다중 부문 다중심적 글로벌 거버넌스의 성공적인 작동에 없어서는 안 된다. 이와 더불어 이러한 글로벌 거버넌스가 특정의 개인이나 조직에 의해 지배되는 것을 피하는 것이 무엇보다 중요하다. 좀 더 구체적으로 지위나 힘에 관계없이 초기 단계에 모든 이해관계 당사자들을 포함하는 것이 필요하다. 나아가 개도국의 행위자들이 재정적 자원과 지식자원을 획득하여 연계망에 효과적으로 참여하도록 지원하는 것을 목표로 하여 능력배양(capacity building)이 이루어져야 한다. 더불어 국회의원과 정부 기관의 대표를 포함함으로써 연계망을 지방과 국가의 정책토의와 기존의 정책 결정 기제에 내재화시키는 것이 성공적인 작동에 중요하다.

다섯째, 다중 부문 다중심적 글로벌 거버넌스가 어느 한 행위자에 의해 지배되어서는 안 되는 것과 같이 재정 면에서도 한쪽에 일방적으로 의존하지 않고 행위자 모두가 재정의 부담자가 되어야 한다. 성공적인 다중 부문 다중심적 글로벌 거버넌스는 다양한 기금의 원천(funding source)에 의존하는데 단일한 기금의 원천에 의존하게 되면 충분한 기금이 제공되지 않을 뿐 아니라 연계망의 정당성과 대중 이미지에도 영향을 미치게 된다.

8. 비공공부문과 국가 주권의 관계

위에서 비공공부문에 속하는 조직들인 기업과 NGO들은 인증이나 규칙설정 기능 등을 통해 힘과 권위를 행사하는 것을 살펴보았다. 이러한 것을 「비공공부문 거버넌스(non-public governance)」라고 부르기로 했다. 여기에서 이러한 비공공부문 거버넌스와 공공부문 조직인 국가의 주권과의 관계를 살펴보고자 한다.50)

우선 이러한 비공공부문 거버넌스가 어떻게 부상하게 되었는가에 대하여 다양한 이론적 시각이 존재하는데 이들을 살펴보면 다음과 같다. 첫 번째 시각은 세계화가 글로벌 거버넌스의 탈영토화를 유발하고 이것이 국가 권력의 쇠퇴를 가져와 빚어진 결과물로 보고자 한다. 두 번째 시각은 비공공부문 거버넌스의 부상을 전 지구적 시민사회의 초국가주의와 성장의 결과로 보고자 한다. 환경 분야의 경우를 예로 들자면 이러한 현상은 NGO들이 기업들에 압력을 가한 직접적인 결과물로 인식하고자 한다. 세 번째 시각은 환경 분야를 예로 들자면 기업들이 자신들의 지배력 유지에 필요한 이념적·물적 기반을 재편성하기 위해 독립적으로 혹은 국가나 NGO와의 연합형성을 통해 시장 중심적이고 탈규제적 거버넌스 체제를 만들기 위한 노력의 결과물로 보고자 한다.

다음으로 이러한 비공공부문 거버넌스의 부상이 국가와 비공공부문 조직의 전통적인 관계에 도전을 가하고 있는데 이러한 비공공부문 거버넌스의 부상이 국가 주권을 대체하는 것인가 아니면 보완하는 것인가에 대한 논의를 살펴보고자 한다.

위에서 비공공부문 거버넌스의 형태로서 민간부문 거버넌스와 시민사회부문 거버넌스를 각각 살펴보았고 이와는 별도로 비공공부문과 공공부문의 혼합형인 공공부문-민간부문 파트너십과 공공부문-시민사회부문 파트너십을 살펴보았다. 이

50) Robert Falkner, "Private Environmental Governance and International Relations: Exploring the Links," *Global Environmental Politics*, Vol. 3, No. 2 (2003), pp. 74-75.

처럼 비공공부문은 공공부문과 공식적으로 파트너십을 구성하여 거버넌스를 구성하기도 하지만 공공부문과는 독립적으로 거버넌스를 형성하기도 한다.

이러한 독립적인 비공공부문 거버넌스들은 얼핏 공공부문 거버넌스 영역 밖에 존재하는 순수한 형태의 비공공부문 거버넌스처럼 보이나 실제에 있어 존재하는 이러한 비공공부문 거버넌스 대부분은 비록 공공부문 조직을 공식적으로 참여시켜 파트너십을 구성하고 있지는 않지만 다른 형태로 이들과 관계를 맺고 있다고 볼 수 있다. 이러한 관계란 공공부문 조직인 국가나 정부간기구가 비공공부문 거버넌스의 인증이나 표준설정을 공식적으로 인정하거나 자체의 법으로 통합하는 것이다.

국제표준화기구(ISO)가 환경 관련하여 설정한 표준인 ISO 14000의 경우 국가와 정부간기구가 이러한 표준을 인정하여 정당성을 부여함으로써 힘과 영향력을 가지게 된다. 즉 국가와 정부간기구가 ISO에 의한 표준의 설정과 유지를 용인하거나 촉진하면서 상당한 영향력을 행사한다고 볼 수 있다.

예컨대 아직 모든 국가는 아니나 일부 국가들의 경우 이러한 ISO 표준을 공식적인 표준으로 채택하고 이러한 표준을 택한 기업의 상품을 정부의 조달체계에 통합하고 있다. 세계무역기구(WTO)의 경우 자발적인 ISO 표준을 WTO 체계 내에서 국제적 표준으로서 인정했고 무역에 대한 기술장벽에 관한 협정(Technical Barriers to International Trade Agreement)을 체결하여 무역에서 국가 간 표준이 달라 수반되는 장애를 최소화하기 위해 가능한 한 이러한 국제표준을 따를 것을 권고하고 있다.[51)]

위에서 비공공부문 거버넌스가 힘과 정당성을 획득하는 데에 공공부문의 국가와 정부간기구의 인정과 이들 체계 내의 수용이 중요한 역할을 한다는 점을 살펴보았다. 비공공부문 거버넌스는 또한 표준 등을 만들어 집행하는 일을 비공공부문의 거버넌스에 맡기도록 함으로써 국가에 이로운 역할을 한다. 즉 국가는 국제적인 표준을 만들기 위해 교섭을 하는 등의 복잡한 일로부터 해방될 수 있고 표준의 집행과 준수를 확보하기 위해 요구되는 비용을 지불하지 않음으로써 국가에 도움

---

51) 「무역에 대한 기술장벽(technical barriers to trade)」이란 국가들이 상이한 기술・기준・표준 적합성 평가절차를 운용함으로써 상품의 자유로운 이동을 저해하는 장애를 의미한다. 이러한 장애를 극복하기 위해 GATT에서 1994년에 무역에 대한 기술장벽에 관한 협정이 체결되었다. 주요 내용은 국가들이 상대 수입국의 기술규정과 제도에 대한 정보의 부족으로 무역상의 어려움을 최소화하기 위해 국제적 투명성을 확보하고 가능한 한 조화를 위해 국제표준에 따르도록 권고하고 있다.

이 된다.

이제까지 살펴본 바에 의하면 공공부문과 비공공부문과의 전통적인 관계에 변화가 왔다는 사실을 부인할 수 없다. 구체적으로 비공공부문 거버넌스의 부상은 비공공부문의 지위와 정당성을 높인 것은 의심의 여지가 없다. 다른 한편 이러한 비공공부문 거버넌스의 부상에는 공공부문인 국가와 정부간기구의 용인과 정당성 부여라는 역할이 있음을 부인할 수 없다.

이러한 논의를 종합할 때 비공공부문 거버넌스의 부상이 국가의 힘의 감소와 국가 능력의 쇠퇴를 가져왔는가의 질문에 세계화의 심화로 활성화된 비공공부문의 거버넌스가 국가의 주권을 잠식한다는 자유주의 이론이나 국가의 주권에 변화가 없음을 주장하는 현실주의 이론이 명쾌한 답이 될 수 없다.

이러한 맥락에서 공공부문 거버넌스와 비공공부문 거버넌스를 이분법적으로 구분하지 않고 글로벌 거버넌스에 있어서 이 두 부문의 거버넌스가 어떤 관계를 만들어가는가를 이론적으로 살펴볼 필요가 있다. 이와 관련하여 보르젤과 리세(Tanja A. Börzel and Thomas Risse)가 제시한 공공부문과 비공공부문(여기에서는 민간부문)이 가질 수 있는 관계의 유형(typology)이 이러한 연구의 출발점이 될 수 있어 소개하고자 한다.[52] 이와 관련하여 가장 중요한 연구주제는 어떤 조건 속에서 어떤 유형의 공공부문과 민간부문의 관계가 형성되는가이다.

왼쪽으로 갈수록 민간부문 행위자의 자율성이 커지고 오른쪽으로 갈수록 공공부문 행위자의 자율성이 커지는 연장선(continuum)을 긋고 여기에 다양한 종류의 민간부문과 공공부문 간의 관계를 위치시킨다. 연장선의 가장 왼쪽으로부터 오른쪽으로 가면서 다음과 같은 순서로 두 부문 간 관계의 유형이 하나씩 위치한다. i) 민간부문 자기거버넌스(private self-governance): 공공부문 개입의 부재를 특징으로 한다. ii) 위협과 유인 속에서의 민간부문 자기거버넌스(private self-governance in the shadow of hierarchy or opportunity): 전자와 다른 점은 공공부문의 개입이 있다는 점인데 구체적으로 공공부문이 민간부문에 규제 입법이나 규제적 행정조치의 위협을 가하거나 새로운 사업의 기회와 같은 유인책을 제시하는

52) Tanja A. Börzel and Thomas Risse, "Public-Private Partnerships: Effective and Legitimate Tools of International Governance?," in E. Grande and L. W. Pauly, eds., *Complex Sovereignty: On the Reconstitution of Political Authority in the 21st Century* (University of Toronto Press: Toronto, 2005), pp. 195-216.

가운데 형성되는 관계를 특징으로 한다. iii) 민간부문 행위자에의 위임(delegation to private actors): 공공부문이 민간부문에 공공 서비스의 아웃소싱과 같은 특정 기능을 위임하고 민간부문이 다양한 수준의 자율성을 가지게 된다는 것을 특징으로 한다. iv) 공공부문과 민간부문 행위자의 공동 거버넌스(co-governance of public and private actors): 이슈에 대한 공동 의사결정을 특징으로 한다. v) 민간부문 행위자의 협의와 공동선택(consultation and co-option of private actors): 민간부문 행위자의 전문성 활용을 특징으로 한다. vi) 공공부문 거버넌스(public governance): 민간부문 행위자의 개입 부재를 특징으로 한다.

9. 글로벌 거버넌스 전반에 대한 평가

현재의 글로벌 거버넌스 체제는 글로벌 이슈를 제대로 해결하지 못하고 있다는 비판을 받아오고 있다. 또 다른 한편 현재의 글로벌 거버넌스 체제는 여전히 2차 세계대전 이후의 세계질서를 반영하여 미국을 비롯한 선진국들의 이익이 여전히 대폭 반영된 체제라는 비판을 받아오고 있다. 이러한 비판이 거세지면서 21세기의 국제사회의 현실을 반영할 수 있는 새로운 거버넌스 체제의 필요성이 강조되고 있다. 현재의 글로벌 거버넌스 체제와 글로벌 이슈들이 국제사회에 가하는 도전에 대응하기 위해 요구되는 글로벌 거버넌스 체제 간에 글로벌 거버넌스 간극(global governance gap)이 존재한다.

글로벌 거버넌스란 가치 중립적인 개념으로서 다양한 행위자들이 협력을 통해 글로벌 이슈의 해결을 위해 전 지구적인 대응을 하는 다양한 방식 혹은 과정을 의미한다. 국내수준에서는 점차 많은 수의 국가에서 공공부문·민간부문·시민사회부문을 포함하는 민주적인 제도적 장치를 통해 많은 문제가 다루어져 오고 있다.

전 지구적 차원에서도 앞서 살펴보았듯이 다양한 형태의 글로벌 거버넌스가 다양한 행위자의 단독 혹은 이들 간의 조합을 통해 이루어져 오고 있다. 글로벌 거버넌스의 여러 기제로서 단일 부문 조직에 의한 글로벌 거버넌스로서 전 지구적 공공부문 거버넌스·민간부문 거버넌스·시민사회부문 거버넌스를 살펴보았고 두 개 부문 조직에 의한 글로벌 거버넌스로서 공공부문-민간부문 파트너십 거버넌스·공공부문-시민사회부문 파트너십 거버넌스·민간부문-시민사회부문 파트너십 거버넌스를 살펴보았다. 이들과 더불어 3개 부문 조직에 의한 공공부문-민간부문-시민사회부문 파트너십 거버넌스를 살펴보았다.

이러한 다양한 글로벌 거버넌스 기제 가운데 글로벌 이슈를 해결하는 데 있어서 여전히 중심적인 역할을 하는 것은 정부의 대표로서 구성된 정부간기구가 중심이 되어 작동되는 전 지구적 공공부문 글로벌 거버넌스이다. 이런 이유로 글로벌 거버넌스에 대한 비판의 대부분은 이러한 전 지구적 공공부문 거버넌스(즉 인터내셔널 글로벌 거버넌스)에 가해지고 있다.

이 부분에 대한 평가는 이미 글로벌 거버넌스가 등장하게 된 배경 설명 부분에서 인터내셔널 거버넌스의 한계를 언급하면서 설명이 이루어졌고 다자주의를 설명하는 제5장 제2절에서도 체계적으로 설명하고 있다. 더불어 전 지구적 공공부문 거버넌스 이외의 나머지 글로벌 거버넌스 기제들에 대한 평가는 개개 거버넌스 기제를 소개하면서 평가를 동시에 했다. 따라서 여기서는 현재의 글로벌 거버넌스 전반에 걸친 평가를 하고자 한다.

1) 전 지구적 공공부문 거버넌스의 주도적 역할

우선 앞서 언급했듯이 정부와 정부간기구가 중심이 되는 공공부문 거버넌스가 민간부문과 시민사회부문의 조직들이 참여하는 다중 부문 글로벌 거버넌스로의 전환이 이루어지고 있지만 이러한 전환은 제한적으로만 이루어지고 있고 여전히 전 지구적 공공부문 거버넌스가 주도적인 역할을 하고 있다는 점을 지적할 수 있을 것이다.

즉 글로벌 이슈의 해결을 위한 주요 행위자는 정부간기구라는 것이다. 이러한 정부간기구는 여전히 민주적 정당성의 문제를 안고 있으며 이 때문에 정부간기구의 개혁 문제가 줄곧 중요한 의제가 되어오고 있으나 선진국과 개도국 사이의 견해 차이로 개혁은 쉽게 이루어지지 않고 있다. 선진국은 주로 효과성과 효율성을 개혁의 가장 중요한 우선순위로 생각하나 개도국들은 민주성(민주적 절차와 대표성)을 개혁에서 우선시하고 있다.

2) 전 지구적 공공부문-시민사회부문 파트너십의 수직적 관계

정부간기구라는 공공부문의 조직과 시민사회부문 조직 간의 파트너십 기제의 경우 이 부문의 조직 간 관계는 예외가 없는 것은 아니지만 수평적이지 않고 수직적이다. 정부간기구가 NGO와의 파트너십 성립 여부와 파트너십의 강도를 결정하여 정부간기구에 따라・정부간기구 내의 기관에 따라・정부간기구가 다루는 이슈에 따라 파트너십의 성립 여부뿐 아니라 파트너십의 강도가 달라지며 일반적으로 투표권이 없는 협의 지위가 부여될 뿐이다.

정부간기구는 정책결정 과정의 여러 단계(즉 의제설정・정책결정을 위한 협상・정책결정・정책집행・정책평가 단계) 중 시민사회부문 조직의 참여를 허용하는 단계를 결정하며 허용하더라고 일반적으로 정책집행 단계에서의 역할을 허용한다.

3) 글로벌 거버넌스 기제의 제도화 결여

다양한 행위자가 참여하는 다양한 글로벌 거버넌스 기제가 제도로서 정착되지 않은 채 새로운 이슈가 등장할 때마다 논의를 위한 기제를 만들 것인가 만든다면 어떤 기제를 만들 것인가를 새롭게 타협하여 조성해야만 한다. 즉 글로벌 거버넌스 기제가 제도적인 뒷받침 없이 산발적으로 전개되고 있다는 것이다.

4) 글로벌 거버넌스의 분절화

글로벌 거버넌스가 분절화가 되어 있다는 비판을 많이 받는다. 분절화란 다양한 이해관계・목표・과업(mandate)・양보할 수 있는 최종선 등을 지닌 다양한 행위자들이 나름의 조합을 이루어 전 지구적 수준에서 다양한 독립적인 글로벌 거버넌스 기제가 만들어지는 것을 의미한다.

즉 다양한 활동을 수행하는 다수의 독립적인 글로벌 거버넌스 기제들이 자신의 목적과 우선순위를 가지고 자신의 영역에서 독자적으로 행동한다. 글로벌 이슈들은 다면성을 지니고 있어 기제 간에 훨씬 많은 조정과 협력이 필요하나 공동의 목표를 달성하기 위해 어떻게 다른 글로벌 거버넌스 기제와 협력을 할 것인가 보다는 그들 자신의 성과를 어떻게 평가하고 개선할 것인가에 집중하는 경향이 있다.[53)]

이러한 분절화는 경쟁적으로 글로벌 이슈의 해결을 위한 정책적인 대안의 폭을 확장하고 나아가 창의적이고 혁신적인 대안을 만들어 낼 수 있으며 이를 통해

---

53) James M. Boughton and Colin I. Bradford, Jr., “Global Governance: New Players, New Rules,” *Finance and Development*, Vol. 44, Number 4 (December 2007), https://www.imf.org/external/pubs/ft/fandd/2007/12/boughton.htm (접속일: 2019년 11월 20일).

기존의 국제레짐을 보완하는 긍정적인 역할을 할 수도 있다. 그러나 다른 한편 글로벌 거버넌스의 분절화는 활동의 중첩으로 인해 자원의 낭비 등 비효율성을 유발할 수 있다.

이와 더불어 특정 이슈를 다루기 위한 새로운 글로벌 거버넌스 기제가 창출한 국제레짐이 다른 글로벌 이슈를 다루기 위해 만들어진 기존의 국제레짐과의 충돌을 가져올 수 있다. 이러한 현상을 「국제레짐 복잡성(international regime complexity)」이라고 하는데 특히 글로벌 환경 이슈 분야에서 종종 발생한다. 이처럼 글로벌 거버넌스의 분절화는 경합적 국제제도를 초래하나 더불어 지역화를 초래하기도 한다.

예를 들면 세계화의 수혜국들의 국력 부상이 국제사회에서의 힘의 배분(distribution of power)에서 변화를 가져오면서 기존의 글로벌 거버넌스 체제의 정당성의 문제를 제기하고 여기에서 더 나아가 지역적 거버넌스 체제(regional governance system)를 독립적으로 구축함으로써 글로벌 거버넌스 체제의 균열을 일으키고 있다.

구체적으로 세계화의 수혜자로서 중국을 비롯한 브라질 · 러시아 · 인도 · 남아프리카공화국 같은 국가들의 국력이 부상하면서 국제체제의 권력 구조(power structure)에 큰 변화가 일어나고 이로 인해 이러한 권력 구조의 변화를 반영하는 새로운 글로벌 거버넌스 체제의 필요성이 제기되고 있다. 이러한 필요성은 이들 새롭게 부상하고 있는 국가들뿐만 아니라 개도국에 의해서도 지속해서 제기되고 있다.

이러한 변화를 좀 더 역사적인 맥락에서 살펴보면 다음과 같다. 1차 세계대전이 끝난 후 1919년에 독일에 대항하여 승리한 동맹국들이 파리에 모여 파리강화회의를 개최하여 국경을 다시 획정하고 미래의 이슈를 다루기 위해 항구적인 토론장으로서 국제연맹을 설립했다. 비록 30개가 넘는 국가가 참여했지만 이러한 전후 질서를 위한 글로벌 거버넌스 체제는 실상 4개 강대국인 미국 · 영국 · 프랑스 · 이탈리아에 의해 주도되었다.

2차 세계대전이 끝나갈 무렵 승전국들이 모여 실패한 국제연맹을 대체하고 세계공황과 같은 경제위기를 방지하기 위한 새로운 글로벌 거버넌스 체제를 수립하고자 했으며 그 결과 유엔(UN) · 국제통화기금(IMF) · 관세와 무역에 관한 일반협정(GATT)을 수립했다. 미국이 압도적인 영향력과 더불어 소수의 국가의 지배하에 탄생한 이러한 글로벌 거버넌스 체제가 2차 세계대전 이후의 질서를 지배해왔다.

그러나 20세기 후반에 이르러 일부 국가가 세계화의 흐름을 타고 지역적인 강국이나 전 지구적인 강국으로 부상하여 국제체제에서의 힘의 배분에 큰 변화를 가져왔지만, 전후에 수립된 글로벌 거버넌스 체제는 이러한 변화의 반영에 인색했다. 이러한 현상은 특히 가중표제를 채택하고 있어 경제력에 상응하는 표결력(voting power)이 주어져야 하는 국제금융기구에서 더욱 두드러지게 드러난다.

예컨대 미국과 유럽 그리고 일본의 경우 주요 7개국(G-7) 정상회의에 참여할 뿐 아니라 국제통화기금과 세계은행 등의 국제금융기구의 이사회에 과도하게 대표되어 있으며 그 밖의 다른 주요한 정부간기구에서도 다른 국가와 비교하여 불평등하게 많은 영향력을 보유하고 행사하고 있다. 따라서 글로벌 거버넌스가 정당성을 가지기 위해 세계 인구에서의 비중과 총 국내생산(GDP)이 빠르게 성장하면서 부상하고 있는 국가와 개도국에 권력과 영향력이 다시 배분될 필요가 있다.[54]

이러한 힘의 구조에서의 변화가 현실에 반영되지 않음으로써 불만을 가장 많이 가진 중국이 주도적으로 신개발은행(NDB)이나 아시아인프라투자은행(AIIB)과 같은 지역 기구를 설립함으로써 기존의 정부간기구에 유용한 경합의 기회를 제공함과 동시에 글로벌 거버넌스의 분절화 위협을 가하고 있다.

이처럼 세계화는 특정 국가나 국가들의 국력 상승을 가져오고 이렇게 상승한 국력이 상응하는 영향력으로 전환되지 않으면 이들 국가나 국가들이 주도적으로 지역 기구를 설립함으로써 지역화와 분절화를 가져온다. 이러한 세계화에 따른 공세적 지역화(offensive regionalization)와는 달리 방어적 지역화(defensive regionalization/reactive regionalization)도 존재한다. 즉 지역화와 분절화가 세계화에 위협을 느끼는 지역 내 일단의 국가들에 의해 형성되기도 한다. 이러한 지역화를 살펴보면 다음과 같다.

국제사회에서 세계화와 더불어 지역화가 동시에 존재하고 있다. 즉 세계화 시대임에도 불구하고 지역화가 안보·정치·경제·문화 등의 다양한 분야에서 활발하게 전개되고 있다. 이것을 실제로 보여주는 예로는 유럽연합(EU)·북미자유무역협정(NAFTA)·동남아국가연합(ASEAN)·남아시아지역협력연합(SAARC)·안데스공동체(CAN)·남미공동시장(MERCUSOR)·아프리카연합(AU)·서아프리카경제공동

54) Boughton and Bradford, Jr., op. cit.

체(ECOWAS) · 남아프리카개발공동체(SADC) 등이 있다.

따라서 이러한 지역화와 세계화의 관계를 살펴볼 필요가 있는데 이러한 관계에 대한 논쟁이 오랫동안 지속되어 오고 있다. 여기에서 지역화를 「국제사회에서의 지역이 협력과 어쩌면 정체성의 기초적인 역할을 하는 중요한 안보적이거나 정치적이거나 경제적이거나 문화적인 하나의 단위(혹은 이러한 것들이 혼합된 복합적인 하나의 단위)가 되는 과정」으로 정의하고자 한다.55) 여기에서는 지역화를 여러 분야 가운데 경제 분야에 중점을 두고 세계화와의 관계를 살펴보고자 한다.

세계화는 경제 분야에서 지역 경제블록(economic bloc)의 형성을 의미하는 지역화를 부추긴다. 세계화로 인해 국경이 침투되고 경제 주권이 쇠퇴하자 이에 대응하기 위해 국가들은 같은 지역 내의 다른 국가들과 좀 더 긴밀하게 협력하는 경향을 보인다. 이는 지역 경제블록이 동일 지역 내 국가들이 치열해진 전 지구적인 경쟁에서 오는 압력에 대응하는 것을 돕기 때문이다.

세계화와 더불어 상호의존의 심화로 일정한 정도 군사력의 기대효용이 낮아지고 경제력이 권력의 중요한 수단이 되면서 유럽연합(EU)이나 북미자유무역협정(NAFTA)처럼 지역화가 지역 외의 국가들에 배타성을 가진다면 이러한 배타적 지역주의 간의 갈등이 발생하고 그 결과 국제정치 질서에 불안정한 요인이 될 수 있다. 배타적 지역주의는 보편적인 다자간 무역자유화를 억제하고 다자간의 일반적인 규범이나 실제와는 다른 지역 특유의 규범과 실제를 발전시킴으로써 세계화의 진전을 방해할 수 있다.

현실주의 이론은 이러한 지역화를 초국가주의 현상이 아니고(즉 범세계적인 정치체와 사회공동체인 세계사회의 형성을 향한 과도적인 단계가 아니고) 국가 중심주의에 기초를 두고 기존의 주권국가를 보완하는 형태로 진행되고 있는 현상으로 본다.

이러한 것은 유럽연합(EU)이나 북미자유무역협정(NAFTA)과 같은 지역주의 블록이 역외 국가들에 대해 배타적이고 폐쇄적인 사실에서 알 수 있고 다른 한편으

---

55) 이 정의는 앤드류(Andrew Heywood)가 내린 지역주의(regionalism)의 정의에 바탕을 둔 정의이다. 그는 지역주의를 「지리적인 지역이 협력과 어쩌면 정체성의 기초의 역할을 하는 중요한 정치적이거나 경제적 혹은 정치적이고 경제적인 단위가 되는 과정(process through which geographical regions become significant political and/or economic units serving as the basis for cooperation and possibly identity)」이라고 정의하고 있다(Andrew Heywood, *Global Politics*, 2nd ed(London and New York: Palgrave MacMillan, 2017), p. 513). 지역화에 대한 정의와 아울러 지역주의(globalism)를 「지역화를 의도적으로 이끌어가려는 정치적 이념」으로 구분하여 정의하고자 한다.

로 국가 간 경계의 와해를 강조하면서 다른 한편 국가의 공동체성을 전제로 한 경제전쟁·국력 증진·사회개혁을 추진하는 모순된 모습에서도 나타난다고 본다. 다시 말해 이들 블록은 세계주의(globalism)의 이념에 의해 인도되는 것이 아니라 주권국가의 위기를 감소시키거나 극복하면서 국가이익을 최대로 보장받기 위한 수단에 불과하다고 본다.

이들 블록은 구성 국가들의 주권을 일부 제한하고 있으나 이러한 주권의 제한은 자신의 생존을 위해 자발적으로 주권을 넘겨준 결과라고 본다. 거대한 세계화의 흐름이 가하는 주권국가의 주권에 대한 위협에 맞서기 위해 국가라는 테두리에서 피난처를 찾기가 쉽지 않다.

따라서 국가들은 지역화의 우산 안에 들어가 주권을 공유하는 전략적 행동을 한다는 것이다. 현실주의 이론은 또한 세계화의 추세에도 불구하고 세계사회 혹은 세계시민의 형성 징후는 보이지 않고 분리주의·인종적 갈등·종교적 갈등 등이 강화되고 있는 사실에 주목한다.

이러한 해석과는 달리 지역화가 세계화에 대항하고 도전하는 것이 아니라 완전한 세계화로 가는 길목에 있는 중간 기착 지점(혹은 디딤돌)으로 인식하기도 한다. 이들의 해석의 논리는 다음과 같다. 일국의 기업 등이 세계화가 가져다주는 혜택을 누리려는 동기를 가지고는 있지만 이를 위해 세계화에 본격적으로 진입할 경우 수반될지도 모르는 불안정에 대한 두려움이 존재한다.

따라서 국가들은 전 지구적인 차원에서의 경쟁과 압력을 피해 지역 기구에 의해 관리되면서 이러한 지역 기구의 의사결정에 직접 참여함으로써 더 많은 안전을 확보할 수 있는 지역적인 규모에서의 국가 간 교역을 일차적으로 선호할 수 있다는 것이다. 요약하자면 이러한 지역주의는 세계화의 본격적인 편입에 앞선 일차적인 적응을 위한 안전방치로서의 의미를 지닌다는 것이다. 이러한 견해는 아시아태평양경제협력체(APEC)와 같은 개방적 지역주의(open regionalism)에 바탕을 둔 견해라고 볼 수 있다.

5) 정당성의 결여

글로벌 거버넌스 체제는 시민사회부문의 조직이 참여할 경우 정당성(민주성·책임성·투명성·효과성)의 결여라는 문제가 완화될 수 있으나 그렇지 않을 시 민주적 정당성의 결여라는 비판으로부터 완전히 자유롭지는 못하다.

(1) 민주성의 결여

우선 글로벌 거버넌스 체제는 누구에 의해 어떤 행위자들이 어떤 자격을 부여받고 어떤 방식으로 글로벌 거버넌스에 참여하는가의 민주성의 문제를 지닌다. 이러한 민주성의 결여 문제는 글로벌 거버넌스 전반에 걸친 문제이나 특히 민간부문 거버넌스와 시민사회부문 거버넌스의 경우에 두드러진다.

(2) 책임성의 결여

일반 대중들의 의사에 따라 권력을 행사하지 않을 시 이러한 권력의 남용을 막을 수 있는 효과적인 통제 기제를 제대로 가지고 있지 않다는 의미에서 책임성도 결하고 있다. 이는 리먼 브라더스에 대한 그릇된 신용평가로 국제금융 위기를 초래한 것에 대해 국제신용평가기관들이 어떠한 책임을 지었는가를 생각해보면 알 수 있을 것이다.

(3) 투명성의 결여

글로벌 거버넌스는 투명성을 결하고 있다는 비판 역시 받는다. 투명성이라는 개념은 구체적으로 외부인의 정보에의 접근의 자유 · 직책 보유자의 일 처리에 대한 개방성 · 의사결정 과정에서의 예측 가능성 등을 의미한다고 볼 수 있다. 이러한 투명성의 결여는 다양한 글로벌 거버넌스 전반의 문제이나 특히 기준이나 표준을 설정하여 이를 기반으로 평가하거나 인증을 부여하는 민간부문과 시민사회부문 거버넌스에서 큰 문제가 되고 있다.

(4) 효과성의 결여

글로벌 거버넌스는 효과성 결여의 비판을 받기도 한다. 우선 세계화가 부의 불평등한 배분 · 1990년대 후반의 아시아 금융위기와 2007~2008년의 미국에서 촉발된 세계 금융위기와 같은 외부경제에 대한 민감성과 취약성 · 환경파괴 · 초국가적 범죄 · 전염성 질병의 확산 등 국경을 넘어 발생하는 전 지구적인 문제들을 대거 양산하고 있음에도 불구하고 글로벌 거버넌스 체제가 이러한 문제들에 효과적으로 대응하지 못해 효과성의 문제를 일으키고 있다. 그 결과 좀 더 효과적인 국제협력을 끌어내기 위한 글로벌 거버넌스 체제의 개혁 필요성이 강하게 제기되어 오고 있다.

현재의 글로벌 거버넌스 체제가 글로벌 이슈들을 효과적으로 해결하지 못하는 본질적인 요인은 세계정부가 부재한 가운데 국가 주권의 지고성에 집착하여 편협한 국가이익을 추구하는 한편 국가 주권의 행사에 수반되는 책임을 소홀히 하는 현재의 국가 중심성이 강한 글로벌 거버넌스 체제의 근본적인 한계 때문이다. 이러한 문제의 해결책으로서 제도적인 장치 없이 주권국가의 의식 전환을 요구하는 것은 실효성이 없다.

이러한 국제사회 전체의 공익에 앞서 편협한 국가이익을 앞세우는 국가 중심적인 글로벌 거버넌스의 본원적인 문제점을 근본적인 원인으로 간주하는 한편 글로벌 거버넌스의 한계인 효과성의 문제에 영향을 미치는 상대적으로 개선이 가능한 다양한 요인들이 언급되고 있다. 이러한 요인들 가운데 가장 빈번하게 거론되는 요인은 앞서 언급한 다양한 수준과 다양한 기능영역을 가로질러 글로벌 거버넌스 체제가 단편화(segmentation)와 분절화가 되어 있다는 점이다.

제2절 다자주의 기제

다자주의는 글로벌 이슈 해결방식의 하나라는 점에서 글로벌 거버넌스 유형의 하나인 국가와 정부간기구가 중심이 되는 글로벌 거버넌스로 간주할 수 있다. 그러나 다자주의는 규범적인 요소를 지니고 있다는 점에서 차이를 지니고 있어 국가와 정부간기구가 중심이 되는 글로벌 거버넌스를 비판적으로 볼 수 있는 기준을 제시하고 나아가야 할 방향을 제시하는 중요한 역할을 한다고 볼 수 있다.

1. 다자주의의 정의와 글로벌 거버넌스와의 관계

1) 다자주의의 정의

「다자주의(multilateralism)」라는 용어가 다양한 학자들에 의해 다양하게 정의된다. 코헤인(Robert O. Keohane)은 다자주의를 「일단의 셋 이상의 국가들에 있어서 임시방편적인 장치나 제도라는 수단에 의한 국가 정책 조정의 일상적 행위(practice of coordinating national policies in groups of three or more states through ad hoc arrangements or by means of institutions)」라고 정의했다.56)

코헤인의 정의에 의하면 다자주의의 행위자는 국가이고 국가 정책의 조정을 위한 기제는 임시방편적인 장치나 제도(국제제도)이다. 그는 제도를 「행위의 역할을 규정하고 활동을 제약하며 기대를 구체화하는 지속적이고 연계된 공식적 혹은 비공식적 규칙의 집합(persistent and connected sets of rules, formal and informal, that prescribe behavioural roles, constrain activity, and shape expectations)」이라고 정의한다.57)

그는 이러한 국제제도에 i) 국제관계의 특정 이슈 영역에 있어서 정부들에 의해 합의된 명시적인 규칙을 가지고 있는 제도인 국제레짐(international regimes), ii) 행위자들의 기대하는 바를 규정짓는 묵시적인 규칙들과 이해(understanding)를 지닌 비공식적인 제도로서 관습, iii) 명시적인 규칙·개인과 집단으로의 역할의 구체적인 할당·행동역량을 지닌 목적 지향적인 제도인 정부간기구를 포함시키고 있다.58)

코헤인에 따르면 다자주의는 임시방편적인 장치를 통한 다자주의와 제도를 통한 다자주의로 구분된다. 전자를 「제도화가 안 된 다자주의」로 후자를 「제도화된 다자주의」로 명명할 수 있다. 그리고 「제도화가 안 된 다자주의」를 「다국주의(multi-nationalism)」라는 말로 대체할 수 있을 것이다.

러기(John Ruggie)는 코헤인의 다자주의 정의를 비판하며 다자주의를 「3개 이상의 국가들이 일반화된 행위원칙(generalized principles of conduct)에 따라 정책을 조정해 나가는 방식」으로 정의했다. 여기서 일반화된 행위원칙이란 특정 국가의 특정 이익과 특정 상황에 따른 임시방편적인 대응이 배제된 행위원칙으로서 불편 부당성(impartiality)·일관성(consistency)·국제법에 대한 존중(respect for international law)이라는 요소들을 내포한다.

---

56) Robert O. Keohane, "Multilateralism: An Agenda for Research." *International Journal*, Vol. 45, No. 4 (Autumn 1990), p. 731.

57) Robert O. Keohane, "International Institutions: Two Approaches," *International Studies Quarterly*, Vol. 32, No. 4 (December, 1988), p. 383; Robert O. Keohane, "Neoliberal Institutionalism: A Perspective on World Politics." in Robert O. Keohane, ed., *International Institutions and State Power: Essays in International Relations Theory* (Boulder: Westview Press., 1989), p. 3.

58) Robert O. Keohane, *International Institutions and State Power: Essays in International Relations Theory* (Boulder, San Francisco, and London: Westview Press, 1989), pp. 4-5.

러기는 이러한 일반화된 행위원칙과 더불어 다자주의의 중요한 특성으로서 다자간 협력체제 내의 일국에 대한 외부 행위자의 공격을 참여국 모두에 대한 공격으로 간주하는 것과 같은 불가분성(indivisibility)과 관련 국가들이 항상 그리고 모든 이슈에 있어 단기적이고 개별적인 이득을 기대하기보다는 장기적이고 공동의 이득을 추구한다는 확산된 상호성(diffuse reciprocity)을 강조하고 있다.[59)]

이러한 러기의 정의에 따르면 다자주의는 외교에 있어서 자신의 이익뿐 아니라 타국의 이익도 최대한 고려하는 공동체 의식을 중요한 밑바탕으로 하여 국익(national interest)과 국제협력의 균형을 추구하는 것을 전제로 하고 있다. 따라서 다자주의 속에서 어떠한 국가든 자의적으로 행동을 할 수 있는 여지가 적어지며 국제관계의 결과가 쌍무관계에서처럼 적나라한 협상력(naked bargaining power)에 기반하지 않고 합의된 원칙(agreed principles)에 의해 결정될 가능성이 커진다.

코헤인과 러기의 다자주의 정의의 차이를 분석해보면 다음과 같다. 여기에서 비교의 대상이 되는 것은 러기의 다자주의와 코헤인의 다자주의 가운데 제도화된 다자주의 즉 제도를 통한 국가 정책 조정의 실행이다. 이 두 종류의 정의는 얼핏 유사한 듯 보이나 실제에 있어서 큰 차이를 지닌다. 구체적으로 코헤인은 행위의 역할을 규정하고 활동을 제약하며 기대를 구체화하는 지속적이고 연계된 공식적 혹은 비공식적 규칙의 집합을 제도로 정의하고 이러한 제도에 바탕을 둔 다자주의를 제도화한 다자주의로 보고자 하는데 러기는 이러한 제도들이 따라야 할 일반화된 원칙을 제시하면서 코헤인이 말하는 제도가 이러한 원칙에 기초하고 있지 않다면 다자주의로 볼 수 없다는 것이다. 즉 단순히 국가들에 의해 기대하는 바가 일치하고 일반적으로 수용되고 있는 국제레짐이나 관습 또는 국제기구에 바탕을 두고 있다고 해서 다자주의가 아니라는 것이다. 이는 이러한 다자주의가 러기가 말하는 일반화된 원칙들에 기반을 둔 것이 아니라 그 당시의 힘의 논리 등에 의해 수용된 제도일 수 있기 때문이다.

코헤인의 다자주의 정의는 제도에 바탕을 두고 있지 않은 다자주의와 제도에 바탕을 둔 다자주의를 구분하고 있음으로써 현실 세계에서 작동하고 있는 다자주의의 여러 형태를 구별할 수 있도록 인도한다는 점에서 유용하다. 러기의 다자주의 정의는 제도가 지켜야 할 본원적인 규범적 원칙들을 제시함으로써 현실 세계의

59) John Gerard Ruggie, "Multilateralism: The Anatomy of an Institution," *International Organization*, Vol. 46, No. 3 (Summer 1992), pp. 561-598.

다자주의를 비판하고 지향하여야 할 좌표를 제시한다는 점에서 유용하다고 볼 수 있을 것이다.

이러한 두 학자의 다자주의 정의를 통해 다자주의를 제도의 기반이 없는 다자주의 · 제도에 기반을 둔 다자주의 · 일반화된 원칙에 따른 제도에 기반을 둔 다자주의로 구별할 수 있을 것이다. 여기에서는 이러한 다자주의의 여러 종류를 염두에 두고 다자주의 전반을 살펴보고자 한다.

일반적으로 다자주의라는 용어를 구성원의 지리적 분포 등을 기준으로 하여 「지역주의(regionalism)」라는 용어와 구별하여 사용하기도 하는데 여기에서는 지역주의를 다자주의의 한 형태로 간주하고자 한다.

2) 다자주의와 글로벌 거버넌스의 관계

위에서 살펴보았듯이 다자주의는 3개국 이상이 국제문제의 해결을 위해 일시적인 장치나 국제제도 혹은 일반화된 규범적 원칙을 수용한 국제제도(국제레짐과 국제기구)를 통해 이해관계를 조정하는 방식이라고 할 수 있다. 이러한 의미에서 다자주의는 앞서 살펴본 국가 중심적인 거버넌스인 인터내셔널 거버넌스와 같은 것으로 간주할 수 있을 것이다.

따라서 인터내셔널 거버넌스의 기능과 더불어 한계에 주어지는 비판이 그대로 다자주의에 적용될 수 있다. 이러한 의미에서 여기에서의 다자주의 논의는 글로벌 이슈 해결방식의 하나로서 여전히 주된 역할을 행하고 있는 인터내셔널 거버넌스에 대한 자세한 설명이 될 수 있을 것이다.

다른 한편 다자주의와 인터내셔널 거버넌스 사이에 차이가 존재한다. 구체적으로 인터내셔널 거버넌스는 가치 중립적으로 국가들이 국제문제를 해결해 나가는 방식이나 과정을 의미하는 데 반해 코헤인의 제도에 기반한 다자주의와 러기의 일반화된 원칙에 따른 제도에 기반을 둔 다자주의는 정도의 차이는 있으나 규범적인 요소들을 포함하고 있다. 그 결과 다자주의는 국제제도에 바탕을 두거나 일반화된 원칙들을 포함한 국제제도에 바탕을 두어야 함을 강조하면서 인터내셔널 거버넌스가 나가야 할 방향을 제시한다고 볼 수 있다.

2. 다자주의의 역할과 한계

1) 다자주의의 역할

다자주의는 합의구축의 기회 제공 · 거래비용의 감소 · 일방주의의 견제 · 초국가적 문제에 대한 공동대처 · 국제레짐의 창출과 사회화 · 최적 사례 등의 정보 공유 · 쌍무적 문제의 다자적 문제로의 공론화 · 국가 간 문제해결을 위한 접촉 무대의 제공 · 집단적 정당성의 부여와 박탈 · 국가 간 친선과 협력의 도모 등의 기능을 한다. 이들을 하나씩 살펴보면 다음과 같다.

(1) 합의구축의 기회 제공

다자주의는 국가들이 회합하여 국제문제에 대한 공통적인 의견을 도출할 기회를 제공한다. 특히 쌍무외교를 통해 해결하기 어려운 갈등이나 분쟁을 다자공동체의 공동이익이라는 명분과 더불어 소수 의견을 가지고 있는 국가(군)에 합의(consensus)의 달성을 위해 동의를 하도록 하거나 공식적인 반대 의사를 표명하지 못하도록 간접적인 압박을 가함으로써 문제해결의 기회를 제공한다.

(2) 거래비용의 감소

다자주의는 해결을 위해 다루어져야 할 문제가 무엇인가를 밝혀내는 비용(cost of identifying issues) · 협상 비용(cost of negotiating bargains) · 합의한 바를 명문화하는 비용(cost of codifying agreements) · 합의한 바의 준수 여부를 감시하고 강제하는 비용(cost of monitoring and enforcing compliance)을 총체적으로 의미하는 거래비용(transaction cost)을 절감하는 역할을 한다.

다자기구로서의 유럽연합(EU)의 예를 들면 유럽연합은 공동의 협상 장소(forum) · 공동의 의사결정 절차 · 합의의 준수에 대한 감시와 같은 바람직한 약정 체결 환경(favorable contractual environment)을 제공하여 거래비용을 줄임으로써 거래의 효율성을 높여 국가 간의 합의를 촉진하는 역할을 한다.

(3) 일방주의의 견제

다자주의는 강대국 등 특정 국가의 일방주의를 견제하는 역할을 한다. 강대국은 일반적으로 자국의 국익추구 과정이 어떠한 외부요인에 의해서 영향받는 것을 피하는 일방주의 성향이 있으며 자국의 이익에 반하여 정부간기구나 국제회의 결정 혹은 다자협약의 의무조항에 따라 구속되는 것을 회피하고자 한다. 이러한 강대국의 일방주의는 다자주의 체제의 강화를 통해 견제될 수 있으며 현재 미국의 일방주의에 대항하여 다자주의를 옹호하고 있는 유럽연합 국가들에서 이러한 예를 찾아볼 수 있다.

(4) 초국가적 문제에 대한 공동대처

다자주의는 초국가적 문제에 대한 공동대처를 가능하게 한다. 국가 간 상호의존의 심화 속에서 에이즈(HIV/AIDS)·조직범죄·마약·불법무기 거래 등 다수의 초국가적인 문제가 대두되고 있으며 지구 온난화나 오존층 파괴와 같은 전 지구적인 환경 이슈가 지구를 위협하고 있다. 이러한 문제들의 공통점은 특정 개별국가의 노력만으로는 해결할 수 없다는 것이다. 다자주의는 이러한 문제에 대한 국제적인 협력을 통한 국제사회의 공동대처를 가능하게 한다. 이들과 더불어 자연재해·기아·난민 등이 발생할 때도 다자외교를 통해 인도적인 국제지원을 가능하게 함으로써 문제해결에 접근할 수 있다.

(5) 국제레짐의 창출과 사회화

다자주의는 국제레짐(international regimes)을 창출할 수 있게 한다. 구체적으로 다자주의는 국제교역·전자상거래·항공운송 등과 같은 기술적 분야에서 공통규범을 창출할 수 있게 한다. 다자주의는 또한 해양·우주·환경·수자원·문화유산 등 국제 공공재(international public goods) 관리를 위한 국제 공동관리 규범의 창출을 돕고 군축과 다자무역 등 국가들 사이에 이해관계가 상충하는 분야에서 공동이익 실현을 위한 다자협약을 작성할 수 있게 한다. 나아가 인권과 민주주의 등과 같은 보편적 가치를 창설하고 참여국의 사회화(socialization)를 통해 이를 확산될 수 있게 한다.

(6) 최적 사례 등의 정보 공유

다자주의는 국제적으로 최적 사례(best practice)와 같은 정보를 공유할 수 있게 한다. 다자주의는 경제개발계획의 작성·자연재해 방지대책·보건과 사회 분야 정책 입안 등에 있어 가장 효과적인 정책 입안과 집행사례에 대한 정보를 제공하여 국제사회에게 공유하도록 한다. 아시아태평양경제사회위원회(ESCAP)가 한국에 있어서 개발의 원동력이 되었던 새마을운동의 경험을 아시아태평양 국가들에 전수하고 있는 것을 그 한 예로 들 수 있다.

(7) 쌍무적 문제의 다자적 문제로 공론화

다자주의는 쌍무적인 문제를 공론화시키는 역할을 한다. 문제의 일방 당사자가 문제해결을 회피할 때 유엔 등의 다자기구를 통해 쌍무적인 문제를 국제화시켜 정식으로 공론화하고 나아가 국제적인 지원을 끌어내는 데 성공할 경우 문제해결에 압박을 가하여 해결의 기회를 가질 수 있다. 예컨대 한국은 위안부 문제를 다룸에 있어서 일본이 해결에 적극적으로 나서지 않자 이 문제를 한국과 일본 간의 특수한 문제로서의 위안부 문제가 아닌 국제사회에서 지금도 자행되고 있는 보편적인 문제인 전시 성폭력의 문제로 공론화하여 국제적인 지지 하에 일본에 압박을 가하는 전략을 구사하여 일정 부분 성공을 거두고 있다.

(8) 국가 간 문제해결을 위한 접촉 무대의 제공

유엔에서 한국과 북한의 외교관들이 접촉 기회를 가지는 것처럼 정부간기구를 통한 다자외교는 현안을 가지고 있는 국가들의 문제해결을 위한 접촉 무대를 제공하기도 한다. 이 때문에 유엔총회가 개최될 경우 각국의 정상들은 중요한 본회의 기조연설과 더불어 현안을 다루기 위한 다수 국가와의 접촉을 위해 유엔총회에 참석하곤 한다.

(9) 집단적 정당성의 부여와 박탈

다자주의는 집단적 정당성(collective legitimacy)을 부여하기도 하고 박탈하기도 한다. 다자외교의 무대인 다자기구는 구성원의 이익 표명과 이익 집약을 위한 토론장의 기능을 하면서 표출된 행위자들의 가치나 정책이 토론을 거쳐 다른 구성원들로부터 지지를 받게 되면 이러한 가치나 정책에 집단적 정당성을 부여하기도 하고 때에 따라서는 기존의 가치나 정책으로부터 정당성을 박탈하기도 한다.

(10) 국가 간 친선과 협력의 도모

다자주의는 국가 간 협력과 친선강화의 기회를 제공한다. 탈냉전 후에 빈번하게 개최되고 있는 정상회의와 각료회의를 비롯하여 각종 정부 간 회의 등을 통하여 국가 간에 친선과 협력을 증대시킬 수 있다.

2) 다자주의의 한계

다자주의는 일반적으로 합의제를 통한 의사결정의 비효율성 · 법적 구속력의 결여 · 실효적인 이행장치의 부재 · 사활적 이익이 걸린 문제의 해결능력 부재라는 한계를 지닌다. 이러한 한계는 기본적으로 국가 주권을 존중하는 국가 중심적 접근에 기인한다고 볼 수 있다.60)

(1) 의사결정의 비효율성

다자주의는 의사결정 과정상의 비효율성을 특징으로 하는 경우가 많다. 예외가 없는 것은 아니나 많은 다자회의가 의사결정 방식으로서 공식적인 반대 의사가 없는 가운데 표결 없이 의사결정을 하는 합의제(consensus)를 채택하고 있다.

어떤 문제를 둘러싸고 국가들 사이에 심각한 의견의 차이가 없어 합의의 의한 의사결정이 이루어지기도 한다. 그러나 다루어야 할 문제가 상당히 논쟁적이어서 표결로 결정할 경우 회원국 간에 갈등과 대립이 심화할 것을 우려하여 대립하는 세력 간에 수용할 수 있는 타협점을 찾아 사전에 긴밀한 협의와 교섭을 통해 표대결이라는 최종 국면을 피할 목적으로 빈번하게 사용된다.

이러한 합의제는 회원국 간의 심각한 대결을 회피한다는 점에서 큰 이점을 가지지만 합의에 이르기까지 상당한 시간이 소요된다든가 합의 내용이 타협의 산물로서 모호하게 되고 행동 지향성(action-orientation)이 없이 추상적이고 원칙적인 언급에 그치는 경우가 많게 된다.61)

(2) 구속성 없는 의사결정

일반적으로 다자주의를 통한 의사결정은 법적 구속력을 결하는 경우가 많다. 예컨대 유엔총회는 미국의 대쿠바 경제제재 조치의 종식을 촉구하는 내용의 결의

---

60) 유럽연합(EU)의 경우 모든 결정이 다 그런 것은 아니지만 회원국 모두를 특별한 국내적 절차 없이 법적 구속력을 지니는 의사결정을 일부 내릴 수 있으며 의사결정을 강제할 수 있는 기제를 보유하고 있다.

61) 합리적인 행위자로서 개개 국가들은 이기적인 자국의 이익을 꾀하며, 그 결과 죄수의 딜레마 상황이 발생한다. 이러한 상황을 극복하기 위한 시도의 일환으로서 규칙이나 규범들을 만들어 지키고자 한다. 이러한 규칙이나 규범은 결의나 협정 등의 여러 형태를 띤다. 그러나 이러한 규칙이나 규범은 가장 바람직한 것이 아니라 단순히 당사자들 사이의 차이점의 균등한 절충에 불과할 수 있고 가장 최소한의 공통분모 선에서의 합의에 지나지 않을 수 있으며, 협력에 의해서만 달성될 수 있는 목표라는 것만을 확인하는 것인 경우가 많다.

안을 연례행사처럼 매년 압도적인 표차로 통과시킨 바 있으나 미국은 이를 즉각 거부하였고 그 결과 국제사회의 비난을 받는 데 그쳤다. 국제사회는 구속력이 없는 이 같은 결의안의 채택을 통해 쿠바에 경제봉쇄 정책을 취하고 있는 미국에 심리적인 압박을 가하는 데 그치고 있다.[62]

이러한 결의는 대개 회원국 정부에게 권고를 하거나 사무국에 특정의 행동을 하도록 의도된다. 국가의 정부에 대한 권고는 법적 구속력이 없으나 사무국에 특정 행동을 취할 것을 명령하는 결의는 사무국에 대해 구속력을 갖는다.

일반적으로 국제기구의 결정이 법적 구속력을 결하고 있다고 해서 이를 경시해서는 안 된다. 그 이유는 원래 법적 구속력이 없는 결정이라도 시간이 흐름에 따라 법적 구속력을 갖게 되는 경우가 있기 때문이다. 또한, 결의가 채택되면 이러한 결의가 법적 구속력을 결하여도 국제문제 또는 이러한 국제문제의 처리방법에 대한 집단적 정당화(collective legitimization)의 역할을 하여 무엇이 옳고 무엇이 잘못된 것인가에 관한 판단의 기준을 제공하기 때문이다.

이처럼 국제기구의 결정은 많은 경우 국가를 구속하지 않는 권고의 성격을 지니나 법적 구속력을 갖는 경우도 존재한다. 예컨대 회원국에 직접 적용되고 회원국의 국내법에 우월한 유럽연합의 「규칙(regulation)」은 현저한 예외가 된다.[63] 또 다른 지역 기구로서 북유럽 국가의 정부 간 협력을 위해 1971년에 설립된 북유럽각료이사회(Nordic Council of Ministers)의 결정은 만장일치에 의해 이루어지며 이러한 결정은 회원국에 법적 구속력을 갖는다.[64] 이 밖에 국제민간항공기구(ICAO)와 세계보건기구(WHO) 등 일부 전문기구의 기술규칙 · 유엔 안보리의 결의(resolution)와 결정(decision) · 사법기구의 판결도 법적 구속력을 가진다. 그리고

---

62) 동아일보, 1997년 10월 7일.

63) 유럽연합은 권고와 의견(recommendation and opinion) · 결정(decision) · 지침(directive) · 규칙(regulation) 등 다양한 형태로 결정을 내린다. 규칙의 경우 별도의 국내법적인 수용 절차 없이 모든 회원국에 직접 적용되며 각국의 국내법에 우선한다. 지침의 경우 규칙과는 달리 구체적인 시행이 개별 회원국에 맡겨지며 시행을 위해 별도의 국내법 제정을 요구한다. 즉 지침은 회원국들에 입법 지침의 역할을 하며 입법 재량이 위임된다. 결정이란 특정 주체에 한정하여 권리나 의무를 부과하는 것을 특징으로 한다. 즉 회원국 · 개인 · 법인 등 특정 사안과 관련 있는 대상 등 불특정 다수가 아닌 특정 대상에게만 적용된다는 점에서 규칙과 다르고 실현방안이 회원국에 위임되지 않고 직접 적용된다는 점에서 지침과 다르다. 권고와 의견은 법적 구속력이 없는 것을 특징으로 한다. 권고와 의견만을 제외하고 법적 구속력을 지닌다.

64) 북유럽각료이사회의 결정은 때때로 개개 회원국 의회에 의해 승인되어야만 한다는 조건으로 법적 구속력을 가진다. 북유럽각료이사회와 더불어 북유럽 국가들의 통합을 가져오고 있는 정부간 기구로 북유럽협의회(Nordic Council)가 있는데 이 기구의 의사결정은 권고의 성격을 갖는다.

국제기구의 인사 · 기관 · 예산 등 국제기구의 내부사항에 관한 결정도 법적 구속력이 있다.[65)]

국제기구의 결정이 법적 구속력을 가질 때에도 이러한 구속력은 매우 제한적인 경우들이 있다. 한국이 가입하고 있는 경제협력개발기구(OECD)는 의사결정에 있어 협의(consultation)라는 특별한 방식을 채택하고 있는데 이 방식이 이러한 한계를 잘 보여준다. 여기서 협의란 회원국들이 정책조정을 하면서 관계자가 직접 협의하고 상호 검토하는 방식을 일컫는다. OECD에서는 이러한 방식에 의해 각 분야의 위원회가 문제를 검토하고 건의하며 이사회는 이에 기초하여 합의(consensus)로 의사결정을 한다. 이러한 것들을 채택할 때 기권이 인정되며 이 경우 기권한 회원국에는 적용되지 않는다. 여기서 결정은 원칙적으로 모든 회원국을 구속하나 회원국의 의사에 반해서(특히 회원국의 헌법상의 절차요건을 충족시키지 않는 한) 적용되는 것은 아니다.

(3) 실효적인 이행장치의 부재

다자주의는 통상적으로 실효적인 이행장치를 제대로 갖추고 있지 못하다. 앞에서도 언급했듯이 장기간의 회의와 협상 과정을 거쳐 결과문서를 다자회의에서 채택하더라도 많은 경우 동 결과문서는 법적 강제력이 없는 결의(resolution)나 선언(declaration)의 형태를 취하고 있다. 나아가 법적 강제력이 있는 결과문건을 채택하였다고 해도 각국 정부에게 이의 이행을 강제할 수 있는 제도적인 장치를 결하고 있어 회의 결과가 사문화될 가능성이 존재한다. 즉 유엔 안전보장이사회와 같은 기구를 제외한 많은 다자기구는 결의를 이행치 않을 때 제재(sanction)를 가할 수 있는 강제적 장치를 결하고 있다.

문제는 이러한 법적 구속력을 가지는 의사결정을 강제할 이행장치가 있다고 해도 실효성이 미미한 경우가 많다는 점이다. 유엔헌장 제7장은 분쟁의 강제적 해결을 위한 안보리의 권한을 규정하고 있다. 이에 따르면 안보리는 평화에 대한 위협 · 평화의 파괴 또는 침략행위의 존재를 결정하고 국제평화와 안전을 유지하고 회복하기 위해 권고를 하거나 법적 구속력이 있는 강제조치(경제제재와 같은 비군사

---

65) 예컨대 유엔에 있어 제22조와 제68조에 의거한 새로운 국제기구의 설치 결정 · 제17조에 의거한 예산을 승인하고 경비를 할당하는 결정 · 제101조에 의한 스태프들을 임명할 규칙의 제정은 법적 구속력을 갖는다.

적 조치와 군사적 조치)를 결정할 수 있다. 그러나 이러한 제재에 대한 위반이 많다. 예컨대 미사일 발사 시험 등 북한의 군사적 도발에 대한 대북제재결의안 2371호가 2017년 8월에 유엔에서 만장일치로 통과되었지만 한 달도 되지 않아 북한은 여섯 번째 핵 실험을 하는 등 제재를 거듭 위반해 오고 있다.

그러나 강제적인 이행장치가 있으면서 실효적인 이행이 없는 것은 아니다. 예컨대 유럽연합의 경우 회원국은 자국의 국내법이 유럽연합의 법과 저촉될 경우 국내법을 유럽연합의 법에 합치시켜야 하는 의무를 지니게 된다. 만약 회원국이 유럽연합의 법에 규정된 의무를 이행하지 않을 시 집행위원회가 일차적으로 해당 회원국을 대상으로 행정조치를 취하고 그 조치에 대해 다툼이 있으면 유럽사법재판소(ECJ)에 이행강제소송을 제기하게 된다. 집행위원회뿐만 아니라 회원국도 유럽사법재판소에 소를 제기할 수 있다. 단 회원국은 소를 제기하기 전에 반드시 해당 사안에 대해 집행위원회의 의견을 구해야만 한다.[66)]

(4) 사활적 이익이 걸린 문제의 해결능력 부재

다자주의는 사활적 이익이 걸린 문제를 다룰 때 문제해결 능력이 부족하다. 다자외교는 강대국이 중요하다고 간주하는 문제에 대해 강대국의 의사에 반하는 결정을 내리거나 이러한 결정을 강제로 집행할 능력을 결하고 있다. 강대국이 아니더라도 주요 국가 간의 사활적 이익이 걸린 분쟁이 발생할 때 유엔 등 정부간기구나 다자회의를 통한 분쟁 해결이 성공한 경우가 극히 드물다. 따라서 이와 같은 문제의 경우 이해 당사국 간 양자 협상 등을 통해 해결방안을 모색하는 사례가 일반적이다.

3. 탈냉전기의 다자주의의 현주소

냉전의 종식과 더불어 전반적인 흐름으로서 다자주의가 강화되고 확산되는 한편 이에 대한 패권국으로서의 미국의 저항에 의한 일방주의 경향 역시 강화되고

66) 회원국이 집행위원회에 의견을 요청하면 집행위원회는 각 해당 회원국에 상대방 회원국의 주장에 대한 자신의 주장과 의견을 구두와 문서로 제출할 기회를 준 후에 적절한 의견을 제시한다. 만일 위원회가 해당 사안이 회부가 된 때로부터 3개월 이내에 의견을 제시하지 않으면 회원국은 해당 사안을 유럽사법재판소에 회부를 할 수 있다. 하지만 이러한 회원국에 의한 소의 제기는 회원국 간의 양자 관계를 고려하여 거의 이용되지 않고 있다.

있다. 이러한 두 경향과 더불어 탈냉전기의 다자주의의 특징을 살펴보고자 한다.

1) 다자주의의 강화 / 확산과 저항

위에서 살펴본 바대로 냉전의 종식 후에 새로운 안보 이슈 · 다양한 비안보적 이슈 · 초국가적인 이슈 · 남북문제가 대거 등장한 가운데 냉전 시기와는 달리 강대국들이 자신들의 이해관계에 중요하지 않은 국가나 지역에서 발생하는 갈등이나 분쟁으로부터 등을 돌림으로써 강대국들이 과거에 하던 이러한 역할의 일부를 유엔과 같은 다자기구들이 떠맡지 않을 수 없도록 만들었다. 이러한 경향은 국제체제가 국가 간의 권력 분산을 특징으로 하는 다극체제로 전환하면서 더욱 강화되었다고 볼 수 있다.

그 결과 유엔을 위시한 다자기구들의 역할이 확대되었고 유엔을 비롯한 다자주의 기구들이 복잡한 초국가적 문제들을 다루기 위한 핵심적인 외교적 틀이 되고 있다. 즉 이러한 복합적인 상황이 다자주의를 국제문제의 해결을 위한 지배적인 방식이 되도록 했다. 이러한 다자주의의 강화와 확산은 전 지구적 규모의 국제회의가 유엔을 중심으로 1990년대 이래로 대거 개최되어온 사실에서 단적으로 드러난다.

이처럼 다자주의가 강화/확산되고 있는 것은 사실이나 이러한 강화와 확산은 비안보적인 이슈 영역(non-security issue areas)에 현저하게 드러나나 안보 이슈 영역(security issue areas)에서는 강화와 확산의 정도가 미미하다. 비안보적 이슈 영역에서의 다자주의의 진전은 통상과 금융문제의 경우 유엔을 중심으로 이루어지고 있는 것이 아니라 세계무역기구(WTO)와 국제통화기금(IMF) 같은 유엔 밖의 정부간기구를 중심으로 전개되고 있는 특징을 보인다.

냉전의 종식이 가져온 패권체제에서의 다자주의의 강화와 확산은 또 다른 한편 미국과 같은 패권 국가의 행동 자유를 훼손시킴으로써 힘을 바탕으로 한 일방주의(unilateralism)로의 이탈을 촉진하고 있다. 구체적으로 미국은 일부 국제제도(국제레짐과 국제기구)가 미국의 주권과 국익을 침해하고 미국에 적대적인 국가들이 이들 국제제도를 활용하여 미국의 행동을 제약하려 하고 있다고 보고 국제협력을 강조하는 다자주의를 이탈하여 강력한 군사력을 바탕으로 국제협력보다는 자국의 이익을 최우선으로 고려하는 일방주의 유혹에 빠지고 있다.

이러한 경향을 보여주는 대표적인 예로서 미국의 대이라크 전쟁 돌입을 들 수 있다. 또 다른 예로서 기후변화협약 교토의정서 탈퇴·포괄적핵실험금지조약(CTBT)의 비준 거부·생물무기금지협약(BWC)의 검증 의정서 거부·미국과 소련 사이에 체결되었던 탄도탄요격미사일(ABM) 조약의 일방적 공식 탈퇴로 인한 폐기·소형무기 규제를 위한 유엔 행동계획(Program of Action, PoA)의 반대·국제형사재판소(ICC)의 설립조약인 로마조약의 비준 거부·수입 철강에 대한 관세의 일방적 부과·농업보조금 지급·일방적인 이스라엘 편들기 등을 들 수 있다.

이러한 경향은 대선 경쟁에서 새로운 팍스 아메리카나(Neo-Pax Americana)를 기치로 내건 트럼프가 집권하면서 더욱 심화되고 있다. 미국의 국익을 위해 과거 행정부가 체결한 자유무역협정(FTA)이 미국에 불리한 것이라는 이유로 환태평양 경제동반자협정(TPP)의 탈퇴 선언을 시작으로 이미 체결한 자유무역협정의 재협상을 요구하고 수입 철강과 알루미늄 등에 높은 관세를 부과하는 등 자유무역에서 보호무역으로 선회하고 있으며 특히 중국과의 무역전쟁을 불사하고 있다.[67] 유럽연합이나 한국 등 미국의 전통적인 우방 국에게도 이러한 보호무역 조치를 예외로 하지 않을 뿐 아니라 더 많은 방위비 분담까지도 요구하고 있다.

트럼프는 파리기후변화협약으로도 탈퇴하고 반이스라엘 편견을 이유로 2017년에 유네스코(UNESCO)로부터도 탈퇴를 선언했다. 그리고 2015년에 주요 6개국(유엔 안보리 5개 상임이사국과 독일)·유럽연합(EU)·이란이 체결한 합의인 포괄적 공동 행동계획(흔히 이란 핵 합의)을 파기했다. 심지어 미국에 불공정하여 미국의 국익을 해친다는 이유로 세계무역기구(WTO)로부터의 탈퇴를 언급하는 등 국익의 보류로 여기던 다자기구까지 비판의 대상으로 삼고 있다. 이처럼 미국의 주도하에 수립된 국제질서와 규칙들을 스스로 무너뜨리거나 무너뜨리고자 한다. 이러한 이면에는 중국의 힘을 약화시키고 미국의 힘을 키움으로써 경제를 비롯한 다방면에 걸쳐 중국의 초강대국으로의 부상을 견제함으로써 미국의 패권에 대한 도전을 막으려는 의도가 있다고 볼 수 있다.[68]

---

67) 아시아·태평양 지역 12개국이 참여한 다자간 자유무역협정인 TPP는 오바마 전 대통령이 이 지역에서 영향력 확대를 꾀하고 있는 중국을 견제하기 위한 계획의 목적으로 추구한 것으로서 미국의 아시아 중시 정책을 보여주는 것이었다.

68) 다른 한편 미국이 다른 강대국들과 다른 점이라면 민주주의와 인권 등과 같은 보편적인 가치의 추구와 더불어 국제사회의 평화·안정·자유무역과 같은 공공재를 국제사회에 공급함으로써 지도력을 행사해 왔었으나 이제 이러한 역할을 포기함으로써 팍스 아메리카나(Pax Americana)를 상실하고 있다는 비판이 국내적으로 거세지고 있다. 즉 미국 우선주의(America First)가 미국의 지도력을 상실하도록 하고 국제질서를 파괴한다는 비판을 받고 있다. 더불어 미국의 이러한 일

냉전이 종식된 1989년 이래 유엔의 부분적인 실패에도 불구하고 다자외교의 중심센터로서의 유엔의 미래와 관련하여 많은 기대를 하도록 했고 이러한 기대는 약 10년간 지속되었다. 그러나 미국의 일방주의 성향으로 인해 유엔과 같은 국제기구는 무기력해졌다. 유엔에 대한 기대에 처음으로 찬물을 끼얹은 것은 미국이 중요한 역할을 해오고 있는 북대서양조약기구(NATO)가 1998년에 유엔 안보리의 승인 없이 코소보 사태와 관련하여 군사적 공격을 가한 것이었다. 이어서 미국이 2003년에 안보리의 결의 없이 이라크에 대한 침공을 감행함으로써 보여준 초강대국의 일방주의 역시 이러한 기대를 저버리도록 했다.

이러한 일방주의 예들이 미국이 다자주의를 전면 폐기하고 일방주의를 택하고 있다는 것을 의미하는 것은 결코 아니다. 미국은 국제통화기금(IMF)을 비롯하여 자국의 국익을 보존하거나 확대하는 데 중요한 역할을 하고 있다고 판단되는 국제제도의 역할을 선별적으로 중요시하고 있다. 또한, 1984년에 탈퇴했던 유네스코에 2002년에 복귀한 예에서 볼 수 있듯이 미국은 국익이 침해될 우려가 있는 경우 다자주의에 복귀하는 경향도 보인다. 이러한 경향을 두고 미국 스스로는 일방주의가 아닌 다자주의 하나하나를 개별적으로 검토해 미국의 국익에 부합하는지를 판단하는 「맞춤식 다자주의(a la carte multilateralism)」라고 평가하고 있다. 미국은 또한 일방주의를 취하기 전에 최대한 다자주의를 통해 집단적 정당성(collective legitimacy)을 획득하고자 하는 노력을 기울이는 특징을 보인다.

2001년에 발생한 9.11 테러의 예에서 보듯이 미국 혼자서 문제를 해결할 수 없는 상황의 전개는 미국에 국제협력과 다자주의의 중요성을 무시할 수 없도록 만들고 있다.[69] 이와 더불어 미국의 일방주의에 대해 활발하게 전개되고 있는 국제사회의 반발과 견제 역시 미국에 힘을 바탕으로 한 일방주의 추구의 위험을 느끼도록 하고 있다.

미국에 우호적이지 않은 다자주의에 대한 미국의 저항이란 탈냉전기의 새로운 현상은 결코 아니다. 이 때문에 미국의 다자주의에 대한 저항이 마치 새로운 현상인 것처럼 지나치게 강조하여 부각하는 것은 사실에 크게 부합하지 않는다. 냉전 시기에

방주의는 중국이나 러시아와 같은 경쟁국들이 이제까지 미국이 행사해 온 국제사회에서의 리더십 공백을 메우려고 할 것이라는 우려도 있다.

69) 9.11 테러는 좀 더 구체적으로 말해 미국에 국가 간 협력을 기초로 하는 다자주의의 필요성을 절감하게 하는 동시에 국제사회에서의 지도력과 주도권의 필요성이라는 상반된 필요를 절감하게 하는 것이 사실이나 궁극적으로 다자주의를 포기할 수는 없을 것으로 본다.

있어서 미국의 다자주의에 대한 저항은 국제노동기구(ILO)와 유네스코(UNESCO)로부터의 탈퇴와 유엔의 정규예산 분담금의 고의적인 연체 등의 예에서 전형적으로 볼 수 있었다. 이러한 미국의 다자주의에 대한 저항이 조명을 받는 것은 탈냉전 초기에 유엔을 지배하고 있었던 국가들(특히 안보리 상임이사국들) 사이의 협력 근간이 미국의 대이라크 전쟁으로 무너지면서 유엔이 무기력한 상태에 빠지게 된 것으로부터 유래되었다고 보인다.

미국의 다자주의에 대한 저항과 관련하여 탈냉전 시기에 크게 달라진 것이 있다면 과거 다자주의로부터의 이탈이라는 위협을 통해 많은 경우 미국은 국제적인 결과에 국익을 관철시킬 수 있었는데 반해 탈냉전 시기 특히 21세기에 들어서서 미국을 제외한 대다수 국가가 미국의 일방주의로의 위협에 조직적으로 대항함으로써 국익의 관철이 쉽지 않게 되었다는 점이다. 이러한 것은 미국을 제외한 여타 국가들의 반대로 인해 미국이 2001년에 역사상 처음으로 유엔의 인권위원회(Commission on Human Rights)와 마약통제위원회의 위원국으로 선출되지 못한 것에서 그 예를 찾아볼 수 있다.[70]

2) 다자주의 구성요소의 변화

탈냉전기의 다자주의 특징의 하나로서 다자주의에 참여하는 구성요소의 변화를 언급할 수 있다. 구체적으로 전통적인 행위자인 정부와 정부간기구 이외에 초국적 기업과 다국적기업과 같은 민간부문의 조직과 NGO들이 다자주의에 활발히 참여하고 있다.

이러한 다양한 행위자의 다자주의 참여로 앞서 살펴보았듯이 글로벌 거버넌스의 논의가 활발하게 진행되고 있다. 특히 NGO의 활발한 참여는 인류 전체의 공익이 아닌 국익의 관점에서 문제해결에 접근하는 개개 정부나 정부간기구에 압력으로 작용하여 현재의 다자주의가 결하고 있는 민주성·투명성·책임성·효율성과 같은 민주적 정당성의 요소를 갖춘 진정한 다자주의를 강화하는 데에 공헌하고 있다. 이러한 맥락에서 유엔과 같은 정부간기구의 개혁이 중요한 과제로서 주목받고 있다.

탈냉전기의 다자주의는 정부 행위자의 변화도 포함하고 있다. 구체적으로 전통

70) 2006년에 인권위원회(Commission on Human Rights)를 대체하여 인권이사회(Human Rights Council)가 출발하였다.

적인 실무자 중심의 다자외교에서 벗어나 개개 국가들의 국가수반들이 대거 참여하는 다자주의로의 변화를 경험하고 있다. 국가수반의 다자주의에의 참여는 실무자 중심 국제회의의 경직성을 해소하여 의사결정을 더욱 쉽게 하고 이들의 참여하에 이루어진 결정에 대한 지속적인 관심을 유도함으로써 다자주의를 강화하는 측면을 지니고 있다.

3) 다자주의 구성요소 간의 갈등

다자주의가 다루는 중요 이슈와 이를 둘러싼 구성원들 사이의 관계를 다자주의의 또 다른 측면으로 간주할 수 있다. 구체적으로 냉전 시대 국제적인 의제를 지배했던 안보문제가 우선순위 면에서 경제·환경·사회·세계화와 관련한 이슈 등으로 이전되면서 남북갈등(South-North conflict)이 고조되고 있다. 즉 탈냉전기의 다자주의는 앞서 언급한 바처럼 패권국으로서의 미국과 다른 국가들 사이의 긴장과 대립이 존재하는 외에 선진국과 개도국 사이의 갈등이 중요한 특성을 이루고 있다.

4) 다자주의 구성요소 간의 합종연횡

다자주의를 둘러싼 행위자들 사이의 합종연횡이 발견된다. 앞서 간단히 언급한 바대로 세계화로 인해 국제통화기금(IMF) 및 세계무역기구(WTO)와 같은 유엔 밖의 국제경제기구와 다국적기업/초국적기업으로 힘과 영향력이 옮겨가고 있고 이로 인해 유엔이 상대적으로 힘이 약화되고 있다. 유엔은 이러한 상대적인 힘의 약화를 막기 위한 노력의 목적으로 NGO들과의 파트너십을 강화하고 있으며 NGO는 이들 다국적기업/초국적기업과 국제경제기구에 대한 비판을 강화하고 있다.

5) 다자주의의 지리적 수준의 다중화

다자주의가 전개되고 있는 지리적인 수준을 다자주의의 한 측면으로 볼 때 탈냉전 이후 다자주의는 다수준적으로 변화하고 있다. 세계화의 진전은 다자주의가 전지구적 수준에서 활발하게 전개되도록 함과 동시에 지역을 단위로 역내 국가 간 협력을 통해 공동의 이익을 추구하기 위한 지역주의의 활성화를 가져와 지역 수준에서의 다자주의 역시 활성화하고 있다.

이러한 경향은 아시아태평양지역에서의 아시아태평양경제협력체(APEC)·아세안지역포럼(ARF)·ASEAN+3 등 다자외교 협의 그룹의 활발한 움직임에서도 나타난다. 또한 아시아유럽정상회의(ASEM)에서 보듯이 지역주의와 지역주의 사이의 협력 또한 활성화되고 있어 일개 지역의 범주를 넘는 다자주의의 확대가 이루어지고 있다.

6) 다자주의 내부 효율성 제고 노력

다자주의 내부의 효율성 제고 노력이 활발하게 전개되고 있다. 2002년 남아프리카공화국에서 개최된 「지속가능개발세계정상회의(WSSD)」에서 보듯이 최근의 다자회의는 매번 새로운 논의를 전개하는 것이 아니라 일정한 주기로 후속조치검토회의(review conference)를 개최하여 이전의 약속사항의 이행상황을 검토하는 데 관심을 둠으로써 다자주의의 실효성을 위해 노력하고 있다.

7) 다자주의와 일방주의의 타협

미국의 일방주의적 성향과 다른 국가들의 다자주의적 성향이라는 두 경향이 일정한 정도의 타협점을 찾고 있는 경향도 일부 발견된다. 미국은 일방주의적 태도를 보일 유인을 지니고 있으며 동시에 기본적으로 미국에 대항한 세력균형의 형성을 막고 패권의 유지를 위해 선의의 패권국(benign hegemon)의 모습을 견지할 필요성도 지니고 있다. 또한, 일방주의를 위해 치러야 하는 비용과 인명의 손실을 줄이기 위해 다자주의를 최대한 이용할 필요가 있다.

미국이 아닌 다른 국가들은 자신들이 힘을 합해도 미국의 힘을 견제하기가 쉽지 않은 현실 속에서 미국이 일방주의를 택해 제도적인 견제가 전혀 불가능한 것보다 다소 양보를 통해서라도 다자주의 틀에 미국을 최소한이라도 묶어두는 것이 현실적인 대안일 수 있다는 계산하에 일정한 수준에서 미국의 입장을 수용하면서 타협을 모색하고자 하는 경향을 보인다.

이러한 것이 가능한 것은 특히 미국을 제외한 유엔 안보리 상임이사국들이 유엔 밖에서 중요한 국제문제의 결정이 일어나는 것에 대한 공동의 위협을 느끼고 있으며 그들에게 거부권을 보장하고 있는 안전보장이사회가 명실공히 가장 중요한 의사결정 기관이 되어야 한다는 공통의 인식을 하고 있기 때문이라고 볼 수 있다.

이러한 경향을 전형적으로 보여주고 있는 예가 2003년 10월 16일에 안보리에서 만장일치로 통과된 이라크 지원 결의이다.

8) 정당성의 쇠퇴와 경쟁적 다자주의의 등장

다자주의는 정당성의 상실이라는 도전에 직면해 있다. 다수의 개도국과 중국을 위시한 새롭게 부상하는 강국들은 현재의 다자주의가 서구의 원칙과 이해관계에 편도가 되어 있고 이러한 것을 바로잡을 개혁의 요구에 소극적일 뿐 아니라 국제개발과 안보문제 등과 같은 많은 전통적인 문제들을 제대로 다루어오고 있지 못하다는 이유로 점차 정당성을 잃어가고 있다고 본다. 이러한 다자주의는 20세기의 산물로서 21세기의 도전을 다루기에는 적절하지 않다고 본다.71)

2차 세계대전 이후에 설립된 협상과 협정의 체결을 위한 토론장(forum)에 대해 저항이 증가하고 있다. 이러한 현상은 보편적인 국제기구가 아닌 지역에 바탕을 둔 지역 기구들(regional organizations)의 설립이 증가하면서 보편적인 다자기구를 통한 협력이 퇴조하고 있는 것에서 잘 알 수 있다. 이러한 퇴조는 상대적으로 경제력이 증가하고 있는 중국을 포함한 브릭스(BRICS) 국가 등의 기존 다자주의에 대한 도전으로 이끌려지고 있는 것이 일반적인 관찰이지만 전 지구적인 패권 국가의 지위를 잃어가고 있는 미국에 의해서도 이끌려지고 있다. 이들을 보다 구체적으로 살펴보면 다음과 같다.

보편적인 국제기구를 통한 다자주의에 대한 도전은 지역적인 국제기구의 새로운 설립을 통해 이루어지고 있다. 즉 서구 중심의 전 지구적 다자주의가 지역적 다자주의의 도전을 받고 있다. 이러한 것을 바로 보여주는 예가 2015년에 부상하는 경제 강국에 의해 설립된 2개의 다자개발은행인 아시아인프라투자은행(Asian Infrastructure Investment Bank, AIIB)과 신개발은행(New Development Bank, NDB)이다.

전자는 중국의 주도로 설립되었으며 중국 이외의 다수의 출자국이 참여하고 있는 국제은행으로서 전 아시아 지역의 기반사업(infrastructure)을 지원하는 데 초점을 두고 있다. 「브릭스 은행(BRICS Bank)」이라고도 불리는 후자 역시 중국의 주

71) Sebastian Forsch, “The European Union’s Changing Approach towards Multilateralism,” EU Diplomacy Papers 8/2017 (Bruges, Belgium: Department of EU International Relations and Diplomacy Studies, College of Europe, 2017). p. 7.

도로 설립되었다는 점에서는 같으나 브릭스 국가 간에 동등한 기반에서 운영되고 있다는 점에서 아시아인프라투자은행과 차이를 지니며 개도국의 기반사업과 지속가능한 개발에 필요한 자금을 지원하는 역할을 주로 한다. 이들 두 국제기구는 모두 중국에 본부를 두고 있다.

이러한 새로운 다자개발은행들은 서구의 국가들과 일본에 의해 주도되고 있는 기존의 다자기구인 국제통화기금(IMF)·세계은행(World Bank)·아시아개발은행(ADB)에 처음으로 본격적인 도전을 가하면서 설립된 경쟁적인 다자기구들이다. 이러한 다자개발은행들이 설립된 배경은 중국을 비롯한 부상하는 경제력을 가진 국가들이 국제통화기금과 세계은행을 비롯한 국제금융기구들이 미국·유럽국가들·일본 등의 이익을 우선시한다고 주장하면서 새로운 경쟁적인 성격의 기구 설립을 통해 미국 주도의 국제금융 질서를 자국을 중심으로 재편하고자 한 것이다.[72] 기존의 국제금융 질서에 대한 이들의 불만 사항을 살펴보면 다음과 같다.

첫째, 미국을 비롯한 서구 국가들과 일본 등이 지배하는 기존의 다자금융기구들은 새롭게 부상하는 경제력을 지닌 국가들의 경제력에 상응하는 출자금의 증액과 표결력의 상승을 제대로 반영하지 않아 많은 불만의 대상이 되어왔다.[73] 더불어 미국이 높은 출자비율과 이에 따른 표결력을 바탕으로 국제통화기금과 세계은행에서 출자비율의 변경과 같은 중요한 결정에 거부권을 행사해오고 있다는 것이 중요한 불만 요소 가운데 하나였다.

둘째, 이러한 국제금융기구들의 총재 선출에서도 편향성을 지녀왔다. 예외가 하나도 없었던 것은 아니나 세계은행의 경우는 미국·국제통화기금의 경우는 유럽국가·아시아개발은행은 일본이 각각 총재의 직책을 맡아왔던 것이 사실이다. ADB의 경우 일본은 20%도 안 되는 지분율을 바탕으로 총재직을 다른 국가에 넘긴 적이 한 번도 없었다.

셋째, 기존의 국제금융기구들이 융자를 제공할 때 개도국들에 경제개혁을 요구할 뿐 아니라 여기에서 더 나아가 사회개혁뿐 아니라 정치개혁을 요구하기까지 하면서 국내문제에 대한 간섭의 문제를 제기해왔던 것이 불만의 또 다른 요소였다. 특히 이행조건으로서 제시되는 경제개혁 프로그램이 융자를 받는 국가들의 이익보

72) 물론 중국으로서는 이러한 새로운 다자기구의 설립이 기존 기구들에 대해 경쟁적이지 않고 보완적임을 강조한다.

73) 이러한 불만이 새로운 기구의 설립으로 이어지는 것을 꺼린 미국이 이들에게 출자금의 상승과 이에 따른 표결력의 상승을 일정 부분 현실화했지만 이러한 불만 자체를 진화하지 못했다.

다는 미국과 유럽의 이해만 대변한다는 비판도 받았다.

중국 등이 주축이 되어 새롭게 설립된 국제금융기구들은 다수의 개도국이 공유하고 있는 이러한 불만 요소를 기반으로 출발했기 때문에 이러한 요소들을 배제하려고 노력하지 않을 수 없었으며 이러한 노력은 실제로 설립헌장에 반영되거나 운영상의 원칙으로 반영되고 있다. 예컨대 중국은 상당히 높은 압도적인 지분율과 의결권에도 불구하고 아시아인프라투자은행에서 거부권을 행사하지 않겠다는 방침을 선언했다. 또한, 신개발은행의 경우는 창립에 참여한 브릭스 국가들이 출자 지분율과 의결권을 동등하게 지니도록 했으며 은행 총재의 경우 5년마다 돌아가면서 하도록 했다.

이들 은행은 기존의 국제금융기구들이 자유시장 모델을 옮겨심는 한편 융자를 지원받는 국가의 개발요구를 등한시하는 시장과 구조의 개혁이 수반되는 엄격한 이행조건(conditionality)을 피하는 것을 추구해오고 있다. 기존의 국제금융기구들은 긴축조치와 금융 자유화 조치를 이행조건을 통해 강요를 해왔고 이러한 강요는 개도국에 재앙을 불러오곤 했다. 기본적으로 이들 기구는 융자를 지원받는 국가들에 특정의 가치체계(value system)를 이식시키려고 하지 않고 국내문제에 간섭하려고 하지 않는 기본적인 태도를 지니고 있어 국내문제에 대한 간섭을 꺼리는 다수의 개도국이 선호하고 있다. 이러한 특징은 융자 제공에 대한 이행조건뿐만 아니라 개도국들의 공적개발원조(ODA) 제공에 수반되는 조건에도 적용이 된다. 전통적인 원조 제공국들인 경제협력개발기구의 개발원조위원회(OECD/DAC) 국가들은 원조의 제공과 더불어 선정(good governance)과 같은 조건을 부과하였으나 중국을 비롯하여 새롭게 원조 제공국으로 부상하고 있는 국가들은 내정 불간섭의 원칙에 따라 이러한 조건을 부과하려 하지 않는다.[74]

이러한 경쟁적 다자주의(contested multilateralism)의 등장은 국제레짐의 복잡성(regime complexity)을 가져오고 있다. 좀 더 구체적으로 경쟁적 다자주의에 의한 다자주의의 분절화(fragmentation)는 기존의 국제레짐을 손상하는 결과를 가져올

74) 선정(good governance)은 다음 8가지를 주요 특징으로 한다: 참여성·합의 지향성·책임성·투명성·민감한 반응성(responsiveness)·효과성과 효율성·형평성과 포용성·법치의 존중. 선정은 부패를 최소화하며 소수의 견해가 고려되고 사회의 가장 취약한 사람들의 목소리가 의사결정에 반영되는 것을 보장하고자 한다. 또한, 사회의 현재와 미래의 필요에 민감하게 반응하는 것을 보장하고자 한다(Julia C. Morse & Robert O. Keohane, “Contested Multilateralism,” *The Review of International Organizations*, Vol. 9, No. 4 (2014), pp. 385-412).

수 있다. 예컨대 새로운 다자주의에 의한 엄격한 이행조건의 부재는 실제에 있어서 적절한 환경이나 노동기준에 대한 준수와 인권의 존중 등과 같은 규범적인 요소들을 제거한다는 점에서 적지 않은 우려를 낳고 있다.

이러한 흐름 속에서 다자주의가 이제까지 전통적으로 기반을 두고 있던 원칙에 대한 상이한 이해가 강화되고 있다. 전통적인 원칙에 기반을 둔 다자주의의 경우는 전 지구적으로 사회와 환경 그리고 인권에 관한 기준을 촉진하는 것을 중요시하였으나 새로운 다자주의는 경제개발에만 초점을 두고 있다. 다시 말해 전자는 글로벌 이익이라는 관점을 지닌 데 반해 후자는 철저히 국가이익에 편도가 되어 있다.

이러한 경쟁적 다자주의는 상하이협력기구(Shanghai Cooperation Organization, SCO)와 주요 7개국(G-7) 정상회의에서도 보인다. 상하이협력기구는 1991년 소련이 해체된 후 중국과 국경을 접하게 된 러시아 · 카자흐스탄 · 타지키스탄 · 키르기스스탄 대표가 1996년 중국과 함께 모인 상하이 파이브 그룹이 전신이 되고 여기에 우즈베키스탄이 참여하여 2001년 공식 결성되었다.

상하이협력기구는 원래 이들 6개국 간에 국경과 안보문제를 해결하기 위한 목적으로 설립되었다. 그러나 시간이 지나면서 지역 안보와 경제협력으로 의제를 확대하고 2015년에는 인도와 파키스탄이 정회원국으로 참여하는 등 면적과 인구 면에서 세계최대의 지역협력 조직(지역안보 협의 그룹)이 되었다. 중국과 러시아는 이 기구를 중앙아시아에서의 미국과 서구의 영향력에 대항하기 위한 조직으로 활용해 오고 있다. 이러한 것을 잘 보여주는 예가 2018년 6월에 캐나다에서 주요 7개국(G-7) 정상회의의 개최에 대응한 중국에서의 상하이협력기구 회의의 개최이다.

9) 덜 공식적인 국제제도의 증가

공식적인 제도란 공식적인 국제협정에 기초하여 설립되고 임무를 수행하는 직원을 가진 항구적인 사무소를 가진 국제제도로서 국제통화기금(IMF) · 경제협력개발기구(OECD) · 세계은행(World Bank) · 세계무역기구(WTO) 등과 같은 정부간기구를 일컫는다.

냉전 종식 후에는 이와는 다른 형태의 덜 공식적인 국제제도가 국제사회에 있어서 영향력 있는 행위자의 하나로서 등장하고 있다. 덜 공식적인 제도란 기구(organization)가 아니라 국가를 위시한 다양한 조직들을 한 곳으로 불러 모으는 연계망(network)을 의미한다. 이러한 제도는 여느 국제기구들과는 달리 일반적으로 설립헌장·공식적인 규칙·직원과 사무국의 부재 등을 특징으로 하는 제도를 일컫는데 탈냉전 이전부터 존재해 온 주요 7개국(G-7) 회의 혹은 주요 8개국(G-8) 회의와 파리클럽(Paris Club) 등을 전형적인 예로 들 수 있다. 냉전 종식 후에 생긴 덜 공식적인 국제제도의 전형적인 예로서는 G-20을 들 수 있다.[75)]

(1) G-7과 G-8

전통적인 정부간기구는 설립헌장이나 국제조약 혹은 국제협정을 통해 설립된다. 이들은 통상적으로 주요기관으로서 총회·이사회·사무국을 두고 있다. 비전통적인 국제제도인 G-7과 G-8은 공식적인 국제협정으로 설립되지 않았고 이러한 기관들을 가지고 있지 않으며 의사규칙 등 규칙을 갖추고 있지 않다는 점에서 덜 구조화된 비공식적인 조직이다.

G-7은 미국·일본·독일·영국·프랑스·캐나다·이탈리아를 구성국으로 한다. G-7 국가들의 전 세계 국민총생산(GDP)의 약 40%를 차지하고 인구 면에서는 전 세계 인구의 약 10%를 차지한다. 이들 구성국은 전 세계 국가들 가운데 선진국으로 분류됨에 있어서 이견이 없는 국가들이다. 러시아가 1998년에 공식적으로 구성국의 지위로 참여하면서 G-7에서 G-8이 되었으나 우크라이나 내의 크림 자치공화국을 병합하면서 퇴출당했다.

유럽연합은 1977년부터 G-7에 참여해 오고 있는데 G-7 정상회의에 집행위원회 위원장과 (각료) 이사회의 의장이 유럽연합을 대표하여 참가한다. 공식적인 회원의 지위를 가지고 있지 않으나 의제에 대한 모든 정치적 토의에 점진적으로 참여해 오고 있다.

G-7과 G-8은 관료제도에 의해 상대적으로 관여를 거의 받지 않기 때문에 구성국들의 지도자들은 개인적인 바탕에서 서로를 알게 되고 상대방들의 국내 정치적·경제적 제약과 우선순위 등을 알게 된다. 이러한 비공식적 제도들은 구성국들에 정책의 조정·공동의 이니셔티브·국가와 국가가 아닌 다른 행위자들과의 상호작용을 위한 토론장을 제공한다. 실제에 있어서 이들은 중요한 국제적인 경제문제에 대한 비공식적이고 실질적인 토론을 위한 효과적인 토론장의 역할을 함으로써 구성국들의 정책결정자 사이에 있어서 상당한 이해와 조정을 가능하게 하는 데

75) G-7은 「Group of Seven(Industrialized Nations)」의 약어이다.

이바지해왔다.

간혹 상설적 기관의 조직형태를 갖추자는 제안이 있기는 했으나 일부 국가들이 이에 강력히 저항했다. 그런데도 G-7과 G-8은 국제사회에서 중요하고 영향력 있는 행위자가 되었다. 이러한 G-7이나 G-8의 가장 잘 알려진 면모는 이들을 구성하고 있는 국가나 정부의 수반들이 갖는 연례정상회의이다. 이들의 연례정상회의는 미디어뿐만 아니라 학술적 혹은 다른 전문적인 저술에 의한 논의의 대상이 되어왔다.76)

(2) G-20

① 설립목적

G-20은 국제사회의 주요 20개 산업화한 경제와 부상하는 경제를 가진 국가들이 함께하는 국제적인 포럼이다. 이들 20개 국가는 전 세계 국내총생산(GDP)의 약 85%·무역의 75%·전 세계 인구의 2/3를 차지한다. 이러한 면에서 G-20의 포괄성과 대표성을 인정하는 견해도 존재한다.

이러한 G-20은 브레턴우즈체제(Bretton Woods System) 내에서 구성요소 국가들 사이에 협력과 조정을 진전시키는 것을 목적으로 하여 국제적인 이슈에 대한 견해를 비공식적으로 교환하고 이에 대한 합의를 형성하고자 대화를 가지기 위한 비공식적인 기제로서 설립되었다. 좀 더 구체적으로 G-20의 주요 임무는 토론을 촉진하고 국제적인 금융안정을 촉진하기 위해 선진국과 신흥 경제국 간의 정책 이슈를 연구하고 검토하는 것이다.

② 구성과 조직

G-20은 19개의 국가와 유럽연합(EU)이라는 지역 기구를 정식 구성요소로 하나 이들 이외에 유엔(UN)·국제통화기금(IMF)·세계은행(World Bank)·세계무역기구(WTO)·금융안정위원회(Financial Stability Board, FSB)·국제노동기구(ILO)·경제협력개발기구(OECD) 등도 참여가 허용된다. G-20은 국제통화기금이나 세계은행과 같은 국제기구들과 경쟁하기도 하지만 G-20 회의의 논의를 통해 대체적인 윤곽을 잡은 이슈들을 실질적으로 다루기 위해 이러한 국제기구들에 의존하기도 한다.

---

76) Peter I. Hajnal, *The G8 System and the G20: Evolution, Role and Documentation* (Aldershot, Hampshire, England: Ashgate, 2007), pp. 2-5.

G-20은 G-7 국가(프랑스 · 미국 · 영국 · 독일 · 캐나다 · 이탈리아 · 일본)와 더불어 12개의 신흥 경제국(아르헨티나 · 호주 · 브라질 · 중국 · 인도 · 인도네시아 · 멕시코 · 러시아 · 사우디아라비아 · 남아프리카공화국 · 한국 · 터키)과 유럽연합(EU)으로 구성되어 있으며 일반적으로 주요 20개국의 모임으로 불린다.

G-20은 5개의 그룹으로 구성되어 있다. 1그룹(Group 1)은 호주 · 캐나다 · 사우디아라비아 · 미국으로 구성되어 있고 2그룹(Group 2)은 인도 · 러시아 · 남아프리카공화국 · 터키로 구성되어 있다. 3그룹(Group 3)은 아르헨티나 · 브라질 · 멕시코로 구성되어 있고 4그룹(Group 4)은 프랑스 · 독일 · 이탈리아 · 영국으로 구성되어 있으며 5그룹(Group 5)은 한국 · 중국 · 일본 · 인도네시아로 구성되어 있다.

③ 설립배경과 지위의 상승

G-20의 설립배경을 살펴보면 이 조직은 1997~1998년에 발생한 아시아 외환위기가 계기가 되었다. 외환위기로 국제금융시장의 불안정해지자 안정을 도모하기 위한 수단의 하나로 선진국과 신흥 경제국들 사이에 경제정책을 조정하고 협력을 꾀할 협의 그룹의 필요성이 제기됨에 따라 1999년 12월에 출범하였다.

구체적으로 아시아의 외환위기를 통해 신흥 경제국들의 외환위기가 선진국들의 금융시장에 심각한 파급효과를 가져올 수 있다는 것을 목격하고 경제와 금융문제에 대한 논의에 이들 신흥 경제국들을 배제해서는 안 된다는 것을 인식하게 되었다. 그 결과 선진국과 신흥 경제국 사이에 정책조정을 고무하기 위한 국제경제 토론장으로서 G-20이 출발하게 되었다. 즉 신흥 경제국을 포함한 개도국이 점차 국제사회의 경제에 미치는 중요성이 증가하자 선진국들은 이들을 바람직한 파트너로 포함하지 않을 수 없게 되었던 것이 설립의 중요한 배경이 되었다.

그러나 세계 경제의 주요 현안과 국제금융체제의 개편과 같은 이슈들에 대한 논의는 여전히 G-8(G-7+러시아)이 중심이 되어 논의됨으로써 G-20은 부차적인 지위에 머물렀다. 이를 보여주는 예로써 G-20의 경우는 출범한 1999년부터 2007년까지 매년 회원국 재무장관과 중앙은행 총재들이 회의에 참여해 왔는데 반해 G-7(혹은 G-8)의 경우는 이들 이외에 국가의 정상들이 참여했다.

그러다가 2008년 비우량 주택담보대출(subprime mortgage loan)의 부실사태로 미국 국제금융회사인 리먼 브라더스 지주회사가 부도로 파산하면서 촉발한 미국의 금융위기가 전 세계로 확산되자 금융위기와 관련된 제반 문제에 대한 논의와 새로운 국제금융통화질서의 수립을 위한 논의를 포함한 주요 세계 경제 이슈들의 해결을 위한 논의의 필요성이 생겼다. 그 결과 2008년 11월에 처음으로 G-20 회원국들의 정상들이 참가하는 정상회의가 개최되었다. 이로써 G-20은 G-8을 대체할 최고의 협의 그룹으로 지위가 격상되었다. 그 후 2009년 미국 피츠버그에서 개최된 G-20의 회의에서 정상들은 새로운 G-20이 국제경제 협력의 일차적인 가장 중요한 수단으로서 G-8을 따라잡을 것이라고 공표했다.

이후부터 G-20의 정상들이 연례적으로 회합하고 있으며 재무장관과 중앙은행장들이 필요에 따라 회합을 가져오고 있다. 1년에 한 번씩 회원국이 순번제로 돌아가면서 의장국을 맡으면서 정상회의를 개최하고 이끌어 나간다. 정상회의 개최국은 그해 정상회의에서 다룰 의제들과 일정 등을 정하는 데에 커다란 영향력을 갖는다. 한국은 2010년 11월 서울에서 G-20 정상회의를 개최한 바 있다. G-20 회합에서는 주로 국제경제와 국제금융 문제에 초점을 두고 있으나 이와 더불어 개발·식량안보·환경 등과 같이 국제경제와 국제금융 문제와 관련이 있는 문제들도 논의의 대상이 되고 있다. 나아가 긴급한 해결을 요구하는 대외정책 이슈들 역시 점차 논의에 포함되어 오고 있다.

④ 조직형태에 대한 논의

G-20 정상회의의 성과를 이어나가고 항구적인 세계 경제의 최고위급 포럼이 되기 위해서는 사무국 설치 등 공식적인 제도로의 탈바꿈이 필요하다는 의견도 제시되고 있다. 그 이유 가운데 가장 중요한 하나는 G-20 정상들이 합의한 내용이 제대로 이행되는 것이 필요한데 이러한 합의가 이행되도록 행정적으로 지원하고 이행상황을 감시하며 평가하기 위해서는 항구적인 조직으로서의 사무국이 필요하다는 주장이다. 이러한 사무국은 독립적인 사무국일 수도 있고 기존의 정부간기구에 사무국의 역할을 위탁할 수도 있을 것이다.

⑤ G-20의 장단점

이러한 G-20은 비공식성과 유연성을 특징으로 하며 국제적으로 구속력이 있는 결과물을 생산하는 것을 의도하고 있지 않기 때문에 이들 국가의 지도자들은 곧 법적인 약속에 구속될 것이라는 두려움이 없이 글로벌 이슈들을 자유롭게 토론할 수 있다는 장점을 보유하고 있다.

이러한 방식의 다자주의에 대한 비판도 물론 존재한다. 이러한 비판은 통상적인 정부간기구가 직면하는 문제점과 크게 차이가 나지 않는다. 즉 글로벌 거버넌스에 관여하는 영향력 있는 행위자로서 심각한 민주주의(혹은 민주성)의 결손(democratic deficit)을 가진다. 구체적으로 G-7과 비교하여 훨씬 더 대표성을 가지고 있는 것은 사실이지만 국제사회 전체에 영향을 미칠 수밖에 없는 회의의 결과물(의사결정과 행동)을 단지 20개 국가가 국제법 등에 근거를 두지 않고 결정하는 것이 갖는 민주적 정당성의 결여가 존재한다.

이러한 문제의 제기는 G-20 자체가 「국제적인 경제협력을 위한 최고의 토론장(premier forum for international economic cooperation)」이라고 선언한 것에 비추어 볼 때 타당성을 지닌다. 이러한 선언은 국제사회 국가 대부분을 포함함으로써 좀 더 많은 정당성을 지니는 유엔을 포함한 글로벌 거버넌스 기제와의 관계에서 전 지구적 운영위원회(global steering committee)의 성격을 지님을 의미하기 때문이다.

이러한 민주적 정당성의 문제와 더불어 유엔과 같은 대표성이 있는 정부간기구에 책임을 지지 않는 등 이들의 결정에 뒤따르는 책임성의 문제도 존재한다. 현재의 전 지구적 경제 거버넌스의 구조는 주요 국내적·지역적·다자적 개발은행을 지배하고 이로써 G-20의 비회원국들의 목소리를 무색하게 하는 G-20 국가들에 의해 지배되고 있다. 예를 들면 G-20 회원국의 재무장관과 중앙은행장이 G-20이 아닌 전 세계 국가 대부분을 회원국으로 하는 보편적인 정부간기구에 참여할 경우 이들은 G-20에서 미리 결정된 정책 등을 투사하려고 하는 협의 그룹(caucusing group)으로서 역할을 할 위험성이 있다는 것이다.

더불어 G-20은 투명성의 결여로 비판의 대상이 되기도 한다. 이는 G-20 구성국이 아닌 국가들과 시민사회가 G-20의 의사결정에 영향을 미치는 것이 거의 불가능하기 때문이다. 다수의 장관급 회의의 의제의 경우 비록 시민사회부문의 행위자들에게 정보에 대한 접근법이 부여되어 있기는 하나 이러한 정보는 부분적으로 공표되는 등 한계를 가진다. G-20 회의의 유치국이 관례로 투명성과 참여에 대한 규칙을 결정하는데 통상적으로 이들 유치국이 시민사회의 참여와 토론을 위한 공간을 매우 제한하고 있을 뿐 아니라 항의하는 것을 유죄시하기도 한다.[77]

---

77) Heinrich Boll Stiftung (The Green Political Foundation), "Power and Legitimacy of the G20 in a Multilateral Governance System," https://www.boell.de/en/2016/12/05/power-and-legitimacy-g20-multilateral-governance-system (검색일: 2018년 7월 8일).

4. 새로운 다자주의의 필요성 대두

초국가적인 문제들을 해결하는 데 있어서 기본적으로 주권에 기초하고 자국의 이익을 우선시하는 소위 「국가에 기반을 둔 접근법(states-based approach)」으로 인해 국제사회에서 전 지구적인 공공재(global public good)에 미치지 못하는 결과물을 도출하거나 아예 다자협상이 교착상태에 빠져 어떠한 결과물도 산출하지 못하는 경우가 빈번하게 발생한다.

이는 예컨대 기후변화의 문제나 지구 전체를 파괴할 수 있는 대량파괴무기의 확산과 같이 개개 국가들의 이익을 뛰어넘어 해결을 도모해야 할 필요가 있는 전 지구적인 문제들이 발생하지만 이러한 문제들이 여전히 주권국가의 이익을 보호하는 방식에 의해 다루어지고 있기 때문이다.

앞서 살펴보았듯이 이러한 방식을 글로벌 거버넌스와 대비하여 「인터내셔널 거버넌스」라고 부르는데 이러한 거버넌스의 주체는 주권국가와 주권국가가 설립한 정부간기구이다. 인터내셔널 거버넌스에서 주권의 지고성(supremacy)이 국제관계의 가장 중요한 원칙으로 작동하는데 여기에서 정부간기구는 주권국가에 예속된 조직으로서 일반적으로 이들의 자율성의 정도는 주권국가가 부여하는 자율성의 정도에 달려 있다는 한계를 지닌다. 이러한 문제의 성격과 이의 해결 방식상의 불일치를 타개하기 위해 새로운 대안이 될 수 있는 새로운 글로벌 거버넌스의 다자주의 체제가 필요하다.

이러한 전통적인 다자주의가 아닌 새로운 혁신적인 다자주의가 필요하다는 주장과 더불어 현재 존재하는 다자주의의 개선을 주장하는 견해도 물론 존재한다. 그중 하나는 전통적으로 다자주의는 특정 이슈만을 다루거나 유사한 이슈들을 주제별로 묶어 다루어 왔는데 글로벌 이슈들이 상호 밀접하게 연계되어 있어 통합적으로 접근할 필요가 있으며 전 지구적 공공재라는 개념을 포괄하고 다수의 국가 및 비국가적인 이해관계자들과의 파트너십을 효과적으로 이용하는 것을 촉진해야 한다는 주장이다.[78)]

주권국가의 국경을 넘는 복잡한 이슈들이란 어떤 한 국가의 노력만으로는 해

78) Carlos Lopes, "Challenges to Multilateralism," https://www.uneca.org/es-blog/challenges-multilateralism (접속일: 2018년 8월 23일).

결될 수 없다는 인식하에 전 지구적인 도전에 대항하기 위해서 보편적이고 규칙에 기반을 둔 다자주의의 필요성이 다시금 강조되고 있다.

제6장

글로벌 이슈 접근 원칙과 효율성 제고 방식

제1절 인간 중심적 접근법
제2절 효율성 제고 방식

제 6 장

글로벌 이슈 접근 원칙과 효율성 제고 방식

냉전의 종식과 세계화의 심화는 글로벌 이슈 접근 원칙과 효율성 제고 방식의 변화를 가져오고 있다. 글로벌 이슈 접근 원칙으로서 인간 중심적 원칙이 도입되어 국가 중심적 접근을 대체하고 있으며 효율성 제고에도 관심을 가져 주류화 접근법을 비롯한 다양한 접근법이 글로벌 이슈의 해결에 적용되고 있다.

제1절 인간 중심적 접근법

냉전이 종식된 이후에 전통적인 국가 중심적 접근이 아닌 인간 중심적 접근(human-centered approach) 혹은 인간 중심적 문제해결 접근(human-centered problem-solving approach)이 글로벌 이슈를 다루는 방식에 기초를 이루게 되었다. 이러한 인간 중심적 접근은 다양한 국제사회의 행위자들에 의해 국가 수준 혹은 국제수준에서 계획하고 시행되는 정책이 인간을 대상으로 하며 인간을 위한 것이어야 함을 강조하는 한편 이러한 정책이 시민들의 참여 속에 이루어져야 함을 강조한다. 이처럼 강조점이 다른 두 가지 인간 중심적 접근법을 인간을 위한 접근법과 인간에 의한 접근법으로 구분하여 살펴보고자 한다.

1. 인간을 위한 접근

국가가 아닌 인간을 위한 접근은 인간안보(human security) · 인간개발(human development) · 인간빈곤(human poverty)과 같은 개념들이 등장하여 글로벌 이슈를 논하는 데 있어서 하나의 원칙으로서 작용하고 있다. 따라서 이러한 개념들을 하나씩 살펴본 후 이러한 개념들이 구체적으로 어떤 방식으로 구현되고 있는가를 보여주는 예를 들어보고자 한다.

1) 인간을 위한 인간 중심적 개념들[1)]

(1) 인간안보

냉전기에서는 안보의 대상을 국가로 보는 국가 중심적 안보 관점(state-centric security perspective)이 주를 이루었으나 탈냉전과 더불어 인간을 대상으로 한 인간 중심적 안보 관점(human-centric security perspective)으로 바뀌어 가고 있다. 구체적으로 국가 중심적 안보 관점은 국가안보(national security)를 중시하는 관점으로서 외부의 군사적 위협으로부터 국가를 안전하게 보호하는 것을 주된 안보라고 보는 관점이다.

인간 중심적 안보 관점인 인간안보(human security)는 유엔개발계획(UNDP)이 1994년에 발간한 인간개발보고서(Human Development Report)에 의해 처음으로 제시된 개념인 인간안보를 중시하는 관점으로서 전통적인 국가안보 개념에서 벗어나 인간의 생명과 존엄이 무시되는 등 인간다운 삶을 영위하지 못하도록 하는 모든 것을 안전보장에 대한 위협으로 간주하는 안보의 새로운 관점이다. 당 보고서에 따르면 인간안보라는 개념은 공포로부터의 자유(freedom from fear)와 결핍으로부터의 자유(freedom from want)를 중점으로 하며 경제안보・식량안보・보건안보・환경안보 등 7가지 측면을 가진다고 본다.[2)]

이러한 인간안보 개념이 등장하게 된 배경은 냉전이 종식된 후 외적의 침략에 의한 안전에 대한 위협이 약화되자 환경의 악화와 인권의 탄압 등 국내적인 요인에 의해 인간 개개인에 가해지는 안전에 대한 위협이 부각했기 때문이다. 이러한 인간안보란 외적의 침입으로부터 국가를 안전하게 지킨다는 명분으로 개인의 인권 탄압으로 인간의 안보가 위협에 직면하게 되고 국민총생산(GNP)으로 측정되는 국가의 경제개발을 달성한다는 명분으로 개인의 인권이 탄압되고 파괴된 환경으로 개인의 생명이 위협을 받는 등 인간안보가 위협을 받아서는 안 된다는 것이다.

---

1) 이들을 「인간 우선 접근법(people first approach)」이라고도 부를 수 있을 것이다.

2) UNDP, *Human Development Report 1994: New Dimensions of Human Security* (New York: UNDP, 1994), pp. 22-40.

즉 개인의 안전보장이 담보되지 않는 국가의 안전보장은 의미를 상실하게 된다는 것으로서 국가안보만으로는 개인의 안전과 복지를 보장할 수 없다는 인식을 반영한 것이다. 이처럼 안전보장의 궁극적인 단위는 개인이 되어야 한다는 인식이 인간안보의 개념으로 구체화되어 글로벌 이슈를 논하는 데 있어서 중요한 쟁점의 하나가 되었다.

(2) 인간개발

인간안보 이외에 인간 중심적 접근을 의미하는 개념은 인간개발(human development)이다. 위에서 언급한 인간안보라는 개념이 안보가 누구를 위한 안보여야 하는가와 관련하여 그 대상을 국가에서 인간으로 옮기고자 한 것과 마찬가지로 인간개발이라는 개념은 개발의 중요한 대상을 국가로부터 인간으로 바꾸어 놓고자 한 것이다.

과거에는 개발이란 경제개발 즉 경제성장을 의미했다. 따라서 경제성장은 국가발전의 중요한 목표였고 이러한 맥락에서 국내총생산(GDP)이 개발의 정도를 측정하는 중요한 지표가 되었다. 그러나 이러한 GDP는 단순히 경제적 활동을 측정할 뿐이지 인간의 삶의 질의 진정한 향상을 측정하지 않는다는 점으로 오랜 기간 비판의 대상이 되어왔다. GDP의 증가로 국가 전체의 성장이 이루어진다고 해도 그 과정에서 국가라는 추상체를 실질적으로 구성하고 있는 인간의 권리가 훼손되고 환경이 파괴되며 부의 편재로 불평등이 확대된다면 이러한 GDP의 성장을 인간의 개발(발전)로 볼 수 있을 것인가의 문제가 꾸준히 제기되면서 GDP 몰아내기 운동(movement to dethrone the GDP)이 전개되기도 했다. 이러한 맥락에서 단순한 경제성장이 아닌 고용·성장과 함께 하는 배분·인간의 기본적인 필요의 충족과 같은 지표들을 개발의 중요한 지표로 보아야 한다는 주장이 힘을 받아왔다.

이러한 논의들이 탈냉전과 더불어 본격화되어 인간개발이라는 개념으로 심화되었다. 이러한 인간개발이라는 개념의 핵심은 경제의 풍요로움이라기보다 인간 삶의 풍요로움을 확장하는 것을 의미한다. 유엔개발계획(UNDP)은 이러한 인간개발이 구체적으로 오랜 기간의 건강한 삶·교육에 기초한 다양한 지식의 구비·양질의 생활 수준이라는 세 가지 측면으로 구성이 된다고 본다.

인간개발은 인간이 이러한 삶을 영위할 수 있도록 인간에게 좀 더 많은 능력을 비롯하여 기회·선택권·자유를 제공하는 것에 중점을 두고자 한다. 이러한 생각과 더불어 UNDP는 매년 각국의 평균수명 · 교육수준 · 소득 규모 등을 고려해 인간개발지수(Human Development Index, HDI)를 산정해 국가들의 순위를 공개함으로써 세계 각국의 삶의 질을 높이기 위한 간접적인 노력을 한다.[3)]

지금까지 살펴본 인간안보와 인간개발이라는 두 개념의 관계에 대해 생각해볼 필요가 있다. 이 두 개념은 같은 것은 아니지만 상호 연관되어 있다. 인간개발을 이루어가는 과정에서 인간개발을 위협하는 여러 요소에 직면하게 되며 이러한 위협으로부터 인간을 보호하기 위해서는 인간안보가 확보되어야 한다. 인간안보는 인간들에게 그들의 삶과 생계 그리고 존엄성에 대한 위협을 통제하거나 피할 수 있도록 해주기 때문이다. 이러한 의미에서 인간안보란 인간개발의 달성을 위한 조건으로서의 의미를 지닌다고 할 수 있다.

(3) 인간빈곤

인간안보 및 인간개발과 관련이 있는 「인간빈곤(human poverty)」이라는 개념을 살펴보고자 한다. 우리가 「빈곤」이라고 할 때 우리 대부분은 「소득빈곤(income poverty)」을 의미하는 것으로 이해를 한다. 그러나 인간빈곤은 소득의 부족(lack of income)이라는 제한적인 빈곤의 개념을 넘어 빈곤을 포괄적으로 정의하고자 하는 개념으로서 합리적인 생활 수준을 유지하는 데 필요한 정치적 · 경제적 · 사회적 기회의 부인을 일컫는다.

따라서 문맹 · 직업 기회의 결여 · 적절한 보건과 위생에의 접근 결여 · 신분제도와 성차별 등이 이러한 인간빈곤의 여러 측면을 구성한다. 달리 말해 빈곤이란 낮은 소득 이상의 것으로서 취약성(vulnerability) · 배제(exclusion) · 책임성이 결여된 제도(unaccountable institution) · 권력 부재(powerlessness) · 폭력에의 노출 등이 포함된 광범위한 개념이다.

UNDP는 1997년에 이러한 빈곤의 정도를 측정하기 위해 인간빈곤지수(Human Poverty Index, HPI)를 만들어 인간개발보고서(Human Development Report)에 처음 소개했는데 이는 공동체의 빈곤 정도에 대한 종합적인 판단을 내리기 위해 삶의 질에 있어서 결핍(deprivation)의 다양한 특징을 복합적인 지수로 만들기 위한

3) UNDP는 인간개발지수 이외에 다방면에 걸쳐 남녀평등의 정도를 측정한 남녀평등지수(Gender-related Development Index, GDI)와 더불어 여성들의 정치 · 경제 활동과 정책결정 과정에의 참여도를 측정한 여성권한척도(Gender Empowerment Measure, GEM)도 발표하고 있다.

시도였다. 즉, 인간개발이 양질의 생활 수준·자유·존엄성·자신에 대한 존중과 타인에 대한 존중을 누리기 위해 선택의 폭을 넓히고 자유를 확대하는 것이라면 빈곤의 측정은 이러한 자유들의 결핍을 살펴보아야 한다.

따라서 HPI는 인간개발지수에서 포착된 3가지 기본 측면(dimension)에서의 결핍을 조사하며 이에는 40세가 넘도록 생존하지 못할 확률로 측정된 길고 건강한 삶·성인 식자율에 의해 측정된 지식이나 지식으로부터의 배제·개선된 수원(water source)을 이용하지 않는 인구의 비율과 그 나이에 비해 저체중 아동의 비율로 측정된 양질의 삶의 수준 혹은 필수적인 서비스의 부족이 포함된다.

2) 인간을 위한 접근의 예

이러한 인간 중심적인 접근은 냉전의 종식과 더불어 글로벌 이슈를 다루는 데 있어서 핵심적인 원칙으로서 등장했다. 그 대표적인 사례가 바로 2000년에 유엔에서 개최된 새천년정상회의(Millennium Summit)가 채택하여 2015년까지의 달성을 목표로 추진한 바 있는 새천년개발목표(Millennium Development Goals, MDGs)이며 그 뒤를 이은 지속가능개발목표(Sustainable Development Goals, SDGs)인데 이들은 모두 개발의 목표를 단순한 경제개발이 아니라 위에서 언급한 인간개발의 다양한 목표들을 포괄적으로 추구하고자 했다.

구체적으로 MDGs의 8개 목표는 다음과 같다: 1) 절대빈곤과 기아의 퇴치(Eradicate extreme poverty and hunger), 2) 보편적 초등교육의 달성(Achieve universal primary education), 3) 양성평등과 여성 능력의 고양(Promote gender equality and empower women), 4) 유아사망률의 감소(Reduce child mortality), 5) 산모 건강의 증진(Improve maternal health), 6) HIV/AIDS와 말라리아 등 기타 질병의 퇴치(Combat HIV/Aids, malaria and other diseases), 7) 지속 가능한 환경의 보장(Ensure environmental sustainability), 8) 개발을 위한 전 지구적 파트너십의 구축(Develop a global partnership for development).

SDGs의 17개 목표는 다음과 같다: 1) 모든 형태의 빈곤 종식(End poverty in all its forms everywhere), 2) 기아 종식·식량안보와 개선된 영향의 달성·지속가능한 농업의 촉진(End hunger, achieve food security and improved nutrition and promote sustainable agriculture), 3) 건강한 삶의 보장과 모든 세대의 복지 증진(Ensure healthy lives and promote well-being for all at all ages), 4) 모두를 위한

포용적이고 평등한 양질의 교육 보장 및 평생학습 기회의 증진(Ensure inclusive and equitable quality education and promote lifelong learning opportunities for all), 5) 성 평등의 달성과 모든 여성과 여아의 세력화(Achieve gender equality and empower all women and girls), 6) 모두를 위한 식수와 위생의 가용성과 지속 가능한 관리의 확보(Ensure availability and sustainable management of water and sanitation for all), 7) 모두를 위한 적정한 가격의 신뢰성 있고 지속 가능하며 현대적인 에너지에 대한 접근성 확보(Ensure access to affordable, reliable, sustainable and modern energy for all), 8) 모두를 위한 지속적이고 포용적이며 지속 가능한 경제성장과 완전하고 생산적인 고용 및 양질 노동의 증진(Promote sustained, inclusive and sustainable economic growth, full and productive employment and decent work for all), 9) 복원력이 있는 인프라 건설과 포용적이고 지속 가능한 산업화의 증진 및 혁신의 촉진(Build resilient infrastructure, promote inclusive and sustainable industrialization and foster innovation), 10) 국가 내에서와 국가 간 불평등의 경감(Reduce inequality within and among countries), 11) 포용적이고 안전하며 복원력 있고 지속 가능한 도시와 거주지의 조성(Make cities and human settlements inclusive, safe, resilient and sustainable), 12) 지속 가능한 소비와 생산 양식의 보장(Ensure sustainable consumption and production patterns), 13) 기후변화 및 그 영향과 싸우기 위한 신속한 대응책의 마련(Take urgent action to combat climate change and its impacts), 14) 지속 가능한 발전을 위한 대양・바다・해양 자원의 보존과 지속 가능한 이용(Conserve and sustainably use the oceans, seas and marine resources for sustainable development), 15) 육상 생태계의 지속 가능한 이용의 보호와 복원 및 증진・지속 가능한 숲 관리・사막화와의 싸움・토양 황폐화의 방지와 복원・생물 다양성 감소 방지(Protect, restore and promote sustainable use of terrestrial ecosystems, sustainably manage forests, combat desertification, and halt and reverse land degradation and halt biodiversity loss), 16) 지속 가능한 발전을 위한 평화롭고 포용적인 사회의 촉진, 모든 이들에게 사법에의 접근성 제공, 모든 수준에서 효과적이고 책임성 있는 포용적인 제도의 구축(Promote peaceful and inclusive societies for sustainable development, provide access to justice for all and build effective, accountable and inclusive institutions at all levels), 17) 이행수단의 강화와 지속 가능한 개발을 위한 전 지구적 파트너십

의 강화(Strengthen the means of implementation and revitalize the global partnership for sustainable development).

2. 인간에 의한 접근

인간에 의한 접근은 여러 개념을 통해 논의의 대상이 되어오고 있다. 대표적인 개념에는 참여적 접근법(participatory approach)·참여적 계획 접근법(participatory planning approaches)·상향식 접근법(bottom-up approach) 등이 있다. 비교적 최근에는 「디자인 사고(design thinking)」라는 접근법이 이러한 인간에 의한 접근의 대명사가 되고 있고 국제사회에서의 보건부문·국제개발부문·인도주의적 대응부문 등을 포함한 글로벌 이슈 영역 전반에 걸쳐 국제사회가 직면하고 있는 다양한 도전에 대응하는 방식의 하나로서 그 중요성을 더해가고 있다. 여기에서는 이를 중심으로 인간에 의한 접근을 설명하려고 한다.

1) 디자인 사고의 개념

글로벌 이슈의 해결을 위한 전통적인 접근은 지나치게 하향식 접근법(top-down approach)에 의존한다. 계획이 먼저 만들어지고 난 연후에야 이러한 계획에 대해 시민들에게 통보된다. 시민들의 참여 없이 세워진 계획은 종종 현장에서 사람들이 직면하는 문제를 제대로 반영하지 못하며 그 결과 시민들은 자연스럽게 주인의식(ownweship)과 책임감에서 멀어지게 된다. 디자인 사고는 시민들을 활동을 설계하는 핵심에 둠으로써 이러한 틈새를 메울 것을 의도한 것이다.

이러한 디자인 사고 접근은 원래 기업과 기술 부문에서 유행이 된 많이 알려진 문제 해결방식으로서 문제의 해결을 위한 방편으로 사용자의 필요를 이해하기 위해 공감적 마음가짐을 활용하는 일종의 복잡한 문제해결을 위한 접근법이다. 즉 사용자의 요구를 만족시키기 위해 사용자를 혁신적인 과정에 포함하는 사용자 중심(즉 고객 중심)의 혁신적인 과정이다. 이는 기존의 사고방식과는 다른 새로운 사고방식으로서 하향식의 방식의 전형적인 모습인 해결책의 제시로부터 출발하는 것이 아니라 밑에서부터 시작하며 협력적 과정을 통해 사용자(구체적으로 최종 사용자)들로부터 해결책에 대한 답을 구하는 사고방식이다.

디자인 사고에 있어서 가장 중요한 것은 지속 가능한 결과를 얻기 위해 사용자들이 그들의 삶에서 진정 요구하는 것과 필요로 하는 것에 깊이 공감하고 그 결과로 알게 된 이들의 요구와 필요에 적합하게 대응하는 활동을 설계하는 것이다. 구체적으로 디자인 사고는 사용자와의 공감을 통해 그들이 직면한 문제의 해결책을 만들어 이를 시험하고 사용자로부터 피드백을 가지는 반복적인 과정이며 이러한 모든 단계에 사용자의 참여를 허용하는 사고이다. 이러한 방식의 디자인 사고는 시행착오의 여지를 두어 새로운 생각과 개념에 대해 저렴한 비용으로 시험하는 것을 허용한다.

2) 디자인 사고의 적용 사례

디자인 사고 접근을 활발하게 적용하고 있는 글로벌 이슈 분야 가운데 하나는 국제개발 협력 분야이다. 이 분야에 디자인 사고가 가지는 구체적인 의미를 살펴보면 다음과 같다.4)

인간 중심적 접근 혹은 인간 중심적 문제해결 접근법은 공동체의 실질적인 필요를 다룬다. 그러나 인간 중심적 문제해결 접근법이 종종 국제개발 노력에 포함되지 않았다. 개도국에서 수혜자들은 종종 자신의 삶에 영향을 미치는 노력에 관해 가장 최종적으로나 협의의 대상이 되는 사람들이다.

디자인 사고 또는 인간 중심적인 디자인은 지역사회와의 공감과 더불어 시작된다. 가장 중요한 것은 인간적 요인(human factor)을 고려하는 것인데 이는 구체적으로 설계자가 자신이 제공하는 서비스 대상인 지역사회와 협력하여 해결책을 설계하기 위해 사람의 필요 · 역량 · 인식 · 문화를 고려하는 방식을 의미한다.

이 접근법은 단일의 큰 아이디어에만 초점을 맞추지 않고 개도국 지역사회의 필요와 역량에 관해 탁상공론적인 가정을 하지 않는다. 디자인 사고 과정의 단계는 공감하고 연구를 통해 경험을 이해하며 사람들과 그들의 행동을 관찰하고 지역사회 사람들에게 올바른 질문을 하며 해결책을 설계할 때 이러한 인적 요소를 효과적으로 고려하는 방법을 고안하고 제안된 해결책을 정형화하며 효과성을 반복적으로 시험하고 마지막으로 해결책을 시행하는 것이다. 이러한 전 과정에 지역 공

4) Nitika Johri, "The Importance of a Human-Centered Approach in Implementing the Sustainable Development Goals," https://www.americanprogress.org/issues/security/news/2016/09/14/144207/the-importance-of-a-human-centered-approach-in-implementing-the-sustainable-development-goals/ (접속일: 2019년 12월 26일).

동체 사람들의 참여를 허용하는 이러한 참여적 접근법은 주인의식을 확실하게 가져다줌으로써 지속 가능한 국제개발 협력에 이바지한다. 이는 현지 사람들이야말로 그들의 삶을 개선하는 데 있어서 진정한 전문가들이기 때문이다.

이러한 인간 중심적 디자인 접근법은 상향적 접근법이고 사용자에 의해 추동되는 접근법으로 많은 시간과 자원을 필요로 하기 때문에 단기적으로 높은 비용이 소요된다. 그러나 디자인 사고는 장기적으로 엄청난 보상을 제공하며 선의의 개발 프로젝트를 실패로 몰아넣은 함정을 피하도록 한다. 현재까지 개발은 현지 지역사회의 조건을 무시하여 잘못된 프로젝트가 되도록 한 하향식 접근법을 너무나 자주 지나치게 강조했다. 그 결과 개도국에 버려진 학교・반쯤 지어진 우물・빈 보건소가 여기저기 널려 있다.

이러한 접근의 일단은 새천년개발목표(MDGs)의 뒤를 이을 새로운 국제개발 협력의 목표로서 17개의 지속가능개발목표(SDGs)를 계획하는 과정에서도 보인다. MDGs의 경우는 개도국 정부와 시민사회의 적극적인 참여 없이 선진국들이 중심이 되어 만들어졌는데 반해 SDGs는 목표를 설정하고 이행하는 과정에 다양한 사회세력의 참여를 강화함으로써 상향식 접근을 했다. 즉 SDGs의 경우 2012년에 POST-2015를 논의하는 단계부터 개도국과 시민사회 전문가들을 적극 참여시켰다.

구체적으로 2012년 7월 선진국과 개도국을 대표하는 정부 인사와 학계 및 시민사회 전문가로 구성된 27명의 고위급패널이 구성돼 이듬해 5월까지 세계를 돌며 다양한 이해관계자들과 대화의 장을 마련했다. 이들 패널이 각 국가와 각계의 여론을 수렴해 제출한 의견서가 새로운 개발 의제를 선정하는 기반이 되었다.

제2절 효율성 제고 방식

세계화를 추동하는 신자유주의(neoliberalism)와 냉전의 종식은 정부와 정부간기구에 효율성에 관심을 두도록 했다. 이러한 효율성에 관한 관심은 주류화 접근방식・통합적 접근과 효율적 조정・후속조치검토회의 방식・문제 해결 목표와 시한의 설정 및 성과측정・행동 지향성의 강조・효과성의 증진과 성과에 기반한 관리와 평가・유엔 특별총회와 전 지구적 회의 형식의 국제회의 등의 도입을 가져왔다.

1. 주류화 접근방식의 채택

유엔이 중심이 되어 글로벌 이슈를 다룸에 있어서 주류화(mainstreaming) 방법론이 활발하게 채택되고 있다. 이러한 주류화 방법론은 성 평등 분야・인권 분야・환경 분야에서 성 주류화(gender mainstreaming)・인권 주류화(human rights mainstreaming)・환경 주류화(environmental mainstreaming)라는 이름으로 채택되어 적용되고 있다. 이들을 하나씩 살펴보면 다음과 같다.

1) 성 주류화

일반적으로 성 주류화의 정의는 유엔 경제사회이사회(ECOSOC)가 내린 것을 사용한다. 경제사회이사회는 성 주류화 관점을 「모든 분야와 모든 수준에서 입법과 정책 혹은 프로그램을 포함하는 모든 계획된 행동이 여성과 남성에게 미치는 함의를 평가하는 과정」이라고 정의한다.

성 주류화 관점은 여성과 남성의 관심과 경험을 모든 정치적・경제적・사회적 분야에서의 정책과 프로그램의 설계・집행・감시・평가의 총체적인 측면이 되도록 하여 여성과 남성이 동등하게 이득을 보고 불평등이 항구화되지 않도록 하는 성 평등을 달성하기 위한 전략이다.5)

다시 말해 성 주류화란 성 평등이라는 규범을 촉진하기 위해 전 지구적으로 수용된 전략의 하나이다. 성 주류화는 그 자체가 목적이 아니라 성 평등이라는 목적을 달성하기 위한 하나의 접근법이자 수단인 것이다. 성 주류화는 성 관점(gender perspective)과 성 평등이라는 목적에의 관심이 모든 활동의 중심이 확실히 되도록 하는 것을 의미한다. 이러한 모든 활동에는 정책 개발・연구・옹호 활동과 대화(advocacy and dialogue)・입법・자원 배분・프로그램과 프로젝트의 계획과 집행 및 감시 등이 포함된다.

이러한 성 주류화 개념은 1985년 케냐 나이로비에서 열린 제3차 세계여성회의

---

5) United Nations General Assembly, Report of the Economic and Social Council for 1997. A/52/3 (18 September 1997), http://www.un.org/documents/ecosoc/docs/1997/ e1997-66. htm (접속일: 2019년 12월 11일).

(Third World Conference on Women)에서 명시적으로 언급되지는 않았으나 여성이 목표를 정의하고 개발을 규정짓는 과정에 있어서 총체적인 한 부분의 되어야 한다고 강조함으로써 후일의 성 주류화 전략 등장에 초석이 되었다. 1995년 중국의 베이징에서 개최된 제4차 세계여성회의에서는 정부 및 다른 행위자들은 모든 정책과 프로그램에서 성 관점을 주류화하는 적극적이고 가시적인 정책을 촉진하여야 한다고 언급하는 등 성 주류화를 국제적인 성 평등 정책에 있어서 하나의 전략으로서 공식적으로 도입했다.

유엔의 관점에서 성 주류화는 여성과 남성이 동등하게 유엔의 활동에 참여하고 유엔 활동으로부터 이익을 얻도록 하며 모든 집행되는 프로그램과 프로젝트가 계획에서부터 평가에 이르는 전 과정에서 여성과 남성의 관심과 경험을 고려하도록 하는 것을 의미한다. 정부와 모든 주체는 모든 정책 및 프로그램의 결정과 실행 평가의 각 수준에서 양성 차별과 양성에 미치는 영향을 분석하여 여성과 남성 모두의 이해와 경험을 반영하여야 한다.

성 주류화는 실제로 어떻게 구현되어야 하는가를 살펴보아야 한다.[6] 성 주류화는 1회의 행동으로 끝내는 전략이 아니라 정책과정 전반에 걸쳐 지속적으로 실현되어야 하는 전략이다. 따라서 정책의 입안 단계는 물론 정책을 평가하는 단계에 이르기까지 모든 단계에 있어서 성 주류화를 행동화하는 것이 필요하다.

정책과정에서 가장 초기 단계인 정책을 준비하고 계획하는 단계에서는 다루고자 하는 문제와 도전 과제가 무엇인가를 밝히고 이에 대한 정의를 내리며 분석을 한다. 더불어 이러한 문제와 도전 과제의 범위와 중요성을 파악하며 원하는 결과를 정의하고 광범위한 정책적인 해결책을 고안해내며 관련된 개인이나 집단을 파악한다.

이 단계에서 성 주류화가 중요한데 이는 지금까지는 전혀 성의 관점에서 고려되지 않았던 의제가 처음으로 성의 관점에서 고려될 것이기 때문이다. 이러한 고려는 훨씬 더 넓은 범위의 정책 영역에서 성 평등을 고려하는 것으로 이어질 것이다. 사실 성 주류화의 행동화는 가능한 한 일찍 시작해야만 하는데 이는 성 평등

6) Council of Europe, "Gender Mainstreaming: Conceptual Framework, Methodology and Presentation of Good Ppractices," file:///C:/Users/USER/AppData/Local/Microsoft/ Windows/INetCache/IE/VDVL8ZBS/EG_S_MS_98_2_rev_en.pdf%20(1).pdf (접속일: 2019년 12월 20일).

관점이 정책과정에 일찍 통합될수록 정책이 실제로 성 평등을 고려할 가능성이 커지기 때문이다. 나중 단계에서 결과문건에 성 평등을 고려한다는 단락 하나 덩그러니 추가하는 것은 지양되어야 한다.

의사결정 단계에서는 다루고자 하는 이슈들을 정치적 의제로서 수용할 것인가와 이러한 이슈의 해결을 위해 어떤 수단이 동원되어야 할 것인가를 결정한다. 이러한 단계에서의 성 주류화에 대한 고려는 여성의 인신매매와 같이 여성의 문제를 직접적으로 대상으로 하는 의제들에 중요성을 더 부여하게 되며 의제의 지위를 가지게 된 그와 같은 의제들의 수를 늘리게 된다. 정치적 우선순위를 정하면서 잠재적인 정책 문제와 도전 과제를 성 평등의 관점에서 살펴보면 문제에 대한 새로운 순위 매김과 이전에 그들에게 배정되었던 기금의 재검토로 이어질 것이다.

정책 이행 단계에서의 성 주류화 실현을 살펴보면 다음과 같다. 일단 이슈들이 밝혀지고 분석되며 광범위한 목표와 정책 노선이 정의되고 우선순위가 할당되면 이러한 이슈들은 실행에 옮겨져야 한다. 여기에는 구체적인 행동의 정교함이 포함된다. 첫 단계에서 성 주류화를 도입한다고 해서 정책이 시행될 성 평등의 관점이 효과적으로 고려된다는 보장은 없으며 이는 분석과 행동은 서로 다른 별개의 것임을 의미한다. 성 평등의 문제를 찾아내는 것과 성 평등의 원칙을 지지하는 것 그리고 이 문제를 고려하는 정책을 실행하는 것 사이에는 큰 거리가 존재한다. 그러므로 이 단계에서 성 주류화를 하고 관련 행위자들을 주의 깊게 동행하고 지원하는 것이 매우 중요하다.

정책평가 단계에서의 성 주류화를 살펴보면 다음과 같다. 정해진 목표에 도달한 정도와 주어진 정책이 얼마나 유용한지 결정하기 위해 정책을 평가하는 것이 점점 더 일반화되고 있다. 정책평가는 새로운 정책 개발의 출발점으로 작용한다. 이 단계에서 성 주류화의 목표는 성 평등 관계에 대한 정책의 영향을 평가하는 것이다.

정책 단계는 훨씬 더 많은 작은 단계들로 구분될 수 있으며 이렇게 세세한 단계로 구분을 하면 정책과정에 대해 좀 더 자세한 설명이 가능하다. 그러나 이러한 작은 단계들은 실제로 서로 정확하게 구별될 수 없을 뿐 아니라 반드시 시간순으로 구별할 수 있는 것도 아니다. 그렇지만 평가 과정을 제외한 위에서 언급한 단계들은 항상 정책과정에 존재하는 단계들로서 성 주류화를 실천에 옮겼는가에 대한 평가의 지표로 사용되어야 한다.

그러나 모든 단계에서 동시에 성 주류화를 이행한다는 것은 너무 복잡할 수 있다. 그렇다면 어떤 단계가 주류화를 시작하기에 가장 적합한가를 생각해보아야 한다. 정책결정 단계는 정치적 의제에 무엇이 취해질 것인가를 결정하는 데에 결정적인 역할을 하는 단계이므로 가장 중요한 시작점이다. 정책평가 과정은 새로운 정책을 개발하기 위한 기초로서 역할을 하는 매우 중요한 정책과정의 단계로서 주류화를 위한 비교적 쉬운 출발 시작점이 될 수 있다. 정책 준비 및 계획 과정과 더불어 정책 이행 과정은 성 평등 문제에 대한 전문적이고 자세한 지식을 포함하고 있어 주류화를 시작하기 더 어려운 단계이다. 그러나 앞서 언급했듯이 성 주류화의 중요한 단계이기도 하다.

2) 인권 주류화

성 주류화와 더불어 글로벌 이슈를 다루는 데 있어서 주류화의 개념을 도입한 부문은 인권 부문이다. 인권 주류화도 성 주류화와 마찬가지로 모든 부문과 수준에 있어서 입법과 정책 형성을 포함한 모든 계획된 정책 행동이 인권에 어떻게 영향을 미칠 수 있는지를 평가하는 것을 의미한다.

이러한 인권의 주류화는 인권 기반의 접근법(human rights-based approach, HRBA)에 기반하여 추동되고 있다.[7] 인권에 기반을 둔 접근법이란 사람에게 그들의 권리를 알고 주장하게 할 뿐 아니라 권리를 존중하고 보호하며 실현하게 할 책임이 있는 개인과 조직의 능력과 책임성을 증대시키는 것에 대한 것이다. 이러한 접근법은 인권의 기준과 원칙의 정책 수립과 조직의 일상적인 운영에의 통합을 확실하게 하고자 하는 것을 목적으로 한다.[8]

(1) 개발 분야에서의 인권 주류화

인권 주류화는 여러 분야 중 특히 개발(development) 분야에서 「개발에서의 인권 주류화」라는 이름 아래 실질적으로 적용되어 오고 있다. 이러한 개발에서의 인권 주류화는 인권에 기반을 둔 개발에의 접근법(human rights-based approach

7) 인권 기반의 접근법(human rights-based approach, HRBA)을 간단히 「권리 기반의 접근법(rights-based approach, RBA)」이라고도 한다.

8) Scottish Human Rights Commission, “What Is a Human Rights Based Approach to Policy and Decision Making?” http://eqhria.scottishhumanrights.com/eqhriaaddvalpolicy.html (검색일: 2018년 8월 13일).

to development)에 의하여 추동되고 있는데 이는 구체적으로 국제사회의 인권 규범이 주요한 원칙으로서 국제개발 협력에 있어서 정책의 수립과 이행 그리고 평가의 전 과정에 걸쳐 준수되어야 한다는 것을 의미한다. 이러한 개발에서의 인권의 주류화는 인권에 대한 존중이 없이 개발이 성공할 수 없다는 것을 기본 논리로 한다.

(2) 환경 분야에서의 인권 주류화[9)]

환경 이슈의 해결에 인권 기반 접근법을 적용하게 되면 환경 이슈에 관련하여 가난하고 주변화된 여성·남성·아동의 이익을 우선시하고 권력자를 식별하고 책임을 지도록 하는 데 더욱 효과적이다.

구체적으로 이러한 인권 기반 접근법을 적용하면 우선 환경 이슈 해결을 위한 시도가 어떻게 유엔 인권 협약에 규정된 인권 실현을 촉진할 것인가와 이러한 시도가 어떻게 가난한 사람들의 생계 전략에 해를 끼치지 않도록 보장할 것인가에 대해 평가하도록 한다. 둘째로 UN 협약을 떠받치고 있는 가치와 원칙(비차별·참여·책임성·투명성)이 어떻게 프로그램 설계 및 프로세스에 적용되는지 계획하고 감시하게 된다. 셋째로 남성·여성·소녀·소년들 스스로가 자신의 상황을 다루고 개별적·집단적으로 그들의 권리를 주장할 수 있도록 세력화를 시켜준다. 넷째로 인권을 보호하고 존중하며 이행할 힘과 공식적인 의무를 지닌 사람들의 역량을 발전시킨다.

3) 환경 주류화

비교적 최근에는 환경 주류화라는 개념도 등장했다. 환경 주류화란 관련된 환경적 관심을 국가와 지방 및 부문별 개발정책·규칙·계획·투자·행동을 주도하는 기관의 의사결정에 포함하는 것을 의미한다. 이는 환경적 관심이 개발을 주도하는 광범위한 조직들과 의사결정에 고려될 것을 확실히 하고자 하는 것이다.

이러한 환경 주류화 역시 인권 주류화와 마찬가지로 개발 협력 분야에서 활발하게 적용되어 오고 있다. 개발 협력 분야에서의 환경 주류화란 개발원조를 제공

9) SIDA, "Human Rights Based Approach to Environment and Climate Change," file:///C:/Users/USER/AppData/Local/Microsoft/Windows/INetCache/IE/Q39T5RVB/human-rights-based-approach-environment-climate-change.pdf (접속일: 2019년 11월 29일).

하는 국가들이 개발 협력의 초기 단계로서 국가별 개발계획의 수립에서부터 평가에 이르기까지 환경 이슈를 충분히 고려함으로써 개발을 위한 프로그램이나 프로젝트가 환경에 대해 미치는 부정적인 영향을 최소화하는 것을 의도한다.

2. 포괄적 / 통합적 접근

지속 가능한 개발(sustainable development)이란 오랜 시간을 두고 형성되어 온 개념이다. 이 개념이 만들어진 초기에는 경제성장을 주로 의미하는 경제개발(economic development)과 환경보호(environmental protection)가 동시에 고려되는 개념이었으나 시간이 지나면서 사회개발(social development)이라는 요소가 새롭게 추가되었다.

사회개발이란 사회의 성장과 진보 과정에 있어서 인간의 필요를 가장 우선시하는 개발을 의미한다. 구체적으로 사회개발은 개발에 있어서 빈곤 · 실업 · 사회적 배제 · 불평등 등과 같은 중요한 사회문제를 다루며 빈곤을 단지 소득의 수준에서 정의하지 않고 사회적 장벽과 구조적 장벽이라고 하는 서로 관련성을 지닌 다양한 요소들을 가로질러 정의하고자 한다. 따라서 사회개발은 사회가 모든 사람을 위한 보다 나은 곳이 되도록 일반 시민 특히 빈곤층 인구의 삶을 향상하는 것에 초점을 둔다. 이러한 사회개발은 사회제도에 영향을 미칠 때 가장 잘 작동한다.

경제개발 · 환경보호 · 사회개발이라는 3가지 요소 이외에 유네스코(UNESCO)의 경우는 문화적 다양성(cultural diversity)에 대한 존중도 지속 가능한 개발의 한 요소로서 포함되어야 한다는 주장을 전개하고 있다. 2016년부터 시작하여 2030년을 목표연도로 하는 지속가능개발목표(SDGs)의 경우 이러한 3가지 요소에 평화라고 하는 요소를 추가하고 있다.

유엔의 관점에서도 이러한 포괄적 · 통합적 접근이 강조되고 있다. 구체적으로 유엔은 평화와 안전 · 개발 · 인권이라는 3가지 분야에서의 활동을 유엔의 3대 활동의 축으로 삼고 있다. 이들 3개 활동 분야가 과거에는 따로 분리하여 추구하던 목표로서의 성격을 다소 가지고 있었다. 유엔이 3개 활동 분야를 통합적으로 보려는 경향은 코피 아난 유엔 사무총장 시절에 평화를 위한 의제(Agenda for Peace)와 개발을 위한 의제(Agenda for Development)라는 보고서를 각각 발간하여 이 분야에서의 정책 방향을 제시한 것에서도 일부 드러난다. 냉전이 종식된 후에 유엔은 이러한 세 분야가 유기적으로 밀접하게 연계되어 있어 이들은 동시에 통합적으로 추구해야 한다는 견해를 보다 강하게 보여 오고 있다.

포괄적이고 통합적인 접근방식이 적용된 대표적인 글로벌 이슈의 예로서 여성 문제를 들 수 있다. 특히 1995년 중국 베이징에서 유엔에 의해 개최된 제4차 세계 여성회의(World Conference on Women)에서 채택된 북경행동강령(Beijing platform for action)은 여성과 관련한 중요한 관심 분야(critical areas of concern)를 여성과 빈곤·여성의 교육과 훈련·여성과 보건·여성에 대한 폭력·여성과 무력분쟁·여성과 경제·권력과 의사결정에서의 여성·여성의 향상을 위한 제도적 장치·여성의 인권·여성과 미디어·여성과 환경·여아라는 12개의 분야로 분리한 후 여성 문제의 해결을 위해 이들 분야가 통합적으로 다루어져야 함을 강조한 바 있다.

3. 효율적인 조정

통합적 접근이 하나의 국제기구에 의해 시행될 경우 자체 내의 조정을 통해 효율적인 시행이 가능하나 독립적인 다수의 기구가 통합적인 접근의 일원으로 참여할 경우 조정의 문제가 중요한 문제로 등장한다. 이러한 조정의 문제를 해결하기 위한 다양한 시도가 이루어지고 있는데 이 가운데 대표적인 예를 인도적 지원 부문과 개발원조 부문에서 들어보면 다음과 같다.

1991년에 유엔총회는 걸프전으로 인해 고향을 등질 수밖에 없던 이라크 내 사람들에 대한 인도적 지원이 조정의 부재로 중첩되면서 비효율성이 크게 드러나자 「유엔의 인도적 긴급 지원의 강화(Strengthening of the Coordination of Humanitarian Emergency Assistance of the. United Nations)」라는 제하의 결의문(A/ RES/46/182)을 통과시켜 인도적 부문에서의 조정을 위한 노력을 시작한 바 있다.

당 결의문은 인도적 지원의 근간과 일련의 지도원칙(guiding principles)을 제시했을 뿐 아니라 「기관 간 상설위원회(Inter-Agency Standing Committee, IASC)」를 비롯한 효율적인 조정을 위한 조직의 설립을 결의했다. 당 결의문의 권고에 따라 인도적 활동 분야에서의 조정 기제를 지원하기 위해 1992년에 유엔 사무국 내에 「인도지원국(Department of Humanitarian Affairs, DHA)」이 설립되었고 후일 1998년에 「인도주의업무조정실(Office for the Coordination of Humanitarian Affairs, OCHA)」로 개편되었다.

더 나아가 2005년에 「인도적 개혁 의제(Humanitarian Reform Agenda)」라고 알려진 인도적 활동의 조정을 위한 중요한 개혁이 단행되어 예측성·책임성·협력관계를 향상하기 위한 다수의 새로운 요소들을 도입했다. 이러한 새로운 요소들 가운데 가장 눈에 띄는 요소가 인도적 활동을 하는 행위자들 간 조정을 증진하고 인도적 대응에서의 일관성을 향상하도록 「클러스터 접근(Cluster Approach)」이라고 불리는 조정 기제를 도입한 것이었다.

클러스터란 보건이나 식수 등과 같은 인도적 활동이 필요한 주요 부문에서 공공의 목적을 위해 함께 활동하기 위해 모인 일단의 인도주의 기구들을 일컫는다. 여기에서 기구들이란 유엔의 기구뿐만 아니라 NGO와 같은 유엔 밖의 기구들도 포함한다.

어떤 클러스터를 설립할 것인가는 특정 부문에서 명백한 인도적 필요가 존재하고 부문 내에 다수의 행위자가 존재하며 정부 당국이 조정을 위한 지원을 요구하면 기관 간 상설 위원회(IASC)에 의해 정해진다. 이러한 클러스터는 전 지구적 수준과 국가 수준에서 설립될 수 있다. 이러한 클러스터 접근은 파키스탄에서 지진이 발생하면서 이에 대한 대응으로 처음 국가 수준에서 적용되었다.

전 지구적 수준에서 11개의 클러스터가 만들어져 있고 클러스터마다 전 지구적 클러스터 선도 기구(global cluster lead)가 정해져 있다.[10] 11개의 클러스터와 이러한 개개 클러스터의 선도 기구(괄호 안의 기구)는 다음과 같다: ⅰ) 인도적 지원을 위해 설치된 캠프의 조정과 관리(갈등 발생의 경우 UNHCR/자연재해의 경우 IOM), ⅱ) 교육(UNICEF/Save the Children), ⅲ) 피난처(갈등으로 인한 국내 실향민의 경우 UNHCR/자연재해의 경우 IFRC), ⅳ) 긴급 전기통신(WFP/OCHA/UNICEF), ⅴ) 식량안보(FAO/WFP), ⅵ) 보건(WHO), ⅶ) 조달(WFP), ⅷ) 영양(UNICEF), ⅸ) 보호(갈등 발생 경우는 UNHCR/재난에 의한 국내 실향민과 갈등에 의해 영향을 받는 국내 실향민 이외 민간인의 경우는 UNHCR/UNHCHR/UNICEF), ⅹ) 물 및 환경 위생과 개인위생(UNICEF), ⅺ)조기 회복과 클러스터 실무작업반(UNDP).

위에서 보듯이 전 지구적 클러스터 선도 기구는 대부분 유엔기구이지만 세이브더칠드런(Save the Children)이나 국제적십자사연맹(IFRC)과 같은 NGO가 포함되어 있다는 것에 주목할 필요가 있다. 이러한 전 지구적 선도 기구는 유엔의 긴급

10) 매 클러스터를 이끌어갈 선도 기관은 영어로 「cluster lead」 혹은 「cluster lead agency」라고 불린다.

구호조정관(Emergency Relief Coordinator, ERC)에게 보고하게 되어 있다. 유엔의 인도주의업무조정실(OCHA)은 정책을 수립하고 클러스터 간의 문제를 조정하며 운용지침을 전파하고 현장지원을 조직하기 위해 전 지구적 클러스터 선도 기구 및 NGO들과 긴밀하게 협력을 한다.

클러스터 접근의 장점은 여러 가지인데 i) 우선 인도적 대응의 예측 가능성·시의성·효과성을 개선할 수 있다는 점이다. 이는 전 지구적인 역량과 훈련받은 전문가의 풀(pool) 등이 존재하기 때문에 가능한 것이다. ii) 개개 부문의 활동에 대한 조정을 책임지는 클러스터의 선도 기구를 확실하게 정해둠으로써 좀 더 예측 가능한 지도력과 명백하게 정의된 책임을 확보할 수 있다는 점에서 중요한 의의가 있다. 즉 인도적 활동의 주요 부문에서 지도력과 책임성을 강화할 수 있다. iii) NGO와 관련하여 클러스터 접근이 가지는 중요한 의의는 유엔·세계보건기구(WHO)와 같은 전문기구·국제이주기구(IOM)와 같은 기타 국제기구·NGO 간의 협력관계와 보완성을 향상할 수 있다는 점이다.

이러한 클러스터 접근은 시행 이후에 2차례에 걸쳐 평가의 대상이 되었는데 인도적 대응에 긍정적인 영향을 미치고 있어 인도적 활동부문에서 최적 사례로서 평가받고 있다. 구체적으로 클러스터 접근은 인도적 행동의 효과성을 증대시켰으며 인도적 구호 조정에 있어서 긍정적인 변화를 가져오면서 구호 조정에 있어서 가정 적절한 체제라는 평가를 받아오고 있다.

그러나 적지 않은 문제점을 지닌 것도 사실인데 다음과 같은 문제점이 주로 지적된다. i) 예측 가능한 지도력 면에서 큰 괴리가 존재한다. 이는 클러스터 조정자(cluster coordinator)의 훈련과 경험의 부족·높은 이직률·클러스터 선도 기구의 공정성 결여에서 온다고 본다. ii) 클러스터 접근이 영향을 받는 사람들에 대한 책임성을 높이기 위한 충분한 기제를 결하고 있다는 지적이다. iii) NGO와 밀접한 관계가 있는 문제점으로서 클러스터 접근이 NGO의 주인의식과 관여(involvement)를 가져오지 못했다고 본다. 이러한 문제는 클러스터 접근이 클러스터 선도 기구의 지시적인 지도력(directive leadership)에서 오는 것으로서 NGO를 포함한 다양한 인도적 구호 활동 행위자들 간의 협력적 관계가 동반할 수 있는 이점이 클러스터 접근으로 인해 충분하게 실현되고 있지 않다고 본다. 이는 강화된 협력관계라는 목표에도 불구하고 클러스터 접근은 중앙 집중화된 의사결정체를 촉진하는 데에 여전히 과도하게 집중하고 있다는 것을 의미한다. 따라서 클러스터 선도 기구와 그 외의 클러스터 구성 기구들은 클러스터 접근의 성공을 높이기 위해 협력적인 조정 노력의 기본 원칙들을 재검토해야 한다.[11)]

개발원조 부문에서의 조정의 문제를 다루기 위한 노력을 살펴보면 다음과 같다. 개발원조 활동을 하는 다수의 유엔체제 기구들(개발 관련한 유엔의 프로그램과 기금 및 전문기구들)이 각자의 활동을 함으로써 활동의 중첩 등이 심각한 문제로 등장하자 이들 기구의 국가 수준에서의 활동을 조정하여 활동의 효율성을 증대할 필요에 직면하게 되면서 유엔 사무총장이 1997년에 유엔개발그룹(United Nations Development Group, UNDG)을 설립했다.

이 그룹이 중심이 되어 2005년에 좀 더 효과적이고 효율적이며 일관성이 있고 조정이 된 개발원조 활동을 목표로 한 원조 일원화(Delivering as One, DaO) 이니셔티브를 출범시켰다. 원조 일원화 이니셔티브의 핵심은 단일의 지도자(one leader) · 단일의 프로그램(one programme) · 단일의 예산(one budget) · 단일의 목소리(one voice) · 단일의 사무소(one office)를 통해 이러한 목표를 달성하는 것이다. 현재 32개의 개발원조 활동을 하는 유엔의 기금과 프로그램(Funds and Programmes) · 유엔의 부와 사무실(Departments and Offices) · 전문기구들이 속해 있으며 옵서버들도 참가하고 있다.

4. 후속조치검토회의 방식의 도입

다자주의의 내부적인 효율성을 높이기 위해 특정 글로벌 이슈를 다루는 국제회의가 단발성으로 끝나지 않고 개최된 후 일정한 주기로 후속조치검토회의(review conference)를 가지는 특징을 보여 오고 있다.

일반적으로 5년을 주기로 후속조치검토회의가 개최되어오고 있다. 이러한 현상은 냉전이 종식된 후에야 새롭게 생겨난 것은 아니다. 예컨대 핵확산방지조약(Non-Proliferation Treaty, NPT)으로 약칭되는 핵무기의 비확산에 관한 조약(Treaty on the Non-Proliferation of Nuclear Weapons)의 경우 1975년 조약이 발효된 후 5년마다 후속조치검토회의가 개최되어왔으나 극히 드문 경우에 속한다.

11) Vanessa Humphries, "Improving Humanitarian Coordination: Common Challenges and Lessons Learned from the Cluster Approach," *The Journal of Humanitarian Assistance* (April 30, 2013), http://sites.tufts.edu/jha/archives/1976 (접속일: 2017년 8월 15일).

후속조치검토회의의 주된 역할은 우선 이전 회의에서 국가들이 합의한 내용의 이행상황을 검토하면서 이행의 성과가 무엇인가를 밝히고 이와 더불어 이러한 이행에 있어서 장애와 도전이 무엇인가를 살피고 이러한 것들을 극복하기 위한 전략 등을 논의한다. 이러한 과정에서 이행이 미흡한 국가 사례들과 더불어 이행이 잘된 최적의 실천(best practice) 사례들에 관한 정보를 교환함으로써 약속의 실질적인 이행을 돕는다. 이러한 평가와 더불어 특정 이슈와 관련하여 이전 회의에서는 문제로 주목받지 않은 사항이 시간이 지나고 환경이 바뀌면서 문제로 새롭게 부상하는 경우 이러한 사항을 이슈의 논의에 추가하는 역할을 하기도 한다.

후속조치검토회의의 대표적인 예를 들자면 1995년에 중국의 베이징에서 제4차 세계여성회의가 개최되어 베이징 선언과 행동강령이 채택되었다. 5년 후인 2000년에 베이징 선언과 행동강령의 이행을 점검하기 위해 「Beijing+5」라고 약칭되는 후속조치검토회의가 유엔 특별총회 형식으로 개최되었고 2005년에는 「Beijing+10」이라고 약칭되는 후속조치검토회의가 유엔의 제49차 여성지위위원회(Commission on the Status of Women, CSW) 회의로서 개최되었다. 2010년에는 「Beijing+15」이라고 약칭되는 후속조치검토회의가 제54차 여성지위위원회 회의로서 개최되었고 2015년에는 「Beijing+20」이라고 약칭되는 후속조치검토회의가 제54차 여성지위위원회 회의로서 개최된 바 있다.

1992년에 브라질의 리우데자네이루에서 유엔환경개발회의(UNCED)가 개최된 후 5년 뒤인 1997년에 Rio+5로 약칭되는 회의가 유엔특별총회의 형식을 빌려 미국의 뉴욕에서 개최되었다. 2002년에는 「Rio+10」이라고 불리는 지속가능개발세계정상회의(WSSD)가 남아프리카공화국의 요하네스버그에서 개최되었고 2007년에는 다시 브라질의 리우데자네이루에서 소위 Rio+15로 간단히 불리는 회의가 열렸다. 2012년에 브라질의 리우데자네이루에서 Rio+20으로 알려진 유엔지속가능개발회의(United Nations Conference on Sustainable Development, UNCSD)가 개최되었다.

5. 문제해결 목표와 시한 설정 및 성과측정

냉전 종식 후 글로벌 이슈를 다룸에 있어서 과거에는 목표치는 물론 목표달성을 위한 구체적인 시한이 정해지지 않은 채 막연한 약속만을 남발하였다. 그런데 냉전이 종식된 이후 국제회의는 목표치는 물론 목표시한까지 명확하게 설정하고 이러한 목표치 달성을 위한 노력의 성과를 구체적으로 측정하기 위해 다양한 지표들(indicators)을 제시하는 것을 특징으로 하고 있다. 이러한 특징을 가장 두드러지게 보여준 실례가 8개의 새천년개발목표(MDGs)와 17개의 지속가능개발목표(SDGs)이다. 이 가운데 MDGs를 살펴보고자 한다.

유엔은 2000년에 새천년정상회의(Millennium Summit)를 개최하여 빈곤퇴치를 위한 개발목표 등이 포함된 새천년선언(Millennium Declaration)을 채택하고 2001년 유엔총회에서 2015년까지 달성해야 할 구체적인 목표로서 8개의 주요 목표(goals) · 21개의 세부 목표(targets) · 60개의 달성 지표(indicators)로 구성된 MDGs를 채택했다.12)

또한, 이행상황을 점검하고 후속 조치를 위해 2005년에 MDGs 정상회의를 개최했고 2010년에 MDGs 고위급회의를 가졌다. 2008년에는 중간평가를 위한 고위급회의가 있었다. 8개의 주요목표와 21개의 세부목표를 살펴보면 다음과 같다.

1) 주요목표와 세부목표

목표 1) 절대빈곤과 기아의 퇴치: ① 2015년까지 하루 1달러 미만의 소득으로 생활하는 사람들의 비율을 2015년까지 1990년의 절반으로 감소, ② 완전하고 생산적인 고용의 달성 및 여성과 청년층을 포함한 모두에게 양질의 일자리(decent work) 제공, ③ 2015년까지 기아로 고통받는 사람들의 비율을 절반 수준으로 감소.

목표 2) 보편적 초등교육의 달성: ④ 2015년까지 전 세계 모든 아동이 남녀 구분 없이 초등교육 전 과정의 이수.

목표 3) 양성평등과 여성 능력의 향상: ⑤ 2005년까지 초등교육과 중등교육에서의 성 평등 달성과 2015년까지 모든 수준의 교육에서의 성 평등의 달성.

목표 4) 아동 사망률 감소: ⑥ 2015년까지 5세 미만 아동 사망률을 1990년의 2/3로 감소.

목표 5) 산모의 보건 증진: ⑦ 2015년까지 1990년 기준 산모 사망률의 3/4으로 감소, ⑧ 2015년까지 생식 보건에 대한 보편적 접근성의 달성.

목표 6) 에이즈(HIV/AIDS)와 말라리아 및 기타 질병의 퇴치: ⑨ 2015년까지

12) 세부목표는 「상세목표」라고도 칭한다.

HIV/AIDS 확산을 멈추고 감소세로 전환, ⑩ 2010년까지 HIV/AIDS 치료를 원하는 모든 사람에게 보편적 접근의 권리 제공, ⑪ 2015년까지 말라리아 및 다른 주요 질병의 발생을 막고 감소세로 전환.

목표 7) **지속 가능한 환경의 보장:** ⑫ 지속 가능한 개발 원칙의 국가 정책과 계획에의 통합 및 손실된 환경자원의 회복, ⑬ 2010년까지 생물 다양성 소실의 감소 및 소실률의 대폭적인 감소, ⑭ 2015년까지 안전한 식수와 기본적인 위생 시설에 대한 지속 가능한 접근성이 부족한 사람들의 비율을 1990년의 절반으로 감소, ⑮ 2020년까지 1억 명 이상의 빈민가 거주민들의 삶의 질의 현저한 향상.

목표 8) **개발을 위한 국제 파트너십의 구축:** ⑯ 개방적이고 규칙에 기반을 두며 예측할 수 있고 공정한 무역 및 금융 시스템의 구축, ⑰ 최저 개발국의 특별한 필요에 대한 고려, ⑱ 내륙국과 소규모 도서 개도국의 특별한 필요에 대한 고려, ⑲ 국가적·국제적 방법을 통한 개도국 외채문제의 포괄적 처리, ⑳ 제약회사와의 협력을 통해 필수의약품을 개도국에 적정가격으로 제공, ㉑ 민간부문과의 협력을 통해 개도국이 신기술(특히 정보통신기술)의 혜택을 누릴 수 있도록 함.[13)]

2) 이행 지표

이러한 21개의 세부목표들은 각각 이행상황을 점검하기 위해 별도의 이행 지표들을 가지고 있다. 예컨대 세부목표 ②인 완전하고 생산적인 고용의 달성 및 여성과 청년층을 포함한 모두에게 양질의 일자리(decent work) 제공에 대해서는 1) 고용된 사람 1인당 국내총생산(GDP)의 성장률(Growth rate of GDP per person employed), 2) 인구 대비 고용 비율(Employment-to-population ratio), 3) 하루 1달러 미만으로 살아가는 고용된 사람들의 비율(Proportion of employed people living below $1 per day), 4) 전체 고용 중에서 자영업자와 무급 가족 종사자의 비율(Proportion of own-account and contributing family workers in total employment)이라는 4개의 구체적인 이행 지표가 설정되어 있다.

---

13) 2015년부터 2030년까지 유엔이 추진할 지속가능개발목표(Sustainable Development Goals, SDGs) 역시 유사한 방식으로 17개의 목표와 169개의 세부목표를 두고 230개의 세부목표별 이행 지표를 만들었다.

6. 행동 지향성의 강조

냉전 이후 개최된 대규모 국제회의에서는 결과문건(outcome document)으로서 선언문(declaration or political declaration)과 행동계획(action plan)이라는 두 종류의 문건이 채택되어오고 있다.[14] 예컨대 환경 이슈와 관련한 선언과 행동계획은 권고사항으로서 법적 구속력은 결하고 있지만 개개 국가들이 개발을 계획하면서 반영하기를 기대하는 한편 연성 법(soft law)으로서 향후 법적 구속력을 지닌 환경법의 기본 틀과 방향을 제시하는 중요한 역할을 하는 경우가 적지 않다.

선언과 행동계획의 관계를 살펴보면 선언의 경우는 지침으로서 규범이 되는 원칙 등을 담는 데 반해 행동계획은 이러한 원칙을 각론에 들어가 실현하도록 하는 구체적인 계획으로서 구성된다. 다시 말해 선언이 원칙을 담고 있는 법률에 해당한다면 행동계획은 이러한 것을 구체적으로 시행하기 위한 법령으로 볼 수 있다.

이렇듯 법적 구속력을 지니고 있지 않으나 행동계획은 특정 목적을 달성하기 위해 취해져야 할 일련의 조치나 행동들을 열거하고 있는 문건이다. 이러한 행동계획은 통상적으로 어떤 일이 누구에 의해 행해질 것인가 · 이러한 일이 언제 완료될 필요가 있는가 · 이러한 일을 달성하기 위해 어떤 자원이 필요한가를 기본적인 주요 내용으로 하여 구체적으로 작성된다.[15]

1992년에 브라질의 리우데자네이루에서 개최된 유엔환경개발회의(UNCED)에서는 지속 가능한 개발을 위한 기본적인 원칙을 담고 있는 환경과 개발에 관한 리우선언(Rio Declaration on Environment and Development)과 이의 세부 실천방안(국제적 행동지침) 21개를 담고 있는 의제 21(Agenda 21)이 채택된 바 있다.

탈냉전 후에 개최된 거의 모든 전 지구적 회의 등에서는 선언뿐 아니라 이러한 선언을 구체화하기 위한 실천계획으로서의 행동계획을 채택함으로써 선언의 구체적인 실천에 집중하는 특징을 보여 오고 있다. 그러나 이러한 경향은 예외적으로 1972년 스웨덴의 스톡홀름에서 개최된 유엔인간환경회의(United Nations Conference on Human Environment)에서 채택된 인간환경선언(Declaration on the Human

14) 행동계획은 영어로 「action plan」이라는 용어 이외에 「plan of action」 · 「programme of action」 · 「action programme」 · 「platform for action」이라는 용어 역시 사용되고 있다.
15) BusinessDictionary, "Action Plan," http://www.businessdictionary.com/definition/action-plan.html (접속일: 2019년 11월 8일).

Environment)과 행동계획(Action Plan for the Human Environment)에서도 발견된다.

구체적으로 이 회의는 인간환경선언을 채택하여 국제사회의 모든 구성원에게 환경 이슈의 본질을 인식시키고 그 해결을 위해서는 공통된 생각과 원칙을 제시할 필요가 있다고 보고 26개의 환경에 관한 기본 원칙을 제시했다. 이와 더불어 109개의 권고사항이 포함된 행동계획을 채택한 바 있다.

7. 효과성의 증진과 성과에 기반한 관리와 평가

과거에는 글로벌 이슈의 해결을 위해 고안된 프로그램이나 프로젝트를 평가할 때 산출에 기반을 둔 관리와 평가(output-based management and evaluation)가 주를 이루었다. 그러나 냉전의 종식과 더불어 효율성이 중요시되면서 이러한 평가방식이 특히 개발 협력 분야에서 사업의 성과를 엄격하게 평가할 수 없다는 비판이 제기되면서 결과(혹은 성과)에 기반을 둔 관리와 평가(outcome-based management and evaluation)로 전환되었다. 이러한 관리와 평가의 방식상 변화는 특히 개발 협력 분야에서의 원조에 적용되었다.

이러한 과정을 살펴보면 새로운 천년의 시작을 앞에 둔 시점인 2000년 9월 뉴욕에 세계 각국의 정상들이 모여 개최된 새천년정상회의(Millennium Summit)에서 인류가 직면한 과제들 가운데 가장 우선적 해결을 요구하는 빈곤의 퇴치를 위해 공동으로 추구할 개발목표를 설정하고 이를 시행하고자 새천년선언(Millennium Declaration)을 채택했다. 다음 해인 2001년 유엔총회에서는 이를 뒷받침하기 위하여 새천년개발목표(MDGs)를 채택한 바 있다.

냉전 시기에 국제개발 협력이 막대한 규모의 원조 제공에도 불구하고 성과가 미미하다는 비판에서 벗어나 있지 않았다. 냉전의 종식과 더불어 효과성이 중요한 화두로 떠오르면서 비판의 목소리가 커지자 원조방식에 대한 근본적인 재검토가 필요하게 되었다. 그 결과 2005년 3월 파리에서 열린 제3차 원조 효과성 제고를 위한 고위급 포럼(Third High Level Forum on Aid Effectiveness)에서 원조 효과성에 관한 파리선언(Paris Declaration on Aid Effectiveness)으로 발표하기에 이르렀다.

파리선언은 원조의 효과를 높이기 위해 5가지 원칙을 제시하고 이 원칙의 이행을 위해 원조 공여국들이 파트너십 공약(partnership commitment)을 하도록 했다. 이러한 원칙에는 수혜국의 주인의식(ownership) · 수혜국 개발전략과 공여국

원조전략의 일치(alignment) · 공여국 간 원조전략의 조화(harmonization) · 원조 공여국과 수혜국 상호 책임성의 강화(mutual accountability)와 더불어 원조의 성과관리(managing for results)가 중요한 원칙의 하나로 포함되어 있다.

최근에는 이러한 성과에 기반을 둔 평가에 바탕을 두면서 개발 협력 사업의 효과를 보다 엄격하게 평가하는 방편으로 실험적 방법에 기초한 영향력 평가(impact evaluation)가 주요한 평가방식으로 주목을 받고 있다. 이러한 영향력 평가란 구체적으로 개발을 위한 협력 사업이 수혜자의 삶의 질에 실질적으로 미친 효과를 과학적으로 엄격하게 측정하고자 하는 성과평가 방식의 하나이다. 구체적으로 이를 위해 실험군(treatment group)과 대조군(control group)을 설정하여 개발협력 사업이 시행된 실험군과 실시되지 않은 대조군을 비교한 후 이러한 사업이 실험군에 미친 영향을 측정한다. 이러한 성과평가 방식은 기존의 평가방식인 사업의 전후 비교나 사업의 수혜자와 미수혜자 비교와 견주어 사업이 실질적으로 미친 영향력을 파악하는 데 더욱 정확성을 가져다준다.

8. 유엔 특별총회와 전 지구적 회의 형식의 국제회의

냉전 종식 후에 글로벌 이슈를 논하기 위한 주요 국제회의들은 유엔 밖에서 대규모의 전 지구적 회의(global conference)의 형식으로 개최된 것을 특징으로 한다. 이와 아울러 유엔 내에서는 정기총회(Regular Session of the General Assembly)가 아닌 특별총회(Special Session of the General Assembly)를 통해 글로벌 이슈들이 논의되는 특징도 보여 오고 있다. 전 지구적 회의와 유엔 특별총회를 하나씩 살펴보면 다음과 같다.

1) 전 지구적 회의와 특별총회의 개최

(1) 전 지구적 회의

유엔은 유엔 밖 특정 국가에서 대규모의 전 지구적 회의를 빈번하게 개최하여 이를 통해 환경 · 인구 · 여성 · 사회정책 · 아동 문제 등을 포함한 다양한 사회 · 경제적 문제들을 논의하고 국가 간의 합의를 끌어내려는 경향을 보여 왔다.

이러한 경향은 1970년대부터 간헐적으로 존재해 온 것이 사실이나 냉전이 종식된 이후인 1990년대에 이르러 보다 빈번해졌다. 전 지구적 회의는 유엔과 같은 통상적인 국제회의 장소를 떠나 다루고자 하는 문제가 심각한 국가 혹은 다루고자 하는 문제를 모범적으로 해결해오고 있는 국가의 특정 도시에서 개최함으로써 세계의 사람들과 미디어의 이목을 집중할 수 있다는 이점을 지니고 있다.

이러한 전 지구적 회의는 대다수 국가의 원수나 정부의 수반 등 일련의 정상급 또는 각료급이 참여하는 고위급 수준의 회의인 경우가 적지 않았다는 점을 특징 가운데 하나로 한다. 이와 아울러 시민사회를 대표하는 많은 행위자가 참여하고 있다는 특징 역시 지니고 있다. 즉 NGO들은 이러한 전 지구적 회의와 함께 개최되는 NGO 포럼에도 참여하여 정부 대표들에게 로비하고 NGO 간에 연대를 구축하는 적극적인 행위자가 되었다.

특히 1992년에 브라질의 리우데자네이루에서 개최된 유엔환경개발회의(UNCED)에 NGO들이 대거 참여한 이래 NGO들은 환경 이슈뿐 아니라 인권문제·여성문제·아동 문제·인구문제 등과 같은 전 지구적 문제들을 다루는 전 지구적 회의가 빈번하게 개최되는 가운데 이러한 회의 참여하여 의제와 회의 결과에 큰 영향을 미치는 행위자가 되었으며 이러한 문제를 다루는 유엔의 중요한 협력 파트너가 되었다.

1990년 이후 개최된 대표적인 전 지구적 회의에는 1992년에 브라질에서 개최된 유엔환경개발회의(UNCED)·1993년에 오스트리아에서 개최된 세계인권회의(World Conference on Human Rights)·1994년 이집트에서 개최된 국제인구개발회의(International Conference on Population and Development, ICPD)·1995년 덴마크에서 개최된 사회개발세계정상회의(World Summit for Social Development, WSSD)와 중국에서 개최된 제4차 세계여성회의(Fourth World Conference on Women)·1996년 이탈리아에서 개최된 세계식량정상회의(World Food Summit)와 터키에서 개최된 제2차 인간정주회의(Second United Nations Conference on Human Settlements, HABITAT II)·2001년 남아프리카공화국에서 개최된 인종주의/인종차별/외국인 혐오와 불관용 반대 세계회의(World Conference against Racism, Racial Discrimination, Xenophobia and Related Intolerance)·2002년 남아프리카공화국에서 개최된 지속가능개발세계정상회의(World Summit on Sustainable Development)·2003년 스위스에서 개최된 제1차 정보사회세계정상회의(Phase One of World Summit on the Information Society)·2005년 튀니지에서 개최된 제2차 정보사회에 관한 세계정상회의(Phase Two of the World Summit on the Information

Society)·2012년 브라질에서 개최된 유엔지속가능개발회의(UNCSD) 등이 포함된다.

(2) 특별총회

글로벌 이슈는 전 지구적 회의 이외에 유엔 특별총회의 형식을 빌려 유엔 내에서 논의되기도 했다. 유엔총회에는 매년 정기적으로 개최되는 정기총회가 있고 특별한 의제가 있을 시 필요에 따라 개최되는 특별총회와 긴급특별총회가 있다.[16)]

특별총회는 정기총회가 약 300여 개의 의제 항목(agenda item)을 두고 있는 것과는 달리 하나의 의제를 집중적으로 다루는 것을 특징으로 하는 유엔총회의 한 방식이다. 냉전 종식 후 1990년대에 들어서 유엔총회는 결의안의 통과를 통해 특별총회를 대규모로 개최하기 시작했는데 이 역시 전 지구적 회의와 마찬가지로 대다수 국가의 정상급이나 각료급들이 참여하는 경우가 많고 NGO가 대거 참여하는 것을 특징으로 한다.

1990년대에 들어서 개최된 특별총회에는 1990년에 개최된 마약 오용(Drug Abuse)의 문제를 다루는 특별총회와 국제경제협력(International Economic Cooperation) 문제를 다루는 특별총회·1997년에 개최된 유엔환경개발회의(UNCED)의 후속 조치를 검토하는 특별총회·1998년에 개최된 세계 마약 문제(World Drug Problem)를 다루는 특별총회·1999년에 개최된 인구와 개발(Population and Development) 문제를 다루는 특별총회와 소도서 개도국(Small Island Developing States)의 문제를 다루는 특별총회·2000년에 개최된 여성 문제(Women 2000: Gender Equality, Development and Peace for the Twenty-First Century)를 다루는 특별총회와 사회개발문제(Social Development)에 관한 특별총회·2001년에 개최된 유엔인간정주회의의 결과물의 이행(Implementation of the Outcome of the UN Conference on Human Settlements) 문제를 다루는 특별총회와 에이즈 문제(Problem of Human Immunodeficiency Virus/Acquired Immunodeficiency Syndrome (HIV/AIDS) in All Its Aspects)를 다루는 특별총회·2002년에 개최된 아동 문제를 다루는 특별총회(World Summit for Children)·2005년에 개최된 나치 강제수용소로부터의 광복 60주년 기념(Commemoration of the 60th Anniversary of

---

16) 긴급특별총회는 개최 요구가 접수된 지 24시간 이내에 긴급하게 소집되는 총회로서 예루살렘을 포함한 팔레스타인 자치지역 전역에서 이스라엘이 추진하고 있는 유대인 정착촌 건설문제를 다루기 위해 아랍국가연맹(LAS) 회원국들의 요구 때문에 1997년 4월 25일에 소집된 긴급특별총회를 예로 들 수 있다.

the Liberation of the Nazi Concentration Camps)을 주제로 한 특별총회 · 2014년에 개최된 인구와 개발문제를 다룬 1999년의 특별총회 행동계획의 후속 조치를 검토하는 특별총회(Follow-up to the Programme of Action of the International Conference on Population and Development beyond 2014) · 2016년에 개최된 세계 마약 문제(World Drug Problem)에 관한 특별총회를 포함한다.

2) 고위급 인사와 NGO 참여의 이유

특별총회나 전 지구적 회의가 국가의 고위급 인사와 NGO의 대거 참여를 고무한 것에는 다음과 같은 이유가 있다고 볼 수 있다. 우선 고위급 인사들의 참여는 의사결정 과정에 있어서 국가 간 견해 차이를 상대적으로 쉽게 극복하도록 함으로써 의사결정을 보다 용이하게 하고 결정된 사항의 국내적 이행을 보다 돕게 된다는 의도가 있었다고 본다.

구체적으로 냉전 시대 국제회의의 특징이었던 재량권이 없거나 제한적이었던 실무자 중심의 국제회의를 통해서는 국가 간에 견해 차이가 큰 문제를 논의하는 데 있어서 합의의 도출이 쉽지 않았다. 그러나 정치적인 재량권을 가지고 있는 정상들의 참여로 합의가 상대적으로 쉬워졌다. 더불어 국가 정상들에게 이러한 문제를 직접 논하여 결과물을 도출하도록 함으로써 이들의 재임 기간에 이러한 문제의 해결에 지속적인 관심을 두게 할 수 있다.

NGO들의 대거 참여와 관련하여 살펴보면 이들의 참여는 우선 국가들의 의사결정을 보다 용이하게 하였다. 냉전의 종식으로 일국이 노력만으로 해결할 수 없는 많은 이슈가 유엔과 같은 정부간기구에 대거 맡겨졌으나 이러한 기구 내에서 주권국가들은 정치 · 경제 · 사회적 이질성으로 인해 커다란 견해 차이를 가지고 있을 뿐 아니라 국제사회 전체의 공익이 아닌 국익의 관점에서 문제를 바라보기 때문에 문제해결에 대한 합의를 끌어내는 것이 쉽지 않다.

이러한 한계 속에서 NGO의 참여는 의사결정 과정에서 국가 간의 견해 차이를 극복하는 데 중요한 가교의 역할을 할 수 있다. 이러한 역할이 가능한 것은 인권 분야를 예로 들자면 선진국 정부와 개도국 정부 사이의 견해 차이와는 달리 선진국과 개도국의 NGO는 모두 인권문제와 관련해서는 같거나 거의 유사한 견해를 지니고 있기 때문이다. 따라서 인권이나 환경 관련한 글로벌 이슈에 있어서 개도국의 NGO는 자국의 정부 대표와 다른 입장을 가지고 이들에 대해 압박을 가할 수 있는 여지를 가지게 된다.

NGO의 참여는 이처럼 정부간기구의 의사결정을 보다 용이하게 할 뿐 아니라 의사결정의 정치적 정당성(political legitimacy)을 제공하는 데 중요한 역할을 할 수 있다. 나아가 NGO는 정부간기구에서 국가들이 결정한 것을 국내적으로 이행하는 것을 직접 돕거나 정부에게 이행을 촉구하는 역할을 할 수 있으므로 이들의 참여 역시 고무되었다.

특히 전 지구적 회의의 유엔 밖 개최는 상당한 비용을 수반하기 마련이며 이 때문에 유엔 예산의 22%를 부담하고 있는 미국이 제동을 걸기 시작하여 일정한 정도 위축이 되었지만 커다란 추세 자체를 바꾸지는 못하고 있다.

제7장

의사결정

제 7 장

의사결정[1)]

의사결정은 글로벌 이슈의 해결을 위한 공공정책 등의 채택 과정에 있어서 가장 중요한 부분 가운데 하나이다. 이는 글로벌 이슈의 해결책을 둘러싸고 참여자 간에 이해관계가 충돌할 경우 어떤 방식을 통해 의사결정을 하는가가 의사결정의 결과물에 지대한 영향을 미치기 때문이다. 의사결정과 관련해서는 의사결정에 영향을 미치는 행위자, 의사결정의 방식, 의사결정의 효력, 의사결정의 과정을 살펴야 한다. 여기에서는 정부간기구에서의 의사결정의 방식을 중점적으로 다루고 있으나 이러한 의사결정 방식은 정부간기구 이외의 조직에도 보편적으로 적용될 수 있다.

제1절 의사결정에 영향을 미치는 행위자

글로벌 이슈 해결에 개개 국가의 정부 · 정부간기구 · 기업 · NGO 등 다양한 행위자들이 단독 혹은 조합을 이루어 글로벌 이슈의 해결을 위한 의사결정에 참여를 해오고 있다. 이들 행위자 가운데 정부와 정부간기구가 다른 행위자의 관여 없이 의사결정을 하기도 하지만 민주적 정당성 결여의 비판에 대응하고 효율성을 높이기 위해 기업과 NGO를 위시한 다른 행위자들과 파트너십을 형성하여 의사결정을 함으로써 여전히 글로벌 거버넌스의 중추적 역할을 해오고 있다. 따라서 여기에서는 정부간기구를 중심으로 의사결정을 살펴보고자 한다.

1) 보다 상세한 내용은 다음을 참고하시오: 박재영, 『국제기구와 글로벌 거버넌스』 (서울: 법문사, 2018), pp. 367-472.

1. 개 요

정부간기구의 의사결정에 직접 혹은 간접적으로 참여하는 대표적인 행위자에는 정부 대표・사무국 수장・사무국 직원・NGO・지방정부간기구・다른 정부간기구・개인・지식인의 인식공동체・대중매체・기업이 포함된다. 이러한 행위자들을 하나씩 살펴보기 전에 다음과 같은 점에 유념해야 한다.

첫째, 형식적으로 의사결정의 권한이 정부간기구 내의 총회나 이사회라는 정부 대표들로 구성된 기관에 속해 있는 이상 주된 역할은 정부 대표가 한다. 그러나 정부간기구의 의사결정에서 사무국과 같은 정부간기구 내의 비정부적 기관이 미치는 영향력과 NGO의 영향력이 시간이 지나면서 커지고 있다.

둘째, 첫 번째 경우와는 반대로 정부 대표로 구성되지 않은 비정부적 기관이 의사결정에 중요한 역할을 한다고 해도 실제로는 개개 정부의 이익이 일정한 정도 반영되는 경우이다. 예컨대 유럽연합(EU)의 경우에 국익을 대표하지 않고 유럽연합 전체의 이익을 추구할 의무를 지는 위원들로 구성된 기관인 집행위원회(Commission)가 의사결정에 중요한 역할을 한다고 할지라도 실제로는 회원국의 의향을 충분히 청취해서 국가이익을 조정하는 관행이 확립되어 있다.

셋째, 정부간기구에 따라 또는 의사결정의 대상으로서의 이슈의 성격에 따라 어떤 의사결정 참여자가 의사결정에 있어 좀 더 중요한 역할을 하는가가 달라질 수 있다.

2. 의사결정에 영향을 미치는 행위자들

1) 정부 대표

정부 대표들은 정부간기구의 의사결정에 참여하여 정부 입장을 발표하고 이를 관철하기 위한 노력을 전개한다. 정부의 수반뿐 아니라 행정부의 장관이나 관련 정부간기구 대표부의 구성원 혹은 개인이 정부 대표가 된다.

이러한 정부 대표는 정부로부터의 지시를 수행할 뿐 아니라 이들이 관여하고 있는 정부간기구에 대한 정보를 본국 정부에 제공하는 일을 한다. 이러한 과정에서 정부 대표는 자신이 본국에 보고하는 내용과 보고 방식에 의해 본국 정부로부터 자신에게 내려지는 지시의 내용에 영향을 미칠 수 있다.

정부간기구 내에서 정부 대표의 영향력은 그가 차지하고 있는 위치와 개인적인 특성으로부터 나온다. 여기에서 정부 대표가 점유하고 있는 위치란 개인적으로 그가 지닌 지위를 의미하며 미국의 대표인가 한국의 대표인가와 같은 것이다. 이밖에 위치란 정부간기구에서 그가 지닌 지위를 의미하기도 하는데 유엔 안보리 의장과 같은 직책을 하나의 예로 들 수 있다.

정부간기구에서의 직책의 보유는 권위·정보에의 접근·절차의 통제·관련 기구의 의사결정에의 참여를 가능케 하여 영향력을 높일 수 있다. 유엔 안보리의 의장과 같은 지위를 가질 경우를 예로 들면 의장은 새로운 의제를 제안할 수 있고 그의 영향을 제고시킬 수 있는 정보를 독점하는 것이 가능하다. 더불어 안보리 의장은 많은 이슈에서 타협점을 찾고 국가 간 이견을 좁히며 정책을 수립하고자 하는 국가들의 상의와 협의의 대상이 된다. 이와 더불어 개개 국가에 대해 사적으로 이야기할 수 있는 위치를 십분 활용하여 그의 영향력을 발휘할 수 있다.

정부 대표의 영향력은 그가 차지하는 위치 이외에 개인적 특성으로부터도 나온다. 그러나 모든 국가의 정부 대표들에게 동일하게 해당하는 것은 아니다. 강대국의 정부 대표일 경우 그가 어떤 개인적인 특성을 보유하고 있는가가 그의 영향력을 크게 결정하지 않는다. 이는 일반적으로 정부간기구의 의사결정은 그러한 기구의 운영에 필요한 지적·물적 자원을 보유하고 있는 소수의 강국에 의해 지배되기 때문이다.

이와는 달리 강대국이 아닌 국가의 대표는 그가 지니는 개인적 특성에 의해 영향력이 달라질 가능성이 크다. 이러한 개인적 특성에는 그가 지닌 카리스마·매력·협상가나 중개자로서 쌓아온 능력·비슷한 국가의 대표들을 하나의 투표 블록(voting bloc)으로 동원할 수 있는 능력(즉 연합을 동원할 수 있는 능력)·전문적인 지식·언어 구사력·경험·명성 등이 포함된다.

2) 사무국의 수장

정부간기구의 경우 기본적으로 총회나 이사회와 같은 정부 대표로 구성된 기관에 의해 의사결정이 이루어진다. 그렇다고 해서 정부 대표가 아닌 국제공무원으로 구성된 사무국과 같은 기관이 의사결정에 있어서 수행하는 중요한 역할을 무시해서는 안 된다.

일반적으로 정부간기구가 필요로 하는 자원을 손에 쥐고 있는 정부 대표와 비교해 볼 때 사무국의 수장이 의사결정에 미치는 영향력이란 상대적으로 미약하다. 그러나 형식적으로는 대부분의 의사결정이 정부 대표로 구성된 기관에서 이루어지는 것 같아도 이러한 의사결정에 이르기까지의 과정에서 사무국의 의향과 판단이 결정적인 역할을 하는 경우가 적지 않다.

사무국의 수장은 공식적인 권한과 비공식적인 권한을 행사한다. 우선 사무국의 수장이 행사하는 공식적인 권한을 살펴보면 권한의 하나로서 직원의 임명권을 행사한다.[2] 때때로 사무국의 수장은 정부간기구에 가용한 물적 자원 가운데 일부를 배정하며 기술 지원을 위한 기술전문가와 같은 인적 자원을 배정하기도 한다. 더불어 정부간기구 내의 정부 대표로 구성된 기관에서 자신의 견해를 피력할 수 있는 권한을 보유하고 있으며 특히 예산과 관련된 결정에 있어 주도권을 행사한다. 정부간기구에 따라서는 사무국의 수장이 회의를 주재하고 의제를 제안하기도 한다.

이러한 공식적인 권한 이외에 사무국의 수장은 정부간기구 내에서 의사소통 연계망의 중앙에 있음으로써 영향력을 획득한다. 특히 정부간기구의 예산이나 운영과 관련된 일을 다루는 경우 사무국의 수장은 정보의 독점을 통해 영향력을 높일 수 있다. 더불어 정부간기구 내의 정부 대표로 구성된 기관에서 정부 대표들 사이에 견해 차이가 매우 클 때 정부 대표들은 합의점을 찾기 위하거나 중재를 부탁하기 위해 큰 방향만을 설정해주고 구체적인 정책을 만들기 위해 사무국의 수장에 의존하는 경우가 많다.[3] 사무국의 수장은 이를 통해 영향력을 행사할 수 있다.

결론적으로 말해 정부간기구에 있어서 회원국 정부의 대표들이 의사결정에 큰 힘과 영향력을 행사하고 이러한 결정에 필요한 물적 자원과 인적 자원을 제공하나 사무국의 수장은 설득 · 의제설정 · 결정의 이행을 통해 결정에 중요한 영향력을 미친다.

3) 사무국 직원

사무국의 직원은 여러 활동 가운데 특히 정부간기구의 인적 · 물적 자원을 제

2) 국제공무원 채용규칙과 정치적 고려로 영향을 받을 수도 있는 것 또한 사실이다.
3) 예컨대 선진국과 개도국 간의 이해관계가 크게 상충하는 경우 사무국 수장의 조정능력이 중요해진다. 세계무역기구(WTO)에서 사무총장은 선진국과 개도국 사이에 이해가 첨예하게 맞서는 무역분쟁 해결에 남다른 수완을 발휘할 것으로 기대된다.

공하는 운용 활동(operational activities)과 관련된 의사결정을 하는 데 있어서 독립적인 영향력을 행사하기 쉽다. 예컨대 특별 연구원의 연구비(fellowship) 배정 · 기술전문가의 배정 · 특정 국가에의 자금 대출의 승인 · 병력의 전술적인 전개와 같은 결정은 사무국의 수장만으로 혹은 사무국의 수장과 정부 대표로 구성된 기관과의 협의만으로 결정하기에는 너무나 많은 결정으로 이루어진다.

이럴 때 결정의 큰 윤곽을 주고 보다 세부적인 결정은 사무국의 직원들에게 맡겨져 이들의 재량이 작용할 수 있는 여지가 주어진다. 일단 이루어진 결정을 실제에 적용하는 데도 필연적으로 자유재량의 여지를 남기지 않을 수 없으며 이러한 여지에 사무국 직원의 영향력이 침투될 수 있다.

4) 비정부기구

냉전의 종식 후에 정부간기구의 결정 사항에 관심이 있는 NGO가 정부간기구의 의사결정에 어떤 형식으로든 참여하는 경우가 증가하고 있다. 정부간기구들은 점차 이들 NGO에게 발언의 기회를 부여하고 있고 이들의 참여 없는 정부간기구의 의사결정은 이제 정당성이 모자란다고 할 정도에 이르고 있다.

NGO가 정부간기구에서 정부 대표와 같은 투표권을 위시한 광범위한 권한을 가지는 예는 거의 없다. 현재 일정한 제한된 수의 NGO가 정부간기구에서 협의지위(consultative status)를 얻어 의사결정에 제한된 영향력만을 행사한다. 그 예로 일정한 요건을 충족시킨 NGO가 유엔의 경제사회이사회(ECOSOC)로부터 협의 지위를 획득한 후 관련 회의에 참여하여 구두 진술(oral statement)과 서면 진술(written statement)을 하고 때에 따라서는 의제를 제안하는 등의 역할을 인정받고 있다. NGO는 유엔 이외에 전문기구와 더불어 유럽심의회(Council of Europe, CoE)나 미주국가기구(OAS)와 같은 지역 기구로부터도 협의 지위를 획득하고 있다.

그러나 이러한 NGO들이 협의 지위를 획득한다고 해도 통상적으로 의사결정에 있어서 중요한 투표권을 인정받고 있지 않아 그 한계를 가지고 있다. 따라서 NGO는 자신의 이해관계와 밀접히 연결된 이슈에 관한 결정이 있으면 투표권을 가지고 있지 않은 정부간기구에서의 결정보다는 이러한 결정이 있기 전 개개 국가 내에서의 결정에 영향을 미치도록 더 큰 노력을 기울이는 경향을 보인다.

5) 지방정부간기구

세계화와 지방화라는 현상이 동시에 진행되는 가운데 지방정부(지방자치단체)가 국제사회의 중요한 행위자의 하나로서 부상하고 있다. 국제사회의 대부분 이슈가 지방 수준에서 발원되고 있으며 이 때문에 문제해결에 있어서 이러한 지방정부의 역할이 긴요해지고 있기 때문이다.

통상적으로 중앙정부의 대표들로 구성된 정부간기구는 개별적인 지방정부 대표의 의사결정 참여를 인정하고 있지 않다. 단지 지방정부들을 구성요소로 한 국제적인 조직인 지방정부간기구(inter-local-governmental organizations, ILGO) 가운데 일정한 요건을 갖춘 기구에 협의 지위를 부여함으로써 정부간기구에의 참여를 제한적으로 허용했다. 그러나 이들에게 독자적인 지위를 인정한 것이 아니라 이들은 NGO의 하나로 분류됐다.

비교적 최근에 이르러 몇몇 소수의 정부간기구가 이들에게 비정부기구라는 지위가 아닌 지방정부간기구라는 독자적인 지위를 인정하기 시작했다. 그러나 이들에게 주어지는 정부간기구에서의 권한은 협의 지위를 가지고 있는 NGO에게 주어지는 지위를 크게 벗어나고 있지 않다.

6) 타 정부간기구

정부간기구의 대표는 일반적으로 두 가지 상이한 방식을 통해 다른 정부간기구의 의사결정에 참여하게 된다. 그러나 이러한 경우들은 정부간기구 간의 관계에 있어서 예외적이고 통상 정부간기구는 다른 정부간기구에 거의 영향을 미치지 않는다.

우선 이들에게 협의할 수 있는 권한이 부여되어 있으면 이러한 협의를 통해 다른 정부간기구의 의사결정에 참여한다. 구체적으로 정부간기구들은 많은 경우 다른 정부간기구에 옵서버 자격을 부여하여 관련된 이슈를 논하는 데 있어서 발언의 기회를 부여한다. 또 다른 참여방식은 다른 정부간기구와 프로젝트를 통해 협력하는 경우이다. 이러한 관계의 전형적인 경우의 하나가 유엔개발계획(UNDP)과 전문기구의 관계이다. UNDP는 프로젝트에 필요한 자금을 제공하고 일반적인 감독을 하며 전문기구는 프로젝트의 실행을 위한 기술과 인력을 제공한다.

7) 개인

정부간기구의 사법기관이나 중재재판 기관의 구성원은 일반적으로 개인의 자격으로서 선출된다. 개인은 종종 중개(mediation)와 같은 임시적인 임무를 수행하기 위해 임명되기도 한다.4) 이들은 정부간기구 밖에서 특출한 경력을 가진 사람이 기에 임명되며 이런 임무와 관련하여 실질적인 자율권을 행사한다.

개인은 전문성을 가지고 고문으로서 역할을 하면서 정부간기구 내에서 의사결정에 참가하기도 한다. 이들은 전문가의 도움이 필요한 많은 분야에서 최종적인 결정권을 행사하기도 한다. 예컨대 세계보건기구(WHO)가 특별한 질병을 앓고 있는 환자들의 보호와 치료에 관한 보고서를 준비하기 위해 전문가위원회를 소집하는데 이 경우 전문가들은 개인의 자격으로서 의사결정에 중요한 역할을 할 수 있다. 이러한 위원회를 통제할 정부간기구의 능력은 제한적일 수밖에 없다.

개인은 종종 인권을 다루는 조약을 관리하는 위원회의 위원으로 선출되어 활동하기도 한다. 예컨대 여성차별철폐협약을 관리하는 여성차별철폐위원회(CEDAW)는 23명의 전문가로 구성되는데 이들 모두는 개인의 자격으로 선출되어 개인의 자격으로 활동한다.

이처럼 개인은 전문성을 가지고 정부간기구의 요청으로 정부간기구의 의사결정 과정에 참여하기도 하지만 때때로 개개 국가 정부의 요청에 따라 정부 대표단의 일원으로서 정부간기구의 의사결정에 참여하기도 한다.

8) 지식인의 인식공동체

국경을 넘어 존재하는 지식인의 인식공동체(epistemic community)가 정부간기구의 의사결정에 영향을 미치기도 한다.5) 지식인의 인식공동체는 사회가 중요하다고 생각하는 현상에 대해 공통의 인과 모델(common causal model)과 정치적 가치

4) 중개(mediation)란 제삼자가 분쟁 당사자들의 동의하에 이들의 교섭 과정에 참여하여 자신이 적절하다고 생각하는 해결책을 제시하는 행위를 의미한다.

5) 지식인의 인식공동체가 지니고 있는 합의된 지식(consensual knowledge)이 정부간기구의 정책에 중요한 변화를 가져오고 이러한 정부간기구의 정책이 회원국과 관련된 분야에서의 정책에도 영향을 미친다는 논리가 하스(Haas)를 중심으로 전개되고 있다. 이에 관한 보다 자세한 논의는 다음 책을 참고하시오: Ernst B. Haas, *When Knowledge Is Power: Three Models of Change in International Organizations* (Berkeley, Los Angeles, Oxford: University Of California Press, 1990).

관을 지닌 전문가들로 구성된다. 지식인의 인식공동체는 자신들이 옹호하는 인과 모델이 진리라는 신념과 더불어 이러한 진리를 공공정책으로 전환해야 한다는 생각으로 연합이 되어 있다.

세계보건기구를 예로 들면 지식인의 인식공동체는 건강관리와 관련하여 자문위원회・연구그룹・NGO・세계보건기구가 인정하는 국내기관 등 여러 통로를 통해 세계보건기구의 의사결정 과정에 접근하고 있다. 세계보건기구는 과거에 기술적인 측면의 건강관리에 중점을 두었으나 지식인의 인식공동체에 의해 건강관리의 중점이 기술적인 측면뿐 아니라 사회・경제적인 측면에도 놓이게 되었다. 이러한 세계보건기구의 인식 변화는 개개 국가의 차원에서 모든 사람은 적절한 건강관리에 대한 기본적인 권리를 보유하며 정부는 국민에게 건강관리를 베풀 책임이 있다는 인식의 변화를 유도했다.

9) 대중매체

정부간기구가 고려하고 있는 이슈가 일반인들에게 중요할 때 대중매체(mass media) 종사자는 정부간기구의 의사결정에 일정한 역할을 한다. 이러한 대중매체 종사자들은 관련된 행위자들에게 정보를 전달하는 역할을 함으로써 정부간기구의 의사결정에 영향을 미칠 수 있다. 이들은 또한 문제의 특정 측면을 강조함으로써 특정 정책결정자의 입장을 강화하고 이들과는 다른 의사결정자의 입장을 약화시킬 수 있다.

인도적 구호 활동 분야에서의 대중매체의 역할을 두고 「시엔엔 효과(CNN Effect)」라고 부른다. 이는 CNN과 같은 대중매체가 정부나 유엔과 같은 정부간기구에 인도적으로 개입하도록 하기도 하고 인도적 활동에 어려운 일이나 복잡한 일이 발생할 때 인도적 활동에 반대여론을 형성시키기도 하는 등 중요한 역할을 한다는 것을 의미한다.[6)]

10) 기업

다국적기업(MNC)과 같은 행위자는 비록 의사결정 과정에 직접적으로 참여는

6) Edward Newman, "Realpolitik and the CNN Factor of Humanitarian Intervention," in Dimitris Bourantonis and Jarrod Wiener, eds., *The United Nations in the New World Order: The World Organization at Fifty* (London: Macmillan Press Ltd., 1995), p. 197.

하지 않아도 간접적인 통로를 통해 정부간기구의 의사결정에 큰 영향을 미친다. 이러한 기업의 역할은 특히 환경문제와 관련이 깊다. 환경 관련 각종 국제회의에서 환경비용을 증가시키는 정책이 채택되면 다국적기업들이 곧장 타격을 받게 되기 때문에 이를 저지하기 위한 로비가 이들에 의해 적극적으로 행해진다. 예컨대 지구 온난화를 일으키는 이산화탄소의 주범으로서 화석연료 사용에 대한 규제가 현실화하고 있는 것과 관련하여 석유 대재벌들의 로비가 정부간기구의 의사결정에 중요한 요인으로 작용하고 있다.

오존층 보존을 위한 1987년 몬트리올 의정서(Montreal Protocol on Substances that Deplete the Ozone Layer)의 채택에서도 세계최대의 프레온가스 생산회사인 미국 듀퐁(DuPont)의 입장이 매우 중대한 역할을 했다. 듀퐁사는 인공 화합 물질인 프레온이나 할론 가스가 대기 배출 후 10년 정도 지나면 성층권에 도달해 오존층을 파괴한다는 이론이 1974년에 처음 발표되었을 때 과학적 근거가 불분명하다고 반박하고 이러한 프레온가스 사용규제 움직임에 조직적으로 저항했다. 그러나 대체물질을 개발한 후 듀퐁사는 이의 판촉을 위해 이러한 가스 규제에 선도적인 역할을 한 바 있다.

제2절 의사결정 방식

의사결정 방식은 지속적으로 진화해오고 있다. 표결에 의한 의사결정은 조직 구성요소의 이질성이 확대되면서 일반적으로 만장일치제로부터 다수결제로 바뀌어오고 있다. 다수결제도 소수의 강국과 다수의 소국의 일방적인 지배를 방지하기 위해 이중다수결제와 같은 의사결정 방식이 극히 일부의 정부간기구이지만 도입되어오고 있다. 의사결정 참여자들 간의 대립과 갈등을 완화하기 위해 표결 없이 의사결정을 하는 합의제가 여러 가지 변형의 형태를 취하면서 의사결정의 주된 방식이 되어가고 있다. 이러한 의사결정 방식상의 변화를 염두에 두고 의사결정 방식을 살펴보아야 한다.

1. 개 요

의사결정을 하는 방식을 크게 분류하면 표결에 의한 방식과 표결에 의하지 않는 방식(즉 합의제 방식)의 두 종류가 있다. 표결에 의한 방식은 만장일치제와 다수결제로 구별되며 다수결제에는 단순다수결제·특별다수결제(조건부 다수결제)·특정다수결제·이중다수결제의 4가지로 구분된다. 이러한 다수결제는 한 국가가 하나의 표만을 행사하는 일국일표제(one-nation one-vote system)에 기초하고 있을 수도 있고 때때로 가중표제(weighted voting system)에 기초하고 있을 수도 있다.

의사결정 방식을 살펴보는 데 있어서 하나의 정부간기구가 언제나 하나의 의사결정 방식만을 가지고 있는 것은 아니라는 사실에 유념해야 한다. 같은 정부간기구에 속하는 여러 기관이 제각기 다른 의사결정 방식을 지니고 있을 수 있고 같은 기구의 같은 기관이라도 다루는 이슈의 성격에 따라 다른 의사결정 방식을 사용할 수도 있는 것이다.

의사결정 방식을 살펴봄에 있어서 공식적인 의사규칙(rules of procedures, ROP)에만 의존해서는 안 된다는 것에도 유의하여야 한다. 그 이유는 의사규칙이 규정하고 있는 것과는 달리 관행에 의해 다른 의사결정 방식을 채택하고 있는 정부간기구들이 종종 존재하기 때문이다.

2. 정족수 조건[7)]

의사결정의 방식은 의사결정을 유효하게 하는 정족수(quorum)에 대한 논의부터 시작해야 한다. 정족수란 「의사결정 단위의 이름으로 개회나 의사결정과 같은 업무를 수행하기 위해 회의에 참석하여야만 하는 구성원의 최소한의 수」를 의미한다. 개회하거나 의사결정을 시작하기 위해 회의에 참석하여야만 하는 최소한의 대표단의 수를 의미하는 이러한 정족수를 결정 자체가 유효하게 성립하기 위해 몇 표가 필요한가를 의미하는 가결 필요 표수와 혼동하는 경우가 많아 주의를 필요로 한다.[8)]

---

7) 박재영, 『유엔회의 가이드북』 (서울: 법문사, 2014), pp. 148-149 참조.

8) 유엔총회는 통상적으로 가결 필요 표수로서 참석하여 투표한 국가의 1/2 이상을 요구한다.

정족수에는 개회 정족수(quorum for opening)와 의결 정족수(quorum for decision)가 있다. 우선 의사결정이 유효하게 이루어지기 위해서는 의사 진행에 필요한 최소한의 출석수가 충족되어야 한다. 이렇게 회의를 개시하기 위해 충족시켜야 하는 출석수를 「개회 정족수」라고 한다. 일반적으로 회원국 수의 1/3 또는 1/2을 개회 정족수로 하는 경우가 많으나 국제원자력기구(IAEA)의 이사회처럼 이사국 수의 2/3를 개회 정족수로 하는 예도 있다. 유엔총회의 경우 개회 정족수로서 회원국의 1/3 이상의 출석이 있어야 하고 총회 산하의 6개 위원회(Committee)의 경우는 회원국의 1/4 이상의 출석이 있어야 한다.

개회 정족수를 채워 일단 회의가 유효하게 개시된다고 해도 유효한 의사결정을 하기 위해 또 다른 별도의 좀 더 많은 수의 출석수가 요구되기도 하는데 이러한 출석수를 「의결 정족수」라고 한다. 따라서 개회 정족수를 충족하여 개회가 성립되기는 했으나 의결 정족수를 채우지 못하면 토의는 가능하나 의사결정을 할 수 없다. 유엔의 경우 총회와 위원회를 불문하고 똑같이 의결 정족수로서 구성국의 1/2 이상의 출석을 요구한다.

앞서 언급했듯이 유엔총회의 경우 회원국의 1/3 이상이 참가하고 위원회의 경우는 회원국의 1/4 이상이 참가해야 개회를 하고 토의를 할 수 있다고 총회 의사규칙은 규정하고 있지만 제대로 지켜지지 않고 있다. 즉 제시간에 개회 정족수에 이르는 국가들이 참여하지 않아 마냥 개회와 토의를 늦추어야 하는 상황이 빈번하게 발생하곤 했다. 따라서 유엔총회나 위원회가 개회되어 업무편성(organization of work)을 확정할 때 관례에 따라 이러한 규정을 유보한다고 명시적으로 밝히고 있다.[9] 그러나 이러한 개회 정족수에 대한 유보에도 불구하고 회원국의 1/2 이상이 참가해야 의사결정을 한다는 의결 정족수 규정만큼은 엄격하게 적용된다.

유엔 안보리의 경우 총회와는 달리 정족수에 대한 특별한 규정을 두고 있지 않으나 표결방식에 관한 규정으로부터 의결 정족수를 유추할 수 있다. 구체적으로 안보리 회의 개최의 시기와 장소 및 방법 · 의사규칙의 채택 · 의장의 선임방법 · 회의의 공개와 비공개 여부 · 보조 기관의 설치 · 이해 관계국의 참가와 분쟁 당사국 참가의 권유 등에 관한 결정과 같은 절차상의 문제에 대한 결의는 단순히 9개

9) 유엔총회의 위원회는 회기 개시 후 보통 첫 위원회 문건으로서 「업무 편성(Organization of Work)」을 발간하여 배포하는데 여기에 유엔총회의 결정에 따라 개회 정족수 요건을 적용하지 않는다는 구절이 포함되어 있다.

이사국의 찬성을 요구한다. 그 밖의 문제 즉 절차문제가 아닌 실질 문제에 대한 결의에는 5개 상임이사국(P-5)을 포함한 9개 이사국의 찬성 투표가 필요하다고 규정함으로써 의결 정족수로서 최소한 9개 이사국의 출석이 필요하다는 것을 알 수 있다.

3. 표결에 의한 의사결정 방식

정부간기구의 의사결정 방식에는 앞서 언급했듯이 표결에 의한 방식과 표결에 의하지 않는 의사결정 방식인 합의제가 있다. 이곳에서는 만장일치제와 다수결제로 구분되는 표결에 의한 의사결정 방식을 먼저 살펴보고자 한다.

1) 만장일치제

국내사회에서는 오래전부터 다수결제가 수용되어왔으나 국제사회에서는 전통적으로 만장일치제(unanimity system)가 국제회의라든가 정부간기구의 주요한 의사결정 방식이었다. 의사결정이 이루어지기 위해 모든 국가의 찬성을 요구하는 만장일치제는 자신이 반대하는 결정에는 구속되지 않는다는 주권국가의 주권의 지고성(supremacy)이 강하게 반영되는 제도로서 모든 국가에 거부권(veto power)을 부여한 것과 같고 이는 정부간기구가 주권국가의 단순한 집합체에 불과하다는 것을 잘 보여준다.

이처럼 만장일치제는 국가가 자국에 불리한 결정에 구속되지 않게 하고 자국에 불리한 권고나 비난하는 결의가 성립되지 않게 한다는 점에서 국가의 주권 보호에 가장 유용한 표결방식이다. 이는 한 국가의 반대만으로도 의사결정이 일어나지 않기 때문에 특히 약소국에 매력적인 의사결정 방식이다.

그러나 이러한 장점은 이러한 표결방식을 채택한 국제연맹에서 보았듯이 실제에 있어 정부간기구가 목적을 추구하는 데 있어 치명적인 장애로 작용하기도 했다.[10] 이 때문에 이러한 문제의 해결을 위한 방편의 하나로서 유엔의 경우에서 보듯이 다수결 제도가 도입되었다.

현재 만장일치제는 회원국의 수가 한정된 아랍국가연맹(League of Arab States,

---

10) 국제연맹 이사회와 총회의 의사결정은 마찬가지로 주요 사항의 경우 만장일치에 의해 이루어졌으며 절차문제의 경우는 다수결에 의해 이루어졌다.

LAS)[11] · 북구각료이사회(Nordic Council of Ministers) · 유럽자유무역연합(EFTA) · 북대서양조약기구 이사회(NATO Council)[12] 등에서 여전히 채택되어 있다. 유엔 안보리도 절차문제가 아닌 실질 문제의 경우 5개 상임이사국에게만 거부권 제도라는 만장일치제가 적용된다.

만장일치제를 채택하고 있는 이러한 정부간기구들을 일별해 보면 이러한 의사결정 방식은 구속력 있는 결의문을 채택하는 일이 많은 지역적 정부간기구의 의사결정 방식으로 종종 채택되고 있다는 사실을 알 수 있다.

2) 다수결제

다수결제(majority system)는 19세기 후반에 국제행정연합(international administrative union)에 먼저 도입되었으나 보편적 정부간기구에 도입된 것은 유엔이 최초였다. 국제연맹까지는 만장일치제가 주류를 이루었으나 그 이후 다수결제가 주류를 이루어 왔다. 이처럼 다수결제는 만장일치제와 비교하여 상대적으로 근래에 비정치적인 성격의 정부간기구인 행정적 · 기술적 정부간기구에 우선하여 도입되었으며 정치적인 성격의 정부간기구에 채택되는 데는 많은 시간이 필요했다.

다수결제는 다양한 견해를 통합하는 기술로서 만장일치제와는 달리 반대하는 국가가 있어도 의사결정이 이루어질 수 있고 자신이 반대한 결정도 존중할 의무를 지는 관계로 국가 주권의 지고성이 약화된 것이다. 따라서 국가들은 자신의 의사에 반하는 결정이 일어날 가능성을 최소화할 필요를 갖게 된다. 특히 자국에 중요한 결정의 경우 이러한 필요성은 배가된다. 정부간기구들은 이러한 위험부담을 줄이기 위해 다음과 같은 여러 가지 제도적 안전장치를 두고 있다.

i) 정부간기구는 단순다수결제 외에 특별다수결제(조건부 다수결제)와 특정다수결제를 두고 있을 뿐 아니라 이중다수결제를 두기도 한다. ii) 이러한 여러 가지 다수결제 중 어떤 것을 택할 것인가를 결정하기에 앞서 한 국가에 한 표를 인정하는 일국일표제(one-nation one-vote system)가 아닌 특정의 기준에 따라 국가마다 다른 표수를 인정하는 가중표제(weighted voting system)를 도입하기도 한다.

---

11) 「League of Arab States」를 간단히 「Arab League」라고도 부른다.
12) 「NATO Council」은 NATO의 가장 주된 의사결정 조직으로서 「North Atlantic Council(NAC)」이라고도 불린다. 구체적으로 이 조직에서 결정(decision)에 도달하고 성명안(Draft Communique)을 채택하려면 만장일치가 필요하다. 여기에서 성명안은 다른 정부간기구에서의 결의안(draft resolution)에 해당한다.

iii) 냉전 시대 소련처럼 평상시에는 하나의 국가로 행동하면서 유엔총회에서는 3개의 표(소련 · 우크라이나 · 벨로루시)를 행사하는 예도 있었다. iv) 주권 국가들은 또한 원하지 않는 결정이 이루어진다고 해도 이를 최소화할 수 있는 장치를 두고자 했으며 그 결과 다수결제를 통한 의사결정의 효력은 일반적으로 법적 구속력이 없는 권고(recommendation)에 그치도록 하고 있다.[13)]

(1) 일국일표제와 가중표제

다양한 종류의 다수결제를 살펴보기 이전에 이러한 다수결제가 기초하고 있는 일국일표제 혹은 가중표제에 대해서 살펴보고자 한다.

① 일국일표제

경제적이거나 전문적인 특정의 임무를 수행하는 정부간기구를 제외하고 대다수 정부간기구는 일국일표제를 채택하고 있다. 이러한 일국일표제는 인구 · 면적 · 국력 등과 관계없이 어떤 국가든 균등하게 모두 1표를 갖는 방식으로서 주권 평등의 원리에 입각하고 있다.

일국일표제는 수적으로 우세한 개도국들이 정부간기구의 의제를 통제하고 기존의 규범에 도전할 수 있도록 한다. 이에 대해 수적으로 열세를 보이는 소수파 국가인 선진국은 이러한 일국일표제에 불만을 품고 있다.

강대국 입장에서의 일국일표제에 대한 이러한 불만은 정부간기구 학자인 클로드(Inis L. Claude, Jr.)의 말에 잘 나타나 있다. 그에 따르면 일국일표제를 따르는 다수결은 세계 인구의 다수를 대표하지 않는다는 점에서 비민주적이고 세계의 실질적인 힘의 상당한 부분을 반영하지 않기 때문에 비현실적이며 진정한 공동체의 지배적인 의지를 반영하지 않기 때문에 별로 도덕적이지 못하다.[14)]

② 가중표제

다음으로 다수결제가 때때로 기초하고 있는 가중표제를 살펴보도록 하자. 근대에 들어서서 라인강 항해 중앙위원회(Central Commission for Navigation of the Rhine, CCNR)와 국제전기통신연합(ITU) 이래 설립된 국제행정연합 등에서 가중표

---

13) 앞서 살펴보았듯이 실제로 구속력이 있는 결정을 채택하는 경우가 많은 지역적 정부간기구의 경우 만장일치제를 택하는 예들이 많다.

14) Inis L. Claude, Jr., *Swords into Plowshares*, 3rd. ed. (New York: Random House, 1964), p. 119.

제가 사용되었다. 소국들의 강력한 반대로 무산되기는 했으나 유엔헌장의 최초 초안은 유엔의 의사결정 방식으로서 가중표제를 채택하고 있었다.[15] 현재는 국제통화기금(IMF)과 세계은행그룹(World Bank Group) 등 대개의 국제금융기구가 가중표제를 채택하고 있다.[16]

가중표제에서 무엇을 기준으로 표를 가중할 것인가는 정부간기구마다 다르다. 예컨대 인구나 재정적인 공헌도를 나타내는 출자액 혹은 그 밖에 정부간기구가 관련하고 있는 분야에서의 중요성을 나타내는 기준을 채택하고 있다. 일국일표제가 형식적인 평등에 기초한 방식이라면 가중표제는 실질적인 불평등을 인정한 방식이다.

가중표제를 실시할 경우 대국의 경우 의사결정에 큰 영향력을 행사할 수 있으나 대국이 아닌 국가는 의사결정 과정에서 행사할 수 있는 영향력이 극히 미미해진다. 이 때문에 개도국들은 지구화 시대에 있어서 국제사회에서 중요한 문제가 되는 재정과 금융문제가 가중표제를 채택하고 있는 국제통화기금이나 세계은행에 의해 다루어지고 있다고 보고 이러한 문제가 일국일표제를 채택하고 있는 유엔이 중심이 되어 논의되어야 한다는 주장과 더불어 이러한 역할을 하는 유엔의 기관을 강화하여야 한다는 주장을 줄곧 제기해 오고 있다.[17] 그러나 선진국들은 개도국들의 이러한 주장에 귀를 별로 기울이고 있지 않다.

(2) 다수결제의 종류

다수결제는 통상적으로 크게 단순다수결제(simple majority system, SMS)와 특별다수결제(qualified majority system, QMS)로 분류된다. 「단순다수결」 혹은 「특별다수결」이라고 할 때 그 계산의 기준은 결석하든 출석하든 그리고 출석하여 투표하든지 않든지 상관하지 않고 모든 회원국의 수를 기준으로 하는 예도 없지 않으나 일반적으로 출석하여 투표하는(present and voting) 회원국의 수를 의미한다. 단

15) Ruth E. Russel, *A History of the United Nations Charter: the Role of the United States, 1940-1945* (Washington, D. C.: Brookings Institution, 1958), p. 378.

16) 세계은행그룹(World Bank Group)에 속하는 5개의 정부간기구인 국제부흥개발은행(IBRD)·국제개발협회(IDA)·국제금융공사(IFC)·국제투자보증기구(MIGA)·국제투자분쟁해결본부(ICSID) 가운데 국제투자 분쟁에 대한 조정과 중재를 통해 국제적인 민간투자를 촉진하는 기능을 하는 국제투자분쟁해결본부(ICSID)만이 가중표제가 적용되지 않는다.

17) 유엔의 경제사회이사회가 54개의 이사국을 가지고 있는 등 그 규모가 지나치게 방만하며 산하단체들이 산재해 있다는 인식하에 경제안보리라는 새로운 조직으로 축소하여 기능을 강화하거나 현재의 경제사회이사회 기능을 강화하자는 주장을 전개하고 있다.

순다수결제와 특별다수결제를 각각 살펴보면 다음과 같다.

① 단순다수결제

가장 보편적인 다수결제가 단순다수결제인데 이는 투표의 과반수 찬성으로 결의가 성립되는 것을 말한다. 오늘날 대개의 정부간기구는 중요사항을 결정할 때를 제외하고는 단순다수결제를 채택하고 있다. 유엔의 중요기관인 총회 · 경제사회이사회 · 신탁통치이사회 · 국제사법재판소 등이 이러한 단순다수결을 채택하고 있는 정부간기구의 대표적인 예이다.

② 특별다수결제

통과를 위해 과반수보다 많은 수의 찬성을 요구하는 다수결제를 단순다수결제와 비교하여 「특별다수결제」라고 부른다. 2/3 이상의 찬성을 요구하는 다수결제가 이러한 특별다수결제의 예의 하나이다. 일반적으로 새로운 회원국 가입의 승인 · 예산의 승인 · 헌장의 개정 등과 같은 중요한 사항에 적용된다.

특별다수결제에는 과반수보다 많은 수의 찬성을 요구하는 다수결제 이외에 특정다수결제와 이중다수결제도 있다. 특정다수결제는 다수결의 요건을 「몇 분의 몇 이상」이라는 식으로 정하지 않고 「찬성하는 회원국의 수가 몇 이상」이라거나 「찬성표가 몇 표 이상」 또는 「특정 국가의 동의가 있거나 특정 국가의 반대가 없을 것」과 같은 식으로 정하는 표결제도를 의미한다.

이중다수결제(double majority system)란 다수결제 중에서 충족시켜야 할 조건으로서 두 가지를 가지고 있는 다수결제를 의미한다. 이러한 의사결정 방식을 채택하고 있는 정부간기구의 예로서 유럽연합(EU)의 이사회(Council)와 지구환경기금(Global Environment Facility, GEF)의 이사회(Council)를 들 수 있다. 예컨대 유럽연합 이사회의 경우 회원국 수의 최소 55% 이상이 합의하고 이들 찬성 국가들이 회원국 전체 인구의 65% 이상을 대표할 수 있을 시 의제가 가결된다. 이는 강대국의 독주를 견제하면서 소국의 목소리를 적절하게 보장하기 위해 마련한 절충안이다.

4. 표결에 의하지 않는 의사결정 방식: 합의제

의사결정은 종종 표결이 아닌 합의제 방식에 의해 이루어지기도 한다. 이러한 합의제와 관련하여 합의의 의미 · 합의제의 실제 용례 · 합의제 사용의 호의적 조건 · 합의의 장단점 등을 이해하는 것이 필요하다.

1) 합의제의 의미와 종류

합의라는 말은 통상적으로 일반적인 의견의 일치가 존재하는 상태를 지칭하나 정부간기구의 의사결정과 관련하여 사용될 경우는 제한적으로 표결에 의하지 않는 채택절차를 의미한다. 정부간기구 내에서 표결에 의하지 않는 선택이란 관련 행위자들 사이에 의견의 완전한 일치가 있으면 가능하기도 하지만 일반적으로 의견의 완전한 일치가 현실적으로 쉽지 않기 때문에 완전한 의견의 일치가 없는 가운데에서도 이루어진다.

(1) 엄격한 의미의 합의제

합의라는 용어는 여러 의미로 사용되는데 가장 엄격한 의미의 합의란 의사결정에 참여하는 국가 중 하나의 이탈도 없이 모든 국가가 찬성하는 상태를 의미한다. 이를 「진정한 합의(genuine consensus)」 혹은 「완전한 합의(full consensus)」라고 칭한다. 이 경우 합의란 표결과정을 거쳐 모든 국가가 찬성할 때 의사결정이 이루어지는 만장일치제와 표결과정이 없다는 점에서만 차이가 존재한다.

그러나 정부간기구에서 이러한 의미로 합의제를 사용하는 경우는 거의 없다. 왜냐하면, 이러한 합의는 모든 국가에 거부권을 부여하여서 한 국가만의 반대만으로도 의사결정이 일어나지 않기 때문이다. 이러한 합의제에 융통성을 부여하기 위해 다양한 형태의 변형된 합의제가 사용된다.

(2) 변형된 합의제

변형된 합의에는 다음과 같은 세 종류가 있다. 우선 비켜서기(stand aside/step aside)가 허용되는 합의가 있다. 여기서 비켜서기란 하나 이상의 국가들이 의사결정의 내용에 불만이 있어 찬성대열에 합류는 하지 않으나 적극적인(명시적인) 반대의사를 표명하는 것을 자제함으로써 합의의 성립을 방해하지 않으려고 비켜주는 것을 의미한다.

이럴 때 비록 합의로 의사결정이 이루어지기는 했지만 반대나 불만을 가진 국가들이 포함되어 있어 이러한 합의를 보통 「일반적 합의(general consensus)」 혹은

「유사 합의(pseudo consensus)」라고 칭한다. 이 경우 합의란 공식적인 반대의 부재를 의미하며 합의로 통과되기 위해서는 모두가 지지를 표하거나 최소한 반대하거나 불만을 느끼고 있는 국가가 침묵을 지켜야 한다.18) 적극적인 반대 의사가 있는 국가가 있을 때 이러한 합의란 성립되지 않으며 이럴 때 의사결정은 표결을 통해 이루어지지 않을 수 없다.

이럴 때 반대하거나 불만을 가진 국가가 명시적인 반대 의사의 표시를 하지 않아 합의의 성립을 막지는 않으나 이들의 반대 의사나 불만 혹은 유보 사항을 기록으로 남기는 것을 원한다.19) 이를 위해 유엔을 비롯한 많은 정부간기구가 이러한 불만의 표시를 공식적으로 하여 기록에 남길 수 있는 제도를 운용하고 있는데 이것이 바로 투표설명(explanation of votes, EOV) 제도이다.20)

둘째, 일정한 수의 국가들의 명시적인 반대가 있어도 합의로의 의사결정을 결정하는 종류의 합의제도 있다. 이러한 예에는 「Consensus-Minus-One」 혹은 「Consensus-Minus-Two」 등과 같은 것이 있다. Consensus-Minus-One이라는 원칙은 한 국가의 반대가 있을지라도 결의안 등과 같은 제안이 합의로 채택되게 되는 원칙으로서 따라서 의사결정이 이루어지지 않기 위해서는 2개 이상의 국가 반대가 있어야 함을 의미한다.

통상적으로 하나의 대표단이 결의안 등 제안에 강하게 반대를 할 때 반대하는 대표단이 나머지 대표단들이 합의로 통과시키는 것을 괜찮다고 생각할 때까지 계속해서 토의한다. 이렇게 하여 반대하는 국가에게 자국 대표단이 동의하지는 않으

---

18) OECD에서는 이러한 의미의 합의(즉 반대하는 회원국이 없으면 의사결정을 하는 방식)를 지칭할 때 영어로 「consensus」라는 표현을 사용하지 않고 「mutual agreement」라는 표현을 사용한다. 이와는 달리 모든 회원국의 찬성을 요구하는 의사결정 방식을 「만장일치(unanimity)」라고 한다. 이 두 가지 의사결정 방식과 관련하여 전자를 「소극적 합의」라 하고 후자를 「적극적 합의」라고 칭한다.

19) 비켜서기가 허용되는 합의제의 경우에 국가들은 결의안 등에 명시적인 반대 의사를 표시하여 합의에 따른 의사결정을 막거나 진정으로 찬성을 하기 때문이든 아니면 불만은 있지만 반대 의사를 표명하여 합의로의 의사결정을 방해할 의사가 없기 때문이든 여하튼 적극적인(명시적인) 반대 의사를 표명하지 않아 합의로의 통과를 가능하게 하든지의 선택을 하게 된다.

20) 결의안 일부에 불만을 품고 있는 국가가 반대 의사를 공식적으로 표시하지 않음으로써 합의를 가능하게 하는 데는 이들에게 주어지는 투표설명(explanation of vote, EOV)의 기회가 있기 때문이다. 국가 대표단들은 투표설명을 통해 불만을 표시하는 것은 물론 여기에서 더 나아가 중요한 조항에 대해 유보(reservation)를 기록에 남길 수 있기 때문이다. 즉 합의에 완전히는 찬성하지 않는 국가는 투표설명을 통해 이러한 요소들에 대해 발표하고 기록으로 남길 수 있기 때문이다.

나 전혀 지지를 받지 않는다는 생각이 들지 않도록 한다.

합의제를 의사결정의 기본적인 원칙으로 규정하고 운용하면서 융통성을 두기 위해 제한적일 때에만 Consensus-Minus-One이라는 원칙을 적용하는 정부간기구의 예로서 경제협력개발기구(OECD)를 들 수 있다. 이 원칙은 OECD에서 부패방지협약의 실무그룹 회의와 조세 투명성 관련 글로벌 포럼 회의에 국한하여 관행적으로 채택되어왔는데 효용성에 대한 긍정적 평가가 늘고 있어 다른 위원회로의 확대적용의 여부가 관심거리가 되고 있다.

셋째, 부분적 탈퇴를 허용하는 종류의 합의제이다. 동남아국가연합(ASEAN)이 이러한 방식을 통해 의사결정을 하고 있다. 과거 ASEAN은 명문 규정에 따른 것이 아닌 관행으로서 합의제라는 의사결정 방식을 채택하고 있었다. 이 합의제는 다른 합의제와는 달리 전체 회원국의 의견 일치가 이루어지지 않으면 가부 결정을 하지 않고 의견이 일치될 때까지 결정을 연기하며 대화와 타협을 계속했다.

이러한 성격의 합의제는 각 국가의 주권과 소수의 의견을 존중하여 ASEAN의 결속을 유지하고 확대하는 데 크게 공헌해왔지만 다른 한편 이로 인해 ASEAN의 합의제는 결정에 이르기까지 많은 시간을 소모하게 되며 합의된 결정의 내용은 합의에 가장 소극적인 국가까지도 포함할 수 있어야 함으로써 최저 공통분모의 타협적인 산물에 불과하고 토의의 대상이 되는 문제들은 종국적으로는 모든 회원국이 동의할 수 있는 성격의 문제여야 함으로써 결속을 해칠 문제들은 아예 논의 자체가 유보되었다. 이러한 특징으로 인해 긴급한 조치를 요구하는 의사결정의 경우 많은 문제를 일으켰다.

이러한 단점으로 인해 의사결정 방식으로서의 합의제가 반대하는 국가도 구속되는 다수결로 바꾸어야 한다는 주장이 있었으나 합의제 자체를 포기하지 않고 다음과 같은 두 가지 방식에 의해 합의제의 단점을 보완하는 선에서 개선이 이루어졌다.

그중 하나는 국가들 사이에 타협이 극도로 곤란할 경우 종래의 합의 방식에서 크게 벗어나는 것이지만 역내 경제협력이라는 이슈만 예외적으로 타협이 곤란한 국가를 제외하고 합의에 이르도록 했다는 점이다. 이는 특정한 이슈에서의 부분적 탈퇴를 인정함으로써 전원이 일치하는 합의라는 결정방식을 유지하고자 함에 그 의의가 있었다. 구체적으로 반대하는 국가를 구속하지 않고 찬성하는 국가만으로 협력을 추진하겠다는 것이었다. 이처럼 ASEAN은 반대하는 국가를 구속하지 않고 나머지 찬성하는 국가들만의 협력이 가능하도록 부분적 탈퇴를 허용하는 관행을 가져 왔다.

또 하나의 보완책은 역외 국가 또는 역외 국가군과의 협력문제에 있어 이러한 협력을 통해 특정 회원국이 이익을 얻게 되고 나머지 회원국들이 불이익을 받지 않으면 나머지 회원국들이 특정 회원국의 입장을 지원하는 결정을 내리도록 했다는 점이다. 이는 ASEAN으로서 통일된 행동을 보임으로써 역외의 교섭 상대에게 협상력을 크게 증대시키기 위한 것으로서 특정 회원국의 이익을 위해 ASEAN이라는 틀을 활용하고 있다는 것을 보여주었다.

2007년 11월 ASEAN 10개 회원국은 싱가포르에서 열린 연례정상회의에서 유럽연합(EU) 방식의 통합을 위한 아세안 헌장과 경제공동체 청사진에 서명했고 2008년 12월에 발효되었다. 아세안 헌장은 관행으로 지속되어 온 의사결정 방식을 명문화했다. 아세안 헌장은 협의와 합의(consultation and consensus)를 ASEAN 의사결정의 기본적인 원칙으로서 계속 유지한다는 점을 천명하고 있다.[21] 이는 아세안 방식(ASEAN Way)이라는 오랜 전통을 기본적으로 반영한 것으로 볼 수 있다.

헌장은 이어서 이러한 합의에 이르지 못할 때 아세안 정상회의(ASEAN Summit)가 구체적인 의사결정을 어떻게 내릴 것인가를 결정할 수 있다는 대원칙을 규정하고 있다.[22] 이 조항은 협의와 합의라는 아세안 방식에 대한 예외로서 사례별로 다수결에 의한 의사결정을 할 수 있는 길을 새롭게 열어놓은 것으로서 큰 의미를 지닌다. 그러나 ASEAN 헌장에는 합의가 이루어지지 않을 때 다수결에 의한 의사결정에 대해 어떠한 규정도 명백하게 두고 있지 않기 때문에 이론의 여지가 있을 수 있으나 ASEAN 정상회의가 합의할 때 한해 이러한 다수결에 의한 결정을 할 수 있다고 볼 수 있다.

아세안 헌장은 위의 규정들에 관한 단서 조항으로서 위의 규정들이 유관한 ASEAN의 법적 장치들(legal instruments)에 포함된 의사결정의 방식에 영향을 미치지 못한다고 규정하고 있다.[23] 이는 헌장의 다른 조항이나 헌장 이외의 ASEAN과 관련 있는 법적 제도에서 이미 규정하고 있는 의사결정 방식에 영향을 미쳐서는 안 된다는 것을 의미한다.

---

21) 아세안 헌장(ASEAN Charter) 제20조 1항.
22) 아세안 헌장(ASEAN Charter) 제20조 2항.
23) 아세안 헌장(ASEAN Charter) 제20조 3항

이러한 의사결정과 유관한 사항으로서 주목하여야 할 또 다른 내용은 의사결정의 집행과 절차에 관한 것으로서 그렇게 하도록 합의가 이루어지면 경제문제에 관한 공약의 이행에 국한하여 「ASEAN Minus X 공식」을 포함한 융통성 있는 유연한 참여를 위한 공식이 적용될 수 있다는 사항이다. 여기에서 ASEAN Minus X 공식이란 아직 준비되지 않은 소수의 회원국이 나중에 합류할 것이라는 기초에 바탕을 두고 준비가 된 다수의 회원국이 먼저 이행을 해나가는 것을 허용하는 제도이다. 즉 아직 준비되어 있지 않아 반대하는 국가를 구속하지 않은 채 찬성하는 국가만으로 협력을 추진하도록 하여 부분적 탈퇴를 인정함으로써 전원이 일치하는 합의라는 결정방식을 유지하고자 하는 제도이다. 이러한 제도는 ASEAN 헌장이 만들어지기 이전에 관행으로서 이루어져 오던 것으로서 새로운 것이라기보다 관행이 명문화된 것으로 볼 수 있다.

2) 합의제의 역사와 배경

이러한 합의제가 유엔에서 처음 적용된 것은 1962년 외기권의 평화적 이용을 위한 위원회(Committee on Peaceful Use of Outer Space, COPUOS)에서였다. 두 번째로 적용된 것은 1964년 소련과 프랑스가 주도적으로 유엔의 평화유지 활동비 지급을 거절하자 2년 치에 해당하는 분담금 체납 시 총회에서의 투표권이 정지된다는 유엔헌장 제19조의 적용을 둘러싸고 발생한 논란의 결과였다. 구체적으로 유엔 사무총장은 이를 수습하기 위해 주도적으로 긴밀한 협의를 진행했으며 그 결과 총회는 표결 없이 동 조항을 적용하지 않을 것을 결정했고 이를 시작으로 합의제가 정착되었다.

이러한 합의제가 1960년대에 이르러 유엔에서 의사결정 방식으로 활발하게 사용하게 된 다양한 배경들을 살펴보자. 우선 지역 그룹(regional group)과 기타 협의 그룹(caucusing group)의 등장과 더불어 이들의 활발한 역할이 교섭과 협의(negotiation and consultation)에 있어서 주도적인 역할을 하면서 광범위한 비공식 협의(informal consultation)를 가능하게 했다.

둘째, 1960년대에 회원국의 수가 증가하고 의제의 수가 증가하면서 정해진 시간 내에 문제를 해결하기 위해 회원국들은 비공식협의를 수용하지 않을 수 없게 되었고 나아가 결의안을 공식적으로 제안하기에 앞서 미리 제출하여 협의하지 않을 수 없게 되었다.

셋째, 1960년대 이래 다수의 신생국가가 정부간기구에 가입하게 됨으로써 어떠한 지역 그룹이나 이해그룹도 결정이 성립하는 데 필요한 다수를 확보하기 어렵게 되자 표결에 따른 대결을 피하기 위한 정치적인 편의 제도로서 등장했다.

넷째, 이러한 합의제가 활발하게 사용되게 된 보다 직접적인 요인은 총회에서 수적 우위를 바탕으로 한 후진국들 표의 우위와 선진국들의 힘의 우위 사이의 간극을 메우는 데 유용했기 때문이다. 즉 1960년대 말까지 개도국들은 수적인 우위를 바탕으로 소수의 선진국이 반대하는 결의안들을 다수결을 통해 통과시켰다. 그러나 개도국들은 이러한 결의안을 실질적으로 집행하는 데 필요한 자원을 보유하고 있는 선진국들을 강제할 힘과 수단을 결하고 있어 다수결 표결이 별 의미가 없다는 것을 깨닫게 되었다. 그 결과 합의가 중요한 의사결정 방식으로 등장하였는데 이는 바로 수적 우위를 점하고 있는 개도국과 이들이 통과시킨 결의문의 집행에 요구되는 자원을 보유한 선진국의 타협 물인 것이다.

이러한 배경으로 인해 합의를 통한 의사결정이 1960년대에 중요한 의사결정 방식이 되었다. 냉전의 종식과 더불어 합의제가 더욱 활성화되었는데 여기에는 다음과 같은 배경이 작용했다. 우선 냉전이 종식되면서 유엔이 이제 더는 동서 간의 이념적인 대결에 얽매이지 않게 되면서 공식회의에서의 표의 대결에서 벗어나 활발한 비공식협의를 통한 합의제가 더욱더 사용빈도가 높아졌다.

더불어 냉전의 종식과 더불어 국제사회의 세계화가 가속화되면서 초국가적인 이슈들이 점차 증가하고 이의 해결이 긴요해지자 국가들 사이에 표의 대결이 아닌 협력이 필요하게 된 것 역시 합의제가 냉전 종식 후 좀 더 활발하게 사용되게 되었다.

3) 의사결정을 합의로 하기 위한 호의적 조건

합의로 의사결정을 하는 데 호의적인 조건이 무엇인가와 같은 질문은 우리가 관심을 두어야 하는 이론적인 질문 가운데 하나이다. 이와 관련하여 기존의 연구들이 밝혀온 일반적인 조건들을 살펴보면 다음과 같다.

첫째, 어떤 문제를 둘러싸고 국가 간에 시초부터 심각한 의견의 차이가 없어 표결에 의하지 않고 결의가 채택될 수 있는 상황이 존재할 때 합의에 따른 의사결정이 일어나기 쉽다. 이 경우의 합의는 절차적으로도 실질적으로도 만장일치에 가깝다.

둘째, 첫 번째 경우와는 대조적으로 다루어야 할 문제가 상당히 논쟁적이어서 표결로 결정할 경우 회원국 사이에 갈등과 대립이 심화할 것이 우려될 때 합의가 일어나가 쉽다. 이런 경우 대립하는 세력 간에 수용할 수 있는 타협점을 찾아 사전에 긴밀한 협의와 교섭을 가져 표 대결이라는 최종 국면을 피할 필요가 있기 때문이다.

셋째, 협상과 의사결정에 있어 동등한 크기의 그룹들이 존재하여 어떠한 그룹도 의사결정을 지배할 수 없을 때 합의에 따른 의사결정이 일어나기 쉽다.

넷째, 안정된 다수와 소수를 대표하는 그룹들이 존재하며 이러한 그룹의 국가들이 정당한 결정을 하는 데 없어서는 안 될 지지자라고 인식될 경우 합의로 의사결정이 일어나기 쉽다. 어떨 경우 이러한 그룹이 없어서는 안 될 행위자로 인식되는가는 일률적으로 말하기 힘드나 가장 전형적인 경우가 바로 결정을 시행하는 데 있어서 이들로부터의 인적 혹은 물적 자원의 기여가 없어서는 안 될 경우이다.

다섯째, 문제영역 중 군축 문제 · 군비 통제 문제 · 전 지구적 개발전략의 수립 등의 분야에서 합의에 따른 의사결정이 일어날 가능성이 크다.[24)]

비슷한 맥락에서 콕스(Robert W. Cox)는 다수결제라는 표결에 의한 의사결정 방식이 특정 유형의 의사결정에는 적절하지 못하다는 지적을 하고 있다. 구체적으로 그는 다수결제가 특히 강대국에 의한 군사적 혹은 재정적 행동을 취해야 하는 결정을 하는 데는 전혀 적합하지 않다고 본다.[25)]

4) 실질적인 합의제의 적용방식

정부간기구가 합의제 방식으로 의사결정을 한다고 해도 일률적이지 않고 다음과 같은 여러 경우가 존재하기 때문에 구별이 필요하다.

첫째, 유일한 의사결정 방식으로 다수결제를 규정하고 있으나 실제에 있어서 다수결에 앞서 합의로 의사결정을 시도하고 합의가 어려울 때 다수결을 적용하는 경우. 이는 의사규칙에 합의제가 아닌 표결에 의한 의사결정만이 규정되어 있음에도 불구하고 규정된 의사결정에 앞서 먼저 합의로 의사결정을 시도하고 합의에 따

---

24) Klaus Törnudd, "From Unanimity to Voting and Consensus: Trends and Phenomena in Joint Decision-Making by Governments," *Cooperation and Conflict*, Vol. 17, No. 2 (1982), pp. 163-177.

25) Robert W. Cox, "Introduction: Perspectives and Problems," in Robert W. Cox, ed., *International Organization: World Politics* (Edinburgh: Macmillan, 1969), p. 9.

라 의사결정이 이루어지지 않을 때 의사규칙에 언급된 표결로 의사결정을 하는 방식이다. 대부분 정부간기구가 이러한 방식으로 합의제를 사용하고 있다.

둘째, 유일한 의사결정 방식으로 합의제를 규정하고 실제로도 합의만을 적용하는 경우. 첫째 경우와는 달리 합의제를 유일한 의사결정 방식으로 하여 합의 이외의 의사결정 방식을 사용하지 않는 경우이다. 이러한 방식으로 합의제를 사용하는 정부간기구에는 유엔총회의 결의 때문에 설치된 유엔의 보조 기관의 하나인 외기권의 평화적 이용위원회(Committee on the Peaceful Uses of Outer Space, COPUOS)와 동 법률소위원회(Legal Subcommittee)·국제해저기구(International Seabed Authority, ISA)의 이사회·평화유지활동특별위원회(Special Committee on Peacekeeping Operations, SCOPKO) 등이 있다.

셋째, 의사결정 방식으로 합의제를 규정하고 있으나 실시에 있어 융통성을 가지고 적용하는 경우. 두 번째 경우처럼 합의제를 유일한 의사결정 방식으로 엄격하게 적용할 경우 일국이라도 강경하게 반대하면 의사결정에 이르지 못해 결과적으로 이러한 국가가 의사결정 전체를 좌지우지하게 된다. 이는 표결을 하지 않는다는 점만이 다를 뿐 의사결정을 위해 전원합의를 필요로 한다는 점에서 만장일치제와 크게 다르지 않다. 따라서 이러한 문제를 해결하기 위해 합의제를 순수한 형태로 적용하지 않고 융통성을 두는 경우이다. 이는 앞서 합의제의 한 종류로서 살펴본 변형된 합의제에 해당하는 것으로서 예로서 살펴본 바 있는 ASEAN의 ASEAN Minus X와 OECD의 Consensu-Minus-One이 여기에 해당이 된다.

넷째, 다수결에 의한 의사결정이 규정되어 있으나 규정의 개정 없는 가운데 실제의 의사결정에 합의가 적용되는 경우. 의사규칙에는 다수결로 의사결정을 하도록 규정하고 있으나 실제로는 합의로 의사결정을 하도록 하여 합의가 이루어지지 않을 때도 다수결을 시도하지 않도록 하는 경우도 존재한다. 이 경우 다수결로 결정될 일을 합의를 구하도록 함으로써 다수결을 부인하게 된다. 1986년 이래 유엔의 예산편성에 있어 적어도 총회에 이르기 전 단계에서 합의에 따라 채택하는 관행이 유지되어 오고 있는 것이 이러한 경우에 속한다.

이러한 관행은 개도국들에 의해 유엔이 지배되는 것에 반발한 분담금을 많이 내는 국가의 발언권을 증대시키기 위한 미국의 요구 때문에 시작된 것으로서 이러한 합의 방식이 유지되는 한 미국을 비롯한 선진국이 강력하게 반대하는 예산안은 위원회 등과 같은 총회 이전의 단계를 통과할 수 없게 된다. 이러한 방식은 나름의 장점이 없는 것은 아니나 규정상 다수결로 결정될 일이 실제에서는 소수결로 바뀌게 되어 법적인 문제를 발생시킨다. 1986년 이래로 지켜져 오던 이러한 관행이 미국의 반대에도 불구하고 2007년에 깨져 유엔의 예산안이 합의가 아닌 다수결로 통과된 적이 있다.

세계무역기구(WTO)로 대체되기 전의 관세와 무역에 관한 일반협정(GATT)은 제25조에서 다수결에 의한 의사결정을 명시적으로 규정했음에도 불구하고 합의로 의사결정을 하는 관행을 이어왔었다. 이에 따라 어느 국가라도 명시적으로 반대 의사를 표명하면 의사결정이 이루어지지 않았었다.

다섯째, 합의제와 다수결제가 의사결정 방식으로 동시에 규정되어 있으면서 합의 실패 시 다수결로 의사결정을 하도록 규정하고 있으나 실제의 의사결정에 합의만이 적용되는 경우. GATT의 후신인 세계무역기구(WTO)는 이러한 GATT의 합의제 관행을 명문화하고 여기에 다수결 제도를 결합하여 의사결정 시 일차적으로 합의를 시도하고 실패할 경우 표결을 통해 다수결로 의사결정을 하도록 했다.

이처럼 합의 부재 시에 단순다수결이든 특별다수결이든 다수결에 의한 의사결정을 규정하고 있음에도 불구하고 이제까지 다수결로 의사결정이 이루어진 적이 거의 없이 관행으로서 합의로 의사결정을 해 오고 있다. 1995년에 일반이사회가 에콰도르의 가입을 2/3 다수결로 승인한 것이 유일한 예외를 구성하고 있다.

5) 합의제의 장단점

합의제의 장점에는 다음과 같은 것들이 있다. 우선 정부간기구가 결의문을 합의로 채택한 경우 적극적인 반대국가가 없다는 점 때문에 다수결에 의한 채택보다 중요한 의미가 있다. 이렇게 하여 채택된 결의문은 세계여론으로의 위상을 강화할 수 있으므로 이러한 결의문을 위반하거나 훼손하기 쉽지 않다.

둘째, 합의는 회원국 사이의 심각한 대결을 회피하게 한다는 점에서 큰 이점을 가진다. 다수결에 의해 의사결정이 이루어지면 찬성한 국가와 반대한 국가 사이에 지속적인 대립과 갈등이 있을 수 있는데 합의는 이러한 것을 방지할 수 있다.

합의제는 이러한 장점만을 가지고 있는 것은 아니라 다음과 같은 문제점을 가지고 있다. 우선 합의는 국가들 사이에 합의할 수 있는 공통분모를 찾아내야 하므로 결의문의 채택에 이르기까지 비교적 많은 시간이 필요하게 된다. 이는 어떠한 하나의 국가라도 반대 의사를 공식적으로 표시할 경우 합의를 무산시켜 표결을 통한 의사결정을 불러올 수 있어 이들 모두의 의견을 수렴해야 하기 때문이다.

둘째, 합의에 이르기 위해 타협을 하게 됨으로써 결의문의 내용이 모호하게 된다는 단점을 가진다. 이 때문에 후일 합의한 내용의 해석을 둘러싸고 이견을 보이면서 국가 간의 갈등을 일으키고 그 결과 결의문의 내용이 준수되지 않을 가능성을 높일 수 있다. 더불어 애매함으로 인해 사무국이 이러한 결의문의 내용을 정확하게 집행하기가 쉽지 않다.

셋째, 합의를 통한 결의문의 채택이 항상 국제사회의 문제해결을 위한 최상의 선택은 아니다. 모든 회원국으로부터 지지를 못 받더라도 강력한 결의문을 채택하는 것이 모든 회원국이 합의할 수 있도록 상대적으로 약화된 결의문을 채택하는 것보다 문제해결에 더 도움이 될 수도 있기 때문이다.

넷째, 합의제는 양날의 칼을 가지고 있다고 볼 수 있다. 한편으로는 모든 사람에게 수용될 수 있는 결정을 찾는 데 적극적으로 노력하지 않는 소수의 국가가 타국들을 자신들과 뜻을 같이하게 만들려고 함으로써 토의를 지배할 수 있을 뿐 아니라 다른 한편 합의를 추구하는 다수 국가가 이를 수용하고자 하지 않은 소수 국가에게 그들의 의견을 수용하도록 압박을 가할 수도 있기 때문이다.

6) 합의를 구축하기 위한 방식

실제의 쟁점을 둘러싸고 국가들 사이에 논란이 적지 않아 협상이 교착상태에 빠지는 경우가 종종 있다. 그러나 이러한 상황에도 불구하고 종국적으로 합의에 이르는 경우가 적지 않다. 이와 관련하여 과연 상충하는 다양한 견해들이 어떻게 합의에 도달할 수 있는가의 질문이 제기된다. 따라서 여기에서는 합의에 도달하기 위해 동원되는 다양한 기술들을 여러 가지 범주로 분류하여 하나하나 살펴보고자 한다.

(1) 쟁점 사항 배제 방식

쟁점이 되는 내용을 결과문건에서 배제하는 방식이다. 국가 간에 특정 쟁점을 둘러싸고 합의에 도달하는 것이 완전히 불가능하다고 판단되는 경우에 결과문건의 내용에서 아예 언급하지 않는 경우이다. 특정 의제와 관련하여 가장 중요한 쟁점은 쓰레기통을 뒤지면 나온다는 것이 이러한 점을 상징적으로 보여주는 말이다.

예를 들어 2009년 네덜란드의 코펜하겐에서 개최된 기후변화협약 제15차 당사국총회(COP15)에서 채택된 결과문건인 코펜하겐 합의(Copenhagen Accord)에 온실가스 총량과 국가별 감축량을 어떻게 정할지 언급이 없었다. 문제의 핵심은 온실가스를 줄이는 것인데 어떤 국가가 얼마만큼 온실가스를 줄인다는 구체적 내용이 빠진 채 지구 온도 상승을 2도로 제한하자고 합의한 것에 그치고 말았다. 이는 국가별 감축량에 대한 논의가 논쟁으로 인해 배제되었기 때문이다.

(2) 쟁점 사항 병행 방식

상이한 견해나 상반되는 견해가 충돌하여 어느 한 견해가 수용되기 어려울 때 위에서 언급한 것처럼 결과문건으로부터 모두 배제하는 방식을 따르기도 하지만 때때로 이러한 견해들 모두를 균형 있게 반영하기도 한다.

유엔총회 제2위원회에서 개도국의 빈곤과 저발전을 해소하려는 조치가 중요한 쟁점이었는데 선진국은 개도국의 제도개혁과 선정(good governance)을 강조했다. 이와는 달리 개도국들은 금융체제 의사결정 과정에의 개도국 참여 확대 · 선진국의 대개도국 공적개발원조(ODA) 증액 · 정보통신기술의 이전 · 외채경감 · 선진국 시장에의 접근 등을 요구한 바 있다. 결국에 선진국 주장과 개도국 주장 대부분이 균형 있게 언급되는 선에서 문안의 합의가 이루어진 바 있다.

(3) 쟁점 사항 절충 방식

이는 제기된 쟁점 사항들에 절충점을 찾아내어 결과문건에 포함하는 방식이다. 쟁점을 봉합하기 위한 절충점을 찾을 때 흔히 사용되는 방식으로는 용어의 강도를 조정하는 방식 / 해석을 달리할 수 있는 모호한 표현 / 조치의 대상 · 실천목표 · 이행시기의 명료화 회피 / 쟁점 이슈들의 연계 방식 / 구체적인 논의를 뒤로 미루는 방식 / 단순히 유념한다는 문안을 두는 방식과 과거에 언급했던 사항을 확인만 하는 문안을 두는 방식 등이 있다.

① 용어의 강도 조정

2013년 11월에 폴란드의 바르샤바에서 개최된 기후변화협약 제19차 당사국총회(COP19)에서 미국을 포함한 선진국들은 중국을 포함한 개도국들의 온실가스 누적배출량이 2020년경에는 선진국들의 누적배출량을 초과하게 될 것이라면서 교토의정서를 대체하여 2020년부터 출발할 새로운 기후변화체제에서 개도국을 포함한 모든 국가가 감축 의무를 져야 하며 이러한 감축 협상은 2015년까지 종료되어야 한다고 주장했다.

이와 달리 개도국들은 1992년 기후변화협약과 1997년 교토의정서의 기본 원칙으로 자리 잡은 선진국과 개도국의 명확한 구분이 향후 협상에서도 유지되어야 한다며 선진국들의 역사적 책임을 강조했다. 이에 대해 선진국들은 온실가스 감축에서 선진국과 개도국을 구분하는 것은 2011년 이미 합의한 더반플랫폼(Durban Platform)을 무력화시키려는 시도라고 반발했다.

선진국과 개도국 간 지속적인 논쟁의 결과 애초 합의문 초안에는 교토의정서를 대체하여 2020년부터 적용될 새로운 기후변화체제를 2015년까지 마련하는 것을 회원국들이 「공약한다(commit)」는 단어가 담길 예정이었는데 주요 온실가스 배출국인 중국과 인도의 반대로 공약한다는 말보다는 의미가 떨어지고 구속력이 약한 「기여한다(contribute)」라는 단어가 대신 합의문에 포함되었다.

이렇게 제19차 당사국총회에서 공약한다는 표현이 기여한다는 표현으로 대체된 것은 구속력 있는 공약한다는 말이 「약속하고 검토한다(pledge and review)」는 말로 대체된 제16차 당사국총회의 결과와 크게 다르지 않다. 이러한 약속하고 검토한다는 접근(pledge and review approach)은 국가가 처해 있는 상황과 능력에 맞춘다는 구속력이 없는 약속을 의미한다.

② 해석을 달리할 수 있는 모호한 표현

기후변화협약 제17차 당사국총회(COP17)에서 각국 대표단은 새로운 기후규제를 위한 협상을 2015년까지 완료하고 2020년부터 각국에서 효력을 발휘토록 합의했다. 그러나 이러한 새로운 기후변화체제의 법적 지위를 어떻게 할 것인가를 둘러싸고 논쟁이 지속되었다.

유럽연합(EU)은 새로운 기후변화체제의 법적 구속력을 확실히 해두고자 구속력을 가지는 「법률 문건(legal instrument)」이라는 문안을 주장했으나 구속력이 없는 「법률 결과물(legal outcome)」이라는 표현을 고집하는 인도의 강력한 반발에 직면했다. 새벽까지 논쟁이 지속되자 당사국총회 의장인 남아프리카공화국 외무부장관이 의장의 직권으로 10분 내로 유럽연합의 대표와 인도의 대표가 담판의 결과물을 가져올 것을 요청했다. 그러나 주어진 시간이 초과하였음에도 합의에 이르지 못하자 브라질 대표가 「법적 효력을 지닌 합의 결과물(agreed outcome with legal force)」로 하자는 타협안을 제시했고 양측이 이를 수용함으로써 협상이 일단

락되었다.

그러나 이 용어가 어느 정도의 법적 구속력을 지니는 것인가의 법적 의미가 확실하지 않다. 이미 중국을 비롯한 일부 국가는 구속성을 가지지 않는다는 의미로 해석하는 등 이 용어를 둘러싸고 해석을 달리하고 있어 향후 새로운 기후변화 체제를 둘러싼 협상 과정에서 다시 논쟁거리로 부상할 여지를 크게 남겼다.

「법적 효력을 지닌 합의 결과물」이란 일방적인 선언(unilateral declaration) · 국내 비준이 필요 없는 국제협정(international agreement not subject to domestic ratification) · 국제법하에서 일반적으로 법적 구속력을 가지지 않는 당사국총회의 결정(COP decisions that are generally not legally binding under international law) 등 다양한 의미로 해석된다고 알려져 있다.

③ 조치의 대상·실천목표·이행시기의 명료화 회피

앞서 살펴보았듯이 냉전이 종식된 후 개최되는 다수의 국제회의에서 일단의 국가들은 회의의 성과를 높이기 위한 방도로서 취할 조치의 대상뿐 아니라 실천목표와 이행시기를 명료하게 하고자 한다. 그러나 이러한 조치의 구체적 시행과 관련하여 물적 혹은 인적 자원을 부담하게 될 국가들은 이러한 시도에 반대한다. 이 경우 합의에 도달하기 위해 조치의 대상 · 실천목표 · 이행시기를 명확히 하는 것을 회피하는 선에서 타협이 이루어지곤 한다. 이러한 경우에 속하는 예들을 살펴보면 다음과 같다.

■ 조치 대상의 명료화 회피

대상을 불명료하게 한 예로서 대체에너지를 둘러싼 논쟁을 들 수 있다. 유럽연합이 대체에너지에 풍력과 수력만을 포함할 것을 주장하자 미국은 이에 반발하여 이산화탄소(CO_2)의 발생을 줄인 화석연료도 포함할 것을 주장했다. 이처럼 어떤 것을 대체에너지로 보아야 할 것인가를 둘러싸고 의견이 대립하자 절충점으로서 구체적인 대체에너지를 언급하지 않고 「다양한 대체에너지」를 개발한다는 문안이 채택되었다.

■ 실천목표의 명료화 회피

실천목표를 불명료하게 한 예를 살펴보면 다음과 같다. 제13차 기후변화협약 당사국총회(COP13)에서 유럽연합 국가들이 중심이 되어 선진국들은 2020년까지 온실가스의 배출을 1990년 수준인 20~45%를 감축해야 한다는 조항을 발리 로드

맵에 포함해야 한다고 주장했다. 미국이 이에 대해 강력하게 반발하자 미국을 끌어들이기 위한 절충안으로서 구체적인 온실가스 배출감축량을 생략한 채 막연하게 「온실가스를 상당히 감축한다」는 문안을 두는 선에서 타협을 한 바 있다.

제19차 기후변화협약 당사국총회에서도 이와 비슷한 유형의 타협이 이루어졌다. 이전 당사국총회에서 개도국의 기후변화 적응을 지원하기 위해 2020년까지 1,000억 달러를 조성하기로 합의를 한 바 있으나 액수가 부족한 관계로 제19차 당사국총회는 여기에서 한 걸음 더 나아가리라는 기대가 있었다. 그러나 더 이상의 재정적 부담을 꺼리는 다수 선진국의 거부로 기대와는 달리 구체적인 실천목표를 생략한 채 선진국들은 개도국들의 기후 관련 원조를 위해 2020년까지 공적 기금을 「늘리는 수준(increasing levels)으로」 제공한다는 추상적인 내용만을 담는 데 그쳤다.

한국이 유치한 바 있는 녹색기후기금(Green Climate Fund, GCF)의 초기재원 조달을 어떻게 할 것인가와 관련하여서도 구체적인 실천목표에 대한 언급이 없이 「매우 유의할 만한 규모로(at a very significant scale)」 초기재원을 조달한다고 모호하게 합의를 한 바 있다.

■ 대상과 실천목표 명료화 회피

대상과 실천목표를 불명료하게 한 예로는 생물 다양성 분야에서 보호 대상이 될 종의 명칭을 구체적으로 언급하고 구체적인 보호 목표를 설정하자는 주장과 이에 반대하는 주장이 맞서자 절충안으로서 종의 구체적 명칭과 보호 목표가 생략된 채 「생물 종의 손실을 현저히」 줄여나갈 것을 각국 정부에 촉구한다는 선에서 타결된 것을 들 수 있다.

■ 이행시기 명료화 회피

이행시기를 명료하게 할 것을 회피한 사례로써 2002년 남아프리카공화국에서 개최된 지속가능개발세계정상회의(WSSD)에서 2015년까지 세계의 빈곤 인구를 절반으로 줄이기 위해 세계연대기금(World Solidarity Fund, WSF)을 설립하기로 한 합의를 들 수 있다. 자금을 각출하여야 하는 선진국들은 수혜국인 개도국과는 반대로 세계연대기금의 설립에 대해 소극적인 자세를 취했다. 그 결과 설립시한을 설정하지 않는다는 조건으로 선진국들은 설립 제안을 수용하였다.

■ 실천목표와 이행시기 명료화 회피

실천목표와 이행시기를 명료하게 하지 않는 선에서 절충을 한 예를 들면 다음과 같다. 유럽연합이 2010년까지 전체 에너지 사용량의 15%를 청정에너지로 대체할 것을 요구했으나 미국과 산유국들이 이에 강력히 반대했다. 그 결과 절충점으로 구체적인 시한과 몇 %를 대체할 것인가에 대한 언급을 생략한 채 막연하게 「청정에너지의 사용비율을 늘려간다」는 선에서 합의가 되었다.

④ 쟁점 이슈들의 연계 방식

하나의 이슈에 대한 쟁점을 타결하기 위해 쟁점이 되는 또 다른 이슈를 불러들이는 방식을 「이슈연계(issue linkage)」 방식이라고 한다. 새천년개발목표(MDGs)의 하나로 2015년까지 식수 제공을 못 받는 세계 인구를 절반으로 줄이고 전 세계 어린이에게 초등교육을 보장하자는 제안에 대해 미국이 반대했으나 결국 유럽연합으로부터 에너지 분야에서의 양보를 얻어내면서 입장을 변경하여 원래의 제안이 채택되었다.

⑤ 구체적인 논의를 뒤로 미루는 방식

구체적인 논의를 뒤로 미루는 방식에는 여러 가지가 존재한다. 향후 논의의 출발점이 될 수 있도록 타당한 조치를 포함한 보고서를 제출하도록 하여 일단 구체적인 쟁점 사항에 대한 논의를 뒤로 미루는 방식 · 조치해야 할 필요성만을 언급하는 방식 · 쟁점 사항을 검토한다는 방식 · 문제해결을 위한 구체적인 추진절차만을 언급하는 방식 · 유념한다는 문구를 두는 방식 · 과거에 합의가 된 사항을 재확인하는 방식 등이 존재한다. 이들을 하나하나 살펴보면 다음과 같다.

■ 보고서 요청 방식

결과문건에 쟁점이 되는 조치를 언급하지 않고 어떤 조치가 타당한가에 대한 제안을 담고 있는 보고서를 일정한 기간 내에 제출할 것을 요청하는 문구를 둔다. 나중에 해당 보고서가 제출되면 대표단들이 이 보고서가 제안하고 있는 조치를 출발점으로 하여 구체적인 조치에 대해 논의를 하게 된다.

과거 유엔총회 제2위원회에서 빈곤퇴치를 위한 재원조달 방식이 논의되었는데 이와 관련하여 개도국들은 방식 일부로서 세계연대기금의 설치를 주장했다. 미국 · 유럽연합 국가들 · 캐나다 · 일본 등 선진국들은 회원국 및 유엔 사무국과 사전에 협의가 없었다는 이유와 기금운용 및 자금 조달 방식 등에 대한 합의도 없이 기금설치를 결의하는 것은 본말이 전도된 것이라고 이유를 들어 반대 견해를 밝힌 바 있다. 이에 대해 선진국들과 개도국들은 사무총장이 회원국 및 여타 이해관계자(stakeholder)와 필요한 협의를 거쳐 다음 회기에 동 기금설치에 관한 보고서를 제출하도록 한다는 문구를 두어 합의에 이른 바 있다.

간혹 보고서의 요청 없이 단순히 다음 기회에 어떤 조치가 취해져야 하는가를 제시한다는 문안을 두기도 한다. 2012년 카타르 도하에서 개최된 기후변화협약 당사국총회에서 개도국의 기후변화에 대한 대응을 돕기 위한 선진국들의 재정지원 문제가 큰 쟁점이 되었다. 선진국들은 2010년 멕시코 칸쿤(Cancun)에서 개최된 당사국총회에서 매년 지원금을 늘려 2020년부터 한해에 1,000억 달러를 모으기로 약속을 했으나 얼마만큼씩 분담하여 어떤 방식으로 조달할 것인가에 대한 논의를 미루어오고 있었다. 도서국가연합(AOSIS)을 위시한 일부 강경한 개도국들은 2015년까지 600억 달러를 지원하겠다는 약속을 문건으로 남길 것을 요구했다. 이러한 두 입장이 충돌하는 가운데 자금조성에 관한 전략을 다음 해 당사국총회 때 제시한다는 수준에서 절충안이 마련되어 협상이 마무리되었다.

■ 조치해야 할 필요성만을 언급하는 방식

결과문건에 쟁점이 되는 조치를 언급하지 않은 채 조처하여야 할 필요성만을 강조하는 문구를 둔다. 과거 유엔총회 제2위원회에서 개도국들은 전문기구의 하나인 유엔공업개발기구(UNIDO)에 대한 충분한 재정지원을 선진국들에 촉구하는 문안을 포함시키고자 했다. 이에 대해 미국과 유럽연합 국가들은 추가 재정부담 부담 가능성 등을 이유로 반대 견해를 밝히어 문안에 대한 합의를 이룰 수가 없었다. 결국에 유엔공업개발기구에 대한 재정지원의 필요성만을 강조하는 문구의 삽입으로 합의가 이루어진 바 있다.

■ 쟁점 사항을 검토한다는 방식

결과문건에 쟁점이 되는 조치를 언급하지 않고 쟁점이 되는 사항에 대해 검토한다는 문구를 둔다. 제55차 유엔총회 제4위원회에서 외기권의 평화적 이용에 관한 위원회(COPUOS)의 회원국 수의 확대문제가 큰 쟁점이 되었다.

회원국 확대에 반대하는 국가와 찬성하는 국가 간의 이견으로 합의 도출이 어려웠다. 이때 의장의 중재로 비공식협의를 거쳐 회원국의 수 확대문제를 검토한다는 조항을 추가함으로써 결의문이 합의로 통과된 적이 있다. 이것은 물론 확대를 한다거나 안 한다는 내용이 아닌 중립적인 표현이다.

■ 문제해결을 위한 구체적 절차만 언급하는 방식

결과문건에 쟁점이 되는 조치를 언급하지 않고 문제해결을 위한 추진절차만을 합의하는 예도 있다. 폴란드 바르샤바에서 2013년에 개최된 기후변화협약 제19차 당사국총회에서 2020년부터 모든 국가에 적용될 새로운 기후변화체제를 수립하기 위해 국가들이 얼마만큼의 온실가스를 감축할 것인가 등을 둘러싸고 이견이 심화되자 개개 국가의 감축 목표를 2015년까지 제출하고 2015년까지 협상을 종료한다는 로드맵을 합의하는 데 그쳤다. 즉 협상의 타결이 아닌 협상의 타결을 위한 로드맵 마련이라는 절차적인 합의에 그쳤다.

또 다른 예를 들면 2012년 브라질의 리우데자네이루에서 개최된 Rio+20에서 2015년에 끝나는 새천년개발목표(MDGs)를 보완하는 지속가능개발목표(SDGs)를 개발하는 것에는 합의했으나 구체적인 목표를 둘러싸고 국가들 사이에 특히 개도국과 선진국 사이에 의견이 갈리자 향후 추진절차에 대해서만 합의를 하는 데 그쳤다. 구체적으로 유엔의 5개 지역을 대표하는 30개 국가를 임명하여 지속 가능한 개발목표의 개발을 위한 유엔총회의 공개실무작업반(Open Working Group of the General Assembly)을 설립하여 제68차 유엔총회 회기(2013년 9월~2014년 8월) 중에 유엔총회의 심의를 위해 지속 가능한 개발목표에 대한 제안서를 준비하도록 했다.

■ 유념한다는 문구를 두는 방식

결과문건에 쟁점이 되는 조치를 언급하지 않고 단순히 유념한다는 문안을 둔다. 이러한 의미의 영어표현으로서 흔히 「Takes note of」 혹은 「Notes」라는 문구가 사용된다. 어떤 주장에 제기되고 이에 대한 반대가 심하여 합의가 어려우면 상반된 주장 가운데 어느 한쪽 주장을 수용하기가 쉽지 않다. 이 경우 이러한 주장 중 어느 일방의 주장에 대해 유념한다는 문안을 둔다.

이때 먼저 제기된 주장에 대해 유념한다는 문구를 두는 것이 보통이다. 유념한다는 말은 어떤 주장을 승인한 것도 승인을 안 한 것도 아닌 중립적인 표현으로서 어떤 주장을 유념할 뿐 수용한다는 의미는 결코 아니라는 점에 주의해야 한다.

■ 과거에 합의가 된 사항을 재확인하는 방식

쟁점 사항을 둘러싸고 이견이 좁혀지지 않으면 쟁점과 관련하여 이전에 합의가 되었던 사항이나 과거에 언급한 바 있는 사항을 재확인하는 선에서 합의하는 방식이다. 같은 문제를 둘러싸고 새로운 합의가 어려우면 과거에 합의된 사항을 재확인하는 선에서 끝나는 경우가 많은데 이러한 것을 「동의가 된 언어(agreed language)」 혹은 「협상이 된 언어(negotiated language)」라고 한다.

예컨대 새로운 결과문건을 만드는 과정에서 특정의 문구를 둘러싸고 대표단 사이의 이견으로 어떠한 합의에도 이르지 못하면 대안적인 입장(fallback position)으로서 종종 과거에 협상의 결과로서 채택된 결의나 결정 일부분인 단락이나 문장 혹은 표현을 수용하면서 협상을 마무리한다. 동의가 이루어진 언어 혹은 협상이 이루어진 언어란 과거이기는 하지만 같은 사항을 두고 이미 합의가 있었던 것이기에 또 다른 논란이 되지 않기 때문이다. 이러한 문구와 함께 흔히 쓰이는 동사로는 재확인한다(reaffirm)·인정한다(recognize)·인정한다(acknowledge)·상기한다(recall) 등이 있다. 이러한 표현들은 일반적으로 구체적인 일련의 새로운 약속이나 행동이 결여된 것을 보여준다.

제3절 의사결정의 효력

국제체제의 분권화로 인해 의사결정의 결과물은 일반적으로 법적 구속력을 결하고 있는 권고에 불과하다. 간혹 법적 구속력이 있는 의사결정이라고 해도 위반에 대해 강제적 제재가 취해지는 경우가 적고 강제조치를 취할 수 있다고 해도 북한에 대한 유엔의 제재에서 보듯이 실효성이 없거나 적다.

1. 일반적 경우

정부간기구 의사결정의 결과는 대부분 법적 구속력을 결하고 있다. 예컨대 유엔총회의 경우 미국의 대쿠바 경제제재 조치의 종식을 촉구하는 내용의 결의문을 연례행사처럼 매년 압도적인 표차로 통과시켜온 바 있으나 이 결의문은 총회의 여타 결의문과 마찬가지로 법적 구속력을 결하고 있다. 미국은 이러한 결의문을 즉각 거부해 왔고 이러한 거부는 국제사회의 비난을 받는 데 그치곤 했다. 국제사회는 이러한 유엔총회의 결의문 채택을 통해 쿠바에 경제봉쇄정책을 취하고 있는 미국에 심리적인 압박을 가하는 데 그치고 있다.26)

이러한 결의문은 대개 회원국 정부에게 권고를 하거나 사무국에 특정의 행동을 하도록 의도된다. 국가의 정부에 대한 권고는 법적 구속력이 없으나 사무국에 특정 행동을 취할 것을 명령하는 결의문은 사무국에 대해 구속력을 갖는다.

일반적으로 정부간기구의 의사결정의 결과물은 법적 구속력을 결하고 있지만 이를 경시해서는 안 되는 측면을 가지고 있는 것도 사실이다. 이는 원래 법적 구속력이 없는 의사결정이라고 해도 시간이 흐르면서 법적 구속력을 갖추게 되는 경우가 없지 않기 때문이다. 더불어 결의문이 법적 구속력을 결하여도 결의문이 채택되면 국제적 문제 자체 혹은 이러한 국제적 문제의 처리방법에 대한 집단적 정당화(collective legitimization)의 역할을 하여 무엇이 옳고 무엇이 그릇된 것인가에 관한 판단의 기준을 제공하기 때문이다.

2. 예외적인 경우

정부간기구 의사결정의 결과는 많은 경우 국가를 구속하지 않는 권고의 성격을 지니나 법적 구속력을 갖는 경우가 없는 것은 물론 아니다. 예컨대 회원국에 대해 직접적으로 적용되고 회원국의 국내법에 우월한 유럽연합(EU)의 규칙(regulation)이 이러한 예외 가운데 하나이다.27) 북유럽 국가의 정부 간 협력을 위해 1971년에 설립된 지역 기구인 북유럽각료이사회(Nordic Council of Ministers)의 결정은 만장일치에 의해 이루어지며 이러한 결정은 회원국에 법적 구속력을 갖는

26) 동아일보, 1997년 10월 7일.

27) 유럽연합은 권고와 의견(recommendation and opinion) · 결정(decision) · 지침(directive) · 규칙(regulation) 등 다양한 형태로 결정을 내린다. 규칙의 경우 별도의 국내법적인 수용 절차 없이 모든 회원국에 적용되며 각국의 국내법에 우선한다. 지침의 경우 규칙과는 달리 구체적인 시행이 개별 회원국에 맡겨지며 시행을 위해 별도의 국내법 제정이 있어야 한다. 결정이란 회원국 · 개인 · 법인 등 특정 사안과 관련 있는 대상 등 불특정 다수가 아닌 특정 대상에 국한하여 적용된다는 점에서 규칙과 다르고 실현방안이 회원국에 위임되지 않고 직접 적용된다는 점에서 지침과 다르다. 권고와 의견은 법적 구속력이 없는 것을 특징으로 한다. 권고와 의견만을 제외하고 법적 구속력을 지닌다.

다.[28]

이 밖에 국제민간항공기구(ICAO)와 세계보건기구(WHO) 등 일부 전문기구의 기술규칙 · 유엔 안보리의 결의문(resolution)과 결정(decision) · 국제사법재판소(ICJ)와 같은 사법기구의 판결도 법적 구속력을 가진다. 정부간기구의 인사 · 기관 · 예산 등 내부사항에 관한 결정도 법적 구속력을 가진다. 유엔을 예로 들자면 제22조와 제68조에 의거한 새로운 정부간기구의 설치 결정 · 제17조에 의거한 예산을 승인하고 경비를 할당하는 결정 · 제101조에 의한 직원들을 임명할 규칙의 제정 등은 법적 구속력을 갖는다.

정부간기구의 결정이 법적 구속력을 가질 때마저도 이러한 구속력은 매우 제한적일 때가 있다. 경제협력개발기구(OECD)는 의사결정에 있어 협의(consultation)라는 특별한 방식을 채택하고 있는데 이 방식이 이러한 한계를 잘 보여준다. 여기서 협의란 회원국들이 정책조정을 하면서 관계국들이 직접 협의하고 상호 검토하는 방식을 일컫는다. OECD는 이러한 방식에 의해 각 분야의 위원회가 문제를 검토하고 건의를 하며 이사회는 이에 기초하여 주로 합의(consensus)로 의사결정을 한다. 이러한 것들을 합의로 채택할 때 기권(abstain)이 인정되며 이 경우 기권한 회원국에는 적용되지 않는다.

법적 구속력이 있는 결의문들이 실제로 이행되지 않는 경우들도 존재한다. 예컨대 안보리 결의문의 경우 유엔 가입 회원국들은 이를 의무적으로 이행하게 되어 있으나 이스라엘 및 팔레스타인과 관련한 안보리 결의문 중 이행되지 않고 사장된 사례가 많다. 이러한 결의문 가운데 하나로서 안보리 결의문 452호(1979년 7월 20일)를 예로 들어보자. 당 결의문은 이스라엘이 팔레스타인 점령지역에 정착촌을 건설하는 행위는 법적 타당성이 결여된 것이며 4차 제네바 협정의 전시 민간인 보호 조항에 위배된다고 규정하면서 정착촌 건설을 중단할 것을 요구했다. 이스라엘은 그러나 정착촌을 건설하고 확장하는 것을 멈추지 않았다.

유엔 안보리가 내리는 제재는 법적 구속력이 있음에도 불구하고 이러한 제재에 대한 위반이 많다. 과거 유엔은 회원국들에 구속력이 있는 결의문을 통해 이라크에 대한 경제제재로서 석유금수 조치를 했다. 그럼에도 불구하고 터키가 인접국

---

28) 북유럽각료이사회의 결정은 때때로 개개 회원국 의회에 의해 승인되어야만 한다는 조건 아래 법적 구속력을 가진다. 북유럽각료이사회와 더불어 북유럽 국가들의 통합을 가져오고 있는 정부간기구로 북유럽협의회(Nordic Council)가 있는데, 이 기구의 의사결정은 권고의 성격을 갖는다.

이라크로부터 원유를 밀수입한 바 있다.

제4절 의사결정의 과정

의사결정의 방식이 의사결정의 결과물에 영향을 미치는 것과 마찬가지로 의사결정의 과정 역시 의사결정의 결과에 적지 않은 영향을 미친다. 의사결정 과정에 대한 이해에 중요한 사항은 공식회의와 비공식회의의 역할과 기능의 차이와 아울러 협의체의 역할과 기능을 이해하는 것이다.

1. 의사결정을 위한 일반적인 회의 과정

유엔회의뿐 아니라 각종 국제회의에서의 의사결정을 위한 국제회의의 기본적인 과정은 크게 다르지 않다. 국제회의 과정은 크게 두 종류로 구분할 수 있다. 하나는 결의안이 상정되기 이전 단계에서 비공식협의가 본격적으로 진행되는 방식이다. 이 방식은 국가들이 자국의 입장을 1회에 걸쳐 공식적으로 표명하는 통상적으로 「기조연설(keynote speech)」이라고 불리는 일반토론(general debate)을 하는 공식회의에 이어서 집중적이고 광범위한 비공식협의를 통해 하나의 결의안이 도출되는 비공식회의가 뒤따른다. 마지막으로 이러한 결의안을 공식화시키기 위해 상정 · 토론 · 심의 · 채택을 위한 공식회의가 개최되는 방식이다. 이러한 유형의 회의 방식은 유엔총회 본회의(plenary)에서 전형적으로 볼 수 있고 대부분의 위원회 회의도 이러한 방식을 따른다.

또 다른 방식은 전자와는 달리 결의안이 상정된 이후에 본격적인 비공식협의가 진행되는 방식이다. 이 방식은 국가들이 자국의 입장을 1회에 걸쳐 공식적으로 발언하는 공식회의에 이어 비공식협의가 없거나 거의 없는 가운데 공식회의가 개최되어 결의안이 상정된 후 하나의 결의안을 도출하기 위해 집중적이고 광범위한 비공식협의가 이어지는 회의 방식이다.[29] 유엔의 경우 이러한 방식의 회의가 그다

---

29) The Permanent Mission of Switzerland to the United Nations, *The PGA Handbook: A Practical Guide to the United Nations General Assembly* (New York, 2011), p. 56.

지 사용되지 않는데 예외적으로 제2위원회가 이러한 방식을 취하고 있다.

2. 의사결정과 협의 그룹

위에서 언급했듯이 정부간기구의 의사결정에 있어서 대부분의 중요한 결정들은 비공식회의에서의 비공식협의를 통해 이루어진다. 이러한 비공식협의는 통상적으로 개개 국가들 사이에 전개되는 것이 아니라 이해관계에 따라 형성된 그룹들 사이에 전개되는데 이러한 그룹을 「협의 그룹(caucusing group)」이라고 부른다.

국가들은 정치 · 역사 · 문화 · 지리적인 위치 등에 기초하여 이러한 협의 그룹을 구성하여 공동의 이익을 추구함으로써 개개 국가 단위로 행동했을 때의 제한적인 힘과 영향력의 한계를 극복하고자 한다. 즉 협의 그룹을 구성하여 협상에 임하는 이유는 다자외교의 장에서 한두 국가의 개별적인 노력만으로 국익을 추구하는 것이 어렵기 때문이다. 이 때문에 약소국은 물론 심지어 수적인 열세에 놓여 있는 강대국들도 협의 그룹을 통한 영향력의 확대를 추구하지 않을 수 없다.

유엔의 경우 이러한 협의 그룹은 결의문의 채택을 통해 구성된 것이 아니라 자생적으로 발생하여 1957년에 4개의 지역 그룹(regional group)인 중남미 그룹 · 아시아-아프리카 그룹 · 동유럽 그룹 · 서유럽과 기타 그룹이 유엔총회의 승인을 얻으면서 시작되었다. 나중에 아시아-아프리카 지역 그룹이 둘로 분리되면서 현재 193개 회원국은 다음의 5개 지역 그룹에 속해 있다: 54개 국가로 구성된 아프리카 그룹(African Group, AG) · 53개 국가로 구성된 아시아-태평양 그룹(Asia-Pacific Group, APG) · 33개 국가로 구성된 중남미카리브 그룹(Latin America and the Caribbean, GRULAC) · 23개 국가로 구성된 동유럽 그룹(Eastern European Group, EEG) · 29개 국가로 구성된 서유럽 및 기타 그룹(Western European and Others Group, WEOG).

이러한 지역 그룹은 아직은 실질 문제에 대한 협의보다는 유엔총회의 조직과 운영 등 절차문제와 각종 선거 관련 입후보 조정 및 후보국 추천 업무를 주로 처리하고 있다.[30] 예컨대 유엔의 주요기관과 보조기관의 이사국이나 위원국 등의 선

30) 미국은 어떤 지역 그룹에도 속하지 않고 서유럽 및 기타 그룹에 옵서버 자격으로 참석하며 선거 시에는 서유럽 및 기타 그룹으로 분류된다. 키리바시(Kiribati)는 지리적으로 아시아에 속하나 현재 어떠한 지역 그룹에도 속하지 않고 있다. 터키는 아시아 그룹과 서유럽 및 기타 그룹에 동시에 참여하나 선거 시에는 서유럽 및 기타 그룹으로 분류된다. 이스라엘은 서유럽 및 기타

출을 위한 의견의 조정과 후보국의 추천 등이 이러한 지역 그룹의 비공식협의를 거쳐 이루어진다. 예컨대 안보리의 비상임이사국과 경제사회이사회의 이사국 그리고 총회의 의장 등이 지역 그룹의 형평성에 기초하여 선출되는데 이때 지역 그룹 내의 비공식협의의 결과로서 추천이 이루어지고 선출로 이어진다.

이러한 5개 지역 그룹 이외에 지역적 연관성이나 글로벌 의제에 대한 공통의 비전 혹은 공통의 이해관계를 가진 국가들이 유엔을 비롯한 국제무대에서 공동의 입장을 정립하고 공동으로 대처하여 국제사회에서 영향력을 확대하려고 유사한 입장을 지니는 국가들이 그룹을 형성하고 있다. 이러한 그룹에는 상시적 협의 그룹과 더불어 이슈별로 유사한 생각을 하는 그룹인 유사입장 국가그룹(Group of Like-Minded Countries, GLMC)이 존재한다. 이들을 하나하나 살펴보면 다음과 같다.[31)]

상시적 협의 그룹에는 유럽 지역의 28개 국가로 구성된 유럽연합(EU) · 동남아 지역 10개 국가로 구성된 동남아국가연합(ASEAN) · 아랍지역 22개 국가로 구성된 아랍국가연맹(League of Arab States, LAS) · 카리브지역 15개 국가로 구성된 카리브공동체(Caribbean Community, CARICOM) · 걸프 지역 6개 국가로 구성된 걸프협력이사회(Gulf Cooperation Council, GCC) · 오세아니아의 16개 도서 국가로 구성된 태평양제도포럼(Pacific Islands Forum, PIF) · 57개 이슬람 국가로 구성된 이슬람협력기구(Organisation of Islamic Cooperation, OIC) · 132개 개도국으로 구성된 경제문제 그룹인 77그룹(G-77 and China) · 118개 국가로 구성된 정치문제 그룹인 비동맹그룹(NAM) · 캐나다 · 호주 · 뉴질랜드 3개국으로 구성된 칸즈(CANZ) · 남아프리카지역의 15개 국가로 구성된 남아프리카개발공동체(Southern African Development Community, SADC) 등이 있다.

이슈별로 유사한 생각을 하는 유사입장 국가그룹의 예를 몇 가지 들어보면 다음과 같은 것들이 있다. 핵군축 이슈의 경우 유럽연합(EU) · 아랍그룹(Arab Group) · 메르코수르(MERCOSUR) · 중앙아시아 그룹(Central Asia Group) · 신의제연합(New Agenda Coalition, NAC) · 비동맹그룹(NAM) 등의 그룹이 존재한다. 경제와 개발 및 금융 이슈를 둘러싸고는 유럽연합(EU) · 77그룹(G-77 and China) · 저스칸즈(JUSCANZ)와 같은 그룹이 존재하며 인권 이슈를 둘러싸고는 저스칸즈(JUSCANZ) · 유럽연합(EU) · 비동맹그룹(NAM) · 이슬람협력기구(OIC) · 아프리카 그룹(African Group) · 중

그룹에 속하나 제한적인 능력(limited competency)만을 부여받는다.

31) 외교부, 『유엔개황』(서울: 외교부 국제기구국, 2013), pp. 14-19.

남미카리브 그룹(GRULAC)이 존재한다. 유엔의 예산과 관련한 이슈를 둘러싸고는 정규예산 분담률을 1% 이상 부담하고 있는 국가들로 구성된 제네바 그룹(Geneva Group)·77그룹(G-77 and China)·유럽연합(EU)·저스칸즈(JUSCANZ) 그룹이 존재한다.

유엔 내의 5개 지역 그룹 이외에 존재하는 이러한 그룹들은 5개 지역 그룹과는 달리 유엔에 의해 협의 그룹으로서 공식적인 위상을 부여받고 있지는 않다. 이들은 다만 상황에 따라 다양한 이슈에 있어서 내부적으로 합의 도출을 위해 회합하는 그룹이다.

이러한 협의 그룹은 의장국 등의 형태로 대표를 선출하여 자신들의 공동이익을 공식적으로 대변하고자 한다. 본회의나 위원회에서 발언할 때 이들 의장국은 그룹을 대표하기 때문에 개개 국가의 발언에 앞서 우선하여 발언할 수 있도록 배려를 받는다. 그러나 총회의 효율성을 높이기 위한 노력의 일환으로서 그룹 의장국의 발언에 이은 소속 국가의 발언은 의장국의 발언을 반복하는 것이 되어서는 안 된다고 권고하고 있다.

그룹의 의장국이 그룹의 의견을 대변한다고 해도 이러한 협의 그룹 내에 의견을 달리하는 국가들이 존재하지 않는 것은 아니다. 따라서 국가들은 협의 그룹 내에서 이들 간에 합의를 끌어내기 위해 최대한의 노력을 기울인다. 이는 이러한 합의가 존재할 때 외부적으로 더 많은 영향력을 효율적으로 행사할 수 있기 때문이다.

협의 그룹에 속하는 국가들은 이처럼 공동의 이익을 위해 합의점을 도출하고자 하지만 모든 이슈에 걸쳐 완전한 합의에 도달하는 것은 아니다. 종종 일부 국가들은 국익을 위한 우선순위에서의 차이로 인해 표결에서 협의 그룹과 의견을 달리하여 입장을 피력하기도 한다. 이러한 이유로 인해 이들을 「투표 블록(voting bloc)」이라고 부르지 않고 단순히 「협의 블록(caucusing bloc)」이라고 부른다.

각국 대표단은 자국이 소속되어 있는 협의 그룹과 입장을 반드시 같이하여야만 하는 것은 아니며 자국의 이익에 부합할 때만 입장을 같이한다. 유엔에는 이러한 협의 그룹의 경계를 넘어 논의되는 이슈들이 많으며 유엔 전체 차원에서 합의를 끌어내기 위해 특정 국가나 국가들이 다른 협의 그룹에 「관여국(involved nations)」이라는 지위를 가지고 참여하게 되는 경우도 많다.

탈냉전의 도래와 더불어 유엔총회의 의사결정에 있어서 동서 간의 분열은 쇠퇴하고 있으며 남북 간의 분열은 여전히 계속되면서 냉전기의 동서 간의 분열만큼 두드러지고 있다. 냉전이 종식되고 나서 투표 연합(voting alignments)이 개발노선(developmental lines)에 따른 국가마다의 선호하는 바에 의해 형성되는 경향을 보이고 있다.[32)]

그러나 남반구의 국가들의 일체성은 1970년 한창때와 비교하여 훨씬 덜하다. 이들 국가 사이에 있어 증대되고 있는 사회적 차이 · 경제적 차이 · 지역적인 필요에 대한 인식의 차이 · 그리고 이들을 결속시킬 카리스마적 지도자의 부재가 정책상의 공동 입장의 견지를 어렵게 만들고 있다. 이슈마다 변이는 있으나 일반적으로 유럽연합 회원국들이 단일한 투표 블록으로 표결에 임하는 경향을 보인다.[33)]

3. 의사결정과 비공식회의

유엔총회의 본회의와 위원회를 비롯한 대부분의 국제회의에서 대표단들은 공식회의를 개최하여 통상 1회씩의 일반토론(general debate) 발언과 의제 항목별 토론(individual debate) 발언을 하고 다음에 다시 공식회의를 열어 결의안을 상정하고 이에 대한 찬반 토론 발언을 하고 채택절차를 밟는다.[34)]

그러나 이러한 일련의 공식회의에서 실질적인 토론이 이루어지는 일은 거의 없다. 의제 항목(agenda item)을 둘러싼 실질적인 토론은 공식회의가 아닌 비공식회의(informal meeting)에서 비공식협의(informal consultation)를 통해 이루어진다. 이러한 비공식협의는 지정된 회의실(conference rooms)로부터 국제회의의 의장국 혹은 핵심적인 국가의 대사관저에 이르기까지 다양한 곳에서 이루어진다. 이처럼 정부간기구의 의사결정에 있어서 비공식회의에서 전개되는 비공식협의의 역할은 대단히 중요하다.[35)] 대체로 의사결정의 95%가 비공식회의에서 이루어지고 5%만

---

32) Soo Yeon Kim and Bruce Russett, "The New Politics of Voting Alignments in the United Nations General Assembly," *International Organizations*, Vol. 50, No. 4 (Autumn 1996), pp. 629-652.

33) Karen A. Mingst and Margaret P. Karns, *The United Nations in the Post-Cold War Era: Dilemmas in World Politics* (Boulder, Colorado: Westview Press, 1995), p. 55.

34) 여기에서 「일반토론(general debate)」이란 말 그대로 해석하자면 회의에서 다룰 의제 항목(agenda item)이 복수로 존재할 경우 이들 하나하나에 관한 입장을 표시하기에 앞서 회의 초반에 의제 항목들 전체를 두고 국가의 총괄적인 입장을 제시하고 토론하는 것을 의미한다. 그러나 실제로는 일방적으로 입장을 제시하는 것에 그치고 대표단 사이에 토론이 전개되는 것은 아니다. 이러한 이유로 한국의 외교부 등에서는 이를 두고 「일반토의」라고 번역하여 사용하며 흔히 「기조연설」이라 칭한다. 의제 항목별 토론(individual debate)이란 일반토론과는 달리 의제 항목 하나하나에 대해 대표단이 자국의 입장을 제시하는 것을 의미한다.

이 공식회의에서 이루어진다.

비공식회의가 실질적인 토론의 장이 될 수밖에 없는 이유는 간단하다. 공식 회의장에서 물밑 협상을 전개하기 어렵고 다른 국가들과 실질적인 대화를 가지기 어렵기 때문이다. 공식회의는 미디어 등을 통해 자신의 국가의 국민과 외부에 공개될 수 있으므로 국가 대표단들은 국익을 일관되게 추구하는 모습을 보일 수밖에 없다. 이 때문에 실질적인 협상은 누가 구체적으로 어떤 양보를 했는가를 알기 어려운 비공식회의에서 이루어진다. 비공식회의는 회의 내용을 기록으로 남기지 않는다는 점에서 공식회의와 다르며 이러한 점 때문에 국가들이 공식회의 때보다 좀 더 유연하게 토의에 임할 수 있다.

유엔이 설립된 1940년대에 있어서 유엔은 문제의 해결을 위한 장이 아니라 미소 양 진영 간의 이념의 선전장과 대결장의 역할을 주로 하면서 대부분의 의제는 비공식 회의장이 아닌 공식 회의장에서 논의가 되곤 했다. 그러나 이러한 경향은 앞서 살펴본 바 있는 유엔에 있어서 지역 그룹을 위시한 협의 그룹이 뿌리를 내리는 것과 더불어 변모하기 시작했다. 구체적으로 지역 그룹 간에 절차적인 문제를 둘러싼 협의가 일반화되고 많은 문제가 소위원회(subcommittee)와 실무작업반(working group)을 통해 해결되기 시작하면서 비공식협의가 빈번해졌다.

1960년대 신생 독립국들이 유엔에 대거 등장하면서 새로운 협의 그룹이 탄생했고 이들 협의 그룹의 탄생은 협의 그룹 내에서의 비공식협의뿐 아니라 협의 그룹 간 비공식협의의 필요성을 가져왔다.[36] 이와 더불어 합의로 많은 의사결정이 이루어지면서 비공식협의의 필요성이 더욱 증대되었다. 이러한 비공식회의는 공식회의와 공식회의 사이에 갖는 것이 일반적이지만 이례적으로 공식회의를 하는 도중에 갖기도 한다.

이러한 비공식회의는 협의 그룹별로 개최되기도 하고 대표단 전체가 모여 갖기도 한다. 협의 그룹별 비공식회의의 결과물로서 유럽연합안 혹은 77그룹안과 같은 그룹별 결의안이 제안된다. 이러한 그룹별 비공식회의에 그룹의 구성국들만 배타적으로 참여할 수 있는 것은 아니다. 예를 들어 유럽연합에 속하지 않는 국가라고 해도 이들과 견해를 같이하면 이들 그룹의 비공식회의에 참여할 수 있다.

---

35) 비공식회의를 영어로 「informal meeting」이라고 쓰기도 하지만 때때로 「informal」이라는 단어가 명사가 되어 비공식회의를 지칭하기도 한다.

36) M. J. Peterson, *The General Assembly in World Politics* (Allen & Unwin: Boston, 1986): pp. 92-93.

비공식회의는 이처럼 비슷한 견해를 가지고 있는 국가들이 그룹별로 모여서 개최하기도 하나 모든 구성국에 개방되는 비공식회의도 개최된다. 이러한 비공식회의는 구성원 전체가 참여한다고 해서 「공식적 비공식회의(formal informal meeting)」라고도 칭한다. 이러한 비공식회의를 통해 가지게 되는 협의를 영어로 「전체 비공식협의(informal consultation of the whole)」라고 부른다. 이러한 비공식회의는 여러 수준에서 개최된다. 구체적으로 전체 구성원들이 참여하는 비공식회의인 공식-비공식회의(formal-informal meeting) · 비공식 회의 중에 일부 구성국들이 갖는 비공식회의인 비공식-비공식회의(informal-informal meeting) · 비공식-비공식회의 중에 일부 구성국들이 갖는 비공식회의인 비공식-비공식-비공식회의(informal-informal-informal meeting) 등이 존재한다.

이러한 비공식회의는 공식회의와 여러 면에서 차이가 있다.[37] 가장 중요한 차이점을 유엔을 중심으로 살펴보면 우선 회의의 기록 면에서 차이가 있다. 공식회의의 경우 회의가 공식적으로 기록이 되나 비공식회의의 경우 공식적인 기록이 작성되지 않는다.

둘째, 참가자의 수에 있어서 차이가 존재한다. 공식회의라고 해서 모든 국가의 대표단이 참가하는 것이 아닌 것처럼 전체 비공식회의에도 모든 국가가 참가하는 것은 아니다. 그렇지만 공식회의와 비교하여 비공식회의의 경우 참가하는 국가의 수가 훨씬 적다. 이는 비공식회의에는 결의안에 관심을 많이 가지고 있는 국가의 대표들만이 주로 참석하기 때문이다.

셋째, 의사규칙의 적용 여부에 차이가 있다. 공식회의의 경우 유엔총회의 의사규칙이 적용된다. 비공식회의의 경우 공식회의 의사규칙의 적용을 권고받기는 하나 공식적인 의사규칙이 강제적으로 적용되지는 않는다.

넷째, 결정의 효력에 있어서 차이가 있다. 공식회의의 결정은 그 자체가 공식적인 결정이다. 그러나 비공식회의의 결정은 여전히 비공식적이기 때문에 공식회의에서 승인이 되어야 공식화가 된다.

---

37) 내용 일부는 다음 책을 참고하였음: The Permanent Mission of Switzerland to the United Nations, *The PGA Handbook: A Practical Guide to the United Nations General Assembly* (New York: Permanent Mission of Switzerland to the United Nations, 2011), p. 104.

제8장

협 상

제1절 협상의 정의와 협상의 방식
제2절 협상력과 협상 전략

제 8 장

협 상[1)]

국제회의에서 행위자들은 일반적으로 상이하거나 상충하는 이해관계를 가지고 있으므로 이들 사이에 이러한 차이를 딛고서 의사결정에 도달하는 것은 쉬운 일이 아니다. 이 때문에 의사결정에 이르기 위해서는 필연적으로 협상이라는 정치적인 과정을 통하지 않을 수 없다. 그러나 협상과 관련하여 「Nothing is agreed until everything is agreed」라는 말이 시사하듯이 협상은 결코 쉬운 일이 아니다. 이러한 어려움을 극복하고 희망하는 목적을 달성하기 위해 협상이 어떻게 이루어져야 하는가를 살펴보고자 한다. 여기에서 소개하고 있는 협상은 대부분 두 당사자(두 국가) 간의 협상을 기반으로 하고 있으나 다자간의 협상에도 적용될 수 있다. 이는 유엔을 위시한 정부간기구에서의 협상의 경우 약 200개에 이르는 국가 간의 협상이 아니라 소수 협의체 간의 협상이기 때문이다.

제1절 협상의 정의와 협상의 방식

협상의 방식은 입장에 기반을 둔 경쟁적 협상방식과 이익에 기반을 둔 통합적인 협상방식으로 크게 구분되며 각기 다른 전술이나 원칙에 기반을 두고 있다. 따라서 어떤 조건 아래 어떤 협상방식의 어떤 전술을 구사할 것인가를 생각해보아야 한다.

1) 보다 상세한 내용은 다음을 참고하시오: 박재영, 『유엔회의 가이드북』(서울: 법문사, 2014), pp. 470-498.

1. 협상의 정의

협상(negotiation)이란 일반적으로 둘 이상의 행위자들이 부족한 자원을 둘러싸고 이를 어떻게 배분할 것인가에 대해 동의하는 의사결정 과정을 의미한다. 협상은 분쟁이나 갈등을 해결하는 수단으로서의 소극적인 의미와 무엇인가 만들어내는 합의의 수단이라는 적극적인 의미를 지니고 있다. 간단히 말해 협상이란 협상 당사자들 사이에 이해관계의 쟁점에 대하여 상호 수용할 수 있는 합의에 도달하기 위한 과정 또는 수단이라고 이해할 수 있다.

협상을 이렇게 정의할 때 흔히 시장에서 말하는 흥정(bargaining)은 협상과는 그 뉘앙스의 차이가 있다. 「값을 깎다」에서 유래한 흥정(또는 거래)은 자기의 이익을 극대화하기 위해 상대방에게 다양한 수단을 이용해 영향을 미치려는 과정임에 비해 협상은 서로의 이해관계 대립을 해소하고 합의점을 끌어내는 과정 즉 이해관계의 공통분모를 찾아내는 일이다. 협상이 갖는 이러한 성격 때문에 협상은 「싸워서 이기고 지는 승패가 있는 씨름」이 아니라 「함께 추는 춤」에 비유된다. 협상이란 승자의 저주(winner's curse)가 되지 않도록 일방적인 것이 되어서는 안 되고 주고받기가 가장 중요한 원칙이 되어야 한다.

2. 협상방식

협상가들은 협상에 앞서 협상을 어떻게 할 것인가의 방식에 관한 선택을 해야 한다. 협상에 대해 여러 가지 접근법이 존재하며 학자와 실무가에 의해 여러 유형으로 분류되곤 한다. 배분적 협상과 통합적 협상(distributive and integrative negotiation) · 경합적 협상과 협력적 협상(competitive and cooperative negotiation) · 가치요구 협상과 가치창출 협상(value claiming and value creating negotiation) · 강성협상과 연성협상(hard and soft negotiation) · 입장에 기초한 협상과 원칙에 기초한 협상(positional and principled negotiation) · 입장에 기반을 둔 협상과 이익에 기반을 둔 협상(position-based and interest-based negotiation) 등이 이러한 분류에 속한다.

여기에서는 이러한 다양한 유형화 방식을 고려하여 협상방식을 「입장(요구)에 기반을 둔 경쟁적 협상방식」과 「이익(입장에 내재해 있는 욕구)에 기반을 둔 통합적 협상방식」으로 구분하고자 한다. 본격적인 논의에 앞서 주의하여야 할 점은 이 두 가지 협상방식 중에서 어느 것은 옳고 어느 것은 그릇된 것이라고 도덕적인 판단을 미리 해서는 안 된다는 점이다.

두 가지 접근방식을 구체적으로 살펴보기 전에 입장에 기반을 둔 경쟁적 협상방식에서 입장(position)이란 무엇이고 이익에 기반을 둔 통합적 협상 방식에서 이익(interests)이란 무엇을 의미하는가를 알아야 한다. 입장이란 이슈가 어떻게 다루어질 수 있거나 해결될 수 있는가에 대한 진술(statement) 혹은 이슈가 어떻게 다루어져야 하거나 해결되어야 하는가에 대한 진술을 의미한다. 다시 말해 입장이란 특정한 이슈의 해결을 위한 제안(proposal)을 의미한다. 협상의 당사자들은 자신들이 가지고 있는 특정의 이익이나 필요를 충족시켜주기 때문에 특정의 입장을 택하게 된다.

이익이란 협상 당사자 사이의 동의가 만족스러운 것으로 간주되기 위해 충족되어야만 하는 특정의 필요나 조건 혹은 이득을 지칭한다. 이러한 이익이라는 것은 구체적으로 재정적 자원이나 재화 등과 같은 실질적 내용물에 대한 필요를 의미하는 실체적 이익(substantive interests) · 특정한 유형의 행태나 일이 행해지는 방식에 대한 필요를 의미하는 절차적 이익(procedural interests) · 느끼는 방식이나 취급되는 방식 혹은 지속적인 관계를 위한 조건을 의미하는 관계적이거나 심리적 이익(relationship or psychological interests)으로 세분이 된다.[2] 이 두 종류의 협상방식을 하나씩 살펴보면 다음과 같다.

1) 입장에 기반을 둔 경쟁적 협상방식

(1) 개설

위에서 언급하였듯이 입장에 기반을 둔 경쟁적 협상은 「경쟁적 협상」·「배분적 협상」·「강성 협상」·「가치요구 협상」이라고도 불리는데 이들 모두는 입장에 기반을 둔 협상이 지닌 특징의 일면들을 잘 보여주고 있다.

이러한 협상방식은 협상이란 제로섬 거래라고 전제한다. 즉 협상가들은 협상을 제한되거나 고정된 양의 이익을 둘러싼 경합으로써 일방의 이익은 상대방의 손실

2) Christopher W. Moore, "Negotiation," http://www.au.af.mil/au/awc/awcgate/army/usace/negotiation.htm (검색일: 2014년 4월 11일).

로 인식한다. 협상가들은 상대방의 파이를 빼앗아 자신의 파이의 양을 늘리고자 함으로써 협상에 참여하는 모두가 좀 더 많은 것을 가질 수 있도록 파이 전체의 양을 늘리기 위한 수단으로 협상을 바라보는 관점으로써 다음에 살펴볼 이익에 기반을 둔 협상방식과 크게 대조를 이룬다.

협상의 당사자들은 상대방의 희생을 딛고서라도 자신의 이익을 극대화하고자 다양한 방식을 동원하며 이익을 극대화하고자 하는 목표를 진전시킬 수 있는 경우를 제외하고는 상대방의 이익을 타당한 것으로 간주하지 않는다. 좀 더 구체적으로 협상테이블의 상대방을 적으로 바라보고 상대의 승리를 자신의 패배로 간주하며 가능한 한 완승을 하는 것을 목표로 한다. 협상 참가자는 종종 상대방에 의해 수용되지 않으리라는 것을 알고도 극단적인 입장을 택한다. 더불어 양보란 취약함을 드러내는 것으로 간주하고 항시적으로 공세적인 이방을 택한다. 이러한 입장은 상대방과의 장기적인 관점에서의 관계에 큰 중요성을 부여하지 않는다. 올바른 해결방안은 존재하기 마련인데 이러한 해결방안이란 다름 아닌 자신이 제시한 방안이라는 견해를 갖는다. 입장에 기반을 둔 경쟁적 협상방식이 흔히 사용하는 대표적인 전술(tactics)을 구체적으로 살펴보면 다음과 같다.

(2) 다양한 전술

입장에 기반한 경쟁적 협상 전술에는 다양한 전술로서 힘의 사용이나 힘의 사용에 대한 위협 전술・벼랑 끝 선술・일보후퇴 이보전진 전술・살라미 전술・지연전술・과장전술・제 손 묶기 전술・온건파와 강경파 전술・이슈의 성격을 미리 규정하는 전술・막판 끼워 넣기 전술이 포함된다.

① 힘의 사용이나 힘의 사용에 대한 위협 전술(bullying tactics)

힘을 실제로 사용하거나 사용하겠다는 위협을 가해 상대방으로부터 양보를 끌어내는 전술을 의미한다. 협상의 상대가 특정의 요구를 수용하지 않으면 어떠한 조치를 하겠다고 함으로써 상대방을 방어적으로 만들어 유리한 여건에서 협상을 진행하려는 전술이다.

② 벼랑 끝 전술(brinkmanship tactics)[3)]

협상의 일방이 양보하지 않고 고도로 위험한 상황을 극단으로 몰고 갈 의향과

---

3) 비겁자 게임(chicken game)이 이러한 전술의 논리를 설명한다.

능력이 있다는 인상을 주어 최대한의 이익을 챙기고자 하는 전술을 의미한다. 구체적으로 벼랑 끝 전술은 긴장 관계를 높여나가다 이러한 긴장 관계가 절정에 도달하여 위기가 최고도로 고조된 시점에서 상대방에게 결정적인 양보를 제의하면서 최대한의 보상을 받아 내는 전술을 의미한다. 핵협상과 관련하여 북한이 전형적으로 채택해오고 있는 전술이다.

③ **일보후퇴 이보전진 전술**(rejection-then-retreat tactics)

협상 초기 단계에서 자신의 진정한 협상의 목표를 감추고 이보다 더 높은 수준의 요구를 제시한다. 이에 대해 상대방이 분노하여 거부하더라도 이를 무시하고 일단 밀어붙인다. 이로 인해 협상이 교착상태에 빠질 수 있는데 이때 이제까지의 과도한 요구를 철회하고 좀 더 낮은 요구를 제시한다. 이러한 낮은 수준의 요구는 상대방에게 양보로 비추어지면서 상대방 역시 이에 조응하여 양보해야 한다는 심리적 압박감을 느끼도록 하여 그 결과 상대방이 이러한 요구를 수용함으로써 원래의 숨겨진 목표나 그 이상의 협상 목표를 달성하는 전술을 의미한다.[4)]

④ **살라미 전술**(salami tactics)[5)]

살라미란 소금에 절인 이탈리아식 소시지로서 짜기 때문에 일반적으로 조금씩 썰어서 먹는다. 따라서 살라미 전술이란 협상에서 살라미처럼 단계를 잘게 여러 개로 나누어 단계별 압박을 통해 이득을 극대화하고자 하는 전술을 의미한다.

즉 얻고자 하는 것을 한 번에 관철시키지 않고 여러 개로 나누어 시간을 끌면서 순차적이고 개별적으로 쟁점화하여 그 하나하나에 대해 개별적인 보상을 취함으로써 총체적으로 이득을 극대화하고자 하는 전술이다. 다시 말해 하나의 카드를 여러 개로 쪼개서 잘게 쪼갠 카드를 하나씩 흔들며 위협 수위를 높이는 전술이다.

이처럼 이 전술은 큰 목표를 여러 개의 작은 목표들로 나누어 상대방을 단계적으로 압박하는 전술로서 살라미 전술을 구사하는 측이 한 발자국씩 움직여 나가기 때문에 많은 경우 협상의 상대방이 전체의 그림을 알기 어려운 가운데 협상이 진행됨으로써 궁극적인 목표를 달성하는 데 효과적인 전술이다.

이 전술은 급격하게 목표를 관철하고자 할 때 초래될 수 있는 상대방의 반발을 감소시키면서 이익을 극대화하고자 하는 의도를 가진다. 즉 협상에 임하는 자

---

4) 협상 일방이 상대방에게 양보하면 상대가 이에 상응하는 대응을 하여야만 한다는 의무감을 느끼게 되는데, 이를 「상호성의 규칙(rule of reciprocity)」이라고 칭한다.

5) 「Salami Tactics」는 때때로 「Salami-Slice Tactics」 혹은 「Piecemeal Tactics」라고도 불린다.

가 상대방에게 얻어낼 양보를 여러 개의 작은 것으로 잘라서 제시할 경우 상대방은 덜 저항하면서 큰 양보를 하게 된다. 이는 마치 끓는 물에 개구리를 집어넣으면 금방 뛰쳐나오려고 하지만 찬물에 넣고 서서히 조금씩 온도를 높여가면 개구리는 행동을 취하지 않는 것과 같은 논리로서 비유되곤 한다.

북한이 비핵화를 위한 협상 과정에서 이러한 전술을 전형적으로 구사하고 있는데 구체적으로 북한은 핵협상에서 핵 포기 단계를 최대한 여러 단계로 나누어 단계마다 국제사회로부터 보상을 요구함으로써 핵을 포기하는 기간은 최대한 연장함과 동시에 보상의 극대화를 시도해오고 있다.

협상의 상대방이 살라미 전술을 구사하고 있다는 것을 인지할 경우 상대방의 최종 목표가 무엇인가를 알아내는 것이 중요하다. 독자적으로 알 수 없을 때 최종적으로 원하는 것이 무엇인가를 상대방에게 물을 수 있다. 이때 합리적인 최종적인 패키지를 제안하고 이를 수용하든지 말든지 양자택일을 하라는 방식으로 대응할 수 있다.

⑤ **지연전술**(delaying tactics)

협상의 상대가 시간에 쫓기거나 서둘러 협상을 마무리하려는 기미가 보일 때 시간을 끌어 상대방으로부터 더 많은 양보를 끌어내는 것을 목적으로 하는 전술이다. 구체적인 지연방법으로서 자국의 협상 참가자를 교체하여 협상을 처음부터 다시 원점에서부터 시작하게 하거나 동일한 주장을 반복적으로 늘어놓아 상대방을 초조하게 한다.

이러한 요인과 더불어 협상에서 먼저 양보를 하게 되면 상대에게 밀릴 수 있다는 생각으로 인해 협상이 교착상태에 빠져 대체로 마지막 10%의 시간에 합의의 90%가 이루어진다고 한다. 즉 협상에서 중요한 이슈들은 대개 협상 시한 막바지에 결정된다. 이 때문에 협상가들은 협상이 타결되려면 협상의 시한을 정해서 가지고 있을 필요가 있다는 주장과 더불어 유리한 협상 결과를 가져오기 위해 협상을 할 때 상대방의 협상 마감 시간을 알아내고 이를 이용하라는 권고를 한다.

⑥ **과장전술**(bluffing tactics)

일명 「허장과세(허풍) 전술」이라고도 불리는 전술로서 카드게임에서 자신의 패가 상대방보다 좋지 않음에도 불구하고 상대를 기권시키기 위해 거짓으로 강한 베팅이나 경주를 하는 것으로부터 유래된 전술이다. 협상에서 자신의 능력을 과장함으로써 상대방이 겁을 먹도록 하는 전술로서 자신의 속내를 드러내지 않고 상대방을 속이는 전술이다.

이러한 전술이 성공하기 위해서는 상대방이 나의 정보를 몰라야 하며 양치기 소년이 늑대가 나타났다고 처음 말했을 때 효과는 상당했지만 반복했을 때 아무도 곧이들으려고 하지 않았던 것처럼 성공하기 위해서는 1회 사용에 그쳐야 한다.

⑦ **제 손 묶기 전술**(tied-in-hand tactics)

이는 일명 「오리발 내밀기 전술」인데 국제협상에서 협상 참여자 일방이 자신은 상대방의 협상안을 받아들일 수 있어도 국내적으로 승인을 얻기 힘들다는 것을 내세움으로써 상대방에게 양보를 요구하여 협상의 결과를 유리하게 이끌고자 하는 전술이다.

미국의 무역대표부(USTR)가 국제무역협상과 관련하여 협상의 상대방에게 흔히 구사하는 전술로서 협상 상대방의 협상안을 수용하고 싶어도 미국의 의회의 강력한 거부 의사를 핑계로 수용 불가 입장을 택해 자신의 목표를 달성하고자 한다.

이 전술은 국내적인 반대를 국제협상에서 적극적으로 활용하는 전술로서 한미간에 자유무역협정(FTA)을 둘러싼 협상 과정에서 한국 측 협상단은 국내에서의 대규모 자유무역협정 반대시위와 정치인들의 단식투쟁을 한국 측 주장을 밀고 나가는 데 활용했을 것으로 보인다. 다른 한편 미국 측은 이러한 전술을 활용하여 한국 측이 요구한 전문직 비자 쿼터의 허용 등을 피해갈 수 있었다.[6)]

⑧ **온건파와 강경파 전술**(good guy / bad guy tactics)

일명 「착한 역과 악역 전술」이라고도 부른다. 경찰서에서 피의자를 심문하여 자백을 받아 내기 위해 흔히 사용되는 전술이다. 우선 악역을 맡은 형사가 투입되어 피의자를 비인간적으로 무자비하게 겁을 주면서 몰아세운다. 그런데도 피의자가 끝까지 자백하지 않을 때 선한 역할을 맡은 형사가 먼저 형사를 대체하여 투입된다. 이 형사는 피의자에게 담배를 권하고 악역을 맡았던 형사를 비난까지 해가면서 피의자의 편에 선 것과 같은 착각을 준다. 선한 역할의 형사는 이어서 자신에게 자백하면 조금이라도 피의자에게 유리해지도록 하겠다면서 자백을 유도하고 피의자는 이에 조응하여 자신에게 동정적인 것처럼 보이는 이 형사의 제안이 좋은

---

6) 조선일보, "협상 기술의 백화점 FTA," http://www.chosun.com/site/data/html_dir/2007/04/11/2007041100961.html (검색일: 2014년 4월 11일).

제안일 것이라는 착각과 더불어 자백을 하게 된다.

국제협상의 예로서 2003년 미국의 대북 핵 협상을 들 수 있다. 이때 미국의 럼즈펠드 국방부 장관은 강경파로서 북한의 정권교체를 위한 외교압력을 언급했다. 이와는 대조적으로 파월 국무장관은 온건파로서 북한과의 협상의 필요성을 언급하자 북한이 이에 응하면서 미국·중국·북한의 3자회담이 성공적으로 성사되었다.

⑨ **이슈의 성격을 미리 규정하는 전술**(framing tactics)

이 전술은 이슈의 성격을 자신에게 유리하도록 미리 규정하여 기정사실로 함으로써 상대방을 이러한 틀 속에 가두어 틀 내부에서 사고하고 선택을 하도록 유도하는 전술을 의미한다. 즉 상대가 문제를 바라보는 방식을 규정하여 자신이 원하는 것을 택하도록 하는 전술로서 상대방의 최상의 대안(Best Alternative to Negotiated Agreement, BATNA)에 대한 인식을 규정한다.[7)]

이슈의 한 측면에 관심을 집중하도록 하고 다른 측면들을 무시하도록 하는 이러한 전술이 사용된 예들을 들어보면 다음과 같다. 국제지뢰금지운동(ICBL)이라는 NGO가 정부들에게 대인지뢰금지협약을 체결하도록 대인지뢰의 문제를 군축의 문제가 아닌 인권의 문제로 이슈의 성격을 규정함으로써 협약의 체결을 가능하게 만들었다.[8)]

한국과 일본 간의 중요한 미완의 현안 가운데 하나인 일본 종군위안부 문제 역시 또 다른 예의 하나이다. 한국 정부가 이 문제와 관련하여 일본 정부에 진실한 사과와 배상을 요구했음에도 불구하고 일본이 이에 소극적인 태도를 보이자 이 문제를 전시 성폭력(wartime sexual violence)의 문제로 이슈의 성격을 확대하여 규정함으로써 쌍무적인 성격의 이유를 글로벌 이슈로 만들어 국제적인 지지를 성공적으로 얻을 수 있었다.

---

7) BATNA란 「협상에 의한 합의가 불가능할 경우 취할 수 있는 최선의 대안」이라고 번역될 수 있다. 즉 「협상이 결렬되었을 경우 취할 수 있는 많은 대안 중에서 가장 좋은 대안」을 일컫는다.

8) 대인지뢰 가운데 폭약의 양을 적게 넣어 제조한 「발목지뢰」라고 불리는 지뢰가 있는데 이 지뢰는 사람의 즉각적인 살해가 아닌 발목의 절단을 목표로 하는 무기다. 발목 절단의 부상으로 당사자뿐 아니라 당사자를 후방으로 옮기기 위한 병력의 전투력 상실을 염두에 둔 잔인함으로 인해 군축의 문제가 아닌 인권의 문제로 성격이 규정되면서 국제적으로 광범위하게 지지를 얻을 수 있었다.

⑩ 막판 끼워 넣기 전술(nibbling tactics)

협상의 마지막 성사단계에서 작은 것을 끼워 얻어내는 전술을 의미한다. 많은 시간과 공을 들여 타결 직전에 도달한 협상이 깨져 원점으로 돌아가는 것을 꺼리는 심리를 이용한 전술이다. 협상이라는 것은 피곤한 과정이다. 타결이 가능한 시점에 가까이 도달하게 될 때 협상의 당사자들은 합의에 이르고자 하는 심리적인 욕구를 드러내게 된다.

따라서 숙련된 협상가는 종종 상대가 협상의 최종단계에서 취약해지는 바로 그 마지막 순간까지 자신들이 요구사항을 희망 사항 목록(wish list)에 계속해서 보관해 둔다. 이러한 막판 끼워 넣기는 끼워 넣는 대상이 크지 않은 것이고 적절한 심리적인 순간에 요청되었을 때 잘 작동한다. 끼워 넣는 대상은 최종적인 협상 결과에 심대한 영향을 미치지 않는 것이어야 한다. 예컨대 자동차 구매를 위한 계약서에 서명하기에 이르렀을 때 구매자가 연료탱크에 휘발유를 별도의 지불 없이 꽉 채워주기를 원하면 이를 거절하여 협상을 결렬시키는 것이 어려우므로 판매자는 이를 수락하게 된다.

(3) 평가

입장에 기본을 둔 경쟁적 협상방식은 시간/재정적 자원/심리적인 혜택과 같은 협상의 대상이 되는 자원이 제한적일 때 · 보상의 합이 고정된 가운데 협상 당사자가 자신의 몫의 최대화를 추구할 때 · 당사자들의 이익이 상호의존적이지 않고 상반되거나 상호 배타적일 때 · 현재나 미래의 관계에서 오는 이익이 현시적인 실체적 이득보다 우선순위가 낮을 때 종종 사용된다.[9]

이러한 협상방식은 상대방의 진정한 이익과 의도가 무엇인가를 찾아내고자 하는 노력을 하기보다 표면적으로 드러난 입장에 초점을 둔다는 비판을 받는다. 더불어 벼랑 끝 전술과 같은 극도의 모험주의(brinkmanship)를 부추기고 공동의 이익에 필요한 상호 간 신뢰를 저해한다는 비판 역시 받는다. 이러한 협상 태도는 완고하게 고정된 입장에 기초하고 있어 종종 어떠한 합의에도 이르지 않은 채 끝나버리는 경향이 있다.

물론 타협(compromise)에 이르는 때도 없지 않으나 이렇게 도달한 타협이란

---

9) Moore, op. cit.

협상 당사자들의 진정한 이익을 효율적으로 충족시켜주는 것이 아니라 단순히 두 입장 간의 차이의 중간 점에 지나지 않는다. 즉 타협이라는 것이 당사자 모두가 승자가 되는 것과 동일한 것이 아니다. 타협이라는 것은 당사자 모두가 동의할 수 있는 결과에 도달하기 위해 원래의 목표로부터의 희생을 포함하기 때문이다. 당사자 모두가 승리한다는 것은 원래 바라던 바에 대한 아무런 희생 없이 애당초 바라던 결과에 도달하는 것을 의미한다.[10)]

2) 이익에 기반을 둔 통합적 협상방식

(1) 개설

이익에 기반을 둔 통합적 협상방식은 「협력적 협상(cooperative negotiation)」·「문제 해결적 협상(problem-solving negotiation)」·「당사자 모두가 이기는 협상(win-win negotiation)」·「원칙이 있는 협상(principled negotiation)」 등으로 불린다. 이러한 방식의 협상은 또한 「통합적 협상(integrated negotiation)」이라고도 불리는데 이는 이 방식이 협력·공동이익의 충족·협상 대안의 확대를 위한 노력을 강조하기 때문이다.

이러한 협상 태도는 협상이란 항상 제로섬 게임(zero-sum game)인 것은 아니라는 전제로부터 출발한다. 즉 협상에서 당사자 일방의 이익이 필연적으로 상대방의 손실로 이어지는 것만은 아니라는 전제로부터 출발한다. 이러한 맥락에서 공동의 이익이 강조되고 공정하고 상호 합의할 수 있는 해결책에 이르는 것을 목표로 한다. 즉 이 협상방식은 당사자들의 이익에 기초하여 상호 이득이 되는 합의에 도달하는 것에 중점을 둔다.

좀 더 구체적으로 이러한 협상방식의 핵심적인 과정을 살펴보면 우선 당사자들은 자신과 상대방의 이익이 무엇인가를 찾아내려고 노력한다. 이러한 이익이 무엇인지 밝혀지면 하나의 단일한 입장을 주장하기보다는 당사자 모두의 이익을 만족시킬 수 있는 다양한 여러 대안을 공동으로 찾아내려고 노력을 한다. 그런 연후에 합동으로 찾아낸 여러 대안 가운데 하나의 해결책을 선택하게 된다.

---

10) 이처럼 타협이란 최선의 해결책은 아니나 실제의 많은 협상이 당사자들의 서로 상응하는 양보를 통한 타협으로 타결된다. 이러한 타협이란 당사자들의 협상을 통해 만족시키고자 하는 욕구의 수준이 높지 않은 경우·시간상의 제약이 있는 경우·갈등의 지속에 대한 두려움이 있는 경우·사회적으로 강요된 공평성 개념이 균등한 분배인 경우·감정적 갈등이 증폭된 결과 당사자가 지친 경우에 발생한다.

이러한 협상 방식의 장점을 총체적으로 보여주는 전형적인 예로서 흔히 언급되는 오렌지 하나를 둘러싼 두 사람 간의 다툼이 해결되는 방식을 소개하고자 한다. 자매가 오렌지를 나누지 않고 전체를 가지려는 입장을 굽히지 않는 가운데 궁극적인 해결방식이라면 타협으로서 오렌지를 반으로 나누는 것이 될 것이다. 그러나 이러한 타협책은 오렌지 하나를 모두 갖고자 한 입장의 이면에 숨어있는 진정한 동기를 살펴보면 최상의 선택이 아니다. 이는 한 사람은 오렌지주스를 만들기 위해 오렌지 전체의 과육이 필요했고 또 한 사람은 과자에 오렌지 향을 내기 위해 오렌지 전체의 껍질이 필요했기 때문이다. 따라서 표출된 입장 대신에 입장에 내재해 있는 이익의 관점에서 이 문제를 바라보면 이는 제로섬이 되는 상황이 아니라 모두가 승자가 될 수 있는 상황이다. 이들은 결국 서로의 이익을 살펴봄으로써 상대방의 이익을 빼앗지 않은 채 오렌지로부터 애당초 얻고자 하는 것 모두를 가질 수 있다는 것을 발견하게 된다.[11)]

이러한 협상방식을 옹호하는 사람들은 입장에 기반을 둔 경쟁적 협상방식이 의사결정을 위해 뜻을 끝까지 굽히지 않도록 하거나 일방의 손실을 수용하도록 하는 상황으로 당사자들을 몰아가 협상이 파국을 맞도록 하며 기껏해야 타협적인 결론에 이르게 된다고 본다. 이와는 달리 이익에 기반한 통합적 협상은 입장에 내재해 있는 이익을 조화시키고자 하며 당사자들이 합의에 도달하도록 도움으로써 자신의 이익만을 관철하기 위해 완강하게 끝까지 버티거나 상대방에게 손실을 일방적으로 수용하도록 하는 협상을 막는 역할을 한다고 본다.

이러한 이익에 기반을 둔 통합적 협상이 모든 상황에 다 적합한 것은 아니다. 예컨대 당사자 중 일방이 입장에 기반을 둔 경쟁적인 협상 전략을 선택하고 상대방의 희생을 딛고서 승리하는 데에 집착할 때 이러한 협상은 이루어지기 어렵다. 그런 연고로 이러한 협상방식은 협상 당사자들의 이익이 상호의존적이며 미래의 관계에 우선적인 중요성이 부여된 경우에 선택된다.

이러한 협상방식은 상호 이득이 있는 협상 결과에 이르기 위해 서로의 이익을 찾아내고 이를 바탕으로 한 선택 대안을 창출하고자 많은 시간을 투입하여야 한다

---

11) Roger Fisher, William Ury, and Bruce Patton, *Getting to YES: Negotiating Agreement Without Giving In*, 3rd ed. (New York and London: Penguin Books, 2011), pp. 58-59; Tanya Alfredson and Azeta Cungu, *Negotiation Theory and Practice: A Review of the Literature* (Rome, Italy: FAO, 2008), p. 19.

는 문제점이 있다. 그런데도 근래에 접어들어 이러한 협상방식이 광범위하게 수용되고 있다. 이러한 협상이 성공적으로 실행되기 위한 원칙들을 소개하면 다음과 같다.12)

(2) 협상방식의 원칙들

이익에 기반한 통합적 협상방식이 성공적으로 이루어지기 위해 요구되는 원칙들에는 사람과 문제의 분리·입장이 아닌 이익에의 집중·상호 이득을 위한 대안의 창출·의사결정을 위한 객관적 기준의 주장·자신과 상대의 최선의 대안을 알기 등이 있다. 이들을 하나씩 살펴보면 다음과 같다.

① 사람과 문제의 분리

협상의 당사자들이 아무리 일국을 대표하는 외교관들이라고 하더라도 사람임에는 틀림이 없다. 따라서 이들은 그들 나름의 성격과 특징·국가이익과 일치하지 않을 수 있는 개인적인 야망·감정 등과 같은 개인적인 요소들을 가지게 마련이다.

이러한 개인적인 요소들을 주요한 협상의 이슈와 구분하여야 한다. 특히 협상의 상대에 대한 감정·편견·문화나 언어의 차이에서 유래하는 오해 등을 협상과 분리하고 이들을 별도로 다루는 것이 이익에 기반을 둔 협상의 가장 우선하는 원칙이 되어야 한다. 감정과 자아가 협상의 문제와 뒤엉키게 되면 상대방의 입장을 명백하게 바라볼 수 있는 자신의 능력에 부정적인 영향을 미칠 수 있고 그 결과 협력적이기보다는 적대적인 상호작용으로 귀결되기 쉽기 때문이다. 예컨대 협상에 있어서 상대방에 대한 분노와 불신 같은 감정은 합의에 이르는 것을 어렵게 만든다.

이처럼 주관적인 인식·감정·의사소통의 문제와 같은 것은 이슈를 객관적으로 다루는 것을 방해하기 때문에 협상 참가자들은 관계로부터 유래하는 이러한 이슈들로 인해 서로를 공격하여서는 안 되고 해결해야 하는 문제를 함께 공략하여야 한다. 즉 공략의 대상이 상대방이 아니라 해결하여야 할 이슈여야 한다는 것이다. 이 때문에 인내라는 것이 협상에 있어서 가장 중요한 요소가 되어야 한다.

② 입장 대신 이익에의 집중

협상의 당사자들은 다른 상대방의 이익을 제대로 고려하지 않는 경향이 있다. 합의에 이르기 위해서는 상대방이 협상의 테이블로 가져와 표면적으로 드러내는

---

12) Fisher, Ury, and Patton, ibid., pp. 19-108.

입장(요구)에 중점을 두는 대신에 상대방 입장에 내재해 있는 이익(욕구)을 포착해야 한다. 간단히 말해 표면에 드러난 상대방의 생각만 보지 말고 본심이나 관심이 무엇인가를 파악해야 한다. 상대방에 의해 표출된 처음의 입장을 통해 상대방이 진정 원하는 것을 알기 어렵다. 따라서 자신의 이익에 관해 이야기하고 상대방의 이익을 알아내기 위해 질문을 던져야 한다.

③ 상호 이득을 위한 대안의 창출

상대방이 표면적으로 드러내는 입장 대신에 이익에 초점을 맞춤으로써 하나의 당사국만이 승자가 되지 않고 모두가 승자가 될 수 있는 즉 당사국들 모두에게 상호 이득이 있는 대안을 창출해 내도록 노력해야 한다. 이는 협상 참여자 모두가 협상을 통해 원하는 것을 얻으려는 목적을 지니고 있기 때문이다. 따라서 자신의 이익은 최대한 취하려고 하면서 상대방의 이익을 고려하지 않거나 최소화하려고 한다면 협상은 진전되기 어렵다.

해결하기 어려운 협상의 경우에도 공동으로 문제를 해결하기 위한 새롭고 창의적이면서 상호 이익이 되는 해결책을 찾아내기 위해 노력한다면 좀 더 용이하게 합의에 이를 수 있다. 이를 구체화하기 위해서 브레인스토밍(brainstorming) · 대안의 폭 넓히기 · 상호 이익 찾아내기 등이 필요하다. 협상 참가자들의 이익을 찾아내 창의적 대안으로서 협상이 타결된 예를 들면 다음과 같다.

1967년 팔레스타인해방기구(PLO)가 팔레스타인 국가건설을 목표로 무장조직을 동원하여 이스라엘에 대한 테러공격을 가하자 이스라엘은 테러행위에 대한 응징과 PLO를 지원하는 아랍국가의 공격 기도에 대한 자위를 명분으로 항공기에 의한 공중 기습공격과 시나이반도에 대한 대공세를 전개하여 이집트로부터 시나이반도를 빼앗는 등 완승을 했다.

전쟁 후 평화협상을 체결하려는 노력은 시나이반도의 반환문제로 지지부진했다. 이집트는 시나이반도 전체의 반환을 협상의 입장으로 가졌고 이스라엘은 일부의 반환을 입장으로 견지했기 때문이다. 그 당시 밴스(Cyrus Vance) 미국 국무장관은 두 국가 사이의 협상을 중재하면서 합의의 도출을 위해 이익에 기반을 둔 협상방식을 택했다.

우선 그는 이집트와 이스라엘의 표면적인 입장에 내재해 있는 핵심적인 이익을 파악하고자 했다. 그 결과 이집트가 경제적으로는 별 쓸모가 없는데도 반도 전체의 반환에 집착하는 진정한 동기는 영토주권의 문제라는 것을 알게 되었다. 파라오왕 이후로 이집트의 영토였던 시나이반도가 수 세기에 걸쳐 그리스·로마·터키·프랑스·영국의 지배하에 놓였다가 얼마 전에야 가까스로 주권을 회복했는데 다시 이스라엘의 수중에 들어가게 되자 이를 수용할 수 없었다. 이와 더불어 이스라엘이 일부 반환에 집착하는 진정한 동기는 자국의 안전보장이었으며 이를 위해 완충 지역이 필요하다는 것을 알게 되었다.

이러한 양국의 진정한 이익을 찾아낸 국무장관은 두 국가의 이익을 충족시킬 수 있는 창의적인 대안으로서 시나이반도 전체를 이집트에 반환하면서 이곳의 비무장지대를 확대하여 이스라엘의 안전보장에 대한 우려를 불식시키고자 했다. 이러한 창의적인 대안은 캠프데이비드 협정(Camp David Agreement)의 체결을 가져왔다.[13)]

④ 의사결정을 위한 객관적 기준의 주장

의사결정을 위한 객관적인 기준을 고집하는 것이 협상을 위한 또 다른 원칙이다. 여러 가지 대안 가운데 선택을 하려면 이러한 대안들을 평가할 수 있는 상호 합의한 객관적인 기준을 사용할 필요가 있다. 여기서 객관적인 기준이란 구체적으로 공정한 기준과 공정한 절차 둘 모두를 포함한다. 이러한 객관적인 기준이 가용하여 협상에 적용하는 것이 가능하다면 논쟁을 줄이고 협상을 단순화시키며 좀 더 공평한 결과에 도달할 수 있다.

협상 당사자 모두가 동의할 수 있는 창의적인 대안을 창출하기 위한 노력이 항상 성공으로 귀결되는 것은 아니다. 협상 당사자들이 이슈를 둘러싸고 서로가 완고한 입장을 견지해 여러 가지 창의적인 대안들이 제시되었으나 합의에 이르지 못할 경우가 있기 때문이다. 이럴 때 공평성·효율성·과학적 증빙 등과 같은 기준을 불러들이는 것이 요구된다. 좀 더 구체적으로 이러한 기준에는 시장가치·전례·과학적 판단·전문적인 기준·효율성·비용·도덕적 기준·평등·전통·상호성 등이 포함된다.

우선 공정한 기준의 예를 들면 다음과 같다. 개인들이 중고차를 사고팔 때 가격을 둘러싸고 서로가 입장을 완고하게 고수함으로써 어떠한 창의적인 대안에 대해 합의에 이르지 못하는 경우가 있다. 이때 동일한 차종의 중고차 매매상의 가격

---

13) Ibid., pp. 43-44, 58.

을 객관적 기준이 될 수 있는 참고자료로써 사용할 수 있다.

공정한 절차의 예를 들면 다음과 같다. 1973년에 시작된 해양법 협상에서 심해저의 광물 채굴권 문제를 둘러싸고 국가별 이해관계가 상충하면서 협상이 난항을 겪고 있었다. 관련한 여러 문제 중 하나는 채굴을 위해 구역을 어떻게 배정할 것인가의 문제였다. 가까스로 합의한 것은 대상 해역의 절반을 선진국의 민영기업이 나머지 반은 유엔 소유의 채광 산업체가 맡기로 했다.

개도국은 이러한 원칙에는 합의했으나 선진국의 민영기업이 심해저 광물 채취를 위한 탐사를 비롯한 관련 전문적 기술을 이용하여 채굴지역 중 노른자 지역을 차지할 것을 두려워했다. 이러한 우려를 불식시키고 협상 타결을 위해 제시된 해결책이 선진국의 민영기업에 두 개의 채굴지역을 제안하도록 하고 유엔의 채광 산업체가 먼저 이 가운데 하나를 고르는 권한을 부여하는 것이었다.

이렇게 되면 선진국의 민영기업은 자신들이 어떤 공구를 갖게 될지 모르므로 최대한 공정하게 구역을 나눌 수밖에 없다. 즉 두 공구 모두를 다 좋게 나눠 놓아야 한다. 이런 공정한 절차를 적용하는 창의적 대안을 제시하여 협상이 성공적으로 타결됐다.[14)]

⑤ 자신과 상대의 최선의 대안을 알기

협상에서 논의되고 있는 거래가 아닐지라도 취할 수 있는 최상의 대안(BATNA)이 준비되어 있다면 상호 이익이 되는 협상의 결과에 도달하기 쉽다. 이러한 최상의 대안을 가지고 있는 경우 다음과 같은 2가지 이점이 있다.

우선 최상의 대안을 가지고 있는 경우 부실한 협상을 회피할 수 있다. 상대방이 제시한 협상안이 이러한 대안보다 더 나은 제안일 경우 협상을 지속하여 타결하지만 대안보다 못한 안이 제시될 경우 협상을 결렬시키고 최상의 대안을 선택하면 되기 때문이다. 이처럼 대안을 가지고 있는 경우 협상의 지속이나 결렬 여부를 판단하기 쉽고 나아가 양보할 경우 어느 정도까지 양보할 것인지에 대한 객관적인 판단의 기준이 된다.

둘째로 이러한 대안을 보유하고 있는 당사자는 협상력을 가지게 된다. 대안을 가지고 있는 당사자는 현재 진행되고 있는 협상이 제대로 타결되지 않아도 현재의 거래에 연연하지 않아도 되기 때문이다. 거꾸로 대안을 가지고 있지 않은 당사자

---

14) Ibid., p. 87.

는 협상력이 약해짐으로써 상대방의 협상력을 높여주게 된다. 따라서 대안은 협상에서 약한 당사자가 자신보다 강한 협상 상대를 만날 때 협상력을 키우는 중요한 도구가 된다. 협상에 있어서 당사자 일방이 현재의 거래 이외에 대안을 가지고 있지 않다는 것을 알게 되면 다른 일방은 협상력을 가지고 단호하고 좀 더 신속하게 협상을 전개할 수 있다.

이 때문에 협상에 임하기 전에 합의에 이르지 않을 때를 대비하여 대안들로 구성된 리스트를 만들고 이들 중 협상안에 대한 최선의 대안이 무엇인지를 명백하게 해두는 것이 필요하다. 그러나 최선의 대안을 고정된 것으로 보지 않고 협상이 진행되고 있는 동안에도 부단히 더 나은 대안을 개발하려는 노력을 기울여야 한다. 여기서 최선의 대안과 협상의 마지노선(bottom line)을 구별할 필요가 있다. 마지노선이란 일단 설정이 되면 변하지 않는 경직성을 갖는 데 반해 대안은 유연성을 갖고 변화할 수 있다는 점에서 차이를 갖는다.

상대방에 압박을 가하고 협상력을 높이기 위한 수단으로 협상 과정에서 대안을 사용하는 방식과 관련하여 노골적으로 드러내지 않고 암시적으로 사용하는 것이 좋다. 이는 명시적으로 사용할 경우 상대방의 강한 정서적인 반감으로 인해 협상 자체가 결렬될 수 있기 때문이다. 이때 협상력을 높이기 위해 거짓으로 최선의 대안이 있다고 암시하기도 하므로 대안의 사실 여부를 파악하기 위한 노력 역시 필요하다.

대안의 준비와 사용이 일방적으로 이루어질 때 협상의 일방만이 협상의 결과에서 이익을 취할 수 있다. 반면에 협상 참여자 모두가 각기 대안을 준비하고 사용하고자 하면 상호 이익이 되는 협상 결과를 도출하는 것이 불가능하지 않다. 이를 위해 협상 참여자들은 상대방의 대안을 예상하고 이해하는 것으로부터 출발하여 자신과 상대방의 대안 모두를 만족시킬 수 있는 선택을 찾으려는 노력이 필요하다.[15)]

유능한 협상가가 되려면 협상의 목표를 상대방의 최선의 대안에 가능한 한 근접하는 것에 둘 뿐 아니라 상대방의 최선의 대안에 영향을 미치려고 노력하여야 한다. 즉 상대방이 가지고 있는 최선의 대안을 만족시키거나 그보다 나은 제안을 할 수 없을 때 성공적인 협상이 이루어지기가 어려운데 이러한 상황에서는 자신의

15) Ibid., p. 181.

최선의 대안을 향상키시거나 가능하다면 상대방의 최선의 대안을 변경시키는 데 주력하여야 한다.

(3) 협상의 전술(이슈의 추가)

입장에 기반한 경쟁적 협상방식의 경우는 대개 하나의 이슈를 대상으로 협상을 전개하며 복수의 이슈가 있다고 하더라도 한 번에 의제 항목 하나씩을 대상으로 협상한다. 이와는 달리 이익에 기반한 통합적인 협상방식의 경우 복수의 이슈를 동시에 협상의 대상으로 삼아 상호 이익이 있는 결과에 도달하고자 한다. 이슈의 추가란 구체적으로 한 이슈를 둘러싸고 협상이 난관에 봉착했을 때 다른 이슈를 추가하여 협상테이블에 올려놓음으로써 협상을 타결하려는 전술이다.

한국이 미국과 자유무역협정(FTA)을 체결하는 과정에서 이러한 협상 전술이 원용되었다. 미국은 한국에 신약의 최저가 보장을 요구했고 한국은 이를 수용할 경우 제약업계가 받을 타격을 우려하여 수용을 거부함으로써 협상은 교착상태에 놓였다.[16] 한국 측은 이러한 교착상태를 타개하기 위해 반덤핑 조치를 발동하기 위한 산업피해를 판정할 때 한국산은 분리해서 평가하는 조치를 의미하는 무역구제비합산조치를 추가 의제로 들고나와 미국 측에 이의 수용을 강하게 요구했다.[17] 이러한 한국 측의 새로운 제안에 대해 미국은 절대 수용 불가의 입장을 보였다. 한국은 이러한 미국의 입장을 이용해 무역구제비합산조치에 관한 미국의 입장을 수용하는 대가로 미국이 요구한 신약 최저가 보장의 거부와 더불어 투자자-국가간 소송제도에서 부동산과 조세정책의 제외를 요구하여 성공적으로 관철시킬 수 있었다.[18]

---

16) 신약의 최저가 보장이란 다국적 제약사의 특허 의약품의 가격을 시장 가격에 기초해 결정하지 않고 미국 시장 가격을 국내 약품 가격에 그대로 반영하거나 다른 선진국들의 가격을 최저가격으로써 보장하라는 것이다.

17) 비합산조치(non-conforming measure)란 특정 물품의 수입이 증가하여 국내 산업에 피해가 발생했을 경우 이에 대한 피해 사실을 조사할 때 해당 물품이 여러 국가로부터 수입되었을지라도 그 산업의 피해를 개별 수입국별로 조사하도록 하는 것을 말한다. 즉 미국이 수입으로 인한 산업피해를 추산할 때 덤핑 혐의가 있는 여러 수출국으로 인한 피해를 누적 적용하지 않고 특정 국가의 기업만 떼어내 판정하는 것을 말한다. 예컨대 비합산조치는 덤핑 판정에 의한 산업피해를 평가할 때 중국 등 다른 국가들로부터 수입된 동일 물품으로 인한 피해도 합산해 평가하는 것을 금지하는 조치를 의미한다. 한미 FTA 체결과정에서 한국은 미국 측에 산업피해에 대한 비합산조치를 체결하려고 노력하였다. 그러나 미국 측은 비합산조치가 법률 개정사항이기 때문에 수용할 수 없다고 주장하여 타결되지 않았다.

18) 조선일보, 2009년 11월 28-29일.

(4) 이익에 기반한 통합적 협상방식의 작동 조건

이익에 기반을 둔 통합적 협상은 당사자 모두의 요구에 내재해 있는 욕구를 조화시키는 방식으로써 모두에게 가장 큰 이익을 제공해 줄 수 있어 최선의 협상방식이다. 통합적 협상방식이 제대로 작동하기 위해서는 다음과 같은 조건이 충족되어야 한다.

우선 협상 당사자 모두의 욕구 수준이 높아야 한다. 이는 욕구 수준이 낮으면 쉽게 포기하거나 타협을 하려고 하기 때문이다. 이와는 달리 욕구 수준이 높으면 양보를 하기 어렵고 이 때문에 합의에 도달하기 위해서는 새로운 창의적인 대안을 찾아내어야만 하기 때문이다.

또한 시간적 제약이 적어야 한다. 협상 당사자들의 요구 속에 숨어있는 욕구를 찾아내어 이들을 조화시킬 수 있는 창의적인 대안을 찾아내는 것은 많은 시간을 필요하기 때문이다.

그리고 갈등에 대한 두려움을 낮춰 갈등은 해결을 위해 존재하는 것이라는 적극적인 사고가 필요하며 공평성의 기준으로 균등한 분배에 대한 중요성을 과도하게 부여하지 않아야 한다. 이는 지나치게 균등한 분배를 강조하면 새로운 대안을 창조하는 대신 타협을 하려고 하기 때문이다.[19)]

3) 두 종류의 협상방식의 평가

협상의 결과는 협상 참여자들이 어떤 협상방식을 택하는가에 전적으로 달려있다. 이러한 이유로 제대로 협상을 하려면 두 협상방식의 차이를 잘 이해하여야 한다. 우선 입장에 기반한 경쟁적 협상방식에서 협상 당사자들은 자신들의 목표가 상대방의 목표와 상충하는 것으로 바라보며 개개 이슈를 고정된 파이라는 관점에서 접근하면서 한 조각이 크면 클수록 다른 조각은 작아진다고 인식한다. 각각은 자신의 파이의 몫을 최대화하는 것을 원한다.

일반적으로 모든 협상 참여자들은 입장에 기반한 경쟁적 협상을 사용할 준비를 해야만 한다. 그 이유는 많은 협상 참여자들이 이러한 협상방식을 사용하고 있기 때문이며 또한 일방이 이러한 방식을 사용하게 되면 대부분은 상대방 역시 같은 방식을 택하지 않을 수 없게 된다. 다른 당사자에게 승리를 거두거나 모든 비

19) 곽노성, 『글로벌 경쟁시대의 국제협상론』 (서울: 경문사, 1999), pp. 82-83.

용을 들여서라도 협상 결과를 극대화하기를 원하는 협상 참여자는 종종 이러한 입장에 기반한 경쟁적 협상방식을 택한다.

다른 한편 이익에 기반한 통합적 협상방식에서 협상 참여자들 모두는 협력 정신과 함께 협상을 시작하며 파이를 키워 상호 이득이 있는 대안을 찾기 위한 노력을 한다. 입장에 기반한 경쟁적 통합방식의 경우 상대방을 양보의 한계점까지 밀어붙일 뿐만 아니라 상대방에게 그들 자신이 불리한 위치에 처해 있다는 것을 깨닫도록 하는 심리전도 불사한다. 이와는 대조적으로 이익에 기반한 통합적 협상방식은 드러난 입장보다는 입장에 내재해 있는 이익에 중점을 두고 타결 가능성을 높이기 위해 상호 이익이 되는 대안들을 창출하는 것에 집중하고자 한다.

이 두 협상방식의 차이를 좀 더 세부적이고 체계적으로 살펴보자. ⅰ) 협상의 대상인 이슈의 수와 관련하여 입장에 기반한 경쟁적 협상방식은 하나의 이슈를 대상으로 하며 여러 개의 이슈라 할지라도 1회에 하나의 이슈를 대상으로 한다. 이익에 기반한 통합적 협상방식은 몇 개의 이슈를 동시에 협상의 대상으로 한다. ⅱ) 협상의 구체적인 기술과 관련하여 입장에 기반한 경쟁적 협상방식은 승자와 패자라는 이분법적 관점을 갖는 데 반해 이익에 기반한 통합적 협상방식은 모두가 승자가 되는 관점을 갖는다. ⅲ) 일반적인 전략으로서 입장에 기반한 경쟁적 협상방식은 고정된 파이에서 자신의 몫을 최대화하는 전략을 가지는 데 반해 이익에 기반한 통합적 협상방식은 가치를 창출하고 자신의 몫을 주장하는 파이 키우기 전략을 갖는다. ⅳ) 당사자들 사이의 관계란 입장에 기반한 경쟁적 협상방식의 경우 단지 일회적이고 이익에 기반한 통합적 협상방식의 경우는 장기적이고 지속적이다. ⅴ) 이해관계와 관련하여 입장에 기반한 경쟁적 협상방식은 이해관계를 숨기나 이익에 기반한 통합적 협상방식은 상대방과 이해관계를 공유하고자 한다. ⅵ) 가능한 선택 대안과 관련하여 입장에 기반한 경쟁적 협상방식은 개개 이슈 당 하나의 드러낸 선택 대안을 가지는 데 반해 이익에 기반한 통합적 협상방식은 다수의 선택 대안을 가지며 최대한의 상호 이익을 위해 새로운 선택 대안을 창출하고자 한다. ⅶ) 정보와 관련하여 입장에 기반한 경쟁적 협상방식은 정보를 숨기나 이익에 기반한 통합적 협상방식은 상대와 정보를 공유하고자 한다.[20]

---

20) Key Differences, "Difference Between Distributive Negotiation and Integrative Negotiation," https://keydifferences.com/difference-between-distributive-and-integrative-negotiation.html (접속일: 2019년 12월 10일).

협상방식 상의 이러한 차이에 기초하여 어떤 상황에서 어떤 협상방식을 사용해야 하는가를 생각해보아야 한다. 두 가지 협상방식은 각기 특정한 맥락에서 유용하기 때문에 목표하는 것이 무엇인가에 따라 협상 참여자는 둘 중 어느 하나의 협상방식을 택할 수 있다.

협상방식의 선택을 위한 기준 가운데 하나는 상대적인 협상력의 정도이다. 입장에 기반한 경쟁적 협상방식은 자신이 상대방보다 협상력이 있을 때 가장 잘 사용될 수 있다. 이와는 달리 이익에 기반한 통합적인 협상방식은 자신의 협상력이 상대방에 비해 강하지 않은 가운데 협상을 통해 무엇인가를 얻고자 하는 상황에서 가장 도움이 되는 협상방식이다. 이 때문에 일반적으로 강대국들은 협상의 유형 중에서 입장에 기반한 경쟁적인 협상방식을 취하며 약소국들은 이익에 기반한 통합적인 협상방식을 취한다.

협상방식을 택할 때 사용할 수 있는 또 다른 기준은 협상의 대상인 자원의 한정성 여부이다. 만약에 자원이 한정적이라면 당연히 좀 더 큰 몫의 파이를 원하게 될 것이고 이 경우 입장에 기반한 경쟁적인 협상방식을 택하는 것이 이익이 된다.

장기적인 관점에서 협상의 상대와 우호적인 관계를 갖기를 원하는지 아니면 경쟁적인 관계를 갖기를 원하는지에 따라 협상방식은 또한 달라진다. 한 번의 협상으로 끝날 것이고 미래에 상대로부터 어떠한 도움도 필요로 하지 않을 것으로 판단하면 입장에 기반한 경쟁적 협상방식이 올바른 선택이 될 수 있다. 협상 참여자들 사이에 장기적으로 의존적인 측면이 있다면 이익에 기반한 통합적인 협상이 안전한 선택이 될 것이다.

3. 바람직한 다자협상

국제사회의 다수의 국가는 자국의 이익을 앞세우면서 국제사회 전체의 이익을 도외시하는 경향을 보인다. 이런 국가들이 많으면 국제사회 전체의 공익을 위한 의사결정이 이루어지기 쉽지 않다. 지구 온난화를 둘러싼 협상에서 미국과 같은 국가들이 이러한 행태를 적나라하게 보여주는 대표적인 경우라고 할 수 있다.

다른 한편 국가들에 따라서는 단기적인 관점에서 현재의 국익이 손상된다고 해도 장기적으로 국익에 도움이 될 것이라는 판단하에 국제사회의 공익을 자국의 단기적인 이익에 우선시하는 국가들도 있다. 그러나 이러한 국가들을 국제사회에서 찾아보기 어렵고 특히 국가의 생존과 관련이 있는 안보문제 등을 둘러싼 협상의 경우 이러한 예는 더욱 드물다.

국제사회에서 가장 바람직한 의사결정에 이를 수 있는 현실적인 협상의 요체는 개개 국가들이 자국의 이익이나 공익에만 전적으로 집착하지 않고 자국의 국가이익과 국제사회 전체의 공익과의 조화를 도모하고자 노력하는 것이다. 즉 국가이익과 국제사회 전체의 이익을 대립적인 것으로 보지 않고 조화의 대상으로 바라보는 자세가 필요하다. 이러한 태도가 국제사회에서 진정한 다자주의(genuine multi-lateralism)를 실현하는 전제조건인 것이다.

제2절 협상력과 협상 전략

협상력과 관련하여 힘의 요인을 강조하는 현실주의 입장과 힘을 포함한 다양한 요인을 강조하는 자유주의 입장이 존재한다. 미국과 같은 강국이 다자외교에서 힘을 통해 원하는 것을 항상 성공적으로 얻는 것만은 아니라는 현실을 고려할 때 힘 이외의 협상력의 요소를 활용한 협상 전략에 관한 관심이 필요하다.

1. 협상력에 영향을 미치는 요인들

협상력(bargaining power/negotiating power)이란 협상에서 자신이 원하는 조건으로 합의를 얻어낼 힘을 의미하며 다양한 요인들에 의해 영향을 받는다. 이러한 협상력에 영향을 미치는 요인들은 아주 다양하며 어떠한 관점을 지니는가에 따라 강조하는 요인들을 달리한다.

국제정치학의 현실주의 관점은 협상력이란 국가가 소지한 능력에 달려 있다고 본다. 구체적으로 경제력과 군사력 등을 포함한 일국의 총체적인 힘을 협상력의 중요한 요인으로 본다. 이처럼 현실주의 관점이 힘을 거의 유일한 협상력의 요인으로 강조하는 것과는 달리 자유주의 관점은 다양한 요인들을 협상력의 중요한 원천으로 파악하고자 한다.

자유주의 관점도 현실주의 관점처럼 힘을 협상력에 영향을 주는 요인의 하나로 간주를 하지만 힘을 관계적인 측면에서 상대적인 것으로 파악하지 않는 현실주의와는 달리 상대에 대한 의존에서의 차이를 의미하는 비대칭적인 상호의존(asymmetric interdependence)으로부터 기인하는 것으로 파악하고자 한다.[21)]

자유주의 관점은 이에 더하여 갈등을 일으키고 있는 이슈에 국가가 부여하는 상대적인 중요성(relative salience)의 정도 · 협상에서 정부가 양보할 수 있는 능력에 대한 국내적인 제약의 여부와 제약의 정도[22)] · 협상 당사자가 합의에 도달하지 않는 선택을 수용할 수 있는 정도[23)] · 시간의 제약이 가져오는 압박의 정도[24)] · 협상이 결렬되었을 경우 취할 수 있는 대안의 존재 여부 등과 같은 구조적인 요인들도 협상력의 요인으로 간주한다.

자유주의 관점은 이러한 구조적인 요인들 이외에 공정성과 규범 및 정의 등에 바탕을 둔 정당성에의 호소 · 논리적인 설득 · 외부세력의 동원 · 협상 과정에의 조직적인 참여 등과 같은 행태적인 요인들 역시 협상력에 영향을 미치는 요인들로 중요시한다.

이러한 요인들 이외에도 상대방의 이해관계를 포함한 상대방의 동향에 대한 정보력 · 협상 이슈에 대한 전문적 지식과 경험 · 협상 상대와의 인간관계 등이 협상력에 영향을 미치는 추가적인 요인들이다.

2. 협상 전략

국가들은 협상에서 협상력을 높이기 위한 전략으로서 위에서 살펴본 협상력에

21) 협상 상대방에 대한 의존성이 클수록 협상력이 떨어진다고 본다.

22) 국내적인 제약의 여부와 정도란 구체적으로 협상의 예상되는 결과에 대한 국내 이해관계자(stakeholder)의 반발 여부와 반발의 정도가 협상력과 밀접한 관련이 있다는 의미이다. 퍼트넘(Robert Putnam)에 의하면 이러한 반발이 크면 클수록 두 수준 게임이론(two-level game theory)에서 언급하는 윈셋(win-set)이 작아지면서 상대방에 대한 협상력이 향상한다. 미국과의 자유무역협정(FTA) 협상이 진행되는 가운데 전개된 대규모 반대시위와 정치인의 단식투쟁 등은 협상자에게 물러설 수 있는 여지를 좁혀 협상력을 높임으로써 상대방인 미국 측에 강한 압박을 가했다. 이는 앞에서 살펴본 입장에 기반한 경쟁적 협상방식의 전술 가운데 하나인 손발 묶기 전술(tied-in-hand tactics)로 활용된다.

23) 즉 협상의 일방이 이번에 반드시 협상을 타결해야만 한다고 매달리게 되면 협상력이 약화되고 그 결과 더 많은 양보를 하지 않을 수 없게 된다. 이러한 현상을 「협상 탈출의 실패」라고 칭하기도 하는데 과거 미국과의 통상협상에서 상대적으로 약한 협상력을 지녔던 한국 정부가 흔히 빠졌던 함정이다: 김현종, 『김현종, 한미 FTA를 말하다』 (서울: 홍성사, 2010).

24) 협상 참여자가 시간에 쫓길수록 협상력은 약해지고 마감 시간에 가까울수록 협상자의 양보 비율(concession rate)이 높아진다.

영향을 미치는 요인들을 협상의 중요한 수단으로 활용하고자 한다. 강대국들은 일반적으로 입장에 기반한 경쟁적인 협상방식을 택하면서 힘을 주요 협상 수단으로 삼는 경향을 보인다. 이들의 경우 실제로 힘을 사용하거나 사용하겠다는 위협이 신뢰성을 가질 수 있기 때문이다.

반면에 중소국가들은 힘의 사용이나 위협이 신뢰성을 갖기 어려울 뿐 아니라 이러한 협상 수단의 사용은 강대국으로부터 보복을 불러올 수 있다는 것을 두려워한다. 따라서 중소국가들은 이익에 기반한 통합적인 협상방식을 택하면서 힘이 아닌 다른 협상 수단을 통한 협상 전략을 구사하고자 한다. 협상 결과는 대체로 힘으로 결정되나 중소국가들도 일정한 협상 수단을 동원할 경우 협상 결과에 영향을 미칠 수 있다. 다음은 중소국가들이 협상에서 흔히 동원하는 협상 수단들이다.

첫째, 중소국가들은 규범과 정의에 기초를 둔 정당성에 호소하는 것을 중요한 협상 수단으로 활용한다. 이러한 협상 수단은 한마디로 도덕적인 압박을 가하는 협상 수단이다. 이러한 전략을 구사하고 있는 전형적인 예로서 지구 온난화로 인한 기후변화 협상을 하는 가운데 도서국가연합(Alliance of Small Island States, AOSIS)을 구성하고 있는 국가들의 전략을 들 수 있다.

이들은 기후변화 협상에서 지구의 온난화를 초래하는 데 있어서 가장 이바지를 해오지 않았음에도 불구하고 영토가 물에 잠기는 등 지구 온난화로 인해 가장 큰 피해를 보고 있다는 주장을 전개하는 전략을 구사하고 있다.

둘째, 중소국가들은 공동의 이익에 대한 논리적인 설득이라는 협상 수단을 활용하는 전략을 구사하고자 한다. 이는 협상에 임하는 국가(군) A가 상대방 국가(군)인 국가(군) B에게 국가(군) A의 입장을 배려하는 것이 국가(군) B에게도 이익이 된다는 것을 논리적으로 설득하는 것을 일컫는다. 이는 자국의 목표를 타국의 입장과 연결을 지어 공동의 이익을 강조하는 전략이다.

기후변화 협상과 관련하여 살펴보면 선진국들은 개도국들이 지구 온난화를 완화하고 적응하는 것을 지원하는 데 드는 비용을 부담하는 것에 적지 않은 반감을 보이는 것이 사실이다. 이와 관련하여 추상적인 규범에의 호소만으로는 선진국들을 설득하는 것이 불가능하다. 따라서 이러한 규범에의 호소와 더불어 현재의 시점에서 선진국이 행동을 취하지 않을 때 예상되는 미래의 높은 비용을 강조하면서 지구 온난화의 완화와 적응을 위한 조치를 하는 것이 결과적으로 선진국의 이익에도 크게 부합됨을 강조하는 전략을 일컫는다.

셋째, 중소국가들은 외부세력의 동원이라는 협상 수단을 활용하는 전략을 구사하고자 한다. 이는 말 그대로 협상의 당사자가 아닌 제삼자를 동원하는 전략을 의미하며 여기에는 미디어와 대중의 지지를 동원하는 것이 포함된다. 더불어 NGO와 로비 그룹을 통해 논의의 대상이 되는 의제와 관련한 유용한 정보를 획득하고 이에 대한 전문성을 높이는 것도 포함된다.

예컨대 기후변화 협상을 포함한 환경협상에서 협상력을 높이는 중요한 수단 가운데 하나가 과학적인 증거를 제시하는 것이라는 점을 고려할 때 이러한 전략은 그 중요성을 더한다고 할 수 있다. 더불어 정보의 불균등(information asymmetry)이 협상력에 커다란 부정적인 영향을 미친다는 여러 연구결과를 고려해 볼 때 외부세력의 동원을 통해 획득한 정보에 기반한 전문성의 확보는 중요한 협상력의 원천이 될 수 있다.

넷째, 중소국가들은 협상 과정에의 조직적인 참여라는 협상 수단을 활용하는 전략을 구사하고자 한다. 구체적으로 응집력이 있는 연합(cohesive coalition)을 구축하고 연합의 구성국들과 자원의 공유를 추구하는 것이다. 이러한 연합의 목적은 정보를 교환하고 공유하며 때때로 공동의 입장을 개발하고 합의하기 위한 것이다.

기후변화 협상의 예를 들면 앞서 살펴보았듯이 이 협상에는 다양한 그룹들이 형성되어 있다. 이들 그룹은 결집력의 정도에 있어서 차이를 보인다. 이 그룹 중에서 유럽연합의 경우 가장 결집력이 높아 공동의 입장을 구체화하고 거의 예외 없이 단일의 목소리를 낸다. 우산그룹의 경우 이들을 구성하고 있는 선진국들은 다양한 국가적 상황으로 인해 동질성이 강하지 못해 공동의 관심사에 대한 정보를 공유하는 등의 느슨한 연합으로서의 특징을 지닌다. 77그룹은 기후변화에 고도로 취약한 소국과 원유 수출에 강력한 이해관계를 가지고 있는 사우디아라비아를 포함하는 등 상당히 이질적인 구성체임에도 불구하고 단일한 목소리를 내면서 강력한 응집력을 보인다. 한국이 속해 있는 환경협력그룹은 공동의 입장을 가지는 경우 공동으로 협상에 임하나 그렇지 못할 때는 개별적으로 협상에 참여한다.

위에서 간단하게나마 강대국의 협상 전략과 중소국가들의 협상 전략을 살펴보았다. 이러한 협상 전략은 크게 힘에 기반을 둔 협상 전략과 영향력에 기반을 둔 협상 전략으로 구분할 수 있다. 전자는 주로 경고·위협·강요·물리력 등을 동원하여 상대방을 강제하는 경우를 일컫는다. 후자는 논리적인 주장이나 도덕적인 설득 등을 통해 자발적인 협력을 하도록 상대방을 고양하는 방식을 의미한다. 즉 힘이란 상대방을 외적으로 강제하는 물리적인 강제력을 의미하는 데 반해 영향력이란 상대방을 생각이나 느낌에의 동조와 같이 내적으로 강제하는 심리적인 강제력을 의미한다.

3. 협상에서 고려하여야 할 사항들[25)]

첫째, 국가마다의 협상 스타일의 특징을 사전에 알고 이에 적절하게 대응하는 것이 필요하다. 예컨대 국가들에 따라서는 명분보다는 실리를 중시하기도 하고 실리만큼이나 명분을 중요시하는 국가들이 존재하는데 전자의 대표적인 예에 속하는 국가가 미국이고 후자의 대표적인 예에 속하는 국가가 일본이다.

둘째, 협상을 원만하게 타결지으려면 항상 협상의 상대방이 치러야 하는 비용에 관해 고려해야 한다. 즉 협상의 결과로서 상대방이 치러야 하는 대가가 감내할 수 있는 수준을 넘지 않도록 배려해야 한다.

셋째, 협상에서 제시하는 자국의 제안이 정당성을 확보해야 할 필요가 있다. 그러기 위해서는 자국의 제안이 객관적인 기준에 근거하고 있고 전례와도 다르지 않음을 보여야 한다. 나아가 이러한 제안이 규범 · 정의 · 공정성에도 기반을 두고 있음을 보이는 것이 중요하다.

넷째, 상대방의 최상의 대안(BATNA)을 정확하게 파악하고 자신의 대안을 강화하는 것이 필요하다.

---

25) 주제네바 한국대표부가 2006년 9월에 가진 제1차 국제회의 참가역량 및 협상력 강화방안 토론회의 결과물을 요약한 문건을 참고하여 작성되었다.

제9장

정부간기구의 재정

제1절 정부간기구의 수입
제2절 정부간기구의 지출

제 9 장

정부간기구의 재정[1)]

글로벌 이슈의 발생뿐 아니라 해결과 관련하여 가장 문제가 되는 것은 재정의 부족이다. 글로벌 이슈를 둘러싼 국가 간 이해관계의 상충도 상당 부분 재정적인 요인에 바탕을 두고 있는 것이 사실이다. 이 때문에 글로벌 이슈를 제대로 이해하기 위해서는 정부간기구를 비롯한 글로벌 이슈를 다루는 글로벌 거버넌스 기제들의 재정의 수입과 지출에 대해 살펴보는 것이 필요하다.

제1절 정부간기구의 수입

정부간기구를 비롯한 글로벌 거버넌스 기제의 수입원은 다양한데 글로벌 이슈와 관련하여 가장 연관성이 있는 수입원은 이 가운데 다양한 행위자의 기여가 가능한 다양한 형태의 자발적 기여금이다. 따라서 무엇보다도 자발적 기여금에 대한 이해를 넓히는 것이 필요하다. 더불어 국제사회가 오래전부터 고민해오고 있는 창의적인 수입 재원에 관한 관심이 필요하다.

1. 개 요

정부간기구의 조직을 유지하고 활동을 하는 데 있어서 중요한 것이 재정이다. 특히 정부간기구가 독립적인 존재로서 자율성을 지니기 위해서는 회원국으로부터 독립하여 자율적으로 설립헌장이나 내부규칙에 따라 수입을 확보하고 지출을 시행

1) 보다 자세한 내용은 다음을 참고하시오: 박재영, 『국제기구와 글로벌 거버넌스』 (서울: 법문사, 2018), pp. 549-592.

하며 수입과 지출에 관한 결정을 회원국에 강제할 수 있어야 한다.

이러한 재정적인 자율의 정도는 정부간기구마다 다르며 정부간기구의 발달 정도를 가늠할 수 있는 기준의 하나가 될 수 있다. 일반적으로 정부간기구가 자율성을 결하고 있다는 것은 정부간기구의 예산제도에 명백히 드러난다. 이는 근본적으로 정부간기구가 국내 정부처럼 과세를 부과할 수 있는 권능을 지니고 있지 않기 때문이다.

가계로부터 국가에 이르기까지 일반적인 재정의 경우는 수입을 계산하고 이를 기초로 지출을 결정한다. 정부간기구의 재정은 이와는 반대로 지출될 금액을 먼저 결정하고 나서 이것을 충당할 수입을 결정한다. 즉 회원국들이 활동에 필요한 비용에 대해 합의를 한 후에 이를 충당할 수 있는 비용을 분담금 비율에 따라 할당하는 것이 일반적이다.

정부간기구의 주요 수입원은 통상 총회에서 할당되어 회원국들이 지불하는 정규예산 분담금(assessed contributions to the regular budget)이다. 회원국의 자발적 기여금(voluntary contribution)이 또 다른 재원이 되기도 한다. 국제통화기금(IMF)을 위시한 국제금융기구는 회원국이 출자한 기금을 회원국에 이자를 받고 유상으로 대여하여 수익을 창출한다. 정부간기구에 따라서는 특별한 지출을 위해 채권을 발행하는 예도 있다. 그 밖에 다른 여러 가지 재원이 있으나 이들의 차지하는 부분은 미미하다. 정부간기구 수입의 주요 원천을 살펴보면 다음과 같다.

2. 수입원의 종류

이곳에서는 정부간기구의 수입원의 종류로서 정규예산 분담금·자발적 기여금·출자금·기타 수입원으로 구분하여 살펴보고자 한다.

1) 정규예산 분담금(regular budget contribution)

분담금을 할당하는 방식에는 모든 국가에게 동일한 분담금을 할당하는 방식·등급을 설정하고 선택하도록 하는 방식·사정(assessment)에 기초하여 할당하는 방식 등이 있다. 이 가운데 특정의 기준을 가지고 개개 회원국을 사정하여 분담금을 할당하는 방식이 유엔을 비롯하여 대다수의 정부간기구가 채택하고 있는 분담금 할당방식이다.

사정에 의한 분담금 할당방식의 사정 기준은 일반적으로 지불 능력(capacity to pay)인데 정부간기구에 따라 지불 능력 외의 기준이 적용되기도 하고 지불 능력에 다른 요소가 추가되기도 한다. 지불 능력은 일반적으로 국민소득을 주된 요소로 한다. 유엔의 경우 지불 능력은 개개 회원국이 세계 국민총소득(Gross National Income, GNI)에서 차지하는 비중을 기초로 하고 여기에 외채부담과 저소득계수가 고려되어 산정된다. 정부간기구들은 회계연도마다 지출액의 변동이 있으므로 지불 능력에 준거하여 분담금 액수를 정하는 것이 아니라 전체 예산에서 분담하여야 할 분담률(scale of contributions)을 정하게 된다.

모든 국가에게 적용되는 이러한 분담률의 산정기준은 예측할 수 있도록 빈번하게 또는 급작스레 바뀌어서도 안 되며 회원국 분담능력의 변화를 반영할 수 있도록 경직되어 있어서도 안 된다. 유엔은 사정된 분담률의 급격한 상승과 하락을 막아 국가 예산 과정의 안정성을 주기 위해 오랜 기간의 국민소득 평균치(3년 동안의 평균소득과 6년 동안의 평균소득을 평균한 소득)를 사용하며 일단 정해진 분담률을 3년간 사용한다.

정부간기구가 활동하기 위해서는 회원국들은 분담금을 지불할 의무를 져야만 한다. 주권 평등의 원칙에 의해 소국에 대국과 동등한 투표권이 인정된다면 모든 회원국은 최소한의 재정적 기여를 의무적으로 해야 하며 이를 위해 분담금의 하한(floor)을 두고 있다. 유엔의 경우는 0.001%를 정규예산 분담률의 하한으로 두고 있다. 또 다른 한편 정부간기구가 예산에 있어서 대국에 크게 의존한다면 정부간기구의 자율성을 확보하기 어렵다는 정치적 이유로 분담금의 상한(ceiling) 역시 두고 있다. 유엔의 경우는 22%를 정규예산 분담률의 상한으로 두고 있다.

정부간기구에 있어서 분담금 체납(arrears of contributions)이 문제가 되고 있다. 이러한 체납은 주로 지불 능력의 결여와 같은 재정적인 이유로 발생하나 정책에 대한 불만 등 정치적인 이유로도 발생한다. 과도한 분담금 체납이 정부간기구에 심각한 재정적인 위기를 안겨주기 때문에 정부간기구에 따라 다르기는 하나 많은 정부간기구가 설립헌장이나 기본문서에 분담금의 지불 의무를 이행하지 않은 회원국에 지불을 강제하기 위해 투표권의 정지라든가 이사회 입후보의 자격정지 혹은 일반적 권리 정지나 제명 등의 제재를 규정하고 있다. 유엔의 경우는 체납한 회원국에 대한 제재로서 총회에서의 투표권 박탈을 규정하고 있다.

2) 자발적 기여금(voluntary contribution)

(1) 자발적 기여금 일반

정부간기구는 정규예산 분담금만으로 필요한 자금을 확보할 수 없거나 종래 통상적인 예산에 규정되지 않은 새로운 프로그램을 시행할 필요가 있는 경우에 회원국으로부터 별도의 자발적 기여금을 받는다.[2] 이렇게 하여 모금된 자발적 기여금은 통상적인 예산과는 별도의 기금으로서 처리된다.

특히 유엔의 경우 냉전의 종식 후 많은 글로벌 이슈를 다루면서 예산의 증액 필요성이 크게 대두되고 있으나 미국의 압력으로 이에 상응하는 정규예산의 증가가 쉽지 않았다. 이 때문에 연구 프로젝트 · 워크숍 · 정부 간 회합을 포함한 많은 유엔의 활동을 위해 자발적 기여금을 추구하지 않을 수 없게 되었으며 과거 통상적으로 정규예산에 의해 지원되던 활동들이 점차 자발적 기여금으로 지원되지 않을 수 없게 되었다.

다수 전문기구의 경우 자체의 정규예산 분담금과 자체의 자발적 기여금을 가지고 각종 프로그램을 시행하고 있다. 유엔의 경우 자발적 기여금은 통상 유엔의 「프로그램(Program)」과 「펀드(Fund)」라고 불리는 보조기관에서 중요한 재정의 원천이 되고 있다. 구체적으로 자발적 기여금은 유엔의 전체 재정적 자원의 반 이상을 차지하면서 유엔의 인도적 구호와 개발 활동의 대부분을 재정적으로 지원하고 있다. 과도하리만큼 자발적 기여금에 의존적인 정부간기구에는 세계식량계획(WFP) · 유엔아동기금(UNICEF) · 유엔개발계획(UNDP) 등이 포함된다.

이러한 유엔의 보조기관 중에서는 자체 내에 정규예산 분담금이 없을 뿐 아니라 유엔 정규예산으로부터의 예산 지원이 없이 전적으로 자발적 기여금에 의해 운영되는 기관이 있다. 대표적으로 유엔훈련조사연구소(UNITAR) · 유엔여성개발기금

---

2) 이를 「자발적 기부금」이라고 부르기도 하는데 한국 정부의 경우 「사업 분담금(voluntary contributions)」이라는 말을 사용한다. 이렇게 자발적 기여금을 사업 분담금으로 부르는 이유는 이러한 자발적 기여금이 실질적으로 의무 분담금의 성격을 지니고 있다고 보기 때문이다. 구체적으로 유엔개발계획(UNDP) 등과 같이 의무 분담금이 없이 회원국들이 제공하는 자발적 기여금으로만 운영되는 기구의 경우 자발적 기여금의 개발지원 성격 등을 고려하여 회원국에 대하여 의무 분담률 수준의 사업 분담금 기여를 권고하고 있고 과거의 납부 사례와 해당 기구의 서약회의(pledging conference)에서의 기여금 서약 등에 의해 매년 일정액의 기여가 의무적인 상황도 존재하기 때문이다. 그러나 여전히 자발적 기여금은 말 그대로 강제할 수 없는 성격의 기여이기 때문에 강제성을 떠올릴 수 있는 분담금이라는 말을 사용하는 것은 문제가 있다.

(UNIFEM) · 세계식량계획(WFP) · 유엔인구기금(UNFPA) · 유엔아동기금(UNICEF) · 유엔개발계획(UNDP) · 유엔민주기금(UNDEF) 등이 이러한 예에 속한다.

이와는 다르게 유엔의 보조기관 중에는 유엔의 정규예산 일부와 자체적으로 조달한 자발적 기여금에 의해 운영하는 기관들도 있다. 유엔팔레스타인난민구호기구(UNRWA) · 유엔환경계획(UNEP) · 유엔난민최고대표사무소(UNHCR) · 유엔무역개발회의(UNCTAD) · 유엔마약범죄사무소(UNODC) 등이 이러한 예이다.

UNODC의 경우를 좀 더 구체적으로 살펴보면 이 기구는 유엔으로부터의 소규모의 정규예산 지원과 더불어 큰 규모의 자발적 기여금에 의해 운영된다. 자발적 기여금의 제공 주체는 주로 정부 · 유엔기구(UN Agencies) · 다자간 신탁기금(multi-donor trust funds) · 정부간기구(IGO) · 국제금융기구(IFIs) · 사적 부문 단체와 재단(foundation)을 포함한 개인 공여자(private donor)이다.

(2) 자발적 기여금의 종류

이러한 자발적 기여금은 특정의 용도가 지정되지 않은 일반 목적 기금(general-purpose funds, GPFs)과 특정의 용도가 지정된 특별 목적 기금(special-purpose funds, SPFs)으로 구별이 되는데 이 가운데 공여자가 용도를 지정하여 기탁하는 특정 목적 기금이 자발적 기여금의 거의 주를 이루고 있어 안정적인 정부간기구의 역할이 상당한 부분 위축되고 있다.

자발적 기여금은 여러 정부간기구에 의해 다양한 방식으로 분류되고 있어 몇 가지 사례를 살펴보면 다음과 같다. 우선 UNDP의 경우는 자발적 기여금을 두 가지로 구분하고 있다. 하나는 용도가 지정되지 않은 자발적 기여금(unrestricted voluntary fund or unearmarked voluntary fund)인데 이를 「정규자원(regular resources)」이나 「핵심자원(core resources)」 혹은 「핵심정규자원(core regular resources)」이라고 부른다. 그리고 특정의 주제 · 국가 · 지역 · 프로젝트나 프로그램 등으로 용도가 지정된 자발적 기여금(earmarked voluntary fund)을 「기타자원(other resources)」이나 「비핵심자원(non-core resources)」 혹은 「비핵심(특별예산)자원(non-core (extrabudgetary) resources)」이라고 칭한다.

유엔 인도주의업무조정실(OCHA)은 자발적 기여금을 공여자에 의해 용도가 제한된 자발적 기여금(earmarked voluntary fund) · 공여자에 의해 용도의 제한이 없는 자발적 기여금(unearmarked voluntary fund) · 연성으로 용도가 제한된 자발적 기여금(softly unearmarked)으로 구분하고 후자의 두 자발적 기여금을 묶어 「유연한 자발적 기여금(flexible voluntary fund)」이라고 부른다.

유엔난민최고대표사무소(UNHCR)의 경우는 모든 자발적 기여금을 용도 제한이 없는 경우 자발적 기여금(unearmarked voluntary fund) · 연성으로 용도가 제한된 자발적 기여금(softly earmarked voluntary fund) · 용도가 제한된 자발적 기여금(earmarked voluntary fund) · 엄밀하게 용도가 제한된 자발적 기여금(tightly earmarked voluntary fund)으로 구분하고 있다.

(3) 용도가 제한된 자발적 기여금

여기에서는 자발적 기여금 가운데 급속도로 성장하여 절대적인 부분을 차지하고 있는 용도가 특별한 주제 · 부문 · 프로그램이나 프로젝트 · 지역 · 국가 등으로 제한된 자발적 기여금에 관해 더 상세히 살펴보고자 한다. 이러한 용도가 제한된 자발적 기여금의 용도 제한은 용도에 가해지는 제한의 정도(혹은 수준)에 따라 일반적으로 연성의 용도 제한(soft earmarking)과 경성의 용도 제한(hard earmarking)으로 구분된다.

용도에 가해지는 제한의 정도는 상대적인 것으로서 예컨대 특정한 주제로만 용도가 한정된 경우의 자발적 기여금은 특정의 주제와 더불어 특정의 지역이라는 조건까지 부과된 자발적 기여금과 비교하여 좀 더 유연하게 용도가 제한되었다고 간주할 수 있다. 경성의 용도 제한은 기금제공의 모든 측면 혹은 상당한 측면이 공여자에 의해 정의되는 경우를 의미하고 연성의 용도 제한이란 기금제공의 일부 측면은 공여자에 의해 정의가 되나 이러한 측면을 제외한 다른 측면은 기금 수령자에게 재량에 맡겨진 경우를 의미한다.

용도 제한의 정도가 어느 정도인가와 관계없이 용도를 제한하는 자발적 기여금들은 많은 비판의 대상이 되어오고 있다. 이러한 비판에는 이러한 기여금은 제도적인 분절화와 비효율성을 가져올 뿐 아니라 다소간의 차이는 있으나 기본적으로 유엔체제의 결속력과 일관성을 저해한다는 것도 포함되어 있다. 여기에서는 두 종류의 용도가 제한된 자발적 기여금을 나누어 살펴보고자 한다.

① 비교적 엄밀하게 용도가 제한된 자발적 기여금

개별적인 공여자들에 의해 특정한 프로젝트로 용도가 제한된 자발적 기여금으로는 다자성양자신탁기금(multi-bi trust fund) · 수직기금(vertical fund) · 정부비용

분담(government cost sharing)을 대표적인 것으로 들 수 있다. 우선 다자성양자신탁기금부터 하나씩 살펴보면 다음과 같다.

■ 다자성양자신탁기금

다자성양자신탁기금(multi-bi trust fund)은 「단일 공여자 신탁기금(single-donor trust fund, SDF)」 혹은 「특정 프로젝트와 프로그램에 용도가 제한된 기금(fund earmarked to specific programmes and projects)」이라고도 불리는데 이러한 기금조달 방식이 중요한 방식의 하나로서 설립되게 된 배경부터 살펴보면 다음과 같다.

자발적 기여금의 경우 소수의 국가가 자발적 기여금의 대부분을 제공하기 때문에 이의 용도를 둘러싸고 이들 국가의 영향력이라는 것을 무시할 수 없다. 그러나 개도국들이 수적 우위를 무기로 하여 자발적 기여금의 용도와 관련하여 영향력을 행사하고자 함으로써 기여금을 제공하는 선진국들의 영향력이란 제한적일 수밖에 없다. 아울러 선진국들은 개도국에 의해 자발적 기여금의 증액을 부단히 압력받고 있다.

이러한 상황에서 선진국들은 정부간기구의 채널을 통해 자발적 기여금을 제공할 유인을 잃게 되었다. 그 결과 정부간기구들은 이러한 선진국들이 자발적 기여금을 제공하도록 유인할 수 있는 채널을 다양하게 만들어 오고 있다. 이 중 대표적인 것이 바로 다자성양자신탁기금이다. 다자성양자신탁기금 제도란 기금 제공자가 특정 국가나 지역 등을 의미하는 지리나 특정 부문을 의미하는 주제 때로는 지리와 주제 모두를 지정하여 다변적 정부간기구에 기금을 맡기면 정부간기구는 기금 제공국을 대신하여 프로그램이나 프로젝트를 집행해 주는 제도를 말한다.

다자성양자신탁기금은 수혜자와 용도를 지정한다는 의미에서 쌍무원조(bilateral aid)의 성격을 지니며 동시에 정부간기구에 기금을 제공하여 정부간기구에 의해 관리된다는 면에서 다자원조(multilateral aid)의 성격을 지니고 있다. 이렇게 신탁기금이 이러한 두 가지 성격을 지니고 있다고 하여 이를 다자성양자신탁기금이라고 칭하는 것이다.

이러한 다자성양자신탁기금의 증가로 인해 다변적 정부간기구가 기금을 받아 자체의 거시적인 판단으로 프로그램이나 프로젝트를 계획하고 집행해 오던 전통적인 틀이 깨지고 프로그램이나 프로젝트의 분절화가 촉진되고 있다. 다자성양자신탁기금이라는 자발적 기여금은 이렇게 전통적인 자발적 기여금의 성격을 크게 변화시키고 있으며 나아가 정부간기구의 다자주의 역시 변모시키고 있다.

다자성양자신탁기금 제도는 공여국이 원하는 국가에게만 기금이 제공되고 이들이 원하지 않는 국가에게는 이러한 기금이 제공되지 않도록 함으로써 다자주의 원칙과의 불일치의 문제를 지니고 있을 뿐 아니라 관리상의 문제·책임성의 문제·예측 가능성 저하의 문제를 일으키고 있다는 비판을 받고 있다.[3] 이처럼 다자성양자신탁기금은 자발적 기여금에 있어서 영향력을 행사하려는 공여국의 의지가 투영된 기금제공 방식이다.

■ 수직기금

수직기금(vertical fund)은「전 지구적 기금(global fund)」혹은「전 지구적 주제 기금(global thematic fund)」이라고도 불리는데 이러한 기금조달방식은 높은 가시성(high visibility)을 지닌 단일 이슈의 옹호 캠페인(advocacy campaigns)에 상응하여 만들어진 기금이다. 다시 말해 특정적으로 하나의 이슈나 주제에 집중하는 공적개발원조를 배분하는 전 지구적 프로그램을 의미한다.

이러한 수직적 기금은 여러 기금제공 원천(funding sources)을 가지고 있다. 구체적으로 공여국 정부의 자발적 기여금이 가장 큰 비중을 차지하고 있으나 이밖에 민간기업·사회적 기업·자선재단과 개인을 포함한 사회의 모든 부분에서 제공한 기여금으로 재원이 조성된다.

이 기금은 국제적인 차원에서 보건·HIV/AIDS·환경과 같은 특정 분야를 지원하기 위한 국제적 규모의 기금이다. 이러한 기금에 속하는 예에는 세계백신면역연합(Global Alliance for Vaccines and Immunization, GAVI)·지구환경기금(Global Environment Facility, GEF)·에이즈와 결핵 및 말라리아 퇴치를 위한 전 지구적 기금(Global Fund to Fight HIV/AIDS·Tuberculosis and Malaria, GFATM)·모두를 위한 교육-우선추진구상(Education for All-Fast Track Initiative, EFA-FTI) 등이 있다.

이러한 수직적 기금은 유엔에 의해 관리되지 않기 때문에 유엔은 기여금의 배분 등에 있어서 주도적인 역할을 하지 않는다. 대신에 이 기여금은 그들 기금 자신의 지배구조와 기금조달 구조(funding structure)에 의해 기여금의 배분에 관한

3) United Nations, *Member States Pledge Approximately $80 Million in Support of United Nations development Activities for 2008*, DEV/2646-SAG/415 (12 November 2007).

의사결정이 이루어진다. 유엔과 같은 정부간기구는 단지 집행자로서 역할을 하는데 그치기 때문에 특정한 주제와 이슈를 위한 수직기금은 자체가 자율적인 기금으로서 특정의 프로젝트를 위해 엄밀하게 용도가 제한된 기금(tightly earmarked fund)으로 분류된다.

■ 정부비용분담 방식

정부비용분담(government cost sharing)은 「프로그램 국가 정부의 비용분담(programme country government cost sharing)」 혹은 「현지자원(local resources)」 혹은 「국내자원(domestic resources)」이라고도 불린다. 정부비용분담은 특정 국가의 정부가 자국 내의 프로그램이나 프로젝트의 지원 용도로 사용을 제한하여 제공하는 자발적 기여금을 통해 이루어지는 기금조달 기제로서 국가의 주인의식을 촉진하는 장점을 지닌다.

이 기제는 프로그램이나 프로젝트를 시행하는 국가의 정부가 그 자신의 자원(이러한 자원에는 국제금융기구로부터의 차입된 자원 등도 포함될 수도 있다)을 유엔개발계획(UNDP)과 같은 정부간기구의 프로그램이나 프로젝트에 할당하는 기금조달 방식으로서 정부가 분담하는 자원은 완전하게 UNDP의 예산으로 통합이 되며 UNDP의 과업과 규정에 따라서 사용된다.

이때 프로그램이나 프로젝트는 물론 국가의 계획과 UNDP의 전략적 계획이 노선을 같이한다. 여기서 정부라고 할 때 이러한 정부는 국가의 중앙정부만을 의미하지 않고 지방 수준의 조직도 포함되는데 이들은 물론 UNDP와 협정을 체결할 수 있는 적법의 권한이 주어져야만 한다.

이러한 프로그램 국가 정부의 비용분담 방식 이외에 제삼자 비용분담 방식(third party cost-sharing modality)도 존재한다. 후자의 예로서 일본 정부가 UNDP와의 비용분담 협정을 체결하여 동티모르의 사회적 포용·다층적 지배체제·법치의 강화를 위한 선거 지원(Electoral Assistance for Social Inclusion, Multi-Tier Governance, and Strengthening of Rule of Law in Timor-Leste 2016-2018)에 관한 상부 프로그램(umbrella program)을 재정적으로 지원한 것을 예로 들 수 있다.

② 비교적 유연하게 용도가 제한된 자발적 기여금(통합기금)

비교적 엄밀하게 용도가 제한된 자발적 기여금의 대폭적인 증가로 유엔을 비롯한 정부간기구들은 자신들이 이들 공여자로부터 수령한 기금의 사용에 있어서 융통성을 갖는 것이 제한되었다. 즉 정부간기구가 우선적으로 생각하는 부문에 자원을 배분하는 것이 불가능하게 되었다. 이러한 자발적 기여금은 다른 정부간기구와의 활동의 중첩과 경쟁을 증가시키기도 했다.

이러한 비교적 엄밀하게 용도가 제한된 자발적 기여금의 문제를 완화하기 위한 기금조달 기제들이 설립되었다. 이러한 기금 전반을 가리켜 「공동기금(pooled fund)」이라고 부르며 이러한 공동기금은 일반적으로 다자신탁기금(multi-donor trust fund, MDTF)・기구에 특정된 주제별 기금(agency-specific thematic fund)・합동프로그램(joint programme)으로 구분된다.

이러한 공동기금의 경우 정부간기구가 기여금을 운영하는 전 과정에서 좀 더 전략적으로 계획을 수립할 수 있고 중첩의 문제를 다루기 위해 소요되는 거래비용을 절감하는 등의 방식으로 이러한 자원을 효율적이고 효과적으로 관리할 수 있다. 공동기금에 속하는 이러한 여러 종류의 기금을 하나씩 살펴보기 전에 이러한 기금들의 일반적인 특징을 살펴보면 다음과 같다.

공동기금은 다수의 공여자가 통합하여 공동의 프로그램을 지원하는 기금으로서 오랜 기간에 걸쳐 통합적이고 범분야적인 이니셔티브(cross-cutting initiatives)를 촉진하기 위해 설계된 기금조달 기제이다. 구체적으로 공동기금은 특정의 국가나 지역 혹은 전 지구적으로 우선적으로 해야 할 사업 등을 지원하기 위해 다수의 공여자로부터 기여금을 받아 이러한 기금을 하나 혹은 다수의 집행기구에 할당하는 기금이다.

집행기구가 다수일 경우 모든 기구가 주도적인 역할을 하는 기구의 운용절차를 따를 필요가 없이 그들 자신의 운용절차에 따라 물건 구매와 재정 관리를 할 수 있도록 하는 유연한 기제를 제공한다. 이러한 재정조달 방식은 다음과 같은 장단점을 지니고 있다.[4]

장점 가운데 하나는 우선 원조를 둘러싼 다양한 공여자들(유엔기구・다자개발은행・쌍무적인 기관・시민사회 등) 간의 조정과 일관성을 향상할 수 있다. 원조는 종종 다양한 공여자들이 다양한 채널을 통해 원조를 제공함으로써 분절화를 피하기

---

4) UNDG, "The Role of UN Pooled Financing Mechanisms to Deliver the 2030 Sustainable Development Agenda (UNDG Discussion Paper)," https://www.un.org/ecosoc/sites/www.un.org.ecosoc/files/files/en/qcpr/undg-paper-on-pooled-financing-for-agenda-2030.pdf (접속일: 2018년 11월 10일).

어렵다. 따라서 잘 관리되는 공동기금은 효과성을 증진하고 중복을 피하며 다양한 공여자들 간의 조율을 촉진할 수 있는 구심점이 될 수 있다.

둘째, 좀 더 나은 위험관리를 가능하게 할 수 있다. 정부와 유엔뿐 아니라 기타 개발 파트너를 운영위원회(steering committee)로 함께 불러들이는 공동기금의 지배구조는 공동의 이해 속에서 위험에 대해 조정된 관리를 할 수 있는 특별한 기반을 제공한다. 공동기금에서 공동의 의사결정과 감독은 개개 공여자들이 정치적 위험과 평판 상의 위험에 노출되는 것을 막거나 줄여준다.

셋째, 공동기금은 공여자 기반을 확대하고 다양화할 기회를 창출한다. 확대되고 다양화된 공여자 기반은 특히 새롭게 부상하는 비전통적인 공여자와 사적·개인적 공여자를 포함한다. 공동기금은 재정적 자원 조달을 위한 혁신적인 재정조달 기제의 개발을 유도해 내는 역할을 한다.

넷째, 공동기금은 유엔과 같은 정부간기구가 중요하고 지속적인 변화를 지원할 수 있는 용도가 지정된 자발적 기여금의 질을 향상시킬 수 있는 기제를 제공한다. 구체적으로 재정 공여자들은 기여금을 주제별 혹은 국가별로 용도를 지정하고 재정의 구체적인 배분과 기금의 집행에 있어서 유엔과 같은 정부간기구가 주도적인 역할을 하도록 하여 이들이 우선시하고자 하는 것에 기초하여 결정할 수 있도록 한다. 따라서 공동기금은 좀 더 융통성이 있고 좀 더 높은 질의 용도가 지정된 자발적 기여금이 될 수 있다.

넷째, 공동기금은 커다란 변혁을 용이하게 한다. 앞서 언급했듯이 공동기금은 장기간에 걸쳐 통합적이며 여러 분야를 포함하고자 하는 주도적 노력의 결과물이다. 따라서 개개 공여자에 의한 개별적인 프로젝트가 점진적인 변화를 지원하는 것과는 달리 공동기금은 변화에 관한 인과론적이고 과학적인 종합적인 이론에 기반을 둔 기금으로서의 특징으로 인해 커다란 변혁을 가져올 수 있는 성과를 달성할 수 있다.

다섯째, 인도적 문제·평화와 안보문제·개발원조의 문제에 개별적으로 접근하지 않고 이들을 연결하여 종합적으로 접근하는 것을 가능하게 한다. 국가 수준에서 개발과 인도주의 행동을 위한 기금은 특히 위기가 지속되고 있는 상황에서 인도적 대응과 장기적인 개발 사이의 통합된 다년도 행동과 시너지 효과를 촉진할 수 있는 유엔체제의 능력을 훼손한다. 이와는 달리 공동기금은 개발과 인도적 목적의 기금제공을 혼합하고 순서를 정하여 서로를 고려하는 것을 용이하게 한다.

이러한 공동기금은 다음과 같은 문제점도 가지고 있다. 우선 기존에 존재해 온 기구에 기반을 둔 재정조달 기제와의 경쟁의 위험이 있다. 즉 이러한 위험은 공동기금이 기존의 재정조달 기제로부터 기여금을 빼앗아 오는 제로섬 게임인지 아니면 추가적인 기여금이 공동기금으로 유입되는 것인지에 대한 우려와 관련되어 있다.

또 다른 단점은 거래비용을 높일 수도 있다는 점이다. 공동기금의 경우 자발적 기여금의 공여자와 수혜자 사이에 중간자의 역할을 하는 관계로 좀 더 많은 거래비용이 발생할 수 있는 위험성이 크다. 이와는 달리 공여자와 수혜국 정부에게는 상당한 정도의 거래비용을 줄여주는 것 역시 사실이다. 다음에서는 이러한 공동기금에 속하는 세 종류의 기금으로서 다자신탁기금 · 기구에 특정된 주제별 기금 · 합동프로그램을 하나씩 살펴보고자 한다.

■ 다자신탁기금

다자신탁기금(multi-donor trust fund)은 다자출연 방식의 신탁기금이다. 이 기금은 다수의 공여자로부터 출연된 자발적 기여금을 특정한 목적의 사업 즉 명백하게 정의된 광범위한 프로그램의 시행을 위해 지원하는 기금으로서 일반적으로 유엔기구와 세계은행(World Bank)에 의해 관리된다. 이러한 기여금은 공동기금으로서 기금을 관리하는 정부간기구의 수입으로 취급되지 않고 신탁기금으로 관리된다. 기금은 또한 지정된 지배구조와 기금의 관리 대행자나 기금운영자를 통해 다수의 수혜자와 참여 기구들에 지급된다.

여기에서 주목해야 하는 것은 이러한 다자신탁기금은 지원되는 프로젝트가 특정 공여자의 기여금에 의해 재정조달이 되는 것이 아니라 다자신탁기금에 참여하는 모든 공여자로부터의 공동의 기여금에 의해 재원이 조달되는 용도가 제한되지 않는 기금이다. 즉 이론적으로는 개개 기여금 공여자가 기여금 공여와 더불어 특별한 용도를 제한할 수 없는 자발적 기여금으로서의 성격을 지닌다.

그러나 기여금의 공여자는 자신들이 간접적으로 드러내는 선호가 기금 관리를 위한 협정에 반영되도록 협상을 할 수 있고 기여금 관리 주체는 이러한 것들을 대체로 만족시키고자 한다. 그 결과 이러한 다자신탁기금 내에 다수의 창구가 존재하게 된다. 이처럼 간접적으로 드러낸 선호가 관리협정에 포함될 수 있는 한편 공여자들은 신탁기금의 운용 기간에 걸쳐 관념적인 용도 제한(notional earmarking)을 함으로써 좀 더 많은 유연성을 유지할 수 있다.

다자신탁기금 관리 주체의 담당자들은 때때로 공여자에게 기여금이 지원되기를 바라는 국가들 명단에 관해 물어보아 공여자들이 우선시하는 것에 맞추어주려고 노력하기도 한다.[5] 종합적으로 보아 이론적으로는 공여자들이 용도를 제약할 수 없으나 실제로는 신탁기금의 모든 단계에서 공여자들의 영향을 완전히 배제할 수 없다고 볼 수 있다.

유엔은 인도적 개입 · 평화구축 · 개발 · 기후변화와 같은 광범위한 유엔의 일을 지원하는 다자신탁기금들을 관리하고 있다. 이러한 다자신탁기금의 대표적인 예로서 유엔평화구축기금(United Nations Peacebuilding Fund, PBF)과 중앙긴급대응기금(Central Emergency Response Fund, CERF)을 들 수 있다.

유엔평화구축기금은 유엔총회의 요청에 따라 유엔 사무총장에 의해 2006년에 설립된 갈등 후 평화구축(post-conflict peace-building)을 위한 다년도 상설 신탁기금으로서 2억5천만 달러를 초기 목표액으로 했다. 이러한 신탁기금의 공여자들은 유엔 회원국 · 정부간기구 · 개인 등이다. 2017년에는 31개 국가에서 82개의 프로젝트를 수행했다. 유엔평화구축기금은 유엔 사무총장을 대신하여 평화구축 지원을 담당하는 사무차장보에 의해 관리되고 평화구축지원사무실(Peacebuilding Support Office, PBSO)에 의해 지원된다. 실제로 유엔개발계획(UNDP)의 다자신탁기금사무소(Multi-Partner Trust Fund Office, MPTF Office)가 이 기금의 관리 대행자(Administrative Agent, AA)의 역할을 한다. 구체적으로 다자신탁기금사무소는 공여자들로부터 기여금을 수령하고 이 기금을 유엔 인도주의업무조정실(United Nations Office for the Coordination of Humanitarian Affairs, OCHA)을 비롯한 기구들에 배분한다.

중앙긴급대응기금(CERF)은 유엔총회의 결의문에 의해 자연재해나 무장충돌로 영향을 받는 사람들에게 인도적 지원을 하도록 2005년에 설립된 인도적 지원을 위한 다자신탁기금이다. 이 자발적 기여금은 정부 · 민간부문 · 재단 · 개인 등을 공여자로 하며 유엔 사무총장을 대신하여 긴급구호조정관(Emergency Relief Coordinator)이 관리하고 중앙긴급대응기금 사무국(CERF Secretariat)에 의해 지원된다. 구체적으로 이 사무국은 기금의 적절한 배분 · 적절한 시기에의 지불 · 적합하고 투명한

---

5) Bernhard Reinsberg, "Trust Funds as a Lever of Influence at International Development Organizations," Wiley Online Library, https://onlinelibrary.wiley.com/doi/full/10.1111/1758-5899.12464 (접속일: 2018년 11월 15일).

기금 사용의 보고를 책임진다.

유엔평화구축기금에서 보듯이 유엔의 다자신탁기금은 때때로 UNDP의 다자신탁기금사무소에 의해 관리되기도 하고 중앙긴급대응기금에서 보듯이 유엔의 사무국(구체적으로 유엔 인도주의 업무 조정국)에 의해 관리되기도 한다.6)

■ 기구에 특정한 주제별 기금

기구에 특정된 주제별 기금(agency-specific thematic fund)은「단일 기구 주제별 기금(single-agency thematic fund)」 혹은「단일 기구 공동기금(single-agency pooled fund)」이라고도 불린다. 이 기금은 특정 기구의 전략적인 계획이 기대하는 성과의 달성을 위해 특정의 주제에 자원을 유치하는 것을 목표로 하는 공동기금을 의미한다. 단일의 정부간기구에 의해 관리되는 이 기금은 재원을 제공하려는 모든 공여자에게 개방되어 있으며 이러한 기금은 전 지구적 수준이나 지역 수준 혹은 국가 수준에서 설립될 수 있다.

이 기금은 기금의 용도 제한이 유연한 기금으로서 기금의 이러한 성격은 정부간기구 자체가 총체적인 프로그램 내에서 특정 프로젝트로 기금을 배정하는 결정을 내리고 기금을 집행하는 데도 주도적인 역할을 하는 것으로부터 유래된다. 다시 말해 이 기금은 정부간기구의 과업 활동(mandated activities)의 범위 내에 있는 특별한 주제에 대해 재정을 지원하는 기금으로서 정부간기구는 자신의 활동이 기금의 주제영역 내에 있는 한 어떤 활동이든 그리고 어떤 프로그램 실행 국가에서든 주제별 기금으로부터의 자원을 사용하는 데 있어서 융통성을 가진다.

이처럼 기구에 특정한 주제별 기금은 용도 제한이나 다른 구체적인 조건이 기금의 배분과 연계가 되지 않는다. 이러한 주제별 기금의 융통성으로 인해 정부간기구는 좀 더 효과적으로 문제에 대응할 수 있고 좀 더 장기간의 계획 수립과 지

---

6) 유엔개발계획(UNDP)의 다자신탁기금사무소(MPTF Office)는 2003년에 통합적인 재정조달 기제에 관해 전문성을 지닌 유엔 센터로서 UNDP 내에 설립되어 유엔체제와 정부들이 공동의 재정조달 기제인 다자신탁기금과 다음에서 살펴볼 공동계획(Joint Program)을 설립하고 관리하는 것을 지원한다. 구체적으로 다양한 기금 공여자로부터의 기금을 모으고 다양한 집행기구들에 배분하는 역할을 한다. 다자신탁기금사무소는 혁신적이고 통합적인 기금조달 기제로서 효율성・책임성・투명성을 특징으로 하는 설계와 관리를 통해 개발 효과성과 유엔의 조정(coordination)을 지원하고자 한다. 이 기구는 유연한 용도 제한(soft earmarking)을 촉진하는 데 성공적이며 이러한 유연한 용도 제한 덕분에 기금조달의 융통성을 높임으로써 기금조달의 질을 높여 오고 있다. 용도 제한은 개개 유엔기구에 의해 관리되는 신탁기금에서보다 MPTF Office 하에서 좀 더 유연성을 가진다.

속 가능성 및 거래비용의 감소를 용이하게 한다. 이로 인해 좀 더 많은 자원을 정부간기구의 프로그램으로 만드는 데 기여한다.

유엔인구기금(UNFPA)이 관리하는 모성보건주제기금(Maternal Health Thematic Fund, MHTF)과 유엔개발계획(UNDP)이 관리하는 환경주제신탁기금(Environment Thematic Trust Fund, ETTF)을 이러한 예로 들 수 있다.

■ 합동프로그램

합동프로그램(joint programme)은 「기구 간 공동기금(inter-agency pooled fund)」이라고도 불리는데 이는 특정의 국가 수준이나 지역 수준 혹은 전 지구적 수준의 프로젝트나 프로그램을 지원하기 위해 다수의 공여자로부터 기여금을 받아 공동의 목적을 추구하는 다수의 정부간기구에 할당되어 집행되는 공동기금을 의미한다. 이러한 합동프로그램은 통상적으로 다자신탁기금과 마찬가지로 다년도 기금으로서 용도 제한이 없거나 혹은 유연하게 용도가 제한된 기금이기 때문에 정부간기구가 장기간에 걸쳐 지속 가능한 능력개발에 집중할 수 있는 기금이다.

합동프로그램은 유엔체계에 속하는 다수의 정부간기구들이 개별적으로 신탁기금을 조성하여 독자 사업을 진행함에 따라 원조 집행의 중복·분산·행정부담 등의 비효율성이 높다는 문제 인식하에 생긴 기금조성 프로그램으로서 두 개 이상의 정부간기구가 합동으로 협력을 통해 수행하는 프로그램이다. 따라서 이러한 프로그램은 다기구기금(multi-entity fund)의 성격을 지니며 공동의 전략적인 결과를 지향하는 두 개 이상의 정부간기구가 반드시 관여한다는 점에서 다른 공동기금과 구별이 된다.

유엔 합동프로그램은 프로그램의 효과성을 증진할 목적으로 두 개 이상의 유엔기구와 더불어 국가나 국가 하부의 조직을 포함하여 공동의 작업 계획과 공동의 예산으로 활동한다. 이러한 합동프로그램의 재정은 정부간기구나 정부간기구에의 공여자에 의해 직접적으로 조달될 수도 있고 다자신탁기금에 의해서도 조달될 수도 있으며 국가나 국가의 하부 조직과 더불어 공동으로 재원이 조달될 수도 있다. 합동프로그램은 또한 국가 수준·지역 수준·전 지구적 수준에서 설립될 수 있다.

유엔 합동프로그램은 명백하게 정의된 프로그램의 목적 아래 통상적으로 하나 이상의 기여금 공여자가 용도를 제한하지 않고 제공한 다자기금으로서 유엔의 기금 관리자에 맡겨지고 둘 이상의 유엔기구에 배분되어 프로그램의 목적에 따라 집행이 이루어진다. 이 때문에 기여금 공여자들은 기여금의 용도를 명시적으로 책정할 수 없다.

합동프로그램의 예로는 국제노동기구(ILO)와 국제금융공사(IFC)의 합동프로그램인 더 나은 노동 프로그램(Better Work Program)과 더불어 유엔인구기금(UNFPA)과 유엔아동기금(UNICEF)의 합동프로그램인 조혼퇴치 행동 촉진 전 지구적 프로그램(Global Program to Accelerate Action to End Child Marriage) 등을 들 수 있다.

(4) 자발적 기여금제의 장단점

① 장점

정규예산 분담금의 경우 강제적이기 때문에 회원국은 자신의 분담금이 원하지 않는 프로그램 등에 사용되는 것을 통제하는 것이 어렵다. 이와는 달리 자발적 기여금제의 경우 자신이 원하는 프로그램에만 재정적인 지원을 할 수 있어 자발적인 참여의 확보가 쉽다.

더불어 자발적 기여금제는 회원국들이 이러한 기금을 제공할 의무가 없으므로 이러한 기금으로 운영될 프로그램에 참여하지 않는 국가들도 프로그램의 결정에 찬성하기가 쉽다는 장점을 지닌다.

② 단점

이러한 장점과는 달리 자발적 기여금제는 회원국의 자발적인 의사에 의존하기 때문에 어느 정도의 기금이 확보될 수 있는가에 대한 예측이 어려워 구체적인 프로그램을 계획하여 확정을 짓는 것이 쉽지 않다. 이 때문에 자발적 기여금에 크게 의존하고 있는 정부간기구들은 자발적인 기여금의 제공국들에 다년간에 걸친 기여금 제공의 약속(multi-year funding commitment)을 촉구해 오고 있다.

더불어 개개 국가가 자발적 기여금을 제공해야 한다는 도덕적인 의무감을 가질 수는 있으나 자유로이 자발적 기여금의 제공을 중단할 수 있으며 줄일 수 있어서 정부간기구의 사무국은 자발적 기여금을 제공하는 국가(들)의 견해를 무시하는 모험을 감행하기 어렵다. 따라서 정부간기구가 자발적 기여금에 크게 의존하게 되면 정부간기구의 자율성이 훼손될 수 있다.

이러한 문제점 때문에 유엔의 개혁에 대해 개도국의 입장을 체제적으로 제시하고 있는 사우스센터(South Center)는 자발적 기여금제가 점차적으로 없어지고 개혁이 된 정규예산 분담금의 사정체제와 국제적인 과세 및 부과금을 포함하는 새로

운 기금제도를 혼합한 새로운 재정체제에 의해 궁극적으로 대체되어야 한다는 안을 오래전부터 내놓고 있다.7)

3) 출자금

정부간기구 중 국제통화기금(IMF)·세계은행(World Bank)·국제금융공사(IFC)·국제개발협회(IDA)·국제투자보증기구(MIGA)·국제농업개발기금(IFAD)·아시아개발은행(ADB)·미주개발은행(IDB)·미주투자공사(IIC)·유럽부흥개발은행(EBRD)·아프리카개발은행(AfDB)·아프리카개발기금(AfDF) 등과 같은 국제금융기구는 회원국의 출자금으로 운영된다. 출자의 주체는 국가로만 한정되지 않는다. 유럽부흥개발은행(EBRD)이 이러한 경우에 속하는데 국가 이외에 유럽경제공동체(EEC)와 유럽투자은행(EIB) 역시 이 은행에 출자하고 있다.

출자금은 일반적으로 회원국의 경제력을 기준으로 할당된다. 예컨대 IMF의 경우 회원국의 경제력과 무역 규모 등을 기준으로 산정되어 할당된다. 가중표제가 적용되고 있는 국제금융기구에서 의사결정 시 일국이 행사할 수 있는 표가 자국의 출자액이 총 출자액에서 차지하는 비율로 결정되기 때문에 출자 능력이 있는 국가는 되도록 많은 출자를 하여 자국의 출자지분의 비율을 높이려고 한다. 그러나 일국의 출자 지분율의 증가는 타국의 출자 지분율의 감소를 의미하기 때문에 출자지분의 증대는 쉽게 일어나지 않는다.

4) 기타 수입원

(1) 회전유보기금

정부간기구는 분담금에 의한 수입이 부족한 경우·분담금의 체납으로 일시적으로 현금이 부족한 경우·예상하지 못한 특별한 경비를 필요로 하는 때를 대비하여 자발적 기여금을 모집하는 외에 미리 내부에 유보한 기금을 회전해 운용한다. 이러한 기금을 「회전유보기금(revolving reserve fund)」이라고 부른다. 이러한 회전유보기금은 회원국들이 정규예산 분담금의 비율에 따라 기금을 출자해 맡김으로써 조성된다.

---

7) South Center, *For a Strong and Democratic United Nations: a South Perspective on UN Reform* (Geneva: South Center, 1996), p. 99.

(2) 과세

현재 유럽연합의 예산의 수입원은 크게 자체의 자원과 기타 수입이라는 두 가지로 분류된다. 2018년을 기준으로 예산의 98%가 자체의 자원으로부터 오고 나머지 2%가 기타 수입으로부터 온다. 즉 유럽연합의 예산은 주로 유럽연합 자체의 자원으로부터 조달이 되고 기타 수입으로 보충이 된다고 볼 수 있다.

자체의 자원은 다시 3가지의 자원으로 구분된다. 우선 전통적인 자체 자원이 있는데 이는 주로 역외 국가로부터의 수입품에 부과되는 관세와 생산 쿼터 이상으로 생산된 설탕에 부과되는 설탕 부담금(sugar levies)이다. 또 다른 자체의 자원들은 부가가치세에 기반을 둔 자체의 자원과 국민총소득(GNI)에 기반을 둔 자체의 자원이다.

이러한 3가지의 자체의 자원과 더불어 기타 수입이 존재하는데 여기에는 유럽연합 직원들의 급여에 대한 세금·유럽연합 비회원들로부터의 특정 프로그램에 대한 분담금·경쟁법의 위반에 대해 회사에 부과되는 벌금 등이 포함된다.

(3) 영업 수입

국제금융기구 가운데 국제개발협회(IDA)처럼 무이자로 자금을 대여하는 기구도 있으나 통상적으로 국제통화기금(IMF)이나 세계은행(World Bank)과 같은 국제금융기구는 회원국 정부나 민간기업에 자금을 빌려주고 이자나 수수료 등을 받는다.

유엔이라든가 각 전문기구 등 다수의 정부간기구는 관련된 전문분야의 출판물을 제작하여 판매함으로써 수입을 얻기도 한다. 유엔아동기금(UNICEF)은 카드판매에 의해서도 많은 수입을 확보하는 것으로 유명하다. 세계지적재산권기구(WIPO)는 상표와 의장 등 국제등록업무에 관한 요금을 징수하고 있다. 국제전기통신위성기구(INTELSAT)나 국제해사위성기구(INMARSAT)와 같은 정부간기구는 위성 서비스에 대한 사용료를 징수하여 수입으로 하며 이를 운영비·출자금의 상환·출자액에 부과되는 이자 등에 사용한다.

(4) 차입금과 기채

정부간기구는 정규예산 분담금·자발적 기여금·회전유보자금으로도 여전히 자금이 충분하지 않거나 특별한 목적을 위한 기금을 확보하고자 융자를 얻거나 채권을 발행하여 자금을 조달한다.

국제금융공사(IFC)의 경우는 회원국으로부터의 출자금 이외에 세계은행으로부터 자금을 차입하고 국제자본시장에서 채권을 발행하여 자금을 조달하여 대출 재원의 일부로서 사용한다. 세계은행(World Bank)은 세계은행 채권을 발행하여 자금 대부분을 조달하며 각국의 중앙은행으로부터 차입하기도 한다. 1961년 제16차 유엔총회는 유엔의 재정위기 속에 유엔의 활동을 존속시키기 위해 사무총장에게 유엔이 공채를 발행할 수 있는 권한을 부여한 바 있으며 이에 따라 1962년과 그 후 잠깐 정규예산의 수입으로부터 상환하기로 하고 1억6천9백만 달러의 공채를 발행한 바 있다.

(5) 기부와 증여

정부간기구는 국가・NGO・다른 정부간기구・기업・재단・개인 등으로부터 기부를 받는 경우가 있다. 대표적인 경우로 유엔아동기금(UNICEF)을 들 수 있는데 UNICEF의 경우 2017년도 총수입은 65억7천7백만 달러였는데 이 가운데 유니세프 국가위원회(UNICEF National Committees)・NGO・재단・개인 등으로부터의 수입 즉 사적 부문으로부터의 기부와 증여로부터의 수입이 26%를 차지했다.

미국 CNN의 설립자인 터너(Ted Turner)가 설립한 유엔재단(United Nations Foundation)은 난민구호・빈곤퇴치・지뢰 제거・사회개발 등 세계의 가장 시급한 문제의 해결을 위한 활동을 위해 매년 1억 달러씩 10년 동안에 걸쳐 총 10억 달러를 유엔에 기증한 바 있다. 마이크로소프트(MS)의 공동 창업자인 게이츠(Bill Gates)가 설립한 게이츠재단(Bill & Melinda Gates Foundation)은 세계보건기구(WHO)에 미국보다 더 많은 기부금을 내는 등 특히 보건 분야의 정부간기구에 상당한 액수를 기부하고 있다.

(6) UNDP로부터의 프로그램과 프로젝트의 집행 비용

자발적 기여금으로 운영되는 유엔개발계획(UNDP)은 스스로 프로그램과 프로젝트를 집행하기도 하지만 많은 경우 기금조달 기구로서 정부나 정부간기구에 프로그램이나 프로젝트의 집행을 위한 기금을 제공하는 역할을 한다. 이렇게 제공받은 기금은 국가의 정부나 정부간기구의 수입이 된다.

제2절 정부간기구의 지출

정부간기구를 비롯한 글로벌 거버넌스 기제의 지출 구조를 살펴보는 것은 글로벌 이슈의 이해에 도움을 준다. 특히 행정경비가 아닌 활동경비가 어떤 부문에 얼마만큼의 액수가 어떤 방식으로 지출되는가에 대한 통계 등을 통해 글로벌 이슈들 가운데 어떤 이슈들이 국제사회로부터의 상대적으로 많거나 적은 지원의 대상이 되고 있는가를 알 수 있기 때문이다.

1. 개 요

이제까지 정부간기구의 수입에 대해 살펴보았는데 여기에서는 정부간기구의 지출경비에 대해 살펴보고자 한다. 정부간기구를 유지하고 운영하기 위해서는 경비가 필요하다. 이러한 정부간기구의 경비는 인건비 · 회의비 · 건물의 건설비와 유지비 · 시설비와 자재비 · 출판비 · 통신비 등 정부간기구의 유지와 운영을 위해 필요한 행정경비와 개발원조와 평화유지활동 등 회원국에 대해 재화와 서비스를 제공하는 업무 활동을 위한 활동경비로 크게 구별이 된다.

2. 지출의 종류

1) 행정경비(administrative expenses)[8)]

(1) 인건비

정부간기구의 행정경비의 상당한 부분이 정부간기구 직원의 인건비로 지출된다. 규모가 작은 정부간기구 중에는 본부가 소재하고 있는 국가가 인건비를 지불하는 예도 없지 않으나 일반적으로 정부간기구의 정규예산으로부터 지급된다.

(2) 회의비

정부간기구의 회의는 많은 경우 정부간기구의 본부 소재지에서 개최되나 전

---

8) 유엔 정규예산의 대부분은 자신의 행정경비로 쓰이나 약간의 부분은 유엔난민최고대표사무소(UNHCR) · 유엔환경계획(UNEP) · 유엔팔레스타인난민구호사업기관(UNRWA)과 같은 유엔의 보조기관의 행정경비를 위해서도 쓰인다.

지구적 회의(global conference)처럼 회원국의 영역과 같이 본부 소재지 밖에서도 개최된다. 유엔의 예산지출 명세를 살펴보면 회의와 통역을 위해 지출된 비용이 다른 항목의 비용과 견주어 볼 때 압도적으로 가장 많은 부분을 차지한다.

정부간기구의 회의가 본부 소재지 밖에서 개최될 때에는 직원의 이동에 필요한 경비를 포함하여 별도의 회의 개최비가 상당히 많이 소요된다. 유엔 예산의 많은 부분을 부담하고 있는 미국을 비롯한 선진국들은 이러한 이유로 대규모의 국제회의(전 지구적 회의)가 정부간기구 밖에서 빈번하게 개최되는 것에 대해 불만을 토로하고 있다.

(3) 건물의 건설비와 유지비

정부간기구는 본부 건물을 처음 건립하거나 기존 건물 이외의 건물을 추가로 건립할 때 많은 경비를 필요로 하며 이러한 건물을 유지하는 데도 적지 않은 경비를 지출한다. 특히 건물을 소유하지 않으면 임대료까지 추가되어 유지비는 더욱 커진다.

그러나 많은 경우 본부 소재지의 정부 혹은 기업·재단·개인 등이 건물부지를 무상으로 제공하거나 본부 건설을 위해 일정한 액수를 증여하고 있다. 나아가 이들은 건물을 무료 혹은 유리한 조건으로 임대하기도 한다. 예컨대 이탈리아는 식량농업기구(FAO)에 1년에 1달러를 받고 본부를 임대하고 있다. 국제백신연구소(IVI)를 유치한 한국 정부는 유치협정에 따라 5천여 평의 땅과 건물·시설·기자재를 제공했고 연간 운영비의 30%를 부담하고 있다.

(4) 시설비와 기자재비

정부간기구는 또한 많은 시설과 기자재를 새로 구매하거나 이미 구매한 시설과 기자재의 유지를 위해 많은 경비를 지출한다. 정부간기구들은 제각기 다른 활동으로 인해 제각기 다른 시설과 기자재를 필요로 한다. 예컨대 과학기술 협력을 위한 정부간기구는 실험 실습을 위한 시설을 필요로 한다. 활동의 차이에도 불구하고 정부간기구들이 공통으로 보유하고 있는 시설이 있는데 도서관 시설 같은 것이 이러한 예에 속한다.

(5) 그 밖의 경비

정부간기구는 위에서 언급한 비용 이외에 번역을 위한 비용·정부간기구의 활동을 기록하고 출판하기 위한 비용 · 인구나 경제지표 등에 관한 공식적인 통계를 수집하고 출판하는 데 필요한 경비 · 교통과 통신을 위한 비용 등을 지출한다.

2) 활동경비

유엔은 활동경비를 5가지 프로그램 부류(programme categories)로 분리하여 지출에 대한 자료를 제공해 오고 있다. 5가지 부류에는 구체적으로 i) 개발원조(development assistance), ii) 인도적 지원(humanitarian assistance), iii) 기술협력(technical cooperation), iv) 평화유지활동(peacekeeping operation), v) 규범적 · 조약 관련 · 지식 창출 활동(normative, treaty-related and knowledge creation activities)이 포함된다. 정부간기구의 활동경비를 이러한 분류에 기초하여 살펴보면 다음과 같다.[9)]

(1) 개발원조

개발원조란 매우 광범위한 개념으로서 지원 대상국의 발전적인 변화에 영향을 미치는 것을 목표로 하는 다양한 형태의 원조를 지칭한다. 이러한 개발원조는 통상적으로 개도국의 경제개발에만 국한하지 않고 환경적 · 사회적 · 정치적 개발을 지원하기 위해 정부와 기타 기구에 의한 재정적 원조를 의미한다. 달리 말해 개발원조란 지속 가능한 개발의 촉진이라는 구체적인 목표를 가지는 활동을 의미한다. 이러한 개발원조는 단기적인 대응이라기보다 장기적인 관점에서 빈곤 등을 완화하는 데 중점을 둠으로써 뒤에서 살펴볼 인도적 지원과는 구별이 된다.

개발원조의 제공은 유엔과 전문기구의 주요한 활동이다. 이러한 개발원조 경비는 이들의 정규예산 분담금으로부터 지출되기도 하나 그 액수는 지극히 미미하다. 유엔은 유엔의 보조기관으로서 사회개발 원조 분야에서 활동하고 있는 유엔난민최고대표사무소(UNHCR) 및 유엔환경계획(UNEP)과 같은 기관의 행정경비를 정규예산으로부터 지원하고 있다. 이러한 예외를 제외하고 개발원조를 위한 경비의 대부분은 자발적 기여금에 의해 충당된다.

---

9) 기술협력을 개발원조의 한 요소로 간주하는 경우가 많은데 유엔의 경우는 이를 각기 다른 것으로 구별하고 있다. 구체적으로 유엔은 개발원조를 기술원조가 아닌 재정적 지원으로 국한하고 있다.

(2) 인도적 지원

인도적 지원이란 인간이 초래한 위기와 자연적 재해가 발생한 동안과 그 이후에 생명을 구하고 고통을 덜어주며 인간의 존엄성을 유지하기 위한 지원과 상황이 발생할 것에 대비하여 방지하거나 준비를 강화하기 위한 지원 행위이다.

인도적 지원을 좀 더 세밀하게 살펴보면 우선 오래 지속되고 있는 위기와 사람들에게 잊혀 있는 위기에 노출된 사람들에게 원조와 지원을 제공하는 일 · 국가기구들과 협력하여 장기간의 개발목표를 고려한 가운데 재난 이후와 위기 이후의 회복을 위한 프로젝트를 수행하는 일 · 자연재해에 의해 야기된 이주와 인간의 활동으로 야기된 위기와 관련이 있는 어려움을 극복하는 일 · 재난 방지와 이러한 재난의 부정적인 결과를 완화하는 일 등이 포함된다.[10]

이러한 성격의 인도적 지원은 전형적으로 자연적이거나 인위적 재해에 단기적으로 대응하는 지원 활동으로서 빈곤과 같은 지속적인 구조적 이슈를 위해 장기적인 지원을 제공하는 것을 의미하는 개발원조와는 구별이 된다.

(3) 기술협력

세계은행(World Bank)은 기술원조를 경제개발을 증진하기 위한 아이디어를 비롯한 지식 · 실질적인 경험 · 기술(technology) · 기능(skill)의 이전 혹은 적응으로 정의한 바 있다. 세계은행은 기술원조의 목적을 정책 개발 · 제도 개발 · 능력 배양 · 프로젝트나 프로그램의 지원으로 분류한다.

기술협력이란 말은 원조라는 말 대신에 협력이라는 말을 사용함으로써 좀 더 동등한 협력자 관계를 지향하는 태도상의 변화를 의미함으로써 지난 20년 동안 좀 더 대중적인 용어가 되었다. 정부간기구에 따라서는 기술원조와 기술협력을 동등한 의미로 사용하기도 하나 좀 더 많은 경우에 구별하여 사용한다. 기술협력이란 지식 · 기술 · 과학기술의 이전과 적응 및 이용을 통해 사람과 제도의 능력 향상을 목표로 하는 모든 활동을 서술하기 위해 사용되는 용어이다. 다른 한편 기술원조란 기술협력의 구체적인 작동 측면을 서술하기 위해 좀 더 협소하게 사용되는 용어이다.[11] 가장 큰 기술원조 프로그램은 비재정적 원조(non-financial assistance)

---

10) Polish Aid, "Humanitarian Aid," https://www.polskapomoc.gov.pl/Humanitarian,%20aid,251.html (접속일: 2018년 11월 21일).

11) Governance and Social Development(GSD), "Helpdesk Research Report: Changing Ap-

로서 유엔과 산하의 보조 기관들에 의해 관리되며 이러한 프로그램의 재정은 회원국들로부터의 자발적 기여금에 의해 조달된다.

(4) 평화활동

평화활동은 원래 많은 경비를 필요로 하는 정부간기구의 활동이기 때문에 경비조달 문제를 둘러싸고 많은 논란이 과거부터 현재까지 지속되어 왔으며 정부간기구의 재정적인 위기의 주요한 요인으로 지목되어 왔다. 이러한 평화활동에는 갈등예방 활동(conflict prevention operation)·평화조성 활동(peacemaking operation)·평화강제 활동(peace enforcement operation)·갈등 후 평화구축 활동(post-conflict peacebuilding)·평화유지 활동(peacekeeping operation)이 포함된다.

갈등예방 활동이란 통상적으로 국가 내부 혹은 국가 간 존재하는 긴장과 분쟁이 폭력적인 갈등으로 확대되는 것을 막기 위한 외교적 조치를 포함하는 활동이다. 평화조성 활동이란 진행되어 나가고 있는 갈등을 다루려는 조치를 포함하며 통상적으로 적대적인 당사자들을 협상을 통한 합의로 불러들이기 위한 외교적 행동을 포함한다. 이러한 의미에서 평화조성이란 분쟁을 평화적으로 해결하고자 하는 노력이라고 볼 수 있다.

평화강제란 군사력의 사용을 포함한 다양한 강제적 조치를 포함하는 활동이다. 유엔의 경우 안전보장이사회의 동의가 필요하다. 갈등 후 평화구축이란 갈등관리를 위한 모든 수준에서의 국가의 역량을 강화함으로써 갈등에 빠져들거나 갈등에 다시 빠져드는 위험을 줄이고 지속 가능한 평화와 개발을 위한 기초를 닦아놓는 것을 목표로 하는 활동을 의미한다. 이러한 활동은 지속 가능한 평화를 위해 필요한 조건을 만들기 위한 복합적이고 장기간의 과정이다.

평화유지 활동이란 적대적인 집단이나 적대적인 국가들 사이에 정전협정이 시행되었을 때 적대 세력들 간에 더욱 항구적인 평화를 가져오기 위해 논의를 위한 시간을 벌어줄 목적으로 주로 군사력을 통해 국제평화와 안전을 유지하기 위해 취하는 활동을 의미한다. 이러한 활동은 유엔 이외에 미주국가기구(OAS)·아프리카연합(AU)·아랍국가연맹(LAS)과 같은 지역적 정부간기구에 의해서도 전개되기도 했으나 많은 부분이 유엔에 의해 전개되어 오고 있다.

---

proaches to Technical Assistance," http://www.gsdrc.org/docs/open/hd586.pdf (접속일: 2018년 11월 26일).

(5) 규범적·조약 관련·지식 창출 활동

규범적·조약 관련·지식 창출 활동이란 위에서 언급한 종류의 활동에 속하지 않는 광범위한 활동을 의미한다. 정부간기구들은 표준이나 규범을 수립하거나 국제적인 협정과 조약의 결과로서 사업 프로그램을 떠맡을 수 있다. 더불어 대부분의 정부간기구들은 지식을 향상하거나 창출할 목적으로 정책을 수립하고 연구를 수행하는 등의 광범위한 활동을 떠맡는다. 이러한 활동은 대부분의 정부간기구들이 수행하는 활동이다.

사항색인

ㄱ

ㄴ

ㄷ

ㄹ

ㅁ

ㅂ

ㅇ

ㅈ

ㅊ

ㅋ

ㅌ

ㅍ

ㅎ

인명색인

ㅈ

ㅋ

ㅌ

ㅍ

ㅎ

[약　력]

한국외국어대학교 정치외교학과(학사)
Northern Illinois University(국제기구 전공: 석사, 박사)

[경　력]

외무고시 출제위원 및 채점위원
국립외교원 외교관 후보자시험 출제위원
외교부장관 국제기구 분과 자문위원
외교부 초급전문가(JPO) 선발 면접위원
외교부 유엔논문경연대회 심사위원
한국정치학회 이사
한국국제정치학회 이사
한국국제정치학회 부회장
한국국제정치학회 국제기구평화분과위원회 위원장
행정안전부 중앙인사위원회 공무원 국제기구 파견 심사위원

[현　재]

국립 경상대학교 정치외교학과 교수
한국유엔협회 부회장
유엔학생협회한국연맹(KFUNSA) 지도교수
전국대학생모의유엔회의 자문교수

[저　서]

국제정치패러다임(법문사)
국제관계와 NGO(법문사)
국제환경정치론(법문사)
국제기구정치론(법문사)
국제기구와 글로벌 거버넌스(법문사)
NGO와 글로벌 거버넌스(법문사)
유엔과 국제기구(법문사)
유엔과 사무총장(도서출판 예응)
유엔회의의 이해(법문사)
유엔회의 가이드북(법문사)
모의유엔회의 지침서(유엔한국협회)
모의유엔회의 핸드북(법문사)
국제기구 진출 어떻게 하나요(법문사)
대학생 해외탐방 학습 가이드(문우사)

글로벌 이슈와 글로벌 거버넌스 – 이론편 –

2019년 12월 25일 초판 인쇄
2019년 12월 31일 초판 1쇄 발행

저 자 박 재 영
발행인 배 효 선
발행처 도서출판 法 文 社

주 소 10881 경기도 파주시 회동길 37-29
등 록 1957년 12월 12일/제2-76호(윤)
전 화 (031)955-6500~6 FAX (031)955-6525
E-mail (영업) bms@bobmunsa.co.kr
(편집) edit66@bobmunsa.co.kr
홈페이지 http://www.bobmunsa.co.kr
조 판 법 문 사 전 산 실

정가 28,000원 ISBN 978-89-18-91076-5